SOOCHOW UNIVERSITY YEARBOOK

苏州大学年鉴
2021

苏州大学档案馆 编

苏州大学出版社
Soochow University Press

江苏省委书记娄勤俭一行莅临苏州大学调研

省委常委、苏州市委书记蓝绍敏等领导慰问学校高层次人才,与阮长耿院士亲切交谈

贵州省党政代表团莅临苏州大学考察

国际奥委会副主席于再清一行莅临苏州大学参观交流

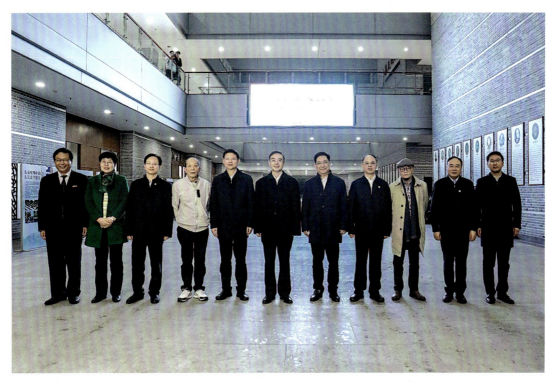

最高人民法院党组书记、院长周强一行莅临苏州大学调研

科学技术部成果转化与区域创新司副司长黄圣彪一行莅临苏州大学调研

苏州大学召开2020年全面从严治党工作会议

苏州大学召开会议宣布江苏省委关于调整校领导班子的决定

苏州大学召开第十二届党委第四轮巡察动员部署会

新思想新知识新能力——2020年苏州大学中层干部暑期集中培训班举办

苏州大学召开"十四五"规划调研成果交流暨编制工作推进会

苏州大学召开新型冠状病毒感染的肺炎疫情防控领导小组会议

集结号再次吹响　苏州大学7家附属医院94名医护人员出征湖北

苏州大学等主办2020·共谋苏州"十四五"活动

2020苏州大学国际青年学者东吴论坛举办

2020苏州大学海外人才招聘"云宣讲"启动

苏州大学党委书记江涌、校长熊思东为东吴学院成立揭牌

中国现代化新征程暨纪念费孝通诞辰110周年学术研讨会召开

苏州大学召开依法治校改革试点推进会

中共江苏省委宣传部、中共苏州市委宣传部、苏州大学共建马克思主义学院签约揭牌仪式

苏州大学与海安市人民政府签署合作框架协议

苏州大学与新华报业传媒集团签订战略合作框架协议

苏州大学与亨通集团签订战略合作协议

共建云中苏大签署仪式举行

国家血液系统疾病临床医学研究中心在苏州大学附属儿童医院挂牌

"苏州大学—中冶南方工程技术有限公司高炉智能感知技术研发中心成立"签约仪式举行

苏州大学国家大学科技园获评 2020 年度省级创业示范基地

苏州大学隆重举行纪念建校 120 周年发展大会

苏州大学举行纪念建校120周年系列新书首发式

苏州大学原创话剧《丁香·丁香》上演

苏州大学主办第四届国际大学生新媒体节

苏州大学召开第三十三次学生代表大会、第八次学生社团代表大会
暨第十四次学生科技协会代表大会

2020苏州大学校园马拉松活力开跑

苏州大学获得2019年度地方普通高校综合考核第一等次

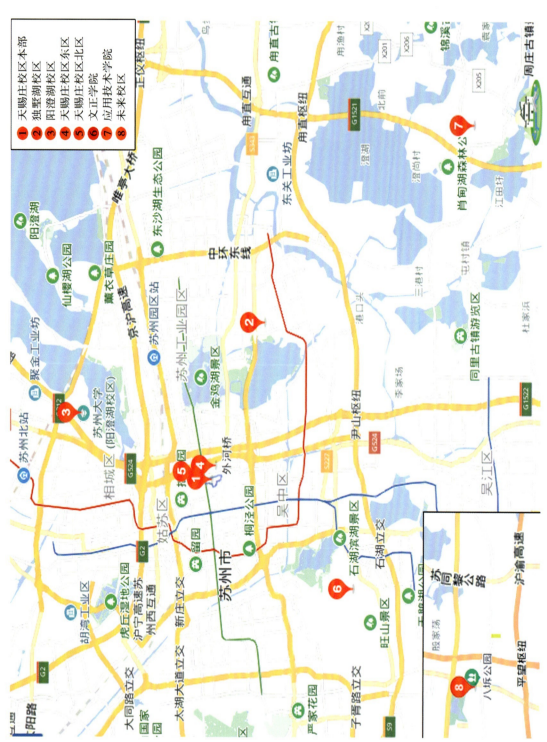

苏州大学各校区地理位置分布图

苏州大学年鉴

2021

苏州大学档案馆 编

苏州大学出版社

图书在版编目（CIP）数据

苏州大学年鉴 . 2021 / 熊思东主编；苏州大学档案馆编 . —苏州：苏州大学出版社，2022.8
 ISBN 978-7-5672-3999-9

Ⅰ.①苏… Ⅱ.①熊…②苏… Ⅲ.①苏州大学—2021—年鉴 Ⅳ.①G649.285.33-54

中国版本图书馆 CIP 数据核字（2022）第 105268 号

书　　名	苏州大学年鉴 2021
	SUZHOU DAXUE NIANJIAN 2021
编　　者	苏州大学档案馆
责任编辑	刘　冉　杨　柳
出版发行	苏州大学出版社
	（地址：苏州市十梓街 1 号　邮编：215006）
印　　刷	苏州工业园区美柯乐制版印务有限责任公司
开　　本	787 mm×1 092 mm　1/16
字　　数	1536 千
印　　张	61.5　插页 10
版　　次	2022 年 8 月第 1 版
	2022 年 8 月第 1 次印刷
书　　号	ISBN 978-7-5672-3999-9
定　　价	188.00 元

图书若有印装错误，本社负责调换
苏州大学出版社营销部　电话：0512-67481020
苏州大学出版社网址　http://www.sudapress.com
苏州大学出版社邮箱　sdcbs@suda.edu.cn

《苏州大学年鉴2021》编委会名单

主　　编　　熊思东
执行主编　　石明芳
副 主 编　　薛　辉　吴　鹏　卜谦祥　徐云鹏
编　　委　　（以姓氏笔画为序）
　　　　　　王凝萱　叶晓静　刘　萍　张志平
　　　　　　曹　晨　崔瑞芳

目录 Contents

学校沿革示意图

学校综述

 苏州大学概况 …………………………………………………………………… (3)
 苏州大学2020年度工作总结 …………………………………………………… (6)

重要文献

 苏州大学2020年度工作要点 …………………………………………………… (13)
 在2020年全面从严治党工作会议上的讲话 …………………………………… (21)
 牢记初心担使命　百廿苏大再出发
  ——校长熊思东在苏州大学八届一次教职工代表大会上的工作报告
  ………………………………………………………………………………… (26)
 约　　定
  ——熊思东校长在2020年毕业典礼暨学位授予仪式上的讲话 ………… (37)
 党委常委会工作报告
  ——校党委书记江涌在校党委十二届十次全体会议上的讲话 ………… (41)
 校长熊思东在中国现代化新征程暨纪念费孝通110周年诞辰学术研讨会开幕式上
  的致辞 ……………………………………………………………………… (49)
 百廿苏大，荣光永续
  ——在苏州大学纪念建校120周年发展大会上的讲话 ………………… (51)
 以更加开放的姿态塑造和而不同的高等教育新未来 ………………………… (55)

2020 年大事记

1 月 ……………………………………………………………………（63）
2 月 ……………………………………………………………………（66）
3 月 ……………………………………………………………………（67）
4 月 ……………………………………………………………………（69）
5 月 ……………………………………………………………………（71）
6 月 ……………………………………………………………………（73）
7 月 ……………………………………………………………………（77）
8 月 ……………………………………………………………………（81）
9 月 ……………………………………………………………………（83）
10 月 …………………………………………………………………（87）
11 月 …………………………………………………………………（90）
12 月 …………………………………………………………………（95）

各类机构设置、机构负责人及有关人员名单

苏州大学党群系统机构设置 ……………………………………………（105）
苏州大学行政系统、直属单位机构设置 ………………………………（109）
苏州大学中层及以上干部名单 …………………………………………（118）
苏州大学第十四届工会委员会及各分工会主席名单 …………………（147）
苏州大学共青团组织干部名单 …………………………………………（149）
苏州大学有关人士在各级人大、政协、民主党派及统战团体任职名单
 …………………………………………………………………………（154）
苏州大学有关人员在校外机构任职名单 ………………………………（159）
党政常设非编机构 ………………………………………………………（212）
2020 年苏州大学及各校友分会主要负责人情况 ………………………（215）

院（部）简介

文学院 ……………………………………………………………………（223）
传媒学院 …………………………………………………………………（226）
社会学院 …………………………………………………………………（229）
政治与公共管理学院 ……………………………………………………（231）

马克思主义学院 …………………………………………………………… (234)

教育学院 …………………………………………………………………… (237)

东吴商学院（财经学院） ………………………………………………… (240)

王健法学院 ………………………………………………………………… (243)

外国语学院 ………………………………………………………………… (246)

金螳螂建筑学院 …………………………………………………………… (250)

数学科学学院 ……………………………………………………………… (253)

物理科学与技术学院 ……………………………………………………… (257)

光电科学与工程学院 ……………………………………………………… (261)

能源学院 …………………………………………………………………… (264)

材料与化学化工学部 ……………………………………………………… (267)

纳米科学技术学院 ………………………………………………………… (271)

计算机科学与技术学院 …………………………………………………… (275)

电子信息学院 ……………………………………………………………… (278)

机电工程学院 ……………………………………………………………… (281)

沙钢钢铁学院 ……………………………………………………………… (284)

纺织与服装工程学院 ……………………………………………………… (287)

轨道交通学院 ……………………………………………………………… (290)

体育学院 …………………………………………………………………… (293)

艺术学院 …………………………………………………………………… (296)

音乐学院 …………………………………………………………………… (299)

医学部 ……………………………………………………………………… (302)

医学部基础医学与生物科学学院 ………………………………………… (306)

医学部放射医学与防护学院 ……………………………………………… (310)

医学部公共卫生学院 ……………………………………………………… (313)

医学部药学院 ……………………………………………………………… (316)

医学部护理学院 …………………………………………………………… (319)

巴斯德学院 ………………………………………………………………… (322)

师范学院 …………………………………………………………………… (325)

东吴学院 …………………………………………………………………… (328)

敬文书院 …………………………………………………………………… (330)

唐文治书院 ………………………………………………………………… (334)

文正学院 …………………………………………………………… (336)

应用技术学院 ………………………………………………………… (339)

老挝苏州大学 ………………………………………………………… (342)

附属医院简介

苏州大学附属第一医院 ………………………………………………… (347)

苏州大学附属第二医院 ………………………………………………… (350)

苏州大学附属儿童医院 ………………………………………………… (353)

表彰与奖励

2020年度学校、部门获校级以上表彰或奖励情况 ………………………… (357)

2020年度教职工获校级以上表彰或奖励情况 …………………………… (363)

2020年度学生集体、个人获校级以上表彰或奖励情况 …………………… (368)

关于抗击新冠肺炎疫情获校级以上表彰或奖励情况专题 ………………… (413)

苏州大学2019—2020学年各学院（部）获捐赠奖学金情况 ……………… (433)

重要资料及统计

办学规模 …………………………………………………………… (437)

教学单位情况 ……………………………………………………… (437)

成教医学教学点情况 ……………………………………………… (439)

全校各类学生在校人数情况 ……………………………………… (439)

研究生毕业、入学和在校人数情况 ……………………………… (440)

全日制本科生毕业、入学和在校人数情况 ……………………… (440)

成人学历教育学生毕业、在读人数情况 ………………………… (440)

2020年各类外国留学生人数情况 ………………………………… (441)

2020年中国港澳台地区各类学生人数情况 ……………………… (441)

全日制各类在校学生的比率情况 ………………………………… (441)

2020年毕业的研究生、本科（含成人学历教育、结业）生名单 ……… (442)

办学层次 …………………………………………………………… (567)

博士后流动站及博士、硕士研究生学位授权点 ………………… (567)

全日制本科专业情况 ……………………………………………… (572)

成人学历教育专业情况 …………………………………………… (576)

教学质量与学科实力 ……………………………………………………… (578)
　　国家基础科学研究与教学人才培养基地情况 …………………… (578)
　　国家级大学生校外实践教学基地情况 …………………………… (578)
　　国家创新人才培养示范基地 ……………………………………… (578)
　　苏州大学国家级、省（部）级重点学科，国家一流学科，优势学科，重点实
　　　验室，协同创新中心，公共服务平台，工程（技术）研究中心，重点研究
　　　基地及实验室教学示范中心 …………………………………… (579)
　　苏州大学2020年度国家、省教育质量工程项目名单 …………… (586)
　　苏州大学2020年全日制本科招生就业情况 ……………………… (593)
　　苏州大学科研机构情况 …………………………………………… (618)

科研成果与水平 …………………………………………………………… (629)
　　2020年度苏州大学科研成果情况 ………………………………… (629)
　　2020年度苏州大学科研成果获奖情况 …………………………… (630)
　　2020年度苏州大学科研成果知识产权授权情况 ………………… (653)
　　2020年度苏州大学软件著作权授权情况 ………………………… (749)
　　2020年苏州大学国家标准发布情况 ……………………………… (768)
　　2020年度苏州大学承担的省（部）级以上项目 ………………… (769)

教职工队伍结构 …………………………………………………………… (845)
　　教职工人员情况 …………………………………………………… (845)
　　专任教师学历结构情况 …………………………………………… (845)
　　专任教师年龄结构情况 …………………………………………… (846)
　　教职工中级以上职称情况 ………………………………………… (847)
　　2020年获副高级以上技术职称人员名单 ………………………… (852)
　　2020年聘请讲座教授、客座教授、兼职教授名单 ……………… (860)
　　院士名单 …………………………………………………………… (862)
　　2020年入选省级及以上人才工程人员名单 ……………………… (863)
　　2020年博士后出站、进站和在校人数情况 ……………………… (867)
　　2020年博士后在站、出站人员情况 ……………………………… (869)

2020年人员变动情况 …………………………………………………………………（874）
2020年离休干部名单 …………………………………………………………………（889）
2020年退休人员名单 …………………………………………………………………（890）

办学条件 ………………………………………………………………………………（891）
办学经费投入与使用情况 ……………………………………………………………（891）
2020年学校总资产情况 ………………………………………………………………（892）
学校土地面积和已有校舍建设面积 …………………………………………………（893）
全校实验教学示范中心情况 …………………………………………………………（894）
苏州大学图书馆馆藏情况 ……………………………………………………………（896）

海外交流与合作 ………………………………………………………………………（898）
2020年公派出国（境）人员情况 ……………………………………………………（898）
2020年在聘语言文教专家和外籍教师情况 …………………………………………（908）
2020年苏州大学与国（境）外大学交流合作情况 …………………………………（912）
2020年苏州大学举办各类短期汉语培训班情况 ……………………………………（917）
2020年各类外国留学生人数情况 ……………………………………………………（917）
2020年港澳台地区各类学生人数情况 ………………………………………………（917）
2020年港澳台地区各类单位校际来访情况 …………………………………………（918）
2020年各类国外单位校际来访情况 …………………………………………………（919）
2020年教师出版书目 …………………………………………………………………（920）
2020年苏州大学规章制度文件目录 …………………………………………………（938）
2020年市级以上媒体关于苏州大学的报道部分目录 ………………………………（942）

后　记 …………………………………………………………………………………（970）

学校综述

苏州大学概况

（2021年2月）

苏州大学坐落于素有"人间天堂"之称的历史文化名城苏州，是国家"211工程""2011计划"首批入列高校，是教育部与江苏省人民政府共建"双一流"建设高校、国家国防科技工业局和江苏省人民政府共建高校，是江苏省属重点综合性大学。苏州大学的前身是东吴大学（Soochow University，1900年创办），东吴大学开现代高等教育之先河，融中西文化之菁华，是中国最早以现代大学学科体系举办的大学。在中国高等教育史上，东吴大学是最早开展研究生教育并授予硕士学位、最先开展法学（英美法）专业教育的大学，也是第一家创办学报的大学。1952年，全国高等学校院系调整，由东吴大学的文理学院、苏南文化教育学院、江南大学的数理系合并组建苏南师范学院，同年更名为江苏师范学院。1982年，学校更名苏州大学。其后，苏州蚕桑专科学校（1995年）、苏州丝绸工学院（1997年）和苏州医学院（2000年）等相继并入苏州大学。从民国时期的群星璀璨，到中华人民共和国时代的开拓创新；从师范教育的文脉坚守，到综合性大学的战略转型与回归；从多校合并的跨越发展，到争创一流的重塑辉煌，苏州大学在中国高等教育史上留下了浓墨重彩的一笔。

一个多世纪以来，一代代苏大人始终秉承"养天地正气，法古今完人"的校训，坚守学术至上、学以致用，倡导自由开放、包容并蓄、追求卓越，坚持博学笃行、止于至善，致力于培育兼具"自由之精神、卓越之能力、独立之人格、社会之责任"的模范公民，在长期的办学过程中为社会输送了50多万名各类专业人才，包括许德珩、周谷城、费孝通、雷洁琼、孙起孟、赵朴初、钱伟长、董寅初、李政道、倪征燠、郑辟疆、杨铁梁、查良镛（金庸）等一大批精英栋梁和社会名流；谈家桢、陈子元、郁铭芳、宋大祥、詹启敏等30多位两院院士，为国家建设与社会发展做出了重要贡献。

苏州大学现有哲学、经济学、法学、教育学、文学、历史学、理学、工学、农学、医学、管理学、艺术学等十二大学科门类。学校设有30个学院（部），拥有全日制本科生27 650人，硕士生14 469人，博士生4 936人，留学生2 097人。学校现设132个本科专业；49个一级学科硕士点，33个专业学位硕士点；28个一级学科博士点，1个专业学位博士点，30个博士后流动站。学校现有1个国家级一流学科，4个国家级重点学科，20个江苏省优势学科，9个"十三五"江苏省一级学科重点学科。截至目前，学校化学、物理学、材料科学、临床医学、工程学、药学与毒理学、生物与生物化学、神经科学与行为科学、分子生物与遗传学、免疫学、数学、计算机科学、农业科学、环境科学与生态学、一般社会科学共15个学科进入全球基本科学指标（ESI）前1%，化学、材料科学2个学科进入全球基本科学指标前1‰。

学校现有2个国家级人才培养基地，4个国家级实验教学示范中心，4个国家级虚拟仿真实验教学项目，2个国家级人才培养模式创新实验区，1个国家级大学生校外实践教学基地，1个国家"2011计划"协同创新中心（牵头单位），1个教育部人文社会科学重点研究基地，1个省部共建国家重点实验室，1个国家工程实验室，2个国家地方联合工程实验室，2个国家级国际合作联合研究中心，1个国家临床医学研究中心，1个"一带一路"联合实验室，1个国家创新人才培养示范基地，3个国家级公共服务平台，1个国家大学科技园，1个江苏省高校国家重点实验室培育建设点，4个江苏省高校协同创新中心，25个省部级哲社重点研究基地，33个省部级重点实验室，7个省部级公共服务平台，5个省部级工程中心。

全校现有教职工5 768人，其中，专任教师3 358人，包括1位诺贝尔奖获得者、8位两院院士、8位发达国家院士、30位国家杰出青年基金获得者、39位国家优秀青年基金获得者、1位"万人计划"杰出人才、13位"万人计划"科技创新领军人才、4位"万人计划"青年拔尖人才、14位"百千万人才工程"国家级人选等各类国家级人才280多人次，一支力量雄厚、结构合理、充满活力的人才队伍已初步形成。

苏州大学将人才培养作为学校的中心工作，以立德树人为根本，以培养具备责任感、创新性、应用性和国际性的卓越型人才为定位，以通识教育与专业教育相融合为指导，以提升学生综合素质、夯实专业基础、培养创新创业能力为重点，积极深化人才培养系统化改革，不断提升人才培养质量。学校纳米科学技术学院被列为全国首批17所国家试点学院之一，成为高等教育体制机制改革特区之一；学校设立了3个书院，积极探索人才培养新模式，其中，敬文书院定位于专业教育之外的"第二课堂"，唐文治书院在"第一课堂"开展博雅教育，紫卿书院致力于打造成"新工科"拔尖创新人才的试验场。2020年，学校获批国家级一流本科专业建设点28个、省级一流本科专业建设点5个、23门课程获批国家级一流本科课程。近年来，苏大学子每年有500余人次获得国家级奖项，在全国"挑战杯"、奥运会等国内外各类大赛中屡屡折桂，有在校硕士研究生以第一作者身份在*Nature*上发表论文。

学校实施"顶天立地"科技创新战略，科研创新工作取得累累硕果。人文社科领域，2020年，学校获批国家社科基金43项，其中，重大项目3项，国家社科基金后期资助项目立项数连续两年位列全省首位，上升至全国第7位；教育部人文社会科学一般项目获立25项，立项数位列全省第1、全国第11位；获教育部第八届高等学校科学研究优秀成果奖（人文社会科学）14项，一等奖获奖数位列全国第11位。自然科学领域，2020年，学校获国家科学技术进步奖二等奖1项，何梁何利基金科学与技术奖2项，第二届全国创新争先奖1项，第十六届中国青年科技奖2项，吴阶平医学奖1项，吴文俊人工智能科学技术奖技术发明一等奖1项，教育部高等学校科学研究优秀成果奖（科学技术）3项；获批国家自然科学基金项目310项，国家重点研发计划项目7项、课题14项，国防重大项目2项；全年发表三大检索论文4 774篇，其中，SCIE收录3 085篇，位列全国高校第26位；学校在2020年度自然指数（Nature Index）榜单综合排名位列全球高校第39位、全国高校第11位；19人次入选"全球高被引科学家"，位列全国高校第5位；全年授权知识产权1 390项，其中，国内发明专利授权681项、国际专利授权29项，实现知识产权转让和许可使用210件；学校入选国家知识产权局教育部"国家知识产权试点高校"和科学技术部"赋予科研人员职务科技成果所有权或长期使用权试点工作单位"。

学校按照"以国际知名带动国内一流"的发展思路，全面深入推进教育国际化进程。学校先后与30多个国家（地区）的200余所高校和研究机构建立了校际交流关系。学校每年招收来自80余个国家（地区）的留学生3 000多人次。2007年起，学校与美国波特兰州立大学合作建立波特兰州立大学孔子学院；2010年，学校入选教育部"中非高校20+20合作计划"，援建尼日利亚拉各斯大学；2011年，在老挝成功创办中国第一家境外高校——老挝苏州大学，该校现已成为国家"一带一路"倡议上的重要驿站和文化名片；2018年，学校发起成立中国-东盟医学教育大学联盟，打造中国-东盟健康命运共同体，助推"一带一路"建设；2019年，苏州大学红十字国际学院挂牌成立，助力人类命运共同体建设；2020年，学校获批建立中国-葡萄牙文化遗产保护科学"一带一路"联合实验室。

苏州大学现有天赐庄校区、独墅湖校区、阳澄湖校区、未来校区四大校区，占地面积约为4 586亩（约为3 057 333平方米），建筑面积约为159万平方米；学校图书资料丰富，藏书超500万册，中外文期刊40余万册，中外文电子书刊200余万册，中外文数据库118个（含152个子库）。学校主办有《苏州大学学报（哲学社会科学版）》《苏州大学学报（教育科学版）》《苏州大学学报（法学版）》三本学报及《代数集刊》《现代丝绸科学与技术》《中国血液流变学》《语言与符号学研究》等专业学术期刊。其中，近年来《苏州大学学报（哲学社会科学版）》刊文被《新华文摘》和《中国人民大学复印报刊资料》等权威二次文献转载摘编，其转载量一直位居综合性大学学报排名的前十位。2018年，《苏州大学学报（哲学社会科学版）》和《苏州大学学报（教育科学版）》双刊同时被评为中国人文社会科学期刊核心期刊，2021年同时入编北大图书馆主持研制的《中文核心期刊要目总览》（2020年版），《苏州大学学报（哲学社会科学版）》是CSSCI核心（2021—2022年版）来源期刊，《苏州大学学报（教育科学版）》和《苏州大学学报（法学版）》为CSSCI扩展版（2021—2022年版）来源期刊。

新时代，孕育新机遇，呼唤新作为。全体苏大人正以昂扬的姿态、开放的胸襟、全球的视野，顺天时、乘地利、求人和，坚持人才强校、质量强校、文化强校，依托长三角地区雄厚的经济实力和优越的人文、地域条件，努力将学校建设成为国内一流、国际知名的高水平研究型大学，成为区域高素质创新创业人才培养、高水平科学研究和高新技术研发、高层次决策咨询的重要基地。

苏州大学 2020 年度工作总结

2020年，苏州大学坚持以习近平新时代中国特色社会主义思想为指导，深入学习贯彻党的十九大和十九届二中、三中、四中、五中全会精神，坚决落实中央和江苏省委决策部署，统筹抓好疫情防控和学校事业发展各项工作。学校"双一流"周期建设任务全面完成，在江苏省属高校综合考核中蝉联第一等次第一名，荣获"全国文明校园"荣誉称号，实现了"十三五"圆满收官。

一、坚持用新思想定向领航，加强党对学校工作的全面领导

建立"第一议题"学习制度，及时跟进学习习近平总书记重要讲话精神特别是习近平总书记关于教育的重要论述，自觉用新思想定向领航。坚持和完善党委领导下的校长负责制，稳步推进依法治校试点改革，组织做好2020年度校内综合考核。成立"十四五"改革发展规划编制工作领导小组、起草工作小组，组织开展"十四五"改革发展规划编制工作。召开教授议校会、"双一流"专家咨询会、改革发展高阶咨询会，开通网上征集意见邮箱，充分听取师生校友的意见和建议。召开发展目标与战略定位、本科教育与立德树人、全面从严治党等专题工作会议，以及"十四五"规划调研成果交流会暨编制工作推进会、务虚会等，加强对重点问题的分析研判。全面加强意识形态工作，广泛开展文明创建活动，上线"苏州大学学习强国号"、思政专题网，学校在两获"江苏省文明校园"的基础上成功获得"全国文明校园"荣誉称号。建校120周年发展大会成功举办，纪念费孝通110周年诞辰学术研讨会、全国智慧校园建设峰会等系列活动精彩纷呈，《苏州大学校史（1900—2019）》编辑出版。八届一次教职工代表大会、第十四次工会代表大会顺利举行，13名同学受聘首届学生参事。《学生会（研究生会）深化改革实施方案》印发实施，社团改革稳步推进。统一战线工作特色开展，学校入选江苏省高校统一战线同心教育实践基地，校欧美同学会再次荣获省"先进集体"。

二、落实人民至上、生命至上要求，抓实疫情防控工作

坚决贯彻落实习近平总书记关于新冠肺炎疫情防控工作的系列重要讲话和重要指示批示精神，第一时间成立疫情防控工作领导小组及11个专项工作组，及时出台30多份制度规范，严格执行校园封闭式管理和疫情"日报告""零报告"制度，积极筹措防疫物资，严格抓好疫情防控工作。师生围绕防控急需开展紧急科研攻关，学校获批国家自然科学基金新冠基础研究专项2项，辐射防护科研团队助力方舱CT研发，智能高效环卫消毒机器

人被免费捐赠至湖北孝感、襄阳等防疫一线。8批204名医务人员驰援湖北战疫一线,4人获评"全国抗击新冠肺炎疫情先进个人",5人获评"全国卫生健康系统新冠肺炎疫情防控工作先进个人",125人次获得省部级各类表彰、记功奖励。学校认真落实稳就业、保就业任务,制定《应对新冠肺炎疫情做好2020届毕业生就业工作的十条意见》,2020届毕业生总就业率达93.52%,贫困毕业生及湖北籍毕业生就业率均超过92%。

三、深化"三全育人"综合改革,提高人才培养质量

制定实施《深化"三全育人"综合改革方案》《课程思政实施方案》《关于切实加强新时代美育工作的实施意见》《本科生劳动教育课程建设指导意见》等,构建完善"五育"并举的一体化人才培养体系。马克思主义学院获江苏省委宣传部、苏州市委宣传部共建支持,思想政治理论课教师发展中心成立,"辅导员领航计划"组织实施,3名教师获江苏省思政课现场教学展示特等奖。春季学期在线教学工作稳妥有序开展,在线开放课程规章制度制定实施。学校新增11门国家级一流本科课程。巴斯德学院英才班录取首届学生,东吴学院正式成立。学校研究生教育会议首次召开,《本硕博一体化培养实施办法(试行)》制定出台。"双创"教育不断深化,学生摘得第五届中国青年志愿服务项目大赛金奖1项、第十二届"挑战杯"中国大学生创业计划竞赛银奖1项。继续教育规范化、特色化建设不断深入,退役军人事务培训学院成立。2020年度招生工作顺利完成,本科生、研究生招生录取比例接近1:1,其中,本科生江苏省内录取3 799人,苏州大学是在江苏录取人数最多的"双一流"高校。

四、加强教师思想政治工作,建设高水平人才队伍

坚持把师德师风作为评价教师队伍的第一标准,坚持把师德师风建设融入人才队伍建设全过程,编印《教师师德手册》,开展"2020师说新语"宣传活动,举办青年教师沙龙和青年海外归国教师红色主题教育,组织开展新时代师德师风建设落实情况专项督查,教师思想政治工作和师德教育体系不断健全完善。大力弘扬科学家精神,举办《追光:薛鸣球传》首发仪式暨薛鸣球学术思想研讨会,阮长耿院士荣获首届"苏州科学家"勋章,吴德沛教授荣获"全国先进工作者"荣誉称号。开展"人文社会科学领域特聘教授""仲英青年学者""优秀青年学者"等人才项目遴选,统筹推进教师岗位供给侧结构性改革、职称制度改革、绩效工资改革等工作,引入国际同行专家评审和代表评价,出台博士后管理工作实施办法及绩效考核办法,人才评价与激励机制进一步完善。2020年全年新进教学科研人员231人,3人入选发达国家院士,25人入选国家级"人才计划"。

五、树立正确科研评价导向,推动科研高质量发展

以"物质科学与工程"一流学科为引领,实施"学科建设登峰计划",新增农业科学、环境科学与生态学2个ESI全球前1%学科,20个学科跻身2020"软科世界一流学科"。促进学科交叉融合发展,目前在教育部备案自主设置的交叉学科有8个。统筹做好

江苏省高水平大学建设工作总结、第五轮学科评估、江苏省优势学科三期项目中期自评等工作，"双一流"周期各项建设目标完成。出台《关于树立正确科研评价导向的意见》，健全完善科研评价体系。参与江苏国家应用数学中心共建、材料科学姑苏实验室筹建，成立北京研究院、重庆研究院，中国-葡萄牙文化遗产保护科学"一带一路"联合实验室获批立项建设。新增省级国防科研创新平台1个、省级哲学社会科学重点研究基地1个、省级哲学社会科学优秀创新团队1个。获批国家重点研发计划项目、课题21项，国家自然科学基金310项，国家社会科学基金43项，首次获得国家社会科学基金重大项目滚动资助。获何梁何利基金科学与技术奖2项、吴阶平医学奖1项、第二届全国创新争先奖1项、第十六届中国青年科技奖2项、吴文俊人工智能科学技术奖技术发明一等奖1项、教育部高等学校科学研究优秀成果奖（人文社会科学）一等奖3项等，获奖类别、获奖数量取得新突破。学校入选国家知识产权局"国家知识产权试点高校"和科技部"赋予科研人员职务科技成果所有权或长期使用权试点单位"，在科技部火炬中心开展的国家技术转移机构考核评价中获评优秀。

六、面向国家区域发展需求，释放开放办学活力

响应教育部和江苏省委、省政府的号召，加强与贵州"三地四校八院"的合作，贵州省委书记、省长带队来校考察，对学校对口帮扶工作予以高度评价。深化与苏州市"名城名校融合发展"战略，未来校区加快建设，附属独墅湖医院正式启用，文正学院成功转设苏州城市学院。与铜仁市人民政府、海安市人民政府签署全面合作框架协议。参与共建太湖实验室，推动环太湖高校联盟建设。东吴智库牵头开展"新时代'苏州精神'"重大委托课题研究，第七届"对话苏州"等高水平学术活动成功举办，东吴智库全年报送咨政建言43篇次，其中，报送中共中央办公厅第一局并呈送国家领导人的有2篇次，获省部级以上领导批示的有12篇次，相关建议被写入教育部文件。在地国际化建设稳步推进，学校与新加坡国立大学、加拿大滑铁卢大学等院校新签、续签交流协议48项，开发学生线上短期国际交流项目20余项，学校入选首批教育部"国际组织人才培养创新实践基地"，获评"江苏省外国文教专家管理工作先进单位"。

七、强化内部治理体系建设，提升服务保障水平

成立财经领导小组，《全面预算绩效管理实施方案》等制定实施，经济责任、专项审计、科研经费审签等内部审计进一步规范加强，内部控制建设深入推进。校办企业体制改革各项工作稳妥推进，50家重点清理关闭企业已完成处置49家。912号实验楼投入使用，教室、食堂等22项重点维修改造项目按期完工，"云中苏大"联创中心、"360教室"投入使用。食堂集中采购贫困地区农副产品助力脱贫攻坚。垃圾分类工作有序开展。调整教职工住房公积金和房贴缴存基数，退还学生住宿费1 800余万元，退休"中人"养老保险待遇核定和阳澄湖校区人员养老保险关系转移工作加快推进。校园安全检查、隐患排查、整治整改力度进一步加大，实验室安全进一步加强，平安校园建设持续巩固。

八、深入推进全面从严治党，筑牢高质量发展根基

重视和加强党的政治建设，制定实施加强校领导班子政治建设25条措施、二级单位领导班子政治建设10条措施。深入实施党组织"对标争先"建设计划，2个党支部入选全国党建样板支部，机关部门党员处长（主任）兼任支部书记100%实现。实施校、院、支部三级党建书记项目，推动党建与业务工作融合发展。启动党建AI"润心"项目，苏大附一院"红细胞"党群服务中心入选第二批苏州市级"海棠花红"先锋阵地。在高知群体中建立发展党员"双轨"机制。疫情期间，59名一线医务人员递交入党申请书，14名入党申请人被破格确定为入党积极分子，9人在疫情防控斗争一线入党，其中，6人经江苏省委组织部批准，破格"火线入党"。2人获评江苏省优秀共产党员，4人获评苏州市优秀共产党员、苏州市优秀基层党组织带头人。压紧压实管党治党的政治责任，制定实施全面从严治党责任清单，召开全面从严治党工作会议、巡察工作推进会，夯实"四责协同"机制。开展校十二届党委第四轮、第五轮巡察，系统梳理前几轮巡察中发现的共性问题，上下联动、协同做好巡察"后半篇文章"。深化纪检监察体制改革，配齐院级党组织纪检力量，推进3家直属附属医院增设专职纪委副书记。成立党风廉政建设和反腐败工作协调小组，加强党委对党风廉政建设和反腐败工作的集中统一领导，形成惩治腐败的高压态势和整体合力。

重要文献

苏州大学 2020 年度工作要点

一、总体要求

高举中国特色社会主义伟大旗帜，以习近平新时代中国特色社会主义思想为指导，深入贯彻党的十九大和十九届二中、三中、四中、五中全会精神，全面落实习近平总书记关于教育的重要论述，认真贯彻落实教育部和江苏省委、省政府的决策部署，以强烈的"收官"意识和"开好局、开新局"的决心，聚焦高质量发展，不断完善治理体系、全面提升治理能力，加快推进"双一流"建设，以优异的成绩迎接建校120周年。

二、工作要点

（一）加强党的建设，提供坚强政治保障

1. **深入学习贯彻习近平新时代中国特色社会主义思想。**持续推进学习贯彻习近平新时代中国特色社会主义思想往深里走、往心里走、往实里走；认真学习贯彻习近平总书记关于新冠肺炎疫情防控的重要讲话精神和全国"两会"精神；开展"不忘初心、牢记使命"主题教育"回头看"，坚持常态化、制度化推进，认真开展自查，深入分析研判，持续深化整改，巩固主题教育成果；贯彻落实江苏省委组织部、江苏省委教育工委《关于加强省属高校领导班子政治建设的若干措施》，促进学校领导班子运行状态、校园政治生态、事业发展势态"三态"持续向好；抓好校院两级党委理论学习中心组学习，用好"学习强国"平台，推进学习型党组织建设；认真落实《教职工"双周三"政治理论学习实施办法》，增强教职工政治理论学习的实效性。（责任部门：党委办公室、党委宣传部、党委组织部、纪委办公室、党校；责任人：薛辉、陈晓强、周玉玲、陶培之、戴佩良）

2. **加强意识形态工作。**开展院级党组织意识形态工作的督查工作，落细落实意识形态工作责任制，提升意识形态领域分析研判工作效果；强化网络意识形态工作，加强阵地管理，把握意识形态主导权、话语权；推进精神文明建设工作，加强抗击新冠肺炎疫情典型人物和事迹的宣传，积极做好"全国文明校园"创建工作；学习贯彻《新时代公民道德建设实施纲要》，广泛开展群众性精神文明活动，弘扬社会主义核心价值观，不断提升师生道德和文明素养。（责任部门：意识形态工作领导小组成员单位；牵头部门：党委宣传部；牵头部门责任人：陈晓强）

3. **加强思想政治工作。**推动"三全育人"工作体系建设，将思想政治工作贯穿融入学校人才培养各环节；学习贯彻《新时代爱国主义教育实施纲要》，不断加强爱国主义教育；加强"课程思政"建设，深化"思政课程"改革创新；推进"青年大学习"行动，

扎实推进青年马克思主义者培养工程，实施"信仰公开课"计划；精心组织新生"大学第一课"，打造校园文化品牌，更好地发挥育人作用；贯彻习近平总书记在学校思政课教师座谈会上重要讲话精神，认真落实《新时代高等学校思想政治理论课教师队伍建设规定》，建设专职为主、专兼结合、数量充足、素质优良的思政课教师队伍；加强党委联系服务专家工作；加强师德师风建设。（责任单位：党委宣传部、学生工作部〈处〉、党委研究生工作部、党委教师工作部、人力资源处、教务部、团委、艺术教育中心、马克思主义学院；责任人：陈晓强、孙庆民、吴雪梅、何峰、朱巧明、周毅、肖甫青、吴磊、张才君、田芝健）

4. **加强干部队伍建设**。严格执行《苏州大学处级领导干部选拔任用工作实施细则》《苏州大学科职干部选拔任用工作办法》，从严落实选人、用人政治标准，大力选用忠诚干净有担当、能够推动学校"双一流"建设的干部；做好任期届满学院（部）领导班子集中换届工作；开展中层干部及新提任领导专题教育培训，提升其履职尽责的能力；加强选人、用人监督，对有用人权的二级单位开展"一报告两评议"工作；加强年轻干部选拔培养和政治历练，严格执行干部交流或轮岗的有关规定；严格执行领导干部个人有关事项报告的"两项法规"，开展个人有关事项集中报告工作和随机抽查、重点抽查核实工作；认真做好干部日常监督，开展对干部提醒谈话、函询、诫勉工作。（责任单位：党委组织部、党校、人力资源处、审计处；责任人：周玉玲、戴佩良、朱巧明、徐映荃）

5. **全面提升基层党组织的组织力**。贯彻落实全国全省组织工作会议精神，加强学校基层党组织建设；加强部门和学院（部）领导班子政治建设；夯实党建主体责任，研制院级党组织加强党的建设考核实施方案；实施院级党组织"书记项目"；对标"三年行动计划"，推进党支部内涵式、优质化建设；深入实施党支部书记"双带头人"培育工程；做好5个全国党建标杆院系、样板支部对标建设和继续申报工作；继续加强专职组织员选聘工作；持续推进发展党员"双质量"工程，做好在高知群体中发展党员的工作。（责任单位：党委办公室、党委组织部、党委教师工作部、党委研究生工作部、学生工作部〈处〉、党校、人力资源处、相关学院〈部〉党委；责任人：薛辉、周玉玲、何峰、吴雪梅、孙庆民、戴佩良、朱巧明、相关学院〈部〉党委主要负责人）

6. **持续推进党风廉政建设**。召开全面从严治党会议、党风廉政形势分析研判会，推进全面从严治党、党风廉政建设和反腐败工作向纵深发展、向基层延伸；突出"政治体检"，着力查找贯彻落实中的"温差、落差、偏差"，强化整改主体责任，开展覆盖16个基层党组织的巡察工作；持续深化"三转"，突出政治监督，强化日常监督，开展重点专项督查，加强对权力运行的制约监督；完善政治生态监测评估机制，对发现的问题及时预警，督促责任主体采取整改措施，优化、净化校园政治生态；开展纪律教育和廉政教育，深化运用"四种形态"，持之以恒正风肃纪，加大执纪问责力度，一体推进不敢腐、不能腐、不想腐；深化纪检监察体制机制改革，建设高素质专业化纪检监察干部队伍；增强宗旨意识、服务意识，加强作风效能建设。（责任单位：党委办公室、校长办公室、纪委办公室〈巡察办公室〉、党委组织部、审计处、机关党工委、群团与直属单位党工委；责任人：薛辉、吴鹏、陶培之、周玉玲、徐映荃、张振宇、刘枫）

7. **加强统一战线、群众组织工作**。指导帮助民主党派加强思想和组织建设工作；加强党外代表人士队伍建设；做好港澳台侨、欧美同学会（留学人员联谊会）、东吴校友会、海外联谊会等工作，推进侨务工作进校园，办好归国学者讲坛；做好民族宗教工作；充分发挥工会、共青团、学生会、研究生会等群众组织和民主党派在学校事业发展中的重要作用。（责任单位：党委统战部、工会、团委、学生工作部〈处〉、党委研究生工作部；责任人：薛辉、王永山、肖甫青、孙庆民、吴雪梅）

（二）做好顶层设计，推进治理能力现代化

8. 提升学校治理体系和治理能力现代化水平。学习贯彻十九届四中全会精神，认真落实党委领导下的校长负责制，实施新修订的党委全委会、党委常委会和校长办公会议事规则；适时修订《苏州大学章程》，完善以章程为龙头的现代大学制度体系和治理体系；按照《关于规范高等学校SCI论文相关指标使用 树立正确评价导向的若干意见》等文件要求，及时梳理并修订人事管理、学科建设、科技管理、人才培养等相关规章制度，积极破除"五唯"，优化学术生态；推进"三定"及机构优化设置改革工作；统筹兼顾存量和增量、共性和个性、优势和短板等因素，优化年度综合考核体系，充分发挥年度考核的"指挥棒"作用；召开依法治校试点改革工作推进会，确保试点工作取得预期成效；落实新修订的《苏州大学学术委员会章程》，完成学术委员会换届工作；发挥学生参事咨询和监督作用，支持学生参事参与学校建设与管理；推进教代会和二级教代会建设，召开学校八届一次教代会和第十四次工代会；启动"放管服"和"院办校"改革。（责任单位：党委办公室、校长办公室、党委组织部、学科建设办公室、人力资源处、研究生院、科学技术研究部、人文社会科学处、校学术委员会、工会、相关部门和学院〈部〉；责任人：薛辉、吴鹏、周玉玲、沈明荣、朱巧明、曹健、郁秋亚、于毓蓝、王尧、王永山、相关部门和学院〈部〉主要负责人）

9. 科学制订学校"十四五"发展规划。成立"十四五"改革发展规划编制工作领导小组，全面系统总结"十三五"期间学校改革发展取得的成绩、积累的经验和存在的问题，聚焦学校战略定位和"双一流"建设，围绕党的建设、人才培养、学科专业、人才队伍、科研创新、社会服务、国际合作交流、大学文化、校园建设与支撑保障等方面，科学谋划未来五年乃至更长时期改革发展的任务和路径；做好"十四五"总体规划、专项规划和院（部）规划衔接工作，逐步建立发展规划与年度计划、年度考核相互衔接的工作机制，形成战略和行动合力。（责任部门："十四五"改革发展规划编制起草工作小组、各职能部门、各学院〈部〉；责任人：薛辉、吴鹏、各职能部门主要负责人、各学院〈部〉主要负责人）

（三）坚持立德树人，优化人才培养生态

10. 推进招生就业工作。关注研究高考综合改革进程，及时优化本科招生计划编制和招考方案；加强本科招生宣传工作，拓展招生宣传渠道，提升生源质量；根据上级部门要求，制订研究生扩招方案；深化博士招生制度改革，完善"博士候选人、申请考核、硕博连读、统考"四种选拔模式；加大硕士研究生招生自主命题改革力度，全面实行按一级学科命题；实施《苏州大学关于促进2020届本科毕业生就业创业工作实施方案》，推进本科毕业生更高质量、更充分就业；夯实研究生就业工作。（责任单位：招生就业处、研究生院、党委研究生工作部；责任人：查佐明、曹健、吴雪梅）

11. 加快建设一流本科教育。 解决疫情期间本科教学运行工作中的相关个案问题,确保教学工作秩序稳定;积极谋划新工科、新文科和新医科建设与改革;落实教育部一流专业"双万计划",高水准推进14个国家级和4个省级一流本科专业建设点建设及相关专业培育工作;落实"新时代高教40条"和"六卓越一拔尖"计划2.0版,开展人才培养方案修订;加强一流本科专业、一流教学团队、优秀教材及各类教学成果奖培育工作;继续推进师范类专业、工程教育专业认证工作;组建新一届通识教育工作委员会,召开通识教育课程改革推进会;继续推进课程思政改革;加强基层教学组织和教师成长中心建设,持续提升教师的教育教学能力;落实教育部一流课程"双万计划",做好各类在线开放课程、虚拟仿真实验项目、线上线下混合式课程、线下课程和实践类课程的申报工作;继续推广书院制改革,探索成立博习书院;扎实推进师范学院、东吴学院和巴斯德学院建设。(责任单位:教务部、学生工作部〈处〉、医学部、相关学院〈部〉;责任人:周毅、孙庆民、徐广银、邹学海,相关学院〈部〉主要负责人)

12. 打造卓越研究生教育。 进一步推进博士研究生教育综合改革,凝练经验做法,做好验收工作;健全和完善学位点建设动态预警机制,做好新一轮博士点申报工作;做好专业学位水平评估、江苏省硕士学位点合格评估及学位点动态调整工作;启动研究生培养方案修订工作,加快硕博课程贯通和本硕博一体化人才培养改革;制定出台《苏州大学研究生考核分流办法》,加强研究生培养环节质量控制;制定出台《苏州大学研究生导师岗位职责与工作规范》,夯实导师作为第一责任人的责任。(责任单位:研究生院;责任人:曹健)

13. 加强创新创业教育。 探索建立创新创业学院,推进学习工作坊建设,开展创业训练营等活动;制订并实施本科生创新能力培养计划,提升学科竞赛项目的参与度和显示度;组织学生参加"创青春"中国青年创新创业大赛、"互联网+"大学生创新创业大赛等重大赛事。(责任单位:学生工作部〈处〉〈学生创新创业教育中心〉、教务部、团委、继续教育处;责任人:孙庆民、周毅、肖甫青、缪世林)

14. 建立协同育人机制。 深入实施本科生"成长陪伴"计划、研究生"成才支撑"计划;推进"第二课堂"成绩单建设;加强协同,组织开展好思政课社会实践;推进思政名师进宿舍、宿舍党员服务站建设等工作;加强学生体育和劳动教育,组织开展形式多样的体育锻炼和劳动教育活动;整合美育资源,完善美育课程建设,推进教育部中华优秀传统文化传承基地建设;建立大学生心理健康动态监测与评估体系;做好国防教育和大学生征兵工作。(责任单位:学生工作部〈处〉〈大学生心理健康教育研究中心〉、教务部、党委研究生工作部、团委、人民武装部、艺术教育中心、体育学院、马克思主义学院;责任人:孙庆民、王清、周毅、吴雪梅、肖甫青、胡新华、吴磊、杨清、王国祥、张才君、田芝健)

15. 加强继续教育品牌建设。 引导学历继续教育向线上、校外转移,压缩校内自考生规模;进一步规范校外教学点建设;发挥专业化培训学院的优势,打造高端培训项目品牌;继续拓展海外继续教育项目,做好"2+2"出国留学本科培训项目的管理机制调整工作;加快建设"1+X"出国留学硕士培训项目和"2+0"国际硕士项目。(责任单位:继续教育处〈继续教育学院〉;责任人:缪世林)

（四）加强队伍建设，打造人才聚集高地

16. **深化人才强校战略**。面向海内外引进学术大师和青年才俊；拓宽引才渠道，继续举办"国际青年学者东吴论坛"和"东吴海外高层次人才学术交流会"；加强校内人才培养，做好"优秀青年学者""仲英青年学者"等人才项目遴选工作；出台博士后工作管理等办法，吸引更多更优博士后加盟。（责任单位：人力资源处、党委教师工作部；责任人：朱巧明、何峰）

17. **推进人事制度改革**。推动落实教师岗位供给侧结构性改革，建立分类管理机制，完善人才评价体系；扎实推进管理岗位职员制度改革，完善职员职务与职级体系，健全聘用考核与管理机制；推进薪酬体制与分配制度改革，进一步完善绩效工资改革方案；稳步推进养老保险制度改革；完善"互联网+人事服务"建设。（责任单位：人力资源处、党委教师工作部、财务处；责任人：朱巧明、何峰、孙琪华）

（五）加强学科建设，提升科研创新能力

18. **持续推进"双一流"和高水平大学建设**。完成"双一流"建设年度报告、"双一流"建设动态监测填报和江苏省高水平大学建设绩效评价申报工作；扎实开展第五轮学科评估迎评工作；加强江苏省高校优势学科三期建设和考核迎考工作；持续推进学科前沿研究激励计划；积极布局新兴交叉学科群，支持相关研究平台建设；统筹做好中央支持地方高校改革发展资金等专项资金使用与绩效考核等工作。（责任单位：学科建设办公室、相关部门与学院〈部〉；责任人：沈明荣、相关部门与学院〈部〉主要负责人）

19. **提升科技创新能力**。瞄准学术前沿和国家重大战略需求，精准策划国家自然科学基金项目，谋划布局重点和重大项目；探索交叉研究模式，组建校内交叉大平台，跟踪好各级各类科研平台政策信息，策划组织好申报工作；着力做好省部级以上科技奖项培育申报工作；加强产学研合作，推进知识产权申请、保护、运用和转化，提升技术转移中心和大学科技园的服务能力；紧抓国防科技创新需求，扶优做强军工科研团队，加强军工保密和质量体系建设；进一步完善国家、省级、校级三级协同创新中心建设体系；加强科研诚信宣传督导工作，营造良好的科研氛围。（责任单位：科学技术研究部、"2011计划"办公室；责任人：郁秋亚、钱福良、许继芳、龚学锋、仇国阳）

20. **促进人文社科繁荣发展**。对接国家发展战略和社会服务需求，积极培育原创标志性成果，提升承担国家重点和重大项目的能力；健全完善"项目池"机制和服务管理流程，促进释放教师科研潜力；加强省部级重点科研平台建设，逐步完善人文社科优秀学术团队运行机制；做好江苏省第十六届哲学社会科学优秀成果奖申报工作；举办第七届"对话苏州"活动。（责任单位：人文社会科学处；责任人：于毓蓝）

21. **加强学术支撑平台建设**。加强文献资源保障和特色资源建设，做好读者服务和馆藏古籍清理工作，推进数字化图书馆基础设施建设；举办丰富多彩、品味高雅的展览，多渠道征集藏品，做好具有博物馆特色的宣教活动；加强数字档案馆和智慧档案馆建设；打造精品学报，组织召开第七届"新兴权利与法治中国"学术研讨会和全国教育社会学学会常务理事会暨学术研讨年会；强化质量意识，积极探索出版融合发展之路。（责任单位：图书馆、博物馆、档案馆、学报编辑部、出版社；责任人：唐忠明、冯一、石明芳、康敬奎、盛惠良）

（六）凝聚各方力量，办好校庆系列活动

22. 开展纪念建校120周年系列活动。认真总结凝练学校120年来的办学经验和优良传统，坚持学术为魂、育人为根、发展为本，办有高度、有深度、有温度的校庆；适时发布建校120周年纪念活动日程安排，举办系列庆祝活动；拍摄制作校庆宣传片，创作推出校庆主题歌曲等；精心策划开展专题报道和深度报道，提升学校的向心力、凝聚力和影响力。（责任部门：建校120周年纪念活动筹备组办公室、各职能部门、各学院〈部〉；责任人：戴佩良、各职能部门主要负责人、各学院〈部〉主要负责人）

23. 凝练苏大精神与文化。加强校史研究，充分发掘、整理百廿苏大办学历程、历史名人、校史轶事，凝练苏大核心价值和文化精神；结合建校120周年纪念活动，积极挖掘凝练苏大人敢于争先、负重奋进、追求卓越的"奋斗者"典型；营造饮水思源校友文化，推广"东吴聚力汇"捐赠平台等互动载体，争取包括校友在内的社会各界对学校发展的支持。（责任单位：建校120周年纪念活动筹备组办公室、发展委员会办公室、党委宣传部、档案馆、相关部门与学院〈部〉；责任人：戴佩良、胡新华、陈晓强、石明芳、相关部门与学院〈部〉主要负责人）

（七）坚持开放办学，持续优化发展格局

24. 加强校地融合发展。落实"名城名校融合发展"战略，推进省市共建苏州大学工作，加强与昆山市、张家港市、苏州工业园区、吴江区、相城区等市（区）的战略合作，扎实推进未来校区建设和文正学院、应用技术学院转设工作；培育打造苏州大学实验学校品牌；深入推进与中国红十字会、中核集团、中广核、华为等组织和企业的战略合作，将外部资源转化为学校的发展优势。（责任单位：独立学院理事会、国内合作办公室、学科建设办公室、信息化建设与管理中心、发展委员会办公室、未来校区管理委员会、文正学院、应用技术学院；责任人：吉伟、沈明荣、张庆、胡新华、陈炳亮、吴昌政、仲宏、傅菊芬、浦文倜）

25. 深化国际交流与合作。以迎接校庆为契机，大力拓展与世界知名高水平大学的战略合作伙伴关系；制定出台《苏州大学举办国际会议管理办法》；继续拓展与国外大学联合培育博士和博士后项目；做好学生海外交流研修工作；继续办好孔子学院、"中非高校20+20合作计划"等项目；制订老挝苏州大学发展规划，完成校园建设验收交接工作；修订《苏州大学外国留学生管理办法》，推进留学生趋同化管理；适时召开国际化工作推进会，举办"国际周"主题活动，积极营造"在地国际化"氛围。（责任单位：国际合作交流处、港澳台办公室、海外教育学院、教务部、研究生院、学生工作部〈处〉、老挝苏州大学、江苏苏大投资有限公司、后勤管理处、国有资产管理处；责任人：张桥、夏骏、周毅、曹健、孙庆民、黄兴、蒋敬东、王云杰、陈永清）

（八）加强财务管理，提升资源使用效益

26. 推进内部控制体系建设。汇编《内部控制管理手册》，开展学校内部控制评价工作，编报内部控制评价报告；加强预算绩效管理工作，建立校内专项资金绩效考核指标体系和预算绩效考评办法，提高资金使用效益；加强收入管理，全面推行财政电子票据；配合江苏省教育厅开展高校审计管理体制改革；做好领导干部经济责任、工程建设、专项资

金、科研经费审计工作；利用大数据技术做好审计数据归集和标准化工作；强化审计结果运用，提升监督实效。（责任单位：财务处、审计处、国有资产管理处；责任人：孙琪华、徐昳荃、陈永清）

27. **深化国有资产管理机制改革**。贯彻落实《江苏省高等学校所属企业体制改革工作方案》，做好学校全资及控股企事业单位改制工作；转让脱钩剥离企业的股权，确保国有资产保值增值；规范无形资产管理，理顺管理体系；加强对社会化车辆租赁的监督管理，实现车辆租赁规范有序；继续推进大型仪器设备开放共享，提升使用效益；完善采购专家库和供应商库管理系统，促进采购流程规范化、程序化，加强对平台采购和自购备案的监督管理。（责任单位：国有资产管理处、财务处、后勤管理处、江苏苏大投资有限公司、实验室与设备管理处、分析测试中心、工程训练中心、采购与招投标管理中心；责任人：陈永清、孙琪华、王云杰、蒋敬东、魏永前、姚志刚、邵剑平、刘丽琴）

（九）优化资源配置，完善支撑保障体系

28. **加强后勤服务保障**。统筹推进"云中苏大"基础平台、运营中心、应用平台建设，及时制定学校数据标准、数据管理等办法，打造"互联网+"校园生活新生态；出台《苏州大学基本建设项目管理办法》；推动东吴大学旧址校舍修缮工程；推进独墅湖校区体育馆、学生活动中心、天赐庄东区学生宿舍建设及唐仲英医学研究院大楼内装工程建设；推进独墅湖校区体育场、阳澄湖公体楼、东区体育馆改扩建等项目立项和建设工作；配合南校区土地收储等工作，调整优化院系实验科研用房；加强公用房定额核定、费用收取和清退等工作；做好教室资源的管理工作；积极盘活校内外闲置房产。（责任单位：数据资源管理办公室、信息化建设与管理中心、后勤管理处；责任人：吴鹏、张庆、王云杰、仇玉山）

29. **做好新冠肺炎疫情防控工作**。健全突发公共卫生事件应急响应机制，建立集中、统一、高效的领导指挥体系；强化疫情风险意识，健全防治结合、联防联控、群防群治工作机制，完善学校传染性疾病防控体系；完善应急物资保障体系，做好防控物资采购储备工作；将"防疫"变"教材"，广泛开展生命教育、健康卫生教育、科学教育、道德教育。（责任单位：校新冠肺炎疫情防控工作领导小组办公室及相关职能组；责任人：薛辉、吴鹏、朱昊、王云杰、黄水林、孙庆民、吴雪梅）

30. **做好校园安全工作**。落实《苏州大学校园安全专项整治方案》，提升校园安全管理智能化水平；贯彻安全工作责任制，加强安全检查和隐患排查整改，保障食品、消防、设施、能源和医疗等安全；制定《苏州大学实验室安全工作导则》，完善危险废弃物管理办法；构筑网络安全防护体系，加强校园网络安全防护工作；落实落细保密归口管理工作，稳步推进涉密领域国产化替代工作，加强定密管理工作；协同推进校园环境综合整治工作，打造平安美丽校园。（责任单位：党委办公室〈保密委员会办公室〉、校长办公室、党委宣传部、后勤管理处〈校医院〉、医院管理处、国有资产管理处、保卫部〈处〉、实验室与设备管理处、后勤管理处、军工科研处、人力资源处、信息化建设与管理中心；责任人：薛辉、吴鹏、陈晓强、王云杰、朱昊、徐小乐、陈永清、黄水林、魏永前、王云杰、许继芳、朱巧明、张庆）

31. **全力保障改善民生**。稳步提高教职工收入待遇；持续做好关心老同志的工作，认

真落实离退休老同志的政治和生活待遇，加强"暖心工程"建设，推进"文化养老"工作；关注师生身心健康，做好师生体检和新生参保工作；持续推进便利校园建设。（责任单位：人力资源处、财务处、离退休工作部〈处〉、后勤管理处〈校医院〉、信息化建设与管理中心；责任人：朱巧明、孙琪华、余宏明、王云杰、朱旻、张庆）

32. 做好其他重点专项工作。开展附属医院年度绩效考核工作，全面检查医教研协同发展落实情况，推动附属医院科教管理委员会和学科联盟工作；推进苏州大学附属独墅湖医院、附属第一医院二期工程和附属儿童医院景德路院区改扩建工程建设。（责任单位：医院管理处、各附属医院；责任人：徐小乐、各附属医院主要负责人）做好与拉萨师范高等专科学校、贵州医科大学、铜仁学院、淮阴师范学院对口援扶工作。（责任单位：国内合作办公室、党委组织部、人力资源处、教务部、研究生院；责任人：吉伟、周玉玲、朱巧明、周毅、曹健）

在 2020 年全面从严治党工作会议上的讲话

党委书记 江 涌

(2020 年 4 月 26 日)

同志们：

今天，我们在这里召开全面从严治党工作会议。本次会议的主要任务是：深入学习贯彻党的十九大和十九届二中、三中、四中全会精神，学习贯彻习近平总书记在十九届中央纪委四次全会上的重要讲话，以及十九届中央纪委四次全会和十三届江苏省纪委五次全会精神，回顾总结学校 2019 年全面从严治党工作，分析研判形势，部署 2020 年学校全面从严治党工作。

刚才，我们观看了警示教育片，芮国强同志传达了习近平总书记在十九届中央纪委四次全会上的重要讲话精神，对 2019 年度纪委工作进行了总结，分析了学校全面从严治党工作中存在的问题和薄弱环节，对 2020 年度学校纪检监察工作做出了部署。下面，我就一以贯之、坚定不移推进全面从严治党工作，讲 3 点意见。

一、准确把握全面从严治党的新形势、新要求

去年以来，我们坚持以习近平新时代中国特色社会主义思想为指导，认真学习贯彻《中共中央关于加强党的政治建设的意见》和江苏省委组织部、江苏省委教育工委《关于加强省属高校领导班子政治建设的若干措施》文件精神，扎实开展"不忘初心、牢记使命"主题教育，全面加强宣传思想工作，贯彻新时代党的组织路线，推进全面从严治党向纵深发展，学校在 2019 年度江苏省属高校综合考核中获评高水平大学建设重点支持高校第一等次。

一是党委领导下的校长负责制进一步健全完善。修订完善党委全委会、党委常委会和校长办公会议事规则，成立党的建设与全面从严治党工作领导小组、党委人才工作领导小组等，积极推进校内综合考核，进一步加强党对学校工作的全面领导。围绕学院党政共同负责制落实情况开展集中调研，推动党委会议事规则、党政联席会议事规则等落地落实。

二是"不忘初心、牢记使命"主题教育扎实开展。全面加强对主题教育的组织协调、

指导督促，一体推进学习教育、调查研究、检视问题、整改落实4项举措。领导班子及党员干部围绕"三态"问题深入检视剖析，扎实开展8个方面问题的专项整治，稳步推进了债务化解、师范人才培养、综合考核等一些事关学校长远发展的工作和改革。召开专题民主生活会，加强党性分析，积极开展批评和自我批评。

三是宣传思想工作成效明显。召开全校宣传思想工作会议，就加强新时代学校宣传思想工作进行研究部署。组织开展十九届四中全会精神学习，制定政治理论学习实施办法，开展"四个自信"青年说等活动，坚持不懈用新思想武装党员、教育师生。校党委理论学习中心组再次获评"江苏省理论学习示范中心组"。1个文化育人项目入选教育部2020年全国思政工作精品项目。

四是基层党组织政治功能得到彰显。启动实施基层党建"书记项目"、党支部建设"提质增效"三年行动计划，全校标准化党支部比例达99.15%，教工党支部书记"双带头人"比例达100%，新增2个党支部入选"全国党建工作样板"。在高知群体中发展党员工作不断加强。

五是高素质专业化干部队伍建设取得进展。修订实施《处级领导干部选拔任用工作实施细则》，制定《处级领导干部鼓励激励办法》《推进处级领导干部能上能下办法》，不断完善"三项机制"。加强学院业务型干部选聘，举办全校中层干部暑期集中培训，加大年轻干部培养使用力度，干部队伍适应和推动"双一流"建设的能力不断增强。

六是纪律建设作风建设持续加强。一体推进纪检体制改革、监察体制改革和校纪委（监察专员办）内设机构改革，配齐配强专职纪检监察干部，加强院级党组织纪检机构设置。组织开展校十二届党委第二、三轮巡察，对第一轮被巡察党组织的整改开展"回头看"，开展落实立德树人根本任务、实验室安全等监督检查，深入查找和纠正政治偏差。开展"治理微腐败，淬炼好作风"专项行动，加强通报、曝光，深入整治形式主义、官僚主义。召开"三新"干部集体谈话会等，约谈党风廉政建设责任制考核"基本合格"单位党政领导，做好受处分党员干部回访教育及表现好的干部重新启用工作。

这些成绩的取得，是全校各级党组织、广大党员干部团结一致、共同努力的结果，离不开在座各位的辛勤付出。在此，我代表学校党委向大家表示衷心的感谢！

当然，在肯定成绩的同时，我们也要清醒认识到当前学校管党治党存在的突出问题。我们要认识到学校以政治建设为统领、全面统筹的"大党建"格局尚未完全形成，基层党组织组织力还需进一步提升，干部攻坚克难精气神还不够足，意识形态、思想政治、安全稳定等工作仍需进一步扛紧抓牢，"四风"问题呈现新变化、新特点，腐败问题在一些岗位仍然易发、多发，监督执纪"四种形态"特别是"第一种形态"贯通运用不够，学校监督体系健全完善仍然在路上，全面从严治党"四责"协同体制机制有待完善，等等。前面通报的典型案例及警示教育片的内容，也一再警示我们，全面从严治党任务任重道远，"严"的主基调尚未根本形成，管党治党一刻也不能松懈。全校各级党组织和广大党员干部要进一步提高政治站位，深刻领会和把握中央、江苏省委对全面从严治党的新部署、新要求，深刻领会和把握学校全面从严治党面临的新情况、新挑战，始终保持永远在路上的坚韧和执着，一以贯之、坚定不移地全面从严治党。

二、扎实推动学校全面从严治党向纵深发展

2020年是一个特殊的年份,是统筹疫情防控和学校改革发展的大考之年,深化全面从严治党责任重大、影响深远。我们要进一步强化全面从严治党主体责任,突出"严"的主基调,推动全面从严治党向纵深发展。在新起点上,我们要从以下7个方面深入推进全面从严治党工作。

一是紧紧抓住政治建设这个统领,一以贯之从严导航。政治建设事关学校的发展方向。我们要不折不扣地落实党中央、江苏省委的决策部署,把《中共中央关于加强党的政治建设的意见》和江苏省委组织部、江苏省委教育工委《关于加强省属高校领导班子政治建设的若干措施》及学校制定的相关文件精神落到实处,把政治标准和政治要求贯穿思想建设、组织建设、作风建设、纪律建设、制度建设和反腐败斗争始终。

二是紧紧抓住思想建设这个灵魂,一以贯之从严铸魂。思想政治工作是党的生命线和灵魂工程,事关"培养什么人、为谁培养人、如何培养人"这一根本性问题。这要求我们必须持续深入学习贯彻习近平新时代中国特色社会主义思想,落实好党委常委会"第一议题"学习制度,各院级党委要将学习新思想作为党委会议的"第一议题";要加强校院两级党委理论学习中心组集体学习和教职工双周三政治学习,巩固拓展"不忘初心、牢记使命"主题教育成果,严格落实意识形态工作责任制,持续对标新思想铸魂育人。

三是紧紧抓住组织建设这个基础,一以贯之从严强基。在去年主题教育、综合考核、巡视巡察等工作中,我们发现了一些院级党组织存在的共性问题:贯彻落实上级精神存在短板,全面从严治党主体责任意识不强。因此,我们将这些问题的整改纳入了2020年度党委工作重点、全面从严治党主体责任年度清单。作为管党治党、办学治校的中坚力量,各院级党组织要对标新时代党的建设总要求,对照"对标争先"建设计划,持之以恒地夯实主体责任,对标找差、补齐短板,聚焦突出问题和薄弱环节深耕党建"书记项目",聚力破解存在的问题,坚决做到党组织领导和运行机制到位、政治把关作用到位、思想政治工作到位、基层组织制度执行到位、推动改革发展到位等"五个到位"。各基层党支部要深入落实"提质增效"三年行动计划,在标准化建设的基础上重点推进优质党支部建设,坚决做到教育党员有力、管理党员有力、监督党员有力、组织师生有力、宣传师生有力、凝聚师生有力、服务师生有力等"七个有力"。

四是紧紧抓住作风建设这个抓手,一以贯之从严正风。作风建设关乎学校事业的兴衰成败。当前,学校干部队伍建设与新时代教育高质量发展的要求仍存在一些差距。一些党员干部干事创业的精气神不足,形式主义、官僚主义问题依然存在。在日趋激烈的高等教育竞争中,我们要谋发展、争一流,就必须振奋精神、优化作风。要坚决贯彻落实中央"八项规定"及实施细则精神,继续深化形式主义、官僚主义专项整治,把会议、文件及一些不必要的考核和过度留痕的形式主义现象坚决压下来。

五是紧紧抓住监督体系建设这个重点,一以贯之从严监督。今年学校党委重点工作任务中的"健全优化学校监督体系",是深入贯彻十九届中央纪委四次全会、十三届江苏省纪委五次全会精神、推进学校治理体系和治理能力现代化的具体安排和工作部署。我们要在政治监督具体化、常态化上取得"新突破",将落实"两个维护"作为政治监督的首要任务,做到党中央和江苏省委重大决策部署到哪里,我们的监督检查就跟进到哪里。要在

日常监督、长期监督上下"硬功夫",紧盯"关键少数"、关键岗位,强化对"一把手"的监督,同步加强对选人用人、招生、采购基建、经费使用、科研活动、教育培训、校办企业国有资产管理等重点领域和关键环节的监督,保证权力在正确的轨道上运行;继续探索"嵌入式""融入式"监督方式,加强对疫情防控、校园安全稳定工作的监督检查,强化对学校制度建设和制度执行情况的监督检查。要在监督力量整合协同上打好"组合拳",健全完善党内监督体系,将党委全面监督、纪委专责监督、党委各部门职能监督、基层党组织日常监督、党员民主监督等结合起来、融为一体;推动纪律监督、监察监督、派驻监督、巡察监督统筹衔接,健全民主监督、行政监督、群众监督、舆论监督、内控监督等制度,发挥审计监督、统计监督的职能作用,构建以党内监督为主导、具有鲜明苏大特色的监督体系。

六是紧紧抓住制度建设这个根本,一以贯之从严固本。加强制度建设是全面从严治党的长远之策、根本之策。做好今年学校全面从严治党工作,要把贯彻党的十九届四中全会精神和十九届中央纪委四次全会、十三届江苏省纪委五次全会精神紧密结合起来,完善党委主体责任、书记第一责任、班子成员"一岗双责"和纪委监督责任贯通联动的全面从严治党"四责联动"机制,健全落实全面从严治党主体责任考核制度,在年度综合考核工作中突出了解全面从严治党责任落实情况。

七是紧紧抓住纪律建设和反腐败工作这两个关键,一以贯之从严执纪。纪律建设和反腐败工作是全面从严治党的治本之策,只有肃纪反腐不松劲不停步,才能推动学校政治生态、事业发展势态持续向好。我们要在加强纪律建设上始终如一,重点强化政治纪律和组织纪律,带动廉洁纪律、群众纪律、工作纪律、生活纪律严起来;要一体推进不敢腐、不能腐、不想腐贯通协同,把惩治的震慑力、制度的约束力和教育的感染力叠加起来,发挥好"四种形态"特别是"第一种形态"的惩戒作用,把握好执纪问责力度,运用好责任追究机制,筑牢拒腐防变的防线。

三、扛紧抓牢全面从严治党政治责任

全面从严治党是各级党组织的职责所在、使命所系。前不久,中共中央办公厅印发《党委(党组)落实全面从严治党主体责任规定》,学校党委印发了《中共苏州大学委员会2020年度落实全面从严治党主体责任清单》《中共苏州大学纪律检查委员会2020年度落实全面从严治党监督责任清单》。学校各级党组织要严格落实主体责任清单和监督责任清单,切实履行全面从严治党主体责任、监督责任,立足学院实际,对照清单履职尽责、担当作为,在解决突出问题上精研举措、下足功夫。在座的各位书记要履行好第一责任人责任,主动承担统筹协调、组织推动、监督检查等职责,管好班子、带好队伍、抓好落实。所有班子成员要强化责任担当,狠抓责任落实,增强落实全面从严治党的自觉和能力,将全面从严治党责任抓得更严、抓得更实,抓出规范、抓出成效。学校党委各部门是抓全面从严治党的具体执行部门,要严格落实清单要求,在校党委的统一领导下充分发挥职能作用,抓好职责范围内的全面从严治党相关工作。

维护制度权威、保障制度执行,是纪检监察部门的重要职责。今天参会的有学校纪委委员,各二级纪(工)委书记、纪检委员、学校党风联络员、特邀监察员。作为党内的纪律部队，学校纪委、纪检监察干部要带头加强政治建设，把思想和行动聚焦到贯彻落实中央、江苏省委和学校党委的决策部署上来，在聚焦主责主业、履行全面从严治党监督责任的同时，协助党委落实全面从严治党主体责任。要严格执行监督执纪工作规定，完善自身权力运行机制和管理监督制约体系，强化内部管理、公正规范履职，提升监督执纪问责质效。要推进高素质专业化纪检监察干部队伍建设，要筑忠诚之魂、练执纪之能、怀敬畏之心、行规矩之事，在任何时候都经得起考验、顶得住压力、打得了硬仗，真正成为忠诚干净有担当的纪检监察铁军。

同志们，全面从严治党事关学校事业发展全局。我们要坚持以习近平新时代中国特色社会主义思想为指导，不忘初心、牢记使命，以管党治党新成效为学校"十三五"圆满收官，为实现高质量发展、推动"双一流"建设提供坚强保证，以改革发展的优异成绩向学校120周年华诞献礼！

牢记初心担使命　百廿苏大再出发

——校长熊思东在苏州大学八届一次教职工代表大会上的工作报告

（2020年6月9日）

各位代表：

现在，我代表学校向大会报告工作，请予以审议。这次新冠肺炎疫情给我国经济社会发展带来了前所未有的冲击，在以习近平同志为核心的党中央的坚强领导下，经过全国上下和广大人民群众艰苦卓绝努力并付出牺牲，疫情防控取得重大战略成果。同时，此次疫情也给学校的管理与运行带来了巨大的挑战。学校党委和行政坚决贯彻落实习近平总书记关于疫情防控工作的重要讲话精神，始终把师生的生命安全与身体健康放在第一位，统筹做好疫情防控和教育教学工作。当前，疫情尚未结束，发展任务异常艰巨。我们要努力把疫情造成的损失降到最低，把失去的时间抢回来、把落下的任务补起来、把放缓的节奏快起来，奋力夺取疫情防控和学校事业发展"双胜利"。

第一部分　2019年和2020年以来工作回顾

2019年，是中华人民共和国成立70周年，也是苏州大学书写"双一流"和江苏高水平大学建设奋进之笔的关键之年。一年多来，学校深入学习贯彻习近平新时代中国特色社会主义思想，贯彻落实中央和江苏省委决策部署，以立德树人为根本，以内涵建设为主线，以高质量发展为导向，聚力攻坚、担当尽责，在人才培养、科学研究、社会服务、文化传承创新、国际化等方面取得了新进展、新成效。下面，我报告九个方面的工作。

一、深化教育教学改革，人才培养质量稳步提高

人才培养模式不断革新。持续推进本硕博一体化培养，努力培养拔尖创新人才；面向人才成长和社会发展需要，整合国内外资源，新成立师范学院、东吴学院、巴斯德学院和紫卿书院等育人机构，构建学院与书院协同育人新格局；落实"六卓越一拔尖"计划2.0

版,全面推进新工科、新医科、新农科、新文科建设;深化创新创业教育,出台《苏州大学大学生创新创业"三大赛"竞赛管理办法》,荣获"互联网+"大学生创新创业大赛金奖、"挑战杯"全国大学生课外学术科技作品竞赛一等奖等奖项8项,并获得第一届中国大学生美式橄榄球联赛(2019赛季)年度总冠军。

一流本科建设加速推进。扎实推进一流本科行动计划,加强一流专业、一流教学团队和一流课程培育。获批国家级一流本科专业建设点14个、省级一流本科专业建设点4个;获批国家精品在线开放课程10门,位列全国高校第11位;新增教育部产学合作协同育人项目9项、国家虚拟仿真实验教学项目2项;遴选第二批本科教学团队17个;11个专业正式通过认证,智能制造专业完成第一届本科招生,人工智能专业通过教育部备案审批。本科生获省级及以上学科竞赛奖项1 067项,其中,国家级136项。

研究生培养改革继续深化。全面推行博士研究生"申请—考核"制,完善博士研究生候选人选拔机制,共遴选117位候选人;推进导师上岗制度改革,建立研究生导师竞争上岗机制;实施德政导师制度,逐步完善"三全育人"机制;顺利通过博士研究生教育综合改革中期验收。128人次获省级及以上学术竞赛奖项,其中,35人次获国家级学术竞赛三等奖及以上奖项。

学生管理模式不断创新。继续做好大学生思想政治教育工作,实施"信仰公开课"计划,组织标兵评选和宣讲活动,发挥典型示范效应;坚持"五育"并举,试点推进"学生成长陪伴计划",促进学生成长成才;创新资助工作模式,连续八年获得"江苏省学生资助工作先进单位"荣誉称号;打造学生网上事务中心和"一站式"学生事务与发展中心,提升学生管理信息化水平;积极探索实践育人新路径,组织开展特色鲜明的实践活动,获评"全国暑期社会实践优秀单位"。

招生就业工作有所提升。积极响应江苏省委决策部署,增加省内本科招生计划370个,尽量让江苏考生"有学上、上好学";本科招生生源质量稳中有升,在29个省(市、自治区)的录取分数线进一步提高,其中,19个省份文科投档线超出本一线60分、18个省份理科投档线超出本一线90分;研究生招生吸引力不断提高,2020年硕士入学考试报考人数32 341人,"双一流"高校生源比例占38%,学校荣获"江苏省研究生优秀招生单位"称号。2019届本科生和研究生就业率均超过93%;为降低疫情对毕业生就业的影响,学校积极推行"云推荐""云招聘""云指导",助力学生早日就业。

二、坚持人才强校战略,队伍创新活力不断迸发

做好人才引补工作。举办"2020国际青年学者东吴论坛"和"东吴海外高层次人才学术交流会",拓宽引才渠道。引进并补充各类教学科研人员256人,其中,有包括1位中科院院士在内的高层次人才38位。学校现有各类国家级人才230余人次,一支力量雄厚、结构合理、充满活力的人才队伍逐渐形成。

健全人才培育体系。实施"东吴学者""仲英青年学者""优秀青年学者""校内特聘教授"等人才计划,为人才成长提供资源、搭建平台。12位教授入选"长江学者""国家杰青"等国家级人才项目;1位教授荣获"教育部青年科学奖"(全国共10位);1位教授荣获"第二届全国创新争先奖";4位教授当选国际学术组织院士或会士;19人次

入选"全球高被引科学家",位列全国高校第 5 位、江苏高校首位。

深化人事制度改革。推进教师岗位供给侧结构性改革、职称制度改革、绩效工资改革并出台相关改革方案与实施办法,不断完善人才评价与激励机制,优化人力资源配置;实施学科前沿研究激励计划,营造健康而有质量的学术生态,设立"天赐讲坛",为教师特别是青年教师参与高水平的国际学术交流活动搭建平台;落实科技领域"放管服",赋予科研人员更大的人、财、物自主支配权,激发创新活力。

强化师德师风建设。成立苏州大学党委人才(知识分子)工作领导小组,落实党管人才主体责任,全面统筹教师思想引领和管理服务工作;制定出台《苏州大学师德师风负面清单和失范行为处理办法》,建立健全师德失范行为调查处理机制;开展各类遴选、推荐和表彰工作,分别有 1 位教师获评全国优秀教师和"2019 江苏教师年度人物"提名人物。

三、聚焦创新驱动战略,科研创新能力持续增强

学科建设水平稳步提高。以一流学科建设为引领,不断优化学科体系,做大做强优势学科,培育人工智能、大数据等新兴交叉学科,建设物质科学与工程、医学基础与临床等优势学科群;在物质科学与工程一流学科引领下,材料科学与工程、化学和物理学等 3 个学科综合实力不断攀升,两年来国际排名分别提升 54 位、58 位和 47 位,免疫学、数学、计算机科学、农业科学、环境科学与生态学等 5 个学科首次进入 ESI 全球前 1%(累计共有 15 个学科入选 ESI 全球前 1%),化学、材料科学 2 个学科稳居 ESI 全球前 1‰,学校综合排名位列全国高校第 19 位、江苏高校第 2 位;设计学等 20 个学科获批为江苏高校优势学科建设工程三期项目,获批数位列全省高校首位;3 个学科在"十三五"江苏省重点学科建设中期考核中获评优秀。

科技创新能力持续提升。获批国家自然科学基金项目 328 项,连续 8 年进入全国 20 强,获资助经费 1.89 亿元,获批项目数和资助经费较 2018 年均稳步增长;获批国家重点研发计划重点专项 4 项、国防重大项目 1 项,实现新突破;获批国家血液系统疾病临床医学研究中心(全国 18 家、江苏省 1 家);获国家技术发明二等奖 1 项、国家科技进步奖二等奖 2 项、教育部高等学校科学研究优秀成果奖 5 项、江苏省科学技术奖 8 项;学校最新自然指数(Nature Index)综合排名位列全球高校第 45 位、全国高校第 13 位;进一步完善"国家—省级—校级"三级协同创新中心建设体系,江苏高校协同创新中心第二轮建设深入推进,学校获批专项资金 3 040 万元,位列江苏高校首位。

哲学社会科学加快发展。获批国家社科基金各类项目 47 项,近 3 年立项数平均年增长 34.8%,国家社科基金艺术学重大项目、后期资助项目、"把社会主义核心价值观融入法治建设"重大研究专项立项数均位列全国高校首位;人文社科类项目到账经费共计 4 540 万元,较 2018 年增长 19.22%;近 5 年在权威核心期刊发表论文数位列全国高校第 23 位;积极推进大运河苏州研究院、东吴智库、长三角数字货币研究院等平台建设,东吴智库入选"中国核心智库"和"中国高校百强智库";成功举办第六届"对话苏州"高阶论坛,谋划新时代苏州高质量发展之路;"对话苏州"活动入选"2019 年度江苏智库实践十佳案例",3 项决策咨询成果获得"江苏发展研究奖"。

四、秉持开放办学理念，社会服务水平不断提高

校地融合发展不断深化。与苏州市签署深化"名城名校融合发展"战略合作协议，谋划面向 2035 年的校地融合发展大计；与苏州市教育局共建师范学院，与吴江区合作启动苏州大学未来校区建设。与贵州、青海、宁夏、内蒙古等省（自治区）相关单位签署战略合作协议，促进教育、科技、卫生等资源开放共享，共建教育产业园和附属医院，让优质办学资源辐射至全国更广区域。

成果转化工作有序推进。申请知识产权 1 473 件、授权 1 045 件，转让和许可使用 176 件，同比增长 8%；专利转让累计达到 702 项，在"中国高校专利转让排行榜（TOP100）"排名第 10 位；苏州大学国家大学科技园再次获评全省"A 类科技企业孵化器"；由学校牵头组建的"江苏省高端微纳制造高价值专利培育示范中心"顺利通过验收并获评"优秀"；苏州大学国家技术转移中心不断拓展辐射区域，策划新建校企共建科研平台 16 家；学校入选教育部首批"高等学校科技成果转化和技术转移示范基地"。

继续教育工作提质增效。扎实推动学历教育向"校外"和"线上"延伸，非学历教育从"规模发展"向"规范发展"转型；出国留学项目、"工商管理高级研修班"项目等孵化成功，国际化、高端化转型持续推进；相继成立干部培训学院、经管培训学院、基层党建培训学院，促进继续教育向专业化、品牌化、有序化方向发展；与清华大学、中科院等 11 家单位共同发起成立了"中国在线学习产教融合发展联盟"；全年学历继续教育共招生 11 718 人、非学历培训 79 901 人次，服务收入 2.61 亿元，较"十二五"期末累计增长 52%；继续教育学院作为江苏高校唯一代表入选"全国优秀继续教育学院"。

五、深入实施国际化战略，国际合作交流走向深入

国际交流规模不断扩大。与英国伯明翰大学等国际知名院校新签和续签交流协议 70 余项。目前，学校与 30 多个国家和地区的 200 余所高校签署合作协议。2019 年，学生出国交流 1 812 人次，同比增长 38%；教职工出国境 534 人次，同比增长 12%。贯彻落实"留学江苏行动计划"，在校留学生共 3 271 人，其中，研究生 283 人，同比增长 10%，留学生规模位居江苏高校前列。

国际合作层次不断提高。与意大利威尼斯大学等高校合作，成功入选欧盟"伊拉斯谟计划"（Erasmus Programme）；与澳大利亚迪肯大学等高校和科研机构合作，获批国家留学基金委"人才国际合作培养项目"3 项；与国际地质科学联合会等组织合作，成立"数字地球科教融合中心"；与中国红十字会、红十字会与红新月会国际联合会合作共建红十字国际学院，助力人类命运共同体建设；以老挝苏州大学为窗口，发起成立"中国-东盟医学教育大学联盟"。

六、加强内控体系建设，资源配置效率不断提高

内部审计有效开展。完成 9 家二级单位的 41 位领导干部的经济责任审计任务；开展工程结算审计、专项审计和科研经费审签工作，完成各类审计 139 项，审计金额 2.12 亿

元，工程结算审减金额 1 711.48 万元；完成老挝苏州大学建设工程项目的竣工结算审计；出台《苏州大学建设工程项目管理审计实施办法（暂行）》《苏州大学内部控制评价办法（暂行）》，自主完成 2019 年内部控制评价工作；持续推进江苏省教育厅关于 2017 年度财务预决算审计及用于经营活动的国有资产管理情况审计整改工作。

资产管理持续规范。完成学校所属 55 家各级各类企业清产核资工作，努力构建产权清晰、权责明确、事企分开、管理科学的现代企业制度；修订出台《苏州大学国有资产管理办法》等 9 个文件；积极推进国有资产信息化建设，建立"国有资产管理服务平台"，利用信息化手段完成年度固定资产清查工作。

七、坚守育人为本初心，校园育人环境持续优化

校园硬件设施不断改善。恩玲艺术中心、青年教师公寓、东校区教工餐厅等投入使用，唐仲英医学研究院大楼建设工程稳步推进，教学楼、图书馆等重点维修改造项目相继开工；独墅湖校区体育馆、学生活动中心，天赐庄校区学生宿舍和东区体育馆改扩建工程通过江苏省发改委立项审批；独墅湖校区体育场、阳澄湖校区公体楼项目顺利推进；学校完成东吴大学旧址校舍修缮工程勘察设计；建设完成"云中苏大"360 教室、智能泊车、智能电表、智能迎新和离校系统等一期项目；推进便利校园建设，推行自助式财务报账、跨校区物流、全校移动支付等服务，完成食堂线上订餐系统，提升了师生的幸福感和获得感。

校园文化氛围日益浓厚。以迎接双甲子校庆为契机，举办庆祝建校 119 周年"感恩·奋进"交响音乐会、第五届校友代表大会，凝聚多方力量，凝练苏大精神，增强苏大人的凝聚力、向心力；举办"初心不改，浩气长存——苏州大学党员英烈生平事迹展""东京审判史实图片展""院士校友展"等文化展览活动，讲好新时代苏大故事；举办庆祝中华人民共和国成立 70 周年系列活动，策划组织"我和我的祖国"主题宣传教育活动，"我和国旗同框""青春告白祖国——艺术扶贫项目"等活动登上央视《新闻联播》。

校园安全工作提档升级。建立校园驻警机制，加强校警联动，形成了预警预防、综合研判、应急处置、责任追究、技术保障机制和重点人教育管控的"5+1"工作机制；完善人防、技防、设施防、制度防"四位一体"大防控体系建设，人脸识别系统完成初期功能验收，校园防入侵联网报警系统正式投入使用；出台《苏州大学安全风险专项整治工作实施方案》，在全校范围内开展"横向到边、纵向到底"安全风险专项整治工作。

八、深化全面从严治党，内部治理结构不断完善

推进全面从严治党。认真学习贯彻习近平新时代中国特色社会主义思想，再次获评"全省党委理论学习中心组示范点"；深入开展"不忘初心、牢记使命"主题教育，认真落实中央"八项规定"和江苏省委"十项规定"精神；贯彻落实党中央全面从严治党部署，着力整治师生身边腐败和作风问题；以政治建设为统领，贯彻落实中央、江苏省委、校党委决策部署；狠抓整改落实，做好巡察整改"后半篇文章"；紧盯重点领域关键岗位探索"嵌入式"监督，着力提升监督治理效能；强化问题导向和目标引领，加强督查

督办。

完善内部治理体系。认真贯彻落实党委领导下的校长负责制,根据中央组织部、教育部党组印发的《普通高等学校党委常务委员会会议和校长办公会议(校务会议)议事规则示范文本》,修订完善校长办公会等议事规则;结合学校发展需要,修订综合改革方案,制定"任务书""时间表",压实责任,激发基层干部干事创业的活力;推进教授治学,落实校领导联系专家制度,围绕一流学科建设组织开展多场特聘教授、工科教授、人文学科带头人座谈会,广泛听取各位教授的意见和建议;修订学术委员会章程,完成学术委员会换届工作,保障学术委员会在教学、科研等学术事务中有效发挥作用;制定出台学生参事管理暂行办法,完成首届学生参事遴选工作,让学生参与学校建设与管理。

深化管理体系改革。落实国家和江苏省《关于深化教育体制机制改革的实施意见》,在依法治校、内部控制、岗位设置、经费管理等方面制定或修订一系列规章制度,提升行政效能;梳理机构职能及岗位设置,完成"三定"与机构设置优化改革工作框架方案,报上级主管部门审核;在国家试点学院改革基础上,逐步推进人、财、物管理权限下放工作;出台职员制改革方案,实现管理人员从"身份管理"到"岗位管理"的转变。

九、扎实做好疫情防控,全面助力打赢疫情防控阻击战

做好校园疫情防控。面对突如其来的新冠肺炎疫情,学校第一时间贯彻落实中央和江苏省委、省政府决策部署,第一时间成立组织机构,第一时间发布防控通告,第一时间研制工作预案,全校上下齐心协力、全力以赴,构筑起疫情防控的"苏大长城"。在组织方面,学校成立了疫情防控工作领导小组和11个工作组,统筹开展疫情防控工作。在校园管控方面,严格实行校园封闭式管理,根据疫情变化情况妥善安排师生员工分期分批错峰复工复学,建立健全师生返校、进出校园、教职工出差等审批制度,与地方政府相关部门成立工作专班,实现校地联防联控。在信息摸排方面,严格执行"日报告""零报告"制度,每天安排专人与身处国内疫情防控重点地区和境外的师生联系,精准摸排师生的健康状况。在物资筹备与募捐方面,先后筹集口罩88万只、消毒液8 043升、防护服1 730套、测温枪437把,募集抗疫资金700余万元;特别是在学校发出战"疫"募捐倡议书并设立"抗击新冠肺炎专项基金"后,学校党员、教职工纷纷通过"东吴聚力汇"平台、银行汇款等方式捐赠共计1 924 582.2元,这些善款及时用于抗疫物资采购及医护人员慰问。在人文关怀方面,及时发布疫情防控政策信息,宣传防控知识,先后向全校医务工作者、学生、校友、境外教师等群体发布慰问信,为需要帮助的师生、医院、学校提供力所能及的帮助。在复工复学方面,学校教师积极响应"停课不停教""停课不停学"的要求,精心筹备"云中课堂",全校共有2 654门课、5 310个教学班实施在线教学,本学期99.51%的课程实现在线教学。在政府、学校、社会各方的关心支持下,学校疫情防控与复工复学井然有序。

助力国家疫情防控。学校第一时间支援抗疫一线,12所附属医院先后选派8批次共204名医护人员奔赴援鄂一线,5人荣获"全国卫生健康系统新冠肺炎疫情防控工作先进个人"称号、5人荣获"江苏省卫生健康系统新冠肺炎疫情防控工作先进个人"称号,19人获江苏省新冠肺炎疫情防控记功奖励,同时,学校选派5位医务人员赴巴基斯坦、1位

医务人员赴委内瑞拉参与疫情防控；学校科研团队争分夺秒投入新冠肺炎科研攻关中，参与了国家自然科学基金新冠基础研究专项等项目，取得了病毒检测试剂盒、智能红外体温监测系统、智能高效环卫消毒机器人等17项应用型技术成果；东吴智库组织报送咨政建言39篇次，相关建议通过《江苏信息摘报》上报国务院办公厅。我们还有更多的师生员工、校友踊跃捐款捐物，参与社区防控宣传、值守排查，为当地疫情防控贡献了一份苏大力量。

各位代表，自2017年学校开始实行总会计师制度以来，总会计师严格按照国家有关法律法规要求，组织领导学校财务管理和会计核算工作。经过近3年的运行，各项机制日益成熟，财务管理更加规范，经费使用和资产管理专业化水平进一步提升。根据大会安排，将由总会计师周高同志向教代会报告学校财务工作，这也是学校推进民主管理的一项新举措，届时请各位代表集中审议这两份报告。

各位代表，2019年以来，学校各项事业总体向好，综合实力稳步提升。在江苏省委、省政府组织的2019年度江苏省属高校首次综合考核中，我校荣获第一等次，其中，高质量发展成效得分、办学治校满意度调查得分、综合考核总得分等均列本科高校（高水平高校）首位。这一成绩的取得，源自全体苏大人携手并肩、耕耘不辍的决心，源自师生员工履职尽责、全力以赴的行动。在此，我代表学校，向各位代表，并通过大家向全校师生员工、离退休老同志和海内外校友表示最诚挚的感谢！

在回顾成绩的同时，我们也清醒地认识到，学校的改革发展还存在着许多亟待突破的瓶颈，诸如应对重大突发公共事件的能力有待提升，推进"双一流"建设的使命感和紧迫感有所松懈，一流本科教育和拔尖创新人才培养还须加强，有重大学术影响的领军人才数量依然不足，师资队伍的国际竞争力、创新活力有待激发，冲击世界一流学科的高峰学科数量仍然偏少，承接国家重大科研任务的能力还须继续增强，原创性与标志性科研成果依然缺乏，办学经费紧张的状况仍然存在等。面对这样的形势和任务、机遇与挑战，我们既要保持战略定力，推动学校各项事业沿着正确的方向继续前进，也要增强忧患意识，未雨绸缪、精准研判、积极作为，坚决打好打赢"双一流"建设攻坚战。

第二部分　下一阶段的主要任务

一、基本思路

坚持以习近平新时代中国特色社会主义思想为指引，深入学习贯彻党的十九大和十九届二中、三中、四中全会精神及全国"两会"精神，坚决贯彻党的基本理论、基本路线、基本方略，认真贯彻落实教育部和江苏省委、省政府决策部署，统筹推进疫情防控和学校发展工作，在疫情防控常态化背景下，坚持稳中求进工作总基调，坚持新发展理念，以强烈的"收官"意识和"开好局、开新局"的决心，加快推进"双一流"建设，以更加优异的成绩向建校120周年献礼。

二、重点工作

(一) 全面加强党的建设

认真学习贯彻习近平总书记在全国"两会"期间的重要讲话精神和全国"两会"精神；开展"不忘初心、牢记使命"主题教育"回头看"，坚持常态化、制度化推进，巩固主题教育成果；加强各级党组织政治理论学习，把党章、宪法作为党员干部经常性的学习内容和教育培训的重点课程；贯彻落实新形势下党内政治生活若干准则，推动"三会一课"、民主生活会、组织生活会、谈心谈话等制度严格执行；提升基层党组织围绕中心工作抓党建的能力和水平，强化基层党组织政治功能；加强马克思主义学院建设和思想政治理论课教师队伍建设；深化落实中央"八项规定"精神，防范"四风"隐形变异新动向；持续开展校内巡察，探索针对科研、教学等领域的专项业务巡察；加强意识形态阵地建设，压紧压实意识形态工作责任制。

(二) 科学制订"十四五"发展规划

全面系统总结"十三五"期间学校改革发展取得的成绩、积累的经验和存在的问题，准确把握学校发展阶段性特征；充分发扬民主，凝聚各方智慧，围绕党的建设、人才培养、学科专业、人才队伍、科研创新、社会服务、国际合作交流、大学文化、校园建设与支撑保障等方面谋篇布局，谋划未来5年乃至更长时期改革发展任务；做好"十四五"总体规划、专项规划和院（部）规划间衔接工作，逐步建立发展规划与年度计划、年度考核相互衔接的机制，形成战略和行动合力。

(三) 着力提升内部治理能力

认真落实党委领导下的校长负责制，实施新修订的党委全委会、党委常委会和校长办公会议事规则；修订《苏州大学章程》，在以《苏州大学章程》为根本制度的框架下，开展现有各项制度的"废、改、立、释"工作，建立和完善有利于学校发展的基本制度、重要制度、一般制度；强化制度执行力，加强制度执行监督；及时梳理并修订人事管理、学科建设、科技管理、人才培养等相关规章制度；积极破除"五唯"，优化学术生态；扩大学术分委员会的学术管理自主权，推进学术管理重心和学术权力下移；不断完善对违反学术规范、学术道德行为的调查认定程序和处理办法，端正学术风气；推进教授治学，落实好校领导联系专家制度，广泛听取各位教授的意见和建议；落实学生参事制度，不断创新学生参与学校治理与管理的模式；持续推进"三定"及机构优化设置改革工作，启动"放管服"和"院办校"改革；统筹兼顾存量和增量、共性和个性、优势和短板等因素，优化年度综合考核体系，充分发挥年度考核的"指挥棒"作用；适时召开依法治校试点改革工作推进会，全面提升内部治理能力和依法治校水平。

(四) 扎实推进"双一流"建设

统筹推进"双一流"建设与高峰高原学科建设，完成"双一流"建设整体自评和江苏省高水平大学建设绩效评价申报工作；扎实做好第五轮学科评估迎评和江苏省高校优势学科三期建设和考核迎考工作；以"双一流"学科为核心，以优势特色学科为主体，以相关学科为支撑，优化学科布局，构建协调可持续发展的学科体系；加强公共卫生和突发公共卫生事件应急管理学科建设，持续推进学科前沿研究激励计划；推动交叉学科建设，切实完善鼓励学科深度交叉的投入及运行机制。

（五）不断完善一流人才培养体系

积极谋划新工科、新文科、新农科、新医科建设与改革，探索成立博习书院，扎实推进师范学院、东吴学院、巴斯德学院、红十字国际学院建设；落实教育部一流专业"双万计划"，高水准推进14个国家级和4个省级一流本科专业建设点建设及相关专业培育工作；落实"新时代高教40条"和"六卓越一拔尖"计划2.0版，开展人才培养方案修订；加快推进教研室建设，加强一流教学团队、优秀教材及教学成果奖培育工作；深化"三全育人"改革，推进"五育"并举；健全学位点建设动态预警机制，做好新一轮博士点申报、专业学位水平评估、江苏省硕士学位点合格评估及学位点动态调整工作。

（六）全力做好毕业生就业工作

深入贯彻落实党中央"六稳""六保"决策部署，健全完善学校多部门与各学院（部）协同合作的毕业生就业指导服务体系，广泛调动教职工、校友、社会各界力量做好毕业生就业工作；进一步拓宽渠道，不间断地举行"百校联动名校行"苏大线上招聘活动，为学生提供更多的就业岗位；开展"点对点"线上服务，升学和就业双管齐下，提升就业管理服务水平；简化手续办理流程，通过邮寄、传真、工作人员代办、网上办理、线上提交材料等方式完成相关就业手续办理，帮助解决毕业生就业的后顾之忧；继续关爱、帮扶家庭困难和就业困难学生，及时提供补助和帮助。

（七）全面加强师资队伍建设

完善人才引进顶层设计，面向国际学术前沿，聚焦新兴交叉学科，优化人力资源配置，力争在国际学术大师引进和使用方面取得突破，"让高端更尖端"；加大对具有发展潜力的青年才俊的培养和支持力度，"让青年更拔尖"；出台博士后工作管理等办法，探索建立海外联合招收博士后制度，吸引更多更优博士后加盟；对接国家、行业、地方重大战略需求，加强专职科研队伍建设；探索准聘、长聘制改革，实行"非升即走"聘用制度；持续推进教师岗位供给侧结构性改革、薪酬体制与分配制度改革，完善绩效工资改革方案；建立健全师德师风建设长效机制。

（八）持续提升科研创新能力

瞄准学术前沿和国家重大战略需求，做好国家自然科学基金重点和重大项目策划申报工作；探索交叉研究模式，组建交叉大平台；加强国家级科研成果与科研平台培育工作；培育军工科技团队和平台，促进军民融合发展提质增效；深化政产学研用协同创新，促进科技成果转移转化；实施文科成果提升计划，完善人文社科优秀学术团队运行机制，提升文科的学术话语权；加强智库建设，积极承办"对话苏州"活动，打造有特色的高水平咨询机构。

（九）着力提升资源配置效率

树立"过紧日子"的思想，优化财政支出结构，切实保障重点领域支出，坚决压减一般性支出；加强预算绩效管理工作，建立校内专项资金绩效考核指标体系和考评办法，提高资金使用效益；做好领导干部经济责任、工程建设、专项资金、科研经费审计工作；规范无形资产管理，理顺管理体系；继续推进大型仪器设备开放共享，提升使用效益；基本完成学校全资及控股企事业单位改制工作。

（十）不断提升开放办学水平

全面深化"名城名校融合发展"战略，继续推进省市共建苏州大学工作，加强与昆山市、张家港市、苏州工业园区、吴江区、相城区等市（区）的战略合作；加快未来校区建设和文正学院、应用技术学院转设工作；培育打造苏州大学实验学校品牌；做好与拉萨师范高等专科学校、贵州医科大学、铜仁学院、淮阴师范学院对口援扶工作；深入推进与中国红十字会、中核集团、中广核、华为等组织和企业的战略合作，将外部资源转化为学校的发展优势；以建校120周年为契机，大力开拓与世界知名高水平大学的战略合作伙伴关系；继续拓展与国外大学联合培育博士和博士后项目；积极发挥线上优势，推动国际学生招生工作；继续办好孔子学院、"中非高校20+20合作计划"等项目；制订老挝苏州大学发展规划，完成校舍验收交接工作；修订《苏州大学外国留学生管理办法》，推进留学生趋同化管理；适时召开国际化工作推进会，举办"国际周"主题活动，营造"在地国际化"氛围。

（十一）认真做好120周年校庆工作

总结凝练学校120年来的办学经验和优良传统，办有高度、有深度、有温度的校庆；加强校史研究，充分发掘、整理学校办学历程、历史名人、校史轶事，凝练核心价值和文化精神，讲好苏大故事；积极挖掘凝练苏大人敢于争先、负重奋进、追求卓越的"奋斗者"典型，讲好校友故事；适时发布建校120周年纪念活动日程安排，举办系列庆祝活动；拍摄制作校庆宣传片，精心策划专题报道和深度报道；营造饮水思源的校友文化，多渠道、多层次、全方位筹措发展资金。

（十二）继续完善民生服务保障体系

推动东吴大学旧址校舍修缮工程；推进各类体育场馆、学生宿舍、学生活动中心等项目立项和建设工作及唐仲英医学研究院大楼内装工程；加强公用房定额核定、费用收取和清退等工作；统筹推进"云中苏大"建设，及时制定数据标准、数据管理等办法，打造"互联网+"校园生活新生态；多措并举筹措办学经费，保障教职工的收入待遇；持续做好关心老同志工作，认真落实离退休老同志的政治和生活待遇，加强"暖心工程"建设，推进"文化养老"工作；关注师生身心健康，做好师生体检和新生参保工作。

（十三）持续做好疫情防控和校园安全工作

始终把师生的生命安全和身体健康放在首位，继续抓紧、抓实、抓细常态化疫情防控工作；回应社会和师生关切，完善全面返校复学工作方案；强化疫情风险意识，外防校外传入、内防校内传染；持续健全防治结合、联防联控、群防群治工作机制，完善学校传染性疾病防控体系；完善应急物资保障体系，做好防控物资采购储备工作；将"防疫"变为"教材"，广泛开展生命教育、科学教育、道德教育；建立健全校园安全工作体制机制，加强预警、教育、督查和倒逼等手段，确保各项安全措施全面落实到位；贯彻安全工作责任制，加强安全检查和隐患排查整改，保障食品、消防、设施、能源和医疗等安全；构筑网络安全防护体系，加强校园网络安全防护工作。

各位代表，第七届教代会自成立以来，以对学校事业高度负责的态度，认真审议大会报告和文件，聚焦"双一流"建设和教职工关心的实际问题，积极建言献策，共提出了67份提案，涉及人才培养、科学研究、职称评审、收入分配、医疗保障、资源共享、开源节流等方面，充分反映了广大教职工对学校的深厚感情和对事业发展的热切期盼，也充分体现了广大教职工的主人翁意识。在此，我代表学校，向第七届教代会及执委会、向全体代表的认真履职和努力工作表示衷心的感谢。我们将继续为第八届教代会各位代表履行职责、开展活动创造条件、提供便利，衷心希望各位代表一如既往地支持学校发展，多提宝贵意见和建议，我们也将继续做到"代表有所呼、学校有所应"，齐心协力，共创一流。

各位代表、同志们，使命重在担当，实干铸就辉煌！2020年，我们要继续坚持以习近平新时代中国特色社会主义思想为指引，始终保持坚定不移的信心、抓铁有痕的劲头、坚韧不拔的毅力，抢抓国家"双一流"发展机遇，把一流意识、一流目标、一流标准内化于心、外化于行，融入日常、贯穿始终，为把苏州大学早日建成"人民满意、国际认可、世界尊重"的高水平研究型大学继续不懈奋斗！

最后，预祝本次教代会圆满成功！谢谢大家！

约 定

——熊思东校长在2020年毕业典礼暨学位授予仪式上的讲话

（2020年6月28日）

亲爱的同学们，大家好！

此刻，我站在百廿苏大的起点——钟楼与大家交谈，可谓百感交集，思绪万千。2020年，对于世界、对于中国、对于我们每个人都是很特别的一年，对于苏大，这份特别就更添一分。今年是我们建校120周年，回首过去120年波澜壮阔的办学史诗，如长江蜿蜒，虽经曲折，却奔腾不息。

当时光回拨至1900年，苏大历史的扉页上，写着这样一个故事：来自大洋彼岸的林乐知（Young John Allen）、孙乐文（David L. Anderson）、潘慎文（Alvin. P. Parker）和长居苏州的曹子实（Charley Marshall）等前辈，走遍姑苏城，来到天赐庄，建立了一所以全新的教育理念举办的新型大学堂东吴大学（Soochow University）。打开视野、敢为人先，这一年便是苏州大学的庚子元年。

当历史定格于1960年，这一年，苏大人响应国家"向科学进军"的号召，成功研制了我国第一架5 000倍投影显微镜，极大地拓展了我们探究自然科学的视野；这一年，我国血液学奠基人之一陈悦书教授首次招收研究生，标志着学校中断了10余年的研究生教育全面重启；这一年，学校的前身之一、原苏州丝绸工学院正式成立。与时俱进、开拓创新，这一年便是苏大的第二个庚子年。

2020年，再遇庚子年，苏州大学站在新时代、新甲子的交汇点上，每一位苏大人都对新一年充满了期待和憧憬。我们无数次想象过120周年校庆的盛况，同学们也无数次想象过毕业庆典的场景，但是突如其来的新冠肺炎疫情，打乱了我们既定的计划和节奏。疫情的现状，迫使我们不得不将传统的毕业典礼仪式"升"上云端。尽管方式不同往年，但庄重依然、温情别具、充满惊喜。飞云之上，我们一样能看到绿树成荫、听到声声蝉鸣；隔着屏幕，我们一样能山水相连、心手相牵。此刻，散落在天南海北的你们，被网络和学校的牵挂一线串联。这是苏大120年办学史上第一次举办的"云"上毕业典礼，也是一场零时差、零距离、零缺席，全球苏大人同步观礼的盛典。

2020届的你们，注定与众不同！你们原本计划好的毕业季 to do list（待办事项清单），因为疫情，添上了许多不期而遇的变化：开学无限延期，毕业遥遥无期，被迫在家待机。你们原本打算在寒假里"弯道超车",给毕业论文一个完美的 revision(修订版),谁知调研去不成、实验做不了,导师只能线上辅导。磨人的不仅仅是毕业论文,一再推迟的复试时间、迟迟不来的 offer(录用通知)、反反复复的求职面试、无限搁浅的毕业旅行,还有那苦苦维系的异地恋情,2020 届的你们真是"太南了"。难归难,烦归烦,你们一面用智慧和汗水将困难一一克服,一面力所能及地投入这场战"疫"中。收到你们寄来的抗疫物资,听到你们勇斗疫情的感人善举,看到你们线上答辩时的沉着冷静和"云"中求职时的自信满满,我由衷地感慨"失之东隅,收之桑榆",你们成长了,你们成熟了!

但是,我们现在所处的这个世界,依旧并且有过之而无不及地充满了不确定性。正如古希腊哲学家赫拉克利特(Heraclitus)所说:世上唯有"变化"才是永恒的。变化的不确定性,或许就是当今世界最大的确定。在纷繁复杂、变动不居的社会中,如何保持人生的航向,避免迷失自我、丢失自我?我想,我们需要有约定。约定,意味着有言在先、有约在先、以终为始,它将成为我们思想的稳定器、成长的路线图、行动的导航仪。

谈到约定,我们实曾有过。诸君是否还记得,4 年前的 9 月 20 日上午 9 点,伴随着悠扬的钟声,我们相聚在钟楼南草坪,共同许下了青春之约。我们曾约定,将大学之行作为认识自我的发现之旅。我在典礼上介绍的 42 位同学中,那位来自祖国最东边的姜昕彤同学,4 年来,她扛着三脚架走遍了校园的每一个角落,用 13 286 张照片记录了苏大的光影,发现了最美的苏大,苏大也发现了最美的她;还记得那位来自祖国最南边的吴淑怡同学吗?她已然成为一名跨越山海的国际志愿者,参加过泰国大象的保护工作,做过当地贫困儿童的中文老师,她用爱心温暖了他人,也照亮了自己。尼采所说的那个"离你最远的自己",已真正"成为你自己"。我们曾约定,将大学之行作为完善自我的成长之旅。社会学院的房梓晗同学,4 年里,她跨越三大洲,在研修交流中感受了艺术的伦敦、踏过雨边的清迈、拥抱过热情的奥克兰,她以脚步丈量世界,在行走中不断成长;轨道交通学院的黄蕾同学,她不问成败、但求耕耘,跨界参加了各类学科竞赛并在美国数学建模大赛中荣获一等奖。在大学这个舞台上,你们不仅仅做了导演,也成了最佳主角。我们曾约定,将大学之行作为超越自我的追梦之旅。有位被同学称为"实验室一姐"的纳米学院的佘嘉霖同学,独墅湖畔的晨光与 909 号楼的灯光,记录了她勤奋的模样,愿获得"欧盟伊拉斯谟计划"(Erasmus Programme)全额资助的她,在逐梦科研的道路上永不停歇;医学部的冯雨同学,在疫情防控最严峻的时候,主动请缨坚守发热门诊,尽早发现了新冠肺炎患者并让他们得到了及时的治疗,大"疫"之下显真情,他以逆行的背影践行了医者仁心的誓言。正是你们这一点一滴的积累,一步一个脚印的自我超越,中华民族伟大复兴的中国梦正成为现实。

今天,我无法一一回顾你们每个人的履约之行,但文星阁旁的琅琅书声、炳麟馆中的奋笔疾书、东吴桥上的披星戴月、工训中心里的废寝忘食、体育馆里的挥汗如雨、社会实践路上的铿锵脚步、国际舞台上的神采飞扬,所有你们曾挥洒汗水的地方,都是这份青春之约的见证者,你们是最可爱的履约者、最守信的追梦人!

同学们,毕业就像一束光,自过去点燃,把未来照亮。今天,站在毕业的门口,你或许可借由这束光,看见美丽新世界的入口。然而,人生海海,前方仍有数不清的关隘。在这个唯变不变的时代,在新的征程中,你们还将面临一次又一次的"通关升级"。此刻,我想将千叮万嘱化作几个约定,希望能充实你们的行囊,伴你们行者无疆。

相约2020,不晚起,要奋起。此刻的你,带着不舍与豪情挥别母校,迈向人生新的战场。人勤春来早,奋起正当时。年轻的你们正处在起好步、开好局的黄金时期,愿你们带上在大学时期陪伴你们成长的两位战友"学习"和"锻炼"。学习,是你们披荆斩棘的有力武器;锻炼,将为你们打下奋斗之行的坚实根基。希望若干年后,卷不离手的你,能看到不一样的诗和远方;勤于锻炼的你,依然能够轻松穿上今天的衣裳,拥有傲人的发际线。

相约2030,不怕输,不服输。离开母校10年的你,可能有了幸福的小家庭和稳定的事业,也可能在犹豫要不要更换跑道,重新出发。人生是一个不断挑战的过程,不要因为怕失败、怕失去,而停止了逐梦的脚步。请相信,吃过的苦、受过的累、掉进的坑、走错的路,都不过是人生的潜伏,它终将在最好的时间助你破茧成蝶。愿你带上不服输的心,去追,去闯,去乘风破浪。

相约2040,不贪心,守本心。毕业20年的你,随着时间的流逝,人生的加法越算越快,身边的诱惑越来越多。愿那时的你已经懂得人生的减法,学会舍去让你身心俱疲的欲望,丢掉让你迷失自我的攀比。名利和财富或许能证明你是一个成功的人,但我更希望你始终守住本心,做一个有责任、有温度、释放善意的好人,这远比做一个成功的人更难,但也更重要。

相约2050,不设限,创无限。离开母校30年的你,也许已迈入了知天命的年龄。天命是什么?《哪吒》说:"我命由我不由天。"时间和年龄从来都不是命运的设限条件,更不是衡量成长的标准。每个人的潜能无限可能,请不要为自己设限。生活给了你阅历,岁月给了你考验,日新月异的社会带来了机遇,这些都是命运的馈赠。天命不应该是坐而享受,而应该是用行动创造惊喜,让人生变得无限可能。

相约母校,不恋家,常回家。未来,还有毕业40年、50年及更长时间的日子。无论你们走多久、行多远,苏大永远是你们的家。我很高兴你们爱家,却不希望你们因为留恋家的美好,而失去搏击未来、拥抱未知的勇气。家,是一个长大后注定要离开的地方,也是一个不常在身边却牵挂一生的地方。愿你将这个家置于视线里、藏在心深处。在母校遇到困难时,请你帮助她,为她穿上坚实的铠甲;在母校意气风发时,分享她的喜悦,也善意地提醒她行稳致远。愿你们从青丝到白发,心归处,是苏大。

相约时代,不拒变,善应变。面向未来,不确定性依然在加大,但我坚信时代会向更好的方向发展,我们要用发展的眼光看待她、用包容的心态融入她、用切实的行动创造她。希望你们面对日新月异的变化时,与时俱进、跟上步伐;面对难以逾越的文化鸿沟时,尊重差异、开放包容;面对人类共同的难题时,扛起责任、展现担当。愿时代成就你们,更愿你们照亮时代。

相约祖国,不缺位,守好位。在初出茅庐时,我们要想想"能为祖国做什么";在纵横职场时,我们要想想"为祖国做了什么";在功成名就时,我们要想想"还能为祖国再做些什么"。在我看来,鲁迅先生所说的"有一分热,发一分光"就是最好的回答。为学者,以文载道、经世致用;为医者,以德立身、敬佑生命;为师者,以身布道、润物育苗;为政者,以民为本、造福一方……每个人在自己的岗位上发热发光,就是为祖国做出的最好贡献。愿因为有你,祖国未来风光无限。

同学们，后浪总会入海，青春不说再见。再过112天，也就是今年10月18日，学校将举行建校120周年发展大会，希望大家作为最年轻的校友，返校重聚。当然，无论你们是毕业1年、10年还是50年，母校随时欢迎你们回来，往后每届毕业典礼，你们都有参加的特权，我们会准备好新的学位服，预留好VIP座席，请主礼教授亲手为你们扶正流苏，让今年的遗憾少一些，再少一些。

同学们，今天你们就要告别母校，驶入崭新而宽广的新航程。愿你们加满油、把稳舵、鼓足劲，驶向更加光明的未来。请大家不要忘记我们的约定，也请不要忘记母校"临行密密缝"的深情厚意，更不要忘记苏大人的追求和使命！

有了约定，重逢就不再是无期。同学们，前方多珍重，后会自有期！

党委常委会工作报告

——校党委书记江涌在校党委十二届十次全体会议上的讲话

（2020年9月5日）

各位委员、同志：

受党委常委会的委托，我向大家报告2020年上半年党委常委会工作。

2020年上半年，党委常委会坚持以习近平新时代中国特色社会主义思想为指导，深入贯彻党的十九大和十九届二中、三中、四中全会及全国"两会"精神，贯彻落实习近平总书记关于疫情防控工作和教育的重要讲话指示精神，坚决落实中央和江苏省委决策部署，积极应对新冠肺炎疫情带来的严重影响和巨大挑战，统筹做好疫情防控和学校事业发展各项工作，扎实推进"十三五"规划收官和"十四五"规划编制，学校党的建设与改革发展取得了新进展、新成效。学校作为江苏省属高校唯一代表在全省2019年度高质量发展总结表彰大会上做大会交流。

一、旗帜鲜明讲政治，坚持和加强党对学校工作的全面领导

一是重视和加强党的政治建设。制定实施加强校领导班子政治建设25条措施、二级单位领导班子政治建设10条措施，开展党的教育方针贯彻落实情况调研，对学习贯彻习近平总书记关于教育、高等教育重要指示批示精神的情况进行"回头看"，进一步增强"四个意识"，坚定"四个自信"，做到"两个维护"。坚持"第一议题"学习制度，在党委常委会议"第一议题"安排习近平总书记重要讲话指示和中央重要精神的学习，推行中心组学习领学方法，制定《党委理论学习中心组巡学旁听实施细则》《教职工"双周三"政治理论学习实施办法》，加强巡学督促，校党委理论学习中心组集体学习7次，开展了为期两天3次的集中学习调研，深化、实化新思想全面系统学、及时跟进学、联系实际学。巩固拓展"不忘初心、牢记使命"主题教育成果，扎实推进有关后续工作，促进领导班子运行状态、校园政治生态、事业发展势态"三态"持续向好。

二是坚持和完善党委领导下的校长负责制。严格执行新修订的党委全委会、党委常委会和校长办公会议事规则。党委常委会围绕疫情防控、"双一流"建设、"十四五"规划编制、东吴学院成立、全面从严治党等方面的重大事项进行多次研究，全力支持校长依法

独立负责地行使职权、开展工作。校长办公会按期召开,保证以人才培养为中心的各项任务积极推进。学术委员会完成换届,学术委员会议事规则制定实施。八届一次教职工代表大会、第十四次工会代表大会顺利举行,选举产生新一届教代会执行委员会、提案工作委员会和工会委员会、经费审查委员会,建立实施校领导联系教代会代表制度和教代会执行委员会委员联系教代会代表制度。关工委优质化建设扎实推进。学校获评"江苏省2019年度基层侨务工作优秀单位"。

三是扎实推进"十四五"规划编制。成立"十四五"改革发展规划编制工作领导小组,制订实施《"十四五"改革发展规划编制工作方案》,明确规划编制目录及调研重点。赴浙江大学、南京大学、东南大学、中山大学等高校开展实地调研,召开发展目标与战略定位、本科教育与立德树人、全面从严治党等专题工作会议及"十四五"规划调研成果交流会暨编制工作推进会,系统分析、总结"十三五"期间学校改革发展的成绩、经验、问题及外部机遇与挑战,科学谋划未来5年乃至更长时间的改革发展任务。

四是做好宣传思想和意识形态工作。紧扣学习贯彻十九届四中全会、全国"两会"、抗击疫情、对口帮扶、"双一流"建设、高知群体入党等主题,加强师生思想政治教育,加大内外宣传工作力度,上半年在《光明日报》《中国教育报》等媒体上发表新闻宣传稿件300余篇。江苏省委常委、苏州市委书记蓝绍敏在苏州大学"云上毕业典礼"上深情寄语毕业生勇当新时代奔腾的"后浪"。结合学校120周年校庆筹备,组织开展校史编纂、话剧《丁香·丁香》编排、宣传片制作等工作,学校在 Nature 全球发行120周年校庆特刊。认真落实意识形态工作责任制,做好意识形态领域分析研判和情况报告工作,加强对社团、新媒体等阵地管控。"全国文明校园"创建工作取得积极进展。

二、坚持师生为本、生命至上,抓细抓实新冠肺炎疫情防控工作

一是压紧压实疫情防控责任。坚决贯彻落实习近平总书记关于新冠肺炎疫情防控工作的系列重要讲话和重要指示批示精神,贯彻中央、江苏省委决策部署,把师生员工的生命安全和身体健康放在第一位,把抓好疫情防控工作作为重大政治任务,成立疫情防控工作领导小组和11个专项工作组,充分发挥基层党组织战斗堡垒作用和广大党员先锋模范作用,毫不松懈地做好疫情防控工作。各级领导坚持靠前指挥,密集分赴防控关键岗位和单位,夯实基层防控主体责任,团结带领全校师生员工坚决打赢疫情防控的人民战争、总体战和阻击战。

二是精准落实疫情防控和安全工作举措。严格实行校园封闭式管理和疫情"日报告""零报告"制度,制定实施疫情期间各类各项师生服务管理制度,积极筹措防疫物资,开展疫情防控应急演练,全面落实联防联控举措。坚持"停课不停教""停课不停学",99.51%的课程按照新的教学方案稳步开展在线教学,全校共开设2 654门课、5 310个教学班。妥善做好师生分期分批错峰返校和毕业生离校工作。维护校园安全稳定,召开2020年度安全工作会议,加大校园安全检查、隐患排查、整治整改力度,构建实验室安全长效机制,筑牢平安校园"防护墙"。

三是积极贡献抗疫苏大力量。及时出台激励举措动员广大师生投身疫情防控,先后共8批204名医务人员驰援湖北战"疫"一线,2 000余名师生、参与抗疫志愿服务,国内

外师生、校友积极筹措防控物资助力疫情防控。成立抗疫专项基金，面向全校共产党员、教职员工发出战疫募捐倡议书，全校6 536名师生党员累计捐款192万余元。围绕防控急需开展科研攻关，获批国家自然科学基金新冠基础研究专项2项，梳理出病毒检测试剂盒、智能红外体温监测系统等应用型技术成果17项，其中，智能高效环卫消毒机器人被免费捐赠至湖北孝感、襄阳等防疫一线。就做好疫情防控、开学和毕业生就业工作积极向上级建言献策，有关疫情期间开学工作的建议通过《江苏信息摘报》上报国务院办公厅，有关同志关于稳就业工作的建议受到时任江苏省省长吴政隆的批示。苏州大学出版社履行社会责任，组织编辑出版《新型冠状病毒感染防治实用手册》，电子书免费向读者开放。密切加强抗疫国际合作，及时向全球友人致函致电发去慰问，向美国、意大利、波黑、马来西亚等多国合作伙伴和海外校友、境外师生寄送防疫抗疫物资，有力协助抗击疫情。苏州大学各附属医院共有4人获评"全国抗击新冠肺炎疫情先进个人"，5人获评"全国卫生健康系统新冠肺炎疫情防控工作先进个人"，1人荣获"中国青年五四奖章"，90人次获得省部级各类表彰、记功奖励，苏州重症救治医疗队获评"全国卫生健康系统新冠肺炎疫情防控工作先进集体"，苏州大学附属青海省人民医院赴湖北医疗和护理队获评"全国抗击新冠肺炎疫情先进集体"。中央电视台新闻频道、"学习强国"等媒体宣传报道了学校抗疫工作。

四是因势利导加强思想政治教育。探索战"疫"思政课在线教学，校党委书记、校长面向全校师生讲授疫情防控"开学第一课"，汇编《苏州大学附属医院抗"疫"纪实》，举办附属医院抗疫先进事迹展，辅导员开讲"战疫情——我想说给你听"系列思政微课，全面推进抗疫精神进课堂、进教材、进头脑。开通网上心理援助热线，发放《大学生抗疫心理关怀手册》《疫情期间大学生心理防护指南》，为疫情重点地区92名贫困生每人发放500元补助，帮助家庭经济困难学生及处在中高风险地区的师生纾困解忧。

三、统筹推进"双一流"建设，不断深化研究型大学内涵式发展

一是加快推进一流学科建设。实施学科前沿研究激励计划，做好中央支持地方高校改革发展资金等专项资金使用与绩效考核。统筹做好教育部"双一流"建设动态监测、江苏高水平大学建设工作总结、第五轮学科评估迎评、江苏省高校优势学科三期项目中期自评等工作，推进学科建设"登峰计划"。学校新增农业科学、环境科学与生态学2个ESI全球前1%学科。20个学科跻身2020"软科世界一流学科"，其中，生物医学工程、纳米科学与技术学科世界排名前10，6个学科世界排名前50。

二是持续完善高水平人才培养体系。制定《贯彻落实2020年高校思想政治工作重点任务清单的若干举措》，明确思想政治工作年度重点任务。实施党委书记年度履职亮点项目，完善以立德树人为根本的"五育"并举的一体化育人体系，推进本科生"成长陪伴"计划和研究生"成才支撑"计划，启动"体育伴成长"体育俱乐部计划，制定《关于切实加强新时代美育工作的实施意见》《本科生劳动教育课程建设指导意见》。与江苏省委宣传部、苏州市委宣传部共建马克思主义学院。

多措并举加大招生宣传力度，录取本科生6 690人，其中，省内录取3 799人，占总计划的56.92%，苏州大学是在江苏录取人数最多的"双一流"高校。省外24个非高考

改革省份中苏州大学文理科录取分数较往年上升的省份分别有19个、16个，省外6个高考改革省份中苏州大学文理科分数线保持稳定。第二学位招生35人。录取研究生6 138人，其中，博士研究生478人，首次进行线上复试，硕士研究生全面实行一级学科命题招考。

深化一流本科教育改革行动计划，召开一流本科专业建设推进会，研制"专业建设数据评价模型"，开展纳米材料与技术等4个工程教育专业和历史学专业师范类第二级专业认证自评自建，组织外国语言文学类等13个专业学类迎接2020年度江苏省本科专业综合评估。巴斯德学院英才班首次招生，东吴学院正式成立，师范学院积极构建"三位一体"校地协同育人体制机制。引入优质在线教学资源，出台本科生在线开放课程学分认定管理办法、教材管理办法，规定30%的学分可源于修读国内外名校在线开放课程。积极推进"双创"教育，学生摘得第十一届"挑战杯"江苏省大学生创业计划竞赛金奖1项、银奖5项，获得第六届江苏省"互联网+"大学生创新创业大赛一等奖5项、二等奖7项，5支队伍入围"青年中国行"暑期调研活动全国百强。继续教育规范化特色化建设不断深入，干部培训等非学历教育有序恢复，退役军人事务培训学院成立。

贯彻全国研究生教育会议精神，召开全校研究生工作会议，部署推进研究生教育改革相关工作。深入推进博士研究生教育综合改革试点，出台《本硕博一体化培养实施办法（试行）》《关于"加快人工智能领域人才培养进一步促进学科融合"的实施方案》。组织完成教育部2020年度学位授予点专项评估，成立第四届研究生教育督查与指导委员会，推进研究生课程教学改革，修订《研究生教学管理实施细则》，立项第二批研究生教育成果培育项目10个、精品课程16门，获批江苏省研究生培养创新工程项目137项，研究生学位论文质量全过程管理进一步加强。

三是不断深化科研高质量发展。贯彻教育部、科技部《关于规范高等学校SCI论文相关指标使用　树立正确评价导向的若干意见》等文件，出台《关于树立正确科研评价导向的意见》，修订科研激励、科研平台、知识产权、科技成果转化等管理办法，健全完善科研评价体系。陈林森教授获第十一届"发明创业奖·人物奖"特等奖，孙立宁教授获第二届全国创新争先奖，乔东海教授团队为"天问一号"成功发射做出积极贡献。学校获得2019年度江苏省科学技术奖12项，其中，一等奖3项。2020年上半年，科研到账总经费3.28亿元，同比增长40%；国家自然科学基金集中受理期申报科研项目1 762项，同比增长14%，申报数创历史新高；获批国家重点研发计划重点专项项目主持3项、课题主持5项，科技部重点领域创新团队1项，科技创新领军人才2项。军工科研加大推进，组织申报各类纵向军工项目28项，签订军工横向项目合同27项。横向科研项目到账经费同比增长45.2%，专利转让位列"中国高校专利转让排行榜"第10位，苏州大学国家大学科技园作为唯一高校科技园入选"江苏省互联网众创园"。

推进人文社科学术科研平台和团队建设，制定实施《人文社会科学优秀学术团队管理办法》，首批遴选8家人文社科校级重点科研机构进行培育建设。上半年，申报人文社科各类纵向项目565项、各类社科成果奖419项，横向科研项目到账经费同比增长10%；报送咨政建言43篇次，其中，获省部级以上批示8篇次。设立"博瑞人文奖教金"计划，启动实施青年教师国家社科基金培育项目，继续推进优秀学术专著出版资助计划，拟资助出版高水平著作19部。东吴智库牵头组织开展"新时代'苏州精神'"重大委托课题研究，认真总结"三大法宝"经验。学报编辑部联合中国高等教育学会高等教育学专业委员会、学校教育科学研究院举办新时代高等教育发展暨大学治理学术论坛。苏州大学出版社3种图书获得2020年度国家出版基金项目立项，1种图书入选2020年度江苏省主题出版重点出版物。

四是主动服务国家和区域高质量发展。深化与贵州"三地四校八院"的合作，与铜仁市人民政府签署战略合作协议。贵州省委书记、省长带队来校考察，对学校对口帮扶工作给予充分肯定。积极参与材料科学姑苏实验室建设，新成立8个校级协同创新中心。文正学院、应用技术学院转设工作有序开展，吴江未来校区建设稳步推进。各附属医院统筹做好疫情防控和医疗救治工作，附属第一医院总院二期建设正式开工，附属第二医院应急急救与危重症救治基地及浒关二期建设大力推进，附属儿童医院全力打造区域儿科医学中心，附属独墅湖医院年内投入试运行。

结合疫情防控，统筹做好国际交流合作。与新加坡国立大学、加拿大滑铁卢大学、尼日利亚拉各斯大学、英国贝尔法斯特女王大学等签署国际合作交流协议17份。加强中外合作办学项目的归口管理，组织申报教育部国际司"亚洲合作资金"项目、江苏省高校中外校群联盟合作项目、中泰教育联盟项目、苏州友城高校联盟项目等。积极开发学生线上海外交流项目，申报国家留学基金委来华留学生项目。

五是持续优化师生服务保障。成立财经领导小组，制定实施《财经领导小组议事规则（暂行）》，规范学校财经管理工作程序。编报《2019年度内部控制建设情况报告》，内部控制评价报告自评结果为优秀。经济责任、工程管理、专项审计、科研经费审签等内部审计进一步规范加强。固定资产盘点工作有序开展，经营性用房管理不断规范，校办企业体制改革方案得到上级主管部门批复同意，各项改革稳妥推进。912实验楼投入使用，学生宿舍、食堂、独墅湖教工餐厅、博远楼、存菊堂、东吴学院、莘园、档案馆库房等一批维修改造项目有序进行，独墅湖校区体育馆、学生活动中心、东区体育馆、阳澄湖公体楼等项目稳步推进。"云中苏大"加快建设，WeLink视频会议系统推广使用，图书馆线上线下文献资源建设、古籍整理、信息服务等工作积极开展，博物馆文化阵地和文化窗口作用充分发挥，大型仪器共享管理平台管理效能和实验材料管理服务保障能力不断提升，智能制造实训平台建设得到加强，阳澄湖校区商业基本业态逐步完善，学校集中采购贫困地区农副产品助力脱贫攻坚，垃圾分类、"厉行节约、反对浪费"成为校园新风尚。

落实"六稳""六保"，制定《应对新冠肺炎疫情做好2020届毕业生就业工作的十条意见》，开展网上签约、就业指导、职业生涯规划辅导、就业专项心理咨询等"云服务"，举办大型综合招聘会6场、空中宣讲会79场，参与企业3 000余家，提供岗位2万余个。组织参与"特岗计划""大学生村官""三支一扶""西部计划""苏北计划"等基层服务项目，引导毕业生到基层和脱贫攻坚一线就业创业。学校总体初次就业率为72.73%，本科生初次就业率和出国升学率稳中有升，分别为74.96%、36.94%。教育部简报专题报道苏州大学毕业生就业工作经验做法。退休"中人"养老保险待遇核定和阳澄湖校区人员养老保险关系转移工作加快推进，一批教职工子女入学问题得到妥善解决。基金会与苏州市慈善总会共建"思源爱心基金"助力困难学生。

四、贯彻新时代党的建设总要求和新时代党的组织路线，为夺取双胜利提供坚强政治保证

一是更大力度建强基层战斗堡垒。深入组织实施党组织"对标争先"建设计划，大力推进5个全国党建工作标杆院系、样板支部的培育创建，评选校级党建工作标杆院系、样板支部培育项目9个，机关部门党员处长（主任）兼任支部书记100%实现。2人获评"江苏省优秀共产党员"，4人获评"苏州市优秀共产党员""苏州市优秀基层党组织带头人"。在高知群体中建立发展党员"双轨"机制，2020年上半年共发展党员611名，其中，20名来自高知群体。疫情期间59名一线医务人员递交入党申请书，14名入党申请人被破格确定为入党积极分子，9人在疫情防控斗争一线入党，其中，6人经江苏省委组织部批准，破格"火线入党"。夯实基层党建基础，增列党建工作专项经费，举办教职工党支部书记示范培训和专兼职组织员专题培训，启动党建AI"润心"项目，附属第一医院"红细胞"党群服务中心入选第二批市级"海棠花红"先锋阵地。

二是更高标准推进高素质专业化干部队伍建设。健全"五突出五强化"干部选用机制，坚持"来源最优、培养最优、使用最优、要求最严"的标准，建立政治、廉洁"双鉴定意见"机制，上半年完成4家学院（部）行政领导班子换届、35位同志民主推荐考察和18位试用期满干部民主测评、考察。完成2019年度二级单位领导班子、处级领导职务干部和聘任制干部考核工作，评选"担当作为好干部"22位。贯通用好"三项机制"，2名受到党纪处分的干部被重新启用。以政治素养、专业能力提升为重点优化干部培训内容，完善集线上授课、线下调研和实践锻炼等于一体的干部培养体系，选派一批年轻干部参与江苏省第十三批科技镇长团、江苏省委帮扶工作队、教育部挂职工作。统筹做好党外干部选拔培养工作，新提任5位党外干部。严格执行干部交流或轮岗的有关规定，完成14位干部的交流。严格执行领导干部报告个人有关事项"两项法规"，规范做好处级干部因私出国（境）审批、档案核查、兼职管理等工作。

三是更实举措加强高水平人才队伍建设。坚持把师德师风建设融入人才队伍建设全过程，发挥教师党支部在评奖评优、年度考核、职称评审中的政治把关和师德把关作用，开展新时代师德师风建设落实情况专项督查和师德师风教育，举办首期青年教师沙龙，不断完善师德师风建设长效机制。将"深化人事制度改革，打造一流人才队伍"作为校长年度履职亮点项目，结合疫情防控统筹推进第四轮岗位聘用合同签订、教师岗位供给侧结构性改革试点和专业技术职务评聘，成功举办"2020国际青年学者东吴论坛"，制定实施《博士后管理工作实施办法（试行）》。2人入选欧洲科学院院士，12人入选国家级人才计划，6人入选江苏省双创人才，2个团队入选江苏省双创团队，1人入选江苏省突出贡献中青年专家，5人入选江苏省特聘教授，2人入选江苏省青蓝工程中青年学术带头人，1个团队入选江苏省青蓝工程优秀教学团队；新增苏州市外籍院士工作站1个。新进教学科研人员145人，其中，特聘教授14人、优秀青年学者36人。续聘讲座教授7人、客座教授4人、兼职教授4人。阮长耿院士荣获首届"苏州科学家"勋章，3位同志获第六届苏州杰出人才奖。

四是一以贯之全面从严治党。制定实施校党委、纪委落实全面从严治党主体责任清单、监督责任清单，召开全面从严治党工作会议，加强对附属医院全面从严治党的调研督

促，开展校十二届党委第四轮巡察，用好江苏省"两个责任"履责记实信息平台，进一步压紧压实管党治党政治责任，不断夯实"四责协同"机制。持之以恒地正风肃纪，开展毕业生廉洁从业教育，结合春节、五一、端午等重要时间节点狠抓作风建设，持续整治形式主义、官僚主义，强化审计结果运用。充分运用"四种形态"，召开"新提任、新转岗、新任职"处级领导干部集中廉政谈话会，领导和支持纪委查办案件，2020年上半年立案5人，给予处分4人。持续深化纪检监察体制改革，按规定做好专职纪检干部选拔配备，推进三家直属附属医院增设专职纪委副书记。

各位委员、同志，面对突如其来的新冠肺炎疫情，全校师生万众一心、众志成城、团结拼搏，有力应对了前所未有的风险挑战，奋力育新机、开新局、创一流，取得了来之不易的办学成绩。在此，我代表党委常委会向各位委员和广大师生员工对常委会工作的大力支持表示衷心的感谢，向所有为学校事业发展付出辛劳和智慧的同志们致以崇高的敬意！

当然，面对世界百年未有之大变局，面对新冠肺炎疫情及错综复杂的国际环境带来的新情况、新矛盾、新挑战，面对新一轮"双一流"建设的激烈竞争态势，学校在人才培养能力与质量、学科专业结构与水平、高层次人才稳定与培养、大平台大团队大项目大成果建设与学术话语权确立、服务国家和区域发展战略的能力与显示度、资源保障与汲取能力、内部治理体系与治理能力、大学文化与发展定力等方面的问题、短板、瓶颈也进一步凸显和放大，一些干部干事创业的精气神有所懈怠。这给我们的工作带来了新的更大的考验，也提出了新的更高的要求。

对苏大来说，我们最重要的就是要做好自己的事情，就是要瞄准一流大学这个既定的目标，坚定必胜决心，进一步集中意志，进一步集成政策，进一步集聚资源，狠抓执行落实，努力在危机中育新机、于变局中开新局。在上半年工作的基础上，下半年我们将重点做好以下6个方面的工作：

一是全面加强党的政治建设。持续深化习近平新时代中国特色社会主义思想学习教育，组织开展《习近平谈治国理政（第三卷）》《习近平总书记教育重要论述讲义》等的学习，扎实做好"不忘初心、牢记使命"主题教育有关后续工作。

二是科学编制"十四五"规划。围绕推进和实现特色发展、内涵发展、高质量发展，聚焦重大问题、重要改革、重点任务，深入研究事关长远和全局的重大发展战略，科学确定发展思路、改革任务、建设举措、支撑保障。要把可能存在的各种机遇想得更深入一些，把各方面的情况考虑得更周全一些，把困难想得更多一些，以方向目标、工作思路、具体路径的确定性应对外部形势的不确定性。

三是更大力度推进"双一流"建设。高质量抓好"双一流"总结和第五轮学科评估组织工作，系统总结学校成功发展的经验，深入探索新时代地方高校迈向世界一流高校的新路，力争在A类学科上取得较大突破。组织做好"双万计划"和学位点申报、学位授予自主审核单位申报、博士研究生教育综合改革试点总结、重大奖项项目培育申报等工作，进一步累积竞争一流优势，进一步夯实进军一流支撑。办好纪念建校120周年发展大会，努力创建"全国文明校园"，凝聚团结奋进、冲刺一流的强大动力。

四是组织做好年度综合考核。认真配合做好江苏省高校年度综合考核，对照目标查漏补缺，精准发力补齐短板，全力确保综合考核第一等次。对应修订校内综合考核办法，优化考核指标体系，做好二级单位领导班子、处级领导干部和聘任制干部年度考核，发挥好考核的"指挥棒"作用，用好考核结果。

五是纵深推进全面从严治党。压紧压实各项责任，推动"四责"贯通联动、一体落实。全面推进思想政治工作年度重点任务、"对标争先"培育创建和党支部"提质增效"三年行动计划，加大年轻干部培养选拔力度。召开巡察工作推进会，推进第四轮巡察反馈和整改落实。深化纪检监察体制改革，健全完善监督体系。

六是抓好常态化疫情防控和校园安全稳定工作。牢固树立"万无一失、一失万无"的意识，坚持把疫情防控作为头等大事、第一位的工作，坚决防止出现松懈、麻痹、厌战的思想。严格周密地做好复学复课各项准备工作，抓细抓实疫情防控重点环节，严格执行校园出入管控要求，严格控制学校食品安全风险，全力确保师生人身安全。用心用情做好民生工作，更大力度地加强指导毕业生就业工作，加大对困难师生的关怀帮扶。

衷心希望各位委员、同志对党委常委会的工作提出宝贵意见和建议，帮助我们把工作做得更好。

校长熊思东在中国现代化新征程暨纪念费孝通110周年诞辰学术研讨会开幕式上的致辞

（2020年10月11日）

尊敬的丁仲礼主席，

各位领导、各位专家、各位来宾：

大家上午好！今天，我们怀着十分崇敬的心情，相聚在费孝通先生的家乡吴江，举办中国现代化新征程暨纪念费孝通110周年诞辰学术研讨会。首先，我谨代表苏州大学，向先生的亲属表示亲切的问候！向各位领导、各位嘉宾的到来表示热烈的欢迎！向长期以来关心和支持苏州大学建设发展的各界朋友表示衷心的感谢！

费孝通先生是苏州大学的杰出校友。1923年，先生进入东吴大学附中学习，1928年升入东吴大学医预科。在校读书期间，先生深受进步思想的影响，热心学生运动，并表现出了对社会、对国家的关切和对人民的深厚感情。先生心怀"要治病人，先治社会"的信念，放弃医学转攻社会学，为中国社会学、人类学的开拓与发展做出了卓越的贡献。在东吴校园6年的求学生涯给先生留下了毕生难忘的记忆，1987年5月，先生重回母校，访遍了他60年前曾经学习生活过的地方，走在老东吴的校园，进入钟楼教室、礼堂、民主楼底楼他当年的学生宿舍等，心情久久不能平静，写下了"回眸笑似瞋，萦怀六十春；河边堤上柳，犹拂三代人"的诗句。

先生始终关心母校的建设与发展，并亲自担任学校首届董事会名誉董事长。在先生的指导与呵护下，学校的社会学学科得以恢复建设，社会与发展研究所、苏南发展研究院、出版社等相继成立，苏州大学中国农村城镇化研究中心入选教育部人文社会科学重点研究基地，学校也成功入选国家"211工程"重点建设高校。在风景秀美的天赐庄校区钟楼旁，刻有先生在苏大百年校庆赠予母校的"开风气、育人才"寄语的碑刻，寄语也一直勉励着我们要坚持改革创新，办好人民满意的教育。今天，在社会各界的关心支持下，在一代代苏大人的拼搏努力下，苏州大学已经发展成为一所拥有4大校区、28个一级学科博士点、33个学院（部）、21所附属医院的综合性研究型大学，学校综合实力跻身全国高校前25强，被誉为"中国高校体制改革先行者""全球上升最快的大学""内地最具创新力高校"。

在先生110周年诞辰之时，在学校办学120周年之际，在丁主席和民盟中央的指导下，我们与民盟江苏省委、中国社会学会、中国社会科学院社会学研究所、吴江区人民政府共同举办中国现代化新征程暨纪念费孝通110周年诞辰学术研讨会，深切缅怀先生对中国社会发展、对学校建设发展做出的杰出贡献，就是要进一步传承先生心向祖国、情系人民的爱国情怀，进一步弘扬先生行走一生、扎根实践的治学风范，进一步继承先生奖掖后学、育人育才的崇高精神，激励全校师生加快推进一流大学建设，为实现中华民族伟大复兴的中国梦做出新的更大贡献，让先生的学术思想在解决时代之问中发扬光大。面向未来，我们将坚持以习近平新时代中国特色社会主义思想为指导，坚持"四为（wèi）"方针，坚持面向世界科技前沿、面向经济主战场、面向国家重大需求、面向人民生命健康，提高师资队伍水平，完善人才培养体系，加强科技创新工作，培养国家和区域急需高层次人才，在现代化新征程中写好"奋进之笔"。

吴江是先生的家乡，也是先生学术思想的发源地。2019年11月，在江苏省、苏州市领导的关心关怀下，在吴江区委、区政府的大力支持下，坐落于吴江太湖新城、占地约1 000亩（约666 667平方米）的苏州大学未来校区正式开工建设。作为学校未来发展的"增长极"，未来校区将集聚全球创新要素，持续深化政产学研用协同，还将围绕生物医药、未来通信与人工智能、纺织材料、时尚与工业设计等方向高起点筹建一批高端教学科研平台，努力为长三角生态绿色一体化发展示范区建设提供强劲的支撑。借此机会，恳请各位领导、各位专家一如既往地关心支持苏大发展，帮助我们把学校建设得更好！

最后，衷心祝愿本次研讨会取得圆满成功！祝各位领导、各位专家、各位来宾工作顺利、身体健康！谢谢大家！

百廿苏大，荣光永续

——在苏州大学纪念建校 120 周年发展大会上的讲话

校长　熊思东

（2020 年 10 月 18 日）

尊敬的各位领导、各位来宾，老师们、同学们、校友们：

大家上午好！东吴传世百廿载，独墅湖畔聚鸿归。今天，是一个值得我们永远铭记的日子，我们共同迎来了苏州大学建校 120 周年发展大会。在这个属于全体苏大人和所有关心、支持苏大发展的各界朋友的节日里，虽然很多人不能如期来到校园，但透过"云端"，我们依然能心手相牵、山水相连。在此，我代表学校，向全球苏大人致以节日的问候！向各位来宾表示热烈的欢迎！向长期以来关心支持苏大发展的各位领导、各界朋友表示最诚挚的感谢！

跨越三个世纪的苏州大学，诞生于民族危难之际，成长于国家振兴之时，见证了中国高等教育的发展历程。波澜壮阔的 120 年办学史诗，折射出华夏文明的灿烂与沧桑，交织着中华民族的苦难与辉煌，如长江蜿蜒，虽经曲折，却奔腾不息。

120 年前，睁眼看世界，东吴初创。在风雨飘摇的清末岁月里，林乐知、孙乐文、曹子实等有识之士创办了中国第一所以现代大学学科体系举办的学府——东吴大学。从此，这所中西合璧的新式学府与国家前途和民族命运紧密相连。

100 年前，本土化改革，开启新篇。经历了五四运动的洗礼后，学校迎来了首位华人校长杨永清教授。他力推中国传统文化教育，为我们增添了"养天地正气、法古今完人"的中文校训，让东西方文明在校园里交相辉映。

80 年前，南渡北归，栉风沐雨。在抗日战争的烽火中，学校师生辗转迁徙，八年间足迹遍布上海、浙江、安徽、福建、广东、四川、重庆等省市，行之所至，皆为课堂。他们用坚韧不拔的意志保存了大学的精神火种，让东吴文脉薪火相传。

60 年前，革故鼎新，勇担重任。中华人民共和国成立后，学校服务国家高等教育战略布局，完成了向师范学院的转型，为区域基础教育事业夯实了人才根基。

40 年前，战略回归，宏规大启。顺改革开放之天时，乘东南沿海之地利，应社会发展之需求，学校改办为苏州大学，加速向综合性大学回归，全面助力国家经济社会发展。

20年前，同城名校，和合共生。学校完成了与苏州蚕桑专科学校、苏州丝绸工学院和苏州医学院的合并。四校同心同向，集学科之大成，启融合之大势，作为"高校体制改革先行者"的新苏大，迸发出前所未有的活力。

今天，在高等教育千帆竞发、百舸争流的新时代，学校确立了"人民满意、国际认可、世界尊重"的高水平研究型大学的发展愿景，奏响了争创中国特色一流大学的最强音。

时代在变化，历史在演进，但无论是国家危难之时的救亡图存，还是和平建设时期的励精图治，抑或是推动中华民族伟大复兴的使命担当，苏大从未忘却自己的初心，苏大人也从未忘却肩上的责任。任岁月更迭交替，苏大人始终勇立潮头、敢于创新，在变与不变中传承着大学精神。

百廿光影流转，苏大人向德而立、涵养正气的自觉从未改变。1919年，东吴学子积极投身五四运动，以全苏学生名义致电北洋政府——"外交失败，宁撤专使，不签丧失国权之约"，为挽救民族危机、振兴中华抗争到底。1946年，向哲濬、倪征燠、高文彬等10位东吴师生临危受命参与东京审判，凭借非凡的胆识和超群的智慧，将犯下屡屡罪行的日本战犯绳之以法，维护了民族的尊严与权益，捍卫了人类的良知与正义。在争取国家独立和民族解放的历程中，在中华人民共和国成立之后的国家建设中，学校涌现出了贺威圣、丁香、王晓军等23位党员英烈，他们牺牲时平均年龄不到28岁，最小的仅有22岁。英雄的名字铭刻在历史的长空，也永远牢记在苏大人的心中。120年来，这种临危不惧、正气凛然的精神，铭刻在苏大人的骨子里，挺拔着苏大人的脊梁。

百廿光影流转，苏大人向真而求、致知穷理的精神从未改变。被誉为"中国遗传学之父"的谈家桢校友，他毕生追求真理，不屈服于任何非学术压力对遗传学的干扰，为推动中国生命科学迈向世界做出重大贡献。世纪之交，潘汉典、盛振为等一批早年毕业于东吴大学法学院的耄耋老人，怀着对学术的热忱，为《元照英美法词典》编辑呕心沥血，经历九载寒暑，填补了我国法律辞书在此方面的空白，用余生的力量为"一个时代学术高峰"的东吴法学续写了浓墨重彩的一笔。改革开放以来，苏大人秉承学术为魂的传统，继续走好求真求是的新征程，相继建立了我国第一个血栓与止血研究室，研制出我国第一组抗人血小板抗体；自主研发出我国第一颗全磁悬浮人工心脏；多项关键技术达到国际领先水平，应用于"神舟""神光""天问""天巡"等大科学装置；建成丝绸行业唯一的国家工程实验室、放射医学领域唯一的国家重点实验室。120年来，这种潜心为学、精益求精的治学追求，根植在苏大人的灵魂中，塑造着苏大人的品格。

百廿光影流转，苏大人向忧而生、振我家邦的情怀从未改变。1911年，东吴大学师生心系寒门，创办惠寒学校，招收贫寒子弟免费入学。百余年来，一代代苏大人爱心接力，在全国各地建立了26所惠寒学校，惠及数万农村儿童。我们的校友费孝通先生，他一心想为农民找条出路，先后二十七次回到家乡苏州调查，在1938年写下了享誉国际的《江村经济》。费老的英国导师马林诺斯基曾经问他："你的伟大祖国，进退维谷，是西方化还是灭亡？"他给出了中国人的回答："不是西方化，也不是灭亡，是'文化自觉'。"问答间足见费老赤诚的爱国之情。1977届校友郭试瑜和色登，他们怀着让沙漠变绿洲的梦想，在内蒙古自费从事沙漠治理14年，凭借坚强的毅力与浩瀚无垠的荒漠抗争，造就了五万亩（约33 333 333平方米）绿洲，为当地牧民带去"绿水青山"，换来"金山银山"。去冬今春，面对新冠肺炎疫情大考，学校附属医院204名医护人员以生命赴使命、以大爱护人民，给出了"最美逆行者"的答案。120年来，这种先忧后乐、甘于奉献的家国情怀，流淌在苏大人的血液里，熔铸着苏大人的精神。

百廿光影流转，苏大人向兴而动、敢为人先的气概从未改变。创校之初，先贤们独树一帜，开现代高等教育之先河，在我国最早开展研究生教育并授予硕士学位、最先开展法学专业教育、最早创办学报。改革开放以来，苏大人以更开放、自信、包容的姿态，大胆"闯"，勇于"创"，从入选我国首批博士学位授予高校，到跻身首批"211工程"建设高校；从入选首批"国家试点学院"和"2011计划"承接高校，到跻身博士生教育综合改革试点高校，在重大教育改革中始终有苏大人奋进的身影。从创办我国第一所境外高校——老挝苏州大学，再到创建全球首家红十字国际学院，再到创建全球首个全数字化大学——"云中苏大"，苏大人主动探索链接世界、连接未来的新路。120年来，这种敢为人先、追求卓越的魅力气魄，永葆在苏大人的气质中，涵养着苏大人的风范。

在风云激荡的双甲子岁月里，苏大人向德而立、向真而求、向忧而生、向兴而动，构筑起了"涵养正气、致知穷理、振我家邦、敢为人先"的苏大精神。在群星闪耀的历史长河中，每一位苏大人的名字都值得我们深深铭记，每一代苏大人的故事也都值得我们细细品读。也正是因为他们在各自领域发光发热，熔铸着苏大文化，丰富着苏大精神，苏大的历史才不是凝固的历史，这段历史传承至今，历久弥新，展现出强大的生命力。

今天，苏州大学正处在第三个甲子的新起点上，亦处在实现中华民族伟大复兴中国梦的新起点上，我们回眸双甲子华诞，深刻感受历史"传承着什么"，深情感怀现在"实现了什么"，深切领悟未来"应该去做什么"。当前，我们正面临世界百年未有之大变局和中华民族伟大复兴战略全局，新技术、新观念、新机遇、新挑战扑面而来，历史与未来、传统与现实、平静与喧嚣、困惑与期待，都在大学里碰撞、交织。当历史的接力棒交到我们这一代人手上，我们应该以什么样的理想与抱负，去迎接新的甲子，去铸就新的辉煌？基于学校历史与现实，基于国家对大学的要求与期许，基于全球高等教育发展态势与未来走向，我们致力于将苏州大学建设成为一所更有格局、更有情怀、更有作为的大学。

未来的苏大，将成为拔尖人才培养的丰沃之地。我们将汇聚最富朝气的年轻学子和最具创新活力的各类人才，提供一流的学习环境和卓越的学习体验，让名师的讲堂、高端的对话、思想的交流随处可见，培养学子们的爱国情怀、社会责任感、创新精神和实践能力，让他们成长为既能适应当下又能引领未来的卓越拔尖人才。在这里，每位学子都将得到智慧启发，获得最佳成长体验。

未来的苏大，将成为科学技术创新的蝶变之地。我们将以习近平总书记在科学家座谈会上提出的"四个面向"为指引，聚高端人才，建重大平台，促协同创新，向科学技术广度和深度进军，实现更多"从0到1"的突破。在这里，任何稚嫩的原始创新、任何微小的发明创造，都将得到悉心呵护。

未来的苏大，将成为思想火花迸发的策源之地。我们将坚定文化自信，秉承科学的批判精神、自由的主体意识、平等的多元理念及至善的价值追求，碰撞出引领时代潮流的思想观念和智慧火花。在这里，我们将求真理、探规律、立学说，以更有活力的文化成就贡献人类。

未来的苏大，将成为世界文明交流的融汇之地。我们将把国际化作为一种基本的生存方式，以更加开放的姿态拥抱世界，积极对接国际标准、参与国际竞争，建立从日常交流、项目合作到全面战略合作的国际合作交流全体系。在这里，我们将促进世界文明互动与交流，推动重大科技和社会治理问题跨国研究，力争成为一所全球性大学。

未来的苏大，将成为大学形态重塑的引领之地。我们将加快"云中苏大"的建设，力争成为高等教育数字化转型"领头雁"，构建方式更加灵活、资源更加丰富、学习更加便捷的终身学习体系。在这里，我们将再造一个苏大，创立一个标准、引领一种潮流，打造可以感知、永远在线的教育生命体。

各位领导、各位来宾，老师们、同学们、校友们，今天我们回顾建校120年的峥嵘岁月，要特别感谢为学校竭诚奉献的一代代教职员工，他们涵养了苏大精神，培养了苏大的莘莘学子。我们要感谢奋斗在各行各业的校友，他们无论身在何处，都心系母校，用实际行动为母校代言。我们要感谢关心苏大的各界朋友，他们和我们一样热爱苏大，为她提供坚定的支持和无私的帮助。我们还要感谢孕育苏大、滋养苏大的这片热土，历史悠久，底蕴深厚，一省汇集江、河、湖、海，"水蕴江苏"为学校注入澎湃动力；千年名城，融古汇今，吴文化源远流长，"人文姑苏"为学校铺就成长底色。

百廿光影流转，岁月无声留痕。仰望苍穹，"谈家桢星""陆埮星""潘君骅星"闪耀夜空，那是苏大儿女凝望祖国大地的深情目光；侧耳聆听，最美校歌再次响起，那是全体苏大人对母校的真情表白。苏大的昨天，已写在中国高等教育史册上；苏大的今天，正在全体苏大人手中创造；苏大的明天，一定会更加美好！

百廿苏大，荣光永续！祝福苏大，祝福苏大人！谢谢大家！

以更加开放的姿态塑造
和而不同的高等教育新未来

校长　熊思东

（2020 年 11 月 25 日）

尊敬的各位领导、嘉宾，各位同人：

大家好！我是苏州大学校长熊思东，非常荣幸应邀参加 2020 年中国-东盟科研与教育合作交流大会。10 天前，东盟 10 国与中国、日本、韩国、澳大利亚、新西兰共 15 个国家共同签署了《区域全面经济伙伴关系协定》（RCEP），今天我们举行这样一次会议具有特殊意义。首先，我谨代表苏州大学，对大会的召开表示诚挚的祝贺。

苏州大学创办于 1900 年，她是中国最早以现代大学学科体系举办的大学。经过 120 年的发展，苏州大学已发展成一所拥有 5 万多名学生、5 千多名教职员工的综合性大学，成为一所学科门类齐全、基础雄厚、效益显著的高水平研究型大学，目前共有 15 个学科进入 ESI 全球前 1%，2 个学科进入 ESI 前 1‰。在第三方权威评价中，苏州大学位居全球高校 300 强，在中国 3 005 所高校里排名 20 位左右，可以说她是一所百里挑一的大学。今年 10 月，我们隆重举行了庆祝建校 120 周年系列活动，东盟兄弟高校纷纷发来贺信或祝福视频，我们倍感温暖。因为疫情仍在持续，我只能在苏州与大家进行线上交流，但我想时空限制并不会影响我们思想的碰撞和智慧的交流，更不会影响会议的规格和质量。现代信息技术为我们的交流提供了便利，但我们仍然希望疫情过后，能够见到久违的老朋友，多一些面对面的最直接、最亲切的交流。

过去一年，全世界人民为抗击新冠肺炎疫情做出了巨大努力，也付出了巨大代价和牺牲。我们认为，当前的隔离、封城只是暂时的，团结合作、共克时艰是必然趋势。接下来，我想以"以更加开放的姿态塑造和而不同的高等教育新未来"为题做交流发言，与各位领导、同人共同探讨后疫情时代高等教育国际合作与交流。

一、新冠肺炎疫情带来重大变化

新冠肺炎疫情给人类健康带来了重大挑战，给世界经济带来了严重冲击，如同人类历史上的每一次严重瘟疫一样，此次疫情也在政治、经济、文化等各个领域，深刻地改变了社会形态。

政治经济格局面临着前所未有的挑战。近年来，国际上右倾保守主义逐渐盛行，单边主义、民粹主义、保护主义等逆流涌动，传统与非传统安全威胁交织蔓延，一些国家动辄把问题政治化、意识形态化，并以疫情为借口反对全球化，采取了"逆全球化"的行动，对国际多极化格局和国际政治经济秩序带来了前所未有的挑战，大调整、大变革加速展开，世界面临百年未有之大变局。但是值得欣慰的是，绝大多数国家在合作抗疫中增强了联系，各国人民加深了团结，表示将共同努力，维护多边主义及国际贸易规则。我们深切地感受到，越是面对困难，越是要葆有"山川异域、风月同天"的情怀，越是要同舟共济、守望相助。

社会生活方式出现了前所未有的变化。疫情给经济社会发展带来了很大冲击，也极大地改变了我们的学习、工作和生活方式，在线学习、在线办公、在线购物、在线服务得到广泛运用，许多重要会议也采用线上方式召开，国际交流与合作的形式也因此变得更加多样。疫情期间，很多国家采取各种各样的措施，强制民众保持社交距离，以减缓病毒传播速度，"保持社交距离"从而成为日常生活基本准则，基于在线网络的虚拟互动也逐渐替代了面对面的社会互动。可以预见的是，未来更多人类活动将可能出现电子化、远程化，多个线上产业也将会诞生和兴盛起来。我们盼望着令人怀念的生活尽早回归，但我想因生活方式改变而形成的良好习惯一定会得到延续。

高等教育合作出现了前所未有的熔断。众所周知，疫情肆虐初期，全球高等教育系统几乎停转，各国高校迫不得已纷纷开展线上教学，这是高等教育史上最大规模的线上教学尝试。同时，全球高等教育国际合作交流的环境也随之发生了深刻变化，面临更多不稳定、不确定因素，很多日常交流活动被按下了"暂停键"，线下交流几乎全部停滞，一些国家的教育部门、高校对于国际化的支持变得消极，甚至出现了"去国际化"的声音。更让我们忧虑的是，少数国家滥用国家安全概念，蓄意阻挠正常教育交流，公然采取损害留学人员合法权益的措施，给教育交流蒙上了一层阴影。

二、疫情当下我们应该如何作为

在疫情激发重重矛盾与危机的今天，我们认为，以文明对话化解文明对抗，是早已为古老文明所印证的共生共存的智慧。加强文明对话，是破解之道、融汇之道、超越之道，也只有以更开放的姿态推进文明对话，才能弥合东西方文明断裂的鸿沟，更好地实现和而不同、合作共赢。教育是推动人类文明进步和世界和平发展的重要力量，高等教育发挥的作用尤为明显。疫情当下，各国高校应架起友谊的桥梁，以更开放的姿态推动更加广泛的合作与交流。

推进全球抗疫合作是新课题，我们要贡献力量。在国际抗疫合作中，我们清晰地意识到，高等教育有责任也有能力为战胜疫情贡献更大的力量。**我们要联合培养应急管理人才**。我国与东盟各国应急管理人才比较缺乏，人才培养也缺乏公共卫生、传染病、全科医学的系统教育与实践。我们希望以中国-东盟医学教育大学联盟为平台，促进应急管理学科的建设和发展，加强资源共享，联合培养高层次、专业性、复合型应急管理优秀人才，在应对各国突发公共卫生事件方面发挥更大作用。**我们要加强疫苗研发联合攻关**。尽快研发出疫苗,这对世界人民的安全与健康至关重要。高校要组织跨学科、跨领域的疫苗研发力量,共同制定研究策略,加大研发力度,在科研、临床一线加强协同,共享科研数据和信息,为早日研发出高效、安全、优质的疫苗做出贡献。**我们要分享疫情防控经验成果**。在疫情防控过程中,中国和东盟国家高校在统筹抓好疫情防控和复学复工方面形成了很多好的做法,取得了很好的成效,我们要毫无保留地分享经验、深化合作。今年,苏州大学在做好自身防疫的同时,派出12家附属医院204名医护人员奔赴我国抗疫一线展开救治,选派了17位优秀医护人员赴委内瑞拉等国家和地区支援防控,在检测筛查、应急处置、患者救治等方面积累了丰富而宝贵的经验,我们非常愿意与大家分享,为战胜疫情贡献苏大方案。

因应信息技术发展是新常态,我们要把握契机。疫情虽给教育带来了巨大冲击,但是也助推了现代信息技术的快速应用。今年上半年,我国高校在线课程开出率达91%,教师在线教学认可率达80%,学生在线教学满意率达85%。疫情期间,苏州大学依靠5G、大数据、云计算等现代信息技术打造的"云中课堂",95.51%的课程实现了在线授课。我们以此为契机,主动打开学校的"围墙",规定学生30%的学分可以来自选修国内外名校的线上课程。同时,我们利用大数据等技术,对全校5万多名师生进行适时健康监测,有效提升了治理能力和治理水平。现代信息技术与高等教育的融合,也为高等教育国际合作路径提供了新方向,我们要通过跨界、连接、开放的信息技术,实现无所不在的连接及无所不及的智能,从以师生实体交换为主转向以线上交流为主,由强调人员流动转向信息交换,从关注双边交流转向多边合作,由模式驱动转向技术驱动,以促进高校国际合作交流更便捷高效。

教育"在地国际化"是新潮流,我们要彼此赋能。各国对疫情的管控,不可避免地对当下及未来很长一段时间高校间实体交流产生影响。在这种情势下,教育"在地国际化"的重要性逐渐凸显出来。2015年,欧洲56%的大学将"在地国际化"纳入学校战略规划中,64%的学校宣布将采取实质行动加以推进。高等教育"在地国际化"策略的推进,能够有效地弥补传统国际化模式在受惠群体上过于狭窄的漏洞。我们要利用好已有国际优质教育资源——国际学者、留学生、国外教材、跨国项目、多元课程与国际会议等,建设国际化校园,打造以国际化课程和文化活动为中心的学习环境,为全体学生在校内提供接触跨文化与国际性事务的机会,提升学生的国际化素养和跨文化能力。推进"在地国际化",任重道远,我们要互相扶持、彼此赋能,合力建构和谐健康、理性宽容、开放多元的校园文化环境,助力"在地国际化"战略顺利实施。

三、后疫情时代我们要行稳致远

后疫情时代,各国高校既要加深相互理解和认同,开启交流新模式,更新乃至改变传统教育模式和手段,细化已有的教学科研合作及师生交流渠道,也要坚持全方位、多维度交流,共建交流平台,共享优质资源,形成和谐包容的人文交流格局。

传统校际合作交流是新起点,我们要加速提效。已有的校际合作交流是深化合作的基础,也是面向未来的新起点。在全球疫情趋于缓和之后,在防疫风险可控的范围内,我们的传统合作交流要加速提效,努力把疫情耽误的时间抢回来,把疫情造成的损失补回来。

我们要扩大师生交流规模，要主动地"走出去"，积极拓展各类合作项目，加大支持力度，选派更多的师生及管理人员赴国外交流研修；要大力度"引进来"，设立奖学金吸引更多的优秀国际学生来校留学，以更大的诚意和更优厚的待遇邀请海外专家学者到校访问交流。**我们要拓展科研合作广度**，努力改变以往由教师自发开展的松散的、项目式的科研合作，通过共同设立国际科技合作基金、共同加强科研队伍建设、共建研发中心等方式，有针对性地、集成性地展开科研联合攻关。2017年，我们与老挝科技部合作共建了中老绿色丝绸研究中心，通过在老挝建设栽桑养蚕示范基地，发展老挝栽桑养蚕产业并带动丝绸行业技术进步。目前，苏州大学已经与剑桥大学等世界知名大学及科研院所共建了22个国际合作平台，开展了近千项国际科研协作项目。未来，我们将继续拓展全球合作伙伴，特别是加强与东盟地区高校科研合作，携手打造创新高地。**我们要加强合作办学力度**，不断优化审批程序和准入条件，合力构建合作办学新生态，增强合作纽带。2009年，苏大在老挝创办了中国第一所境外高校——老挝苏州大学，为老挝经济社会发展、为促进中老两国合作交流培养了一批优秀人才。未来，我们将在东盟地区建立更多的"海外兵团"和研究基地，我们也欢迎东盟的兄弟高校效法昆山杜克大学、西交利物浦大学、牛津大学高等研究院（苏州）、威尼斯大学驻苏办事处的建设模式，到苏州设立分支机构，加强与苏大的合作、交流。

创新现代大学形态是新走向，我们要引领未来。未来的社会将是学习型社会，未来的大学将是可以感知、永远在线的教育生命体。疫情加速了现代信息技术与高等教育的深度融合，催生了高等教育新形态。实践证明，"教育+智能信息技术"不仅仅是应急之举，它既拓宽了高等教育的视野，也提升了高等教育的质量。2018年，苏州大学与华为公司合作，推动现代信息技术与高等教育融合创新发展，打造全球首家数字化、镜像化、智能化"云中大学"，推动"虚拟校园"与"现实校园"的无缝对接和实时更新，突破了教育固有的时空、资源、身份等限制。今年10月，苏州大学主办中国首届智慧校园建设峰会，会上发布了《云中大学苏州共识》，我们期待更多东盟高校参与到"云中大学"建设中，共同创造一种新的校园生活，制定一套未来大学的标准，探索一种新的大学形态，利用智能信息技术突破时空、传播快速、手段丰富等优势，突破传统合作方式与路径的局限，从信息互通、课程共享开始，建立不受疫情影响的网络化、全面、全天候的共享平台，实现更先进、更广阔的开放化、共享化。

区域教育一体发展是新趋势，我们要先行先试。中国与东盟国家既是友好近邻，也是重要战略伙伴。中国与东盟有较为相似的文化背景、教育体系和发展阶段，国家间的贫富差距较小，教育合作基础较为广泛。目前，中国与东盟10国全部签订了教育合作交流协议，为双边教育交流合作提供了政策上、法律上和机制上的支持和保障。同时，我们还共同制定了区域教育一体化的宏伟蓝图。伴随着疫情的偶发化、常态化和周期化，促进中国-东盟区域高等教育一体化有了更重要的使命、意义与价值。我们要以11月15日签订的《区域全面经济伙伴关系协定》为契机，打造亚洲版"伊拉斯谟计划"，率先实现区域高等教育一体化。我们要借助"中国-东盟教育交流周"的平台，深入了解彼此的人文历史，推动双方的价值认同、文化认同和区域身份认同。我们要持续消除区域内高校之间师生流动的障碍，探索建立区域学分转换系统，为区域内各国高校相互承认学分、学历文凭及学业年限提供依据。

各位嘉宾，习近平总书记曾经指出，国之交在于民相亲，民相亲在于心相通。高校间国际合作交流是促进民心相通的重要途径。我们与世界共同经历了一段前所未有的特殊困难时期，后疫情时代，一个未知但崭新的国际环境必将浮出。无论面临什么样的挑战，苏州大学的国际化战略始终不变。我们将以更加开放的胸怀，融汇世界、协同发展。苏州大学愿与东盟各高校一道，以科教融合和文教融合并举的方式，共同塑造和而不同的高等教育新未来，为构建人类命运共同体贡献更大力量。谢谢！

2020年大事记

1 月

2 日
△ 经研究决定：
一、成立巡察工作领导小组办公室。该办公室为巡察工作领导小组日常办事机构，设主任 1 名，由校党委常委、纪委书记兼任；设副主任 1 名，由纪委办公室主任兼任。
二、成立未来校区管理委员会。该委员会不设行政建制，设主任 1 名，专职副主任 1 名，副主任若干名；工作人员根据实际工作需要逐步配备。
三、成立实验学校管理办公室，并在国内合作办公室加挂"实验学校管理办公室"牌子。该办公室不设行政建制，设主任 1 名，副主任若干名；工作人员根据实际工作需要逐步配备。
△ 经研究决定，离退休工作部（处）内设机构中离休科更名为服务保障科，退休科更名为教育活动科，人员编制不变。
△ 中共苏州大学委员会批复《关于中共苏州大学纺织与服装工程学院委员会选举结果的报告》《关于中共苏州大学纺织与服装工程学院委员会委员分工的报告》。

3 日
△ 学校内部控制建设领导小组会议在钟楼 303 会议室召开。
△ 青海省人民医院党委书记元春、院长张强一行及青海省第四人民医院党委书记马晓明、院长郗爱旗一行莅临学校访问。

4 日
△ 学校市级以上人大代表、政协委员新春茶话会在红楼会议中心召开。

5 日
△ 学校印发《中共苏州大学委员会常务委员会会议议题申报管理办法》。

6 日
△ 学校印发《苏州大学课程思政实施方案》《苏州大学校长办公会议议题申报管理办法》。

7 日
△ 学校离退休老同志情况通报会在学术报告厅召开。
△ 云中大学联创中心理事会成立大会在学校举行。
△ iSchool 国际信息学院联盟主席、韩国成均馆大学吴三均（Sam Gyun Oh）教授受邀莅临社会学院档案与电子政务系考察交流。
△ 学校印发《苏州大学校园安全专项整治实施方案》《苏州大学重大活动和重要事件档案管理办法》。

8 日
△ 经研究决定，成立苏州大学校园安全专项整治领导小组：
主　任：江　涌　熊思东
副主任：刘　标　杨一心　周　高
△ 学校一流本科建设推进会在红楼 217 会议室召开。

△ 经研究决定，成立苏州大学-金羲智慧幼儿体育协同创新中心，挂靠体育学院。聘任王家宏教授担任该协同创新中心主任。

△ 8日至9日，由江苏省教育厅、江苏省高校师资培训中心主办，学校承办的"2019年全省本科院校师资管理者培训班"在学校开班。

9日

△ 经研究决定，授予学术学位研究生薛艳秋经济学硕士学位，倪晓诚等2人法学硕士学位，魏德坤教育学硕士学位，丁耀桩文学硕士学位，代婷婷等21人理学硕士学位，涂远洋等7人工学硕士学位，江锦宜等7人医学硕士学位；

授予专业学位研究生黄晓梦等3人法律硕士学位，施静之等21人教育硕士学位，龚秀丽等4人体育硕士学位，吕潇等2人应用心理硕士学位，刘欣翻译硕士学位，沈莉莉等72人工程硕士学位，朱存泉等4人农业硕士学位，陆泰等12人临床医学硕士学位，张明等4人公共卫生硕士学位，杨琦护理硕士学位，郭筱琪药学硕士学位，章梦琪等36人工商管理硕士学位，邵雪娇等17人公共管理硕士学位，胡凤岐等19人艺术硕士学位；

授予同等学力人员石中玉法学硕士学位，杨彩霞教育学硕士学位，向海涛等187人医学硕士学位。

10日

△ 学校路建美教授团队主持完成的"多元催化剂嵌入法富集去除低浓度VOCs增强技术及应用"获2019年度国家技术发明奖二等奖，吴德沛教授团队主持完成的"血液系统疾病出凝血异常诊疗新策略的建立及推广应用"、陈林森研究员团队主持完成的"面向柔性光电子的微纳制造关键技术与应用"获2019年度国家科学技术进步奖二等奖。

△《光明日报》刊登学校党委书记江涌署名文章《苏州大学：不忘初心担使命　春风化雨育英才》。

11日

△ 学校纪委第十五次全委（扩大）会在钟楼303会议室举行。

△ 2019年本科教学与科研工作总结大会在敬贤堂召开。

△ 学校2020年新春团拜会在天赐庄校区东区体育馆举行。

12日

△ 经研究决定，张晓宏同志增加分管人力资源处，熊思东同志不再分管人力资源处。

△ 经研究决定，吴江同志任王健法学院党委书记，试用期一年；张振宇同志任机关党工委书记，试用期一年。免去周国华同志王健法学院党委书记职务，免去王成奎同志机关党工委书记、党委组织部副部长职务。

△ 经研究决定，杨一心同志任未来校区管理委员会主任（兼）。

△ 接中共中央组织部通知（干任字〔2019〕814号）：陈竺同志任红十字国际学院名誉院长。

△ 学校党委理论学习中心组在钟楼303会议室召开专题学习会，专题学习《中国共产党宣传工作条例》。

13日

△ 经研究决定，对苏州大学120周年校庆筹备工作小组、苏州大学120周年校庆筹备工作小组职能组的名称及人员组成进行调整。

一、原苏州大学120周年校庆筹备工作小组更名为苏州大学建校120周年纪念活动筹备组：

组　长：江　涌　熊思东

副组长：杨一心　刘　标　周　高

二、原苏州大学120周年校庆筹备工作小组职能组更名为苏州大学建校120周年纪念活动筹备工作职能组。

△学校"双一流"建设背景下立德树人工作推进会在红楼学术报告厅举行。

14日　△学校"不忘初心、牢记使命"主题教育总结大会在天赐庄校区学术报告厅召开。

△苏州市委常委、宣传部部长金洁率市委宣传部、市文化广电和旅游局、市应急管理局、市消防支队等单位负责人莅临学校出版社检查安全生产工作。

15日　△学校领导江涌、周高、刘标，以及相关职能部门负责人对天赐庄校区、独墅湖校区、阳澄湖校区进行安全保障工作检查，并慰问坚守一线的师生员工。

16日　△学校2020年挂职干部新春座谈会在红楼会议中心217室举行。

18日　△学校印发《教职工"双周三"政治理论学习实施办法》。

21日　△江苏省委常委、苏州市委书记蓝绍敏，市人大常委会主任陈振一看望慰问了学校阮长耿院士和孙立宁教授。

23日　△经研究决定，成立苏州大学新型冠状病毒感染的肺炎疫情防控工作领导小组：

组　长：江　涌　熊思东

副组长：周　高　刘　标

28日　△学校召开新型冠状病毒感染的肺炎疫情防控工作领导小组会议。

△学校印发《苏州大学接受国内进修教师管理办法》。

29日　△经研究决定，对学校新型冠状病毒感染的肺炎疫情防控工作领导小组进行调整并设立相关工作组：

一、领导小组

组　长：江　涌　熊思东

副组长：周　高　刘　标

二、工作小组

1. 宣传工作组

组　长：邓　敏

2. 教师工作组

组　长：张晓宏

3. 本科生工作组

组　长：刘　标

4. 研究生工作组

组　长：刘　标　蒋星红

5. 留学生工作组

组　长：张晓宏

6. 教学科研工作组

组　长：蒋星红　路建美　张晓宏　陈卫昌

7. 医疗防治及应急处置组

组　长：陈卫昌　周　高

8. 安全保卫组

组　长：刘　标

9. 保障工作组

组　长：周　高　杨一心

10. 督查工作组

组　长：芮国强

1月

△ 学校9所附属医院的49名医护人员奔赴湖北。

△ 学校农业科学学科跻身ESI全球前1%学科。

△ 招生就业处联动学院（部）组织讲师团集中深入中学开展19场宣讲活动。

△ 学校获评"江苏省2019年度基层侨务工作优秀单位"。

2月

1日　△ 学校校长熊思东率队赴独墅湖校区、天赐庄校区检查指导新型冠状病毒感染的肺炎疫情防控工作和推进情况。

2日　△ 学校附属第一医院在十梓街院区第三会议室举行援湖北应对新型冠状病毒感染的肺炎疫情医疗队出征仪式。

4日　△ 学校党委书记江涌、校长熊思东一行前往学校附属第一医院、附属第二医院、附属儿童医院和附属传染病医院，检查抗击新型冠状病毒感染的肺炎疫情防控工作。

5日　△ 经研究决定，成立"苏州大学'十四五'改革发展规划编制工作领导小组"和"苏州大学'十四五'改革发展规划编制起草工作小组"：

一、苏州大学"十四五"改革发展规划编制工作领导小组

组　长：江　涌　熊思东

二、苏州大学"十四五"改革发展规划编制起草工作小组

组　长：邓　敏　张晓宏

副组长：薛　辉　吴　鹏

△ 经研究决定，在学校新冠肺炎疫情防控工作领导小组下增设新冠

	肺炎涉外疫情防控协调组及办公室，组长张晓宏。
8 日	△ 学校东吴艺术团精彩节目登上央视 2020 元宵戏曲晚会舞台。
9 日	△ 学校 7 家附属医院的 94 名医护人员出征湖北。
10 日	△ 学校转发《教育部应对新型冠状病毒感染肺炎疫情工作领导小组关于从严加强高校疫情防控工作的通知》。
	△ 学校 4 家附属医院的 35 名医护人员出征湖北。
11 日	△ 学校科研人员参与新型冠状病毒感染的肺炎疫情日度分析报告研究。
12 日	△ 东吴证券向学校捐赠资金抗击新冠肺炎疫情项目在苏州市慈善总会正式签约。
13 日	△ 学校唐仲英医学研究院血液学研究中心何玉龙课题组在心血管纤维化发生的病理机制研究方面取得重要进展，相关研究成果以 Angiocrine FSTL1 (Follistatin-Like Protein 1) Insufficiency Leads to Atrial and Venous Wall Fibrosis via SMAD3 Activation（血管来源的卵泡抑素样因子 FSTL1 不足导致 SMAD3 激活介导的心房与静脉纤维化）为题在医学 1 区学术期刊 ATVB (Arterioscler Thromb Vasc Biol) 在线发表。
21 日	△ 学校党委书记江涌率队赴天赐庄校区、独墅湖校区检查指导学校疫情防控工作，并看望慰问坚守在岗位上的工作人员。
23 日	△ 23 日至 25 日，学校举行研究生学位论文线上答辩。
24 日	△ 学校新冠肺炎疫情防控领导小组副组长、保障工作组组长周高总会计师向学校附属第一医院、附属第二医院和附属儿童医院捐赠筹措到的首批 3 000 只医用 N95 口罩。
	△ 学校春季学期线上开课。
25 日	△ 学校向苏州市慈善总会捐赠 50 万元，设立新冠肺炎疫情驰援江苏赴鄂医疗队防控项目，签约仪式在苏州市慈善总会举行。
27 日	△ 学校印发《苏州大学纪委、派驻监察专员办 2020 年工作计划》。
	△ 苏州市副市长曹后灵一行莅临学校，实地调研学校新冠肺炎疫情防控工作。
2 月	△ 学校附属医院 5 名医护人员获"全国卫生健康系统新冠肺炎疫情防控工作先进个人"称号。
	△ 学校材料与化学化工学部朱晨教授的研究成果入选《2019 研究前沿》。

3 月

4 日	△ 学校通过 WeLink 苏大视频会议系统在线召开校党委第十二届委员会第九次全体会议。

5日	△学校印发《苏州大学"十四五"改革发展规划分项规划、专项规划编制安排》《苏州大学"十四五"改革发展规划编制调研工作安排》。
6日	△根据《教育部关于公布2019年度普通高等学校本科专业备案和审批结果的通知》（教高函〔2020〕2号）精神，学校申报的"人工智能"本科专业获教育部批准，可自2020年开始招生。
	△学校13名医护人员获江苏省新冠肺炎疫情防控记功奖励。
	△学校印发《2019—2020学年度第二学期苏州大学党委理论学习中心组学习计划》。
8日	△学校印发《2019—2020学年度第二学期"双周三"下午政治学习和组织活动安排表》《党委常委会工作报告》。
10日	△学校印发《纪委工作报告》《苏州大学2020年度工作要点》。
	△江苏省安全生产督导组副组长、省工业和信息化厅副厅长高清一行莅临学校检查安全生产工作。
12日	△学校向波特兰州立大学孔子学院寄送1 500只防护口罩。
14日	△学校举办2020届毕业生春季空中双选会。
16日	△学校召开2020年招生就业工作网络会议。
	△学校召开学生工作网络会议。
17日	△学校印发《苏州大学师范教育卓越教师培养计划2.0实施方案》。
	△学校生物医学研究院周芳芳教授申报的"2019新型冠状病毒（2019-nCoV）抑制宿主固有免疫响应的机制和干预"项目获国家自然科学基金"新型冠状病毒（2019-nCoV）溯源、致病及防治的基础研究"专项项目立项。
18日	△经研究决定，成立苏州大学第四届研究生教育督查与指导委员会：
	主　任　委　员：姜建成
	副主任委员：茆晓颖　钱跃竑　贡成良
	△学校印发《苏州大学博士后管理工作实施办法（试行）》。
19日	△学校向意大利威尼斯大学捐赠2 000只防护口罩。
	△校党委理论学习中心组召开专题学习会，学习习近平总书记关于疫情防控系列重要讲话精神、在"不忘初心、牢记使命"主题教育总结大会上的重要讲话精神。
20日	△学校5名医护人员获"江苏省卫生健康系统新冠肺炎疫情防控工作先进个人"称号。
	△全省学校疫情防控保障工作专项督导检查高校专项汇报会在红楼会议中心召开。
21日	△经研究决定，杨清同志任群团与直属单位党工委书记，朱建刚同志任体育学院党委书记。免去刘枫同志群团与直属单位党工委书记职务，免去杨清同志体育学院党委书记职务。
	△学校印发《关于激励关爱全校党员干部、教职工积极投身疫情防控阻击战的十条措施》。

24 日	△ 学校组织有关部门和各学院（部）参加中国高等教育培训中心、升学在线共同开展的招生宣传线上培训活动。
26 日	△ 学校党委理论学习中心组召开专题学习会，学习贯彻习近平总书记在十九届中央纪委四次全会上重要讲话精神。
27 日	△ 经研究决定，高峰同志试用期满正式任社会学院院长。
30 日	△ 学校开展新冠肺炎疫情防控应急演练。
31 日	△ 经研究决定，成立苏州大学多功能集成材料协同创新中心，挂靠材料与化学化工学部。聘任王作山副教授担任该协同创新中心主任。
	△ 经研究决定，成立苏州大学-恩智浦半导体协同创新中心，挂靠电子信息学院。聘任胡剑凌教授担任该协同创新中心主任。
	△ 经研究决定，聘任王卫平等 44 名同志为苏州大学第十一届学术委员会委员，聘期 4 年。
	△ 经研究决定，授予学术学位研究生于海洋等 12 人理学硕士学位，邹劲松工学硕士学位，郭晨虹医学硕士学位；
	授予专业学位研究生王建江等 11 人工程硕士学位，薛振强临床医学硕士学位。
	△ 学校参加"春暖花开　国聘行动"长三角专场招聘活动。
3 月	△ 学校获 2019 年度江苏省科学技术奖 12 项，其中，一等奖 3 项，二等奖 4 项，三等奖 5 项。
	△ 学校 21 项课题获 2020 年教育部人文社会科学研究一般项目立项。
	△ 田家炳基金会向学校捐赠 200 万元支持师范学院建设。
	△ 学校附属第一医院开展"不忘初心、牢记使命"主题教育党员志愿服务行动。
	△ 学校进行 2020 年科技目标责任书签约。
	△ 学校放射医学与辐射防护国家重点实验室主办的"不负使命、与核同行"——弘扬核科学精神及应用科普系列活动获评 2019 年江苏省"全国科普日"优秀活动。
	△ 学校启动建设苏州市高素质农民培训网。
	△ 学校任平等 5 位文科教授入选"复印报刊资料重要转载来源作者（2019 版）"榜单。

4 月

1 日	△ 经研究决定，授予学术学位研究生张卫民教育学博士学位，张国玉理学博士学位，韩朝军等 2 人医学博士学位。
2 日	△ 经研究决定，免去刘海同志纺织与服装工程学院团委书记职务。
3 日	△ 经研究决定，授予 John Michael Kosterlitz 教授物理学荣誉博士

	△学校召开 2020 年实验室安全工作委员会暨实验室安全检查领导小组第一次（扩大）网络会议。
4 日	△学校师生哀悼抗击新冠肺炎疫情斗争中牺牲烈士和逝世同胞。
	△学校举办王健先生、王嘉廉先生线上祭奠仪式。
7 日	△经研究决定，成立苏州大学"三定"工作小组：
	组　长：张晓宏　邓　敏
	△学校纪委第十六次全委（扩大）会在继续教育处 106 会议室举行。
8 日	△学校新任职、新提拔、新转岗中层干部集中培训和党风廉政集中谈话在红楼会议中心举行。
9 日	△国家血液系统疾病临床医学研究中心揭牌仪式在学校附属儿童医院园区总院门诊四楼报告厅举行。
11 日	△学校党委常委、总会计师、校防控领导小组副组长兼校防控办主任周高前往疗休养驻地慰问学校附属医院援湖北医疗队队员。
14 日	△在中国驻波黑大使馆收到学校捐赠的 1 万只防护口罩后，驻波黑大使季平特向学校发来感谢信。
	△经研究决定，授予陈天逸等 134 名普通高等教育全日制本科毕业生学士学位。
	△学校印发《中共苏州大学纪律检查委员会 2020 年度落实全面从严治党监督责任清单》《中共苏州大学委员会 2020 年度落实全面从严治党主体责任清单》。
16 日	△ Nature 发布学校 120 周年校庆特刊，以 Thinking big to make a difference 为题，全面刊登介绍了学校办学成就及科研成果。
17 日	△新时代"苏州精神"重大课题启动仪式暨工作座谈会在学校召开。
	△经研究决定，成立苏州大学-华为云中大学联创中心（联合协同创新中心），挂靠数据资源管理办公室。聘任杨一心同志担任该中心主任，张惠展同志担任该中心联合主任。
	△姑苏区委副书记、保护区党工委副书记王俊一行莅临学校进行开学疫情防控督查验收。
21 日	△经研究决定，即日起启用"苏州大学巴斯德学院"印章。
22 日	△学校印发《苏州大学国家杰出青年科学基金经费使用"包干制"管理暂行办法》。
24 日	△学校党委理论学习中心组召开专题学习会，学习江苏省委组织部、省委教育工委《关于加强省属高校领导班子政治建设的若干措施》文件精神。
26 日	△学校 2020 年全面从严治党工作会议在敬贤堂召开。
	△学校在敬贤堂召开全校干部大会，部署学校主要工作。
	△中共苏州大学委员会批复《关于调整中共苏州大学委员会机关工作委员会委员的请示》《关于调整中共苏州大学委员会离休工作委员会委

员的请示》《关于调整中共苏州大学委员会群团与直属单位委员会委员的请示》。

27 日　　△ 抖音、新浪微博等 4 平台联合直播学校校长熊思东教授主讲的公开课《COVID-19（新型冠状病毒肺炎）：我拿什么抵抗你》。

△ 学校获江苏省 2019 年度综合考核第一等次。

△ 学校干部监督工作督查推进会在钟楼 303 会议室召开。

△ 学校召开民主党派和统战团体负责人会议。

△ 经提名和选举，王尧教授当选第十一届学术委员会主任委员，朱巧明等 6 位教授当选副主任委员。

29 日　　△ 经研究决定，成立苏州大学财经领导小组，组长熊思东，副组长周高、杨一心，撤销原苏州大学收费管理领导小组和基金管理领导小组。

30 日　　△ 江苏省政协副主席阎立莅临学校纳米科学技术学院调研座谈。

△ 学校人文社科科研目标责任落实暨"十四五"规划编制研讨会通过 WeLink 平台召开。

△ 学校印发《2020 年度苏州大学教师专业技术职务聘任标准及实施细则》《2020 年度苏州大学实验技术人员专业技术职务聘任标准及实施细则》《2020 年度苏州大学学生思想政治教育教师、教育管理研究人员专业技术职务聘任标准及实施细则》《2020 年度我校无评审权的相关系列专业技术职务推荐工作实施细则》。

4 月　　△ 学校国家自然科学基金重大项目"乏燃料后处理复杂体系中的锕系元素化学研究"被《转型中的中国化学——基金委化学部"十三五"规划实施纪行》收录为典型范例。

△ 学校获中国高校专利转让排行榜（TOP100）第 10。

△ 学校举办"侨爱名师讲堂"在线直播活动。

5 月

4 日　　△ 中共苏州大学委员会转发《关于筹备召开苏州大学八届一次教职工代表大会和第十四次工会会员代表大会的请示》。

△ 学校附属第一医院团委获"全国五四红旗团委"称号。

△ 学校东吴艺术团参与央视五四青年节特别节目《奋斗吧！青春》。

6 日　　△ 经研究决定，龚政同志任医学部护理学院党委书记，王欣同志任医学部药学院党委书记。免去沈志清同志医学部护理学院党委书记职务，免去龚政同志医学部药学院党委书记职务。

△ 学校印发《苏州大学新冠肺炎疫情防控期间学生违纪处分规定》。

△ 学校心理健康教育专题学生工作会议在敬贤堂隆重召开。

△ 2020 年度国家社科基金后期资助项目暨优秀博士论文出版项目申

	报辅导报告会举行。
7日	△ 学校党委理论学习中心组召开专题学习会，学习《新时代高等学校思想政治理论课教师队伍建设规定》（教育部令第46号）文件精神。
	△ 学校第十一届学术委员会第一次全体委员会议在红楼115会议室召开。
11日	△ 经研究决定，对苏州大学年度综合考核工作领导小组成员进行调整。组长江涌、熊思东，副组长邓敏、芮国强、张晓宏。
	△ 学校印发《"苏州大学五四青年奖"评选表彰办法》。
	△ 学校"十四五"规划专题调研研讨会在红楼217会议室召开。
12日	△ 学校纪委第十七次全委（扩大）会在继续教育处106会议室举行。
14日	△ 经研究决定，组建东吴学院（英译名为：Soochow College），东吴学院为学校直属公办二级学院，正处级建制。
	△ 学校东吴学院成立大会在红楼学术报告厅举行。
15日	△ 学校召开2020年度安全工作视频会议。
16日	△ 学校学生体育俱乐部启动仪式在东区田径场举行。
	△ 学校开展2020年硕士研究生招生网络远程复试工作。
17日	△ 苏州·铜仁扶贫协作联席会议在日航酒店召开，学校与铜仁市人民政府签订战略合作协议。
18日	△ 学校印发《苏州大学教育培训管理办法（2020年修订）》。
19日	△ 经研究决定，即日起启用"苏州大学东吴学院"印章。
20日	△ 经研究决定，成立苏州大学心身胃肠病学研究所，为校级非实体性科研机构，挂靠苏州大学附属第三医院。聘任曹建新担任该研究所所长，李锐、胡端敏担任该研究所副所长。
	△ 经研究决定，即日起启用"中国共产党苏州大学东吴学院委员会"印章。
	△ 由江苏社科名家、学校任平教授担任负责人的新时代"苏州精神"重大课题组正式开展实地调研。
21日	△ 经研究决定，撤销"国际功能光子学研究中心"等8个校级非实体性科研机构。"国际功能光子学研究中心"等8个校级非实体性科研机构的相关人员职务自然免去，印章同时废止。
25日	△ 学校在红楼201会议室召开学习贯彻《教育部等八部门关于加快构建高校思想政治工作体系的意见》专题会议。
	△ 国际著名脑科学杂志 Brain 在线发表了由学校神经科学研究所徐兴顺教授团队联合苏州大学附属第一医院孙淼教授团队关于神经元核内包涵体病的重要研究成果，文章题目为"原发性震颤是NOTCH2NLC基因相关重复扩展疾病的早期临床症状"（Essential tremor as the early symptom of NOTCH2NLC gene-related repeat expansion disorder）。
26日	△ 学校印发《苏州大学本科生在线开放课程学分认定管理办法》。
	△ 学校第十二届党委第四轮巡察工作动员部署会在学术报告厅召开。

△ 学校数学科学学院马欢飞教授与中国科学院大学、复旦大学、日本东京大学等同行团队合作，提出了数据驱动的因果网络辨识的新型算法。研究成果以"偏交叉映射排除间接因果影响"（Partial cross mapping eliminates indirect causal influences）为题，在线发表于综合类学术期刊《自然·通讯》（Nature Communications）。

27日
△ 学校印发《江涌同志在2020年全面从严治党工作会议上的讲话》。
△ 英格玛人力资源集团向学校捐赠120万元，签约仪式在英格玛集团大厦举行。

29日
△ 经研究决定，陈国凤同志试用期满正式任金螳螂建筑学院党委书记，洪晔同志试用期满正式任纳米科学技术学院党委书记。
△ 江苏省教育厅副厅长、党组成员、省委教育工委委员潘漫一行莅临学校专题调研高校财务与资产管理相关情况。
△ 2020年度一流本科专业建设点"双万计划"申报动员暨专题辅导报告会在红楼学术报告厅举行。

30日
△ 学校孙立宁教授获"第二届全国创新争先奖"。

5月
△ 学校机电工程学院孙立宁教授团队与新加坡国立大学电气与计算机工程系李正国教授团队合作，在用于人机交互的智能穿戴设备研究方面取得重要进展，相关研究成果以"用于虚拟与增强现实中人机交互应用的触觉传感与反馈智能手套"（Haptic-feedback smart glove as a creative human machine interface (HMI) for virtual/augmented reality applications）为题在 Science Advances（《科学-进步》）杂志上发表。

△ 学校《苏州大学学报（教育科学版）》与中国社会心理学会联合策划专栏《公共突发事件与社会心理服务体系建设》。

△ 学校放射医学与辐射防护国家重点实验室、医学部放射医学与防护学院王殳凹教授课题组在核技术应用和辐射化学合成领域取得重要进展，研究成果"利用电子束辐照制备共价有机框架材料"以 Communication（通讯）形式在 J. Am. Chem. Soc（《美国化学会志》）上发表。

△ 学校教育学院举办"我的执教故事"师德师风建设系列活动。
△ 学校国家大学科技园获评"江苏省互联网众创园"称号。
△ 学校附属第二医院神经外科副主任董军获"苏州魅力科技人物"称号。
△ 根据ESI数据库公布的最新数据，学校环境科学与生态学学科进入ESI全球前1%。

6月

1日
△ 经研究决定，撤销"教育科学研究中心"等6个人文社会科学类

校级科研机构，相关人员职务自然免除，印章同时废止。

△ 经研究决定，成立苏州大学智能医疗与算法协同创新中心，挂靠数学科学学院。聘任禹久泓副教授担任该协同创新中心主任。

△ 经研究决定：

一、苏州大学英语语言学研究所更名为苏州大学外语教育与教师发展研究所，顾佩娅为该研究所所长。

二、苏州大学·邦城未来城市研究中心更名为苏州市现代服务业研究中心，段进军为该中心主任。

三、苏州大学现代物流研究院更名为苏州大学物流与供应链研究院，李善良为该研究院院长。

四、苏州大学东吴智库文化与社会发展研究院更名为苏州大学东吴智库，段进军为执行院长。

五、苏州大学新媒体研究院更名为苏州大学融媒体发展研究院，陈一为该研究院院长，易前良、杜志红为副院长。

六、苏州大学社会组织与社会治理研究院更名为苏州大学地方治理研究院，陈进华为该研究院院长，刘成良为副院长。

2日　△ 学校大学生心理健康教育课程授课教师暨心理中心兼职心理咨询师、督导师聘任仪式在红楼学术报告厅举行。

3日　△ 学校艺术教育中心联合光电科学与工程学院、音乐学院、艺术学院举办"美育温润心灵"系列活动之艺术嘉年华。

4日　△ 学校在敬贤堂举行传达全国"两会"精神学习报告会暨党委理论学习中心组（扩大）学习会。

5日　△ 江苏省委常委、苏州市委书记蓝绍敏一行莅临功能纳米与软物质研究院产业化基地——江苏省产业技术研究院有机光电技术研究所考察调研。

△ 学校2020年优秀青年学者聘任仪式在钟楼小礼堂举行。

△ 学校一流本科专业建设工作推进会在红楼学术报告厅举行。

9日　△ 学校工会第十四次会员代表大会在敬贤堂召开。

△ 9日至10日，学校八届一次教职工代表大会召开。

△ 经研究决定，成立苏州大学-浙江华祥福医用防护材料协同创新中心，挂靠纺织与服装工程学院。聘任魏凯副教授担任该协同创新中心主任。

10日　△ 学校"2020年国际青年学者东吴论坛"开幕式在苏州广播电视总台演播厅举行。

△ 学校统一战线代表人士学习"两会"精神交流会在红楼会议中心召开。

△ 学校12项成果获得2019年度江苏省科学技术奖。

△ 经学校研究决定，成立苏州大学-博瑞医药创新靶向药物研究院，该研究院为学校与企业合作共建科研平台。聘任钟志远为研究院院长，袁

建栋为研究院执行院长，邓超和黄仰青为研究院副院长。

11 日　　△ 学校敬文书院分党校通过线上视频会议的形式举行了培训班结业典礼。

△ 学校参与研制的海洋一号 D 卫星在山西太原卫星发射中心发射成功。

△ 学校红十字国际学院向意大利红十字会捐赠抗疫物资。

△ 中共苏州大学委员会印发《关于切实加强新时代美育工作的实施意见》。

15 日　　△ 学校领导带队开展"四不两直"安全检查。

△ 经研究决定，成立苏州大学-智核生物放射性药物协同创新中心，挂靠附属第一医院。聘任缪丽燕教授担任该协同创新中心主任。

△ 经研究决定，即日起启用"苏州大学实验室与设备管理处"印章。

△ 经研究决定，即日起启用"苏州大学实验学校管理办公室"印章。

△ 中共苏州大学委员会批复《关于苏州大学第八届教职工代表大会执行委员会和提案工作委员会选举结果的报告》《关于苏州大学工会第十四届委员会和经费审查委员会选举结果的报告》。

△ 学校印发《苏州大学学术委员会议事规则》。

16 日　　△ 学校沙钢钢铁学院召开全国"两会"精神学习辅导会暨党委理论学习中心组（扩大）学习会。

17 日　　△ 学校党委理论学习中心组（扩大）学习会在敬贤堂召开。

18 日　　△ "说句心里话"——苏州大学 2020 届毕业生恳谈会在红楼 217 会议室举行。

19 日　　△ 苏州市退役军人事务局与学校共建成立"苏州大学退役军人事务培训学院"，在线教育培训学习平台同步启动。

△ 学校召开 2020 年度校内综合考核指标制定专题动员部署会。

△ 经研究决定，苏州大学历史文化研究所更名为苏州大学江南文化研究院。聘任王国平教授为该研究院院长。

22 日　　△ 经研究决定，冯成志同志继续任教育学院院长。

△ 经研究决定，对新型城镇化与社会治理协同创新中心管理委员会成员进行调整，主任张晓宏，副主任陈进华、于毓蓝。

△ 经研究决定，吴永发同志继续任金螳螂建筑学院院长。

23 日　　△ 江苏省副省长马欣一行莅临学校考察调研并召开座谈会。

△ 学校印发《苏州大学贯彻落实 2020 年高校思想政治工作重点任务清单的若干举措》。

24 日　　△ 学校纺织与服装工程学院 2020 届毕业生恳谈会在紫卿书院党建工作室举行。

△ 由学校文学院王宁教授领衔的国家社科基金艺术学重大项目"新中国成立 70 周年中国戏曲史（江苏卷）"线上开题报告会举行。

△ 由学校东吴智库主办的"苏州打造生物医药产业地标的机遇与挑

战"线上研讨暨第十三期东吴智库学者沙龙举办。

25日 △学校纺织与服装工程学院党委召开线上毕业生党员离校专题党课。

27日 △学校敬文书院2020届学生毕业典礼在敬贤堂举行。

28日 △学校2020年毕业典礼暨学位授予仪式在线上举行。

△学校印发《苏州大学家庭经济困难研究生认定和补助管理办法》。

△经研究决定,授予学术学位研究生李天莹等19人哲学硕士学位,卜殿山等28人经济学硕士学位,王昱皓等88人法学硕士学位,葛丹迪等64人教育学硕士学位,黄达等89人文学硕士学位,梅洁等15人历史学硕士学位,时继阳等379人理学硕士学位,赵萍萍等346人工学硕士学位,袁先峰等8人农学硕士学位,王卓群等216人医学硕士学位,惠文云等69人管理学硕士学位,张文韬等37人艺术学硕士学位;

授予专业学位研究生薛思豪等61人金融硕士学位,朱兴刚等18人应用统计硕士学位,陈怿华等10人税务硕士学位,杨涵钦等10人国际商务硕士学位,王凯等168人法律硕士学位,索鹏伟等24人社会工作硕士学位,牟萌雅等183人教育硕士学位,胡春梅等60人体育硕士学位,张晨等56人汉语国际教育硕士学位,徐婷婷等35人应用心理硕士学位,刘旺顺等45人翻译硕士学位,常玉等59人新闻与传播硕士学位,张云等13人出版硕士学位,张鹏等370人工程硕士学位,顾振华等7人农业硕士学位,李天星等24人风景园林硕士学位,张祝玮等372人临床医学硕士学位,赵忠辉等22人公共卫生硕士学位,张佳佳等26人护理硕士学位,吴晓宁等36人药学硕士学位,赵菁等161人工商管理硕士学位,李浩等156人公共管理硕士学位,马思渊等114人会计硕士学位,吴方晴等110人艺术硕士学位;

授予同等学力人员吴颖法学硕士学位,杨小骏等170人医学硕士学位。

△经研究决定,授予学术学位研究生傅歆等4人哲学博士学位,黄丹荔等3人经济学博士学位,刘椰斐等12人法学博士学位,史新广等9人教育学博士学位,殷虹刚等14人文学博士学位,刘瑞红等4人历史学博士学位,刘春连等61人理学博士学位,朱嘉诚等41人工学博士学位,任胜杰农学博士学位,詹升华等87人医学博士学位,瞿淦等3人管理学博士学位;

授予专业学位研究生杨小进等122人临床医学博士学位。

29日 △江苏省委宣传部副部长赵金松一行莅临学校调研江苏省重点培育智库东吴智库建设情况并召开座谈会。

△江苏省委宣传部、苏州市委宣传部、苏州大学共建马克思主义学院签约揭牌仪式在天赐庄校区学术报告厅举行。

△苏州大学-海安市人民政府合作框架协议签约仪式在独墅湖校区举行。

△经研究决定,对骏马化纤股份有限公司等15家研究生工作站做撤

牌处理。

30 日   △ 苏州大学庆祝建党 99 周年表彰暨"对标争先"建设评审会在红楼学术报告厅举行。

  △ 苏南地区组高校纪检监察机构第二次月度会议在学校召开。

  △ 经研究决定，成立苏州大学干部人事档案专项审核工作小组，组长邓敏、张晓宏，副组长周玉玲、朱巧明。撤销原苏州大学"三龄一历"审核工作小组、原苏州大学中层领导干部人事档案审核工作小组。

  △ 经研究决定，共计 83 家单位被确定为苏州大学硕士专业学位研究生实践基地，13 家单位被确定为苏州大学研究生工作站。

  △ 经研究决定，汪健同志任附属儿童医院党委书记，免去卢祖元同志附属儿童医院党委书记职务。

  △ 经研究决定，王晓东同志任附属儿童医院院长，免去汪健同志附属儿童医院院长职务。

  △ 学校印发《苏州大学科技成果转化管理办法（2020 年修订）》《苏州大学知识产权保护和管理办法（2020 年修订）》。

6 月   △ 学校《苏州大学学报（教育科学版）》获国家哲学社会科学学术期刊教育学学科最受欢迎期刊第 8 名。

  △ 学校研究员、苏大维格集团董事长陈林森获中国发明协会颁发的第十一届"发明创业奖·人物奖"特等奖并被授予"当代发明家"称号。

  △ 学校附属第一医院党委黄建安、钱红英同志被评为"江苏省优秀共产党员"；附属第一医院党委钱晓东、王梦兰同志，附属儿童医院党委虞景同志被评为"苏州市优秀共产党员"；附属第一医院党委顾继红同志被评为"苏州市优秀基层党组织带头人"。

7 月

1 日   △ 学校教育学院在学院学术报告厅召开"两会"精神学习会。

  △ 学校附属儿童医院与中国干细胞集团海南博鳌附属干细胞医院签订医联体协议。

2 日   △ 国家血液系统疾病临床医学研究中心揭牌仪式在学校独墅湖校区举行。

3 日   △ 学校参与研制的我国分辨率最高的民用光学遥感卫星在山西太原卫星发射中心发射成功。

  △ 学校本科教学成果总结推广会在红楼学术报告厅召开。

  △ 由医院管理处和博物馆联合举办的"同心战疫 众志成城"——苏州大学附属医院抗疫先进事迹展，在博物馆"司马德游泳池"展厅正式开展。

△ 学校党委第三轮巡察整改督查推进会在钟楼303会议室召开。

△ 学校党委第四轮巡察工作推进会在钟楼303会议室召开。

△ 经研究决定，成立苏州大学高分子精准合成研究所，该研究所为校级非实体性科研机构，挂靠材料与化学化工学部。聘任张正彪担任该研究所所长。

△ 学校印发《苏州大学关于树立正确科研评价导向的意见》《苏州大学科研平台管理办法（自然科学类）（2020年修订）》《苏州大学自然科学类科研评价与激励办法》。

6日　△ 6日至7日，学校组织开展教职工党支部书记示范培训班。

8日　△ 江苏省委常委、组织部部长郭文奇一行莅临学校调研。

9日　△ 学校党委召开第一百二十五次常委会，专题研究全面从严治党工作。

△ 江苏大学校长颜晓红一行莅临学校调研。

△ 学校印发《苏州大学普通高等教育本科生教材管理办法（2020年修订）》。

10日　△ 学校东吴智库发展研讨会在天赐庄校区举行。

△ 学校阮长耿院士荣获首届"苏州科学家"勋章，路建美教授、华人德教授、沈振亚教授获第六届苏州杰出人才奖。

△ 经研究决定，吴嘉炜同志任医学部基础医学与生物科学学院院长，试用期一年。

△ 经研究决定，张健同志试用期满正式任东吴学院院长，曹炜同志试用期满正式任文学院院长。

△ 经研究决定，张民同志任计算机科学与技术学院院长，试用期一年。

15日　△ 学校纪委第十八次全委（扩大）会在红楼217会议室举行。

16日　△ 学校沙钢钢铁学院党委在冶金楼4004召开师德师风建设专题研讨会。

17日　△ 学校印发《苏州大学财经领导小组议事规则（暂行）》。

△ 中共苏州大学委员会批复《关于中共苏州大学轨道交通学院委员会选举结果的报告》《关于中共苏州大学轨道交通学院委员会委员分工的报告》。

△ 中共苏州大学委员会批复《关于中共苏州大学纳米科学技术学院委员会选举结果的报告》《关于中共苏州大学纳米科学技术学院委员会委员分工的报告》。

△ 中共苏州大学委员会批复《关于中共苏州大学医学部放射医学与防护学院委员会选举结果的报告》《关于中共苏州大学医学部放射医学与防护学院委员会委员分工的报告》。

△ 中共苏州大学委员会批复《关于中共苏州大学医学部药学院委员会选举结果的报告》《关于中共苏州大学医学部药学院委员会委员分工的

报告》。

19日　　△经研究决定，方琪同志任临床医学研究院院长，试用期一年，免去杨惠林同志临床医学研究院院长职务。

　　△经研究决定，刘济生同志任附属第一医院院长，免去侯建全同志附属第一医院院长职务。

20日　　△第二十一次校长办公会在红楼217会议室召开。

　　△经研究决定，成立苏州大学-江苏忠明智能制造协同创新中心，挂靠机电工程学院。聘任李轩同志担任该协同创新中心主任。

21日　　△经研究决定，董召勤同志任学生工作部部长，免去孙庆民同志学生工作部部长职务。

　　△经研究决定，晏成林同志任张家港工业技术研究院院长（兼）。

23日　　△新华日报社党委书记、社长，新华报业传媒集团董事长双传学一行莅临学校调研。

　　△学校参与研制的天问一号火星探测器在海南文昌航天发射场发射成功。

24日　　△学校杰出校友高文彬先生百岁寿辰庆祝活动暨《东京审判中国团队》出版座谈会在上海举行。

27日　　△经研究决定，授予JEONG SIYEON等15名外国留学本科毕业生学士学位。

　　△经研究决定，授予KIM TAEHOON等56名外国留学本科毕业生学士学位。

　　△经研究决定，授予成人高等教育英语专业本科毕业生孙美琳文学学士学位。

　　△经研究决定，授予丁楠等6 173名2020届普通高等教育全日制本科毕业生学士学位。

　　△经研究决定，授予学术学位研究生顾嵩楠经济学博士学位，孔晓明教育学博士学位，杨霖文学博士学位，刘宇理学博士学位，张钰烁等3人医学博士学位。

　　△经研究决定，授予孟洪羽等382人双学位专业学士学位。

　　△经研究决定，授予学术学位研究生申珍珍等3人法学硕士学位，薛黎萍等9人教育学硕士学位，孙碧卿文学硕士学位，潘蓓蓓历史学硕士学位，尤彪等26人理学硕士学位，张源等13人工学硕士学位，费凡等12人医学硕士学位，祝云柳等6人管理学硕士学位；

　　授予专业学位研究生沈彬彬等6人金融硕士学位，周子涵等3人应用统计硕士学位，GAAZE ANNA等8人国际商务硕士学位，李柯等3人社会工作硕士学位，胡洁等10人教育硕士学位，张耀宗等18人体育硕士学位，黄杰等3人应用心理硕士学位，王佳佳等5人新闻与传播硕士学位，方晨等10人工程硕士学位，汪园风景园林硕士学位，路正扬等27人临床医学硕士学位，马振等4人药学硕士学位，时晔等44人工商管理硕士学位，蒋达兴等 42 人公共管理硕士学位，庞晓萌等 6 人会计硕士学位；

授予同等学力人员邓典峰等 6 人医学硕士学位。

△经研究决定，授予沈冀宁等 27 名七年制临床医学专业毕业生医学专业硕士学位。

△经研究决定，授予赵倩茹等 9 名普通高等教育全日制本科毕业生学士学位。

△经研究决定，授予周林柳等 20 名高等教育自学考试本科毕业生学士学位。

△经研究决定，授予朱枫华等 794 名成人高等教育本科毕业生学士学位。

28 日 △南京邮电大学领导班子莅临学校调研。

29 日 △学校放射医学与辐射防护国家重点实验室、中国疾病预防控制中心辐射防护与核安全医学所共同主办的《放射医学与防护》（Radiation Medicine and Protection）英文刊通过全球最具影响力的开放存取期刊目录（Directory of Open Access Journals，DOAJ）评估后，被 DOAJ 数据库正式收录。

△学校第五期东吴智库思享汇在红楼 201 会议室举行。

△由大运河文化带建设研究院苏州分院、苏州大运河文化带建设研究院主办的"新时代高质量推进大运河国家文化公园建设"线上研讨会暨"运河+"第二期主题沙龙举办。

△学校校长熊思东听取附属第二医院专题汇报，携手推动医院新一轮发展。

7 月 △学校功能纳米与软物质研究院廖良生教授课题系列合作科研成果相继在《自然》（Nature）子刊上发表。

△学校国家大学科技园获评江苏省科技企业孵化器优秀（A 类）。

△学校纳米科学技术学院张桥教授与印第安纳大学伯明顿分校的 Xingchen Ye 教授、埃尔朗根-纽伦堡大学的 Michael Engel 教授等人合作，以"原位透射电镜揭示双金属核壳纳米立方体的各向异性溶解动力学行为"（Imaging the kinetics of anisotropic dissolution of bimetallic core-shell nanocubes using graphene liquid cell）为题，在《自然·通讯》（Nature Communications）上发表论文。

△学校功能纳米与软物质研究院刘庄教授和程亮教授合作，以"液相剥离法制备氢化钛纳米点用于增效肿瘤声动力治疗"（Preparation of $TiH_{1.924}$ nanodots by liquid-phase exfoliation for enhanced sonodynamic cancer therapy）为题，在《自然·通讯》（Nature Communications）上发表论文。

△学校"十四五"规划编制工作领导小组赴南京高校调研。

△学校党委举办中层干部暑期集中培训班。

8 月

1 日 △ 学校副校长蒋星红受邀在江苏省高校一流本科教育建设推进会上做大会交流。

△ 1 日至 4 日江苏省高等教育自学考试在学校举行。

3 日 △ 学校印发《苏州大学本硕博一体化培养实施办法（试行）》《苏州大学关于"加快人工智能领域人才培养 进一步促进学科融合"的实施方案》。

4 日 △ 学校"十四五"改革发展规划编制起草工作小组第二次全体会议在红楼 217 会议室召开。

9 日 △ 接中共江苏省委通知（苏委〔2020〕341 号）：刘标同志任苏州大学党委副书记。

△ 接中共江苏省委通知（苏委〔2020〕342 号）：免去刘标同志苏州大学副校长职务。

10 日 △ 由中国高等教育学会高等教育学专业委员会、学校教育学院、学校教育科学研究院及学校学报编辑部联合举办的"新时代高等教育发展暨大学治理学术论坛"通过腾讯会议平台在线上举行。

12 日 △ 学校紫卿书院建设工作推进会在天赐庄校区工科楼 422 会议室召开。

△ 12 日至 14 日，第八届全国大学生光电设计竞赛（东部区赛）在学校举办。

13 日 △ 经研究决定，授予七年制临床医学专业毕业生袁锋医学专业硕士学位。

△ 学校印发《苏州大学关于进一步加强研究生学位论文质量全过程管理的意见》。

15 日 △ 中国科学院院士、国防科技大学副校长兼教育长王怀民教授莅临计算机科学与技术学院访问。

17 日 △ 经研究决定，成立苏州大学-海安市人民医院临床医学协同创新中心，挂靠医学部。聘任徐广银教授担任该协同创新中心主任。

19 日 △ 学校党委书记、党的建设与全面从严治党工作领导小组组长江涌赴学校附属第二医院、附属儿童医院开展全面从严治党专题调研。

△ 19 日至 20 日，贵州省党政代表团一行莅临学校考察。

22 日 △ 22 日至 26 日，学校举行专职辅导员暑期专题培训。

24 日 △ 24 日至 26 日，由苏州市教育局主办、学校承办的苏州高校思想政治理论课教师培训班在常熟市委党校举办。

27 日 △ 相城区委副书记、代区长季晶一行莅临学校阳澄湖校区考察交流。

	△ 经研究决定，戴佩良同志任轨道交通学院党委书记，肖甫青同志任纺织与服装工程学院党委书记。免去董召勤同志纺织与服装工程学院党委书记职务。
28日	△ 学校获江苏省"护航杯"人民防线宣教比武大赛第二名。
29日	△ 学校2020年全日制普通本科招生录取工作结束。
	△ 经研究决定，对苏州大学建校120周年纪念活动筹备组办公室组成人员进行调整，办公室主任戴佩良，办公室常务副主任唐文跃，办公室副主任张海洋、王欣、朱建刚。
31日	△ 学校党委理论学习中心组召开学习会，专题学习《习近平谈治国理政（第三卷）》。
	△ "云中苏大"建设第二次工作会议在红楼会议中心召开。
	△ 三峡大学党委副书记、校长何伟军一行莅临学校考察、交流。
	△ 经研究决定，成立苏州大学-常熟涤纶有限公司差别化合纤协同创新中心，挂靠纺织与服装工程学院。聘任王国和教授担任该协同创新中心主任。
	△ 经研究决定，授予学术学位研究生韩冰法学博士学位，申晋波教育学博士学位，周辰历史学博士学位，晏晶理学博士学位，彭美文等4人工学博士学位，张全志等3人医学博士学位，徐世平艺术学博士学位；
	授予专业学位研究生吴蓉洲临床医学博士学位。
	△ 经研究决定，授予学术学位研究生邢立杰等2人法学硕士学位，陈曹霁等3人教育学硕士学位，朱怡婷文学硕士学位，郭连振等39人理学硕士学位，武向前等25人工学硕士学位，张静怡等8人医学硕士学位，范小青管理学硕士学位，何泽谕等9人艺术学硕士学位；
	授予专业学位研究生李沃原金融硕士学位，王亚丽等33人法律硕士学位，马宇雪社会工作硕士学位，黄烨栋等8人教育硕士学位，刘星辰等5人体育硕士学位，杜宁宁等4人汉语国际教育硕士学位，孙丽俊等2人应用心理硕士学位，袁宇婷等5人翻译硕士学位，杨宛玉等2人新闻与传播硕士学位，胡阳阳出版硕士学位，杨福臻等35人工程硕士学位，陈健农业硕士学位，李士博等2人风景园林硕士学位，王璐等12人临床医学硕士学位，顾小江公共卫生硕士学位，朱凯莲药学硕士学位，陈燕华工商管理硕士学位，宋天元等23人艺术硕士学位；
	授予同等学力人员陈凤秋等2人医学硕士学位。
8月	△ 学校附属第一医院"红细胞"党群服务中心被命名为第二批市级"海棠花红"先锋阵地。

9月

1日 △ 学校领导和相关职能部门负责人分别到天赐庄校区、独墅湖校区、阳澄湖校区就新学期开学疫情防控工作进行检查和现场推进。

2日 △ 学校放射医学与辐射防护国家重点实验室全国科技创新周暨实验室开放月活动开幕式在独墅湖校区举行。

3日 △ 学校印发《苏州大学研究生课程教学管理实施细则》。

4日 △ 南京工业大学党委书记芮鸿岩一行莅临学校考察、交流。

△ 江苏乾宝生物科技有限公司捐赠5吨消毒液助力学校抗疫。

△ 金螳螂建筑学院风景园林系翟俊教授指导，周悦、顾语琪、龚惠莉、史琦洁和闫薇同学共同完成的作品"生长的沙堆——通过景观生态基础设施恢复生境和反生物入侵"（Growing Sand Dunes-Habitat Restoration and Anti-Lessepsian Migration with Landscape Eco-Infrastructure）获美国景观设计师学会（American Society of Landscape Architects，ASLA）国际学生竞赛奖"综合设计类"的荣耀奖。

5日 △ 学校党委十二届十次全体会议及全校干部大会召开。

△ 学校印发《苏州大学党委理论学习中心组巡学旁听实施细则》。

6日 △ 经研究决定，成立苏州大学思想政治理论课教师发展中心，挂靠马克思主义学院。

7日 △ 7日至9日，学校保卫部（处）联合苏州公安局姑苏交警大队在天赐庄校区开展为期3天的"'带''盔'有你，安全同行"交通安全主题活动。

9日 △ 学校印发《2020—2021学年度第一学期苏州大学党委理论学习中心组学习计划》。

△ 沙钢钢铁学院党委理论学习中心组召开专题学习会，学习《习近平谈治国理政（第三卷）》。

10日 △ 学校党委书记江涌在教师节慰问苏州大学实验学校教师。

11日 △ 学校招生就业处召开干部职工大会。

13日 △ 第五届全国高校学生课外"核+X"创意大赛学校校内选拔赛暨第四届"仁机杯"苏州大学"核+X"创意大赛颁奖仪式在独墅湖校区举行。

△ 学校纺织与服装工程学院（紫卿书院）2020级新生"大学第一课"在天赐庄校区工科楼举行。

14日 △ 经研究决定，成立苏州大学第七次人口普查领导小组，小组下设办公室。组长刘标，副组长周高。

△ 学校政治与公共管理学院2020级新生开学典礼在独墅湖校区主会场和9个分会场同时举办。

  △ 经研究决定，成立苏州大学泌尿及肾脏病研究所，该研究所为校级非实体性科研机构，挂靠苏州大学附属第一医院。聘任侯建全担任该研究所所长。

  △ 学校印发《党委常委会工作报告》《苏州大学关于进一步加强师范生教育教学能力培养的意见》。

  △ 学校巴斯德学院开展 2020 级新生入学教育。

  △ 学校形势与政策大讲堂暨苏州市百名局长百场宣讲活动在天赐庄校区财科馆举行。

  △ 学校沙钢钢铁学院召开 2020 级新生开学典礼。

  △ 14 日至 16 日，第九届全国大学生金相技能大赛校内选拔赛在阳澄湖校区冶金工程实践教育中心举办。

15 日

  △ 学校本科新生军训工作会议在独墅湖校区学术报告厅召开。

  △ 梅维平博士、赵裕兴博士、王振明博士受聘为苏州大学客座教授的仪式在红楼 217 会议室举行。

  △ 学校教育学院 2020 级新生开学典礼暨新生"开学第一课"在独墅湖一期炳麟图书馆学术报告厅举行。

  △ 学校敬文书院 2020 级新生开学典礼在敬贤堂举行。

16 日

  △ 学校印发《苏州大学兼职辅导员聘用与管理办法》。

  △ 学校巴斯德学院兼职教授 Dimitri LAVILLETTE 获 2020 年度上海市白玉兰纪念奖。

  △ 学校敬文讲堂第一百五十七讲、一百五十八讲在敬贤堂举行。

17 日

  △ 学校教务部组织召开《习近平总书记教育重要论述讲义》专题学习会。

19 日

  △ 学校举办纵横汉字信息技术研究所名誉所长周忠继先生追思会。

21 日

  △ 经研究决定，成立苏州大学-百世孚材料表界面工程协同创新中心，挂靠材料与化学化工学部。聘任刘小莉副教授担任该协同创新中心主任。

  △ 经研究决定，成立苏州大学第十一届本科教学督导委员会，主任委员尤凤翔，副主任委员张茂青、金卫星、缪竞诚。

  △ 经研究决定，成立苏州大学-海安市中医院科研协同创新中心，挂靠医学部药学院。聘任镇学初教授担任该协同创新中心主任。

  △ 学校印发《苏州大学 2020 年度工作要点（补充部分）》《苏州大学课程思政建设与管理办法》。

  △ 学校"形势与政策"集体备课会在马克思主义学院 6418 会议室举行。

  △ 学校敬文书院新生第一课《敬文精神伴你行》在红楼学术报告厅举行。

22 日

  △ 经研究决定，即日起启用"苏州大学思想政治理论课教师发展中心"印章。

△ 经研究决定，授予学术学位研究生李洋等2人教育学硕士学位，段超群文学硕士学位，赵静等13人理学硕士学位，刘心卓等7人工学硕士学位，李文君等2人医学硕士学位；

　　授予专业学位研究生曹黎教育硕士学位，徐子依翻译硕士学位，金映言工程硕士学位。

　　△ 经研究决定，授予学术学位研究生张琦英教育学博士学位，熊展等2人理学博士学位，张瑾工学博士学位，夏瑞等4人医学博士学位。

23日　　△ 学校港澳台侨教工代表迎中秋、庆国庆联谊会在红楼会议中心举行。

　　△ 中共江苏省委宣传部舆情信息处（意识形态工作督查处）处长许剑一行莅临学校调研。

　　△ 学校人文社会科学处举行专题学术研讨会。

　　△ 学校敬文讲堂第一百五十九讲在天赐庄校区学术报告厅举行。

24日　　△ 经研究决定，免去陈国安同志苏州大学实验学校校长职务。

　　△ 学校印发《苏州大学本科毕业设计（论文）工作管理办法（2020年修订）》。

　　△ 中国法学会体育法学研究会第四次会员代表大会暨第四届理事会换届大会在北京召开，学校王家宏教授当选副会长，郭树理教授当选常务理事，赵毅教授当选理事和学术委员。

25日　　△ 经研究决定，将常州市老年病医院增列为苏州大学附属常州老年病医院，该医院为学校非直属附属医院。

　　△ 经研究决定，将苏州市第九人民医院增列为苏州大学附属苏州九院，该医院为学校非直属附属医院。

　　△ 学校附属第二医院西安分院挂牌仪式在核工业四一七医院举行。

　　△ 学校欧美同学会（留学人员联谊会）荣获2020年度"先进集体"，王鼎、张力元获"先进工作者"称号。

　　△ 学校2020年国家社科基金面上项目总结暨2021年国家社科基金申报启动会举行。

26日　　△ 学校保卫部（处）联合苏州营财保安股份有限公司开展校园反恐演练、抗击疫情表彰大会和"疫情常态下的校园防控管理"专题培训会。

　　△ 学校材料与化学化工学部举办"学术为魂"系列之"2020英国皇家化学会"专题活动。

27日　　△ 学校召开"人文社会科学类科研项目政策解读"视频报告会。

　　△ 学校敬文讲堂第一百六十讲在敬贤堂举行。

29日　　△ 经研究决定，聘请张雪根等5位同志为机关作风效能建设巡视员，聘期两年。

　　△ 学校医学部党工委理论学习中心组举行"关于加快医学教育创新发展的指导意见"集中学习会。

　　△ 学校敬文讲堂第一百六十一讲在红楼学术报告厅举行。

30 日

△ 学校内部控制建设领导小组（扩大）会议在红楼会议中心召开。

△ 学校继续教育处召开新学期工作会议。

9 月

△ 江苏省高校"大学生心理健康教育课程开设与建设研讨会"在学校召开。

△ 国际著名期刊《德国应用化学》（Angew. Chem. Int. Ed.）在作者简介（Author Profile）专栏刊登介绍学校材料与化学化工学部朱晨教授的文章。

△ 学校神经科学研究所程坚教授课题组和药学院贾佳教授课题组经过多年合作研究，发现介导气体信号分子硫化氢药理作用的特异性分子靶点。相关研究结果以"硫醌氧化还原酶通过靶向线粒体电子传递导致解偶联而介导硫化氢的治疗作用"（SQR mediates therapeutic effects of H_2S by targeting mitochondrial electron flow to induce mitochondrial uncoupling）为题在《科学-进展》（Science Advances）上发表论文。

△ 学校功能纳米与软物质研究院孙旭辉教授、文震副研究员和加拿大滑铁卢大学 John T. W. Yeow 团队合作开发了一种基于微机电系统（MEMS）的摩擦超声波传感器（μTUD），用于实现超声波能量的接收。该成果以"用于声能传输和信号通信的微型摩擦电超声器件"（Micro triboelectric ultrasonic device for acoustic energy transfer and signal communication）为题发表在《自然·通讯》（Nature Communications）上。

△ 纳米科学技术学院董彬教授与德国马普智能所 Metin Sitti 教授合作，以"可在空气中高速驱动的水凝胶致动器"（In-air fast response and high speed jumping and rolling of a light-driven hydrogel actuator）为题发表在《自然·通讯》（Nature Communications）上。

△ 学校电子信息学院院长沈纲祥教授在 2020 年美国光学学会理事大会中当选为美国光学学会会士。

△ 由学校金螳螂建筑学院主导并联合葡萄牙埃武拉大学、澳门城市大学共同申报的"中国-葡萄牙文化遗产保护科学'一带一路'联合实验室"获科技部正式批准筹建。

△ 江苏省教育厅正式发文公布了江苏高校哲学社会科学重点研究基地和优秀创新团队评审结果，学校外国语学院牵头申报的"中国文化翻译与传播研究基地"和东吴商学院牵头申报的"智慧供应链创新团队"获批立项建设。

△ 学校纳米科学技术学院汪超教授以"一种可植入的血块凝胶肿瘤疫苗实现增效肿瘤免疫治疗"（An implantable blood clot-based immune niche for enhanced cancer vaccination）为题发表在《科学-进展》（Science Advances）上。

10 月

9 日
△ 学校印发《苏州大学建设银行奖教金管理条例》。

11 日
△ 苏州大学光电科学与工程学院发展基金设立仪式在天赐庄校区激光楼多功能厅举行。

△ 苏州大学光电科学与工程学院产业教授受聘仪式暨首届校友论坛开幕式在本部敬贤堂举行。

△ 学校 77 级校友、中国科学院院士芮筱亭及夫人潘玲老师一行莅临学校，参加物理科学与技术学院"东吴物理大讲坛"启动仪式。

13 日
△ 经研究决定，成立苏州大学退役军人事务研究院，该研究院为校级非实体科研机构，挂靠王健法学院。聘任黄学贤教授为该研究院院长。

△ 经研究决定，成立苏州大学应急管理研究院，该研究院为校级非实体科研机构，挂靠政治与公共管理学院。聘任黄建洪教授为该研究院院长。

△ 经研究决定，苏州大学物流与供应链研究院更名为苏州大学长三角绿色供应链研究院。

△ 经研究决定，苏州大学非物质文化遗产研究中心负责人变更为卢朗。

△ 13 日至 16 日，学校完成历史学师范类专业第二级认证现场考察。

14 日
△ 学校印发《苏州大学校园安全专项整治三年行动实施方案》。

△ 由文化和旅游部、江苏省人民政府主办，文化和旅游部艺术司、江苏省文化和旅游厅、昆山市人民政府、学校承办的"文化艺术大讲堂"——2020 戏曲百戏进校园首场活动之绍剧传统戏讲座在红楼学术报告厅举办。

△ 昆山昭崵绣馆工艺美术师、苏绣非遗传承人刘昭艳女士苏绣作品《费孝通绣像》捐赠仪式在学校博物馆举行。

△ 学校敬文书院党委与苏州市工业园区第一中学党总支共建新时代基层党建工作站。

△ 学校金螳螂建筑学院举行第五届"建筑街"学生艺术节。

△ 14 日至 16 日，评估专家北京市建筑设计研究院马泷总建筑师、华侨大学刘塨教授一行莅临学校，对建筑学专业办学情况进行视察评估。

16 日
△ 经研究决定，于潜驰同志任共青团苏州大学委员会书记，试用期一年。免去肖甫青同志共青团苏州大学委员会书记职务。

△ 第十一届中国曲艺牡丹奖颁奖系列活动之三——"江苏文艺·名家讲坛"李金斗走进苏州大学活动在独墅湖校区炳麟图书馆学术报告厅举办。

17日	△ 中国文艺评论家协会主席仲呈祥教授莅临学校讲学。
	△ 澳门城市大学副校长、澳门社会经济发展研究中心主任叶桂平教授莅临学校访问。
	△ 学校传媒学院校友发展论坛在天赐庄校区怡远楼举行。
18日	△ 学校"东吴校友谈往事"专题讲座在博物馆举行。
	△ 江苏省政府办公厅副主任邹宁华一行莅临学校调研。
	△ 苏州大学校企改革签约仪式在南京顺利举行。
19日	△ 19日至20日,由清华大学实验室管理处副处长艾德生教授任组长、知名高校和研究机构专家组成的检查组莅临学校,对科研实验室安全实施了现场检查。
20日	△ 2020年纺织丝绸科技及产业发展论坛在学校天赐庄校区工科楼报告厅开幕。
	△ 机关作风效能建设巡视员新一轮聘任仪式在红楼201会议室举行。
	△ 学校纺织与服装工程学院在天赐庄校区举行"鑫缘·苏州大学纺织服装师生创新成果联展"。
	△ 学校应用技术学院举行2020年新生开学典礼。
21日	△ 经研究决定,对苏州大学体育运动委员会进行调整,主任刘标,副主任张健、王国祥、王永山、周毅、董召勤、王云杰。
	△ 由苏州市质量管理协会与应用技术学院联合举办的质量提升体验分享会暨高校专场招聘会活动在学校应用技术学院举行。
	△ 2020年全国纺织类高校院长论坛在学校天赐庄校区工科楼422会议室召开。
	△ 南京大学环境学院教授、博士生导师、国家注册环评工程师朱晓东莅临学校讲学。
22日	△ 经研究决定,成立苏州大学-翰纳泵业激光智能制造联合研发中心,该研发中心为学校与企业合作共建科研平台。聘任王明娣为研发中心主任,冯长青、赵栋和刘卫兵为研发中心副主任。
	△ 经研究决定,授予成人高等教育电子信息工程专业本科毕业生陈剑佳同学工学学士学位。
	△ 经研究决定,授予胡超等3 141名高等教育自学考试本科毕业生学士学位。
	△ 经研究决定,授予邱元虹同学教育学专业(双学位)教育学学士学位。
	△ 经研究决定,授予王红莉等7名普通高等教育全日制本科毕业生学士学位。
	△ 学校应用技术学院党委书记浦文俶讲授"开学第一课"。
23日	△ 学校第五十八届学生、第二十三届教职工体育运动会在天赐庄校区东区运动场举行。
	△ 经研究决定,设立基本建设处,为正处级建制,人员编制16名。

设处长 1 名，为正处职；副处长 1 名，为副处职；总工程师 1 名，为副处职。

成立苏州大学北京研究院，为学校实体性科研机构，不设行政建制，挂靠人文社会科学处。

成立苏州大学哲学社会科学联合会，设主席 1 名，由校领导兼任；设常务副主席 1 名，副主席若干名，由校领导、相关专家兼（担）任。

加强苏州大学科学技术协会建设，设主席 1 名，由校领导兼任；设常务副主席 1 名，副主席若干名，由校领导、相关专家兼（担）任。

学生工作部（处）内设机构名称调整为综合科（辅导员发展中心）、思想政治教育科（思想政治教育中心）、学生资助管理中心（学生劳动教育指导中心）、学生事务与管理中心。

25 日　　△学校纺织与服装工程学院在天赐庄校区工科楼 422 会议室召开重阳节座谈会。

26 日　　△学校计算机科学与技术学院 2020 年"图灵班学生标兵"颁奖仪式暨咨询委员会年会在理工楼 504 室举行。

27 日　　△原"中国共产党苏州大学委员会群团与直属单位工作委员会"印章因使用日久，磨损严重，影响正常使用，故重新刻制。即日起启用新制的"中国共产党苏州大学委员会群团与直属单位工作委员会"印章，原印章废止。

△"滴水筑梦　牵手苏州"助学金捐赠签约仪式在红楼会议中心举行。

△学校应用技术学院召开党委理论学习中心组学习会议专题学习《习近平总书记教育重要论述讲义》。

△学校阮长耿院士荣获 2020 年度吴阶平医学奖。

△ 27 日至 29 日，由江苏省委教育工委、江苏省教育厅主办，省高校辅导员工作研究会承办，省高校辅导员培训与研修基地（苏州大学）协办的第八届江苏高校辅导员素质能力大赛苏州大学基地复赛在红楼学术报告厅举行。

28 日　　△"传承·立德"苏州大学 2020 年度新教师始业培训暨入职宣誓仪式在敬贤堂举行。

△学校召开科技创新工作推进会暨 2021 年国家自然科学基金申报线上启动会。

△著名昆剧、苏剧表演艺术家，苏州昆剧院名誉院长，国家一级演员王芳莅临学校讲学。

△ 28 日至 30 日，学校举办党外中层干部培训暨社会主义学院第十七期党外中青年骨干培训班。

30 日　　△学校机关党工委、纪工委组织开展廉政教育专题培训。

△学校应用技术学院召开宣传工作专题会议。

△学校沙钢钢铁学院党委理论学习中心组召开专题学习会。

31 日 △ 苏州大学绿色建筑国际研究中心（筹）被动式改造示范项目启动签约仪式暨建设与发展研讨会在金螳螂建筑学院学术交流中心举行。

10 月
△ 学校 15 位离退休老同志荣获抗美援朝出国作战纪念章。

△ 学校 120 周年校庆暨学校艺术学院 60 周年院庆活动举行。

△ 学校物理科学与技术学院蒋建华教授课题组在高阶拓扑物理方面取得重要突破，研究成果以"高阶外尔半金属"（Higher-order Weyl semi-metals）为题发表在物理学顶级期刊《物理评论快报》（Physical Review Letter）上。

△ 学校物理科学与技术学院徐亚东教授团队以"基于相位梯度超构光栅拓扑荷操控声涡旋衍射"（Sound vortex diffraction via topological charge in phase gradient metagratings）为题发表在《科学－进展》（Science Advances）上。

△ 学校材料与化学化工学部封心建教授获批国家重点研发计划"变革性技术关键科学问题"重点专项。

△ 学校施夏清教授关于活性粒子共存相自组织临界性的研究发表于《物理评论快报》（Physical Review Letters）上。

△ 学校罗时进教授、陈龙教授主持的 2018 年度国家社科基金重大项目通过专家评估，获国家社科基金重大项目滚动资助。

△ 功能纳米与软物质研究院 Mario Lanza 教授在《自然》（Nature）子刊《自然·电子学》（Nature Electronics）上发表了题为"基于二维材料、用于人工神经网络的高密度忆阻阵列的晶圆级集成"（Wafer-scale integration of two-dimensional materials in high-density memristive crossbar arrays for artificial neural networks）的封面文章。

△ 学校学报荣获江苏期刊明珠奖优秀栏目、优秀策划等奖项。

11 月

1 日 △ 由中国科技新闻学会科技传播理论研究专委会、中国自然辩证法研究会科学传播与科学教育专委会、中国新闻史学会传播学研究专业委员会主办，学校传媒学院承办的"全球公共危机中的科技传播"苏州圆桌高峰论坛在西交利物浦国际会议中心举行。

△ "中国科协科学技术传播中心——苏州大学科技传播研究基地"揭牌仪式在西交利物浦国际会议中心举行。

2 日 △ 学校印发《苏州大学"兴育新"宣传思想政治工作奖评选办法（修订）》。

△ 学校年度综合考核工作领导小组召开全体成员会议。

3 日 △ 原"中国共产党苏州大学纪律检查委员会"印章因使用日久，磨损严重，影响正常使用，故重新刻制。即日起启用新制的"中国共产党苏州大学纪律检查委员会"印章，原印章废止。

△ 学校路建美教授荣获"何梁何利基金科学与技术创新奖"，吴德沛教授荣获"何梁何利基金科学与技术进步奖"。

4日 △ 原"苏州大学继续教育处"印章因年久使用，磨损严重，影响正常使用，故重新刻制。经研究决定，即日起启用新制的"苏州大学继续教育处"印章，原印章停止使用。

△ 原"苏州大学继续教育学院"印章因年久使用，磨损严重，影响正常使用，故重新刻制。经研究决定，即日起启用新制的"苏州大学继续教育学院"印章，原印章停止使用。

△ 后勤管理处联合保卫处、学生处、东吴物业公司，在天赐庄校区学生宿舍区开展消防疏散灭火演练活动。

△ 学校举行课程思政建设培训会暨课程思政示范课展示（理工类专场）。

△ 4日至12日，学校党委第五轮巡察第三巡察组对附属儿童医院党委开展巡察工作。

5日 △ 经研究决定，苏州大学比较文学研究中心负责人变更为吴雨平。

△ 学校党委理论学习中心组召开专题学习会。

△ 学校印发《苏州大学人文社会科学学术专著出版资助管理办法》《苏州大学学生会（研究生会）深化改革实施方案》《苏州大学学生社团管理办法（2020年修订）》。

△ 2020年度国家社科基金面上项目开题报告会在红楼会议中心举行。

△ 5日至6日，学校敬文书院院长钱振明，党委副书记、副院长孟玲玲，书院学生事务中心主任黄冠平、副主任孙正嘉一行赴复旦大学复旦学院（本科生院）、上海交通大学致远学院考察。

6日 △ 学校应用技术学院在学院行政楼202会议室召开党委理论学习中心组学习会议，集中学习党的十九届五中全会精神。

8日 △ 2020年秋季生物医药卫生类人才专场招聘会暨学校医学部2021届毕业生秋季大型双选会在苏州市人才市场服务中心举行。

△ 由学校东吴智库主办的"乡村振兴与城乡融合"研讨会暨第十四期东吴智库学者沙龙在临湖镇柳舍村成功举办。

9日 △ 国际奥委会副主席于再清一行莅临学校参观访问。

△ 学校首届学生参事聘任仪式在天赐庄校区方塔会议室举行。

△ 学校"归国学者讲坛"在阳澄湖校区举办。

10日 △ 经研究决定，调整苏州大学意识形态工作领导小组，组长江涌，副组长邓敏。

△ 由江苏省委教育工委主办、学校承办的全省高校院（系）党政负责人专题视频培训班开班。

11日 △ 人力资源和社会保障部工资福利司副司长吴常信一行莅临学校

访问。

△ 学校召开2020届本科毕业生就业工作推进会。

△ 民建苏州大学基层委员会在红楼会议中心举行成立大会。

△ 上海交通大学化学化工学院博士生导师、汽车动力电池材料研究所副所长、电化学与能源技术研究所副所长杨立教授莅临学校做讲座。

12日

△ 接中共江苏省委通知（苏委〔2020〕547号）：免去刘标同志苏州大学党委副书记、常委、委员职务。

△ 学校印发《苏州大学博士学位研究生招生"申请—考核"制实施办法（2020年修订）》《苏州大学第二学士学位教育管理办法（试行）》。

13日

△ 学校印发《苏州大学处级领导干部兼职管理办法》。

△ 中国工程院院士、中南大学原副校长邱冠周教授莅临学校沙钢钢铁学院做学术报告。

△ 北京大学考古文博学院教授、博士生导师，中国考古学会三国至隋唐考古专业委员会主任齐东方莅临学校做讲座。

△ 学校应用技术学院院长傅菊芬一行前往昆山中科院安全可控信息技术产业化基地考察。

14日

△ 由学校主办、昆山市工业技术研究院承办的长三角先进材料论坛暨2020华东四校青年学者论坛在昆山开幕。

15日

△ "苏州大学·隆力奇圆梦助学感恩仪式"在红楼学术报告厅举行。

△ 学校纺织与服装工程学院人才培养工作推进会暨纪念紫卿书院成立1周年活动在天赐庄校区工科楼619会议室召开。

16日

△ 原"苏州大学"印章（钢印）因年久使用，磨损严重，影响正常使用，故重新刻制。经研究决定，即日起启用新制的"苏州大学"印章（钢印），原印章（钢印）停止使用。

17日

△ 学校印发《苏州大学人文社会科学类科研平台及团队管理办法》《苏州大学人文社会科学类校级科研机构管理办法》。

△ 学校附属苏州九院（苏州市第九人民医院）揭牌仪式在苏州市第九人民医院举行。

△ 国家重点研发计划"变革性技术关键科学问题"重点专项"人工智能元学习新理论与新技术及其在医学影像大数据的示范应用"2019—2020年度总结会在红楼会议中心召开。

△ 17日至18日，由江苏省财政厅财政监督局局长莫小安带队的专家组莅临学校开展内部控制建设和执行情况现场核查。

18日

△ 经研究决定，成立苏州大学-广益家艺小镇地方品牌化协同创新中心，挂靠社会学院。聘任周永博副教授担任该协同创新中心主任。

△ 经研究决定，成立苏州大学-南太湖时尚产业协同创新中心，挂靠纺织与服装工程学院。聘任王祥荣教授担任该协同创新中心主任。

△《习近平谈治国理政》多语种版捐赠仪式在天赐庄校区图书馆举行。

△ 由学校东吴智库承办的第七届"对话苏州"活动在独墅湖会议中心举行。

△ 中国-葡萄牙文化遗产保护科学"一带一路"联合实验室启动仪式暨建设与发展研讨会在独墅湖校区金螳螂学术交流中心五行厅举行。

△ 江苏省教育厅组织的全省高校后勤安全工作第六检查组对学校后勤安全工作进行检查、评估和指导。

△ 由苏州大学-韦仕敦学同步辐射联合研究中心与中国科学技术大学国家同步辐射实验室合作共建的"软X射线能源材料原位分析线站"验收会在合肥光源成功召开。

△ 苏州市发展规划研究院院长李湛莅临学校做讲座。

△ 学校数学科学学院第十七次团代会、第三十三次学代会、第十五次科代会、第七次社代会在天赐庄校区天元讲堂召开。

△ 学校敬文书院党委组织20名优秀本科生党员赴苏州工业园区第一中学开展交流分享活动。

△ 由保卫处、实验实训管理中心、昆山市周庄镇消防中队联合举办的消防和实验室安全演练在和风楼举行。

△ 18日至22日,江苏省第六届大学生艺术展演活动器乐展演在学校独墅湖校区恩玲艺术中心成功举办。

19日

△ 经研究决定,成立血液和血管疾病诊疗药物技术教育部工程研究中心技术委员会,主任王广基。

△ 科学技术部成果转化与区域创新司副司长黄圣彪一行莅临学校访问。

△ 学校"侨爱艺术讲堂"走进侨之家(博物馆)活动以在线直播形式在学校博物馆3楼会议室顺利举办。

△ 学校大学生创业孵化基地获评"双A级"创业示范孵化基地。

20日

△ 经苏州大学学术委员会审定通过,聘任江美福等5名同志为苏州大学东吴学院学术分委员会委员。

△ 学校印发《苏州大学放射性同位素与射线装置安全和防护管理办法》《苏州大学深化"三全育人"综合改革方案》《苏州大学生物安全管理办法》《苏州大学实验动物管理办法》《苏州大学实验室特种设备管理办法》《苏州大学实验室职业危害控制与防护管理办法》《苏州大学危险化学品安全管理办法》。

△ 学校获"全国文明校园"称号。

△ 江苏高校放射医学协同创新中心2020年推进会在学校独墅湖校区举行。

△ 学校敬文书院在北苑108会议室举行"信仰公开课"学习党的十九届五中全会精神。

21日 △ 2020苏州大学校园马拉松在天赐庄校区举行。

23日 △ 经研究决定,成立苏州大学苏州直播电商研究院,该研究院为校级非实体科研机构，挂靠传媒学院。院长陈龙，副院长高新文、李秋建、沙开庆。

△ 23日至28日，学校纳米科学技术学院江苏省碳基功能材料与器件高技术研究重点实验室举办"助力企业、共渡难关"开放周活动。

24日

△ 2020苏州大学海外人才招聘"云宣讲"在学校传媒学院1号演播厅举行。

△ 学校敬文书院在博远楼209室开展新生团体辅导活动。

25日

△ 学校学习贯彻党的十九届五中全会精神江苏省委宣讲团报告会在敬贤堂召开。

△ 学校校长熊思东应邀出席中国-东盟科研与教育合作交流大会。

△ 学校敬文书院党委与苏州工业园区第一中学党总支前往苏州大学博物馆，开展联合主题党日活动。

△ 江苏省高校后勤安全工作检查组莅临学校文正学院检查指导。

26日

△ 最高人民法院党组书记、院长周强一行莅临学校调研。

△ 26日至27日，由中国马克思主义哲学史学会马克思恩格斯哲学思想研究分会、《哲学研究》编辑部、《江海学刊》杂志社、学校政治与公共管理学院主办，学校东吴哲学研究所承办的"重访恩格斯：纪念恩格斯200周年诞辰"高端学术论坛暨中国马克思主义哲学史学会马克思恩格斯哲学思想研究分会年会在苏州召开。

△ 26日至29日，由中国药学会主办，苏州市人民政府支持，中国药学会科技开发中心、江苏省药学会、苏州大学、苏州市药学会承办的第二十届"中国药师周"在苏州举办。

27日

△ 经研究决定，成立学习宣传贯彻党的十九届五中全会精神宣讲团，团长江涌。

△ 中共苏州大学委员会印发《关于深入学习宣传贯彻党的十九届五中全会精神的通知》。

△ 学校纪委第二十一次全委（扩大）会在红楼217会议室举行。

△ 由苏州市委统战部和学校党委统战部、学校招生就业处联合组织的"家在苏州"苏州港澳台资企业专场招聘会在独墅湖校区招聘大厅举办。

△ 学校应用技术学院召开党委理论学习中心组学习会议，专题学习《中国共产党基层党组织选举工作条例》。

28日

△ 学校医学部放射医学与防护学院课程思政教学基地揭牌仪式在王淦昌故居举行。

△ 由江苏国际文化交流中心、南京大学主办，老挝苏州大学承办的2020"江苏杯"汉语演讲比赛（老挝赛区）决赛在老挝苏州大学一楼大教室成功举办。

30日

△ 中国科协科普部副部长钱岩一行莅临学校调研放射医学与辐射防护国家重点实验室。

11月

△ 全国政协常委、中国核学会理事长王寿君一行莅临学校调研交流。

△ 学校2021年度国家社科基金项目申报辅导报告会在腾讯会议平台举办。

△ 共青团江苏省委派出江苏高校学生会组织深化改革评估工作组到学校应用技术学院开展学生会组织深化改革评估验收工作。

△ 学校附属儿童医院获"全国文明单位"称号。

△ 学校"行之有声"志愿服务团队获第五届中国青年志愿服务项目大赛金奖。

△ 学校牵头制定的地方标准《政府公共服务平台诉求分类与代码》发布实施。

△ 学校任平教授当选中国辩证唯物主义研究会副会长。

△ 学校功能纳米与软物质研究院刘庄教授、彭睿教授和华东师范大学程义云教授等人在《自然·纳米技术》（Nature Nanotechnology）上在线发表了题为"一种通用型基于氟化高分子的个性化肿瘤纳米疫苗用于术后肿瘤免疫治疗"（A general strategy towards personalized nanovaccines based on fluoropolymers for post-surgical cancer immunotherapy）的研究成果。

△ 学校《苏州大学学报（哲学社会科学版）》获得优秀社科理论期刊资助，《苏州大学学报（教育科学版）》的"理论前沿"栏目获得社科理论期刊优秀栏目资助。

△ 学校文科84项成果获得苏州市社科优秀成果奖励。

△ 学校应用技术学院在苏州市优秀资助育人项目评比中获一等奖。

12月

1日

△ 经研究决定，撤销中国共产党苏大教服公司委员会，原所属学校事业编制党员组织关系转入后勤党委，非学校事业编制党员组织关系转入相应党组织。中国共产党苏大教服公司委员会及其所属支部负责人职务自然免除。

△ 学校出版社组织全社员工学习贯彻习近平总书记给人民教育出版社老同志的回信的重要精神。

△ 学校东吴智库、中国特色城镇化研究中心联合举办第二届长三角一体化会议。

△ 江苏省教育厅全省高校后勤安全工作检查组7位专家莅临学校应用技术学院，对学院后勤安全工作情况进行检查。

2日

△ 学校台胞台属联谊会成立大会暨首届理事会会议在天赐庄校区举行。

△ 美国斯坦福大学职业发展中心人工智能高管课程总监邓凯莅临学

校做讲座。

△2日至3日，学校参加2021届全国普通高校毕业生就业创业促进行动对接大会。

△由中共江苏省委宣传部、江苏省哲学社会科学界联合会主办，学校承办的江苏省哲学社会科学界第十四届学术大会文学与历史学专场学术活动召开。

△学校沙钢钢铁学院召开党政管理工作专题培训会。

3日
△广州市人大常委会副主任李小勉率团考察调研学校现代丝绸国家工程实验室。

△学校120周年校庆捐赠书画册页展在博物馆开展。

4日
△学校党委第五轮巡察工作推进会在钟楼303会议室举行。

△共青团江苏省委高校学生会组织深化改革评估工作组莅临学校开展学生会（研究生会）组织深化改革评估验收工作。

△4日至5日，由学校政治与公共管理学院主办、学校东吴哲学研究所承办的"全球新变局与马克思主义哲学的当代使命"学术研讨会暨第二十届长三角马克思主义哲学论坛在学校举行。

5日
△学校第三十六次研究生代表大会在敬贤堂举行。

△江苏省新型光纤技术与通信网络工程研究中心首届学术委员会会议在红楼会议中心召开。

△"和铂医药-苏州大学药学院第十届研究生学术论坛"在学校炳麟图书馆学术报告厅举行。

△由江苏省光学学会主办，学校光电科学与工程学院、教育部现代光学技术重点实验室、江苏省先进光学制造技术重点实验室承办，苏州市激光与光学工程学会协办的江苏省光学学会2020年度学术年会在苏州召开。

6日
△教育部体育卫生与艺术教育司副司长万丽君莅临学校调研美育工作。

△苏州第一届CMF（Color-Material-Finishing，颜色、材料、表面处理）设计创新与实施论坛在独墅湖校区炳麟图书馆学术报告厅开幕。

△6日至12日，由教育部主办、学校承办的2020年度学校体育艺术教育工作专题研讨班成功举办。

7日
△经研究决定，成立学校党风廉政建设和反腐败工作协调小组。组长为校党委书记，副组长为校党委副书记、校纪委书记、派驻监察专员。

△学校校长熊思东在教育部贯彻落实新时代学校体育美育文件工作推进会上做经验交流。

△学校召开全校研究生教育会议。

8日
△学校校长熊思东会见日本驻上海总领事馆总领事（大使）矶俣秋男一行。

△学校机关党工委在敬贤堂组织召开学习贯彻党的十九届五中全会

精神宣讲报告会。

9日
△ 经研究决定，调整校内消防安全重点保卫部位。

天赐庄校区本部：东吴大学旧址、红楼、图书馆、博物馆、存菊堂、理工楼、物理电子楼、现代光学技术研究所、空间精密光学工程中心。

天赐庄校区东区：凌云楼、敬文图书馆、体育馆、能源楼。

天赐庄校区北区：工科楼。

独墅湖校区：化学试剂仓库、生化楼、材化楼、医学楼、炳麟图书馆、恩玲艺术中心、唐仲英医学研究院大楼。

阳澄湖校区：实训楼、图书馆。

△ 9日至10日，由江苏省高教学会高校成人教育研究会主办，学校继续教育处（继续教育学院）承办的江苏省高教学会高校成人教育研究会第七届会员大会暨2020年学术交流年会在学校举行。

10日
△ 经研究决定，成立凤凰·苏州大学语言文学研究与出版中心。该中心为基础研究类校级非实体科研机构，挂靠文学院。聘任曹炜、王瑞书为中心主任。

△ 学校党委理论学习中心组召开专题学习会，学习贯彻习近平总书记在十九届中央政治局第二十一次集体学习时的重要讲话精神。

△ 苏州市委常委、苏州军分区政委董晟苍临学校调研高校征兵工作。

△ 由中国高等教育学会高等教育学专业委员会、学校教育学院、学校教育科学研究院及学校学报编辑部联合举办的"第二届高等教育青年学者论坛"通过腾讯会议平台线上举行。

11日
△ 学校印发《苏州大学本科生劳动教育课程建设指导意见（试行）》。

△ 中共苏州大学委员会印发《关于领导干部外出请示报备工作的若干规定》。

△ 学校学生工作研讨会暨辅导员领航计划签约仪式举行。

△ 11日至12日，学校纪委（派驻监察专员办）组织赴淮安市周恩来故居、周恩来纪念馆参观学习，开展专题教育活动。

12日
△ 12日至13日，学校云南招生组轨道交通学院王学忠老师一行赴云南参加双高研讨会、"江苏好大学"精准助学"起点行动"启动仪式和招生宣讲等活动。

△ 由江苏省高等学校思想政治理论课教学指导委员会（简称"教指委"）主办、"概论"课分教指委承办、学校协办的江苏省高校"毛泽东思想和中国特色社会主义理论体系概论"课教学展示（第三阶段）在学校东吴饭店举行。

13日
△ 经研究决定，陈建军同志任马克思主义学院党委书记。免去张才君同志马克思主义学院党委书记职务。

△ 中共苏州大学委员会批复《关于中共苏州大学材料与化学化工学部委员会选举结果的报告》《关于中共苏州大学材料与化学化工学部委员会委员分工的报告》《关于中共苏州大学材料与化学化工学部纪律检查委

员会选举结果的报告》。

△中共苏州大学委员会批复《关于中共苏州大学计算机科学与技术学院委员会选举结果的报告》《关于中共苏州大学计算机科学与技术学院委员会委员分工的报告》。

△中共苏州大学委员会批复《关于中共苏州大学金螳螂建筑学院委员会选举结果的报告》《关于中共苏州大学金螳螂建筑学院委员会委员分工的报告》。

△中共苏州大学委员会批复《关于中共苏州大学体育学院委员会选举结果的报告》《关于中共苏州大学体育学院委员会委员分工的报告》。

△中共苏州大学委员会批复《关于中共苏州大学图书馆委员会选举结果的报告》《关于中共苏州大学图书馆委员会委员分工的报告》。

△学校第三十三次学生代表大会、第八次学生社团代表大会暨第十四次学生科技协会代表大会在校本部敬贤堂召开。

14日

△学校印发《苏州大学党委所属印章使用管理规定（暂行）》。

△苏州市部分高校思想政治工作座谈会在学校红楼217室召开。

△苏州工业园区教育局组织区内公办中小学在学校天赐庄校区举办教师专场招聘会。

15日

△《中国组织人事报》总编辑徐月高率调研组一行莅临学校调研。

△学校2020年学生标兵宣讲团"宣讲周"活动闭幕式暨第三场报告会在敬贤堂举行。

△苏州大学后勤管理处组织的"冬至有约，情满东吴"——大运河餐饮文化进校园座谈会在红楼201会议室召开。

16日

△经研究决定，即日起启用"苏州大学北京研究院"印章。

△经研究决定，即日起启用"苏州大学哲学社会科学联合会"印章。

△学校印发《苏州大学全面预算绩效管理实施方案》《苏州大学专项资金管理暂行办法》。

△学校科学技术协会第二次代表大会召开。

△老挝苏州大学获评"2020—2021汉语考试优秀考点"。

△凤凰·苏州大学语言文学研究与出版中心成立暨揭牌仪式在文科综合楼1005—5335会议室举行。

△"建设最精彩一段大运河"——2020苏州大运河文化带建设研讨会召开。

△学校敬文书院分党校、能源学院分党校联合举行分党校培训班结业典礼暨第三期读书共建活动闭幕式。

17日

△学校党委理论学习中心组召开专题学习会，学习《中国共产党章程》《党委（党组）意识形态工作责任制实施办法（修订）》。

△学校团委在华丰楼306会议室主持召开学习贯彻党的十九届五中全会精神团委书记专题培训工作会。

△苏州大学-金庭生态涵养大数据协同创新中心签约仪式在吴中区金

	庭镇举行。
18日	△ 江苏高校统战工作第六协作片区2020年会在学校召开。
20日	△ 纪念苏州大学建校120周年暨苏州大学艺术学院建院60周年系列展：与时舒卷——徐惠泉作品展在学校美术馆拉开序幕。
	△ 学校政治与公共管理学院2020年新生季闭幕式暨"梦起东吴地 冬贺新芳华"冬至晚会在601音乐厅举办。
22日	△ 学校印发《苏州大学教代会提案工作管理暂行办法》《苏州大学专职辅导员转事业编制暂行办法》。
	△ 学校"民族团结一家亲，同心共筑中国梦"文艺晚会于阳澄湖校区图书馆大报告厅举行。
23日	△ 南京大学天文与空间科学学院教授李志远莅临学校做讲座。
24日	△ 学校召开依法治校改革试点推进会。
25日	△ 第九届全国高校数字艺术设计大赛巡回宣讲活动苏大专场在学校艺术学院举行。
26日	△ 全国人大常委会原副委员长陈至立一行莅临学校调研。
27日	△ 学校第十九届学生宿舍文化节闭幕式暨颁奖典礼在敬贤堂举行。
	△ 2020年度江苏省薄膜材料重点实验室学术委员会会议在红楼217会议室召开。
28日	△ 经研究决定，成立苏州大学-固德威清洁电力协同创新中心，挂靠轨道交通学院。聘任杨勇副教授担任该协同创新中心主任。
	△ 经苏州大学第十届校学位评定委员会第七次会议审定，调整学校第十届理工学部学位评定委员会成员。主席袁银男，副主席陈国强。
	△ 经苏州大学第十届校学位评定委员会第七次会议审定，调整学校第十届院（部、所、中心）学位评定分委员会成员。电子信息学院学位评定分委员会（9人）主席沈纲祥，副主席陈小平。医学部学位评定分委员会（15人）主席徐广银，副主席龚政、徐小乐。
	△ 学校2020年度"美德学生"奖学金颁奖典礼在红楼201会议室举行。
29日	△ 经研究决定，成立苏州大学-中科首望无水染色智能装备所，该所为学校与企业合作共建科研平台。聘任龙家杰教授为研究所所长，魏名燕和温俊彪为研究所副所长。
	△ 2020苏州大学东吴海外高层次人才学术交流会在传媒学院1号演播厅举行。
	△ 2020"跨学科视野下的艺术实践与研究"国际研究生学术论坛在学校艺术学院举办。
30日	△ 学校在红楼会议中心召开会议，宣布江苏省委关于调整学校领导班子的决定。
	△ 学校附属独墅湖医院（苏州市独墅湖医院）正式启用。
31日	△ 经研究决定，成立苏州大学-淘云科技数据智能联合实验室，该联

合实验室为学校与企业合作共建的科研平台。聘任李直旭为联合实验室主任。

△ 经研究决定，成立苏州大学-特瑞药业智能靶向纳米药物协同创新中心，挂靠医学部药学院。聘任张学农教授担任该协同创新中心主任。

△ 学校召开疫情防控领导小组办公室会议。

△ 接中共江苏省委通知（苏委〔2020〕655号）：姜建明同志任苏州大学副校长；沈明荣、姚建林同志任苏州大学副校长，试用期一年。免去路建美、杨一心、蒋星红同志苏州大学副校长职务。

△ 经研究决定，调整学校新型冠状病毒感染的肺炎疫情防控工作领导小组成员：

组　长：江涌　熊思东

副组长：王鲁沛　姜建明

△ 学校沙钢钢铁学院党委理论学习中心组召开专题学习会。

△ 接中共江苏省委通知（苏委〔2020〕654号）：王鲁沛同志任苏州大学党委委员、常委、副书记，试用期一年；姜建明、沈明荣、姚建林同志任苏州大学党委委员、常委。

免去路建美同志苏州大学党委副书记、常委、委员职务；免去杨一心、蒋星红同志苏州大学党委常委、委员职务。

△ 根据校领导班子人事变动和工作需要，经校党委常委会研究，决定对校领导分工做出调整。

江　涌　主持校党委全面工作。分管党委办公室（党的建设与全面从严治党工作领导小组办公室、规划与政策研究室）、党委组织部（党代表联络办公室）、党委离退休工作部。

熊思东　主持校行政全面工作。分管校长办公室（法律事务办公室、督查办公室）、学科建设办公室、审计处。

邓　敏　负责意识形态、保密、统战、作风效能、综合考核、依法治校、对口援扶、信访等方面工作。协助抓好组织与干部队伍建设。分管保密委员会办公室、年度综合考核工作领导小组办公室、党校、党委宣传部（新闻中心）、党委统战部、机关党工委、群团与直属单位党工委、工会。

王鲁沛　负责本科生思想政治教育与管理、本科生招生就业、大学生心理健康、安全稳定、美育、群众体育、大学生军训及征兵、共青团、关心下一代等方面工作。分管学生工作部（处）、大学生心理健康教育研究中心、招生就业处、人武部、保卫部（处）、团委、艺术教育中心、校体委、关工委。

芮国强　主持校纪委（监察专员办公室）工作，负责纪检监察、巡察等方面工作。协助推进全面从严治党、加强党风廉政建设和组织协调反腐败工作。分管校纪委（监察专员办公室）内设机构、巡察工作领导小组办公室。

姜建明　负责人力资源、机构编制、师德师风、后勤与基本建设等方面工作。协助做好离退休、审计工作。分管人力资源处、党委教师工作部、离退休工作处、后勤管理处（校医院）、基本建设处。

陈卫昌　负责医学教育、附属医院建设等方面工作。分管医院管理处。

周　高　负责财经、国资管理、内部控制等方面工作。分管财务处、国有资产管理处、采购与招投标管理中心、江苏苏大投资有限公司、出版社有限公司、东吴饭店、老挝苏州大学。

张晓宏　负责人文社科、自然科学研究、外事、港澳台、海外教育、实验室建设与管理等方面工作。分管科学技术研究部（"2011计划"办公室）、校科协秘书处、人文社会科学处、校社科联秘书处、学术委员会秘书处、国际合作交流处（港澳台办公室）、实验室与设备管理处（实验材料与设备管理中心）、分析测试中心、出入境服务中心、学报编辑部。

沈明荣　负责发展规划、研究生教育与管理、学位评定、国内合作、基金会、校友会、未来校区、实验学校、独立学院转设等方面工作。协助抓好学科建设、"双一流"建设工作。分管研究生院、党委研究生工作部、国内合作办公室（实验学校管理办公室）、发展委员会办公室、学位评定委员会秘书处（学位办）。

姚建林　负责本科生教育（思政课教学、师范教育、公共课教学）、大学生创新创业、继续教育、信息化建设等方面工作。分管教务部、学生创新创业教育中心、继续教育处（继续教育学院）、数据资源管理办公室、信息化建设与管理中心、工程训练中心、图书馆、档案馆、博物馆。

△ 为进一步做好校领导班子成员深入联系群众和调查研究工作，结合学校领导人事变动情况，经研究决定，调整校领导联系基层单位安排。

江　涌　传媒学院、沙钢钢铁学院、敬文书院

熊思东　东吴商学院（财经学院）、材料与化学化工学部、纳米科学技术学院

邓　敏　政治与公共管理学院、马克思主义学院、放射医学与防护学院、公共卫生学院

王鲁沛　数学科学学院、艺术学院、音乐学院

芮国强　金螳螂建筑学院、王健法学院、社会学院

姜建明　教育学院、电子信息学院、护理学院

陈卫昌　医学部及所辖基础医学与生物科学学院、药学院、巴斯德学院、唐仲英医学研究院，附属第一医院、附属第二医院、附属儿童医院、附属独墅湖医院

周　高　文学院、外国语学院、体育学院、唐文治书院

张晓宏　物理科学与技术学院、光电科学与工程学院、能源学院、海外教育学院

沈明荣　计算机科学与技术学院、红十字国际学院、纺织与服装工程学院、紫卿书院、文正学院、应用技术学院

姚建林　东吴学院、师范学院、机电工程学院、轨道交通学院

12月

△ 学校文科15项成果获教育部第八届高等学校科学研究优秀成果奖。

△ 学校举办2020年"冬至有约，情满东吴"系列活动。

△ 学校文科37项成果获得江苏省第十六届哲学社会科学优秀成果奖。

△ 学校获2020年全国暑期社会实践活动"优秀单位"称号。

△ 由学校牵头，联合华中科技大学、武汉武钢华工激光大型装备有限公司承担的国家重点研发计划"增材制造与激光制造"重点专项——"高效高精度多功能激光增材制造系列熔覆喷头研发"项目综合绩效评价会议在阳澄湖校区行政楼会议室召开。

△ 学校放射医学与辐射防护国家重点实验室史海斌教授课题组在肿瘤诊疗一体化研究领域取得新进展，相关成果以"红光引发近红外探针共价交联于细胞质RNA：一种肿瘤长时间成像与生长抑制的创新性策略"（*Red Light-Initiated Cross-Linking of NIR Probes to Cytoplasmic RNA：An Innovative Strategy for Prolonged Imaging and Unexpected Tumor Suppression*）为题在线发表在《美国化学会志》（*J. Am. Chem. Soc*）杂志上。

△ 学校唐仲英医学研究院周泉生、王建荣教授主讲的新生研讨课入选国家一流本科课程。

△ 学校应用技术学院本科教育服务在2020年全国市场质量信用等级评价中获全国用户满意服务A等AA级。

各类机构设置、机构负责人及有关人员名单

苏州大学党群系统机构设置(表1)

表1　2020年苏州大学党群系统机构设置一览表

序号	党群部门、党委、党工委名称		所属科室名称	备注
1	中共苏州大学委员会			
2	中共苏州大学纪律检查委员会			
3	党委办公室	合署办公	综合科	
	规划与政策研究室		文秘科	
			机要科	
	保密委员会办公室			与党办合署办公
4	纪委监察专员办公室	合署办公	纪委办公室	
			监督检查处	
			审查调查处	
			案件审理处	
	巡察工作领导小组办公室			
5	党委组织部	合署办公	干部科	
	党校		组织科	
	社会主义学院		年度综合考核工作领导小组办公室	
	党代表联络办			
6	党委宣传部		理论教育科	
			宣传文化科	
			舆情科	
7	党委统战部			

续表

序号	党群部门、党委、党工委名称		所属科室名称	备注
8	保卫部（处）		综合科	
			调查研究科	
			消防科	
			校园安全指挥中心	
			校本部治安科	
			东校区治安科	
			北校区治安科	
			独墅湖校区治安科	
			阳澄湖校区治安科	
9	学生工作部（处）	合署办公	综合科	
			思想政治教育科	
	人民武装部		学生资助管理中心	
			学生事务与发展中心	
10	离退休工作部（处）		综合科	
			服务保障科	2020年1月2日更名
			教育活动科	
11	机关党工委		纪工委	
12	群团与直属单位党工委		纪工委	
13	党委教师工作部		综合办公室	与人事处合署办公
14	党委研究生工作部			与研究生院合署办公
15	苏大教育服务投资发展有限公司党委			2020年11月23日撤销
16	后勤党委		纪委	
17	离休党工委			

续表

序号	党群部门、党委、党工委名称	所属科室名称	备注
18	工会	综合科	
		联络部	
19	团委	组织宣传部	
		创新实践部	
20	图书馆党委		
21	文学院党委		
22	传媒学院党委		
23	社会学院党委		
24	政治与公共管理学院党委		
25	东吴商学院（财经学院） 东吴证券金融学院党委		
26	王健法学院党委		
27	外国语学院党委		
28	教育学院党委		
29	艺术学院党委		
30	音乐学院党委		
31	体育学院党委		
32	数学科学学院党委		
33	物理科学与技术学院党委		
34	光电科学与工程学院党委		
35	能源学院党委		
36	材料与化学化工学部党委	纪委	
37	纺织与服装工程学院党委		
38	计算机科学与技术学院党委		
39	电子信息学院党委		

续表

序号	党群部门、党委、党工委名称	所属科室名称	备注
40	机电工程学院党委		
41	东吴学院党委	纪委	2020年4月23日设立
42	医学部党工委	纪工委	
43	医学部基础医学与生物科学学院党委		
44	医学部放射医学与防护学院党委		
45	医学部公共卫生学院党委		
46	医学部药学院党委		
47	医学部护理学院党委		
48	医学部第一临床学院党委		
49	医学部第二临床学院党委		
50	医学部儿科临床医学院党委		
51	金螳螂建筑学院党委		
52	城市轨道交通学院党委		
53	纳米科学技术学院党委		
54	敬文书院党委		
55	应用技术学院党委	纪委	
56	文正学院党委	纪委	
57	苏州大学附属第一医院党委	纪委	
58	苏州大学附属第二医院党委	纪委	
59	苏州大学附属儿童医院党委	纪委	

苏州大学行政系统、直属单位机构设置(表2)

表2　2020年苏州大学行政系统、直属单位机构设置一览表

序号	行政部门、学院（系）名称		所属科室名称	备注
1	苏州大学			
2	校长办公室		综合科	
			文秘科	
	法律事务办公室（挂靠校长办公室）			
	督查办公室（挂靠校长办公室）			
	数据资源管理办公室（挂靠校长办公室）			
3	国内合作办公室			
	实验学校管理办公室			2020年1月2日加挂牌子
4	发展委员会办公室		联络发展部	
			校友部	
			基金会（董事会）管理部（综合科）	
5	新闻中心			与党委宣传部合署办公
6	教务部	综合办公室		
		教学运行处	学籍管理科	
			课程与考试科	
			专业设置与实践教学科	
			通识教育与大类培养科	
		教学质量与资源管理处	教学质量管理科	
			教学资源管理科	

续表

序号	行政部门、学院（系）名称		所属科室名称	备注
6	教务部	教学改革与研究处	教学改革科	
			特色（创新）培养科	
			科研训练与对外交流科	
	教师教学发展中心		办公室	挂靠教务部
7	招生就业处		综合科	
			招生科	
			学生就业指导科	
			宣传与信息管理科	
8	科学技术研究部			
	校科协秘书处			与科学技术研究部合署办公，2020年10月23日成立
	综合办公室			
	科学技术处		基金管理科	
			重点项目管理科	
			成果管理科	
			平台管理科	
	军工科研处		军工科技管理科	
			军工监管科（军工质量管理办公室）	
	科技成果转化处（国家大学科技园管理中心）		知识产权科	
			产学研合作科	
			技术转移管理科	
	"2011计划"办公室			挂靠科学技术研究部
9	人文社会科学处		综合办公室	
			项目管理办公室	
			基地建设办公室	
			成果管理办公室	
			社会服务办公室	

续表

序号	行政部门、学院（系）名称	所属科室名称		备注
9	校社科联秘书处			与人文社会科学处合署办公，2020年10月23日成立
10	国有资产管理处	综合科		
		产权管理科		
		产业管理科		
		资产管理科		
11	采购与招投标管理中心			
12	实验材料与设备管理中心			
	实验室与设备管理处	实验室技术安全科		
13	人力资源处	综合办公室（战略规划办公室）		
		人才引进与开发办公室		
		博士后管理办公室		
		师资发展与培训办公室		
		资源配置办公室		
		薪酬与福利办公室		
		人事服务办公室		
14	研究生院	综合办公室		
		招生办公室		
		培养办公室	教学管理科	
			质量监督科	
			国际交流科	
		学位管理办公室	学位管理科	
			学位点建设科	
		研究生管理办公室	教育与管理科	
			就业指导科	

续表

序号	行政部门、学院（系）名称	所属科室名称	备注
14	导师学院		挂靠研究生院
15	学科建设办公室		
16	学位评定委员会秘书处（学位办）		
17	学术委员会秘书处		
18	保卫部（处）	综合科	
		调查研究科	
		消防科	
		校园安全指挥中心	
		本部治安科	
		东校区治安科	
		北校区治安科	
		独墅湖校区治安科	
		阳澄湖校区治安科	
19	学生工作部（处）	综合科（辅导员发展中心）	2020年10月23日内设机构更名
		思想政治教育科（思想政治教育中心）	
		学生资助管理中心（学生劳动教育指导中心）	
		学生事务与管理中心	
	易班发展中心		挂靠学生工作部（处）
	大学生心理健康教育研究中心		挂靠学生工作部（处）
	学生创新创业教育中心		挂靠学生工作部（处）
	人民武装部		与学生工作部合署办公

续表

序号	行政部门、学院（系）名称	所属科室名称	备注
20	国际合作交流处	综合科	
		学生交流科	
		留学生管理科	
		交流与项目管理科	
	港澳台办公室		挂靠国际合作交流处
21	出入境服务中心		
22	离退休工作部（处）	综合科	2020年1月2日更名
		服务保障科	
		教育活动科	
23	财务处	综合科	
		会计核算科	
		会计服务中心	
		财务信息科	
		预算管理科	
		收费管理科	
		稽核科	
		科研经费管理科	
		会计委派科	
24	审计处	综合审计科	
		财务审计科	
		工程审计科	
25	继续教育处（继续教育学院）	综合科	
		网络教育科	
		培训科	
		教学管理科	
		招生与学生管理科	
		留学项目科	

续表

序号	行政部门、学院（系）名称	所属科室名称	备注
26	后勤管理处	综合科	
		公用房管理科	
		住房管理科	
		教室管理科	
		维修管理科	
		医保与计划生育管理科	
		规划管理科	2020年10月23日撤销
		信息管理科	
		校园环境与物业管理科	
		能源管理科	
		工程管理科	2020年10月23日撤销
		幼儿园	
		膳食管理科	
	基本建设与维修改造工程管理委员会	综合办公室	
	宿舍管理办公室		挂靠后勤管理处
	校医院		挂靠后勤管理处
27	基本建设处	综合科	2020年10月23日成立
		计划与造价管理科	
		工程技术科	
		施工管理科	
28	医院管理处		
29	未来校区管理委员会		2020年1月2日成立
30	江苏苏大投资有限公司		
31	出版社有限公司		
32	学报编辑部		
33	档案馆		

续表

序号	行政部门、学院（系）名称	所属科室名称	备注
34	博物馆		
35	图书馆		
36	分析测试中心		
37	信息化建设与管理中心		
38	工程训练中心		
39	艺术教育中心		
40	文学院		
41	传媒学院		
42	社会学院		
43	政治与公共管理学院		
44	马克思主义学院		
	思想政治理论课教师发展中心		挂靠马克思主义学院，2020年9月6日成立
45	东吴商学院（财经学院）		
46	王健法学院		
47	外国语学院		
48	教育学院		
49	艺术学院		
50	音乐学院		
51	体育学院		
52	数学科学学院		
53	物理科学与技术学院		
54	光电科学与工程学院		
55	能源学院		
56	材料与化学化工学部		
57	纳米科学技术学院		

续表

序号	行政部门、学院（系）名称	所属科室名称	备注
58	纺织与服装工程学院		两块牌子，一套班子
	紫卿书院		
59	计算机科学与技术学院		
60	电子信息学院		
61	机电工程学院		
62	沙钢钢铁学院		
63	医学部		
64	医学部基础医学与生物科学学院		
65	医学部放射医学与防护学院		
66	医学部公共卫生学院		
67	医学部药学院		
68	医学部护理学院		
69	医学部第一临床学院		
70	医学部第二临床学院		
71	医学部儿科临床医学院		
72	巴斯德学院		
73	金螳螂建筑学院		
74	轨道交通学院		
75	红十字国际学院		
76	师范学院		
77	东吴学院		
78	海外教育学院		
79	敬文书院		
80	唐文治书院		
81	应用技术学院		
82	文正学院		

续表

序号	行政部门、学院（系）名称	所属科室名称	备注
83	老挝苏州大学		
84	苏州大学附属第一医院		
	临床医学研究院（正处级建制）		挂靠苏州大学附属第一医院
85	苏州大学附属第二医院		
86	苏州大学附属儿童医院		
87	苏州市独墅湖医院、苏州大学附属独墅湖医院		
88	苏州大学实验学校		

苏州大学中层及以上干部名单

1. 校领导

  党委书记：江　涌
  校　　长：熊思东
  党委副书记：路建美　　　　　　　　2020年12月14日免
  　　　　　邓　敏
  　　　　　刘　标　　　　　　　　　2020年7月10日任
  　　　　　　　　　　　　　　　　　2020年10月19日免
  　　　　　王鲁沛　　　　　　　　　2020年12月14日任
  副校长：路建美　　　　　　　　　　2020年12月14日免
  　　　　杨一心　　　　　　　　　　2020年12月14日免
  　　　　蒋星红　　　　　　　　　　2020年12月14日免
  纪委书记：芮国强
  副校长：姜建明　　　　　　　　　　2020年12月14日任
  　　　　陈卫昌
  总会计师：周　高
  副校长：刘　标　　　　　　　　　　2020年7月10日免
  　　　　张晓宏
  　　　　沈明荣　　　　　　　　　　2020年12月14日任
  　　　　姚建林　　　　　　　　　　2020年12月14日任

2. 纪律检查委员会

  书　记：芮国强
  副书记：黄志斌

3. 党委办公室

  主　任：薛　辉
  副主任：姚　炜　　　　　　　　　　2020年7月20日免
  　　　　查晓东

　　　　袁冬梅
　　　　卜谦祥　　　　　　　　　　　　　　2020 年 8 月 27 日任

规划与政策研究室（与党委办公室合署办公）
主　任：
副主任：姚　炜（主持工作）　　　　　　　2020 年 7 月 20 日免
　　　　卜谦祥　　　　　　　　　　　　　　2020 年 8 月 27 日任

保密委员会办公室（与党委办公室合署办公）
主　任：薛　辉（兼）
副主任：许继芳（兼）
　　　　袁冬梅（兼）

4. 监察专员办公室（与校纪委合署办公）

监察专员：芮国强

校纪委（监察专员办）内设机构
纪委办公室
主　任：陶培之
副主任：杨志卿
副处级纪检员：

监督检查处
处　长：江建龙

审查调查处
处　长：卢永嘉

案件审理处
处　长：戴璇颖

巡察工作领导小组办公室（2020 年 1 月 2 日成立，苏大委〔2020〕10 号）
主　任：芮国强（兼）　　　　　　　　　　 2020 年 1 月 12 日任
副主任：陶培之（兼）　　　　　　　　　　 2020 年 1 月 12 日任

5. 审计处

处　长：徐昳荃

副处长：李　华

6. 党委组织部

　　部　　长：周玉玲
　　副部长：王成奎
　　　　　　张振宇
　　　　　　程晓军　　　　　　　　　　　　　　2020年3月19日任
　　　　　　刘　慧
　　副处级组织员：李全义

　　党校（与党委组织部合署办公）
　　校　　长：江　涌（兼）
　　常务副校长：戴佩良
　　调研员：薛　凡
　　　　　　王剑敏

　　党代表联络办（与党委组织部合署办公）
　　主　　任：李全义

　　年度综合考核领导小组办公室
　　主　　任：党委组织部部长兼
　　副主任：党委组织部副部长兼（2020年10月23日任，苏大委〔2020〕116号）

7. 党委宣传部

　　部　　长：陈晓强
　　副部长：程晓军　　　　　　　　　　　　　　2020年3月19日免
　　　　　　孙　磊
　　　　　　尹婷婷　　　　　　　　　　　　　　2020年3月19日任

　　新闻中心（与党委宣传部合署办公）
　　主　　任：陈晓强（兼）
　　副主任：丁　姗

8. 党委统战部

　　部　　长：薛　辉
　　副部长：叶明昌（保留正处职待遇）

调研员：吴建明
副处级统战员：刘海平

9. 保卫部（处）

部（处）长：黄水林
副部（处）长：刘　风
　　　　　　　陈晓刚
　　　　　　　周法超
副调研员：周伟虎

10. 学生工作部（处）

部（处）长：孙庆民　　　　　　　　　　2020年7月20日免
　　　　　　董召勤　　　　　　　　　　2020年7月20日任
副部（处）长：陈　平（调研员）
　　　　　　　段永锋
　　　　　　　潘爱华
　　　　　　　钱春芸（兼）

学生创新创业教育中心〔挂靠学生工作部（处）〕
主　任：孙庆民（兼）　　　　　　　　　2020年7月20日免
　　　　董召勤　　　　　　　　　　　　2020年7月20日任
副主任：钱春芸
　　　　徐美华（兼）　　　　　　　　　2020年8月6日免
　　　　李　振（兼）　　　　　　　　　2020年5月7日免
　　　　张　芸（兼）
　　　　赵一强（兼）
　　　　田　天（兼）
　　　　吴　江（兼）　　　　　　　　　2020年6月4日免
　　　　陈　一（兼）　　　　　　　　　2020年6月4日任
　　　　李　慧（兼）　　　　　　　　　2020年6月11日任
　　　　严韵致（兼，正科职）　　　　　2020年8月6日任

大学生心理健康教育研究中心〔挂靠学生工作部（处）〕
主　任：王　清
调研员：王　静

人武部［与学生工作部（处）合署办公］
  部　　长：胡新华　　　　　　　　　　　2020 年 5 月 28 日免
  副部长：张镇华　　　　　　　　　　　　2020 年 5 月 28 日任
  副调研员：张镇华　　　　　　　　　　　2020 年 5 月 28 日免

11. 离休党工委

  书　　记：余宏明
  副书记：

离退休工作部（处）
  部（处）长：余宏明
  副部（处）长：陆伟中　　　　　　　　　2020 年 1 月 2 日任
       周佳晔
       陈向民　　　　　　　　　2020 年 1 月 2 日免
  副调研员：石　健

12. 机关党工委

  书　　记：王成奎　　　　　　　　　　　2020 年 1 月 12 日免
      张振宇　　　　　　　　　　　2020 年 1 月 12 日任
  副书记：冒维东
  纪工委书记：夏凤军
  调研员：谭玉坤

13. 群团与直属单位党工委

  书　　记：刘　枫　　　　　　　　　　　2020 年 3 月 12 日免
      杨　清　　　　　　　　　　　2020 年 3 月 12 日任
  副书记：朱　今
  纪工委书记：杨　菁
  副调研员：刘炳喜

14. 校工会

  主　　席：王永山
  副主席：陈　洁
      顾志勇　　　　　　　　　　　2020 年 6 月 10 日当选
  副　　职：陆伟中　　　　　　　　　　　2020 年 1 月 2 日免

    顾志勇   2020 年 1 月 2 日任
  调研员：王安列   2020 年 4 月 23 日免

15. 校团委

  书 记：肖甫青   2020 年 9 月 30 日免
      于潜驰   2020 年 9 月 30 日任
  副书记：徐美华   2020 年 8 月 6 日免
      于潜驰   2020 年 9 月 30 日免
      刘春雷
      严韵致（正科职）   2020 年 8 月 6 日任
      卜鹏程（兼职）   2020 年 10 月 9 日免
      折琪琪（兼职）   2020 年 10 月 9 日免
      杨 肖（兼职）   2020 年 10 月 9 日任
      张哲源（兼职）   2020 年 10 月 9 日任

16. 校长办公室

  主 任：吴 鹏
  副主任：陈 美
      王季魁

  法律事务办公室（挂靠校长办公室）
  主 任：王季魁（兼）

  督查办公室（挂靠校长办公室）
  主 任：陈 美（兼）

  数据资源管理办公室（挂靠校长办公室）
  主 任：吴 鹏（兼）   2020 年 1 月 12 日任
  副主任：张 庆（兼）   2020 年 1 月 12 日任
      张志平   2020 年 3 月 12 日任

17. 国内合作办公室

  主 任：吉 伟
  副主任：

实验学校管理办公室（2020 年 1 月 2 日成立，不设行政建制，苏大委〔2020〕10 号）

主　　任：吉　伟（兼）　　　　　　　　　　2020 年 1 月 12 日任
副主任：周国华（兼）　　　　　　　　　　2020 年 1 月 12 日任
　　　　沈志清（兼）　　　　　　　　　　2020 年 4 月 23 日任
　　　　胡海峰（兼）　　　　　　　　　　2020 年 1 月 12 日任

18. 发展委员会办公室

主　　任：胡新华
副主任：张海洋
　　　　黄文军
副调研员：刘志敏　　　　　　　　　　　　2020 年 7 月 9 日免

建校 120 周年纪念活动筹备组办公室

常务副主任：唐文跃　　　　　　　　　　　2020 年 8 月 29 日任

19. 教务部

部　　长：周　毅

综合办公室

主　　任：喻翔玮　　　　　　　　　　　　2020 年 4 月 30 日免
　　　　李　振　　　　　　　　　　　　2020 年 5 月 7 日任

教学运行处

处　　长：周　毅
副处长：陆　丽
　　　　刘方涛

教学质量与资源管理处

处　　长：冯志华
副处长：常青伟

教学改革与研究处

处　　长：茅海燕
副处长：李　振　　　　　　　　　　　　2020 年 5 月 7 日免
　　　　李　慧　　　　　　　　　　　　2020 年 6 月 11 日任
副调研员：于竞红
　　　　　蒲曼莉

20. 招生就业处

　　处　　长：查佐明
　　副处长：张　芸
　　　　　　靳　葛

21. 科学技术研究部

　　部　　长：郁秋亚

　　综合办公室
　　主　　任：刘海燕

　　科学技术处
　　处　　长：钱福良
　　副处长：张志红
　　　　　　刘开强

　　军工科研处
　　处　　长：许继芳
　　副处长：陈德斌

　　科技成果转化处（国家大学科技园管理中心）
　　处　　长：龚学锋
　　副处长（副主任）：糜志雄
　　　　　　　　　　　田　天
　　副处长：周　村（兼）

　　"2011 计划"办公室（挂靠科学技术研究部）
　　主　　任：仇国阳
　　副主任：董晓惠

22. 人文社会科学处

　　处　　长：于毓蓝
　　副处长：徐维英
　　　　　　吴　江　　　　　　　　　2020 年 6 月 4 日免
　　　　　　尚　书

　　　　陈　一　　　　　　　　　　　　　　　2020 年 6 月 4 日任

23. 国有资产管理处

　　处　　长：陈永清
　　副处长：沈　军
　　副调研员：夏永林

　　国有资产管理委员会办公室（设立于国有资产管理处）
　　主　　任：陈永清（兼）
　　副主任：陈中华

24. 采购与招投标管理中心

　　主　　任：刘丽琴（保留副处职待遇）

25. 实验室与设备管理处（实验材料与设备中心）

　　处长（主任）：魏永前

26. 人力资源处

　　处　　长：朱巧明
　　副处长：何德超
　　　　　　林　萍
　　　　　　章　宪

　　党委教师工作部
　　部　　长：何　峰

27. 研究生院

　　院　　长：曹　健
　　副院长：张进平
　　　　　　刘　京

　　综合办公室
　　主　　任：王杰祥　　　　　　　　　　　　2020 年 8 月 27 日免
　　　　　　　王　静　　　　　　　　　　　　2020 年 8 月 27 日任

招生办公室
主　任：卢　玮

培养办公室
主　任：张进平（兼）

学位管理办公室
主　任：刘　京（兼）

研究生管理办公室
主　任：赵一强

导师学院
院　长：蒋星红（兼）
副院长：曹　健（兼）

党委研究生工作部（与研究生院合署办公）
部　长：吴雪梅

28. 学科建设办公室

主　任：沈明荣
副主任：杨凝晖
　　　　刘　超

未来校区管理委员会（2020年1月2日成立，不设行政建制，苏大委〔2020〕10号）
主　任：杨一心（兼）　　　　　　　2020年1月12日任
专职副主任：陈炳亮（保留正处职）　2020年1月12日任
副主任：沈明荣（兼）　　　　　　　2020年1月12日任
　　　　资　虹（兼）　　　　　　　2020年1月12日任

29. 国际合作交流处

处　长：张　桥　　　　　　　　　　2020年12月30日免
　　　　王殳凹　　　　　　　　　　2020年12月30日任
副处长：朱履骅
　　　　资　虹

港澳台办公室（挂靠国际合作交流处）
主　任：张　桥（兼）　　　　　　　　　　2020年12月30日免
　　　　王殳凹（兼）　　　　　　　　　　2020年12月30日任
副主任：高玮玮

出入境服务中心
副调研员：吴小春

30. 海外教育学院

院　长：夏　骏（保留副处职待遇）
副院长：袁　晶（保留副处职待遇）

31. 财务处

处　长：孙琪华
副处长：姚永明　　　　　　　　　　　　　2020年5月7日免
　　　　朱　彦
　　　　姚红美
　　　　施小平　　　　　　　　　　　　　2020年5月28日任
副调研员：马智英

32. 继续教育处（继续教育学院）

处　长：缪世林
副处长：胡龙华
　　　　王建凯
　　　　常　静
副调研员：沈文英
　　　　　王　健（保留副处职待遇）
　　　　　陆惠星
　　　　　张　卫

33. 后勤党委

书　记：仇玉山
副书记：曹金元
纪委书记：蒋　峰（调研员）

后勤管理处
处　　长：王云杰
副处长：顾建忠
　　　　朱剑峰
　　　　顾志勇　　　　　　　　2020 年 1 月 2 日免
　　　　唐中斌
　　　　王维柱
　　　　陈　刚　　　　　　　　2020 年 4 月 23 日任
副调研员：王振明　　　　　　　2020 年 1 月 12 日免
　　　　庄建英
　　　　蒋安平

学生宿舍管理办公室（挂靠后勤管理处）
主　　任：

校医院（挂靠后勤管理处）
院　　长：朱　旻
副调研员：杨秀丽

34. 医院管理处

处　　长：徐小乐

35. 学术委员会秘书处

秘书长：闫礼芝　（保留副处职待遇）
副秘书长：金薇吟（保留副处职待遇）

36. 学位评定委员会秘书处（学位办）

秘书长（主任）：郎建平（保留正处职待遇）

37. 图书馆

党委书记：钱万里
馆　　长：唐忠明
副馆长：钱万里（兼）
　　　　徐　燕
　　　　丁　瑶

汪卫东
调研员：周建屏
　　　　郑　红

38. 档案馆

馆　长：石明芳

39. 博物馆

名誉馆长：张朋川
馆　长：李超德
常务副馆长：冯　一
调研员：黄维娟

40. 分析测试中心

主　任：姚志刚

41. 工程训练中心

主　任：邵剑平

42. 信息化建设与管理中心

主　任：张　庆
副主任：黄　平
　　　　陆剑江
调研员：杨季文
副调研员：汤晶缨

43. 艺术教育中心

主　任：吴　磊
副主任：宋海英　　　　　　　　　　2020年4月23日免
　　　　褚　玮　　　　　　　　　　2020年4月23日任

44. 东吴饭店

调研员：张荣华

45. 文学院

党委书记：孙宁华
党委副书记：阴　浩（兼副院长）
院　　长：曹　炜
副 院 长：束霞平
　　　　　周生杰

46. 传媒学院

党委书记：宁正法
党委副书记：宋海英（兼副院长）
专职组织员：丁新红（保留副处职待遇）　　　2020 年 1 月 2 日任
院　　长：陆玉芳
执行院长：陈　龙
副 院 长：谷　鹏
　　　　　徐　冉

47. 社会学院

党委书记：邓国林
党委副书记：郝　珺（兼副院长）
院　　长：高　峰
副 院 长：包　军
　　　　　黄鸿山
　　　　　宋言奇　　　　　　　　　　　　　2020 年 3 月 19 日聘

48. 政治与公共管理学院

党委书记：邢光晟
党委副书记：尹婷婷（兼副院长）　　　　　　2020 年 3 月 19 日免
　　　　　　徐美华（兼副院长）　　　　　　2020 年 3 月 19 日任
院　　长：陈进华　　　　　　　　　　　　　2020 年 9 月 10 日不再担任
副 院 长：吉文灿

黄建洪

中国特色城镇化研究中心（挂靠政治与公共管理学院）
主　任：陈进华（兼）
副主任：钟　静　　　　　　　　　　　　2020 年 7 月 9 日任
　　　　段进军（兼）
　　　　叶继红（兼）

49. 马克思主义学院

党委书记：张才君　　　　　　　　　　　2020 年 12 月 10 日免
　　　　　陈建军　　　　　　　　　　　2020 年 12 月 10 日任
党委副书记：田芝健
院　　长：田芝健
副院长：朱蓉蓉
　　　　茆汉成

50. 教育学院

党委书记：赵　阳
党委副书记：朱晨花（兼副院长）
院　　长：冯成志
副院长：吴铁钧
　　　　曹永国
　　　　冯文锋　　　　　　　　　　　　2020 年 6 月 11 日聘
副调研员：王　青

51. 东吴商学院（财经学院）　东吴证券金融学院

党委书记：刘志明
党委副书记：董　娜（兼副院长）
专职纪检委员：马龙剑
院　　长：冯　博
副院长：袁建新
　　　　王要玉
　　　　徐　涛
　　　　任少华（兼）
调研员：陆少杰　　　　　　　　　　　　2020 年 6 月 23 日免

52. 王健法学院

党委书记：周国华 2020年1月12日免
　　　　　吴　江 2020年1月12日任
党委副书记：王振华（兼副院长）
院　　长：方新军
副院长：程雪阳
　　　　庞　凌
　　　　沈　晔 2020年1月2日任

知识产权研究院
　　院　　长：方新军
　　副院长：朱春霞

53. 外国语学院

党委书记：严冬生
党委副书记：朱苏静（兼副院长）
院　　长：朱新福
副院长：王　军
　　　　孟祥春
　　　　王　宇（孔子学院中方院长）
　　　　陆　洵
　　　　李　季
副调研员：赵　红

54. 金螳螂建筑学院

党委书记：陈国凤
党委副书记：薛　曦（兼副院长）
院　　长：吴永发
副院长：茆汉成 2020年6月11日免
　　　　王杰祥 2020年6月11日任
　　　　雷　诚
　　　　吴　尧 2020年6月11日任
　　　　申绍杰 2020年6月11日聘
　　　　王　琼（兼） 2020年6月11日免
　　　　朱盘英（兼）

55. 数学科学学院

党委书记：逢成华
党委副书记：蒋青芳（兼副院长）
院　　长：张　影
副院长：顾振华
　　　　季利均
　　　　翟惠生

56. 物理科学与技术学院

党委书记：孙德芬
党委副书记：谢燕兰（兼副院长）
院　　长：高　雷
副院长：方　亮
　　　　赵承良
　　　　杭志宏　　　　　　　　　　　　　　　2020年8月26日聘

57. 光电科学与工程学院

党委书记：陈建军　　　　　　　　　　　　　　2020年12月30日免
　　　　　龚呈卉　　　　　　　　　　　　　　2020年12月30日任
党委副书记：龚呈卉（兼副院长）　　　　　　　2020年12月30日免
院　　长：李孝峰
副院长：许宜申
　　　　曲　宏
　　　　陈　煜　　　　　　　　　　　　　　　2020年6月4日聘

58. 能源学院

党委书记：沙丹丹
名誉院长：刘忠范
院　　长：晏成林
副院长：杨瑞枝
　　　　彭　扬
　　　　王海波
　　　　戴　晓　　　　　　　　　　　　　　　2020年12月30日免
　　　　田景华　　　　　　　　　　　　　　　2020年6月4日聘

副调研员：汝坤林

张家港工业技术研究院
院　　长：晏成林（兼）　　　　　　　　　　2020年7月20日聘
副院长：王海波（兼）
　　　　田景华（兼）　　　　　　　　　　　2020年6月4日聘

化学电源研究所
所　　长：王海波

59. 材料与化学化工学部

党委书记：李　翔
党委副书记：王美珠（兼副主任）
纪委书记：李　乐
名誉主任：于吉红
主　　任：姚建林
副主任：姚英明
　　　　吴　铎
　　　　朱　健
　　　　沈　勤
　　　　张正彪　　　　　　　　　　　　　　2020年6月11日聘
　　　　徐小平　　　　　　　　　　　　　　2020年6月11日聘

化学科学国际合作创新中心（不设行政建制，挂靠材料与化学化工学部）
主　　任：于吉红
副主任：徐小平　　　　　　　　　　　　　　2020年6月11日聘

60. 纳米科学技术学院

党委书记：洪　晔
院　　长：李述汤
执行院长：刘　庄
副院长：孙宝全
　　　　王穗东
　　　　李彦光
　　　　彭　睿
　　　　揭建胜
　　　　何　乐

61. 计算机科学与技术学院

党委书记：杨礼富
党委副书记：沈云彩（兼副院长）
专职组织员：王　栋（保留副处职待遇）
院　　长：李凡长　　　　　　　　　　2020年7月2日免
　　　　　张　民　　　　　　　　　　2020年7月2日聘
副院长：凌　云　　　　　　　　　　　2020年7月2日免
　　　　张　民　　　　　　　　　　　2020年7月2日免
　　　　赵　雷
　　　　居　民
　　　　刘纯平　　　　　　　　　　　2020年7月2日聘

62. 电子信息学院

党委书记：胡剑凌
党委副书记：黄远丰（兼副院长）
名誉院长：潘君骅
院　　长：沈纲祥
副院长：陈小平
　　　　朱颖康
　　　　倪锦根
副调研员：刁爱清

63. 机电工程学院

党委书记：刘鲁庆
党委副书记：赵　峰　　　　　　　　　2020年4月23日免
　　　　　　袁　红（兼副院长）
专职纪检委员：袁　洁　　　　　　　　2020年12月9日未当选
院　　长：孙立宁
副院长：陈再良
　　　　孙海鹰
　　　　陈　涛
　　　　王传洋　　　　　　　　　　　2020年6月4日聘

64. 沙钢钢铁学院

党委书记：宋清华
党委副书记：徐海洋（兼副院长）　　　　　　2020 年 10 月 27 日任
院　　长：董元篪
副院长：王德永
　　　　丁汉林

65. 纺织与服装工程学院

党委书记：董召勤　　　　　　　　　　　　　2020 年 8 月 27 日免
　　　　　肖甫青　　　　　　　　　　　　　2020 年 8 月 27 日任
党委副书记：严　明（兼副院长）
院　　长：潘志娟
副院长：关晋平
　　　　严　俊
　　　　张克勤
副调研员：司　伟
　　　　　周正华　　　　　　　　　　　　　2020 年 3 月 19 日免

紫卿书院
名誉院长：
院　　长：
副院长：

现代丝绸国家工程实验室
执行主任：陈国强
副主任：裔洪根

66. 轨道交通学院

党委书记：唐文跃　　　　　　　　　　　　　2020 年 7 月 2 日未当选
　　　　　戴佩良　　　　　　　　　　　　　2020 年 8 月 27 日任
党委副书记：丁新红　　　　　　　　　　　　2020 年 1 月 2 日免
　　　　　　田　雷　　　　　　　　　　　　2020 年 1 月 2 日免
　　　　　　黄晓辉（兼副院长）
专职组织员：田　雷（保留副处职待遇）　　　2020 年 1 月 2 日任
名誉院长：王　炜

院　　长：史培新
副院长：肖为周
　　　　金菊华
　　　　黄伟国　　　　　　　　　　　　　　　2020 年 6 月 4 日聘
副调研员：蒋志良

67. 体育学院

党委书记：杨　清　　　　　　　　　　　　　2020 年 3 月 12 日免
　　　　　朱建刚　　　　　　　　　　　　　2020 年 3 月 12 日任
党委副书记：丁海峰（兼副院长）
院　　长：王国祥
副院长：陶玉流
　　　　李　龙
　　　　张鑫华

68. 艺术学院

党委书记：顾德学
党委副书记：张　洁（兼副院长）
名誉院长：张道一
院　　长：姜竹松
副院长：顾德学　　　　　　　　　　　　　　2020 年 4 月 23 日免
　　　　卢　朗
　　　　王　鹭
　　　　沈　黔　　　　　　　　　　　　　　2020 年 4 月 23 日任

69. 音乐学院

党委书记：陆　岸
党委副书记：胡晓玲（兼副院长）
名誉院长：陈光宪
院　　长：许　忠
执行院长：吴　磊
副院长：顾明高
　　　　魏正启

70. 医学部

党工委书记：邹学海
党工委副书记：黎春虹
　　　　　　　吴德建
纪委书记：李伟文
名誉主任：阮长耿
　　　　　杜子威
主　　任：
常务副主任：徐广银
副主任：龚　政
　　　　徐小乐（兼）　　　　　　　　　2020 年 6 月 28 日任
　　　　田启明
　　　　龙亚秋
　　　　王光辉　　　　　　　　　　　　2020 年 6 月 28 日免
副调研员：施建亚
办公室主任：彭晓蓓
教学办公室主任：钟　慧
科研办公室主任：龙亚秋
研究生办公室主任：王光辉　　　　　　 2020 年 6 月 28 日免
　　　　　　　　　徐小乐（兼）　　　 2020 年 6 月 28 日任
国际交流与发展办公室主任：宋　军
学生工作办公室主任：温洪波
临床教学质量管理办公室主任：

实验中心
　主　任：陈乳胤

实验动物中心
　主　任：周正宇

71. 医学部基础医学与生物科学学院

党委书记：沈学伍
院　长：吴嘉炜
副院长：杨雪珍
　　　　张洪涛
　　　　陶　金

72. 医学部放射医学与防护学院

党委书记：王成奎
专职组织员：王加华（保留副处职待遇）
院　　长：柴之芳
执行院长：高明远
常务副院长：曹建平
副院长：王殳凹
　　　　周光明

73. 医学部公共卫生学院

党委书记：陈　赞
院　　长：张增利　　　　　　　　　　　　2020年12月30日任
副院长：张增利　　　　　　　　　　　　2020年12月30日免
　　　　秦立强
　　　　张　洁　　　　　　　　　　　　2020年12月30日任
副调研员：钟宏良

74. 医学部药学院

党委书记：龚　政　　　　　　　　　　　　2020年4月23日免
　　　　王　欣　　　　　　　　　　　　2020年4月23日任
副理事长：顾振纶
院　　长：镇学初
副院长：江维鹏
　　　　黄小波
　　　　许国强　　　　　　　　　　　　2020年6月4日聘

75. 医学部护理学院

党委书记：沈志清　　　　　　　　　　　　2020年4月23日免
　　　　龚　政　　　　　　　　　　　　2020年4月23日任
专职组织员：陈向民（保留副处职待遇）　　2020年1月2日任
院　　长：李惠玲
副院长：田　利
　　　　姚文英（兼）
　　　　谭丽萍（兼）

神经科学研究所
所　　长：刘春风
副所长：姚建萍

骨科研究所
所　　长：杨惠林
副所长：杭雪花

心血管病研究所
所　　长：沈振亚
副所长：殷为民

呼吸疾病研究所
所　　长：黄建安
副所长：

造血干细胞移植研究所
所　　长：吴德沛
副所长：徐　杨

转化医学研究院
院　　长：时玉舫
行政副院长：陈永井

76. 唐仲英医学研究院

党委书记：芮秀文
院　　长：
副院长：戴克胜（主持工作）

77. 敬文书院

党委书记：
党委副书记：孟玲玲
名誉院长：朱恩馀
院　　长：
副院长：孟玲玲

78. 文正学院

党委书记：仲　宏
党委副书记：袁昌兵（兼副院长）
纪委书记：解　燕
院　　长：吴昌政
副院长：施盛威
　　　　朱　跃
副调研员：杜　明
　　　　钱伟超
　　　　唐凤珍
　　　　蔡　琳　　　　　　　　　　2020 年 3 月 19 日免
　　　　黄　新
　　　　葛　军

79. 应用技术学院

党委书记：浦文倜
党委副书记：钮秀山（兼副院长）
纪委书记：陈　敏
院　　长：傅菊芬
副院长：孙庆民（正处职）　　　　　2020 年 7 月 20 日任
　　　　席拥军
副调研员：茹　翔

80. 老挝苏州大学

校　　长：熊思东（兼）
副校长：黄　兴
校长助理：黄郁健

综合办公室
副主任：

教学与学生事务管理办公室
主　任：

招生与就业办公室
主　任：

校园建设与管理办公室
副主任：

81. 学报编辑部

主　任：康敬奎　　　　　　　　　　　　2020 年 9 月 22 日免
　　　　江　波　　　　　　　　　　　　2020 年 11 月 5 日任
副主任：江　波　　　　　　　　　　　　2020 年 11 月 5 日免

82. 出版社有限公司

社　长：盛惠良
总编辑：陈兴昌
副调研员：王建珍

83. 苏州大学附属第一医院

党委书记：陈卫昌（兼）
党委副书记：侯建全（兼）　　　　　　　2020 年 7 月 9 日免
　　　　　　刘济生（兼）　　　　　　　2020 年 7 月 9 日任
　　　　　　王海芳
纪委书记：丁春忠　　　　　　　　　　　2020 年 7 月 20 日免
　　　　　邱　鸣　　　　　　　　　　　2020 年 7 月 20 日任
院　长：侯建全　　　　　　　　　　　　2020 年 7 月 9 日免
　　　　刘济生　　　　　　　　　　　　2020 年 7 月 9 日任
副院长：丁春忠　　　　　　　　　　　　2020 年 7 月 20 日任
　　　　陈　亮
　　　　缪丽燕
　　　　时玉舫
　　　　方　琪
　　　　陈　罡
　　　　刘济生（正处职）　　　　　　　2020 年 7 月 9 日免
总会计师：贲能富
调研员：黄恺文
副调研员：洪建娣

血液研究所
医学部第一临床学院
院　　长：侯建全（兼）　　　　　　　　　　2020 年 7 月 9 日免
　　　　　刘济生（兼）　　　　　　　　　　2020 年 7 月 9 日任
副院长：胡春洪

临床医学研究院
院　　长：杨惠林　　　　　　　　　　　　　2020 年 7 月 9 日免
　　　　　方　琪　　　　　　　　　　　　　2020 年 7 月 9 日任
副院长：黄建安
　　　　朱雪松　　　　　　　　　　　　　　2020 年 7 月 9 日任
　　　　李　锐　　　　　　　　　　　　　　2020 年 7 月 9 日任

84. 附属第二医院（核工业总医院）

党委书记：王少雄　　　　　　　　　　　　　2020 年 12 月 14 日免
　　　　　徐　博　　　　　　　　　　　　　2020 年 12 月 14 日任
党委副书记：徐　博　　　　　　　　　　　　2020 年 12 月 14 日免
　　　　　　王少雄（兼）　　　　　　　　　2020 年 12 月 14 日任
纪委书记：程永志
院　　长：徐　博　　　　　　　　　　　　　2020 年 12 月 14 日免
　　　　　王少雄　　　　　　　　　　　　　2020 年 12 月 14 日任
副院长：王少雄　　　　　　　　　　　　　　2020 年 12 月 14 日免
　　　　孙亦晖
　　　　钱志远
　　　　杨　顺
总会计师：魏钦海　　　　　　　　　　　　　2020 年 4 月 24 日任

医学部第二临床学院
院　　长：徐　博（兼）
副院长：徐又佳（兼）

85. 附属儿童医院

党委书记：卢祖元　　　　　　　　　　　　　2020 年 6 月 28 日免
　　　　　汪　健　　　　　　　　　　　　　2020 年 6 月 28 日任
党委常务副书记：王晓东　　　　　　　　　　2020 年 6 月 28 日免
党委副书记：邱　鸣（纪委书记）　　　　　　2020 年 7 月 20 日免
　　　　　　王晓东（兼）　　　　　　　　　2020 年 6 月 28 日任

院　长：汪　健　　　　　　　　　　　2020年6月28日免
　　　　王晓东　　　　　　　　　　　　2020年6月28日任
纪委书记：姚　炜　　　　　　　　　　 2020年7月20日任
副院长：田健美
　　　　吕海涛
　　　　严向明
副调研员：唐叶枫
　　　　　闸玉英

医学部儿科临床医学院
院　长：王晓东

86. 医学部第三临床学院

院　长：华　飞（兼）
副院长：蒋敬庭（兼）

87. 苏州苏大教育服务投资发展有限公司

调研员：陈爱萍　　　　　　　　　　　2020年11月23日免
　　　　吴小霞

苏州苏大教育服务投资发展有限公司党委（2020年11月23日撤销，苏大委〔2020〕138号）
书　记：陈爱萍（兼）
副书记：王丽晓

88. 江苏苏大投资有限公司

董事长：蒋敬东
总经理：陈彦艳

89. 苏州大学实验学校

书记：陈炳亮　　　　　　　　　　　　2020年1月12日免
校长：陈国安　　　　　　　　　　　　2020年9月22日免

90. 东吴学院

党委书记：刘　枫
院　　长：张　健
纪委书记：姚永明　　　　　　　　　　2020 年 4 月 30 日任
副院长：喻翔玮　　　　　　　　　　　2020 年 4 月 30 日任
　　　　江美福　　　　　　　　　　　2020 年 5 月 14 日任

91. 红十字国际学院

名誉院长：Francesco Rocca（弗朗西斯科·罗卡）
　　　　　陈　竺　　　　　　　　　　2020 年 1 月 12 日任
院　　长：王汝鹏（兼）
执行院长：杨一心（兼）
副院长：刘选国（兼）
　　　　郑　庚

92. 师范学院

副院长：陆　丽（兼）
　　　　张佳伟
　　　　张进平（兼）

93. 巴斯德学院（挂靠医学部）

院　　长：唐　宏
副院长：陈志欣

注：根据苏大委〔2004〕28 号文件的精神，学校事业编制人员在被公司借用期间，学校保留其原身份和职级。

苏州大学第十四届工会委员会及各分工会主席名单

一、苏州大学工会委员会名单

主　席：王永山
副主席：陈　洁　顾志勇
委　员：王丽晓　王言升　王朝晖　田　飞　付亦宁　包　军
　　　　朱利平　任志刚　庄建英　刘文杰　刘炳喜　祁汝峰
　　　　孙迎辉　杜　明　李丽红　李建祥　何　为　宋滨娜
　　　　张友九　陈　星　陈宇恒　金菊华　胡明宇　夏永林
　　　　奚启超　唐强奎

二、苏州大学各分工会主席名单

机关分工会：夏永林

群团与直属单位分工会：刘炳喜

后勤管理处分工会：庄建英

图书馆分工会：祁汝峰

苏州苏大教育服务投资发展有限公司分工会：王丽晓

文学院分工会：王建军

传媒学院分工会：胡明宇

社会学院分工会：包　军（负责人）

政治与公共管理学院分工会：李丽红

马克思主义学院分工会：唐强奎

教育学院分工会：付亦宁

东吴商学院（财经学院）　东吴证券金融学院分工会：俞雪华

王健法学院分工会：张　鹏

外国语学院分工会：杨志红

金螳螂建筑学院分工会：陈　星

数学科学学院分工会：陈富军

物理科学与技术学院分工会：朱利平

光电科学与工程学院分工会：陈宇恒

能源学院分工会：孙迎辉

材料与化学化工学部分工会：任志刚

纳米科学技术学院分工会：邵名望

计算机科学与技术学院分工会：朱旭辉

电子信息学院分工会：曹洪龙

机电工程学院分工会：刘文杰

沙钢钢铁学院分工会：宋滨娜

纺织与服装工程学院分工会：戴宏钦

轨道交通学院分工会：金菊华

体育学院分工会：王荷英

艺术学院分工会：王言升

音乐学院分工会：田　飞

医学部分工会：戴建英

医学部基础医学与生物科学学院分工会：王国卿

医学部放射医学与防护学院分工会：张友九

医学部公共卫生学院分工会：李建祥

医学部药学院分工会：崔京浩

文正学院分工会：杜　明

应用技术学院分工会：何　为

东吴学院分工会：

苏州大学共青团组织干部名单

(院部团委书记以上)

校团委

  书　记：于潜驰　　　　　　　　　　2020 年 9 月任
  副书记：刘春雷
  　　　　严韵致　　　　　　　　　　2020 年 8 月任
  　　　　袁建宇（兼职）
  　　　　杨　肖（兼职）　　　　　　　2020 年 9 月任
  　　　　张哲源（兼职）　　　　　　　2020 年 9 月任

研究生团工委

  书　记：胡　玮（兼）

机关团总支

  书　记：朱培培（兼）

文学院团委

  书　记：胡　萱
  副书记：陆亚桢　　　　　　　　　　2020 年 12 月任

传媒学院团委

  书　记：王雁冰
  副书记：花　雨　　　　　　　　　　2020 年 12 月任

社会学院团委

  副书记：袁羽琮（主持工作）

政治与公共管理学院团委

书　记：单　杰
副书记：董筱文

马克思主义学院团委

书　记：金　鑫

外国语学院团委

书　记：范　立
副书记：陈晓宇　　　　　　　　　　　　　　　2020 年 12 月任

东吴商学院（财经学院）　东吴证券金融学院团委

书　记：丁良超
副书记：吴　杰　　　　　　　　　　　　　　　2020 年 9 月任

王健法学院团委

书　记：曹　妍　　　　　　　　　　　　　　　2020 年 9 月任

教育学院团委

书　记：张旻蕊

艺术学院团委

书　记：沈院生
副书记：贾扬娣　　　　　　　　　　　　　　　2020 年 12 月任

音乐学院团委

书　记：于存洋

体育学院团委

　　副书记：商　仪　　　　　　　　　　　　　　2020 年 12 月任

金螳螂建筑学院团委

　　书　记：徐　娜
　　副书记：甘　露　　　　　　　　　　　　　　2020 年 12 月任

数学科学学院团委

　　书　记：亓海啸　　　　　　　　　　　　　　2020 年 2 月任
　　副书记：王凯璇

物理科学与技术学院团委

　　副书记：郭永坤

光电科学与工程学院团委

　　负责人：姚亦洁（主持工作）

能源学院团委

　　书　记：张振华

材料与化学化工学部团委

　　副书记：鲍　清

纳米科学技术学院团委

　　书　记：蔡梦婷

计算机科学与技术学院团委

　　书　记：邝泉声
　　副书记：徐　超　　　　　　　　　　　　　　2020 年 12 月任

电子信息学院团委

　　书　记：李　莹
　　副书记：陆鸿飞　　　　　　　　　　　　　　2020 年 12 月任

机电工程学院团委

　　书　记：李丽红
　　副书记：陈　恺

沙钢钢铁学院团委

　　书　记：郁佳莉

纺织与服装工程学院团委

　　书　记：蒋闫蕾　　　　　　　　　　　　　　2020 年 9 月任
　　副书记：孙晓旭　　　　　　　　　　　　　　2020 年 9 月任

轨道交通学院团委

　　书　记：钱成一
　　副书记：梁　畅

医学部团委

　　书　记：解　笑
　　副书记：王昌伟
　　　　　　李法君
　　　　　　刘　璐　　　　　　　　　　　　　　2020 年 2 月任
　　　　　　黄　静　　　　　　　　　　　　　　2020 年 2 月任

敬文书院团委

　　书　记：柯　征

文正学院团委

书　记：何　玉
副书记：王　一
　　　　郭　浩

应用技术学院团委

书　记：严永伟
副书记：顾　虑

苏州大学附属第一医院团委

书　记：田一星（兼）

苏州大学附属第二医院团委

书　记：李柳炳（兼）

苏州大学附属儿童医院团委

副书记：凌　靓

苏州大学有关人士在各级人大、政协、民主党派及统战团体任职名单

全国、省、市、区人大代表

第十三届全国人大代表	熊思东
第十三届江苏省人大常委会委员	王卓君
第十三届江苏省人大代表	陈林森　沈振亚　兰　青
第十六届苏州市人大常委会委员	马卫中　黄学贤　邢春根　吴　磊
第十六届苏州市人大代表	姜为民　沈振亚　钱海鑫　路建美
姑苏区第二届人大常委会委员	陈红霞
姑苏区第二届人大代表	傅菊芬　陈林森　杨旭红　张惠敏　邓国林 查佐明　吉成元　侯建全　陈　赞　孙光夏 冯　星

全国、省、市、区政协委员

第十三届全国政协委员	吴德沛
第十二届江苏省政协常委	钱振明　侯建全
第十二届江苏省政协委员	倪才方　陈新建　苏　雄
第十四届苏州市政协副主席	陈林森
第十四届苏州市政协常委	傅菊芬　叶元土　钱振明　吴永发　蒋廷波 王宜怀　周幽心　陈红霞　程　江　高晓明
第十四届苏州市政协委员	姚传德　李　艺　钱玉英　冯志华　杨　哲 姜竹松　袁　牧　刘　庄　徐建英　李　纲 孙　凌　赵鹤鸣　王振欣　唐　文　文万信 王德山　金成昌　朱雪珍　徐中华　陈　红 邹贵付　孙立宁　张力元　薛　辉
姑苏区第二届政协常委	刘　海　陶　金　朱学新　张力元
姑苏区第二届政协委员	王文利　李明忠　郭凌川　马逸敏　李建国 郭盛仁　王加俊　薛　群　孔　岩　董启榕 陈爱萍

全国、省、市各民主党派组织任职

民盟十三届苏州市委副主委	黄学贤
民盟十三届苏州市委常委	傅菊芬　姜为民
民盟十三届苏州市委委员	陶　金　居颂光　周海斌
民建九届江苏省委委员	叶元土
民建十四届苏州市委常委	叶元土
民建十四届苏州市委委员	杨　哲
民进十届江苏省委副主委	钱振明
民进十届江苏省委委员	姜竹松
民进十一届苏州市委主委	钱振明
民进十一届苏州市委常委	蒋廷波
民进十一届苏州市委委员	吴玲芳　孙茂民　马中红
农工党十二届江苏省委委员	倪才方
农工党十三届苏州市委副主委	邢春根　倪才方
农工党十三届苏州市委常委	王宜怀
农工党十三届苏州市委委员	李建国　徐建英　孙　凌
致公党六届江苏省委委员	吴　磊
致公党六届苏州市委副主委	吴　磊
致公党六届苏州市委委员	张永泉　王振欣
九三学社十四届中央副主席	刘忠范
九三学社十四届中央委员	陈林森
九三学社八届江苏省委常委	陈林森
九三学社八届江苏省委委员	陈红霞
九三学社十届苏州市委主委	陈林森
九三学社十届苏州市委常委	陈红霞　浦金贤
九三学社十届苏州市委委员	文万信　王德山　徐中华　程　江

省（市）台联、侨联、无党派知识分子联谊会、欧美同学会任职

江苏省台属联谊会第五届理事	张宏成
苏州市台属联谊会第五届常务理事	张宏成　张　凝
苏州市台属联谊会第五届理事	王文沛
江苏省侨联第六届委员	沈振亚
苏州市侨联第八届常委	沈振亚
苏州市侨联第八届委员	张志琳　王振欣　张永泉

苏州市侨青会副会长	王振欣
苏州市无党派知识分子联谊会副会长	高晓明
江苏省欧美同学会（江苏省留学人员联谊会）副会长	熊思东
江苏省欧美同学会（江苏省留学人员联谊会）理事	苏　雄　申绍杰
苏州市欧美同学会（苏州市留学人员联谊会）会长	李述汤
名誉会长	陈林森
副会长	镇学初　苏　雄　沈振亚　董启榕

校各民主党派基层组织及校归国华侨联合会、侨联青年委员会、台属联谊会、归国学者联谊会、无党派知识分子联谊会、东吴大学苏州校友会任职

民革苏州大学基层委员会
　　主　委　　　　　　　　李　艺
　　副主委　　　　　　　　姚传德　刘　海　薛华勇
　　委　员　　　　　　　　王海燕　石　沙　江　牧　李新明　陈卫东
　　　　　　　　　　　　　施华珍　戚海娟　谢思明　薛玉坤
民盟苏州大学委员会
　　主　委　　　　　　　　陶　金
　　副主委　　　　　　　　曹永罗　冯志华　戈志强　姜为民　李明忠
　　　　　　　　　　　　　田　野　朱　谦
　　委　员　　　　　　　　马逸敏　王兴东　王俊敏　朱桂荣　朱　斌
　　　　　　　　　　　　　何香柏　宋煜萍　周　宣　周海斌　居颂光
　　　　　　　　　　　　　钟慎斌　郭凌川　薛　莲
　　秘书长　　　　　　　　郭凌川
　　副秘书长　　　　　　　钟慎斌　马逸敏
民建苏州大学委员会
　　主　委　　　　　　　　杨　哲
　　副主委　　　　　　　　张乐帅　郑晓玲
　　委　员　　　　　　　　叶元土　陈志强　陈晓红　程雅君
民进苏州大学委员会
　　主　委　　　　　　　　刘　庄
　　副主委　　　　　　　　姜竹松　吴玲芳　蒋廷波　马中红　孙茂民
　　委　员　　　　　　　　吴小春　张纪平　张学农　明志君　金　涛
　　秘书长　　　　　　　　赵石言
　　副秘书长　　　　　　　徐晓明　尚贵华
农工党苏州大学委员会
　　主　委　　　　　　　　陈苏宁
　　副主委　　　　　　　　李建国　李彦光

委　员	王春雷	叶建新	李　纲	陈光强	孙　凌	
秘书长	李彦光					
秘　书	张　敏	徐溢涛	贾俊诚			

致公党苏州大学委员会
　　主　委　　　　吴　磊
　　副主委　　　　张永泉　薛　群
　　委　员　　　　王加俊　陈志伟　徐苏丹　詹月红

九三学社苏州大学委员会
　　主　委　　　　苏　雄
　　副主委　　　　张进平　杨瑞枝　浦金贤　王德山
　　委　员　　　　付双双　王　芹　杨旭红　黄　坚　徐中华
　　　　　　　　　程　江
　　秘书长　　　　王　艳
　　副秘书长　　　金国庆　方宗豹　苏　敏

苏州大学归国华侨联合会
　　名誉主席　　　陆匡宙　顾振纶
　　顾　问　　　　詹月红　张昌陆
　　主　席　　　　沈振亚
　　副主席　　　　倪沛红　王　鼎　王钦华　王振欣　张志琳
　　　　　　　　　资　虹
　　秘书长　　　　资　虹（兼）
　　委　员　　　　陈　仪　李　斌　倪沛红　沈振亚　王　鼎
　　　　　　　　　王钦华　王振欣　徐博翎　徐苏丹　徐艳辉
　　　　　　　　　杨　颖　张志琳　周　婷　周翊峰　资　虹

苏州大学侨联青年委员会
　　名誉会长　　　沈振亚
　　会　长　　　　王振欣
　　副会长　　　　陈　仪　李　刚　冒小瑛　孙靖宇　王　鼎
　　　　　　　　　徐博翎　周　婷　周翊峰
　　秘书长　　　　周　婷
　　委　员　　　　陈　仪　冯文峰　胡士军　李　斌　李　刚
　　　　　　　　　李直旭　刘玉龙　冒小瑛　宋歆予　孙靖宇
　　　　　　　　　王　鼎　王振欣　徐博翎　杨　颖　张　阳
　　　　　　　　　赵智峰　周　婷　周翊峰

苏州大学台胞台属联谊会
　　会　长　　　　张　凝
　　副会长　　　　陈羿君　肖接承　刘彦玲
　　秘书长　　　　华　昊
　　理　事　　　　陈羿君　何宝申　华　昊　林洛安　刘彦玲

　　　　　　　　　　钱昱颖　邱馨贤　宋宏晖　吴翊丞　肖接承
　　　　　　　　　　徐博翎　张　凝　邹翼波

苏州大学欧美同学会
　　　顾　问　　　白　伦　蒋星红　王卓君　张学光
　　　名誉会长　　熊思东　姚建林
　　　会　长　　　郎建平
　　　副会长　　　李晓峰　高玮玮　沈振亚　汪一鸣　王卫平
　　　　　　　　　姚建林
　　　秘书长　　　刘海平　王　鼎
　　　常务理事　　陈宇岳　冯志华　高　雷　贡成良　秦正红
　　　　　　　　　王　鼎
　　　理　事　　　曹建平　陈宇岳　冯志华　高　雷　贡成良
　　　　　　　　　黄毅生　李孝峰　刘励军　刘　庄　罗时铭
　　　　　　　　　吕　强　秦正红　任志刚　陶　敏　田海林
　　　　　　　　　王　鼎　王钦华　王尉平　吴荣先　杨红英
　　　　　　　　　姚建林　周民权

苏州大学无党派知识分子联谊会
　　　会　长　　　高晓明
　　　副会长　　　刘跃华　杨季文　杨旭辉　郁秋亚
　　　秘书长　　　周翊峰
　　　理　事　　　陈　瑶　董启榕　傅戈燕　郭辉萍　黄毅生
　　　　　　　　　金薇吟　梁君林　刘　文　钮美娥　屠一锋
　　　　　　　　　吴荣先　吴翼伟　徐艳辉　姚林泉　俞雪华

东吴大学苏州校友会
　　　会　长　　　沈雷洪
　　　副会长　　　徐永春　曹　阳
　　　秘书长　　　徐永春（兼）
　　　副秘书长　　刘涤民
　　　常务理事　　蔡希杰　顾镕芬　洪子元　刘涤民　陆忠娥
　　　　　　　　　沈雷洪　汪为郁　徐永春
　　　理　事　　　蔡希杰　曹　阳　程　坚　程湛田　杜　矗
　　　　　　　　　顾镕芬　洪子元　刘涤民　刘元侠　陆忠娥
　　　　　　　　　沈雷洪　陶　钺　汪为郁　谢坚城　徐永春
　　　　　　　　　张文鎏　仲嘉淦

苏州大学有关人员在校外机构任职名单（表3）

表3 全国、省（部）级学术机构、团体及国际学术组织人员任职名单一览表
（据2020年不完全统计，按院部排列、按姓氏笔画排序）

姓名	机构名称及职务
1. 文学院	
王宁	中国俗文学学会理事
	中国戏曲学会理事
	中国傩戏学研究会理事
王尧	教育部高等学校中国语言文学类专业教学指导委员会委员
	中国文学批评研究会副会长
	中国当代文学研究会理事
	江苏省文艺评论家协会副主席
	江苏省作家协会副主席
	江苏省当代文学研究会副会长
王建军	江苏省语言学会常务理事
	江苏省中华成语研究会副会长
王福利	中国乐府学会理事
刘锋杰	中国文艺理论学会常务理事
	中国中外文艺理论学会理事
汤哲声	中国俗文学学会常务理事
	中国武侠文学学会副会长
	江苏省中国现代文学学会副会长
	江苏省现代文学学会常务理事兼副秘书长
李勇	中国文艺理论学会理事
	江苏省美学学会副会长

续表

姓名	机构名称及职务
杨旭辉	中国骈文学会常务理事
汪卫东	中国鲁迅研究会常务理事
	江苏省鲁迅研究会副会长
邵雯艳	中国高等教育学会影视教育专业委员会理事
季 进	中国比较文学学会青年委员会主任
	江苏省当代文学研究会副会长
钱锡生	中国词学研究会常务理事
徐国源	江苏省写作学会副会长
曾维刚	中国宋代文学学会理事
薛玉坤	中国词学学会常务理事
	中国近代文学学会理事
	中国近代文学学会南社与柳亚子研究会副会长
	江苏省南社研究会副会长
2. 传媒学院	
王 静	中国广告教育研究会常务理事
	中国新闻史广告与传媒发展研究会理事
王国燕	国际科技传播学会学术委员
	中国科技新闻学会科技传播理论研究专业委员会秘书长
	中国科技新闻学会理事
	中国自然辩证法学会科学传播与科学教育专业委员会理事
华 昊	中国高校影视学会媒介文化专业委员会理事
杜志红	中国高校影视学会微电影专业委员会理事
	中国高校影视学会媒介文化专业委员会理事
	中国高校影视学会网络视听专业委员会理事
谷 鹏	中国新闻史学会舆论学研究委员会理事
	中国新闻史学会媒介法规与伦理研究委员会常务理事

续表

姓名	机构名称及职务
张健	美国中国传媒研究协会常务理事
	中国新闻史学会理事
	中国新闻传播思想史研究会常务理事
	中国高等教育学会新闻学与传播学专业委员会理事
	中国新闻传播教育史研究委员会常务理事
张梦晗	国际华莱坞学会常务理事
	中国高校影视学会媒介文化专业委员会理事
陈龙	教育部高职高专广播影视专业委员会委员
	中国媒介文化研究专业委员会主任
	中国传播学研究委员会副会长
	江苏省传媒艺术研究会副会长
陈霖	中国高校影视学会媒介文化专业委员会理事
贾鹤鹏	中国科技新闻学会副秘书长
徐蒙	中国性学会健康大数据分会副主任委员
董博	世界经济论坛全球杰出青年基金会董事

3. 社会学院

姓名	机构名称及职务
王卫平	教育部高校历史学科教学指导委员会委员
	中国地方志协会学术委员会委员
	中国社会史学会常务理事
	中国经济史学会理事
	江苏省历史学会常务理事
	江苏省农史学会副会长
	江苏省经济史学会副会长
	江苏省地域文化研究会副会长
朱从兵	中国太平天国史研究会副秘书长
	江苏省太平天国史研究会副会长
吴建华	中国社会史学会常务理事

续表

姓名	机构名称及职务
余同元	国际健康健美长寿学研究会常务理事
	中国朱元璋研究会副会长
	中国范仲淹研究会理事
	中国近现代史史料学会理事
	中国明史学会理事
	江苏省郑和研究会常务理事
张照余	教育部档案学科教学指导委员会委员
	中国档案学会常务理事
	中国档案学会基础理论委员会委员
姚传德	中国日本史学会理事
	民革中央孙中山研究会常务理事
高　峰	中国社会学会理事
	中国社会工作教育学会常务理事
	教育部社会学类专业教育指导委员会委员
	江苏省社会学会常务理事
	江苏省邓小平理论研究会常务理事
	江苏省城镇化研究会副会长
黄　泰	江苏省旅游学会青年分会副会长
	江苏省旅游学会旅游产业经济研究分会常务理事
臧知非	中国秦汉史研究会副会长
	中国农民战争史研究会副会长
	江苏省高校历史教学研究会秘书长
	江苏省项羽研究会会长
魏向东	江苏省旅游学会副会长
4. 政治与公共管理学院	
车玉玲	全国国外马克思主义研究会副会长
	中国现代外国哲学学会俄罗斯哲学专业委员会常务理事
	中国马克思主义哲学史学会理事

续表

姓名	机构名称及职务
叶继红	中国科学学与科技政策研究会理事
	中国社会学会移民专业委员会常务理事
	江苏省政治学会常务理事
朱光磊	江苏省儒学学会常务理事
任 平	中国马哲史学会常务理事、马恩哲学思想分会会长
	中国社会科学期刊评价委员会马克思主义学科主任委员
	全国辩证唯物主义研究会副会长
庄友刚	全国马克思主义哲学史研究会马克思恩格斯哲学思想研究分会副会长
	全国辩证唯物主义研究会常务理事
	江苏省哲学学会副会长
	江苏省哲学学科联盟副理事长
李继堂	中国自然辩证法研究会物理学哲学专业委员会委员
杨思基	中国马克思主义哲学史学会理事
吴忠伟	江苏省儒学会常务理事
沈承诚	中国政治学会理事
陈进华	教育部高等学校政治学类专业教学指导委员会委员
	中国政治学会常务理事
	中国伦理学会常务理事
	江苏省伦理学会副会长
周义程	江苏省中共党史学会常务理事
	江苏省政治学会副会长
	江苏省国旗文化研究会副会长
周可真	中国哲学史学会理事
	中国企业管理研究会常务理事
	中国实学研究会理事
	中华孔子学会理事

续表

姓名	机构名称及职务
钮菊生	中国高等教育学会国际政治研究专业委员会常务理事
	中国国际关系学会理事
	中国高等教育学会"一带一路"分会理事
	"一带一路"智库合作联盟理事会理事
	江苏省东南亚研究会副会长
施从美	中国保障学会慈善分会理事
	江苏省机构编制管理研究会副秘书长
桑明旭	中国马克思主义哲学史学会马克思恩格斯哲学思想研究分会副会长兼秘书长
	中国辩证唯物主义研究会理事
	全国当代国外马克思主义研究会理事
	江苏省哲学学会常务理事、副秘书长
黄建洪	中国政治学会理事
程雅君	世界中医联合会中医文化专业委员会常务理事
	中国哲学史学会中医哲学专业委员会理事

5. 马克思主义学院

姓名	机构名称及职务
方世南	中国人学学会常务理事
田芝健	中国高等教育学会马克思主义研究分会常务理事
	江苏省领导学研究会第四届理事会常务理事
李 燕	中国家庭教育学会委员
张 晓	中国马克思主义哲学史学会马克思恩格斯哲学思想研究分会理事
张才君	江苏省领导学研究会第四届理事会常务理事
陆树程	世界政治经济学学会理事
	中国自然辩证法研究会医学哲学专业委员会理事
姜建成	江苏省马克思主义理论研究会副会长
	江苏省邓小平理论研究会常务理事

6. 教育学院

姓名	机构名称及职务
王一涛	中国教育发展战略学会民办教育专业委员会理事
	中国民办教育协会民办教育研究分会副理事长

续表

姓名	机构名称及职务
付亦宁	中国高教学会院校研究会常务理事
冯文锋	中国心理学会脑电相关技术专业委员会委员
	国际社会神经科学学会中国分会理事
刘电芝	中国心理学会理事
	中国教育心理学会专业委员会理事
	中国心理学会心理学质性研究专业委员会会长
	中国教育学会课程专业委员会常务理事
肖卫兵	中国高等教育学会高等教育学专业委员会理事
吴继霞	全国人格心理学专业委员会委员
	全国社区心理学专业委员会委员
	中国心理学会质性研究专业委员会委员
	江苏省心理学会质性研究专业委员会副主任
	江苏省心理学会社区心理学专业委员会主任
余庆	中国教育学会中青年教育理论工作者分会理事
张阳	中国认知科学协会情绪与认知专业委员会理事
	江苏省认知神经科学专业委员会副主任
张明	中国心理学会理事
	中国心理学会普通心理和实验心理专业委员会副主任
	中国心理学会心理学教学工作委员会主任
张佳伟	中国教育发展战略学会儿童教育与发展专业委员会理事
范庭卫	中国心理学会理论心理学与中国心理学史专业委员会理事
金国	中国教育学会比较教育分会理事
周川	中国高等教育学会高等教育学专业委员会常务理事
	中国高等教育学会院校研究会副理事长
黄启兵	中国高等教育学会高等教育学专业委员会常务理事
崔玉平	中国教育学会教育经济学分会副理事长
	江苏省高等教育学会教育经济学分会副理事长
	江苏省教育学会教育管理学分会常务理事

续表

姓名	机构名称及职务
彭彩霞	中华炎黄文化研究会童蒙文化专业委员会理事
童辉杰	国际中华应用心理学会常务理事

7. 东吴商学院（财经学院） 东吴证券金融学院

姓名	机构名称及职务
王要玉	中国优选法统筹学与数理经济学会服务科学与运作管理分会常务理事、青年工作委员会委员
	中国运筹学会随机服务与运作管理分会常务理事
	江苏自动化学会经济管理委员会副主任委员
	江苏省价格协会第五届理事会副会长
李 锐	中国人力资源开发研究会理事
张雪芬	中国会计学会政府及非营利组织会计专业委员会委员
罗正英	中国会计评论理事会理事
袁建新	江苏省外国经济学说研究会副会长
魏文斌	中国管理现代化研究会管理案例专业委员会委员

8. 王健法学院

姓名	机构名称及职务
丁建安	中国社会法学研究会理事
卜 璐	中国国际私法学会理事
上官丕亮	中国法学会比较法学研究会常务理事
	中国法学会宪法学研究会常务理事
	江苏省法学会廉政法制研究会副会长
	江苏省法学会立法学研究会副会长
	江苏省法学会港澳台法律研究会副会长
王克稳	中国水利研究会水法专业委员会副主任委员
	中国行政法学研究会常务理事
方 潇	中国法律史学会理事
	江苏省法学会法律史研究会副秘书长

续表

姓名	机构名称及职务
方新军	中国民法学研究会常务理事
	中国法学会理事
	江苏省法学会法学教育研究会副会长
	江苏省法学会民法学研究会副会长
	江苏省法学会副会长
	江苏省破产法学会常务副会长
艾永明	中国法律史学会常务理事
	江苏省法学会法律史研究会会长
史浩明	中国民法学研究会理事
	江苏省商法学研究会常务理事
	江苏省法学会民法学研究会副会长
冯嘉	江苏省法学会生态法学研究会常务理事
朱谦	中国环境科学学会环境法分会副会长
	江苏省生态法学研究会副会长
	江苏省环境资源法学研究会副会长
	中国法学会环境法研究会常务理事
刘文	江苏省法学会刑事诉讼法学会常务理事
刘思萱	江苏省商法学会常务理事
孙莉	中国法学会法理学研究会理事
	中国行为法学会理事
	中国法学会比较法学研究会理事
	江苏省法学会法理学、宪法学研究会副会长
	中国法学会立法学研究会常务理事
	中国法学会法理学研究会第八届理事会理事
孙国平	中国社会法研究会理事
	江苏省社会法研究会常务理事
李小伟	中国版权协会理事

续表

姓名	机构名称及职务
李中原	江苏省法学会民法学研究会常务理事
李晓明	国际刑法学协会中国分会理事
	中国未成年人法制教育专业委员会副主任
	中国青少年犯罪研究会犯罪学基础理论专业委员会常务理事
	中国犯罪学研究会常务理事
	中国刑法学研究会预防犯罪专业委员会副主任
	中国监察学会金融检察专业委员会理事
	中国刑法学研究会理事
	江苏省刑法学研究会副会长
	江苏省法学会廉政法制研究会副会长
沈同仙	中国社会法学研究会劳动法学分会副会长
	中国法学会社会法学研究会常务理事
	江苏省法学会社会法学研究会副会长
	江苏省经济法研究会副会长
张 鹏	中国民法学研究会理事
	江苏省农村法制研究会常务理事
	江苏省民法学研究会副秘书长
张永泉	中国民事诉讼法学研究会常务理事
	江苏省民事诉讼法学研究会常务理事
张成敏	中国逻辑学会法律逻辑专业委员会副会长
	江苏省刑事诉讼法学研究会副会长
	江苏省法学会检察学研究会常务理事
	江苏省法学会刑事诉讼法学研究会副会长
张利民	中国法学会国际私法学研究会常务理事
	江苏省法学会国际法学研究会副会长
张学军	中国法学会婚姻法学研究会副会长
陆永胜	江苏省法学会法理学与宪法研究会常务理事

续表

姓名	机构名称及职务
陈珊珊	中国犯罪学学会理事
	江苏省法学会刑法学研究会常务理事
庞凌	中国立法学研究会理事
	中国法学会法理学研究会第八届理事会理事
	江苏省法学会法理学与宪法学研究会副秘书长
	江苏省法学会互联网与信息法学研究会副会长
	江苏省法学会法律史研究会副会长
赵毅	中国法学会体育法学研究会第二届理事会理事
	江苏省法学会互联网与信息法学研究会常务理事
	江苏省法学会大数据与人工智能法学研究会副会长
赵艳敏	中国法学会世界贸易组织法研究会理事
胡亚球	中国法学教育研究会理事
	中国民事诉讼法学研究会常务理事
	江苏省民事诉讼法学研究会副会长
	江苏省法学会检察学研究会副会长
柯伟才	江苏省法学会法律史研究会常务理事
施立栋	中国案例法学会研究理事
郭树理	中国国际私法学研究会常务理事
	中国仲裁法学研究会理事
	中国国际法学会理事
	中国法学会体育法学会常务理事
黄学贤	中国法学会宪法学研究会理事
	中国法学会行政法学研究会常务理事
	江苏省行政法学研究会副会长
董学立	中国法学会民法学研究会理事
	江苏省破产法学研究会副会长

续表

姓名	机构名称及职务
董炳和	中国法学会知识产权法学研究会常务理事
	江苏省法学会知识产权法学研究会副会长
程雪阳	中国法学会宪法学研究会理事
	中国法学会行政法学研究会理事
	江苏省农村法制协会常务理事
	江苏省法学会法学教育研究会常务理事
熊赖虎	江苏省法学会法理学与宪法学研究会常务理事
瞿郑龙	江苏省法学会法理学与宪法学研究会副秘书长

9. 外国语学院

姓名	机构名称及职务
王宇	中国英汉语比较研究会二语习得研究专业委员会理事
王军	中国逻辑学会符号学专业委员会秘书长
	江苏省外国语言学会副会长
王宏	中国英汉语比较研究会典籍翻译专业委员会副会长
	中国比较文学学会翻译研究会常务理事
	中国译协翻译理论与翻译教学委员会委员
	中国英汉语比较研究会理事
	江苏省翻译协会中华典籍外译专业委员会主任
朴桂玉	中国外国文学学会朝鲜-韩国文学研究分会常务理事
朱建刚	中国俄罗斯文学学会理事
	中国外国文学学会外国文论与比较诗学研究分会理事
朱新福	全国美国文学研究会常务理事
	江苏省高校外语教学研究会副会长
	江苏省外国文学研究会副会长
	江苏省翻译协会副会长
刘娟	中国外国文学学会法国文学研究分会理事
孙继强	中国日本史学会常务理事
李晓科	中国外国文学学会西葡拉美文学研究分会理事
	中国拉丁美洲学会理事

续表

姓名	机构名称及职务
宋艳芳	中国外国文学英语文学研究分会常务理事
张　玲	中国英汉语比较研究会典籍英译专业委员会理事
	中国英汉语比较研究会心理语言学专业委员会理事
	中国认知神经语言学研究会常务理事
陆　洵	全国法国文学研究会理事
	全国法语教学研究会理事
陈大亮	中国英汉语比较研究会典籍英译专业委员会常务理事
	中国英汉语比较研究会理事
	中国文化翻译与传播研究基地主任
孟祥春	中国外国文学学会比较文学与跨文化研究会副秘书长
	江苏省翻译协会青年工作委员会主任
赵爱国	中国俄语教学研究会常务理事
	中国语言与符号学学会常务理事
	中国俄罗斯中亚学会常务理事
段慧敏	全国法国文学研究会常务理事
	中国语言与符号学学会理事
	中法语言文化比较研究会理事
施　晖	汉日对比语言学研究会常务理事
	日语偏误与日语教学学会常务理事
顾佩娅	中国英汉语比较研究会语言智能教学专业委员会副会长
	中国英汉语比较研究会外语教师教育与发展专业委员会常务理事
	江苏省外国语言学会常务理事
徐　卫	汉日对比语言学研究会理事
	日语偏误与日语教学学会常务理事、副会长
董成如	中西语言哲学研究会理事
10. 金螳螂建筑学院	
吴永发	中国建筑学会建筑师分会理事
	全国建筑学专业指导委员会委员

续表

姓名	机构名称及职务
汪德根	中国行政区划与区域发展促进会理事、专家委员会委员
	中国行政区划与空间治理专业委员会副主任
	中国自然资源学会旅游资源研究专业委员会委员
郑丽	亚洲园艺疗法联盟首任秘书
	中国建筑文化研究会生态人居康养专业委员会委员
	中国花卉协会花文化专业委员会常务理事
	中国社工联心理健康工作委员会园艺治疗学部副主任委员
夏杰	中国城市科学研究会新型城镇化与城乡规划专业委员会委员
	中国城市科学研究会生态城市专业委员会委员
	江苏省旅游学会常务理事
11. 数学科学学院	
陈景润	中国数学会计算数学分会常务理事
	江苏省数学会计算数学分会常务理事
季利均	国际组合数学及其应用学会委员
	中国数学会组合数学与图论专业委员会秘书长
	江苏省工业与应用数学学会副理事长
徐稼红	第一届江苏省数学学会数学教育专业委员会副主任
程东亚	全国工业统计学教学研究会青年统计学家协会第一届理事会理事
12. 物理科学与技术学院	
李亮	瑞典先进材料联合学会会士
	中国材料研究会理事
沈明荣	江苏省物理学会副理事长
杭志宏	全国高等学校电磁学研究会常务理事
施夏清	全国统计物理与复杂系统学术委员会委员
高雷	教育部高等学校物理学类专业教学指导委员会委员
	教育部高等学校物理学类专业教学指导委员会华东地区工作委员会副主任委员

姓名	机构名称及职务
陶洪	中国教育学会物理教学专业委员会副理事长
桑芝芳	中国教育学会物理教学专业委员会副理事长

13. 光电科学与工程学院

姓名	机构名称及职务
王钦华	中国光学学会理事
	中国光学学会全息与光信息处理专业委员会副主任
	江苏省光学学会副理事长
石拓	中国机械工程学会增材制造分委员会委员
乔文	中国光学学会全息与光信息处理专业委员会委员
许宜申	中国仪器仪表学会青年工作委员会委员
	教育部高等学校光电信息科学与工程专业教学指导分委员会协作委员
李孝峰	中国密码学会混沌保密通信专业委员会委员
李念强	中国光学光电子行业协会激光应用分会青年委员
杨晓飞	中国光学学会光学测试专业委员会委员
	中国光学工程学会团体标准化技术委员会委员
吴建宏	中国光学学会光电技术专业委员会委员
余景池	中国光学学会先进光学制造分会副主任委员
	中国空间光学学会委员
沈为民	中国宇航学会空间遥感专业委员会副主任委员
	中国光学工程学会常务理事
陈林森	全国纳米技术标准化技术委员会委员
	中国光学学会全息与光信息处理专业委员会主任
	中国民营科技企业家协会副会长
	国家微纳加工与制造产业创新战略联盟副理事长
季轶群	中国仪器仪表学会光机电技术与系统集成分会理事会理事
	中国光学学会光电技术专业委员会委员
胡建军	中国光学学会光学测试专业委员会委员

续表

姓名	机构名称及职务
袁 孝	中国光学学会激光专业委员会委员
	中国光学学会光学材料专业委员会委员
顾济华	中国光学学会光学教育专业委员会常务委员
钱 煜	中国光学学会光学测试专业委员会委员
	中国宇航学会空间遥感专业委员会委员
郭培基	中国光学学会光学先进制造专业委员会常务委员
	中国计量测试学会计量仪器专业委员会委员

14. 能源学院

姓名	机构名称及职务
马扣祥	全国原电池标准化技术委员会常务副秘书长
	中国电池工业协会技术服务委员会秘书长
王海波	全国原电池标准化技术委员会副主任委员兼秘书长
	中国电池工业协会副理事长
汝坤林	全国原电池标准化技术委员会委员
魏 琪	江苏省工程热物理协会常务理事

15. 材料与化学化工学部

姓名	机构名称及职务
王伟群	江苏省教育学会化学教学专业委员会常务理事
邓安平	中国化学会有机分析专业委员会委员
	中国仪器仪表学会化学传感器专业委员会委员
	中国仪器仪表学会食品质量安全检测仪器与技术应用分会第一届理事会理事
陈 红	英国皇家化学学会会士
	中国生物材料学会生物材料表界面工程分会主任委员
	中国生物材料学会生物材料评价分会第二届委员会委员
	中国生物材料学会第三届标准工作委员会委员
	江苏省化学化工学会第十二届理事会高分子化学与物理专业委员会主任委员
陈晓东	中国颗粒学会理事会理事
郎建平	英国皇家化学学会（RSC）会士
	中国化学会无机化学学科委员会委员及晶体化学学科委员会委员

续表

姓名	机构名称及职务
傅楠	中国颗粒协会青年理事、生物颗粒专业委员会委员
	中国畜产品加工研究会青年工作委员会委员
	中国机械工程学会包装与食品工程分会委员

16. 纳米科学技术学院

姓名	机构名称及职务
刘庄	美国医学与生物工程院（AIMBE）会士
	英国皇家化学学会（RSC）会士
	中国生物材料学会纳米生物材料分会主任委员
	中国生物材料学会第三届理事会理事
孙旭辉	中国物理学会同步辐射专业委员会委员
	国家同步辐射实验室用户委员会副主任
李有勇	中国化学会计算化学委员会委员
	中国材料学会材料基因组委员会委员
何耀	中国光学工程协会理事
汪超	中国生物物理学会纳米生物学分会青年委员
康振辉	英国皇家化学学会（RSC）会士
	中国化工学会化工新材料专家委员会委员
	中国青年科技工作者协会第五届理事会理事
	中国材料研究学会纳米材料与器件分会首届理事会理事
廖良生	美国信息显示学会有机发光二极管（OLED）分会委员
	中国有色金属学会宽禁带半导体专业委员会委员
	中国化学会有机固体专业委员会委员

17. 计算机科学与技术学院

姓名	机构名称及职务
马小虎	江苏省计算机学会图形图像专业委员会副主任
王进	中国计算机学会互联网专业委员会委员
	中国计算机学会普适计算专业委员会委员
	中国计算机学会网络与数据通信专业委员会委员
王宜怀	中国软件行业协会嵌入式系统分会理事
	江苏省计算机学会嵌入式系统与物联网专业委员会主任

续表

姓名	机构名称及职务
朱巧明	中国计算机学会理事
	中国计算机学会系统软件专业委员会委员
	中国计算机学会电子政务与办公自动化专业委员会委员
刘　全	中国计算机学会委员
	全国石油和化学工业信息技术委员会委员
	中国人工智能学会模式识别专业委员会委员
李凡长	中国计算机学会理论计算机科学专业委员会委员
	中国计算机学会人工智能与模式识别专业委员会常务委员
	中国人工智能学会理事
	中国人工智能学会粗糙集与软计算专业委员会常务委员
	中国人工智能学会知识工程专业委员会委员
	中国人工智能学会智能系统工程专业委员会委员
	中国人工智能学会机器学习专业委员会常务委员
	中国人工智能学会机器感知与虚拟现实专业委员会委员
	江苏省人工智能基础及应用专业委员会主任
李寿山	中国中文信息学会青年工作委员会委员
	中国中文信息学会社会媒体处理专业委员会委员
李直旭	中国人工智能学会智能服务专业委员会委员
	中国计算机学会大数据专业委员会委员
	中国中文信息学会青年工作委员会委员
张　民	亚太区语言、信息、计算系列会议国际咨询委员会委员
	亚洲自然语言处理联盟常务理事、执委会委员
	国际计算语言学学会中文处理专业委员会主席
	中国中文信息学会常务理事
	中国人工智能学会理事
	中国新一代人工智能产业技术创新战略联盟专家委员会委员

续表

姓名	机构名称及职务
张莉	中国人工智能学会机器学习专业委员会委员
	中国人工智能学会粗糙集与软计算专业委员会委员
	江苏省计算机学会理事会青年工作委员会副主任
	江苏省人工智能学会学术工作委员会副主任委员
张广泉	中国计算机学会软件工程专业委员会委员
	中国计算机学会系统软件专业委员会委员
	中国计算机学会理论计算机科学专业委员会委员
	中国计算机学会协同计算专业委员会委员
	中国计算机学会形式化方法专业委员会委员
	中国计算机学会教育专业委员会委员
	全国高等学校计算机教育研究会理事
张志强	全国高等院校计算机基础教育研究会理工专业委员会委员
陈文亮	中国中文信息学会青年工作委员会委员
季怡	中国图像图形学会虚拟现实专业委员会委员
周国栋	中国计算机学会中文信息技术专业委员会副主任委员
周晓方	中国计算机学会大数据专业委员会委员
	江苏省计算机学会大数据专业委员会副主任
赵雷	中国人工智能学会智能服务专业委员会委员
赵朋朋	中国计算机学会大数据专业委员会通信委员
钟宝江	中国人工智能学会机器学习专业委员会委员
洪宇	中国中文信息学会青年工作委员会委员
黄河	中国计算机学会物联网专业委员会委员
熊德意	中国中文信息学会青年工作委员会执行委员
	中国中文信息学会信息检索专业委员会委员
	中国计算机学会中文信息技术专业委员会委员
	中国中文信息学会理事
	中国计算机学会中文信息技术专业委员会青年工作委员会主席

续表

姓名	机构名称及职务
樊建席	中国计算机学会理论计算机科学专业委员会委员

18. 电子信息学院

姓名	机构名称及职务
刘学观	中国通信学会电磁兼容委员会委员
沈纲祥	美国光学学会会士
	中国电子学会通信分会光通信与光网络专业技术委员会委员
	江苏省通信学会光通信与线路专业委员会副主任委员
	江苏省通信学会虚拟现实专业委员会副主任委员
陈新建	中国图像图形学会理事
	中国生物医学工程学会青年工作委员会副主任委员
	中国图学学会医学图像与设备专业委员会委员
	江苏省人才创新创业促进会双创人才分会常务理事
赵鹤鸣	全国信息与电子学科研究生教育委员会委员
	全国信号处理学会委员
	中国人工智能学会神经网络与计算智能专业委员会委员
	江苏省电子学会常务理事
胡剑凌	全国专业标准化技术委员会委员
侯　嘉	中国电子学会网络与通信系统专业委员会委员
	中国通信学会青年工作委员会委员

19. 机电工程学院

姓名	机构名称及职务
石世宏	中国计量测试学会理事
	中国机械工程学会特种加工分会常务理事
冯志华	江苏省振动工程学会常务理事
匡绍龙	中国医学装备协会智能装备技术分会委员会委员
邢占文	中国机械工程学会增材制造技术分会第二届委员会委员
朱刚贤	中国机械工程学会增材制造（3D打印）技术分会委员
	中国机械工程学会表面工程分会青年工作委员会委员
	中国光学学会激光加工专业委员会委员

续表

姓名	机构名称及职务
刘会聪	中国仪器仪表学会微纳器件与系统技术分会理事兼副秘书长
	中国微米纳米技术学会微纳执行器与微系统分会理事
	中国微米纳米技术学会微纳米机器人分会理事
孙立宁	中国微米纳米技术学会常务理事
	中国机械工程学会微纳米制造技术分会副主任委员
	中国自动化学会机器人委员会副主任
	中国仪器仪表学会微纳器件与系统技术分会副理事长
	全国微机电技术标准化技术委员会主任
	全国自动化系统与集成标准化技术委员会主任
	全国医用机器人标委会工作组组长
	江苏省自动化学会常务理事
杨湛	中国微米纳米技术学会微纳米机器人分会秘书长、常务理事
	中国机械工程学会机器人分会委员
余雷	中国自动化学会青年工作委员会委员
	中国人工智能学会智能空天系统专业委员会委员
陈涛	中国微米纳米技术学会微纳米机器人分会副秘书长
	中国机械工程学会生产工程分会精密装配技术专业委员会秘书兼委员
	中国微米纳米技术学会微纳执行器与微系统分会理事
陈琛	中国机械工程学会流体工程分会理事
陈瑶	全国材料新技术发展研究会常务理事
陈长军	中国表面工程协会委员
	中国表面改性技术委员会委员
	中国光学学会激光加工委员会委员
	中国宇航学会光电技术委员会委员
	中国腐蚀与防护学会涂料涂装及表面防护委员会委员
	中国硅酸盐学会测试技术分会理事
陈立国	中国微米纳米技术协会国际合作与交流工作委员会委员
	中国仪器仪表学会微纳器件与系统技术分会理事

续表

姓名	机构名称及职务
金子祺	中国技术经济学会理事
金国庆	中国机械工程学会生产工程分会委员
俞泽新	中国机械工程学会表面工程分会青年学组委员
高 强	全国环境力学学会专业委员会委员
郭旭红	江苏省工程图学会常务理事
傅戈雁	江苏省特种加工分会常务理事
20. 纺织与服装工程学院	
王国和	教育部高等学校纺织类教学指导分委员会委员
	中国丝绸协会理事
	中国长丝织造协会专家委员会委员
	中国纺织工程学会家用纺织品专业委员会副主任、棉纺织专业委员会委员
王祥荣	中国染料工业协会纺织印染助剂专业委员会副主任
	中国产业用纺织品行业专家委员会委员
	中国保健协会专家委员会委员
	全国专业标准化技术委员会委员
左保齐	全国丝绸标准化技术委员会委员
	中国长丝织造协会技术委员会委员
白 伦	中国茧丝绸产业公共服务体系丝绸工业科技转化平台专家委员会主任
孙玉钗	中国工程教育专业认证协会纺织类专业认证分委员会委员
	中国纺织服装教育学会服装设计与工程教学指导委员会副主任
张克勤	中国功能材料学会理事
陈国强	中国印染专业委员会秘书
尚笑梅	全国计算机辅助技术认证项目专家委员会委员
	全国专业标准化技术委员会委员
	中国服装协会专家委员会专家委员
唐人成	中国化工学会第八届染料专业委员会副主任
	中国纺织工程学会针织专业委员会染整分会委员
	中国纺织工程学会染整专业委员会委员

续表

姓名	机构名称及职务
眭建华	江苏省纺织工程学会丝绸专业委员会秘书长
潘志娟	国务院学位委员会第七届学科评议组委员
	教育部纺织类专业教学指导委员会纤维材料分委员会副主任
	江苏省丝绸协会副会长

21. 轨道交通学院

姓名	机构名称及职务
王 俊	中国振动工程学会故障诊断专业委员会理事
	中国振动工程学会转子动力学专业委员会理事
王 翔	世界交通运输大会交通网络管理与控制技术委员会委员
	中国公路学会自动驾驶工作委员会委员
史培新	江苏省地下空间学会副理事长
	江苏省综合交通运输学会轨道分会常务理事
朱忠奎	中国振动工程学会故障诊断专业委员会常务理事
	中国机械工程学会设备与维修分会常务委员
	江苏省仪器仪表学会状态监测与故障诊断仪器专业委员会主任委员
	江苏省综合交通运输学会常务理事
李 成	中国振动工程学会转子动力学分会理事
	中国振动工程学会非线性振动专业委员会委员
杨 勇	中国电工技术学会委员
	中国电源学会青年工作委员会委员
	中国电机工程学会委员
	中国电源学会交通电气化专业委员会委员
杨剑宇	中国计算机学会计算机视觉专业委员会委员
	中国图形图像学会机器视觉专业委员会委员
	中国人工智能学会模式识别与机器智能专业委员会委员
	中国自动化学会模式识别专业委员会委员
	中国图像图形学会多媒体专业委员会委员
俄文娟	世界交通运输大会技术委员会运输规划学部委员

续表

姓名	机构名称及职务
黄伟国	中国振动工程学会故障诊断专业委员会理事
	中国振动工程学会转子动力学专业委员会常务理事
樊明迪	世界交通运输大会轨道交通学部牵引传动技术委员会委员
	中国电源学会青年工作委员会委员
	中国电源学会交通电气化专业委员会委员
	中国人工智能学会智能交通专业委员会委员
22. 体育学院	
王妍	国家体育总局体育文化研究基地秘书
	国际奥委会奥林匹克研究合作伙伴秘书
	中国体育科学学会体育史学会委员
	江苏省体育科学学会体育管理专业委员会秘书长
王国志	中国大学生体育协会武术与民族传统体育分会科研部副主任
	江苏省跆拳道协会副监事长
王国祥	中国康复学会体育保健康复专业委员会副主任委员
	中国残疾人康复协会康复教育专业委员会副主任委员
	江苏省体育科学学会运动医学专业委员会副主任委员
王家宏	全国高等学校体育教学指导委员会委员
	全国高等教育学会体育专业委员会副理事长
	全国教育学会体育专业分会委员
	全国体育专业学位研究生教育指导委员会委员
	全国博士后管理委员会专家组评审专家委员
	国家社会科学基金学科评审组专家委员
	国家教材委员会体育艺术学科专家委员会委员
	中国篮球协会科研委员会副主席
	中国大学生体育协会篮球分会副主席
	中国大学生体育协会网球分会副主席
	中国体育科学学会社会体育科学分会副主任
	中国老年学和老年医学学会运动健康科学分会副主任委员
	江苏省教育学会理事会体育专业委员会理事长
	江苏省体育教育指导委员会副主任委员
	江苏省跆拳道协会副主席
	江苏省篮球协会副主席
	江苏省体育科学学会体育法学专业委员会主任委员

续表

姓名	机构名称及职务
李　龙	国家武术研究院青年学者工作委员会委员
吴明方	江苏省体育科学学会运动医学专业委员会副主任委员
张　林	中国体育科学学会运动生理与生物化学分会委员
	中国体育科学学会运动医学委员会委员
	中国生理学会运动生理学专业委员会委员
	中国老年学会骨质疏松学会理事
	中国保健学会骨与关节病学会理事
	全国高校运动人体科学专业委员会常务委员
	北美医学教育基金会常务理事
	江苏省生物医学工程学会常务理事
	江苏省运动医学工程专业委员会主任委员
	江苏省运动生理与生化学会副主任委员
陆阿明	中国体育科学学会运动生物力学分会委员
	中国体育科学学会体质研究会委员
	中国高等教育学会体育专业委员会教师教育研究会副理事长
	中国老年学和老年医学学会抗衰老分会常务委员
	中国老年学和老年医学学会运动健康科学分会常务委员
	江苏省体育科学学会常务理事
	江苏省体育科学学会运动生物力学分会主任委员
	江苏省教育学会体育专业委员会副理事长
邱崇禧	全国高等院校体育教学训练研究会副理事长
	全国高校田径理论研究会委员
	江苏省田径运动协会副主席
罗时铭	东北亚体育运动史学会理事
	中国体育科学学会体育史分会常务委员
	江苏省体育科学学会体育管理专业委员会主任委员
胡　原	江苏省体育教育专业校园足球联盟副主席

续表

姓名	机构名称及职务
陶玉流	中国大学生体育协会篮球分委员会科研委员会副主任
	中国高等教育学会体育专业委员会理事
	江苏省体育科学学会体育法学专业委员会副主任委员
	江苏省龙狮协会副秘书长
雍 明	江苏省体育科学学会体育产业分会副主任委员
熊 焰	中国体育科学学会运动训练学专业委员会委员
樊炳有	江苏省体育科学学会第六届体育人文专业委员会副主任委员
戴俭慧	全球社区健康基金会科学咨询委员会委员
	亚洲体育运动科学学会执行委员
	中国体育科学学会体育社会科学分会委员
	金砖国家体育运动科学学会执行委员
23. 艺术学院	
刘 佳	中国文化部青联美术工作委员会副秘书长
	中华全国青年联合委员会委员
江 牧	中国机械工程学会工业设计分会理事
许 星	中国服装设计师协会理事
	中国服装设计师协会学术委员会委员
李超德	亚洲时尚联合会中国委员会理事
	全国艺术专业学位研究生教育指导委员会委员
	教育部纺织服装专业指导委员会、服装教学指导委员会委员兼副主任
	教育部设计学专业指导委员会委员
	教育部美术类专业指导委员会委员
	教育部服装表演专业指导委员会主任
	中国服装设计师协会副主席
	中国流行色协会色彩教育委员会副主任
	中国教育部高校美术教学指导委员会委员
	中国美术家协会服装艺术委员会副主任
	上海国际时尚联合会副会长

续表

姓名	机构名称及职务
沈建国	中国工艺美术学会雕塑专业委员会委员
	江苏省雕塑家协会常务理事
张大鲁	中国包装联合会设计委员会委员
郑丽虹	中国工艺美术学会理论委员会委员
姜竹松	全国艺术专业学位研究生教育指导委员会委员
	中国流行色协会教育委员会委员
黄 健	中国建筑装饰协会副主任委员
雍自鸿	中国流行色协会教育委员会委员
戴 岗	教育部高等学校纺织类专业教学指导委员会服装表演专业教学指导分委员会副主任委员
	全国高等学校服装表演专业委员会副主任委员

24. 音乐学院

姓名	机构名称及职务
吴 磊	江苏省钢琴学会副会长兼秘书长
冒小瑛	江苏省钢琴学会副秘书长

25. 医学部基础医学与生物科学学院

姓名	机构名称及职务
王 涛	中国微循环学会神经保护与康复专业委员会委员
	海峡两岸医药卫生交流协会法医学分会委员
王国卿	中国中西医结合学会时间生物医学专业委员会常务委员、秘书长
叶元土	中国水产学会水产动物营养与饲料专业委员会副主任委员
	中国饲料工业协会常务理事
付文青	中国医师协会医学人文专业委员会常务委员
	中国心理学会医学心理学分会理事
朱一蓓	中国研究型医院学会生物治疗专业委员会常务委员
	江苏省免疫学会副理事长兼秘书长
	江苏省免疫学会常务理事
朱少华	江苏省司法鉴定协会常务理事
仲晓燕	中国生物物理学会自由基生物学与自由基医学分会青年委员

续表

姓名	机构名称及职务
贡成良	中国蚕学会常务理事
	江苏省蚕学会副理事长
李立娟	海峡两岸医药卫生交流协会法医学分会委员
吴淑燕	江苏省医学会微生物学与免疫学分会常务理事
	江苏省微生物学会常务理事
吴嘉炜	中国生物化学与分子生物学学会常务理事
	中国生物化学与分子生物学学会酶学专业委员会副主任委员
	中国生物物理学会分子生物物理分会理事
	中国生物物理学会脂类代谢与生物能学分会理事
	中国生物物理学会女科学家分会理事
	中国计量测试学会生物计量专业委员会委员
	中国病理生理学会内分泌与代谢专业委员会委员
邱玉华	江苏省免疫学学会常务理事
沈颂东	中国藻类学会常务理事兼副秘书长
张志湘	江苏省医学会医事法学分会副主任委员
张国兴	中国生理学会循环专业委员会理事
	江苏省生理学会常务理事
张明阳	中国微循环学会神经保护与康复专业委员会委员
	海峡两岸医药卫生交流协会法医学分会委员
张洪涛	中国细胞生物学学会理事
	中国医学细胞生物学学会常务委员
	中国转化医学联盟第一届理事会常务理事
	中国抗癌协会肺癌专业委员会委员
张焕相	中国细胞生物学学会理事
	江苏省细胞与发育生物学学会副理事长
	江苏省生物技术协会副理事长
陈玉华	江苏省健康管理学会常务理事

续表

姓名	机构名称及职务
罗承良	中国生物物理学会微量元素分会委员
	海峡两岸医药卫生交流协会法医学分会委员
周翊峰	中国抗癌协会病因学会常务委员
	江苏省抗癌协会肿瘤病因学会常务委员
居颂光	江苏省免疫学会常务理事
姜 岩	中国动物学会显微与亚显微分会副秘书长
姜 智	江苏省医学会医学信息学分会秘书长
夏春林	江苏省解剖学会副理事长
夏超明	江苏省预防医学会寄生虫学专业委员会副主任委员
徐世清	中国中西医结合学会时间生物学专业委员会常务理事
	江苏省昆虫学会常务理事
	江苏省蚕桑学会常务理事
凌去非	江苏省水产学会常务理事
高晓明	江苏省免疫学会副理事长
陶 金	中国生理学会消化与营养专业委员会委员
	中国生理学会疼痛转化医学委员会委员
	中国神经科学学会神经内稳态与内分泌委员会委员
	江苏省生理学会常务理事
陶陆阳	中国法医学会损伤分会副主任委员
	海峡两岸医药卫生交流协会法医学分会副主任委员
	江苏省刑侦研究会常务理事
黄 瑞	中国微生物学会理事
	江苏省微生物与免疫学会副主任委员
	江苏省微生物学会医学微生物学专业委员会主任委员
黄鹤忠	中国海洋生物工程学会常务理事
谢可鸣	江苏省病理生理学会副理事长

续表

姓名	机构名称及职务
魏文祥	中国微生物学会干扰素与细胞因子专业委员会理事
	中国生物化学与分子生物学会基础医学专业分委员会理事

26. 医学部放射医学与防护学院

姓名	机构名称及职务
王殳凹	中国辐射防护学会超铀核素辐射防护分会副理事长
	中国核学会锕系物理与化学分会常务理事
	中国核学会核化工分会理事
	中国核学会核化学与放射化学分会常务理事
	中国化学会分子筛专业委员会委员
	中国化学会奖励推荐委员会委员
	中国化学会晶体化学专业委员会委员
	中国环境科学学会环境化学分会委员
	中国环境科学学会青年科学家分会委员
	中国生物物理学会辐射与环境专业委员会青年委员
文万信	国家卫生标准委员会放射卫生标准专业委员会委员
	中国辐射防护学会理事
	中国核学会辐射物理分会理事
	中国核仪器行业协会理事
	中国计量测试学会电离辐射专业委员会委员
史海斌	中国生物医学工程学会医学影像工程与技术分会委员
华道本	教育部高等学校教学指导委员会核科学与工程分会委员
	中国核学会辐射研究与应用分会理事
	中国核学会核化学与放射化学分会环境放射化学专业委员会委员
	中国生物物理学会辐射与环境专业委员会委员
刘宁昂	中国中西医结合学会时间生物医学专业委员会委员
刘芬菊	中国核学会辐射研究与应用分会常务理事

续表

姓名	机构名称及职务
许玉杰	中国毒理学会放射毒理专业委员会委员
	中国核工业教育学会副理事长
	中国核学会同位素分会委员
	中国生物物理学会第十届辐射与环境专业委员会委员
孙 亮	中国核学会教育与科普分会理事、副秘书长
	中华预防医学会放射卫生专业委员会青年委员会常务委员
	江苏省生物医学工程学会医学物理专业委员会常务委员
张友九	中国核学会核化学与放射化学分会委员
	中国核学会同位素分会理事
张乐帅	全国纳米技术标准委员会委员
	中国毒理学会纳米毒理学委员会委员
	中国毒理学会中药毒理专业委员会青年委员
	中国医疗器械行业协会医美专业委员会委员
张保国	中国核物理学会理事
尚增甫	中国毒理学会放射毒理专业委员会青年委员会副主任委员
	中国毒理学会青年委员会委员
周光明	国际空间研究委员会（COSPAR）F组副主席
	国际宇航科学院（IAA）生命学部院士
	江苏省毒理学会常务理事
	江苏省放射毒理专业委员会主任委员
周如鸿	美国科学促进会（AAAS）会士
	美国物理学会（APS）会士
柴之芳	英国皇家化学学会（RSC）会士
	国家自然科学基金委员会重大仪器研制专项专家组科技部重大仪器开发评审组组长
	中国核学会常务理事

续表

姓名	机构名称及职务
涂彧	国家卫健委放射卫生防护标准委员会委员
	中国医学装备协会医用辐射装备防护与检测专业委员会副主任委员
	中国辐射防护学会辐射环境监测与评价分会常务理事
	中国辐射防护学会天然辐射防护分会理事
	中国计量协会医学计量专业委员会常务委员
	中国生物物理学会辐射与环境专业委员会委员
	中华预防医学会放射卫生专业委员会常务委员
	江苏省预防医学会放射卫生与防护专业委员会副主任委员
曹建平	中国毒理学会常务委员
	中国毒理学会放射毒理专业委员会副主任委员
	中国辐射防护学会放射卫生分会副主任委员
	中国核学会理事会理事
	中国生物物理学会辐射与环境专业委员会副主任委员
	中国卫生监督协会放射卫生专业委员会常务委员
	中华医学会放射医学与防护学分会常务委员
	中华预防医学会放射卫生专业委员会常务委员
	江苏省核学会常务理事
	江苏省预防医学会放射医学与防护专业委员会副主任委员
崔凤梅	中国毒理学会放射毒理专业委员会副秘书长
	中华预防医学会放射卫生委员会青年委员会副主任委员
	江苏省毒理学会副秘书长
第五娟	中国核学会核化学与放射化学分会环境放射化学专业委员会委员

27. 医学部公共卫生学院

万忠晓	中国营养学会保健食品分会委员
马亚娜	中国母婴健康专家委员会委员
	中华医学会健康管理学分会第四届委员会社区健康管理学组委员
	中华预防医学会行为健康分会委员
	中华预防医学会卫生事业管理分会委员
	江苏省高校医药教育研究会医学人文素质教育专业委员会常务理事

续表

姓名	机构名称及职务
左 辉	中国学生营养与健康促进会营养监测与评价分会理事
田海林	中国环境科学学会环境医学与健康分会委员
	江苏省预防医学会环境卫生专业委员会常务委员
仲晓燕	中国生物物理学会自由基生物学与自由基医学分会青年委员
汤在祥	中国统计教育学会委员
	中国卫生信息协会卫生统计理论与方法专业委员会委员
	中国医药教育协会医药统计专业委员会委员
	江苏省健康管理学会常务委员
安 艳	亚洲砷与健康研究联盟理事
	中国环境诱变剂学会环境与神经退行性疾病专业委员会委员
	中国环境诱变剂学会活性氧生物学效应专业委员会委员
	中国生物物理学会自由基生物学与自由基医学分会理事
	中国中西医结合学会时间生物医学专业委员会委员
	中华预防医学会卫生毒理分会委员
	江苏省毒理学会基础毒理学专业委员会副主任委员
	江苏省预防医学会职业健康专业委员会常务委员
许 锬	中国医药质量管理协会临床研究质量与评价专业委员会常务委员
	江苏省卒中学会预防与控制专业委员会常务委员
孙宏鹏	国际生物统计学会中国分会青年委员会理事
	中华医学会预防医学卫生事业分会青年委员会委员
	中华预防医学会健康保险专业委员会委员
李红美	中国卫生信息学会卫生统计学教育专业委员会委员
李建祥	中国毒理学会生化与分子毒理学专业委员会委员
	中国环境诱变剂学会致癌专业委员会常务委员
	中国毒理学会毒性病理学专业委员会委员
	中国毒理学会教育专业委员会委员
	江苏省毒理学会常务理事
	江苏省预防医学会卫生毒理与风险评估专业委员会副主任委员

续表

姓名	机构名称及职务
沈月平	国际生物学会委员
	中国卫生信息学会卫生统计学教育专业委员会委员
	中国医药教育协会医药统计专业委员会委员
张洁	中国毒理学会分子与生化专业委员会委员
	中国中西医结合学会时间生物医学专业委员会秘书长、常务委员
	江苏省毒理学会青年委员会副主任委员
	江苏省预防医学会卫生毒理与风险评估委员会常务委员
张永红	中国医师协会高血压专业委员会委员
	中国卒中学会脑血管病高危人群危险因素管理分会委员
	中华预防医学会公共卫生教育分会委员
	中华预防医学会心脏病预防控制专业委员会常务委员
	江苏省预防医学会流行病学专业委员会副主任委员
	江苏省卒中学会常务委员
	江苏省卒中学会预防与控制专业委员会主任委员
	江苏省预防医学会常务委员
张增利	中国营养学会流行病学分会委员
	中华预防医学会卫生毒理分会委员
	中国毒理学会放射毒理专业委员会委员
	中国毒理学会免疫毒理专业委员会副主任委员
	中国骨质疏松学会常务委员
	江苏省毒理学会工业毒理专业委员会主任委员
	江苏省毒理学会专业委员会副主任委员
陈涛	中国动物学会细胞与分子显微技术专业委员会委员
	中国毒理学会工业委员会委员
	中国环境科学学会环境医学与健康分会委员
	中国环境诱变剂学会致癌委员会常务委员
陈婧司	江苏省诱变剂学会青年委员会副主任委员

续表

姓名	机构名称及职务
武婧	江苏省第五届预防医学会卫生毒理与风险评估专业委员会常务委员
	中国生物物理学会自由基生物学与自由基医学分会青年委员
	中国中西医结合学会时间生物医学专业委员会青年委员
信丽丽	中国环境诱变剂学会青年委员会委员
	中国环境诱变剂学会生物标志物专业委员会青年委员
秦立强	中国营养学会营养流行病专业委员会委员
	中国营养学会营养转化医学专业委员会常务委员
	中国抗癌学会肿瘤营养专业委员会常务委员
	中国研究型医院学会营养医学专业委员会常务委员
	中国营养学会理事
	江苏省环境诱变剂学会副理事长
	江苏省营养学会副理事长
聂继华	中国毒理学会毒性病理学专业委员会委员
	中国环境诱变剂学会委员
	中国中西医结合学会时间生物医学专业委员会青年委员
徐勇	国家CDC应急培训专家委员会委员
	国家爱卫办专家委员会委员
	国家卫健委学校卫生标准委员会副主任委员
	中国阿尔滋海默病协会理事
	中国卫生监督协会团体标准学校卫生标准委员会副主任委员
	中国卫生监督协会学校卫生专业委员会副主任委员
	教育部高校健康教育教学指导委员会委员
	中华预防医学会儿少卫生专业委员会常务委员
	江苏省预防医学会学校卫生学分会副主任委员

续表

姓名	机构名称及职务
曹 毅	中华医学会医史学分会委员
	中国毒理学会神经毒理学专业委员会委员
	中国毒理学会遗传毒理学专业委员会委员
	中国环境诱变剂学会理事
	中国生物医学工程学会电磁生物学专业委员会副主任委员
	中国中西医结合学会时间生物医学专业委员会委员
	江苏省毒理学会放射毒理学专业委员会副主任委员
彭 浩	江苏省卒中学会青年委员会副主任委员
董 晨	中国医师学会公共卫生医师分会委员
	江苏省预防医学会第六届流行病学专业委员会常务委员
	江苏省预防医学会第三届慢性非传染病专业委员会常务委员
	江苏省预防医学会微生物检验专业委员会常务委员
蒋 菲	中国医促会预防分会委员
舒啸尘	国家药品管理局医疗器械技术评审专家咨询委员会委员
	中国抗癌协会肿瘤流行病学专业委员会委员
	中国中药协会专业委员会常务委员
潘臣炜	中国医师协会循证医学专业委员会常务理事
	中华预防医学会儿少卫生分会常务理事
	中华预防医学会公共卫生眼科学分会常务理事
	江苏省预防医学会常务理事

28. 医学部药学院

王 燕	中国药理学会生化与分子药理学会青年工作委员会委员
王光辉	中国神经科学学会理事
	中国神经科学学会胶质细胞分会主任委员
	中国病理生理学会蛋白质修饰与疾病分会副主任委员
刘 密	中国药理学会抗炎与免疫药理专业委员会委员
	中国药理学会抗炎与免疫药理青年委员会常务委员
刘江云	世界中医药学会联合会中药新药创制专业委员会理事

续表

姓名	机构名称及职务
许国强	中国神经科学学会儿童认知与障碍分委员会理事
	中国病理生理学会蛋白质翻译后修饰与疾病专业委员会委员
	江苏省细胞与发育生物学学会常务理事
杨红	世界中医药学会联合会中药药剂专业委员会理事
	中国生物颗粒专业委员会委员
	全国中药标本馆专业委员会常务理事
汪维鹏	中国高等教育学会医学教育专业委员会药学教育研究会理事
	中国药理学会药物代谢专业委员会常务委员
	江苏省执业药师协会副会长
张熠	中国药理学会肾脏药理学专业委员会委员
张学农	世界中医药学会联合会中药新型制剂专业委员会常务理事
	中国药学会药剂专业委员会委员
	江苏省药学会药剂学会副主任委员
张洪建	中国药理学会药物代谢专业委员会理事
张真庆	中国药学会药物分析专业委员会委员
	中国医药生物技术协会药物分析技术分会常务委员
张慧灵	国际医学教育分会专家委员会委员
	中国药理学会来华留学生医学教学专业委员会常务委员
	中国药理学会抗炎免疫专业委员会委员
秦正红	中国老年学和老年医学学会抗衰老分会副主任
	中国药理学会生化与分子药理学会常务委员
	中国神经科学学会神经精神药理学会委员
盛瑞	中国神经精神药理学青年委员会委员
	江苏省药理学会青年工作委员会副主任
崔京浩	世界中医药学会联合会中药新型制剂专业委员会常务理事、副秘书长
谢梅林	中国药理学会抗炎与免疫药理专业委员会委员
	中国老年学和老年医学学会抗衰老分会委员

续表

姓名	机构名称及职务
缪丽燕	中国药理学会治疗药物监测研究专业委员会主任委员
	中国药学会医院药学专业委员会副主任委员
	中国医院协会药事管理专业委员会副主任委员
	江苏省医院协会药事管理专业委员会主任委员
	江苏省医学会临床药学专业委员会主任委员
镇学初	中国神经科学学会理事
	江苏省药理学会副理事长

29. 医学部护理学院

姓名	机构名称及职务
王丽	江苏省护理学会基层护理专业委员会副主任委员
王方星	中国生命关怀协会人文护理专业委员会常务委员
田利	中华护理学会护理管理委员会青年委员
	中华医学会临床流行病学和循证医学分会委员
	中国研究型医院学会护理教育专业委员会常务委员
	中国整合医学心身整体护理专业委员会委员
	中国生理学会人体微生态专业委员会委员
	中国老年学和老年医学学会护理和照护分会委员
李惠玲	教育部护理本科教育指导委员会委员
	中华护理学会护理教育专业委员会委员
	中国生命关怀协会常务理事、人文护理专业委员会候任主任委员及理论学组组长
	中国老年学和老年医学学会护理与照护分会副主任委员
	中国医院协会护理管理专业委员会委员
	江苏省医院协会护理管理专业委员会主任委员
	江苏省护理学会第九届理事会专家咨询委员会副主任
	江苏省护理教育专业委员会副主任、健康教育委员会主任委员
孟红燕	中国生命关怀协会人文护理专业委员会常务委员
	江苏省健康管理学会人才培养与职业发展分会副主任委员

续表

姓名	机构名称及职务
赵 鑫	中国研究型医院学会护理分会健康管理与延续护理学组青年委员
姚文英	江苏省护理学会儿科专业委员会副主任委员
	江苏省中西医结合学会护理专业委员会副主任委员
徐 岚	江苏省护理学会神经内科专业委员会副主任委员
	江苏省卒中学会护理专业委员会副主任委员
翁亚娟	世界造口治疗师协会教育委员会主任委员
	国际护士理事会高级实践护士教育委员会委员
	中华护理学会造口专业青年学组副组长
	江苏省护理学会伤口造口失禁专业委员会副主任委员

30. 苏州大学附属第一医院

姓名	机构名称及职务
马海涛	江苏省医学会胸外科分会第二届委员会副主任委员
王 中	江苏省医学会数字医学分会第三届委员会副主任委员
	江苏省医学会神经外科学分会第十届委员会候任主任委员
方 琪	江苏省医学会微循环学分会第七届委员会前任主任委员
	江苏省医学会神经病学分会第十届委员会副主任委员
	江苏省医学会罕见病学分会第一届委员会副主任委员
甘建和	江苏省医学会感染病学分会第十届委员会前任主任委员
卢国元	江苏省医学会肾脏病学分会第九届委员会副主任委员
成兴波	江苏省医学会糖尿病学分会第五届委员会前任主任委员
朱东明	江苏省医学会胰腺病学分会第三届委员会常务委员
朱晓黎	江苏省医学会介入医学分会第三届委员会常务委员
刘济生	江苏省医学会耳鼻咽喉科分会第九届委员会候任主任委员
许春芳	江苏省医学会消化内镜学分会第七届委员会副主任委员
李 锐	江苏省医学会消化内镜学分会第七届委员会常务委员
	江苏省医学会消化病学分会第十届委员会副主任委员
杨建平	江苏省医学会麻醉学分会第十一届委员会前任主任委员
吴爱勤	中华医学会心身医学分会第六届委员会主任委员

续表

姓名	机构名称及职务
吴德沛	中华医学会血液学分会第十一届委员会主任委员
	中华医学会内科学分会第十四届委员会常务委员
	江苏省医学会血液学分会第九届委员会名誉主任委员
	江苏省医学会内科学分会第八届委员会前任主任委员
何军	中华医学会检验分会第十届委员会临床实验室管理学组委员
	江苏省医学会检验学分会第十届委员会常务委员
余云生	江苏省医学会心血管外科学分会第二届委员会常务委员
闵玮	江苏省医学会变态反应学分会第三届委员会常务委员
沈振亚	中华医学会组织修复与再生分会第二届委员会候任主任委员
	中华医学会胸心血管外科学分会第十届委员会常务委员
	江苏省医学会心血管外科学分会第二届委员会前任主任委员
陆士奇	江苏省医学会灾难医学分会第三届委员会副主任委员
陆培荣	江苏省医学会眼科学分会第十届委员会副主任委员
陈亮	江苏省医学会骨科学分会第十届委员会副主任委员
陈卫昌	中华医学会消化病学分会第十一届委员会常务委员
	江苏省医学会消化病学分会第十届委员会前任主任委员
	江苏省医学会内科学分会第八届委员会副主任委员
陈友国	江苏省医学会妇产科学分会第十届委员会副主任委员
陈苏宁	中华医学会血液学分会第十一届委员会委员
	江苏省医学会血液学分会第九届委员会候任主任委员
茅彩萍	江苏省医学会医学遗传分会第八届委员会副主任委员
	江苏省医学会生殖医学分会第二届委员会副主任委员
林伟	江苏省医学会整形烧伤外科学分会第八届委员会副主任委员
周菊英	江苏省医学会放射肿瘤治疗学分会第九届委员会现任主任委员
孟斌	江苏省医学会骨科学分会第十届委员会常务委员
赵卫峰	江苏省医学会感染病学分会第十届委员会副主任委员
	江苏省医学会肝病学分会第一届委员会候任主任委员

续表

姓名	机构名称及职务
胡春洪	江苏省医学会医学教育分会第一届委员会副主任委员
	江苏省医学会放射学分会第十届委员会候任主任委员
侯建全	江苏省医学会泌尿外科学分会第十一届委员会前任主任委员
秦 磊	江苏省医学会外科学分会第九届委员会副主任委员
钱齐宏	中华医学会激光医学分会第九届委员会委员
	江苏省医学会激光医学分会第三届委员会常务委员
倪才方	江苏省医学会介入医学分会第三届委员会候任主任委员
徐 峰	江苏省医学会创伤医学分会第三届委员会现任主任委员
郭凌川	中华医学会病理学分会第四届委员会委员
	江苏省医学会病理学分会第十届委员会候任主任委员
浦金贤	江苏省医学会男科学分会第七届委员会常务委员
	江苏省医学会泌尿外科学分会第十一届委员会副主任委员
陶 敏	江苏省医学会肿瘤学分会第八届委员会副主任委员
	江苏省医学会肿瘤化疗与生物治疗分会第四届委员会常务委员
桑士标	江苏省医学会核医学分会第九届委员会候任主任委员
黄建安	江苏省医学会呼吸医学分会第十届委员会现任主任委员
董凤林	江苏省医学会超声医学分会第九届委员会副主任委员
蒋廷波	江苏省医学会心电生理与起搏分会第二届委员会常务委员
韩 悦	中华医学会血液学分会第十一届委员会委员
嵇富海	江苏省医学会麻醉学分会第十一届委员会候任主任委员
鲁 燕	江苏省医学会糖尿病学分会第五届委员会常务委员
谢道海	江苏省医学会数字医学分会第三届委员会副主任委员
虞正权	江苏省医学会神经外科学分会第十届委员会常务委员
缪丽燕	江苏省医学会医学伦理分会第二届委员会副主任委员
	江苏省医学会临床药学分会第三届委员会现任主任委员
31. 苏州大学附属第二医院	
王红霞	江苏省医院协会第五届医院图书情报管理专业委员会常务委员

续表

姓名	机构名称及职务
王利霞	中国性学会生殖检验分会第一届委员会委员
付 凯	中国性学会中西医结合生殖医学分会第一届委员会委员
冯 雨	中国神经科学学会感觉和运动分会委员
冯 萍	中国医药质量管理协会医学检验质量管理专业委员会第一届委员会委员
兰 青	中国医师协会神经外科医师分会第六届委员会委员
伍燕琳	中国医师协会介入医师分会超声介入专业委员会乳腺介入学组委员
刘玉龙	中国核学会核应急医学分会第一届理事会秘书长、副理事长
	江苏省毒理学会第二届放射毒理专业委员会副主任委员
刘志纯	海峡两岸医药卫生交流协会风湿免疫病学专业委员会眼免疫学组常务委员
	江苏省中西医结合学会风湿病专业委员会常务委员
	江苏省中西医结合学会风湿病专业委员会新世纪第七届常务委员
刘春风	中国医师协会神经内科医师分会第五届委员会委员
	中国神经科学学会神经病学基础与临床分会第四届委员会常务委员
	江苏省医师协会睡眠医学专业委员会现任主任委员
阳东荣	江苏省研究型医院学会男科专业委员会副主任委员
杜 鸿	第一届全国卫生产业企业管理协会实验医学质谱分析专家委员会委员
	江苏省免疫学会转化医学专业委员会第三届委员会副主任委员、常务委员
杨咏强	中国临床肿瘤学会肝癌专家委员会委员
连一新	中华医学会呼吸病学分会第十一届委员会睡眠呼吸障碍学组委员
吴 勇	中国医师协会肛肠医师分会第四届委员会加速康复外科学组委员
吴永友	中国老年保健医学研究会常务委员
张 弘	中国优生优育协会专业委员会常务委员
张力元	江苏省免疫学会放射与免疫专业委员会主任委员及常务委员
陈学英	中国老年医学学会营养与食品安全分会第二委员会委员
周晓中	中国康复医学会骨质疏松预防与康复专业委员会副秘书长
赵良平	中国医师协会心血管内科医师分会第五届委员会代谢性心血管病学组委员
施 辛	中国中西医结合学会第八届皮肤性病专业委员会常务委员

续表

姓名	机构名称及职务
施敏骅	江苏省康复医学会第二届呼吸康复专业委员会常务委员
	江苏省康复医学会呼吸康复专业委员会常务委员
	江苏省医师协会呼吸医师分会第三届委员会副会长
	江苏省医学会第十届呼吸病学分会常务委员
	江苏省中西医结合学会呼吸病学分会常务委员
	中华医学会呼吸病学分会第十一届委员会肺癌学组委员
	中华医学会呼吸病学分会肺癌学组委员
钱志远	中国核学会知识产权分会第一届理事会理事
徐 炜	中国中西医结合学会骨伤科分会第八届委员会保膝专家委员会常务委员
徐又佳	江苏省医学会第十届骨科学分会委员会常务委员
徐龙江	海峡两岸医药卫生交流协会眼科学专业委员会甲状腺相关性眼病学组委员
唐雪艳	江苏省医院协会第三届医院人力资源管理专业委员会常务委员
曹勇军	江苏省卒中学会心源性卒中防治专业委员会副主任委员
盛余敬	中国医师协会介入医师分会超声介入专业委员会妇科介入学组委员
董启榕	江苏省医学会运动医疗分会副主任委员
靳 勇	中国医师协会介入医师分会第三届委员会委员
蒲汪旸	中国核学会核应急医学分会第一届理事会理事
解来青	海峡两岸医药卫生交流协会眼科学专业委员会甲状腺相关性眼病学组委员
潘 杰	中国医学装备协会医院物联网分会智慧药学专业委员会副秘书长
	江苏省老年医学学会临床药学分会常务委员
	江苏省药师协会第一届研究型药师分会副主任委员
薛波新	江苏省医师协会泌尿外科医师分会第三届委员会常务委员
32. 苏州大学附属儿童医院	
丁 欣	中华医学会儿科学分会新生儿青年学组委员
	中华医学会儿科学分会第十八届委员会新生儿青年学组副组长
	中华医学会儿科学分会第十八届委员会青年委员会委员
	中国研究型医院学会儿科学专业委员会青年委员

续表

姓名	机构名称及职务
王 梅	中国优生科学协会医学遗传学专业委员会首届小儿药物基因组学学组委员
王 琪	中国研究型医院学会感染与炎症放射专业委员会儿童感染放射诊断学组委员
王 静	中国妇幼保健协会妇幼微创专业委员会微创护理学组全国委员
王宇清	中华医学会变态反应学分会青年委员
	中华医学会变态反应学分会呼吸过敏学组委员
	中华医学会儿科学分会呼吸学组青年委员
	中华医学会儿科学分会呼吸学组专科培训协作组副组长
	中华医学会变态反应学分会第六届委员会青年委员会副主任委员
	中华医学会儿科学分会第十八届委员会呼吸青年学组副组长
	中国研究型医院学会儿科学专业委员会青年委员
	中国研究型医院学会过敏医学专业委员会儿童过敏学组副组长
	江苏省医学会变态反应学分会第三届委员会常务委员
王红英	中国妇幼保健协会精准医学专业委员会委员
王晓东	中华医学会小儿外科学分会骨科学组委员
	江苏省医学会小儿外科学分会第十届委员会副主任委员
	江苏省医师协会小儿外科医师分会第三届委员会副会长
	江苏省医学会骨科学分会第十届委员会常务委员
	江苏省中西医结合学会骨伤科专业委员会副主任委员
卢 俊	中国抗癌协会小儿肿瘤专业委员会青年委员会委员
卢 敏	中国妇幼保健协会妇幼微创专业委员会微创护理学组全国委员
田健美	中华医学会儿科学分会感染学组委员
	中华医学会儿科学分会第十八届委员会感染学组委员
冯 星	中华医学会儿科学分会第十八届委员会常务委员
	中华医学会儿科学分会第十八届委员会新生儿学组副组长
	中华医学会儿科学分会第十七届委员会围产医学专业委员会主任委员
	中华医学会儿科学分会新生儿学组副组长
	江苏省医学会儿科学分会第九届委员会前任主任委员
	江苏省医学会第九届理事会常务理事
	江苏省医师协会新生儿科医师分会会长
	江苏省医院协会儿童医院分会副主任委员

续表

姓名	机构名称及职务
成芳芳	中华医学会儿科学分会第十八届委员会感染青年学组委员
师晓燕	中华医学会儿科学分会第十八届委员会罕见病青年学组委员
吕海涛	国家心血管病先心病专业委员会委员
	中华医学会儿科分会川崎病协作组委员
	中华医学会儿科分会新生儿心脏病协作组组长
	中华医学会儿科学分会第十七届委员会医院管理委员会委员
	中华医学会儿科学分会第十八届委员会心血管学组委员
	中华医学会儿科学分会第十七届委员会心血管学组委员
	中国医师协会儿科医师分会常务委员
	中国医师协会儿科医师分会心血管学组川崎病协作组组长
	中国妇幼保健协会精准医学专业委员会常务委员
	江苏省医学会儿科学分会副主任委员
	江苏省医学会医学信息与智能健康分会第二届委员会副主任委员
	江苏省医学会罕见病学分会第一届委员会副主任委员
	江苏省研究型医院学会罕见病专业委员会主任委员
	江苏省医师协会儿科医师分会副会长
	江苏省医学会儿科学分会第十届委员会候任主任委员
朱宏	中华医学会儿科学分会第十七届委员会临床检验学组委员
朱杰	中华医学会小儿外科学分会第九届委员会肝胆外科学组委员
	中国妇幼保健协会妇幼微创专业委员会小儿普外微创学组委员
朱雪明	中华医学会病理学分会第十二届委员会儿科学组委员
	中国抗癌协会小儿肿瘤专业委员会病理学组委员
朱雪萍	中国医师协会儿童重症医师分会第二届重症营养专业委员会委员
	中国医师协会新生儿科医师分会第三届呼吸专业委员会委员
	全国卫生产业企业管理协会细胞治疗产业与临床研究分会理事
	中华医学会儿科学分会儿童保健学组委员
	中华医学会儿科学分会第十八届委员会儿童保健学组委员
	江苏省医学会围产医学分会第七届委员会副主任委员

续表

姓名	机构名称及职务
朱慧娥	中国中药协会耳鼻咽喉药物研究专业委员会委员
华 军	中华医学会急诊医学分会儿科学组委员
刘玉奇	中国抗癌协会小儿肿瘤专业委员会影像学组委员
刘高金	江苏省康复医学会儿童康复专业委员会常务委员
刘殿玉	中国中医药信息研究会儿科分会第一届常务理事
刘殿玉	中国医药卫生文化协会中医儿科文化分会常务委员
刘殿玉	中国中药协会儿童健康与药物研究专业委员会委员
江文婷	中华医学会心胸外科协作组委员
汤继宏	中华医学会儿科学分会第十七届委员会罕见病学组委员
汤继宏	中华医学会儿科学分会第十八届委员会罕见病学组委员
汤继宏	江苏省抗癫痫协会第一届理事会常务理事
孙 凌	中华医学会儿科学分会心血管学组青年委员会委员
孙 凌	中国医学救援协会儿科救援分会救援组织专业委员会委员
孙 凌	中国水利电力医学科学技术学会心电学分会小儿心电图专业委员会常务委员
孙庆林	中华医学会小儿外科学分会第七届委员会肝胆外科专业学组委员
孙庆林	中华医学会小儿外科学分会第七届委员会内镜外科专业学组委员
孙庆林	江苏省医学会小儿外科学分会第九届委员会副主任委员
严永东	中华医学会儿科学分会第十八届呼吸学组呼吸道微生态协作组委员
严永东	中华医学会儿科学分会呼吸学组儿童呼吸疑难少见病协作组委员
严永东	中国医师协会儿科医师分会儿童呼吸专业委员会委员
严永东	中国妇幼保健协会妇幼微创专业委员会儿科呼吸介入学组委员
严永东	中国微生物学会人兽共患病病原学专业委员会委员
严向明	中华医学会小儿外科学分会小儿泌尿外科学组委员
李 岩	中华医学会儿科学分会第十五届委员会神经学组委员
李 岩	中华医学会儿科学分会第十六届委员会神经学组委员
李 岩	中华医学会儿科学分会第十七届委员会神经学组委员
李 岩	中国抗癫痫协会第一届理事会理事
李 岩	江苏省抗癫痫协会第一届理事会副会长
李 岩	江苏省康复医学会儿童专业委员会副主任委员

续表

姓名	机构名称及职务
李 炘	中华医学会小儿外科学分会小儿心胸外科学组委员
李 莺	中华医学会儿科学分会急救学组重症消化和体外营养协作组委员
李 莺	中国医师协会儿童重症医师分会第二届重症营养专业委员会委员
李 莺	中国医师协会儿童重症医师分会第二届委员会委员
李 捷	中国妇幼保健协会儿童疾病和保健分会儿童血液疾病与保健学组委员
李 捷	中国研究型医院学会儿童肿瘤专业委员会委员
李 静	中国妇幼保健协会妇幼微创专业委员会微创护理学组委员
李 巍	中国中西医结合学会医学美容专业委员会激光与皮肤美容专家委员会第一届委员
李艳红	中华医学会儿科学分会肾脏专业学组委员
李艳红	中华医学会儿科学分会第十八届委员会肾脏学组委员
李晓忠	中华医学会儿科学分会免疫学组委员
李晓忠	中国医师协会儿科医师分会儿童风湿免疫专业委员会常务委员
李晓忠	中华医学会儿科学分会第十八届委员会免疫学组委员
杨晓蕴	中国中西医结合学会变态反应专业委员会儿科专业组委员
吴 缤	中华医学会小儿外科学分会小儿内镜外科学组委员
吴继志	中国医学装备协会磁共振应用专业委员会影像技术学组委员
何海龙	中国抗癌协会小儿肿瘤专业委员会委员
闵 月	中华医学会儿科学分会免疫专业学组青年学组委员
汪 健	中华医学会小儿外科学分会第九届委员会常务委员
汪 健	中华医学会小儿外科学分会第十届委员会新生儿外科学组组长
汪 健	中华医学会儿科学分会临床营养学组副组长
汪 健	中华医学会肠外肠内营养学分会儿科学组委员
汪 健	中华医学会儿科学分会第十八届委员会营养学组副组长
汪 健	中国医师协会小儿外科医师分会常务委员
汪 健	中国医师协会儿童健康专业委员会常务委员
汪 健	中国抗癌协会小儿肿瘤专业委员会委员
汪 健	江苏省医学会小儿外科学分会第九届委员会前任主任委员
汪 健	江苏省抗癌协会小儿肿瘤专业委员会主任委员
汪 健	江苏省中西医结合学会普通外科专业委员会常务委员

续表

姓名	机构名称及职务
沈闵	中华医学会儿科分会血液学组儿童舒缓治疗亚专业组秘书
	全国抗癌协会小儿肿瘤护理学组副组长
宋晓翔	中华医学会儿科学分会第十八届委员会风湿病青年学组委员
张芳	中华医学会小儿外科学分会护理专业协作组委员
	中国生命关怀协会人文护理专业委员会委员
张利亚	中华医学会儿科学分会第十八届委员会神经学组委员
张兵兵	中华医学会儿科学分会第十八届委员会神经青年学组委员
张春旭	中国医师协会儿童重症医师分会医护协作组织委员
陆双泉	中国医师协会新生儿科医师分会第二届超声专业委员会委员
	中国医药教育协会超声医学专业委员会儿童超声学组常务委员
	中国超声医学工程学会第一届儿科超声专业委员会委员
陈艳	中华预防医学会儿童保健分会第六届委员会委员
	中国妇幼健康研究会婴幼儿心理健康专业委员会委员
陈婷	中华医学会儿科学分会第十八届委员会内分泌遗传代谢青年学组委员
陈文娟	中国妇幼保健协会母胎影像医学专业委员会委员
陈正荣	中国医师协会变态反应医师分会青年委员会副主任委员
	江苏省免疫学会青年工作委员会常务委员
陈旭勤	中华医学会儿科学分会第十七届委员会青年委员会委员
	中国妇幼保健协会儿童疾病和保健分会儿童神经疾病与保健学组委员
	江苏省抗癫痫协会青年委员会副主任委员
陈建雷	中国妇幼保健协会妇幼微创专业委员会小儿普外微创学组青年委员
陈临琪	中华医学会儿科学分会遗传代谢内分泌学组委员
	中华医学会儿科学分会青春期医学委员会委员
	中国儿童青少年肥胖糖尿病联盟专家委员会委员
	中国医师协会儿科医师分会儿童内分泌遗传代谢专业委员会委员
	中国医师协会青春期医学专业委员会第二届委员会委员
	中国出生缺陷干预救助基金会儿童内分泌代谢病防治专家委员会委员
陈海燕	中国医师协会儿科医师分会心血管专业委员会护理学组委员

续表

姓名	机构名称及职务
金忠芹	中华医学会儿科学分会消化学组委员
	中华医学会儿科学分会第十八届委员会消化学组委员
	中国妇幼保健协会妇幼微创专业委员会小儿消化微创学组委员
	中国医师协会小儿消化内镜学组委员
	中国中药协会儿童健康与药物研究专业委员会委员
金慧臻	中国优生科学协会医学遗传学专业委员会首届小儿药物基因组学学组委员
周　云	中华医学会小儿外科学分会小儿泌尿外科专业学组委员
	中国医师协会小儿外科医师协会委员
	江苏省中西医结合学会外科分会常务委员
封其华	中华医学会儿科学分会全科医学学组委员
	中华医学会儿科学分会第十八届委员会风湿病学组委员
郝创利	中华医学会变态反应学分会第六届委员会委员
	中华医学会变态反应学分会儿童过敏和哮喘学组（筹）副组长
	中华医学会儿科学分会第十六届委员会呼吸学组委员
	中华医学会儿科学分会呼吸学组慢咳协作组副组长
	中华医学会儿科学分会呼吸学组毛支协作组副组长
	中华医学会儿科学分会第十八届委员会呼吸学组委员
	中国儿童呼吸基层联盟副主席
	中国哮喘联盟委员
	中国医师协会变态反应医师分会常务委员
	中国医师协会整合医学分会儿科专业委员会常务委员
	中国妇幼保健协会儿童疾病和保健分会儿童呼吸疾病与保健学组副组长
	江苏省医学会变态反应学分会第三届委员会主任委员
胡水根	中国医师协会人文医学专业委员会第二届委员会智慧医疗与医学人文工作委员会委员

续表

姓名	机构名称及职务
胡绍燕	国家卫生健康委儿童血液病专家委员会委员
	中国研究型医院学会儿童肿瘤专业委员会常务委员
	中华医学会儿科学分会血液学组副组长
	江苏省医学会儿科学分会第十届委员会常务委员
柏振江	中华医学会儿科学分会感染专业青年学组委员
	中华医学会儿科学分会第十八届委员会急救青年学组委员
闻 芳	中国研究型医院学会儿童肿瘤专业委员会委员
姚文英	中华医学会儿科学分会第十八届委员会护理筹备学组委员
贾慧惠	中华医学会儿科学分会第十七届委员会放射青年学组委员
	中华医学会儿科学分会第十八届呼吸学组影像协作组委员
	中国抗癌协会肿瘤影像专业委员会儿科肿瘤学组委员
顾 琴	中华医学会儿科学分会第十七届委员会康复医学学组委员
	中华医学会物理医学与康复学分会第十一届委员会疗养康复学组委员
	中华医学会儿科学分会第十八届委员会康复筹备学组委员
	中国妇幼保健协会儿童疾病与保健分会儿童发育障碍与干预学组副主任委员
	中国康复医学会重症康复专业委员会第一届委员会儿童重症康复学组委员
	江苏省康复医学会儿童康复专业委员会常务委员
顾志成	中华医学会小儿外科学分会小儿肿瘤外科学组委员
顾秀萍	中国妇幼保健协会妇幼微创专业委员会委员
钱 华	中华医学会儿科学分会皮肤学组委员
	中华医学会儿科学分会第十八届委员会皮肤与性病筹备学组委员
倪 宏	中华医学会行为医学分会青年委员会秘书长
	中华医学会儿科学分会第十七届脑科学委员会委员
	中国微循环学会第一届神经保护与康复专业委员会常务委员
	中国研究型医院学会神经再生与修复专业委员会常务委员
	江苏省康复医学会儿童康复专业委员会常务委员
徐洪军	中华医学会儿科学分会小儿心血管专业学组委员

续表

姓名	机构名称及职务
凌婧	中华医学会儿科学分会第十八届委员会血液青年学组副组长
郭万亮	中华医学会放射学分会介入专业委员会妇儿介入组委员
	中国抗癌协会肿瘤介入学专业委员会儿童肿瘤专家委员会委员
唐叶枫	中国医师协会儿童健康专业委员会儿童单纯性肥胖症防治学组委员
诸俊	中国心胸血管麻醉学会医疗信息技术分会青年委员会委员
陶燕芳	中国中医药研究促进会肝胆病分会委员
黄洁	中华医学会儿科学分会第十七届委员会医学教育委员会委员
	中华医学会儿科学分会心血管学组先心病围产期诊治协作组委员
	中华医学会儿科学分会心血管学组先心病影像学及介入协作组委员
	中华医学会儿科学分会第十八届委员会心血管青年学组副组长
	中国妇幼保健协会儿童疾病和保健分会青年学组委员
黄志见	中华医学会小儿外科分会烧伤整形外科学组委员
	中国医师协会美容与整形医师分会小儿整形外科专业委员会第一届委员会委员
	中国整形美容协会血管瘤与脉管畸形整形分会委员
	江苏省整形美容协会颅面与儿童整形专业分会副主任委员
黄顺根	中华医学会小儿外科学分会第十届委员会小儿肛肠外科学组委员
黄雅青	中国中药协会儿童健康与药物研究专业委员会青年委员
盛茂	中华医学会儿科学分会第十七届委员会放射学组委员
	中华医学会放射学分会第十五届委员会儿科学组委员
	中华医学会儿科学分会第十八届委员会放射医学筹备学组委员
	中国医师协会青春期医学专业委员会第一届青春医学临床影像学组委员
	中国医师协会放射医师分会第四届委员会儿科影像专业委员会委员
	中国医师协会儿科医师分会儿童影像专业委员会华东协作组组长
	中国医学装备协会磁共振成像装备与技术专业委员会第二届常务委员
	中国妇幼保健协会母胎影像医学专业委员会委员

续表

姓名	机构名称及职务
阚玉英	中华医学会儿科学分会第十七届委员会护理学组委员
	中国生命关怀协会人文护理专业委员会委员
	江苏省中西医结合学会护理专业委员会副主任委员
梁冠军	中国康复医学会创伤康复专业委员会创伤重症学组候选委员
梁培荣	中华护理学会第二十七届理事会儿科护理专业委员会青年委员
储矗	中国中药协会儿童健康与药物研究专业委员会青年委员
鲁慧	中国中药协会儿童健康与药物研究专业委员会青年委员
甄允方	中国中西医结合学会骨伤科分会第八届委员会肢体矫形功能重建与康复专业委员会委员
窦训武	中华医学会儿科学分会小儿耳鼻咽喉头颈外科学组委员
廖健毅	中华医学会小儿外科学分会小儿心胸外科学组青年委员
	中华医学会小儿外科学分会第十届委员会青年委员会委员
	中国妇幼保健协会妇幼微创专业委员会小儿胸外微创学组委员
缪美华	中华医学会儿科学分会第十八届委员会免疫学组青年委员
樊明月	中国妇幼保健协会妇幼微创专业委员会儿童耳鼻咽喉头颈外科微创学组青年委员
潘江	中国妇幼保健协会妇幼微创专业委员会小儿普外微创学组青年委员
潘健	江苏省免疫学会第二届青年工作委员会常务委员
霍洪亮	中华医学会儿科学分会第十七届委员会康复学组青年学组委员
魏来	中国康复医学会物理治疗专业委员会第一届儿童物理治疗学组常务委员
	中国康复医学会手功能康复专业委员会第一届儿童手功能康复学组委员

33. 机关与其他部门

姓名	机构名称及职务
马卫中	中国近代文学学会副会长
	中国南社与柳亚子研究会副会长
石明芳	江苏省高校档案研究会常务理事
朱绍昌	江苏省出版物发行协会常务理事
	江苏省印刷行业协会常务理事

续表

姓名	机构名称及职务
池子华	中国社会史学会慈善史专业委员会副会长
	中国太平天国史研究会常务理事
	中国红十字会第十一届理事会理事
	江苏省孙中山研究会副会长
	江苏省红十字会第十届理事会常务理事
张 庆	中国高等教育学会教育信息化分会理事会理事
	江苏省高等学校网络专业委员会副理事长
	江苏省高等学校教育技术研究会理事会副秘书长
张志强	全国高等院校计算机基础教育研究会理工专业委员会委员
罗时进	中国唐代文学学会副会长
	中国唐诗之路研究会副会长
	中国明代文学学会理事
周建屏	中国图书馆学会高校分会委员
	全国纺织服装信息研究会副理事长
	江苏省图书馆学会常务理事
	江苏省图书馆学会建筑与设备专业委员会副主任
姚志刚	中国分析测试协会高校分析测试分会常务理事
钱振明	江苏省政协常务委员
徐云龙	江苏省应用型高校计算机学科联盟秘书长
盛惠良	中国大学出版社协会理事
傅菊芬	江苏省服装设计师协会常务理事
	全国纺织服装职业教育教学指导委员会委员
谢志余	华东高校工程训练金工教学研究会副理事长、秘书长
	江苏省高校金属工艺教学研究会副理事长
缪世林	江苏省成人教育协会副会长

党政常设非编机构

苏州大学"三定"工作小组

苏大委〔2020〕39号　2020年4月2日

组　　长：张晓宏　邓　敏

成　　员：党委办公室、校长办公室、党委组织部、人力资源处、工会等部门的主要负责人。

苏州大学"三定"工作小组下设办公室于人力资源处，由人力资源处处长兼任办公室主任。

苏州大学财经领导小组

苏大财〔2020〕14号　2020年4月29日

组　　长：熊思东

副组长：周　高　杨一心

成　　员：薛　辉　吴　鹏　孙琪华　徐昳荃

领导小组办公室设在财务处，孙琪华同志兼任办公室主任。

苏州大学年度综合考核工作领导小组成员

苏大委〔2020〕52号　2020年5月7日

组　　长：江　涌　熊思东

副组长：邓　敏　芮国强　张晓宏

成　　员：党委办公室、校长办公室、纪委办公室、党委组织部、党委宣传部、机关党工委、群团与直属单位党工委、人力资源处等单位的主要负责人。

苏州大学干部人事档案专项审核工作小组

苏大委〔2020〕75号　2020年6月27日

组　　长：邓　敏　张晓宏

副组长：周玉玲　朱巧明

成　　员：党委办公室、校长办公室、纪委办公室、党委组织部、人力资源处、保卫部

（处）等部门负责人。

工作小组下设办公室，李全义、何德超兼任办公室主任。

苏州大学建校 120 周年纪念活动筹备组

苏大〔2020〕20 号　2020 年 8 月 29 日

办公室主任：戴佩良
办公室常务副主任：唐文跃
办公室副主任：张海洋　王　欣　朱建刚
办公室干事：汤晶缨

苏州大学第七次人口普查领导小组

苏大〔2020〕21 号　2020 年 9 月 4 日

组　长：刘　标
副组长：周　高
成　员：薛　辉　吴　鹏　朱巧明　朱履骅　黄水林　张振宇　杨　清　王永山
　　　　陈晓强　董召勤　曹　健　石明芳　缪世林

学校第七次人口普查领导小组下设办公室于保卫部（处）。

办公室主任：陈晓刚
办公室副主任：查晓东　陈　美　段永峰
办公室成员：相关部门办公室主任为办公室成员，办公室成员兼普查指导员。
各学院（部）办公室主任为本单位人口普查指导员。

苏州大学体育运动委员会委员

苏大〔2020〕36 号　2020 年 10 月 21 日

主　任：刘　标
副主任：张　健　王国祥　王永山　周　毅　董召勤　王云杰
委　员：党委办公室、校长办公室、党委宣传部、团委、招生就业处、党委研究生工
　　　　作部、财务处、保卫部（处）、海外教育学院等部门主要负责人，各学院
　　　　（部）分管学生工作的党委副书记。

苏州大学体育运动委员会办公室挂靠东吴学院。

苏州大学意识形态工作领导小组

苏大委宣〔2020〕11 号　2020 年 11 月 10 日

组　长：江　涌
副组长：邓　敏

成　　员：党委办公室、校长办公室、纪委办公室、党委组织部、党委宣传部（新闻中心）、党委统战部、团委、人力资源处、党委教师工作部、教务部、学生工作部（处）、党委研究生工作部、科学技术研究部、人文社会科学处、国际合作交流处（港澳台办公室）、保卫部（处）、继续教育处、后勤管理处、信息化建设与管理中心、数据资源管理办公室、海外教育学院、马克思主义学院等单位主要负责人。

领导小组办公室设在党委宣传部，办公室主任由党委宣传部部长兼任。

苏州大学新型冠状病毒感染的肺炎疫情防控工作领导小组

苏大〔2020〕43号　2020年12月31日

组　　长：江　涌　熊思东
副组长：王鲁沛　姜建明
成　　员：邓　敏　芮国强　陈卫昌　周　高　张晓宏　沈明荣　姚建林　薛　辉
　　　　　吴　鹏　黄志斌　周玉玲　陈晓强　朱巧明　何　峰　孙琪华　周　毅
　　　　　董召勤　曹　健　吴雪梅　郁秋亚　于毓蓝　缪世林　张　桥　黄水林
　　　　　王云杰　徐小乐　张　庆　徐广银　朱　旻
　　　　　各直属附属医院主要负责同志。

领导小组下设办公室，姜建明同志担任办公室主任，薛辉、吴鹏、朱旻三位同志担任办公室副主任。

领导小组成员中，如有职务变动的，由其接任者递补，不再另行发文。

2020年苏州大学及各校友分会主要负责人情况

一、苏州大学第五届理事会成员

会　　长：熊思东
副 会 长：杨一心
常务理事：（按姓氏笔画为序）
　　　　　孙庆民　杨一心　肖甫青　吴　鹏　吴雪梅　张　桥　张海洋
　　　　　陈晓强　胡新华　查佐明　黄文军　熊思东　缪世林　薛　辉
理　　事：（按姓氏笔画为序）
　　　　　孙庆民　杨一心　肖甫青　吴　鹏　吴雪梅　张　桥　张海洋
　　　　　陈晓强　胡新华　查佐明　黄文军　熊思东　缪世林　薛　辉
　　　　　及校内外各校友分会会长
监　　事：（按姓氏笔画为序）
　　　　　徐昳荃　陶培之　黄志斌
秘 书 长：胡新华
副秘书长：张海洋　黄文军

二、苏州大学各校友分会主要负责人情况（按成立时间排序）

北美校友会	会　长	陶福明	美国加州大学教授
	秘书长	李　凯	无锡药明生物技术股份有限公司高级主任
新疆校友会	会　长	张自力	乌鲁木齐市科协主席
陕西校友会	会　长	刘曼丽	陕西省纺织协会副秘书长
	秘书长	张志安	陕西德鑫隆物资贸易有限公司高级工程师
广东校友会	会　长	柯惠琪	广东省丝绸纺织集团总经理
	秘书长	张秀萍	广州医学院附属肿瘤医院放疗科主任
苏州校友会	会　长	庄　志	苏州市英格玛人力资源集团董事长、总裁
	秘书长	朱昊翔	苏州市英格玛人力资源集团政府及公共事务部总监

日本校友会	会　长	郭试瑜	日本昭和大学医学部教授、原中国留日同学总会原会长
四川校友会	会　长	胡元遂	四川民康印染有限公司总经理
	秘书长	卜献鸿	四川省丝绸科学研究院高级工程师
山东校友会	会　长	高亚军	山东省丝绸集团总公司总工程师
	秘书长	何　斌	山东广润丝绸有限公司董事长
北京校友会	会　长	何加正	邻里中国网总裁、人民网原总裁
	秘书长	任　洁	中国丝绸进出口总公司原总经理助理
上海校友会	会　长	熊月之	上海社会科学院原副院长
	秘书长	周桂荣	上海万序计算机科技有限公司副总经理
辽宁校友会	会　长	于有生	辽宁省丹东丝绸公司总经理
	秘书长	张　夏	辽宁辽东学院校企合作办主任
南京校友会	会　长	葛韶华	江苏省委宣传部原副部长、省老龄协会常务副会长
	秘书长	陈建刚	江苏省政府秘书长、省政府办公厅党组书记
盐城校友会	会　长	谷汉先	盐城卫生学校原校长
	秘书长	盛同新	盐城市政府接待办原副主任
淮安校友会	会　长	荀德麟	淮安市政协副主席、市地方志办公室主任
	秘书长	秦宁生	淮安市委党校副校长
镇江校友会	会　长	尹卫东	句容市原市委书记
	秘书长	徐　萍	镇江市人大常委会副秘书长
广西校友会	会　长	刘炽雄	南宁振宁资产经营公司工业投资公司总经理
	秘书长	邓新荣	广西质检院高级工程师
扬州校友会	会　长	颜志林	扬州市文广新局原党委书记、副局长
	秘书长	周　彪	扬州市老干部活动中心原主任
江西校友会	会　长	刘琴远	南昌解放军第94医院肛肠外科主任
	秘书长	郭　斌	南昌大学二附院骨科主任
常熟校友会	会　长	殷东明	常熟市教育局局长
	秘书长	顾伟光	江苏省常熟中学原党委书记
徐州校友会	会　长	宋农村	徐州工程学院副院长
	秘书长	李昌昊	徐州市委研究室调研员
南通校友会	会　长	娄炳南	南通市人大常委会原副秘书长
	秘书长	景　迅	南通市人大研究室副主任
吴江校友会	会　长	王海鹰	苏州市吴江区政协秘书长
	秘书长	朱金兆	苏州市吴江区政协经济科技和农业农村委员会主任
无锡校友会	会　长	周解清	无锡市人大常委会原主任
	秘书长	任明兴	无锡市滨湖区城市管理局原局长
常州校友会	会　长	冯国平	常州纺织服装职业技术学院原院长

	秘书长	李沛然	常州市人民政府副秘书长、市级机关事务管理局局长
连云港校友会	会　长	李宏伟	连云港市教育局副局长
	秘书长	龚建华	连云港市台办主任
泰州校友会	会　长	周书国	泰州市政协原副主席、市委统战部原部长
	秘书长	封桂林	福融投资名誉董事长
太仓校友会	会　长	邱震德	太仓市政协主席
	秘书长	陈　伟	太仓市委党校原常务副校长
内蒙古校友会	会　长	红　胜	内蒙古锡林郭勒职业学院原副院长
	秘书长	吴和平	内蒙古锡林郭勒盟医院原院长
浙江校友会	会　长	李建华	浙江万事利集团总裁
	秘书长	周　颖	浙江丝绸科技有限公司高级工程师
安徽校友会	会　长	陶文瑞	安徽省天彩丝绸有限公司原总经理
	秘书长	张　颖	安徽省天彩丝绸有限公司副总经理
张家港校友会	会　长	钱学仁	张家港市政协原主席
	秘书长	张明国	张家港市政府原副秘书长
湖北校友会	会　长	朱细秋	湖北省武汉女子监狱副监狱长
	秘书长	王克作	湖北省纤维制品检测中心专职主任、高级工程师
湖南校友会	会　长	李　平	湖南中医药大学第一附属医院放射科主任
	秘书长	刘卫平	中铁建电气化局集团第四工程有限公司经理
甘肃校友会	会　长	张义江	兰州石化总医院原院长
	秘书长	米泰宇	兰州市第二人民医院普外科主任
天津校友会	会　长	崔笑飞	天津市经济技术开发区人民检察院检察长
	秘书长	孟令慧	天津市电信公司四分公司副总经理
山西校友会	会　长	常学奇	中国辐射防护研究院院长
	秘书长	赵向南	《山西日报》政法部记者
重庆校友会	会　长	黄义奎	重庆威琅人力资源服务有限公司董事长兼总裁
	秘书长	张　玲	重庆市纤维织品检验所科长
福建校友会	会　长	苏庆灿	华夏眼科集团董事长
	秘书长	叶　玲	中国农业银行厦门市分行个人业务处经理
河北校友会	会　长	刘立文	中国联通河北省分公司经理
	秘书长	石　嵘	石家庄市医疗保险管理中心运管五处处长
宿迁校友会	会　长	贡光治	宿迁市政协原副主席、市教育督导室主任
	秘书长	刘立新	宿迁市政府办公室副主任
爱尔兰校友会	会　长	汪江淮	科克大学（UCC）医学院外科学教研室主任
	秘书长	陈　刚	都柏林大学附属医院临床外科研究室博士、教授
英国校友会	会　长	叶　兰	英国威尔士大学职员
	秘书长	卜庆修	英国贝尔法斯特女王大学（QUB）法学院博士

法国校友会	会　　长	陆肇阳	蒙彼利埃大学医学院血液研究所副主任、教授、博士
黑龙江校友会	会　　长	冯　军	哈尔滨医科大学附属肿瘤医院原党委书记
	秘书长	邵玉彬	哈尔滨绢纺厂职工
河南校友会	会　　长	李晓春	河南工程学院副院长
	秘书长	陶建民	河南农业大学教务处副处长
新西兰校友会	会　　长	王小选	奥克兰 Brand Works 公司总经理
	秘书长	范士林	新西兰华文文化沙龙理事、总编辑
云南校友会	会　　长	余化霖	昆明医科大学第一附属医院微创神经外科主任、博导
澳大利亚校友会	会　　长	陈宝南	阿德莱德大学医学院教授
	秘书长	殷建林	悉尼大学医学院教授
贵州校友会	会　　长	赵继勇	遵义市红花岗区科技局原局长
	秘书长	李　钦	遵义市红花岗区财政局政府采购科主任
海南校友会	会　　长	孙　武	海口市科学技术工业信息化局信息化处副处长
	秘书长	魏承敬	海南千家乐贸易有限公司副总经理
德国校友会	会　　长	施晶丹	中德医养结合咨询培训有限公司总经理
印度校友会	会　　长	Kartikeya Chaturvedi	CHATURVEDI HOSPITAL NAGPUR 医生
	秘书长	Mohit Parekh	MEDANTA HOSPITAL DELHI 医生
青岛校友会	会　　长	张声远	青岛科技大学艺术学院艺术设计系主任
	秘书长	栾强军	青岛汇邦家纺有限公司经理
宁波校友会	会　　长	覃进钊	宁波朗易金属制品总经理
	秘书长	董肖宇	浙江纺织服装职业技术学院艺术与设计学院教师
MBA 校友会	会　　长	田柏忠	苏州渠道通网络科技有限公司董事长
	秘书长	姚　远	苏州半杯水投资管理有限公司总经理
尼日利亚校友会	会　　长	金　凯	暂无
	秘书长	欧莎莉	暂无
青创校友联盟	会　　长	吴志祥	同程旅游创始人、董事长、CEO
	秘书长	姚　远	苏州半杯水投资管理有限公司总经理
湖州校友会	会　　长	张伟华	浙江水乡人律师事务所合伙人
	秘书长	俞根华	湖州市中心医院医生
建筑与房地产校友会	会　　长	吴永发	苏州大学金螳螂建筑学院院长
	秘书长	付正乔	《苏州楼市》主编
台湾校友会	会　　长	柴御清	中州科技大学董事长
	秘书长	谢清隆	中州科技大学副校长

上海青创校友联盟	会　长	钱天东	上海交大产业投资管理（集团）有限公司董事长兼党委书记
	秘书长	陈建江	上海梓兴实业有限公司总经理
轨道交通校友会	会　长	王妤岌	南通市规划编制研究中心科员
	秘书长	陈俊玮	常州市新北区委组织部人才工作处科员
光伏校友会	会　长	吴小平	苏州赛伍应用技术股份有限公司董事长
	秘书长	刘俊杰	上海朔日太低碳科技有限公司市场总监
生物校友会	会　长	陆　挺	苏州大学药学院教授
	秘书长	韩金星	南京百思勤科学仪器有限公司总经理
文艺校友会	会　长	龚　园	中央音乐学院继续教育学院原男高音歌唱语言教师
	秘书长	王小林	苏州市文化市场综合执法支队支队长
韩国校友会	会　长	崔桐熏	应用材料（中国）有限公司认证工程师
物理校友会	会　长	王振明	江苏捷美投资发展集团有限公司董事长
医学校友会	会　长	郁霞秋	长江润发集团董事局副主席、总裁
	秘书长	陈伟华	上海百谷源网络科技有限公司总经理
加拿大校友会	会　长	余　梅	多伦多大学分子医学研究院原研究员
	秘书长	李渊顺	加拿大瑞尔森大学金融系副教授

院(部)简介

文 学 院

一、学院概况

　　文学院坐落于苏州工业园区风景如画的独墅湖畔。在文学院100多年的办学历史中，章炳麟、唐文治、钱仲联等一批学术大师曾在此执教，使文学院积淀了深厚文脉。学院现有中文系、汉语国际教育系、秘书学系3个系，汉语言文学（基地）、汉语言文学（师范）、汉语国际教育、秘书学4个本科专业（方向），1个海外教育中心，1个省级重点研究基地（江苏当代作家研究基地），并设有10多个校级、院级研究中心。1981年，中国古代文学专业被国务院批准为首批博士点。学院现有1个一级学科博士学位授权点（中国语言文学），设有1个博士后流动站、10个博士点（含方向）；现有1个一级学科硕士学位授权点（中国语言文学）、8个学术型学位硕士点、2个专业学位硕士点。2015年，汉语言文学专业被遴选为江苏省品牌专业。中国语言文学一级学科连续承担了三期"211工程"重点学科建设项目。在原有的中国古代文学、中国现当代文学、文艺学3个省级重点学科的基础上，中国语言文学一级学科2008年被批准为省级重点学科，2009年被遴选为江苏省国家一级重点学科培育建设点，2014年获批省优势学科重点序列学科，2018年被列入江苏省优势学科专项工程三期项目。

　　多年来，学院教学与科研协调发展，为国家培养了包括长江学者、国家级和省级教学名师、"鲁迅文学奖"获得者、"紫金文化荣誉奖章"获得者在内的万余名学子，办学声誉日隆。

二、教学工作

1. 本科生教学工作

　　学院牢固树立发展为要的理念，努力开拓学科资源。为进一步提升专业建设水平，学院通过各种形式和复旦大学、南京大学及浙江大学交流，并向其学习学科专业建设经验。同时，还邀请中国人民大学、华东师范大学、中国社会科学院等高校和科研机构的多位著名学者及领导来学院开展讲座，介绍学科专业建设经验。学院班子成员认真听取学者、领导的意见和建议，明确学科专业建设的目标。

　　学院抓紧抓牢本科教学工作，积极组织申报各级精品课程、开放课程、教改项目及精品教材建设项目。2020年，学院入选国家级一流本科专业建设点，教师获国家级线上一流课程立项一门（王耘）；获苏州市本科高校教学团队立项建设1项（杨旭辉）；获校级课程思政教学团队立项建设1项（陶家骏）；获校级课程思政师范课程立项建设1项（管贤强）；获江苏省重点教材 1 项（汤哲声）；获江苏省本科优秀培育教材 2 项（朱栋霖、方汉文）；获校教材培育项目 2 项（汤哲声、杨黎黎）；江学旺副教授指导的本科毕业论文获江苏省优秀毕业论文三等奖。学院教师发表教学研究论文 29 篇，出版专著、教材 1 部。

学院积极鼓励学生参加"互联网+"创新创业大赛项目，在创新创业训练计划中，省级项目立项 3 项，校级项目立项 2 项。在苏州大学课外学术基金项目中，学院成功申报 4 个重点项目和 44 个一般项目。

学院以生为本，切实加强学风建设。第一，完善院领导联系专业制度。曹炜院长联系基地专业，孙宁华书记联系国际汉语教育专业，阴浩副书记联系文秘专业，束霞平和周生杰两位副院长联系师范专业。第二，继续提升国家文科基地专业建设。为了加强文科基地班专业建设，探索综合素养高的人才培养模式，学院专门制订《苏州大学文学院文科基地班提升建设规划》，提出更加明确的和有更高要求的人才培养目标。第三，加强本科生导师制。学院以基地专业为试点，每 5 位学生聘请 1 名导师，学院和导师签订合同，并为其颁发聘书。下一步要将这一制度向各个专业推广。第四，购置本科生必读书。学院根据专业特色给本科生开列了 70 种必读书目的清单，书均已购置，供学生免费借阅，为学生的专业学习指引方向。第五，继续举办高端学术讲坛。为打造高水平的学术交流名片，促进学生对学术界的认识和与学术界的交流，学院创办仲联学术讲坛和东吴语文教学讲坛，着力打造比肩国内知名大学的学术高地，让学生在校园内就可以聆听到国内外学术大师的讲座，开阔学术眼界，培养科研兴趣和能力，提升综合素质。2020 年，学院举办仲联学术讲坛 8 场次，东吴语文教学讲坛 6 场次，普通学术讲座 6 次。同时，仲联学术讲坛在极短的时间内名扬国内学术界。第六，举办各类教学研讨会议及交流活动。2020 学年是具有挑战意义的一年，疫情期间文学院举办了关于新冠肺炎疫情下的留学生教育与汉教人才培养专题研讨会，文学院古代文学、语言学教研室的教师赴华侨大学进行学术交流，文学院与淮阴工学院人文学院秘书学专业举行建设交流会，通过这些研讨会和交流活动营造积极的学术氛围。第七，完善办学硬件设施。已建立文学院智慧教室，利用人工智能、大数据等现代信息技术为师范专业和文秘专业学生创造优质的实训环境，提升教学效果，改善传统课堂师生互动不足的缺点；已在文学院一楼增设图书角，在三楼增设师生活动角，为广大师生建设温馨舒适的阅读和交流空间。

2. 研究生教学工作

学院党政领导高度重视研究生培养管理工作，导师与行政教辅人员全力保障，落实立德树人的根本任务，开展研究生思想政治教育工作。面向研究生开展培育和践行社会主义核心价值观教育，全面推进研究生"三全育人"工作。

2020 年，学院获省高校研究生科研与实践创新计划项目 7 项，王福利教授指导的研究生杜晶晶的毕业论文获江苏省优秀硕士学位论文。在学院语文学科教师的悉心指导下，在第四届江苏省教育硕士实践创新能力大赛中，李琦和苗苗同学分别获得优胜奖；在 2020 "同乐江苏" 外国人汉语演讲比赛总决赛中权智荣同学获二等奖。

三、科研工作与学术交流

1. 科研项目及成果

学院科研工作再上新台阶。学院获得国家社科基金艺术学重大项目1项（季进《中国当代文学海外传播文献整理与研究（1949—2019）》），重点项目1项（汤哲声《中国当代通俗小说史与大事记整理研究》），一般项目2项，青年项目和后期资助一般项目各1项；省部级项目6项，市厅级项目3项。学院获教育部第八届高等学校科学研究优秀成果奖2项（罗时进获一等奖、汪卫东获二等奖）；江苏省第十六届哲学社会科学优秀成果奖8项。学院教师发表核心期刊论文87篇（SSCI收录1篇，权威2篇），出版专著、教材28部。"苏州大学文学院学术文库"系列丛书已出版8部。学生论文方面，1篇被评为省优秀博士学位论文，2篇被评为苏州大学优秀博士学位论文，1篇被评为优秀硕士学位论文。

2. 国内外学术交流情况

学院继续全面推动国际化办学。2020年虽受疫情影响，但学院仍有3个中外合作联合培养项目顺利开展，它们分别是尼日利亚拉各斯大学、韩国大真大学、老挝苏州大学项目，学院通过"1+2+1""2+2"等丰富多样的联合培养模式，继续稳步推动国际化人才培养。疫情常态化下为了更好地服务学院的国际学生，学院采用线上线下授课结合的方式，利用腾讯会议、Zoom、微信群及邮件，打造互联网沟通平台，把留学生线上教学、管理和校园生活充分融合。2020年，学院汉语国际教育专业邵传永老师继续常驻老挝苏州大学开展汉语教学工作，另有5名汉语国际教育专业硕士生赴老挝苏州大学进行专业实践交流，在保障安全的情况下，提高了学生的专业素养，拓展了学生的国际化视野。

四、学院重大事项

（1）文学院获2019年度综合考核优秀单位、高质量发展先进单位等称号。

（2）文学院喜迎苏州大学120周年华诞系列活动之杰出校友励志讲坛和蓉子助学金捐赠仪式顺利举行；杰出校友励志论坛顺利举办。江苏省委原副书记顾浩，广东省教育厅原常务副厅长魏中林等领导和嘉宾出席论坛。

（3）由中共江苏省委宣传部、江苏省哲学社会科学界联合会主办，苏州大学文学院承办的江苏省哲学社会科学界第十四届学术大会文学与历史学专场学术活动举行。

（4）苏州大学文学院和江苏凤凰教育出版社共同主办的"凤凰·苏州大学语言文学研究与出版中心"成立。

（5）文学院与苏州工业园区海归人才子女学校、苏州科技城外国语学校合作共建教育实习基地签约。

（赵 曜）

传媒学院

一、学院概况

苏州大学传媒学院现有二级学科博士点1个：媒介与文化产业；一级学科硕士点2个：新闻传播学、戏剧与影视学（2020年起停招）；专业学位硕士点2个：新闻与传播、出版（2020年起停招）。本科专业共5个：新闻学、广播电视学（2019年起停招）、广告学、播音与主持艺术、网络与新媒体。

学院在职教职工70人，其中，教授12人（含博士生导师8人）、副教授14人；拥有江苏省"333工程"人才1人，江苏省"青蓝工程"优秀青年骨干教师2人，江苏省宣传文化系统青年文化人才1人，姑苏宣传文化领军人才1人、重点人才1人，东吴学者1人，教育部、中宣部新闻媒体机构与高校教师互聘"千人计划"3人，苏大特聘教授卓越人才1人，特聘教授精英人才2人，江苏社科英才1人、江苏社科优青2人。学院聘请了5位讲座教授、3位客座教授和30余位海内外知名的新闻传播专业学者和业界人士担任兼职教授或兼职导师。在校全日制本科生800余人，硕士、博士研究生230余人；各类成人教育学生1 000余人。

学院建有江苏省省级实验教学示范中心——传媒与文学实验教学中心，拥有演播厅、摄影棚、录音棚、新媒体实验室、播音主持语言实验室、电视摄像实验室、计算机图文设计实验室、电视鉴赏实验室、非线性编辑实验室、达芬奇影视后期调色实验室、动漫游戏制作实验室、电视节目制作室、数码艺术工作室、影视艺术工作室、网络与新媒体工作室。学院在新华报业传媒集团、苏州广播电视总台、苏州报业传媒集团等多个媒体单位建立了实践实习基地，并主动对接相关高层次媒体和企业平台，为学生实习、就业提供了更多的高层次平台和机会。学院每年度举办苏州大学大学生电影节暨北京大学生电影节分会场活动和国际大学生新媒体节，定期聘请学界知名学者和业界资深人士来校举办专场讲座。

二、教学工作

1. 研究生教学工作

2020年，新闻与传播、出版专业进行学位点评估。学院新建专业学位研究生实践基地1个，校级研究生工作站1个，3位研究生的项目成功入选2020年江苏省研究生科研与实践创新计划项目。2020年，研究生就业率为97.96%。

2. 本科生教学工作

2020年，共有1个课程思政教学团队与1门课程思政示范课程立项；学院获批教育部首批国家级一流本科课程1门；获全省高校微课教学比赛一等奖1项；获校第二届课程思政教学竞赛二等奖1项；获校青年教师教学竞赛二等奖1项；获高等教育科研成果奖1项；获评第十二届全国大学生广告艺术大赛江苏赛区优秀工作者1人；获批大学生创新创业国家级创新训练项目2项、省级重点项目2项、创新训练项目1项；获批"箐政基金"项目1项；获批苏州大学2020年混合式教学课程项目立项1项；获批2020年江苏高校"大学素质教育与数字化课程建设"专项课题立项1项；获批2020年苏州大学教材培育项目立项1项。

2020年，学院本科生获得国家级奖项44项，省级奖项96项；发表学术论文70余篇。暑期社会实践成果获国家级媒体报道15篇、省市级媒体报道5篇，学院获"优秀组织奖"，团队分获一等奖、二等奖。学院充分重视本科生招生就业工作，制定《苏州大学传媒学院加强本科招生宣传工作的实施办法》，线上线下召开招生咨询会，制作招生宣传视频。2020年，本科生年终就业率为90.35%。

三、学科建设与科研工作

1. 学科建设

学院积极做好部校共建工作，申报了新闻传播学一级学科博士点，江苏省已通过。学院启动了第五轮新闻传播学学科评估工作。

2. 科研项目与成果

2020年，学院获批获得国家社科重大项目滚动资助1项，国家社科基金后期资助重点项目1项，国家社科基金6项，省部级科研项目5项，市厅级科研项目5项，横向项目18项，到账资金376.83万元。

学院教师出版专著7部；发表核心期刊论文70余篇，其中，A&HCI、SSCI论文4篇，二类核心刊物以上论文40余篇。

学院教师科研获奖18项，其中，获省部级奖3项。

学院专家学者为江苏省委宣传部、苏州市政府建言献策，被采纳获批示的报告有4篇。

3. 国内外学术交流情况

有10位学生参加出国（境）线上/线下交流项目。学院主办第四届国际大学生新媒体节和第三届"大变局时代中国特色的国际传播"高峰论坛。学院与美国密苏里大学洽谈，探索合作办学渠道。

四、学院重大事项

（1）1月11日，学院荣获苏州大学2019年度本科教学考评单项奖"人才培养贡献奖"；荣获人文社科科研工作"科研活力突出奖"。

（2）3月20日，学院获2019年度综合考核优秀；陈龙荣获苏州大学2019年度"担当作为好干部"称号。

（3）6月8日，学院与扬州广电传媒集团（总台）签订合作协议。

（4）9月25日，聘请新华日报社社长双传学为学院客座教授。

（5）9月26日，苏州大学传媒学院院长、教授、博士生导师陈龙，相城区人大常委会主任屈玲妮共同为"苏州大学融媒体发展研究院相城基地、相城区新媒体联盟"揭牌。

（6）9月27日，中共江苏省委宣传部舆情信息处处长许剑一行来院调研。

（7）10月6日，校党委第一巡察组巡察传媒学院党委情况反馈会议暨传媒学院落实校党委巡察反馈意见整改动员大会召开。

（8）10月24日，学院举办"智媒时代的新闻传播学术创新：问题、路径与方法"学术会议。

（9）10月25日，学院举办第四届国际大学生新媒体节暨新媒体原创作品大赛。

（10）11月4日，学院举办"全球公共危机中的科技传播"苏州圆桌高峰论坛，并举行"中国科协科学技术传播中心—苏州大学科技传播研究基地"揭牌仪式。

（11）11月21日，学院举办第三届"大变局时代中国特色的国际传播"高峰论坛。

（黄艳凤）

社 会 学 院

一、学院概况

苏州大学社会学院是苏州大学下属的二级学院之一,其前身可以追溯到东吴大学时期。1953 年,江苏师范学院设立历史专修科;1955 年,著名历史学家柴德赓教授受命创建历史学系;1995 年,历史学系更名为社会学院。

学院现设历史学系、档案与电子政务系(含档案学、图书馆学、信息资源管理)、社会学与社会工作系(含社会学、社会工作)、旅游管理系、劳动与社会保障系共 5 个系 8 个本科专业。学院现有中国史一级学科博士点、旅游管理二级学科博士点、中国史博士后流动站,4 个一级学科硕士点、13 个二级学科硕士点、4 个专业硕士学位点。中国史是江苏省重点学科,历史学是江苏省品牌专业,历史学(师范)专业是国家级一流本科专业建设点,档案学是国家级特色专业。江苏省哲学社会科学重点研究基地"吴文化研究基地"、江苏省大运河文化带建设研究院苏州分院暨苏州大运河文化带建设研究院、江苏红十字运动研究基地,以及苏州大学(苏州市)人口研究所、苏州大学吴文化国际研究中心、社会与发展研究所等省、校级科研机构附设于本院。

学院现有教职工 107 人,其中,专任教师 90 人。学院专任教师中具有副高及以上技术职务者 62 人(教授 30 人,副教授 32 人),正、副教授约占专任教师的比例为 68.89%;有博士生导师 18 人,硕士生导师 26 人。学院还聘请多位国内外著名的专家学者为兼职教授。

学院秉承"养天地正气,法古今完人"的校训,全面贯彻党的教育方针,落实立德树人根本任务,以人才培养为中心,注重科学研究、社会服务和文化传承创新高质量发展。迈入新时代,学院正以昂扬的姿态、开放的胸襟、全球的视野,顺天时、乘地利、求人和,积极投身学校"双一流"建设,努力提升学院各项工作的能力和水平,为社会输送更多德智体美劳全面发展的社会主义建设者和接班人。

二、教学工作

历史学(师范)专业顺利举行师范专业二级认证,档案学专业获批国家级一流本科专业建设点,王卫平、黄鸿山等的"吴文化史专题"获批首批国家级线上线下混合式一流课程。周毅、李卓卓的"新文科建设的理路与设计"获江苏省 2019 年度高等教育科学研究优秀成果奖特等奖。王卫平、黄鸿山等的"传承吴文化,讲好中国故事的苏州篇章:苏州大学吴文化史金课群"获苏州市教育教学成果奖特等奖,获苏州大学教学成果奖一等奖。王卫平、黄鸿山等出版江苏省重点教材《吴文化的精神传承》。

本科生新立项国家级大学生创新创业训练计划项目3项，江苏省大学生创新创业训练计划项目5项，苏州大学大学生创新创业训练计划项目3项。第二十二批大学生课外学术科研基金重点及以上立项5项，一般项目13项；第二十届"挑战杯"共48个参赛作品获奖，其中，特等奖4个，一等奖8个，二等奖16个，三等奖20个。朱锡澄、苏广新2名本科生在第二届长三角师范生基本功大赛中获得三等奖，高峰指导的本科生曹玉的毕业论文《苏州市新生代农民工城市融入的公共服务成效评估与政策建议》获江苏省普通高校本专科优秀毕业设计（论文）二等奖。姜云恺、史佳宁、钱瑾瑶3位学生获得2020年全国大学生英语竞赛二等奖。

三、科研工作与学术交流

1. 科研项目与成果

2020年，学院获国家级项目7项，省部级项目4项，市厅级项目多项。教师在SSCI、SCIE、一类核心刊物上发表论文13篇，二类刊物上发表论文33篇；出版学术著作及资料集等11部。学院主办了2次高层次学术研讨会。

2. 国内外学术交流情况

2020年，学院邀请国内外知名专家来院进行学术交流并做学术报告，韩国成均馆大学Sam Gyun Oh（吴三均）教授、复旦大学社会发展与公共政策学院顾东辉教授、南京大学社会学院院长成伯清教授、扬州大学教育科学学院朱季康教授、中华书局编辑鲁明老师、南京大学社会工程与管理学院院长宋林飞教授、上海社科院历史研究所王健研究员、苏州工业园区星海实验中学高中部周雄老师等20余人次来院。

四、学院重大事项

（1）学院顺利完成历史学（师范）专业二级认证现场考查工作。

（2）"吴文化史专题"获批首批国家级线上线下混合式一流课程。

（3）档案学专业获批国家级一流本科专业建设点。

（4）2020年，黄泰教授获评苏州大学特聘教授精英人才，丁家友老师获评苏州大学优秀青年学者。学院共引进特聘教授2名，优秀青年学者4名，师资博士后1名（李洁）。

（5）为纪念建校120周年，学院配合学校相关部门成功举办"中国现代化新征程暨纪念费孝通诞辰110周年学术研讨会"。

（6）国家级科研项目立项7项，其中，国家社科基金项目5项，国家自科基金项目2项，国家级项目比2019年增加2项；省部级项目立项5项。

（7）学院在2020年度苏州大学综合考核中本科教学工作获"综合考评优秀奖"；社科科研工作获"地方服务奖"。

（顾颖莹）

政治与公共管理学院

一、学院概况

学院最早可追溯到20世纪20年代东吴大学创办的政治学科（东吴政治学），1995年，学院由学校政治系与马列部合并组建而成。其后，苏州蚕桑专科学校、苏州丝绸工学院、苏州医学院相关系科专业先后并入，形成了全新意义上的政治与公共管理学院。学院现有2个一级学科博士授权点、2个一级学科博士后流动站、4个一级硕士学位授予点和公共管理硕士（MPA）一级专业硕士授予点、16个二级硕士点；地方政府与社会管理为江苏省首期优势学科，政治学为江苏省二期优势学科，哲学为江苏省一级重点学科。学院拥有教育部人文社科重点研究基地中国特色城镇化研究中心、江苏高校新型城镇化与社会治理协同创新中心、老挝一大湄公河次区域国家研究中心等省部级研究基地和东吴哲学研究所等10多个校级研究院、所、中心，基本形成了研究型学院的发展态势。

学院下设哲学、公共管理、管理科学3个系科，共有9个本科专业。教职工127人，其中，专业教师96人（其中，教授34人、副教授35人），博士后10人（其中，师资博士后8人、统招博士后2人）。

二、教学工作

1. 本科生教学工作

学院抓牢立德树人的根本任务，坚持"以人为本"的办学理念，积极整合教学资源，切实提高教学质量。2020年，学院教授给本科生授课率为100%，15个基层教学组织正常授课。学院积极组织教师参加各类教学竞赛，切实提升教学质量和水平。2020年，学院1位教师获得省高校微课一等奖、校第二届课程思政教学竞赛一等奖；2位教师分获校第十九届青年教师课堂教学竞赛二等奖、三等奖。学院高度重视金课建设，获2020年国家虚拟仿真教学实验项目"重大突发自然灾害危机决策"认定。学院积极组织学生参加全国大学生物流设计大赛、江苏省"精创教育杯"大学生人力资源管理技能挑战赛的校内选拔赛；学生获省级以上大学生创新创业训练计划项目5项、"箐政基金"项目2项、省优秀本科论文1篇。从教学成效上看，学院2020届374位本科毕业生中77人国内升学读研，占比约为20.59%，同比增长1.37%。此外，70人选择出国（境）深造，占比约为18.72%，同比增长约为2.12%。

2. 研究生教学工作

学院强化制度建设，扎实推进研究生教育教学质量提升。制定研究生《开题流程》

《中期考核流程》《预答辩流程》《学位论文答辩工作细则》等操作细则，实现研究生培养过程全细化。强化课程体系建设，其中，"政治学方法论"入选校研究生精品课程。学院加强学生科研素质训练及能力提升，学生获江苏省优秀学位论文1篇，江苏省博士研究生创新项目1项、硕士研究生创新项目5项，清华大学2020年中国公共政策案例分析大赛二等奖（硕士生组）1项，以及江苏省公共管理案例大赛二等奖1项。学院高度重视学位论文质量管理，从导师、学生、管理服务3个方面入手，夯实制度的执行，效果初步显现。

三、学科建设与科研工作

聚焦主流学科政治学、哲学建设。政治学的核心支撑专业——行政管理获江苏省一流本科专业建设点、江苏省特色专业；哲学获学校推荐参加国家一流本科专业建设点遴选。两个学科均有国家重大、重点课题，以及省部级优秀学术成果奖等支撑。多措并举，助推科研上台阶。2020年，学院新增国家社科基金重点项目2项、一般项目2项、后期资助项目3项、重大招标项目子课题3项，国家博士后科学基金项目3项；新增教育部基金项目2项，省部级课题3项。国家和省部级纵向项目到账经费253.3万元。2020年，教师共发表核心期刊论文66篇，其中，一类权威核心期刊2篇、一类核心期刊10篇、二类核心期刊37篇，出版专著4部。学院获教育部人文社科优秀成果奖二等奖1项、商务部商务发展研究优秀成果奖三等奖1项、江苏省哲学社会科学优秀成果奖二等奖1项。

积极举办各类高端学术会议，如"全球新变局与马克思主义哲学的当代使命"学术研讨会暨第二十届长三角马克思主义哲学论坛、"重访恩格斯：纪念恩格斯200周年诞辰"高端学术论坛暨中国马克思主义哲学史学会马克思恩格斯哲学思想研究分会2020年年会等高端学术会议。学院积极邀请专家学者来院讲学，2020年共举办东吴哲学系列讲坛12场、东吴政治学系列讲坛9场。

四、学院重大事项

（1）1月11日举行的苏州大学教学与科研工作总结表彰大会上，政治与公共管理学院荣获2019年度"教改教研成果奖""科研服务地方贡献奖"，任平教授荣获"个人杰出贡献奖"。这是学院连续3年教学科研双双获奖。

（2）3月30日，《依托创新思维提升文科生科研能力——苏州大学公共管理类专业的教学改革》发表在《中国教育报》上。

（3）9月14日，学院2020级新生开学典礼暨"大学第一课"活动成功举行。

（4）10月18日，在120周年校庆之际，学院成功举办院友返校座谈会。

（5）10月21日，学院举行2020级自考助学新生开学典礼暨新生安全教育会议。

（6）10月25日，学院在第五十八届学生体育运动会上获团体第七、第二十三届教工运动会上获团体第九的成绩。

（7）11月25日，学院在炳麟图书馆学术报告厅成功举办"引梦筑路"开幕式暨班主任论坛第一讲活动。

（8）11月26—27日，由中国马克思主义哲学史学会马克思恩格斯哲学思想研究分会、《哲学研究》编辑部、《江海学刊》杂志社、政治与公共管理学院主办，苏州大学东吴哲学研究所承办的"重访恩格斯：纪念恩格斯200周年诞辰"高端学术论坛暨中国马克思主义哲学史学会马克思恩格斯哲学思想研究分会2020年年会顺利举行。

（9）12月4—5日，由政治与公共管理学院主办、东吴哲学研究所承办的"全球新变局与马克思主义哲学的当代使命"学术研讨会暨第二十届长三角马克思主义哲学论坛顺利举行。

（10）12月20日，学院成功举办2020年新生季闭幕式暨"梦起东吴地，冬贺新芳华"2020冬至晚会。

（曾永安）

马克思主义学院

一、学院概况

马克思主义学院成立于2011年3月。2016年5月，中国社会科学院马克思主义研究院与苏州大学签署合作协议共建马克思主义学院；2020年6月，江苏省委宣传部、苏州市委宣传部和苏州大学签署合作协议共建马克思主义学院。2016年、2018年、2020年，学院三次获评江苏省高校示范马克思主义学院，拥有教育部全国高校思想政治理论课教师研修基地、江苏省中国特色社会主义理论体系研究基地。

马克思主义理论学科入选江苏省"十三五"重点学科、江苏省优势学科第三期建设项目，2018年获批一级学科博士学位授权点。学院设有马克思主义理论学科博士后（科研）流动站。2018年，学院入选教育部高校思想政治理论课教师后备人才专项计划培养单位。学院现有马克思主义理论学科各类硕、博士生近200人。

学院努力构建"名师+团队+梯队"的师资队伍。2020年，学院全年新引进补充教师17人，现有教职工75人，其中，在职在岗专任教师62人，具有高级职称37人，占比约为60%。学院设有马克思主义基本原理概论、毛泽东思想和中国特色社会主义理论体系概论、中国近现代史纲要、思想道德修养与法律基础、硕士研究生思想政治理论课、博士研究生思想政治理论课、形势与政策、军事理论等教研室；设有马克思主义政党与国家治理、马克思主义生态文明理论与绿色发展、社会主义协商民主理论与实践、中国近现代商会与社会发展、中国近现代民间外交与和平发展、马克思主义创新理论与创新创业实践等6个研究中心，致力于培养从事马克思主义理论研究与教学、思想政治工作、党的建设与国家治理等方面的高级专门人才。

全院师生在院党委、行政的带领下，积极投身到疫情防控工作中。刘媛媛、刘慧婷、金鑫、曹观法、蒋慧等多名教职工，翟懋慧、王东旭、林心杰等多位研究生受到通报表扬和媒体采访。围绕疫情防控，思政课产出了一批有显示度的科研和教学成果。

为献礼建校120周年，红豆集团、农发集团等企业向学院捐赠40万元。数十名杰出校友返校，开学术讲座、贺百廿校庆、襄学院发展。

学院围绕立德树人根本任务，努力推进思想政治理论课教学改革，深化马克思主义理论科学研究和人才培养，持续推进马克思主义理论学科和马克思主义学院高质量发展。

二、教学工作

1. 教学改革

学院为全校本科生、硕士生、博士生开设思想政治理论课，同时开设新生研讨课、通识选修课和公共选修课，博士生思政课教学改革试点稳步推进，学院承担马克思主义理论学科博士生、硕士生课程教学任务。

学院高度重视思想政治理论课教育教学改革，所有教授都面向本科生开设了新生研讨课。2020年，由田芝健教授主持的"思想政治理论课实践"入选国家级一流本科课程；"习近平新时代中国特色社会主义思想精讲"在线开放课程完成上线准备；学院获省思政课教改创新示范点项目1项，省高等教育科学研究成果奖一等奖1项，高校思政课教学展示活动特等奖3项、一等奖1项，省高校微课教学比赛三等奖1项；获批校课程思政示范课程1项，新生研讨课项目和混合式教学课程项目新立项2项；获校第二届课程思政教学竞赛一等奖1项，青年教师教学竞赛二等奖1项；获评校优秀思政课教师4名，"兴育新"奖3名；2个教研室获校教学先进集体。系列战"疫"思政课产生示范影响力。

2. 思政课教学工作与研究生培养

严格落实教育部高校思想政治理论课队伍后备人才培养专项支持计划，学院创新马克思主义理论学科建设和研究生培养，探索实行"学术导师+教学导师+德政导师"制，组成导师组对学生实行全面指导，"读书—研究—写作"报告会成为学术交流模拟训练平台，思政课教师后备人才和各专业研究生培养不断提质增效。

2020年，学院招收硕士生68人、博士生8人，招收推免研究生11人，毕业博士生7人、硕士生35人。2020年，毕业生就业率博士生为100%、硕士生为88.57%，总就业率达90.48%。学位论文抽检合格率100%。学院举办"读书—研究—写作"报告会7场，获省研究生创新项目3项。

2020年，学院研究生在各级各类杂志共发表论文81篇，以独立作者或第一作者发表59篇；其中，核心期刊25篇，以独立作者或第一作者发表20篇。参与申报省部级以上科研项目8人次。研究生提交会议论文24篇，获奖7篇。

学院成功申报2020年度江苏省研究生科研创新计划项目和实践创新项目4项，苏州大学第二十二批大学生课外学术基金立项36项。

学院研究生获得"挑战杯"奖58项，5人获苏州大学优秀研究生干部、苏州大学研究生会先进个人、优秀学生社团骨干奖。

三、科研工作与学术交流

1. 科研项目及成果

2020年，学院获国家社科后期资助项目2项，省哲学社会科学一等奖1项，教育部项目2项，省社科基金青年项目1项，校级类项目31项；教师发表核心论文87篇、普刊64篇，出版专著5本；学院获省部级一等奖1项，教育部二等奖1项，市厅级奖9项。

2. 国内外学术交流情况

2020年，学院积极开展多层次的学术交流与合作。苏州大学·马院讲坛全年共举办

24 期。2020 年 6 月 29 日，江苏省委宣传部、苏州市委宣传部和苏州大学共建马克思主义学院签约仪式举行；7 月 30 日，学院与南京林业大学马克思主义学院举行思想政治理论课教育教学改革研讨会；9 月 9 日，苏州大学思想政治理论课教师发展中心成立大会举行；9 月 10 日至 11 日，学院举行中国近现代史基本问题研究专家论证会；12 月 4 日至 6 日和 12 月 11 日至 13 日，学院分别举行了全省高校"毛泽东思想和中国特色社会主义理论体系概论"课程教学展示第二阶段和第三阶段活动。

四、社会服务

学院一批建言献策成果服务高质量发展；推进宣讲与培训供给侧改革，精心打造党员干部培训和教师研修品牌。学院克服疫情冲击，全年举办 35 期（5 000 人次）培训，服务社会，增强师生贡献度、成就感、获得感。

五、学院重大事项

（1）1 月 3 日，学院召开学院领导班子和处级领导职务干部 2019 年度述职考核大会及领导干部任职宣布大会。

（2）5 月 20 日，学院召开全院教职工大会，进行苏州大学第八届一次教代会、第十四届工代会的代表选举工作。

（3）6 月 29 日，江苏省委宣传部、苏州市委宣传部和苏州大学共建马克思主义学院签约仪式举行。

（4）8 月 3 日，学院举行"十四五"发展研讨会。

（5）9 月 9 日，苏州大学思想政治理论课教师发展中心成立大会举行。

（6）9 月 10 日至 11 日，中国近现代史基本问题研究专家论证会举行。

（7）11 月 20 日，学院党委举行标准党支部建设复核暨党支部书记 2020 年度述职评议大会。

（8）12 月 4 日至 6 日，学院举行全省高校"毛泽东思想和中国特色社会主义理论体系概论"课程教学展示第二阶段活动。

（9）12 月 11 日至 13 日，学院举行全省高校"毛泽东思想和中国特色社会主义理论体系概论"课程教学展示第三阶段活动。

（10）12 月 25 日，陈建军同志任马克思主义学院党委书记，校党委副书记邓敏到会讲话，组织部副部长程晓军宣读校党委决定。

（刘慧婷）

教育学院

一、学院概况

教育学院成立于1999年。2020年,学院共有教职工81人(含1名师资博士后),其中,专任教师64名(教授23名,副教授26名,讲师15名)。在校本科生441人,研究生373人。学院始终坚持"立德树人、育人为本"的办学宗旨,现有教育学(师范)、应用心理学和教育技术学(师范)3个本科专业;教育学和心理学2个一级学科硕士学位授权点,教育硕士、应用心理硕士和职业技术教育硕士3个专业硕士授权点;高等教育学和教育经济学(自设)2个博士二级学位授权点及1个教育学一级学科博士后流动站,形成了从本科到博士的完整人才培养体系,并长期承担全国骨干教师培训、江苏省骨干教师培训等方面的继续教育工作,为国家和社会培养了大批教育类和心理学类的优秀人才。

学院现有实验室面积2 396平方米,仪器设备总价值达1 462万元,学院拥有37万册中外文藏书、125种国内期刊、28种外文期刊和70余个中外文数据库,拥有教育与心理综合实验室(中央与地方高校共建)、苏州大学心理与教师教育实验教学中心(江苏省高校实验教学示范中心)、智慧教育研究院(校级研究机构)、新教育研究院(校级研究机构)、叶圣陶基础教育发展研究院(院级研究机构)及认知与行为科研研究中心(院级研究机构)等教学科研平台。

二、教学工作

1. 本科生教学工作

学院坚持"以学生为中心"的育人理念,紧紧围绕立德树人根本任务,以思想引领为核心,以素质培养为重点,以能力提升为目标,全面提升育人质量,服务大学生成长成才。

教育学专业被遴选为国家一流专业,为教育学院专业和学科建设奠定了新的基础。学院顺利完成各种教学常规性工作,教学事宜平稳进行;厘定第二学士学位培养方案,建设两个教学实践基地,完成教研室制度和相关组织建设制度的拟定,补充学院图书资料2 000余册,改善学院教师办公条件,完成师范专业认证材料,完成课程建设和课程思政材料,召开专业发展与动态优化座谈会,带领学生到基层学校观摩5次,修订师范类培养计划,完成"习近平总书记关于教育的重要论述"课程计划和课程大纲;苏州大学重点教材建设项目立项,1个团队被评为校王晓军精神文明奖;1人获评省"三好学生",1人获评省"优秀学生干部",1个团队获2020年第二届"云支教"大学生乡村教育奖。

学院持续推进本科生导师制，发挥学院教师在本科生学业、生活上的指导作用，2020年，共有262位学生参与本科生导师制。学院注重能力提升，加强大学生学术实践创新。每月举办一次"精品读书会"，通过教授导读、师生交流、学生撰写心得的模式，鼓励全体本科生静下心来，以书为友，潜心慢读，在书中与智者对话，品味人生，感受生活。2020年，学院举办2季4场学术大课堂，组织4次学科竞赛。本科生发表SSCI论文1篇、中文核心期刊2篇，孙雅雯等本科生的论文入选第十三届全国大学生创新创业年会，为全校唯一。学院在全国计算机设计大赛、"iTeach"全国大学生数字化教育应用创新大赛等学科竞赛中获奖20余项，其中，国家级比赛奖项6项，省级一等奖3项，1人参加第十一届"挑战杯"江苏省大学生创业计划竞赛获银奖。

学院注重价值引领，强化思想政治教育。学院开展特色鲜明的主题教育活动，加强大学生理想信念教育和社会主义核心价值观教育。发挥组织育人功能，通过"优秀党员风采录"等主题活动，切实发挥朋辈引领作用。邀请学院专家解读《习近平总书记教育重要论述讲义》，提升学生理论素养；举办学生标兵宣讲会，引导学生学习先进，见贤思齐。

学院注重立德树人，加强学生教育管理。夯实基础，建立健全学生管理制度，实现日常教育管理规范化、精细化。开学报到、学生注册有规范，班级工作开展有记录，学生节假日外出有统计，家长联系沟通有渠道，课程学习有考勤，学分核算有方法，班团工作有例会。

2. 研究生教学工作

落实学校出台的相关研究生管理规章制度，加强研究生的培养和管理，努力提升研究生培养质量。积极发挥研究生教育督导作用，通过督导听课、参与课题、调研和听取研究生对学校及学院的管理、教学、科研方面的意见，为学院的管理决策提供支撑。

2020年度，研究生发表高水平论文50篇，其中，以第一作者发表SSCI、SCI、SCI-E论文6篇，CSSCI论文12篇。研究生主持省部级以上课题9项。2020年度，获批研究生创新计划项目9项，结题8项。李凤玮、王彬同学的毕业论文获评校级优秀博士学位论文。2020年度，学院设立3个硕士专业学位实践基地，1个研究生工作站。

三、科研工作

教师严谨治学，学术精品不断涌现。2020年，教育学院获国家级项目2项，省部级项目10项，市厅级项目7项，纵向科研经费达165万元，横向科研经费达217万元，教师发表一类SSCI和SCI论文20篇，一类期刊论文13篇，二类期刊论文18篇，三类期刊论文23篇，出版著作12部。

2020年，学院有6项成果获省部级奖励，多项成果获市厅级奖励。张明教授译著的《认知心理学：心智、研究与你的生活（第三版）》荣获教育部"第八届高等学校科学研究优秀成果奖（人文社会科学）"三等奖。曹永国教授的专著《自我的回归——大学教师自我认同的逻辑》、冉云芳博士的专著《企业参与职业教育办学的成本收益研究》、李西顺教授的专著《叙事德育模式：理念及操作》均荣获"江苏省第十六届哲学社会科学优秀成果奖"一等奖，其中，曹永国教授和冉云芳博士的专著同时获"江苏省教育科学优秀研究成果"一等奖。崔玉平教授的专著《农民工教育培训收益研究》和王一涛教授的专著《民办高校的内部治理与国家监管——基于举办者的视角》均获"江苏省第十六届哲学社会科学优秀成果奖"二等奖。

教育学院注重将教育学和心理学最新研究成果及时应用于教育教学、教材建设和社会服务。2020年,学院共有5项成果获得省部级领导的肯定性批示,其中,《企业内部培训机构不宜命名为"大学"或"学院"》得到时任教育部部长陈宝生、副部长孙尧批示,该成果也荣获"2020年度江苏智库研究与决策咨询优秀成果"二等奖。

扎实推进师资队伍建设。2020年,学院引进3位优青学者,1位补充性师资副教授;2位教师晋升副高职称,2位教师晋升正高职称;开拓青年教师学术视野,搭建学术成长平台;举办一流学科专业建设纵横谈、教研室发展论坛;组织青年学者沙龙8次;组织教育学、应用心理学、教育技术学专业教师赴省内兄弟院校进行交流。

教师育人能力不断提升。教师获江苏省第五届教育科学优秀成果一等奖3项、二等奖2项,江苏省研究生教育改革成果一等奖1项,江苏省高教学会教学改革奖2项。教师获苏州大学青年教师教学比赛三等奖1项,获批课程思政建设课程1项、苏州大学教学改革成果培育重点项目1项,获课程思政教学大赛奖项1项。

四、学院重大事项

2020年8月至9月,学院先后召开首届东吴高等教育论坛和第二届高等教育青年学者论坛,邀请刘海峰、张应强、胡建华、阎光才、眭依凡、邬志辉等参会。2020年10月19日,学院召开研究生教育高峰对话与"尚德·问道"讲坛,邀请朱永新、袁振国、朱旭东、刘海峰、顾月华、朱军文等参会。

2020年,学院共举办培训班57个。新冠肺炎疫情居家办公期间,学院教师通过互联网平台开设6期"东吴直播间",向社会免费讲授疫情期间心理调适等知识。7月份,学院举办了苏州市直属职业学校班主任综合素养提升研修班(共3期)等培训班;9月以后,学院举办了青海省党校系统高层次教研骨干专题研修班等培训班。2名学生参加江苏省大学生艺术展演声乐项目(甲等)大合唱获得特等奖,1名学生获得江苏省阳光体育运动联赛男子4×100米第5名。2020年,学院争取到社会捐赠助学金68 000元。

(王 青)

东吴商学院（财经学院）

一、学院概况

苏州大学东吴商学院（财经学院）前身为 1982 年苏州财校并入苏州大学时成立的财经系。1985 年 6 月，经江苏省人民政府批准，由江苏省财政厅参与投资建设，财经系更名为苏州大学财经学院。财经学院也是苏州大学建立最早的二级学院，2002 年更名为苏州大学商学院。2010 年 4 月，苏州大学与东吴证券股份有限公司签订协议共建苏州大学商学院，苏州大学商学院更名为苏州大学东吴商学院。

学院下设经济系、财政系、金融系、经贸系、工商管理系、会计系、电子商务系 7 个系，MBA 中心和 MPAcc 中心两个教育中心。学院现有博士后流动站 2 个（应用经济学、工商管理），一级博士授权点 2 个（应用经济学、工商管理），二级博士授权点 4 个（金融学、财政学、区域经济学、企业管理学）；硕士点 14 个［金融学、财政学、企业管理、世界经济、区域经济、政治经济学、产业经济学、国际贸易、会计学、工商管理硕士（MBA）、会计专业硕士、金融专业硕士、税务专业硕士、国际商务专业硕士］；学院拥有金融学、财政学、会计学、经济学、工商管理、财务管理、电子商务、国际经济与贸易、市场营销 9 个本科专业和国际会计（CGA）专业方向。2011 年，经教育部批准开设金融学（中外合作）本科专业。金融学为省级重点学科、省级品牌专业，会计学为省级特色专业。

学院现有教职工 170 人，其中，专任教师 141 人（教授 30 人，副教授 66 人，讲师 45 人）。1 人入选教育部"长江学者"特聘教授，1 人获国家优秀青年基金，1 人入选中组部万人计划青年拔尖人才，2 人入选财政部会计学术领军人才；1 人入选江苏省特聘教授，2 人入选江苏省"双创人才"，1 人入选江苏省"333 工程"，8 人入选江苏省"青蓝工程"，5 人入选江苏省"社科优青"和"文化英才"，7 人入选江苏省"双创博士"。学院还聘请了 10 多位来自加州大学伯克利分校、哥伦比亚大学、得克萨斯大学达拉斯分校等海内外知名高校的院士、"千人计划"特聘教授、"长江学者"讲座教授等专家学者，以及 50 余位凯驰投资（中国）有限公司、江苏亨通集团等世界 500 强、中国民营企业 100 强的企业家担任学院兼职教授。目前在读全日制本科生 2 100 余人，在籍博士、硕士研究生 2 000 余人。

二、教学工作

1. 本科生教学工作

2020年，学院顺利完成学校本科一流专业申报工作（会计学专业），辅修专业录取、转专业录取工作，2020级教学计划修订工作，基层教学组织工作，本科教学规划清单、正面评价清单和负面评价清单的总结、编制工作，等等；初步拟制了2021年大类招生后的教学计划、大类招生学生专业分流实施细则；承办了第十届全国大学生电子商务"创新、创意及创业"挑战赛校级赛赛事；增设2家本科生实习实训基地。

茆晓颖老师负责的财政学教学团队入选2020年度苏州大学课程思政教学团队；邵伟钰老师负责的"财政学"入选2020年苏州大学课程思政示范课程；李希阳老师、屠立峰老师在苏州大学第十九届青年教师课堂教学竞赛中分别荣获三等奖；陈作章老师指导的本科生论文获江苏省优秀本科生毕业论文。

2. 研究生教学工作

学院依托"全球竞争力人才培养计划"，深化研究生培养过程改革；开展研究生课程评估，进一步优化学术型硕博士研究生课程体系；王丹萍老师荣获全国MBA教指委颁发的第十一届"全国百篇优秀管理案例"奖，学院MBA"全国百篇优秀管理案例"实现了零的突破；罗正英老师和张薇老师的2篇案例入选全国会计专硕教指委案例库。

三、科学研究与学术交流

1. 科研项目及成果

2020年，学院获批国家社科基金项目4项，国家自科基金项目3项，省部级项目3项，市厅级及以上科研项目11项。学院教师发表国际期刊及苏大核刊目录收录期刊文章共计61篇，其中，SSCI/SCI检索收录论文36篇，一类核心期刊论文7篇，二类核心期刊论文14篇；获第八届高等学校科学研究优秀成果奖一等奖2项，江苏省第十六届哲学社会科学优秀成果奖4项，苏州市第十五次哲学社会科学优秀成果奖9项。

2. 海内外学术交流情况

2020年，学院开展60余场东吴学术大讲堂活动；邀请20多位专家来院进行自科、社科基金项目选题及申报的辅导；举办2020年研究生暑期学校，招收来自全国20多个省、自治区的120名学员，邀请哥伦比亚大学、牛津大学、纽约州立大学、多伦多大学等高校10多位知名教授开课；承办"数字经济与管理"研究生创新论坛，来自全国10多个省、自治区的40多位研究生参会，邀请经济学、工商管理等领域10多位知名专家做学术报告和论文点评。

四、学院重大事项

（1）9月，茆晓颖老师负责的财政学教学团队入选2020年度苏州大学课程思政教学团队；邵伟钰老师负责的"财政学"入选2020年苏州大学课程思政示范课程。

（2）9月，王丹萍老师编写的案例《海螺邦——中小平台生存发展的道与惑》入选第十一届"全国百篇优秀管理案例"。

（3）9月,"智慧供应链研究中心"入选江苏高校哲学社会科学优秀创新团队。

（4）10月27日,学院与台湾东吴大学商学院联合主办第二十四届海峡两岸财经与商学研讨会（在线）。

（5）11月,冯博院长荣获"2020年度中国商科教育杰出贡献奖"。

（袁　楠）

王健法学院

一、学院概况

苏州大学王健法学院坐落在素有"人间天堂"美誉的古城苏州，其前身为蜚声海内外的东吴大学法科。1915年9月，在东吴大学教政治学并兼任东吴大学附属中学校长的美籍律师查尔斯·兰金，为能在中国培养法律人才，以苏州东吴大学为本，于上海创设东吴大学法学院，专以讲授"比较法"为主，因而东吴大学法学院又称"中华比较法律学院"。学院教学突出"英美法"内容，兼顾大陆法系教学，其明确的专业意识与科学的培养目标，使东吴大学的法学教育在当时享誉海内外，学院有"南东吴，北朝阳"之称，又被誉为"华南第一流的而且是最著名的法学院"。国内现代法学大师中，王宠惠、董康、吴经熊、盛振为、丘汉平、孙晓楼、王伯琦、杨兆龙、李浩培、倪征燠、潘汉典等诸位先生，或执教东吴以哺育莘莘学子，或出身东吴而终成法学名宿。"人人握灵蛇之珠，家家抱荆山之玉"，法界才俊汇集于斯，可谓极一时之盛。1952年院系调整时，东吴大学易名为江苏师范学院，法学院随之并入华东政法学院；1982年，经国务院批准改名为苏州大学，同时恢复法学教育，设法律系；1986年扩建为法学院；2000年，原东吴大学法学院校友王健先生捐巨资支持法学院建设，苏州大学法学院更名为苏州大学王健法学院。

苏州大学王健法学院现有教职工87人，其中，专任教师67人。教师中有教授24名，副教授27名；博导20名，硕导51名。

学院教师具有较强的研究能力，积极为法治国家的建设献计献策。21世纪以来，先后承担了包括国家社科基金重大招标项目在内的国家级科研项目45项，省部级项目105项，获得纵向科研经费达1 500余万元，发表各类学术论文上千篇。

王健法学楼建筑面积16 000平方米，教室设备一流，并设有中式模拟法庭、西式模拟法庭、国际学术会议厅等，同时为全体教师配备独立的研究室。图书馆面积3 600平方米，现有藏书8万余册，中外文期刊600多种，可检索的电子图书30多万种，并收藏、保留了颇多港台地区法学期刊、图书等。

自1982年以来，法学院已为全国培养博士生、硕士生、本科生、专科生等各类层次的专门人才19 000余人，成为重要的法学人才培养基地，许多校友已成为国家政法部门和法学教育的中坚力量。

"养天地正气，法古今完人。"我们深知，与东吴大学法学院的先贤们所创造的成就与辉煌相比，眼下法学院所取得的成绩还微不足道。2020年，全院教师在重温东吴法学精神的同时，力求在教学、科研方面更加精益求精，以踵继前人的事业。

二、教学工作

1. 本科生教学工作

2020年，学院招收法学专业本科生150人，知识产权专业本科生34人，法学辅修52人。通过转专业进入学院学习的本科生：2019级法学15人、知识产权4人，2018级法学14人、知识产权1人。2020年，学院完成了以下工作：获批国家级一流专业建设点1个，小城公益诉讼典型案例被《最高人民法院公报》刊登，教师公开发表在省级期刊上的教学论文3篇，获第三届江苏省本科高校青年教师教学竞赛文科组二等奖1项，省语委办、教育厅2020年"诵读中国"经典诵读大赛江苏省选拔赛二等奖1项，组织学院教学委员会召开了3次专业建设研讨会，进行法学专业和知识产权专业2020级人才培养方案的修订和完善；进行法学院辅修专业的申报，录取程序、标准及人才培养方案的修订；并获得教务部通过。2020年，有50余位教师共同或分别参加了线上教学培训、微专业建设培训、一流本科课程建设培训、马克思主义理论研究和建设工程重点教材培训。学生省级学科竞赛三等奖以上、创新创业项目奖励、公开发表学术论文或作品14项。2020年，法学本科专业录取平均分在全校文科专业中排名第一；学生在全国司法考试中客观题通过率达81.57%，主观题通过率达83.33%。

2. 研究生教学工作

2020年，学院共招收博士研究生11人，留学生博士（全日制）2人，全日制硕士研究生266人，非全日制硕士研究生100人。积极组织研究生参加国家、省、校级各类科研创新实践大赛，研究生获得各类奖项共计38项，其中，国家级奖项5项，省级奖项31项。截至2020年年底，研究生就业率为94.43%。积极参与研究生招生改革，生源质量不断提升。推免生在招生计划中占比达14.7%，优质生源（来自法学学科评估B以上学校）占比达25%。高质量推进研究生国际化教育。2020年，获得国家留学基金委资助联合培养博士生项目1人。研究生科研贡献度显著提升。学院研究生2020年在《苏州大学学报（法学版）》《体育科研》《社会科学家》《大连理工大学学报》《天府新论》等学校认定的三类以上核心期刊共发表论文18篇。加强研究生工作站、实践基地建设管理，聘请高水平实务专家壮大法学实务导师团队。成功举办第四届江苏省研究生法律案例大赛。2020年，1篇论文被评为校级优秀博士学位论文，1篇论文被评为优秀硕士学位论文，4篇论文被评为优秀专业硕士学位论文。

三、科研工作与学术交流

1. 科学研究

2020年度，学院共获得国家社科基金项目2项，其中，国家社科基金重大专项1项；获得省部级项目12项。教师在C刊（含C集和C扩）上发表论文68篇，其中，权威核心奖励期刊2篇，CLSCI论文12篇，出版专著2部。

2. 国内外学术交流

启动全国"两会"精神学习会暨《民法典》解读系列学术讲座5场，分别由方新军、张鹏、张学军、董学立、李中原教授讲授，并通过腾讯课堂同步直播。

江苏省高级人民法院审判委员会委员、民一庭庭长俞灌南法官开展了"《民法典》情势变更规则的体系化解读"的讲座。

中国法学会立法学研究会副会长刘克希为全体师生讲授"民法典若干新制度与审判实践"。

"《民法典》时代律师业务展望与法律实务人才培养暨苏州大学王健法学院 2020 年度律师校友发展论坛"在敬斋酒店举行，30 位律师校友受邀出席。

第四届江苏省研究生法律案例大赛在学院如期举行。13 家拥有法律/法学硕士授予权的培养单位组队参赛。

江苏省法学会破产法学研究会成立大会暨 2020 年年会在苏州举办。最高人民法院咨询委员会副主任杜万华、江苏省政协副主席、省法学会会长周继业，江苏省高级人民法院党组书记、院长夏道虎出席会议。

四、学院重大事项

（1）1 月，沈晔同志任王健法学院副院长，试用期 1 年；吴江同志任王健法学院党委书记，试用期 1 年。

（2）1 月，学院成立王健法学院新型冠状病毒肺炎疫情防控应急小组。吴江、方新军担任组长。

（3）4 月 4 日，学院线上举行王健先生、王嘉廉先生清明祭奠仪式。苏州大学党委书记江涌和学院部分师生一起缅怀了王健先生、王嘉廉先生。

（4）4 月，学院召开学术委员会会议审议并通过了《关于博士点、硕士点负责人的遴选方法和岗位职责》，之后选举产生了新一届学院博士点、硕士点负责人。

（5）5 月，学院领导班子根据《关于开展〈苏州大学改革发展"十三五"规划纲要〉执行情况初步总结工作的通知》精神，起草并完成了王健法学院"十三五"发展规划（2016—2020）总结工作。

（6）11 月 26 日，最高人民法院党组书记、院长周强一行莅临学校调研。周强对东吴法学的历史贡献和王健法学院的发展成绩给予高度评价，并提出殷切希望。

（7）12 月 9 日，中共苏州大学王健法学院委员会换届选举党员大会在王健法学院东吴大讲堂隆重召开。卜璐、王振华、方新军、吴江、沈晔、张鹏、程雪阳（按姓氏笔画排序）7 名同志当选为中共苏州大学王健法学院委员会新一届委员。

（8）12 月 25 日，王健法学院与常州市中级人民法院签署了全面合作协议，就科研交流、互派挂职、资源共享等方面达成了共识。

（9）2020 年，学院引进特聘教授 1 位（刘铁光），补充师资 1 位（柯伟才），师资博士后 3 位（魏超、唐冬平、陈虎）；1 位教师晋升教授（李杨），2 位教师晋升副教授（王俊、石肖雪）；为充实行政人员队伍，引进研究生辅导员付晨熙和对外合作办秘书姜培丽。

（肖丽娟）

外国语学院

一、学院概况

外国语学院现有在职教职工133名,其中,教授21名、副教授34名,博士生导师18名、硕士生导师49名;学院现设英、日、俄、法、韩、德、西班牙等7个语种9个专业。2010年,外国语言文学学科整体获批一级学科博士点和一级学科硕士点。2011年,学院外国语言文学一级学科获批江苏省重点学科。2016年,外国语言文学一级学科被遴选为"十三五"省重点学科。2020年11月,英语专业被评为省级一流本科英语专业建设点。学院现有全日制本科专业在校生1 100多名,各类在读博士、硕士研究生近330名。

二、教学工作

1. 本科生教学工作

2020年,英语专业获批2020年省级一流本科英语专业建设点,并继续向国家级申报且成功获批。英语(师范)专业认证已提交相关材料,等待认证结果。英语、翻译、日语、俄语、法语、德语、西班牙语、朝鲜语8个专业已提交专业综合评估材料,预期全部为优秀或良好。学院积极开拓小语种专业发展新路径,2020年新开设了朝鲜语辅修专业(双学位),首批招生15人,教学效果良好,深受学生好评,这为其他小语种专业的发展带来一定的启示意义。

2020年,学院继续推动课程建设,彭文青团队入选苏州大学课程思政教学团队;李晓科课程思政项目获苏州大学课程思政示范课程立项;古海波项目入选"苏大课程2020-3I工程"。

2020年,石晓菲获2020年全省高校微课教学比赛一等奖;贾冠杰被评为省级本科优秀毕业论文指导老师;王鼎获苏州大学学生"我最喜爱的老师"称号;顾佩娅获苏州大学"高尚师德"奖教金;顾小乐和陈宁阳分获苏州大学第十九届青年教师课堂教学竞赛二等奖和三等奖;彭文青获苏州大学课程思政课堂教学竞赛三等奖。

2020年,通过内培外引,学院进一步优化师资团队。张乃禹晋升教授,荆兴梅被聘为特聘教授,学院引进学科带头人/特聘教授张萍、师资博士后宗聪、青年教师毕鹏,徐卫出国访学,王宇出国工作。

学校于2020年4月公布了2019—2020学年第一学期本科课程教学质量网络测评数据,全校本科教学测评平均分为94.18分,外国语学院为95.27分,在全校26个学院

（部）中排名第3。学校于2020年10月公布了2019—2020学年第二学期本科课程教学质量网络测评数据，全校本科教学测评平均分为94.45分，外国语学院为96.45分，在全校26个学院（部）中排名第2。

因疫情原因，2020年各专业四八级考试延期至2021年举行。

2020年，大学外语部和专业系科相关教师革新重组外语赛事指导团队，指导"外研社·国才杯"演讲、写作、阅读大赛和全国大学生英语竞赛、全国大学生翻译比赛、江苏省笔译大赛、全国口译大赛（英语）、"全球百人百译"翻译大赛、师范生基本功大赛、江苏省高校日语演讲比赛等各语种赛事，成绩斐然。学生获省级及以上学科竞赛三等奖以上125人次，其中，23人获国家级奖项；2017级英语（师范）潘可宜同学获"外研社·国才杯"全国英语写作大赛亚军，实现苏大学子在该赛事上的新突破。2020年，学院公派出国（境）交流学生83人。7个课题成功立项校课外学术科研基金资助项目；在"大创"项目中，2个获省级立项、1个获校级立项；在苏大第二十一届"挑战杯"竞赛中，学院学生获3个特等奖、3个二等奖和3个三等奖；1名同学获批"箐政基金"项目。在校第六届"互联网+"大学生创新创业大赛中，阚红杏团队获三等奖。

2020年，接受2019级和2018级本科生转专业的学生20人（其中6人是本院学生转入本院其他语种专业），7名本院学生申请转出学院。

2020届本科毕业生共259人，其中，考取国内高校研究生的有45人，出国（境）留学深造的有43人。2020届本科毕业生总就业率约为84.56%，有40名毕业生因二次考研、考公或考编，暂不就业。

2. 研究生教学工作

博硕士研究生统招招生和正式录取工作如期完成，共录取博士研究生8人。其中，2020年博士研究生招生通过申请考核及硕博连读方式录取6人，通过统招录取2人。2020年硕士研究生招生，10个专业方向共录取考生131人（含补录取2人），其中，学硕43人，专硕88人。

2020年，84位专硕、38位学硕，以及5位博士研究生申请毕业，并顺利通过毕业论文答辩，完成毕业流程。

完成2021年直博和推免研究生拟录取工作，其中，直博生录取1名，推荐免试硕士研究生录取50名。

各年级开题、中期考核、实习实践等培养环节按序进行。

2020年，4名硕博士研究生达到最长学习年限，主动申请退学。

三、科研工作与学术交流

1. 科研项目及成果

2020年，外国语学院在科研方面取得了重大进展，各类成果丰硕，突出表现在科研项目等级、科研成果等级、新增重量级科研机构和在一类及以上核心期刊发表论文等方面。具体如下。

科研项目：国家社科基金重大项目1项、重点项目1项，国家社科成果文库入选项目1项、一般项目（青年项目）1项；省社科项目1项，市厅级社科项目9项，其中，重点项目1项。孙继强教授的国家社科重大项目是外国语学院历史上第一个国家级重大项目，是2020年外国语学院最重要的科研成就。2020年，学院虽然仅获批3项国家社科基金项目，但项目含金量都很高，既有顶尖的重大项目，也有非常突出的重点项目，还有年轻学者的青年项目，各层次国家项目全面推进。

科研获奖：荣获省级优秀科研成果一等奖1项（王宏），教育部社科优秀科研成果二等奖2项（顾佩娅等、陈大亮）。此外，还荣获省社科优秀科研成果三等奖3项（彭文青、周明权、薛静芬），以及市厅级一、二、三等奖9项。孙继强教授的国家社科基金项目结项，结项等级为"优秀"。

研究中心：新增两个重量级的研究机构，分别是孙继强教授的苏州大学重点科研中心"区域与国别研究中心"、陈大亮教授领衔的江苏省高校哲学社会科学重点研究基地"中国文化翻译与传播研究基地"，后者是全省唯一外语类的基地，全省各个方向共38项，苏大也仅此1项。

王鼎老师校级交叉学科团队依托国家社科基金重点项目"日本汉字词语料库"，积极开展跨学科研究探索，努力打造一个在国内外学界具有广泛影响力的新文科研究数据平台，探索新的跨学科研究的方法。

2020年，教师发表一类及以上核心、权威及SSCI期刊论文12篇，二类核心期刊论文29篇。出版教材5部，各类专著、译著共11部。《语言与符号学研究》期刊在编辑部及全体编辑成员的共同努力下，稿源数量和质量都有了明显的进步，与国际符号学界的沟通更加频繁，总体办刊质量稳步提高。

2. 学术交流和对外合作

2020年，学院继续拓展对外学术交流，虽然上半年受疫情影响，但下半年依旧支持教师外出参加各级各类学术活动，并邀请了一大批中外著名学者线上和线下讲学。

2020年下半年，学院成功举办了"2020年江苏省研究生外国文学学术创新论坛""'法国文学中的人与自然'2020年全国法国文学研究会苏州年会"。

2020年，学院继续大力推进学术交流，各语种专业都邀请学者前来讲学，河北师范大学教授李正栓，英语特级教师、江苏省震泽中学副校长金永建，特级教师戈向红、郭行行、陆全霖，首都师范大学教授封一函，广东外语外贸大学教授黄忠廉，广西大学教授罗选民，外交学院教授王燕，外文局主任徐菡与副主任刘征，深圳大学教授蔡新乐，扬州大学教授周领顺，上海外国语大学教授施建军，北京师范大学教授张晓东，大阪府立大学教授张麟声，剑桥大学教授袁博平，华中科技大学教授徐锦芬等10多位国内外著名专家来院讲学。

2020年，学院继续支持各专业开展线下及线上讲座，王静老师进行"高校外语课程思政教学设计与示范教学"在线直播，学院杰出校友、苏州大学讲座教授、耶鲁大学法学博士高志凯在学院做"始于翻译，超越翻译"的讲座。

2020年，学院接待河北师范大学、首都师范大学、广东外语外贸大学、广西大学、外交学院、深圳大学、扬州大学、上海外国语大学、北京师范大学、大阪府立大学、剑桥大学、华中科技大学等国内外院校先后来访交流。

四、学院重大事项

(1) 学院 93 名教师于 2020 年 7 月 1 日正式转入东吴学院任教任职。

(2) 学院 2020 年成为苏州大学教师岗位供给侧改革试点学院并实行供给侧非自由分配。

(朱 颖)

金螳螂建筑学院

一、学院概况

苏州大学金螳螂建筑学院坐落在风景秀丽的独墅湖畔，秉承"江南古典园林意蕴、苏州香山匠人精神"，肩负延续中国现代建筑教育发端的历史使命，是苏州大学依托长三角经济发达的地域优势，为主动适应21世纪中国城市发展需求，与社会共创、共建、共享而探索的新型办学模式的学院，成为我国现代高等教育校企合作的典范。

学院这几年发展快速，现已具有完整的建筑学科专业，也具备本科、硕士、博士完整的培养链。学院设有建筑学、城乡规划、风景园林学、历史建筑保护工程4个本科专业，设有1个二级学科博士点（建筑与环境设计及其理论）、2个一级学科硕士点（建筑学、风景园林学）、1个专业学位硕士点（风景园林）。

学院现有在校全日制本科生728名，研究生231名。有教职工94名（不含外聘），其中，专任教师75名，具有博士学位或博士学位在读的教师57名，占76%；有国外工作、学习经历的教师44名，约占58.7%；有高级职称的教师46名，约占61.3%。

学院的发展定位和目标：以工科为基础，以建筑为主导，以设计为特色，各专业协调发展；通过差异化的发展道路和产学研齐头并进的发展模式，使之发展成为国际化、职业化的高水平设计学院。

学院强调"匠心筑品"的院训、"静净于心，精敬于业"的教风、"学思于勤，善建于行"的学风，坚持国际化、职业化的特色发展方向。

二、教学工作

1. 本科生教学工作

建筑学本科专业通过全国教育评估，并获批全国一流本科专业建设点。学院成功召开2020年中国风景园林教育大会。

学院获批2020年校级课程思政示范课程立项1项。1人获校第二届课程思政课堂教学竞赛一等奖；1人获校级青年教师课堂教学竞赛三等奖；1人获2020年上海市优秀城市规划设计三等奖；1人获省第十八届优秀工程设计三等奖。

大学生创新创业训练计划项目获批省级重点项目2项、省级一般项目3项；2个项目入选"箐政基金"项目；第二届全国大学生绿色校园概念设计大赛获二等奖1项、三等奖2项、佳作奖5项；2020年"清润奖"大学生论文竞赛获优秀奖1项；AIM十周年快题赛获优秀奖2项；第二届全国大学生自然资源科技作品大赛获优秀奖1项；第五届"花园杯"植物景观设计竞赛获二等奖 2 项、三等奖 1 项；2020"陈植杯"大学生花园设计与营建竞赛获三等奖 1 项；第十一届"园冶杯"大学生国际竞赛获三等奖 2 项；2019 全国城乡建成遗产保护优秀学生设计作业评选获优秀奖 2 项；2020 城市设计学生作业国际竞赛获优秀奖 1 项；第七届"紫金奖·建筑及环境设计大赛"荣获学生组二等奖 1 项、三等奖 4 项、入围奖 7 项，荣获职业组二等奖 1 项、三等奖 2 项；首届"人间天堂创意硅巷"姑苏设计竞赛"公共空间、苏式生活"设计单元获高校组一等奖；2020 第十届"艾景奖"国际园林景观规划设计大赛获优秀奖 2 项。

5 篇毕业设计（论文）被评为校级优秀毕业设计（论文），其中 1 篇被推荐参加省优论文遴选。

2. 研究生教学工作

研究生培养创新工程方面，"2020 年江苏省研究生实践创新计划项目"博士立项 1 项、专业硕士立项 3 项。平台建设方面，新增"苏州大学硕士专业学位研究生实践基地" 7 家。同时，现有省级研究生工作站由悉地（苏州）勘察设计顾问有限公司与学院建筑学共建。督导工作方面，聘请两名退休的高级职称教师承担本科和研究生的教学和过程管理的督导工作。

二、科学研究与学术交流

1. 科研项目及成果

学院荣获苏州大学 2020 年度"科技类最佳进步奖"。学院获批市厅级项目 11 项，省部级项目 4 项，国家自然科学基金项目 2 项，民口纵向到账经费 214.58 万元，民口横向到账经费 507.27 万元。教师设计作品获得省部级二等奖 6 项，三等奖 6 项。科技部"中国-葡萄牙文化遗产保护科学'一带一路'联合实验室"获批，是全国建筑类学科仅有的 3 个国家级研究平台之一。三大检索收录论文 4 篇；发表三大检索论文 16 篇、SSCI 检索论文 3 篇；发表建筑类核心期刊论文、北图核心期刊论文 61 篇，普通期刊论文 29 篇；出版专著 7 部，参编教材 2 部。获得授权专利 21 项（其中，国家发明 5 项、实用新型发明 13 项、计算机软件著作权 2 项、外观设计专利 1 项）。

2. 国内外学术交流情况

2020 年受疫情影响，学院采取线上加线下的学术交流与合作模式。上半年，主要以线上直播形式进行"云"中学术讲座；下半年，疫情转好，邀请了海内外众多名家学者来院传经授道，学术活动百花齐放，学院上下学术氛围浓厚。全年共有校外院士、专家、学者来院主讲学术报告 22 场次，直接听众近 2 000 人次。其中，举办 ACG 系列学术讲堂 19 场，全国高水平学术会议 1 场、学术论坛 2 场。

学院国际化工作在疫情影响下稳中求进，进中突破。一方面，积极拓展师生线上国际合作交流，组织师生多次参与线上云端国际交流项目；另一方面，学院国际和境外合作伙伴再添新成员，与意大利威尼斯建筑大学、澳门圣若瑟大学成功签署校际合作备忘录。参与"1+1+1"国际双学位项目的 2 名硕士研究生顺利获得国外学位。学院积极提高师资队伍国际化水平，大力推动国际化办学，着力培养具有全球素养、跨界创新、融合发展的国际化人才。

三、学院重大事项

（1）1月9日，金螳螂建筑学院三届二次教职工大会顺利召开。

（2）1月16日，吴永发院长受聘为《中国名城》杂志主编。

（3）7月1日，学院顺利完成行政领导班子换届。

（4）9月9日，学院牵头申报的"中国-葡萄牙文化遗产保护科学'一带一路'联合实验室"获批建设。

（5）10月14日，全国高等学校建筑学专业教育评估委员会专家组来院开展建筑学本科教育评估。

（6）10月31日，苏州大学绿色建筑国际研究中心（筹）被动房改造示范项目启动签约仪式暨建设与发展研讨会顺利举行。

（7）11月8日，江苏省城市规划研究会城镇化与空间战略研究专业委员会2020年年会在学院成功举办。

（8）11月18日，"中国-葡萄牙文化遗产保护科学'一带一路'联合实验室"启动仪式暨建设与发展研讨会在学院成功举行。

（9）11月20日，全国高等学校建筑学专业教育评估委员会正式下发《关于苏州大学建筑学专业本科（五年制）教育评估结论的通知》（教学评〔2020〕37号）。

（10）11月25日，学院第六届团代会、学代会、科代会、社代会顺利召开。

（11）11月，学院牵头苏州大学与意大利威尼斯建筑大学成功签署合作备忘录。

（12）12月2日，金螳螂建筑学院党委顺利换届。

（13）12月5日，2020年中国风景园林教育大会在学院成功召开。

（14）12月5日，第四届中国名城论坛暨《中国名城》新一届编委会成立会议在学院成功举办。

（陈　星）

数学科学学院

一、学院概况

苏州大学数学科学学院的前身是1928年东吴大学文理学院设立的数学系。几十年来，学院一贯坚持严谨治学、精心育人的优良传统，为江苏省和国家培养了一大批中学数学特级教师和教授级高级教师、中小学名校校长、优秀企业家和金融精英。学院院友中走出了一批卓有成就的数学家、科学家和知名学者，包括中科院院士1名，欧洲科学院院士1名，日本工程院院士1名，国家特聘专家2名，教育部"长江学者"特聘教授及讲座教授4名，国家杰青6名，国家优青2名。"华罗庚数学奖"获得者姜礼尚教授，华人第一位国际组合数学终身成就奖——"欧拉奖"获得者朱烈教授，中华人民共和国首批18位理工博士之一、"全国优秀教师"称号获得者谢惠民教授，国内一般拓扑学研究先驱之一高国士教授等知名教授在学院长期执教，是学院的荣耀。

学院目前拥有数学和统计学2个一级学科博士学位授权点和博士后流动站，数学一级学科设有基础数学、应用数学、计算数学、概率论与数理统计、运筹学与控制论、数学教育等6个二级学科博硕士点，统计学一级学科设有数理统计、应用概率、金融风险管理、生物统计、经济统计等5个二级学科博硕士点；此外还有应用统计、金融工程、学科教育（数学）3个专业硕士学位点；设有全国省属高校中唯一的国家理科基础科学研究和教学人才培养基地（数学）；数学与应用数学为国家"211工程"重点建设学科；数学、统计学均为江苏省一级重点学科，其中，数学获得江苏高校优势学科建设工程三期项目资助。

学院设有数学与应用数学系、计算科学系和统计系，同时还设有数学研究所、应用数学研究所、高等统计与计量经济中心、金融工程研究中心、设计与编码研究中心、系统生物学研究中心、数学与交叉科学研究中心、动力系统与微分方程研究中心等多个研究机构。

学院现有教职工101人（原大学数学部教师和部分其他教师转入新成立的东吴学院），其中，专任教师83人，教授42人，副教授34人。专任教师中有75人具有博士学位。现有国家杰青2名，国家优青2名，国家特聘专家2名，国家"万人计划"领军人才1名，教育部"长江学者"特聘教授1名，教育部"新世纪优秀人才"2名，江苏省"333工程"学术带头人4名，江苏省"青蓝工程"学术带头人2名，江苏省"青蓝工程"骨干教师4名，江苏省普通高校优秀青年骨干教师4名。

学院下设数学与应用数学（基地、师范两个方向）、信息与计算科学、金融数学、统计学4个本科专业。数学基础课程群教学团队被评为国家级教学团队建设点；数学与应用数学专业入选教育部第六批高等学校特色专业建设点、江苏省品牌专业A类建设专业、国家级一流专业建设点;"数学分析与习题课"被评为国家级精品课程和精品资源共享课;"高等代数"和"抽象代数"被评为江苏省精品课程。目前,有全日制在校硕士、博士研究生250多人,本科生近900人。

自2009年学院学生参加第一届全国大学生数学竞赛起,至2020年,累计获得全国决赛一等奖3人次、二等奖12人次、三等奖2人次。2016年3月,邱家豪同学获得第七届全国大学生数学竞赛专业组决赛高年级组第一名。

目前,学院有在研国家级科研项目近百项,研究经费3 000余万元。近年来科研成果令人瞩目,学院先后承担了包括国家自然科学基金重点项目、重大项目、面上项目、青年项目、科技部国家重点研发项目等在内的一大批科研项目。教师每年在国际、国内权威期刊发表高质量论文近百篇。在组合设计、常微分方程与动力系统、代数与代数几何、函数论、数论、偏微分方程、几何与拓扑学、科学计算、生物数学、统计学等方面的科学研究处于国际知名、国内一流水平,学院教师在科学、数学、统计学顶级期刊上发表多篇高水平论文。

二、教学工作

1. 本科生教学工作

2020年,学院共开设课程325门,其中,专业课123门,公共课202门。学院教研教改工作稳步推进:严亚强教授主持的课题"微积分课程思政元素的开发和应用"获高等学校大学数学教学研究与发展中心2020年教改研究课题立项。

学院学生主持"大创"项目国家级1项,省级1项,校级2项,"箬政基金"项目1项。学院共组织5项专业学科竞赛:美国大学生数学建模竞赛、全国大学生数学建模竞赛、全国大学生数学竞赛(数学类)、大学生市场调查与分析大赛、全国大学生数学竞赛(非数学类)。

学院在创新创业三大赛事和学科专业竞赛上喜获突破:校第六届"互联网+"大学生创新创业大赛首获二等奖1个;校第二十届"挑战杯"大学生课外学术科技作品竞赛获特等奖1个、一等奖2个、二等奖4个、三等奖8个的好成绩,获奖队伍数量与质量相较于往年有大幅度的提升;校第十一届"苏大天宫杯""创青春"大学生创业大赛中,学院有1支与外院合作的团队荣获三等奖,学院喜获零的突破;校第二十二批大学生课外学术科研基金项目申报中,学院成功申请到重点项目4项、一般项目4项。经学校结项验收后,学院获重点项目优秀1项、重点项目合格3项、一般项目合格2项。2017级师范专业戴乐萱同学获得江苏省师范生教学基本功大赛一等奖。

2020年,学院学生参加学科专业竞赛,在美国大学生数学建模比赛中,3位学生组队获得特等提名奖(F奖,获奖比例0.17%);学生参加全国大学生数学建模竞赛获国家一等奖1项;本应在2020年3月举办的第十一届全国大学生数学竞赛决赛,因疫情延期至2021年4月举办;在第十二届全国大学生数学竞赛中,2位学生获得决赛资格。

2020年,校内共有29名学生通过转专业转入本学院各专业学习,没有学生转出。2020年,本科毕业生就业率达95.43%,升学率达46.53%,其中,数学基地和统计学专业升学质量较高。

2. 研究生教学工作

2020年录取全日制硕士研究生100人，博士研究生15人。2020年6月底毕业的学术型硕士有34人、专业型硕士有25人、博士有9人，7月毕业的学术型硕士有2人、专业型硕士有10人，12月毕业的学术型硕士有2人、博士1人。除1名博士先毕业暂不授予学位外，其余均授予毕业证书和学位证书。

2名研究生获批江苏省科研创新与实践项目。3支队伍获全国研究生数学建模比赛国家级三等奖，2支队伍获全国研究生数学建模比赛省级二等奖。有4人获批2020年国家公派研究生项目。

三、科研工作与学术交流

2020年共有10项国家自然科学基金项目获批，3项省基金项目获批，其中，周圣高教授入选江苏省优秀青年基金和人才托举工程。教师以苏州大学为第一单位共发表60多篇SCIE论文，其中，一区论文3篇、二区论文11篇、SSCI论文2篇。2020年，学院共举办20场研讨会，并邀请国内外知名专家访问数学科学学院，同时做了195场学术报告。卢培培副教授（校优秀青年学者）受"德国洪堡研究基金"资助，克服疫情影响，完成德国海德堡大学的研究工作并顺利回国。马欢飞教授获得"江苏省数学贡献奖"。顾怡副教授与其他学者合作在代数几何领域取得高水平研究成果。张雷洪教授、毛仁荣副研究员受邀在中国数学会2020年学术年会上做分组报告。

数学学科稳定保持在ESI全球前1%。2020年2月26日，科技部发布了《科技部办公厅关于支持首批国家应用数学中心建设的函》（国科办函基〔2020〕19号），江苏国家应用数学中心获批成为首批支持建设的13个国家应用数学中心之一；苏大作为共建单位参加江苏国家应用数学中心的建设。学院组织教师团队参与江苏国家应用数学中心的重点科研项目。

四、学院重大事项

（1）2月26日，科技部发布了《科技部办公厅关于支持首批国家应用数学中心建设的函》，江苏国家应用数学中心获批成为首批支持建设的13个国家应用数学中心之一；苏大作为共建单位参加江苏国家应用数学中心的建设。

（2）5月，学院马欢飞教授在《自然·通讯》发表最新研究成果。

（3）6月4日，在2020年苏州市青少年禁毒宣传教育"青盾计划"立项暨"全民禁毒宣传月"启动仪式上，学院团委的项目"基于数学建模和大数据分析的禁毒技术支持和志愿服务实施项目"获得市级立项。

（4）10月14日，学院2020级新生开学典礼在校本部东吴大讲堂举行。

（5）10月，国家基金委公布2020年的国家自然基金结果，学院获得国家面上项目7项、青年项目2项、数学天元基金项目1项。

（6）11月18日下午，学院第十七次团代会、第三十三次学代会、第十五次科代会、第七次社代会在校本部天元讲堂召开。

（7）11月25日下午，学院第二届师生体育节在东校区体育馆举行。

（8）12月6日，学院代表队在苏州大学第十八届新生英语短剧大赛决赛中获得二等奖。

（9）12月16日下午，在2020年苏州市青少年禁毒宣传教育"青盾计划"项目终期评估会上，学院团委的项目"基于数学建模和大数据分析的禁毒技术支持和志愿服务实施项目"获评苏州市"十佳项目"。

（金　贤）

物理科学与技术学院

一、学院概况

苏州大学物理科学与技术学院前身为东吴大学1914年创办的物理系。经过100多年的发展，学院在学科建设、科学研究、师资队伍、人才培养和社会服务等方面取得了良好的办学声誉。学院下设近代物理及物理教育系、光学与光子学研究所、凝聚态物理与新材料研究所和物理实验教学中心，苏州大学软凝聚态物理及交叉研究中心和苏州大学高等研究院挂靠学院运行。

学院现有物理学博士后流动站，物理学一级学科博（硕）士点，材料物理与化学、课程与教学论（物理）二级学科硕士点，学科教学（物理）专业学位硕士点，物理学及物理学（师范）2个本科专业及方向，等等。

学院师资力量雄厚，拥有一支包括"长江学者"、国家杰青等在内的高水平师资队伍。现有教职工107人，高级职称以上教师67人，其中，国家级、省部级人才20余名。2017年5月，诺贝尔物理学奖得主John Michael Kosterlitz加盟苏州大学，受聘为苏州大学讲座教授，并作为荣誉院长领衔组建"苏州大学高等研究院"。

学院拥有国家级实验教学示范中心、江苏省优势/重点学科及江苏省薄膜材料重点实验室、基础物理（实验）国家优秀教学团队；"普通物理学"获批国家精品资源共享课、国家级精品课程和江苏省高等学校在线开放课程立项建设项目；"电磁学"获批国家级双语教学示范课程；"热学"获批江苏省留学生全英文授课精品课程；"普通物理学Ⅱ"获批江苏省留学生全英文授课精品课程培育项目。

学院积极主动服务地方区域经济发展，与苏州阿特斯阳光电力集团合作建立苏州大学光伏研究院和企业研究生工作站，推动产学研合作。与江苏省苏州中学、苏州大学附属中学开展物理拔尖人才的培养工作，学院编辑出版北图核心期刊《物理教师》。学院创新实验室还获批苏州市科普教育基地，学院依托该基地，主动承担社会责任，定期举行科普活动。

二、教学工作

1. 本科生教学工作

（1）专业建设取得显著成效。通过"十三五"省品牌专业培育项目和苏州大学一流本科专业项目的建设，物理学专业得到了长足发展，于2020年6月入选江苏省品牌专业二期建设项目。2020年7月，物理学（师范）专业顺利通过普通高等学校师范类专业第二级认证。

（2）持续深化课程思政建设和重构课程体系建设。物理学专业基础课程教学团队入选2020年学校首批思政教学团队，"原子物理学"课程入选2020年苏州大学课程思政示范课程。

通过课程体系重构，在2020年春季新冠肺炎疫情战"疫"中，全校8个学院（部）共计2 570名学生的物理实验线上教学得以顺利开展，不仅受到学生的好评，同时相关教学案例被学校作为优秀教学案例给予推送，并在江苏省物理学会公众号给予转载推送，受到省内外同行的关注。

（3）坚守研究型大学育人目标，教师教学研究水平和学生创新能力进一步提升。2020年，学院2项成果分别获得苏州大学教学成果一等奖和二等奖，1项成果获苏州市教育教学成果奖（高等教育类）二等奖，10余人次在省级、校级各类教学比赛中获奖。《近现代物理实验》教材于2020年11月正式出版，《低温等离子体诊断原理与技术》获批2020年江苏省重点教材立项。

学院组队参加第十一届全国大学生物理学术竞赛（CUPT）获得团体赛三等奖，并获得2021年第十二届CUPT全国赛种子队资格（全国36所高校）。在江苏省高校第十八届大学生物理及实验科技作品创新竞赛中，获得一等奖3项、二等奖4项、三等奖1项。在2020年大学生创新创业训练计划项目中，共获得国家级项目2项、省级项目2项、校级项目1项、"筹政基金"项目1项。本科生在SCI期刊上发表论文5篇。

2. 研究生教学工作

（1）研究生创新工程建设。学院采用线上形式，举办2020年江苏省研究生"超构材料中的物理问题"学术创新论坛和江苏省研究生第一届新能源材料与器件科研创新实践大赛，超过200名境内外研究生参与。学院邀请9名国内外知名专家做精彩的前沿学术报告，22所高校的80名研究生就声学超材料、微波新器件等9个专题展开讨论。

（2）研究生督导工作及获奖情况。学院成立督导小组，严格管理研究生课程、科研记录、开题/中期/答辩等各个环节。2020年获江苏省优秀硕士学位论文2篇，博士/硕士论文盲审、抽检合格率在全校各学院（部）名列前茅。硕士研究生刘洋在导师蒋建华教授的指导下，以苏州大学第一单位第一作者在《自然》（Nature）发表论文。学院获批2020年江苏省研究生科研创新实践活动项目2项、2020年江苏省研究生培养创新工程研究生科研与实践创新计划3项、苏州大学研究生精品课程建设立项2项和研究生课程思政示范课1项。

三、学科建设与科研工作

物理学科为江苏省"十三五"重点学科、江苏省优势学科和国家一流学科"物质科学与工程"的5个主要支撑学科之一。物理学位居ESI全球前1%，在国内高校中排名20位；Nature Index国内排名10位；"软科世界大学学科"国内排名12~15位；US News世界大学和中国最好大学学科国内排名均为13位。

1. 科研项目及成果

2020年，学院共申报国家级自然科学基金项目35项，其中，获批14项（李亮教授获批杰出青年科学基金项目1项、高雷教授获批重大研究计划培育项目1项、面上项目8项、青年基金3项、理论专项1项）。获批项目质量进一步提升，杰青项目为2020年全校唯一、面上及以上项目数量占总项目的78.6%。获批江苏省自然科学基金面上项目1项、青年项目2项，江苏省高校自然科学研究项目2项（重大项目1项），苏州市前瞻性应用研究项目1项及政策性资助项目2项。

教师以学院第一单位或通讯作者身份已发表（或被接受）《自然》（Nature）正刊1篇、《自然》（Nature）子刊3篇，《物理评论快报》（Physical Review Letters）3篇，《科学进步》（Science Advances）1篇，《美国化学会志》（JACS）1篇，《先进材料》（Advanced Materials）3篇。2020年共申请专利17项（其中，发明专利15项、实用新型专利2项），授权专利17项（其中，发明专利12项、实用新型专利5项）。

2. 国内外学术交流情况

2020年全年邀请境内外专家做学术报告近100场。成功承办2020年国际热力学与热超构材料线上学术会议，邀请到了境外21位、境内30位专家参与汇报，并吸引了大约5 000名研究生和博士后观看实况转播。另外，有5名博士生成功获批2021年国家公派研究生留学项目，将在疫情缓解之后前往交流进修。

四、学院重大事项

（1）2月中旬，以辛煜、苏晓东教授为主的科研团队与苏州市立医院联合申报的"高活性水病毒灭活技术在新型冠状病毒医院一线感染防控中的应用"项目获批苏州市科技局紧急抗疫项目立项。

（2）6月4—18日，校党委第四轮巡察第四巡察组对物理科学与技术学院党委开展巡察工作。

（3）8月21—23日，在江苏省高校第十二届"基础物理教师上好一堂课"竞赛中，周坤老师、虞一清老师分别荣获实验组一等奖和三等奖，张秀美老师荣获理论组二等奖。

（4）9月15日，学院举行三位杰出校友梅维平博士、赵裕兴博士、王振明博士苏州大学客座教授授聘仪式。

（5）10月11日，学院77级杰出校友、中国科学院院士芮筱亭及夫人潘玲老师一行访问母校，参加苏州大学物理科学与技术学院"东吴物理大讲坛"启动仪式，并给2020级新生上了一堂精彩的"大学第一课"。

（6）10月11—18日，学院举办庆祝苏州大学建校120周年系列活动，系列活动包括《物理教师》创刊40周年120篇优秀论文评选活动、"苏州大学物理科学与技术学院发展基金"和"苏州大学光伏校友会教育与产业发展基金"设立及捐赠协议签约活动等。

（7）11月25日，学院与苏州工业园区方洲小学开展学习党的十九届五中全会精神暨党建共建单位签约、揭牌和本科生党员科普教育服务进校园活动。

（8）平台建设取得新进展。John Michael Kosterlitz教授领衔组建的高等研究院成功获颁首批苏州市外籍院士工作站，该站也是姑苏区唯一一家外籍院士工作站。12月27日，学院召开2020年度江苏省薄膜材料重点实验室学术委员会会议。

（9）李亮教授获批国家杰出青年基金项目，蒋建华教授入选教育部"青年长江学者特聘教授计划"。

（10）学院获2020年度苏州大学综合考核第一等次及"高质量发展先进单位"称号，另获本科教学工作综合考评优秀奖、研究生工作综合考评优秀奖及科技工作最佳组织奖等3个单奖项。

（王迎春）

光电科学与工程学院

一、学院概况

光电科学与工程学院坐落于风景秀丽的天赐庄校区。学院前身为创办于1979年的江苏师范学院（苏州大学前身之一）激光研究室。2014年1月，在原现代光学技术研究所、原信息光学工程研究所和原物理科学与技术学院光电技术系的基础上，合并组建了物理与光电·能源学部光电信息科学与工程学院。2018年5月，学院独立设置，并更名为光电科学与工程学院。学院拥有国家重点学科培育建设点、国家一流学科、江苏省一级重点学科、江苏省优势学科、GF特色学科、博士后流动站等一系列国家和省部级一流学科与平台。学院现有教育部现代光学技术重点实验室、江苏省现代光学技术重点实验室、江苏省国家重点实验室培育建设点、江苏省先进光学制造技术重点实验室、数码激光成像与显示教育部工程研究中心、数码激光成像与显示国家地方联合工程研究中心、国家首批"2011计划"苏州纳米科技协同创新中心等7个省部级重点实验室和工程中心。现有实验室总面积达1.15万平方米，仪器设备原值达2.2亿元。学院具有光电信息科学与工程、电子信息科学与技术、测控技术与仪器3个本科专业，光学工程（学术学位）、电子信息（专业学位）和检测技术与自动化装置3个硕士学位授权点及光学工程一级学科博士学位授权点。学院现有本科生522名，研究生276名，其中，硕士研究生252人，博士研究生24人。现有教职员工111名，其中，专任教师75名，党政管理11人，教学辅助岗位12人，专职科研人员2人，博士后2人。其中，包括中国工程院院士、国家科技进步奖获得者等国家和省部级高层次人才近20名，正高职称教师21名，副高职称教师41名，博士生导师13名，硕士生导师30名。

二、教学工作

1. 本科生教学工作

（1）防疫、教学两不误。学院所有教学班全部平稳开出、稳步有序、顺利完成。加强本科专业宣传，修订本科专业人才培养方案，提升专业内涵建设。学院获校优秀本科毕业设计3篇（2篇推省优），校优秀本科毕业设计团队1个（推省优）；获2019年省本专科优秀毕业设计（论文）三等奖1项；获校本科优秀实习生3人，校优秀实习指导教师1人。招收2020级本科生158名，志愿率100%，获本科招生宣传先进集体及个人各1项。毕业生就业率居全校前5名，出国升学率居全校第6。

（2）教改工作稳推进。获教育部2019年第二批产学合作协同育人项目1项、光电教指分委 2019 年教育教学研究项目 3 项。获校教学成果二等奖，校课程思政教学团队 1 个和示范课程 1 项；获国家级"大创" 2 项、校级"大创" 2 项，"箐政基金" 1 项。获校大学生创新创业优秀成果奖 1 项，并获"第十三届全国大学生创新创业年会"交流展示项目评选。完成光电信息科学与工程（以下简称"光电专业"）、电子信息科学与技术、测控技术与仪器 3 个本科专业电类基础课程线上线下混合实验平台建设，基本完成光电专业综合实验建设。

（3）人才培养再迈步。完成光电专业"理转工"校内外专家论证和教育部普通高等学校本科专业设置申请。光电专业获评省级一流本科专业并获得国家级一流本科专业建设点申报资格。成功举办第八届全国大学生光电设计竞赛（东部区赛）。以赛促学，组织学生参加各类学科竞赛，获国家级奖项 3 项、省级奖项 29 项，2 位指导教师获校"教学先进个人"称号。

2. 研究生教学工作

（1）培养过程管理强化。修订电子信息专业培养方案，光学工程、检测技术及自动化装置学术型研究生培养方案，联合其他学院共同申报电子信息专业型博士学位点。招收博士生 8 名，硕士生 100 名；授予博士学位 3 个，授予硕士学位 64 个。

（2）科研创新能力提升。获第五届全国光学工程学科优博论文提名奖 1 项，省优博论文 1 篇；获省研究生科研与实践创新计划 1 项，省企业研究生工作站 1 个，省第八批产业教授 1 人。获校研究生精品课程 1 个，校研究生教育改革成果奖培育项目 1 项，校优博论文 1 篇，校优硕论文 3 篇；开展研究生课程思政建设 1 项。

（3）研究生国际视野拓宽。申报与澳大利亚西澳大学开展博士生联合培养项目 1 项，在疫情常态化管理的特殊时期，参加国际学术交流 7 人。

三、科研工作与学术交流

1. 科研项目及成果

（1）基金立项取得新突破。获批国家重点研发重点专项 1 项；国家自然科学基金面上项目 6 项、青年基金 4 项；省自然科学基金 4 项，省高校基金 4 项。全年到账 5 390.87 万元，其中，军口纵向 1 214.50 万元、军口横向 3 108.49 万元，民口纵向 768.43 万元、民口横向 299.45 万元。

（2）科学研究取得新进展。参与研制的海洋一号 D 卫星、我国分辨率最高的民用光学遥感卫星先后成功发射升空；李孝峰团队和陈林森团队分获中国光学学会光学科技奖二等奖；发表 SCIE \ EI \ CPCI-S 论文 97 篇，其中，OE/OL 期刊 12 篇、SCI 一区 12 篇。

（3）产学研合作取得新成效。陈林森获"发明创业奖·人物奖"特等奖和"当代发明家"称号；学院联合苏大维格开展专利布局与高价值专利培育，相关成果转化经验受教育部点名表扬；全球首台大型紫外 3D 直写光刻设备 iGrapher3000 投入运行，为新颖光电材料的研究和产业创新开辟新通道；双面纳米压印技术与高光效超薄导光器件实现产业应用，产品被国内外顶级品牌（微软 surface、华为等）应用；裸眼 3D 显示技术取得新进展，有望在移动终端、军事安防等领域中得到应用；合作开发的新冠病毒影像检测系统开展临床测试。2020 年，学院申请专利 44 项、授权 109 项、转让 14 项。

此外，积极拓宽产学研合作渠道，对昆山市巴城镇政府、舜宇光学科技（集团）有限公司、诚瑞光学有限公司、江苏亮点光电科技有限公司、苏州晶方半导体科技股份有限公司等单位进行实地访问，就人才培养、技术攻关、院企共建、院地合作等多种合作模式进行探讨与研究，有望在此基础上开展深化合作，助力协同发展。

2. 学术交流

2020年，学院教师参加各类国际学术交流会议20余人次，做会议特邀报告10余场。

四、学院重大事项

（1）4月2日，学校聘任陈巧巧同志为光电科学与工程学院综合办主任。

（2）4月23日，光电科学与工程学院行政办公室正式搬迁至校本部激光楼。

（3）5月7日，曲宏同志试用期满正式任光电科学与工程学院副院长。

（4）6月4日，学校聘任陈煜同志为光电科学与工程学院副院长。

（5）8月12—14日，第八届全国大学生光电设计竞赛（东部区赛）成功举办。

（6）10月11日，苏州大学光电科学与工程学院产业教授授聘仪式暨首届校友论坛开幕式举行。

（7）10月18日，《追光：薛鸣球传》首发仪式暨薛鸣球学术思想研讨会——纪念薛鸣球院士90周年诞辰系列活动举行。

（8）12月14—15日，江苏省光学学会第八届第六次理事会暨江苏省光学学会2020年度学术年会举行。

（9）12月30日，学校免去陈建军同志光电科学与工程学院党委书记职务，聘任龚呈卉同志为光电科学与工程学院党委书记。

（陈巧巧）

能源学院

一、学院概况

苏州大学能源学院成立于2009年，前身是1983年成立的物理系能源利用教研室，是全国高校中最早创建和发展的能源学院之一。

学院现由中国科学院院士刘忠范领衔建设，是苏州大学重点建设的新型国际化公办学院。学院汇集国际顶尖人才与队伍，匹配一流平台设施，聚焦有重要发展前景和重大创新机遇的能源与材料基础研究和应用研发，培养具有国际化视野和国际竞争力的人才。

学院以刘忠范院士为核心，汇聚了一支学术声望高、专业理论水平扎实、实践教学经验丰富的精英师资队伍。学院现有教职工90余名，其中，中国科学院院士1名、国家四青人才8名、江苏省"双创"人才8名、江苏省"双创"团队2个、江苏省杰出青年基金获得者2人，江苏省特聘教授5名，"333工程"培养对象4名，"六大人才高峰"高层次人才5名，"六大人才高峰"创新人才团队1个，以及校级特聘教授20名。能源学院贯彻以学者为中心的管理机制和体制，形成崇尚真理、自由民主的学术氛围，是青年才俊成长的沃土、优秀人才培养的摇篮。

学院设有2个博士点：新能源科学与工程、能源与环境系统工程；4个硕士授权点：新能源科学与工程、能源与环境系统工程、材料与化工（专业学位）、能源与动力（专业学位）；3个本科专业：新能源材料与器件、新能源材料与器件（中外合作）、能源与动力工程，其中，新能源材料与器件（中外合作）是苏州大学-加拿大维多利亚大学"3+2"联合办学本科专业；1个省级教学示范中心：江苏省新能源材料与器件教学示范中心。学院现有学生800余名，其中，博士、硕士研究生204名，本科生612名。学院重视学生创新能力的培养，实行本科生导师制项目，遴选优秀本科生自第三学期开始进入课题组学习、参与科学研究；定期组织优秀本科生夏令营，促进全国各地本科生学习交流；注重营造国际化人才培养氛围，大力招收留学生，现有21名留学生在学院攻读硕士、博士学位。

学院以苏州大学能源与材料创新研究院（SIEMIS）为基础研究创新平台，以先进碳材料与可穿戴能源技术、太阳能利用与转化、高效动力储能电池、氢能源与燃料电池、理论计算、能源与环境系统工程、低碳节能技术为重点研究方向，集中力量攻克重要、重大科学问题。现有省级重点实验室1个（江苏省先进碳材料与可穿戴能源技术重点实验室），内设大型分析测试中心1个，拥有大型分析测试仪器和设备20余套，总价值超过5000万元，包括球差透射电镜、SEM、XRD、XPS、Raman、AFM、ICP-OES元素分析仪等一批先进新能源材料与器件分析和测试的仪器设备。近5年来，学院获得各类科研项目150多项（其中，国家重点研发计划子课题5项、国家自然科学基金项目50余项），总经费达 6 200 余万元。在《自然·通讯》（Nature Communications）、《先进材料》（Advanced Materials）、《美国化学会志》（JACS）等杂志上发表学术论文 560 余篇，授权专利 80 余件。

学院以苏州大学-北京石墨烯研究院协同创新中心、轻工业化学电源研究所与张家港工业技术研究院为产学研协同发展基地，以新能源、新材料等领域为切入点，致力于协同地方、高校与企业紧密合作，开创刘忠范院士提出的"研发代工"产学研协同创新新模式，实现从基础研究到产业化落地的无缝衔接。现拥有国家化学电源产品质量监督检验中心等 11 个国家及省部级以上重要技术平台。

学院重视文化建设，各类学术活动和师生课余活动丰富多彩。学院每月举办东吴新能源论坛，邀请来自全球各地的学术大师到研究院做学术讲座；每月举办学术午餐交流会，加强导师之间的交流与合作；每年举办研究生学术嘉年华，给学生搭建展示自我的舞台，并颁发各类捐赠奖学金近 50 项。能源学院贯彻以学者为中心的管理机制和体制，形成崇尚真理、自由民主的学术氛围，是青年才俊成长的沃土、优秀人才培养的摇篮。

二、教学工作

1. 本科生教学工作

学院人才培养成效显著。2020 届本科毕业生升学率 52%（全校前三），出国（境）深造率 24.3%。

学生参加学科竞赛成绩优异，获国家级奖项 12 项，省级 5 项。本科生主持国家级、省级项目 2 项，校级 12 项。省"互联网+"大赛二等奖 1 项，校"互联网+"大赛一等奖 2 项、二等奖 2 项、三等奖 1 项，获校优秀组织奖。本科生发表论文 15 篇、申请发明专利 5 项。

学院首次在校内承办全国大学生节能减排社会实践与科技竞赛，并获得国家级三等奖 3 项。

学院高度重视招生宣传工作，制订招生宣传工作实施方案，书记、院长通过今日头条、B 站等开展线上直播宣讲，学院荣获"招生宣传优秀单位"称号。

2. 研究生教学工作

学院紧扣提高研究生教育质量这条主线，深化培养模式改革，注重研究生的综合素质和能力，加强研究生创新能力的培养，体现在课堂教学、社会实践，以及开题、中期考核、答辩等环节，注重研究生学术诚信教育，加强联合培养的管理。

学院 2020 年招收硕士研究生 57 人、博士研究生 12 人，苏大外国留学生奖学金生招生录取共 8 人，其中，博士 6 人，硕士 2 人。

2020 年上半年，顺利完成 5 名博士和 33 名硕士的毕业答辩工作；2020 年下半年，有 10 位博士和 1 位硕士顺利完成学位论文答辩。

三、科研项目及成果

2020 年，学院获批省部级以上纵向科研项目 20 项（增长 126%），获资助资金 1 729

万元（翻一番）。其中，国家重点研发计划课题 2 项，国防重点项目立项 2 项，国家自然科学基金项目 8 项（增长 60%），省杰出青年基金 1 项，省高校自然科学研究重大项目 1 项。横向项目 17 项，2 项专利实现转化。

教师发表高水平论文 166 篇，再创新高，获苏州市论文奖 6 项。申请专利 36 项，授权 24 项（增长 60%），其中，美国专利 1 项，制定国际标准 1 项（获 50 万元奖励）。学院荣获 2020 年度江苏省能源科学技术进步一等奖。

轻工业化学电源研究所快速发展，报批强制性国家标准 1 项、推荐性国家标准 5 项、行业标准 7 项，参与制定国际电工委员会 IEC 的标准 1 项。召开全国原电池标委会年会。2020 年全年营业收入增长 20%，达 600 余万元。

张家港工研院积极开展各种产学研合作交流，共对接企业 50 多家，走访地方政府园区、科技局等部门 20 多家，洽谈兄弟院校 20 多次。目前已有 3 家公司入驻。科技查新 344 项，查新收入 25.87 万元，总收入 118.8 万元。

SUDA-BGI 协同创新中心实现 4 英寸石墨烯晶圆材料的可控直接制备。学院主办先进材料学术交叉前沿论坛，参加北京石墨烯研究院"BGI 孵烯论坛"等。

加强国内外学术交流，学院继续推进东吴新能源论坛、学术午餐交流会、江苏省先进碳材料与可穿戴能源技术重点实验室特邀专题学术会。

四、学院重大事项

（1）3 月，学院召开关心海外留学生、国际留学生线上交流会。

（2）5 月，学院举行苏州大学第八届教代会、第十四次工代会能源学院代表选举大会。

（3）6 月，学院举办关于"工程教育专业认证"专题讲座。

（4）6 月，学院成功举办 2020 苏州大学国际青年学者东吴论坛学术交流分论坛。

（5）7 月，台湾和莲光电股份有限公司游文人一行来学院交流访问。

（6）9 月，学院举行 2020 级新生开学典礼暨"大学第一课"。

（7）10 月，学院成功举办庆祝苏大 120 周年校庆校友返校日、2000 届校友返校日活动。

（8）10 月，学院成功召开 2020 苏州大学国际青年学者"云论坛"学术交流分论坛。

（9）10 月，学院成功举办先进材料学术交叉前沿论坛。

（10）11 月，学院顺利举行第五届研究生学术嘉年华。

（11）12 月，苏州高泰电子汪义方一行来学院交流访问。

（李梦溪）

材料与化学化工学部

一、学部概况

材料与化学化工学部由苏州大学原化学化工学院和原材料工程学院的材料学科合并组建而成。原化学化工学院历史悠久、源远流长，其前身是创建于1914年的东吴大学化学系，它的创始人是东吴大学第一位理科教师、美国生物学家祁天锡教授（美国范德比尔特大学硕士研究生毕业）和东吴大学第一位化学教师、美国化学家龚士博士（1913年来自美国范德比尔特大学）。1917年，龚士博士指导的两名研究生获得化学硕士学位，他们是中国高校授予的第一批硕士学位的研究生。材料学科有近40年的办学历史，目前已成为国内重要的材料科学研究和人才培养基地之一。

学部拥有化学、材料科学与工程、化学工程与技术3个一级学科博士授予点和博士后流动站。化学、材料科学与工程为"一流学科"主要支撑学科；化学、化学工程与技术是江苏高校优势学科建设项目。

学部专业覆盖面广，设有化学、应用化学、化学（师范）、高分子材料与工程、材料科学与工程、功能材料、化学工程与工艺、环境工程等本科专业。化学专业为国家一流本科专业建设点、江苏省"十二五"高等学校重点建设专业和江苏省品牌专业，高分子材料与工程专业为江苏省一流本科专业并入选江苏省特色专业、教育部"卓越工程师"计划并通过工程教育认证；化学实验教学中心为江苏省实验示范中心。目前在校本科生、研究生约2 700人。

学部下设化学学院、材料科学与工程学院、化工与环境工程学院和实验教学中心、测试中心。化学学院下设无机化学系、有机化学系、分析化学系、物理化学系；材料科学与工程学院下设高分子科学与工程系、材料科学与工程系。学部现有在职教职员工280余人，其中，中国科学院院士2人，发达国家院士4人，国家杰出青年科学基金获得者7人，"百千万人才工程"国家级培养对象3人，"万人计划"科技创新领军人才3人及其他国家级人才20人，另有省部级人才20余人。同时还聘请了包括诺贝尔奖获得者在内的30余位外籍名誉教授和讲座教授或客座教授。

学部拥有新型功能高分子材料国家地方联合工程实验室、环保功能吸附材料制备技术国家地方联合工程实验室、智能纳米环保新材料及检测技术国际联合研究中心、江苏省有机合成重点实验室、江苏省先进功能高分子材料设计及应用重点实验室、江苏省新型高分子功能材料工程实验室、江苏省水处理新材料与污水资源化工程实验室及其他20余个省、市、校级重点实验室。

二、教学工作

1. 本科生教学工作

材料与化学化工学部以"一流本科"建设为契机,进一步深化教育教学改革,突出教学中心地位,全面提高人才培养质量。2020年,"无机及分析化学"获批线上线下混合式国家一流本科课程;学部教师出版4本教材,《无机化学(上、下)》入选"十三五"江苏省高等学校重点教材,《大学化学实验》和《高校实验室安全通用教程》获苏州大学教材培育项目立项;学部获得江苏省优秀本科毕业设计(论文)三等奖1项,获评苏州大学优秀本科毕业论文10篇,1个团队获得"苏州大学优秀毕业设计(论文)团队"称号;获第十四届全国大学生化工设计竞赛国家二等奖、东赛区一等奖1项,获江苏省第九届大学生化工设计竞赛团体一等奖2项;获江苏省大学生创新创业大赛"青年红色筑梦之旅"赛道团队二等奖1项;获批大学生创新创业训练计划国家级项目6项,省级一般项目6项,校级项目1项。教师编写教材4本,撰写教改论文9篇。

获得教学奖情况:学部获得苏州大学青年教师课堂竞赛一等奖1项、二等奖2项,苏州大学课程思政课堂教学竞赛二等奖2项。

课程建设成果:建设优质课程资源,夯实教学质量工程。"无机及分析化学"获批线上线下混合式国家一流本科课程;"高分子化学"获批苏州大学研究性教学标杆课程项目;"材料科学与工程基础""无机及分析化学"获批苏州大学混合式教学课程项目;"有机化学""有机合成"获批苏州大学全英文在线开放课程项目。

2. 研究生教学工作

(1)研究生培养创新工程:材料与化学化工学部深化研究生培养综合改革,切实提升培养成效。2020年,有5名博士、3名硕士的论文获得"江苏省研究生培养创新工程"立项并获得资助;1名博士、3名硕士的论文获2020年江苏省优秀博(硕)士学位论文,2名博士、6名硕士的论文获苏州大学2020年优秀博(硕)士学位论文;1名博士入选博士后创新人才支持计划。全国博士学位论文抽检合格率达100%。

学部获批"国家建设高水平大学公派研究生项目"17项,其中,"攻读博士学位项目"13项,"联合培养博士项目"4项。

学部以校企合作为平台,助力研究生人才培养。2020年,建设苏州大学研究生工作站6家、苏州大学硕士专业学位研究生实践基地5家。

(2)研究生督导工作:在校研究生院的统一部署下,校第三届研究生工作督导组成员张正彪根据学部研究生培养的具体情况进行了全面和有效督导。

2020年,共督导研究生入学试题命题3次,研究生阅卷工作1次,研究生论文开题报告、中期考核、(预)答辩和博士学位论文回头看共50余次;督导学部硕士研究生线上复试全过程;督导研究生课堂教学12次,走访谈话研究生30人次,并将督导情况向学部和研究生院做了详细通报。

三、学科建设与科研工作

学部围绕"双一流"建设,依托分子科学研究院,大力推进学科交叉融合,培育新的增长点。2020 年，化学、材料学两个学科在 ESI 全球排名前 1‰内持续攀升：化学从 1 月份的第 74 位提高到 11 月份的第 64 位，材料学从 1 月份的第 37 位提高到第 28 位；2020 年"软科"学科国内排名中，化学第 8 位，材料第 4 位，化工第 15 位；Nature Index（自然指数）全国高校排名第 11 位。

学部积极打造有目标、有重点的人才培育体系，形成完善的国家级、省级和校级人才梯队。2020 年，学部有 1 人当选发达国家院士，1 人获批国家自然科学基金优秀青年项目，2 人入选国家青年学者计划，1 人获批江苏省杰出青年基金项目，1 人被评为江苏省特聘教授。引进校特聘教授精英人才 2 人、学术骨干 1 人、学科方向带头人 1 人、苏州大学优秀青年学者 5 人。

1. 科研项目及成果

学部荣获"何梁何利基金科学与技术创新奖" 1 项；获批科技部国家重点研发计划 2 项、课题 2 项，国家自然科学基金项目 23 项，其中，重点项目 1 项，优秀青年项目 1 项；获批省科技厅项目 6 项，包括 1 项省杰青项目；获批省高校项目及苏州市科技计划项目共 11 项。2020 年，学部获批各级纵向项目总经费超过 6 200 万元。

学部激励教师发表高水平科研论文，全年发表影响因子大于 5.0 的期刊论文共 126 篇，其中，发表《自然·通讯》(*Nature Communications*)、《先进材料》(*Advanced Materials*)、《美国化学会志》(*JACS*) 等期刊论文 23 篇。授权国内发明专利 134 项、PCT 专利 5 项，知识产权转化（让）数量 21 件。横向项目立项 31 项，到账 1 400 万元，建立 100 万元以上校企平台 5 个。

2. 国内外学术交流情况

2020 年，学部主办了多场线上线下学术会议，有 2020 英国皇家化学会青年学者论坛（2020 RSC Emerging Investigator Forum）、苏州大学新型功能高分子材料国家地方联合工程实验室 2020 年度学术研讨会、2020 年分子筛纳米孔材料化学创新研讨会、第十三届功能配位材料设计论坛等。组织学术报告 40 余场。

与国外合作高校开展线上交流，为加快国际化发展进程蓄力。学部积极与美国阿克隆大学、新加坡国立大学、澳大利亚蒙纳士大学、英国利兹大学等合作高校开展线上交流，就联合培养学生项目进行沟通。1 名研究生赴国（境）外参加学术交流活动，2 名本科生分别通过美国阿克隆大学、美国伊利诺理工大学的"3+2"项目继续深造。2020 年新聘、续聘 2 位外籍教授为讲座教授。

四、学院重大事项

（1）4 月，苏州大学先进材料国际合作联合中心更名为化学科学国际合作创新中心。

（2）5 月，选举产生苏州大学第八届教代会、第十四次工代会材料与化学化工学部代表。

（3）5 月，完成材料与化学化工学部行政领导班子换届选举。

（4）6 月，获批科技部国家重点研发计划"变革性技术关键科学问题"重点专项 1 项。实现学部重大研发计划项目新突破。

（5）11 月，材料与化学化工学部路建美教授荣获"何梁何利基金科学与技术创新奖",这也是苏大首次获得该奖项。

(6) 11 月,"无机及分析化学"获批线上线下混合式国家一流本科课程。

(7) 12 月,完成材料与化学化工学部党委换届选举和材料与化学化工学部纪委选举,学部纪委成为苏州大学纪检监察体制改革以来,首家选举产生的二级纪委。

(8) 12 月,获批科技部国家重点研发计划"场地土壤污染成因与治理技术"重点专项 1 项,该项目是学部 2020 年度获得的第 2 项国家重大研发计划项目。

(蔡 琪)

纳米科学技术学院

一、学院概况

苏州大学功能纳米与软物质（材料）实验室由中国科学院院士、发展中国家科学院院士李述汤教授于2008年6月领衔组建，根据事业发展需要，2010年4月更名为苏州大学功能纳米与软物质研究院。研究院着力发展功能纳米材料、有机光电器件、纳米生物医学、结构化功能表面与界面、材料模拟与材料基因组五大研究方向，面向新能源、绿色环保、生物医学、信息科学四大领域进行多学科交叉的基础和应用研究。依托研究院，于2010年12月成立的纳米科学技术学院，以培养纳米专业人才为主要目标，2011年10月成功获批为教育部首批设立的17所国家"试点学院"之一，成为中国高等教育体制机制改革的一个特区。

学院的纳米材料与技术专业是与国家战略性新兴产业相关的本科新专业，2015年入选江苏高校品牌专业。学院紧扣人才培养主线，构建了以研究性学习为载体的教学科研深度融合机制，建立了以个性化培养为导向的学段贯通、学科交叉融合的人才培养机制，建成了以全球视野协同办学的国际资源融合平台，形成了纳米专业创新人才的"三融合"（教科融合、学科融合、国际融合）培养模式，探索出一条适应国家战略性新兴产业相关工科专业创新人才培养的有效路径。学院现有学生975名，其中，本科生429名、硕士研究生423名、博士研究生123名。

学院凝聚了一支学术声望高、专业理论水平扎实、实践教学经验丰富的精英师资队伍。现有教职工120人，其中，特聘教授40人、特聘副教授1人、教授7人、副教授/副研究员23人、英语语言中心外籍教师5人。在教师队伍中，有中国科学院院士1人、欧洲科学院外籍院士1人、国家杰出青年科学基金获得者5人、其他国家级重点人才计划入选者13人次、优秀青年科学基金获得者13人、其他国家级重点青年人才计划入选者19人次。学院组建了阵容强大的学术支撑团队，学术委员会专家由20人组成，其中，17人为院士。此外，还聘请了国内外30余名著名学者担任学院的名誉教授、国际顾问、讲座教授或客座教授。

二、教学工作

1. 本科生教学工作

教师发展与教学团队建设：2020年，学院引进了1位特聘教授、1位副研究员、1位全职外籍讲师。学院超过90%的正高职称教师每学年为本科生授课不少于36学时。

课程资源和教材建设：2020年，学院开设了在线教学专业课程30门，创建了针对线上教学事务的班级群、QQ群、微信群等，保障日常教学的联络工作。王璐老师在学校第二届课程思政课堂教学竞赛中荣获二等奖。

实验实训条件建设：学院依托苏州纳米科技协同创新中心拓展校外实习/实训基地；聘请科技领域的高新技术企业负责人为本科生的"企业导师"。目前已与方晟、维信诺、西卡、星烁纳米、百益倍肯、纳凯科技、亚宝药业、瑞晟纳米等公司建立了良好的协作关系，上述公司已成为学院长期稳定的实习单位。

学生创新创业训练：2020年，获批国家级、省级大学生创新创业训练计划项目3项，校级项目2项，"箸政学者"项目3项，大学生课外学术科研基金资助项目46项；获全国大学生英语竞赛、江苏省普通高校高等数学竞赛等各类赛事奖项20个；本科生发表SCI论文14篇。

国内外教学交流合作：学院积极促进与国内相关院校、试点学院兄弟院校、企事业单位之间学生和教师的互访；积极参加纳米材料领域人才培养教学研讨会，交流本专业建设经验，扩大品牌专业影响力。

教育教学研究改革：2020年，学院获江苏省本科高校青年教师教学竞赛二等奖1项；苏州大学本科毕业设计（论文）优秀指导教师1名、校级优秀毕业设计（论文）3篇、苏州大学本科毕业实习优秀实习指导教师1名；教师发表教学教改论文9篇。

2. 研究生教学工作

2020年，学院推进完善了材料科学与工程本硕博一体化培养实施细则和培养方案，并从2018级本科生中选拔了28名学生进入本硕博一体化培养计划的培育阶段。纳米科学技术学院成为校内首家正式实施本硕博一体化计划的学院。2020年，学院研究生在导师的指导下，共发表SCI论文273篇，其中，第一作者论文有259篇，获批授权发明专利29项，申请专利63项。学院荣获国家奖学金12人次，获"中国电信奖学金·飞young奖"1项，获苏州大学第六届"互联网+"大学生创新创业大赛一等奖1项、二等奖1项，获苏州大学五四青年奖2项，获批苏州大学第二十二批大学生课外学术科研基金项目16项，获江苏省优秀硕士论文2人次，获苏州市自然科学优秀学术论文1人次，获校级优秀硕博论文7人次。2020年，学院研究生国际科技合作交流28人次，研究生多次以线上论坛形式参与国（境）外国际学术会议。继续贯彻党委书记与院长共同领导下的全员促就业机制，大力推进应届毕业生就业创业，2020届硕士研究生就业率达98.26%，博士就业率高达100%。

三、学科建设与科研工作

1. 学科建设

根据ESI数据显示，2011年11月，苏州大学材料科学学科位列全球材料科学学科排名第529位；2014年5月，上升至全球第255位；2017年5月，该学科成为苏州大学率先进入ESI全球排名前1‰的学科之一；2020年11月，跃升至全球第28位，中国内地排名第9位。同时，根据US News 2020年最新发布的世界大学排名，苏州大学材料科学学科全球排名第17位，中国排名第7位。作为学院特色学科，纳米科学与技术在2020"软科世界一流学科排名"中，名列世界第8、中国第4。

2. 科研项目及成果

2020年，教师以苏州大学为第一单位共发表SCI论文293篇，其中，高水平论文114篇，包括在国际顶级期刊《先进材料》（Nature Materials）、《自然纳米技术》（Nature Nanotechnology）、《自然电子学》（Nature Electronics）上各发表1篇论文；出版英文专著1部。申请国家发明专利61项，授权国家发明专利28项、实用新型专利2项，获计算机软件著作权2项，20项国家发明专利成功实现成果转化。学院获批各类纵向科研项目65项，包括军工项目3项，基金委重点项目1项、联合基金重点项目2项、优秀青年科学基金项目1项、面上项目11项、青年科学基金项目7项、专项项目1项，科技部国家重点研发计划政府间国际合作专项2项、国家重点研发计划重点专项课题1项，江苏省政策引导类计划（国际科技合作/港澳台科技合作）项目1项、江苏省自然科学基金优秀青年项目1项、青年项目4项，江苏省高校重大项目2项，等等。2020年，总获批纵向科研经费达3 200万元。此外，获横向科研项目5项，总经费15.75万元。获奖方面，获2019年度江苏省科学技术奖二等奖1项、2020年度江苏省科学技术奖一等奖1项。1人入选欧洲科学院外籍院士，1人入选英国皇家化学会会士，8人入选"2020年全球高引用科学家名录"，7人入选"2019年中国高被引学者榜单"，1人获中国青年科技奖，1人获霍英东教育基金会第十七届高等院校青年教师奖。平台建设方面，在2020年上半年由江苏省科技厅组织的2017—2019年全省重点实验室绩效评估中，学院江苏省碳基功能材料与器件高技术研究重点实验室继续获评优秀，获得滚动资助。

3. 国内外学术交流情况

学院分别与加拿大滑铁卢大学、韦仕敦大学、魁北克大学国立科学研究院，德国图宾根大学建立了"2+2"博士生联合培养项目，共联合培养博士生16名。学院与德国慕尼黑工业大学合作申请的"纳米科学与技术专业国际化研究领军人才培养项目"成功入选国家留学基金委创新型人才国际合作培养项目后，已完成两年共14人赴德交流学习的遴选工作，4人已派出，10人将根据疫情发展情况相继派出。2020年，招收了6位来自巴基斯坦、蒙古的学生来院攻读硕士或博士学位，其中，1人已入学，5人受疫情影响暂未入境，暂缓入学。至此，学院共有在籍留学生17人。

2020年，学院主（承）办线上、线下学术交流活动5次，参与的专家学者近500人次。获批省级及以上国际合作项目3项，总经费501万元。苏州大学-韦仕敦大学同步辐射研究中心与中国科学技术大学国家同步辐射实验室合作共建的"软X射线能源材料原位分析线（MCD-B支线）站"于2020年11月成功验收。

四、学院重大事项

（1）5月，学院7名学者入选"2019年中国高被引学者榜单"。学院入选学者中，李述汤院士、刘庄教授、马万里教授、廖良生教授已连续6年入选，李彦光教授、程亮教授连续3年入选，孙宝全教授连续2年入选。

（2）6月，时任江苏省委常委、苏州市委书记蓝绍敏视察学院产业化基地——江苏省产业技术研究院有机光电技术研究所，高度评价了研究所的整体布局和相关工作，鼓励研究团队继续在有机光电行业深耕，努力前行。

（3）7月，学院主导建设的材料科学与工程、纳米科学与技术在2020"软科世界一流学科排名"中再创佳绩。材料科学与工程位列第15位（相比2019年上升了5位），纳米科学与技术位列第8位（相比2019年上升了3位），在中国高校排名中均位列第4位。

（4）8月，学院迟力峰教授当选欧洲科学院外籍院士。

（5）9月，学院江苏省碳基功能材料与器件高技术研究重点实验室在省科技厅组织的2017—2019年全省重点实验室评估中获得优秀。

（6）11月，学院成功主办长三角先进材料论坛暨2020华东四校青年学者论坛。华东四校青年学者论坛由南京大学、浙江大学发起，复旦大学和苏州大学后续加入，由四校轮流主办，至2020年已成功举办八届。

（7）11月，学院9人次入选科睿唯安在线公布的2020年度"高被引科学家"（2020 Highly Cited Researchers）名录。学院已累计41人次入选全球高被引科学家。

（8）11月，由苏州大学-韦仕敦大学同步辐射研究中心与中国科学技术大学国家同步辐射实验室合作共建的"软X射线能源材料原位分析线（MCD-B支线）站"验收会在合肥光源成功召开。该线站是国内第一条大学牵头与光源共建的同步辐射线站，已顺利通过验收。

（9）11月，学院江苏省碳基功能材料与器件高技术研究重点实验室于11月23—28日举办"助力企业、共渡难关"开放周活动。

（10）12月，学院迟力峰教授入选中国化学会首届会士（FCCS）。

（杨　娟）

计算机科学与技术学院

一、学院概况

苏州大学计算机相关专业开设至今已30余年，苏州大学是江苏省较早开设计算机专业的高校之一。1987年应苏州市社会发展需要组建工学院，2002年正式成立苏州大学计算机科学与技术学院，2003年成立苏州大学中创软件工程学院（现更名为苏州大学软件学院）。

学院秉承"养天地正气，法古今完人"的校训和"厚德博学、敬业求真"的院训，形成了从本科、硕士（计算机科学与技术、软件工程2个一级硕士点和电子技术1个专业硕士点）、博士（计算机科学与技术、软件工程2个博士点）到博士后（计算机科学与技术、软件工程2个流动站）的完整人才培养体系，已为国家培养了8 000余名信息产业的高端人才，成为长三角区域高层次创新人才培养的重要基地。

学院拥有计算机科学与技术、软件工程2个江苏省优势学科和计算机信息技术处理江苏省重点实验室、江苏省网络空间安全工程实验室、江苏省大数据智能工程实验室。

学院现设计算机科学与技术（"双万计划"国家一流专业建设点，江苏省品牌专业，江苏省重点专业）、软件工程（"双万计划"国家一流专业建设点，国家特色专业建设点及教育部"卓越工程师教育培养计划"专业，江苏省重点专业）、人工智能（2020年新增专业）3个本科专业。其中，计算机科学与技术专业和软件工程专业双双通过国际实质等效的工程教育专业认证。

学院软件工程学科评估结果为A-，计算机科学学科在ESI排名中进入全球前1%。

目前，学院共有全日制学生2 003人，其中，本科生1 499人、硕士研究生459人、博士研究生45人。

学院现有教职工142人，其中，教授31人，副教授36人，博士生导师20人，硕士生导师40余人。教师中有加拿大工程院院士1名，国家人才项目专家4人，"国家级有突出贡献的专家"2人、江苏省高校教学名师1人，多人次获得江苏省"青蓝工程"学术带头人和"333工程"中青年科学技术带头人等称号。

二、教学工作

学院以培养高素质创新人才为宗旨，组建了人工智能实验班、卓越班、图灵班，培养基础扎实、视野开阔、专业精深、勇于创新的高水平拔尖人才。

学院积极构建校企联合培养机制，以"项目导入，任务驱动"模式进行教学改革，依托产学研平台有序落实"卓越人才教育培养计划",组建了校企合作创新实验室,着力培养学生的工程素养、创新意识和创新能力。

学院推行本科生"双导师"制度的实践教学模式,安排高校和企业指导教师共同指导本科生实践课题研究,实现了教学和社会需求的完美结合。

1. 本科生教学工作

深化一流本科教育改革行动计划,积极申报国家示范软件学院。协助教务部做好华为智能基座项目建设工作,组织课程教师参与专题培训和课程建设。结合课程思政建设要求,全面修订本科课程教学大纲。落实工程认证相关要求,做好两次培训,推进教学方案调整、教学过程安排、教学材料收集等工作。

2. 研究生教学工作

贯彻全国研究生教育会议精神,推进研究生教育改革相关工作,落实《关于"加快人工智能领域人才培养进一步促进学科融合"的实施方案》,积极推进研究生德政导师工作,建立相关督查和考核机制。2020年上半年,学院克服困难,认真准备、精心演练,顺利完成了2020级研究生入学考试的在线复试工作,做到了零返工、零差错、零投诉。2020年下半年,针对学术型研究生培养质量和能力水平有待进一步提升的问题,修订了学术型研究生培养方案,努力提升研究生培养质量;针对专业型研究生培养目标和方式与学位类型的要求不一致的问题,修订、拓宽了专业型研究生毕业要求,使得占招生总数三分之二的专业学位研究生可以从事与专业学位培养要求一致的研究工作。牵头组织机电工程学院、光电科学与工程学院和电子信息学院三家学院共同参与工程学位博士点的申报工作。

三、科研工作与学术交流

1. 科研项目及成果

近5年,学院教师获国家项目85项、省部级项目25项、市厅级项目40项,年均科研经费2 000余万元;发表CCF A类期刊/会议论文60篇、CCF B类期刊/会议论文140篇、CCF C类期刊/会议论文195篇,SCI一区论文7篇、二区论文64篇、三和四区论文123篇,发表论文被SCI、EI、ISTP三大检索收录470余篇;授权发明专利236项,获得软件著作权899项。

2. 国内外学术交流情况

近3年来,学院邀请美国纽约州立大学布法罗学院、美国蒙特克莱尔州立大学、澳大利亚昆士兰大学、香港城市大学等著名高校的专家学者讲学100余次;除学校设立的本科生海外交流奖学金外,学院还设立专项经费资助研究生参与国内外学术交流和出国(境)短期学习。60余名学生赴上述国家和地区参加研修和学术交流;学院还与美国、德国、澳大利亚、加拿大等国家的知名高校建立学生互派计划或联合培养项目,为学生的国际化培养开辟了渠道。

四、学院重大事项

(1) 完成学院行政班子、党委、学院六届教代会的换届工作。

(2）完成第五轮学科评估材料提交工作。

(3）组织学院首届为期 3 个月的学术水平提高训练营。2020 年年初选拔 15 名研究生前往英国剑桥大学。

(4）积极参与学校建校 120 周年校庆的宣传和组织工作，加强与校友的联系，争取校友和社会的支持，2020 年争取到校友及企业捐赠奖教、奖学及助学金 20 万元。

（俞莉莹）

电子信息学院

一、学院概况

电子信息学院的前身是始建于1987年的苏州大学工学院电子工程系，随着学科发展和规模扩大，2002年7月更名为电子信息学院。

学院覆盖2个一级学科：信息与通信工程、电子科学与技术，其中，信息与通信工程被列为江苏省"十三五"重点学科；学院拥有信息与通信工程博士后科研流动站，2个二级学科博士点——信号与信息处理、生物医学电子信息工程，2个一级学科硕士点——信息与通信工程、电子科学与技术，1个专业硕士学位点——电子信息。

学院现有电子信息工程、电子科学与技术、通信工程等本科专业，其中，通信工程、电子信息工程等被列为"十二五"江苏省高等学校重点专业，通信工程为江苏省特色专业（2011年被确定为江苏省卓越工程师培养试点专业）。2015年，通信工程专业被列为江苏省品牌专业培育点；2016年，通信工程参加中国工程教育专业认证，成为学校第一个通过专业认证的工科专业；通信工程专业、电子信息工程专业均入选国家级一流本科专业建设点。

学院师资力量雄厚，拥有一支结构合理、充满活力和富有创新意识的高水平师资队伍。中国工程院院士潘君骅先生为学院名誉院长。现有教职员工120人，其中，专任教师90人，教授22人（含特聘教授7人，全职外籍教授2人）、副教授47人、博士生导师12人、硕士生导师30余人，具有博士学位的教师比例达73%。拥有国家级人才5人，"973计划青年科学家"1人，江苏省杰出青年基金获得者1人，江苏省"双创计划"专家2人，其他省级人才9人，江苏高校优秀科技创新团队1个；拥有IEEE Fellow（美国电气和电子工程师协会会士）、IEEE Distinguished Lecturer（美国电气和电子工程师协会杰出讲师）各1人，OSA Fellow（美国光学协会会士）2人，高被引学者2人；另有外聘院士3人，讲座教授6人，兼职教授10余人。学院现有全日制本科生1 181人，硕士研究生、博士研究生359人。

学院拥有2万多平方米的电子信息楼（作为教学实验和科研的场所），并拥有江苏省新型光纤技术与通信网络工程研究中心，电工电子实验教学省级示范中心和生物医学电子技术、射频与微波毫米波、先进光通信网络技术3个苏州市重点实验室，与214研究所共建江苏省MEMS工程技术研究中心；拥有光网络与通信江苏高校优秀科技创新团队；建有通信、信号与信息处理、微纳电子等相关领域的多个科研机构，在芯片设计、电路与系统设计、通信网络设计及生物医学信息处理等领域具有较强的研发能力。

学院积极开展科学研究和科技创新活动，近几年承担了包括科技部重点研发计划

（含国际合作项目）、国家自然科学基金（含重点项目）、"973 计划"和"863 计划"项目、总装备部科研课题在内的一大批高水平科研项目，并在光网络与通信、无线通信、语音信号处理、图像处理、智能化仪器、生物医学信息处理、微纳传感器、大规模集成电路设计、半导体器件、射频与微波工程等方面取得了一批科研成果。近年来，学院获得包括江苏省科学技术奖一等奖、二等奖（排第一），中国光学工程学会科技进步奖一等奖，中国通信学会自然科学奖二等奖（排第一），吴文俊人工智能技术发明奖一等奖等省部级奖项 7 项。

学院十分注重学生科研创新能力的培养，先后获得了以培养创新人才为目标的省卓越工程师计划、校级专业综合改革试点等项目。积极探索校企联合培养的新机制，组织学生参加学科竞赛等活动。近几年，共有 3 人次获得中国电子学会优秀硕士学位论文奖，多人次获得江苏省优秀硕士学位论文奖和国际会议优秀论文奖；学生在全国大学生电子设计竞赛、全国软件与信息技术专业人才大赛、江苏省"TI 杯"电子设计大赛、全国英语竞赛、全国数学竞赛等大赛中屡获大奖，2015 年、2017 年、2019 年共获教育部组织的全国大学生电子设计竞赛一等奖 5 项，多个班级被授予江苏省或全国的"先进班集体"光荣称号。学院还积极承办高层次的国际和全国性的学术会议。

近年来，学院研究生、本科生的毕业率和学位授予率在全校一直位居前列，因所设专业都十分热门，培养的专业人才综合素质高，毕业生普遍得到社会的欢迎，一次性就业率和就业平均年薪在学校各专业中也名列前茅。

学院积极向包括北京大学、上海交通大学等在内的兄弟高校和中科院研究所推荐免试研究生，考取清华、北大、交大、浙大、中科大等"985"高校及出国深造的学生也逐年增多。学院还与美国、德国、加拿大、澳大利亚、韩国、新加坡等国家和中国香港、澳门、台湾地区的高校建立良好合作关系，为学生进一步深造提供了平台。

二、教学工作

1. 本科生教学工作

2020 年，"电磁场与电磁波"入选首批国家级线下一流课程；学院获省级重点教材 1 本；获批电子信息类教指委教改项目 1 项，获校级课程思政教学团队 1 个、课程思政项目 1 项；教育部高等教育司产学合作协同育人项目立项 2 项；2 位青年教师获电子信息类教指委讲课竞赛三等奖；12 位教师参与各类教学研讨和培训活动；学院获苏州大学本科教学工作考评实验教学示范奖。

电子信息工程专业入选国家级一流本科专业建设点；电子信息工程、电子科学与技术两个专业提交了工程教育专业认证自评报告。

加强学科竞赛与学生科研工作，学院师生共获得各类省级及以上奖项 261 项，其中，全国大学生智能车竞赛国家二等奖 1 项，苏大实现了 0 到 1 的突破；全国大学生电子设计竞赛邀请赛国家二等奖 1 项；江苏省大学生电子设计竞赛一等奖 5 项、二等奖 9 项；"蓝桥杯"全国软件与信息人才技能大赛国家级一等奖 1 人、二等奖 10 人、三等奖 23 人、优秀奖 19 人。获校优秀毕业设计团队 1 个、优秀毕业论文 10 篇、优秀指导教师 1 人；省优秀毕业设计论文三等奖 1 人；学生完成了毕业实习工作，获校优秀实习生 10 人，实习小组 1 个，优秀实习指导教师 2 人。"大创"结项 7 项：国家级 1 项，省级 2 项，校级 4 项；"大创"获批 11 项：国家级 1 项，省级 6 项，校级 4 项；"箐政基金"项目 1 项。

完善和推进与新加坡国立大学"3+1+1"的合作办学，接受院 2020 届学生 19 名；稳步推进和英国伯明翰大学"2+2"双本项目和"3+2"本硕项目。

2. 研究生教学工作

2020 年，研究生获江苏省研究生科研创新计划 2 项、江苏省优秀硕士学位论文 1 篇、第三届全国大学生嵌入式芯片与系统设计竞赛暨第五届智能互联网创新大赛二等奖 1 项、第四届全国大学生集成电路创新创业大赛三等奖 1 项、第六届微米纳米技术创新与产业化科研成果转化学生大赛三等奖 1 项、第十五届中国研究生电子设计竞赛三等奖 1 项；研究生在国内外学术期刊和高水平国际会议上发表高水平论文多篇，其中，在国际著名的 IEEE 汇刊上发表论文 9 篇。

三、学科建设与科研工作

1. 科研项目及成果

2020 年，学院主持科技部重点专项项目 1 项，共获批国家自然科学基金 6 项、江苏省自然科学优秀青年基金 1 项、江苏省自然科学面上项目 1 项、江苏省自然科学青年基金 2 项、苏州市自然科学基金 2 项、横向项目 42 项（横向项目经费超过 1 000 万元）；获授权发明专利 68 项（其中，国际发明专利 4 项）、软件著作权 76 项、实用新型专利 21 项；学院教师在国内外各类学术期刊或会议上发表论文 180 篇；获得江苏省科学技术二等奖、吴文俊人工智能技术发明奖一等奖、2020 安徽省科技奖三等奖。

2. 国内外学术交流情况

2020 年，学院克服疫情带来的不利影响，在加强教学及科研工作的同时注重国内外的学术交流活动，邀请了意大利都灵理工大学等国内外 10 多位知名专家学者线上或来院做学术报告。学院 1 名教师、2 名博士生完成了美国和英国的访学交流任务，顺利回国。

四、学院重大事项

（1）5 月，学院召开分工会换届选举大会。

（2）9 月，沈纲祥院长当选为美国光学学会会士。

（3）9 月，学院召开五届一次教职工代表大会。

（4）11 月，苏州大学 EE 校企合作联盟 2020 年年会成功召开。

（5）11 月，"电磁场与电磁波"入选首批国家级线下一流本科课程。

（6）12 月，学院党委召开换届选举大会。

（7）12 月，学院医学影像处理与分析团队获第十届吴文俊人工智能技术发明一等奖。

（8）12 月，电子信息工程专业入选国家级一流本科专业建设点。

（刁爱清）

机电工程学院

一、学院概况

机电工程学院是苏州大学建院较早、实力较强的工科学院之一，其前身是始建于1977年的苏州丝绸工学院机电系，1978年、1980年分别设置纺织机械、工业电气自动化本科专业，1978年开始招收硕士研究生。1997年7月，苏州丝绸工学院并入苏州大学，原苏州丝绸工学院机电系与原苏州大学工学院合并重组成立新的苏州大学工学院；1999年年底，苏州大学工学院划分成机电系、电子系、计算机系等3个独立系；2001年，苏州大学机电系更名为苏州大学机电工程学院；2012年，南京铁道职业技术学院苏州校区机械系、自控系并入苏州大学机电工程学院。

学院现有教职工174人，其中，专任教师143人，在岗正高职称31人、副高职称76人，校级特聘教授9人，校级优秀青年学者7人。2020年上岗博士生导师13人，硕士生导师67人。教授和副教授约占专任教师总人数的74.8%，专任教师中具有博士学位的人数约占教师总人数的66.4%。拥有国家级人才项目获得者3人，教育部"新世纪优秀人才支持计划"2人，享受国务院政府津贴2人，"何梁何利基金科学与技术创新奖"获得者1人，全国创新争先奖状获得者1人，以及省级各类人才14人。学院获得江苏省创新团队、科技部先进机器人技术重点领域创新团队等团队称号。学院聘请姚建铨院士为名誉教授，聘请多名国内外知名学者和企业家为客座教授、兼职教授和讲座教授。

学院现有智能机器人技术、激光制造工程、数字化纺织与装备技术3个二级学科博士点。拥有机械工程（学术型）、控制科学与工程（学术型）、机械（专业型）3个一级学科硕士点。拥有机械工程、机械电子工程、电气工程及其自动化、智能制造工程4个本科专业，其中，机械工程专业为江苏省特色专业；机械类专业（机械工程、机械电子工程）为江苏省"十二五"高等学校重点建设专业；电气工程及其自动化专业通过了中国工程教育专业认证，入选教育部第三批"卓越工程师教育培养计划专业"、江苏省高校品牌专业特色项目、江苏省一流本科专业、苏州大学一流本科专业；2019年经教育部审批通过设立智能制造工程专业并招生。2020年，在校全日制本科生1 300多名，在校研究生500多名。

学院围绕先进制造技术领域的前沿发展趋势，形成了智能机器人和微纳制造、生物制造、新型纺织技术与装备、激光加工与表面技术、超精密加工与检测技术、机械系统动力学及控制、信息检测与处理技术、传感与测控技术等具有特色的研究方向。

学院建有江苏省先进机器人技术重点实验室、江苏省军民融合创新平台、2011纳米协同创新中心—纳米机电制造工程中心、江苏省机器人技术及智能制造装备实验室、苏州市先进制造技术重点实验室及 4 个校级科研机构等科研平台，并与苏州相城经济开发区合作成立了政产学研平台——苏州大学相城机器人与智能装备研究院。该研究院是为学院发展提供教学、科研与社会服务的实体性协同创新平台，研究院自 2015 年成立以来，已引进海内外机器人与智能装备领域企业近 40 家，累计产值近 1.5 亿元，税收超 1 千万元，带动就业人数 300 多人，获评苏州市产学研创新载体绩效评估 A 类载体。

学院继承与发扬"厚基础、重实践、求创新"的办学传统，培养具有扎实的学科基础和宽厚的专业知识，动手能力及创新能力强的学生。学院学生在国家级各类学科竞赛中屡获大奖，获得全国第十二届、第十三届、第十五届、第十六届"挑战杯"大学生课外科技作品竞赛特等奖、一等奖、三等奖及中国"互联网+"大学生创新创业大赛铜奖等，其中，在 2020 年第十二届"挑战杯"中国大学生创业计划赛中获得全国铜奖，创历史最好成绩。"医疗康复机器人团队"获 2014 年团中央"大学生小平科技创新团队"称号。

学院积极开展对外交流与合作。近年来与新加坡国立大学，英国利物浦大学、约克大学、布鲁内尔大学，意大利米兰工业设计学院等国际高校和科研机构有良好的合作基础。重视产学研合作，学院与苏州江源精密机械、江苏汇博机器人、苏州同心医疗器械、苏州天弘激光等公司建立良好的产学研合作关系，加快成果转化，促进区域地方经济发展。目前拥有本科生实习实践基地 24 家，省级研究生工作站 47 家，校级研究生工作站 28 家，硕士专业学位实践基地 16 家。

二、教学工作

1. 本科生教学工作

电气工程及其自动化专业入选 2020 年江苏省高校品牌专业特色项目，该专业于 2020 年 12 月份提交专业认证中期检查报告。

2020 年，大学生创新创业训练计划项目 11 项获立项，4 项结题（省级 1 项，校级 3 项）；"箐政基金"项目 1 项立项，1 项结题；苏州大学课程思政教学团队和示范课程立项建设 2 项（团队、课程各 1 项）。陈良老师指导的 1 项本科毕业设计获得 2019 年江苏省优秀毕业设计（论文）三等奖。

2. 研究生教学工作

学院成功举办了 2020 年暑期优秀本科生网上夏令营。2020 年，共招收博士生 7 名、全日制硕士生 145 名、非全日制硕士生 7 名。毕业硕士生 179 名，博士生 3 名。

2020 年，研究生参与发表 SCI、EI 论文 113 篇，授权专利 78 项，2 名硕士研究生获 2020 年江苏省创新实践计划。研究生出国参加国际学术会议和学术交流共计 2 人次。22 位同学获研究生学业特等奖学金（其中，博士 5 名、硕士 17 人）；58 位同学获研究生学业一等奖学金（其中，博士 5 名、硕士 53 名）。

2020 年，研究生共参加各级、各类科技和学科竞赛 60 多人次。2020 届研究生总就业率为 100%，硕士毕业生平均签约起薪在 8 000 元，继续保持良好的就业态势。

三、学科建设与科研工作

1. 科学研究及成果

2020年，学院共计承担各级各类科技项目236项，年度到账经费共计3 753.39万元。民口纵向项目106项、民口横向项目117项、国防纵向项目7项、国防横向项目6项。其中，民口纵向项目立项57项，立项经费1 625万元，到账经费1 906.5万元。民口横项项目到账经费1 498.57万元。国防纵向项目到账经费130万元，国防横向项目到账经费218.3万元。

项目方面，获批国家重点研发计划课题主持3项、国家重点研发计划课题参与4项、省部级重点参与项目1项，承担国家重点研发计划项目19项，承担广东省重点领域研发计划项目2项。获批工业和信息化部项目1项，国家自然科学基金9项（其中，青年项目4项、面上项目5项），江苏省自然科学基金2项（其中，面上项目1项、青年项目1项），江苏省高校自然基金面上项目2项、重大项目2项，江苏省产学研合作项目2项，江苏省教育厅基金项目1项，苏州市前瞻性应用研究项目1项，中国博士后基金4项。成立江苏省创新平台1个。

2020年，学院授权专利共115件，其中，发明44件，实用新型50件，软件著作权21件。专利转让8件。教师发表论文共271篇，其中，SCI论文115篇，EI论文48篇，核心31篇，普通论文77篇，出版论著2部。王传洋教授的"高精智能高效拉杆式轮胎硫化机关键技术及应用"获2020年度中国石油和化工联合会科技进步二等奖。何志勇副教授的"基于人类视觉感知显著性的织物表面缺陷检测分析关键技术及应用"获2020年度湖南省科技进步奖二等奖。

2. 国内外学术交流情况

教师积极参与各类学术交流活动，其中，匡绍龙教授在医疗机器人技术在线论坛做专题报告，王蓬勃副教授在中国机器人行业年会上受邀做专题报告。

邀请知名专家为学院师生做公开学术报告6场，组织校庆系列讲座。邀请中国科学技术大学李智军教授、北京大学喻俊志教授、扬州大学孙进教授、电子科技大学王曾晖教授、上海交通大学颜志淼副教授、中国海洋大学陈朝晖教授等做学术报告。

四、学院重大事项

（1）2月11日，学院科研团队向苏州市红十字会、湖北等地捐赠2台自主研发的消杀机器人。

（2）4月20日，苏州大学机电工程学院团委获"2019年度苏州市五四红旗团委"光荣称号。

（3）5月30日，孙立宁教授获全国创新争先奖状。

（4）6月22日，电气工程及其自动化专业入围2020年江苏省高校品牌专业特色项目。

（5）10月30日，学院获批江苏省军民融合平台。

（6）12月9日，机电工程学院党委召开换届选举党员大会，选举产生新一届党的委员会。

（李知瑶）

沙钢钢铁学院

一、学院概况

沙钢钢铁学院以冶金工程和金属材料工程专业为特色，致力于培养具有现代工程意识和创新能力的复合型人才。学院现有冶金工程、金属材料工程2个本科专业，有冶金工程、材料冶金、材料与化工、资源与环境4个硕士学位授权点和材料冶金1个博士学位授权点，已建成完备的本、硕、博一体化人才培养体系。学院在校生人数达600多人。学院现有教职工63人，包括国家级人才特聘教授1人、苏州大学特聘教授4人、江苏省人才计划8人、苏州大学优秀青年学者7人。专任教师100%拥有博士学位，全部来自国内外名校，超过70%的教师具有海外工作经历。"十四五"期间，学院将进一步加强学科内涵建设，凝练学科方向，加强师资队伍与平台建设，不断改善办学条件，加快国际化步伐，提升学科建设水平，努力建成国内一流、国际知名的高水平研究型学院，成为长三角地区具有引领作用的高水平人才培养基地和科学研究基地。

二、教学工作

（1）坚持立德树人，以深化本科教育教学改革和全面提升人才培养质量为目标，不断加强基层教学组织的规范化和成效化建设。疫情防控期间，组织全院师生坚持"停课不停教、停课不停学"，认真完成每一个教学环节。学院共承担本科生课程26门，其中，专业必修课15门、专业选修课6门、公共选修课1门、实习类课程4门；指导2016级本科毕业论文的教师82人。

（2）逐步加强学院研究生教育教学的规范化建设和过程化管理。在全体研究生导师的共同努力下，2017级8名研究生克服新冠肺炎疫情带来的不利影响，论文盲审优良率、答辩通过率和毕业率均达到了100%。2020年，共录取学术型硕士研究生15人、专业型硕士研究生15人，博士生2人，目前在校研究生人数达到65人，实现了研究生培养上规模的初期目标。

学院进一步完善本、硕、博三位一体人才培养模式，新增资源与环境专业学位硕士点1个，完成冶金工程一级学科学术型博士点和资源与环境专业型博士点的申报工作，目前2个博士点已通过江苏省学位委员会的评审。

（3）组织全院专任教师开展课程思政案例设计大赛，积极引导专业教师把思想政治工作贯穿教育教学全过程。组织学院首届专业课程微课（程）教学比赛，并推荐2位教师代表学院参加学校和江苏省的微课（程）比赛。一年来，获江苏省青年教师课堂教学比赛二等奖 1 项、苏州大学青年教师讲课比赛二等奖 1 项，获批校级课程思政教改项目 2 项、苏州大学课程思政教学团队 1 个、课程思政示范课程 1 门。

（4）以教学团队建设、一流本科专业建设、新工科建设和工程教育专业认证等 4 个方面为着力点，全面推动学院的一流本科教育。申报并获批苏州大学一流本科教学团队 1 个。组织冶金工程专业积极申报学校一流本科专业建设，持续提升专业内涵建设水平。以教育部首批新工科项目为依托，将多学科交叉、融合现代信息技术的新工科建设思路内化到专业建设和人才培养过程中，不断推进金属材料工程专业的特色化建设。新工科项目研究成果得到教育部同行专家的充分肯定，并于 2020 年 6 月通过教育部的审核验收。全面启动并完成了冶金工程和金属材料工程 2 个本科专业的工程教育专业认证的申请工作，已进入自评报告的撰写阶段，各项工作稳步推进。

三、加大学科建设力度，提高科学研究水平

1. 学位点建设

坚持以学位点建设为抓手，促进学科跨越式发展。2020 年，冶金工程一级学科硕士授权点通过了教育部合格评估，冶金工程一级学科博士点、资源与环境专业博士点通过了江苏省学位委员会审核推荐，这对提升学院学科建设水平具有里程碑意义。

2. 科学研究

科学研究成果再上新台阶，实现民口纵向、民口横向课题的均衡发展。2020 年，学院获批纵向科研项目 15 项，其中，国家自然科学基金 6 项，到账经费 514.22 万元；承担横向课题 25 项，到账经费 1 122.45 万元。科研总经费达 1 636.67 万元，师均科研经费 39.2 万元；教师共发表高水平学术论文 65 篇，授权发明专利 34 项。

3. 科研平台

2020 年申报的江苏省发改委"新能源汽车用金属结构材料绿色制备与资源再生工程研究中心"，已进入评审阶段；与中冶南方工程技术有限公司共建"高炉智能感知技术研发中心"，与中特嘉耐新材料研究院共建"洁净钢关键工艺智能模拟研发中心"。此外，学院组建了 10 个具有特色方向的研究所，为冶金工程和金属材料工程学科发展提供了强有力的支撑。

4. 学术交流

打造"钢铁之声"品牌，提高学术交流水平和层次。2020 年，学院邀请中国工程院院士邱冠周来校做学术讲座，举办了 2020 苏州大学优秀青年学者东吴论坛分论坛；举办特聘教授学术交流会 2 次，教师参加国内外各类学术会议 30 余人次。

5. 队伍建设

2020 年，学院引进青年教师 10 人，其中，特聘教授 2 人；晋升教授 2 人、副教授 1 人。现 42 位专任教师中有教授 11 人、副教授 18 人、兼职教授 10 人，高级职称达到 73%。师资队伍建设取得新成效，学院获苏州大学一流本科教学团队 1 个、江苏省青年教师课堂教学比赛二等奖 1 项，苏州大学青年教师讲课比赛二等奖 1 项；新工科项目研究成果得到教育部同行专家的充分肯定，并于 2020 年 6 月通过教育部的审核验收。

四、学院重大事项

（1）学院进一步完善本、硕、博三位一体人才培养模式，新增资源与环境专业学位硕士点1个，完成冶金工程一级学科学术型博士点和资源与环境专业型博士点的申报工作，两个博士点已通过江苏省学位委员会的评审。

（2）学院获批苏州大学一流本科教学团队1个、江苏省青年教师课堂教学比赛二等奖1项、苏州大学青年教师讲课比赛二等奖1项；获批校级课程思政教改项目2项、苏州大学课程思政教学团队1个、课程思政示范课程1门。

（3）新工科项目研究成果得到教育部同行专家的充分肯定，并于2020年6月通过教育部的审核验收。

（4）冶金工程一级学科硕士授权点通过了教育部合格评估，冶金工程一级学科博士点、资源与环境专业博士点通过了江苏省学位委员会审核推荐。

（5）申报的江苏省发改委"新能源汽车用金属结构材料绿色制备与资源再生工程研究中心"，已进入评审阶段；与中冶南方工程技术有限公司共建"高炉智能感知技术研发中心"，与中特嘉耐新材料研究院共建"洁净钢关键工艺智能模拟研发中心"。

（管　淼）

纺织与服装工程学院

一、学院概况

纺织与服装工程学院（兼丝绸科学研究院）成立于2008年7月，是由原材料工程学院按纺织科学与工程一级学科单独组建而成。至2020年年底，学院设有纺织工程系、轻化工程系、服装设计与工程系、非织造材料与工程系、院总实验室，《现代丝绸科学与技术》编辑部。学院拥有涵盖纺织服装全产业链的人才培养体系，现有纺织科学与工程一级学科博士点、博士后流动站。纺织工程是国家重点学科，纺织科学与工程学科连续三次获批为江苏高校优势学科，学科综合实力位居全国第三、江苏第一。纺织工程专业为国家特色专业建设点、教育部卓越工程师教育培养计划专业、江苏省品牌专业。学院现有现代丝绸国家工程实验室、纺织与服装设计国家级实验教学示范中心、纺织与服装工程国家级虚拟仿真实验教学中心等3个国家级平台，以及江苏省产业技术研究院南通纺织丝绸产业技术研究院、江苏省丝绸工程重点实验室等7个省级平台。学院师资力量雄厚，现有教职员工132名，其中，教授33名，副教授33名，专任教师博士学位率达87%，国家级人才计划专家4名。学院先后承担了国家"863计划"和"973计划"高新技术项目、国家科技支撑计划、国家重点研发计划等国家级重大科研项目数十项，获得国家级科技成果奖4项，国家级教学成果奖2项，国家级课程2门。至2020年年底，学院在册全日制本科生1 257人，博士研究生75人（其中，留学生12人）、硕士研究生426人（其中，留学生2人）。

二、教学工作

1. 本科生教学工作

纺织与服装工程学院高度重视本科教学。继服装设计与工程专业之后，纺织工程专业通过专业认证，非织造材料与工程、轻化工程2个专业启动专业认证工作。教育部新工科项目验收，新增参与2项教育部新工科项目，签订14本新工科系列教材的出版合同。成立课程思政工作领导小组，举行第一届学院课程思政教学竞赛，产生一等奖1名、二等奖2名。1位教师获校级课程思政课堂教学竞赛三等奖（刘宇清），纺织品设计与工艺课程群教学团队获批校课程思政教学团队，"纺纱学"课程获批校课程思政示范课程，完成课程思政教学视频拍摄。2020年，学院进一步改革教学模式，形成小班化改革方案，积极探索项目式教学，与日本共立女子大学开设跨国"云"课堂，开展未来百年时尚工业项目本科生学习成果研讨会。实施研讨式教学，获批校级研究性标杆课程2门、新生研讨课2门、混合式教学课程1门；积极进行教改教研，发表教学研究论文7篇，省部级教改项目中有23项成功验收，获校级教学成果二等奖1项，申请校级培育教材1本，校级教学先进个人5名，有9名教师获其他各类奖教金，获省高校微课教学比赛三等奖1项（王萍）、校青年教师课堂教学竞赛一等奖1项（魏真真）。以赛促学，在行业学会举办的各类学科竞赛中获奖67项；以赛促研，与纯羊毛标志国际有限公司（国际羊毛局）签署专业挑战赛协议。申请认定省级本科生竞赛项目1项。

2. 研究生教学工作

纺织与服装工程学院设置纺织科学与工程一级学科博士点，纺织工程、纺织材料与纺织品设计、纺织化学与染整工程、服装设计与工程、非织造材料与工程5个二级硕士、博士点。2020年，录取学术型硕士研究生54人，专业型硕士研究生122人，其中，推免研究生共13人。录取博士研究生13名。研究生发表SCI论文71篇，申请发明专利105件。毕业升学方面，9人获得博士学位；35人获得学术型硕士学位，74人获得专业型硕士学位；学位授予率达99.1%。研究生就业率达95.67%。学位论文盲审通过率达96.7%，省学位论文抽检通过率达100%，抽检全优论文1篇，获中国纺织工程学会优秀博士、硕士学位论文各1篇。

三、科学研究与学术交流

1. 科研项目及成果

2020年，纺织与服装工程学院智能纺织服装柔性器件重点实验室、纺织材料阻燃整理重点实验室、医疗健康用蚕丝制品重点实验室入围2020年纺织行业重点实验室；学院团队与清华大学合作申报并获批科技部重点研发计划军民融合项目1项（支持2项课题，占50%的项目研究经费，预计三年到账经费1 000万元）；注重军民融合项目的培育与申报，在研军民融合项目3项；大力支持国家自然科学基金等纵向科研项目申报（22项），获批省自然科学基金青年基金1项、中国纺织工业联合会科技指导性项目7项，获批市厅级项目10项。纵向项目到账经费共计450.85万元。获批纺织工业联合会科技奖等若干项。发表SCIE论文106篇，EI收录论文28篇，中文核心期刊论文33篇；授权发明专利85件、实用新型专利38件、计算机软件著作权5件；撰写国家标准1项、团体标准1项；获批研究生科研创新计划6项。

2. 国内外学术交流及社会服务情况

2020年，纺织与服装工程学院成立产学研合作办公室，挖掘推广科研成果，与企业形成多种形式的深度合作。与浙江海宁经编产业园区管理委员会、浙江华祥福医用器材有限公司、湖州南太湖时尚创意城投资发展有限公司、常熟涤纶有限公司、吴江生态面料有限公司生态与功能纺织品研发中心、广州启裕博新材料科技有限责任公司丝绸新产品联合研发中心等6家单位签约成立校企合作协同创新中心（合同金额850万元，到账金额600万元），横向项目立项64项（较2019年增加34项），到账总经费1 211.4万元（较2019年增加300余万元）；转让专利22件（较2019年增加2件），转让经费79.6万元。10月成立郑辟疆教育金，募集到111万元，其中，校友企业（正雄企业发展有限公司）捐赠100万元；新增1家校友企业（新民纺织）捐资助学；校友唐坚担任苏州大学校友会副会长。

四、学院重大事项

（1）2020 年，纺织与服装工程学院师生参与疫情防控，贡献显著。学院积极响应国家号召，参与疫情防控阻击战。3 名教师团队攻关抗"疫"应急项目，多名教师参与口罩、熔喷布标准的制定和审定，联合企业捐献口罩 8 万余只。

（2）10 月，纺织与服装工程学院举办纺织丝绸科技与产业发展论坛、鑫缘·苏州大学纺织与服装工程学院师生创新成果联展、纺织类高校院长论坛、纺织工业联合会纺织行业科技创新平台建设研讨会、纺织行业重点实验室建设方案专家论证会等重要会议。

（3）学院在系统收集整理的基础上，完成"十三五"发展时期各项工作的统计总结，形成总结报告。同时，精心谋划学院"十四五"发展规划，党政领导班子先后到江南大学、浙江理工大学、东华大学等兄弟高校和浙江海宁经编产业园区等产业园区调研，多次组织专题会议，广泛听取师生代表意见，已形成规划报告草案。

（司　伟）

轨道交通学院

一、学院概况

苏州大学轨道交通学院（前身为苏州大学城市轨道交通学院）是学校在建设交通强国国家战略的引领下，顺应我国现代化城市建设发展的趋势，秉持地方综合性大学为地方经济发展服务的理念，满足长三角地区轨道交通建设快速发展的需求，在苏州市政府的支持下，于2008年5月成立的新型工科学院。十多年来，学院秉承"养天地正气，法古今完人"的校训和"知行交融，志远通达"的院训，充分利用苏州大学强大的教学资源和苏州市得天独厚的区域优势，以卓越的人才培养、科学研究、社会服务工作助力交通事业的发展，成为交通运输行业高素质人才培养的重要基地。

2012年8月，学院整体迁入阳澄湖校区办学，原南京铁道职业技术学院苏州校区城市轨道交通系和建筑环境与设备工程系并入；2016年6月，新落成的交通大楼正式启用；2017年8月，学院由苏州大学城市轨道交通学院更名为苏州大学轨道交通学院。

学院现有教职工110多名，包括专任教师85名，其中，正高13名、副高42名，教师中拥有博士学位者57名。现有全日制本科生1 033名，全日制硕士研究生101名，在校博士研究生23名。学院开设交通运输、车辆工程、工程管理、轨道交通信号与控制、电气工程与智能控制、建筑环境与能源应用工程等6个本科专业，轨道交通特色显著；设有智能交通科学与技术博士点、交通运输工程一级学科硕士点，下设道路与铁道工程、交通信息工程及控制、交通运输规划与管理、载运工具运用工程、交通能源与环境5个二级方向硕士点，以及车辆工程、模式识别与智能系统硕士点。

学院设土木与环境调控工程系、交通运输工程系、车辆工程系、信号与控制工程系、总实验室、车辆动力学与控制研究所、交通运输规划研究所、地下空间研究所、建筑环境与安全研究所等部门。拥有苏州市轨道交通关键技术重点实验室、苏州大学未来交通联合实验室、苏州大学交通工程研究中心、苏州大学工业测控与设备诊断技术研究所、江苏省轨道交通实践教育中心、苏州市轨道交通视频大数据云平台、苏州大学军民融合物联网协同创新中心、苏州大学固德威清洁电力协同创新中心等8个省、市、校级科研机构和科研平台。

学院拥有面积达3 000平方米的总实验室，建有省级教学实践中心——江苏省轨道交通实践教育中心，设立以轨道车辆、电气控制、交通运输规划与运营、列车运行控制、地下空间等为核心内容的教学实验室；学院建有原铁道部铁路电力机车司机培训基地和国家节能型空调实训基地。

面向国家"十四五"发展规划和二〇三五年远景目标，学院坚持以习近平新时代中国特色社会主义思想为指导，全面贯彻党的教育方针，以立德树人、服务需求、提高质量、追求卓越为主线，聚焦交通运输工程一级学科，深入推进学科专业调整与发展，提高师资队伍质量与水平，坚定内涵式发展与高质量发展并举，打造与学校"国内一流、国际知名"高水平研究型大学定位相适应的，具备一流人才培养体系的新型工科学院，为服务国家战略需求和江苏区域经济发展提供强有力的人才保障和智力支持。

二、教学工作

1. 本科生教学工作

（1）2020年，本科专业按照江苏省普通高等学校本科专业综合评估标准，开展本科教学自评自建工作。通过自评自建和专业互评，各专业把综合评估工作当作改进和提升本科教学工作的手段，相互学习、彼此促进。

（2）2020年，学院紧抓教育教学全过程，学生培养质量持续上升。学院学生在2020年江苏省大学生电子设计竞赛中取得好成绩，获得省级一等奖4项、二等奖2项；在全国交通科技大赛中获得好成绩，其中，二等奖2项、三等奖2项。

（3）2020年，蔡琦琳老师获苏州大学青年教师讲课竞赛二等奖，杜贵府老师获苏州大学课程思政教学竞赛一等奖。

2. 研究生教学工作

2020年，学院共招收62名硕士研究生、4名博士研究生。交通运输专业硕士首次开始招生。30名硕士生、1名博士生顺利毕业；研究生就业率达96.7%，就业率连续多年在全校名列前茅。

3. 实验室建设

2020年，学院总实验室重点完成了"ATC城轨交通运营沙盘实验室"新建工作。在老旧实验室改造方面，学院完成了电力电子实验室、轨道交通运营调度实验室和车辆结构实验室的升级与完善。2020年，新购置设备106台（套），价值240.56万元，其中，教学设备52台（套），总价值163.14万元，有效改善了学院各本科专业的实验教学条件，并为学生在课外开展科学研究提供保障。

三、科研工作与学术交流

1. 科研工作

2020年，学院的科研工作有较大进步，学院圆满完成各项科研指标任务，获得国家自然科学基金7项，其中，面上项目3项、青年科学基金项目4项，资助直接经费270万元。横向项目到账总经费超740万元，继续保持增长势头，圆满完成计划任务。优秀青年教师在论文发表上异军突起，在一区期刊和 *IEEE Trans* 会刊上发表了多篇高水平论文。学院与国内多家著名交通院校和科研院所建立了紧密的教学科研合作关系，成功共建校级协同创新中心"苏州大学-固德威清洁电力协同创新中心"，为学科建设、科研创新、技术服务和人才培养奠定了坚实的基础。

2. 对外交流与合作

多渠道、多形式拓展国际国内交流；继续推进与美国亚利桑那州立大学"3+1+1"联合培养项目的招生选拔工作；继续推进与美国凯斯西储大学工学院"优本计划"的招生选拔工作；与新加坡国立大学苏州研究院签署了"3+1+1"联合培养项目框架协议，并开始实施；加强本科生的多种形式的交流学习，选派优秀学生出国（境）交流3个月以上。

四、学院重大事项

（1）1—5月，学院积极组织部署全面做好疫情防控和返校开学准备工作。

（2）7月2日，学院召开中共苏州大学轨道交通学院委员会换届选举党员大会。

（3）9月28日，校党委第八巡察组巡察轨道交通学院党委情况反馈会议在学院召开。

（4）11月28日，第十五届全国大学生交通运输科技大赛决赛于线上正式开赛，本届全国大学生交通运输科技大赛中，由陶砚蕴、盛洁老师指导的"基于联邦机器视觉与空间网格分布的轨道交通区间客流估计"作品获得国赛二等奖；王翔、宗维烟老师指导的"基于卡口过车数据的城市区域车辆行停检测"作品获得国赛二等奖；张勇老师指导的"武汉市新冠肺炎疫情期间医疗救护车系统救援绩效分析与优化"作品获得国赛三等奖；杜贵府、江星星老师指导的"城市轨道交通和节能安全下多列车运行图优化设计平台研究"作品获得国赛三等奖。

（尉迟志鹏）

体育学院

一、学院概况

苏州大学体育学院的办学历史可以追溯到 1924 年的东吴大学体育专修科、1952 年的江苏师范学院体育系、1982 年的苏州大学体育系。体育学院于 1997 年成立，从 1924 年至今，已有 90 多年的办学历史。在几代体育人的共同努力下，苏州大学体育学院已经成为一个国内领先，并且具有一定国际知名度的体育学院。学院现有体育教育、武术与民族传统体育、运动训练、运动人体科学、运动康复 5 个本科专业；拥有体育学博士后科研流动站和体育学一级学科博士学位授权点、体育学一级学科硕士学位授权点、体育硕士专业学位授权点。

学院拥有国家体育总局体育社会科学重点研究基地、国家体育总局机能评定与体能训练重点实验室、国家体育总局体育产业研究基地等科研平台，国家级一流专业、国家级精品资源共享课、国家级在线开放课程、省级重点专业、省级品牌专业、省级特色专业等优质教学资源；学院也是全国学校体育联盟（体育教育）江苏分联盟盟主单位和江苏省体育教育联盟盟主单位。长期以来，学院致力于培养高素质体育人才，为国家和社会输送了包括奥运会冠军陈艳青、吴静钰、孙杨在内的一大批高水平体育专业人才，为我国体育事业做出了应有的贡献。学院在 1997 年全国首届体育教育专业大学生基本功大赛中获得团体总分第一名，2019 年代表江苏参赛再次获得团体一等奖第一名。

学院现有教职员工近百人，其中，高级职称以上者近 50 人。有博士生导师 20 余人，硕士生导师近 70 人，国际级裁判 2 人，国家级裁判 10 人，另有柔性引进、兼职、客座教授 20 余名。全日制在校学生 1 000 余名（其中，博士研究生 41 名、硕士研究生 282 名）。

学校与江苏省体育局签署战略合作框架协议，联合组建"江苏体育产业协同创新中心"，在科学研究、人才培养、高水平运动队建设等方面全面合作，深度融合。成立"苏州大学江苏体育健康产业研究院"，发挥省校共建的决策优势，全力打造体育健康产业高端智库和体育产业人才培养基地。学院响应"健康中国 2030"号召，服务大众运动健身和康复需求，与苏州市卫健委、苏州市体育局合作成立"运动云医院"。

以各级各类赛事为平台，以赛促学，彰显体教结合特色。孙杨、吴静钰、王振东 3 位运动员在里约奥运会上表现出色，为学校争得了荣誉。张华同学在第二十八届世界大学生夏季运动会跆拳道女子 62 公斤级比赛中夺冠。郭丹同学在平昌冬奥会上获女子速度滑冰集体出发第十名，创造了中国轮滑人转战冬奥会的历史。在第十三届全国学生运动会上，苏大位居参赛高校第七，获得"校长杯"奖。学院学生参加国际剑道公开赛、全国田径锦标赛、全国青年运动会、全国大学生田径锦标赛、全国大学生游泳锦标赛、全国高校健身气功比赛、全国高校啦啦操比赛、全国高校舞龙舞狮比赛、第十八届CUBA大学生篮球联赛、省大学生田径比赛、省大学生游泳比赛、"省长杯"大学生足球联赛、龙舟比赛等国际国内重大赛事，均取得了优异成绩，为学校、学院争了光、添了彩，继续保持了苏大竞技体育水平"江苏一流、全国领先"的牢固地位。

二、教学工作

1. 本科生教学工作

2020年，本科生招生184名（含基地生）。学院坚持以立德树人为宗旨，以学风建设为中心，推进本科教育"四个回归"。依照国家和学校加强本科教育与提升本科教学质量的指示精神，把本科专业建设改革和本科教学质量提升，作为领导班子年度工作的重中之重。

（1）加强青年教师培养，提升教师的教学能力。为提高青年教师的教学水平，邀请了校内外多名专家学者为学院青年教师的教学能力提升开展系列讲座。通过组织院内青年教师课堂教学竞赛提升青年教师的教学水平。其中，熊瑛子老师获得江苏省微课教学比赛三等奖及苏州大学第十九届青年教师课堂教学竞赛一等奖。

（2）全力推进一流专业和品牌专业建设工作。学院完成了体育教育江苏省品牌专业建设工作，并顺利通过专家论证。体育教育专业成功获批苏州大学一流本科专业、江苏省一流本科专业，正在进行国家一流专业的参评工作。学院以体育教育品牌专业建设为契机，开展了系列的课程资源与教材建设工作。继"运动生理学"获2018年度国家精品在线开放课程后，学院新增两门在线课程，王家宏教授也获得全国首届教材建设奖。

（3）加强本科专业学生的实践教学环节，学院举办了一流本科专业建设和教学质量促进专项研讨会议，全面推进本科教育工作。积极组织开展体育教育专业认证的调研工作，积极配合学校对运动训练专业人才培养工作进行认真梳理与整改，完成运动康复专业的省内学位评估工作。注重学生的实践教学，多次组织召开学院实习总结工作会议，张秋霞老师和谈强老师获得"2021届教育实习校内优秀指导老师"称号。举办了院第四十二届田径运动会、体育教育专业学生基本功大赛，提升了本科专业人才培养质量，强化了学生实践技能。

2. 研究生教学工作

2020年，共招收博士研究生9人、全日制硕士研究生120人、非全日制硕士研究生17人，共有博士研究生5人、全日制硕士研究生102人、非全日制硕士研究生18人、在职硕士1人毕业。2020年，学院顺利完成硕博士的招生、培养和学位颁发工作。组织召开了苏州大学体育学院高层次人才培养发展论坛暨体育学博士研究生教育20周年研讨会，为加强广大校友与母校之间的沟通联系、打造苏州大学体育学学科品牌搭建了平台。在学院及各位导师的辛勤努力下，2020年研究生年终就业率为95.62%。

三、科研工作

科研工作稳步推进。2020年，学院师生共获得各级各类研究课题35项，其中，国家社科基金研究项目2项（新增一般项目1项、国家社科基金青年项目1项），省部级研究项目7项，市厅级项目15项，横向或纵向委托项目11项，科研经费达389.12万元；学院教师共发表核心期刊学术论文92篇（其中，SCI论文3篇、SSCI论文4篇，权威核心期刊论文1篇、一类核心期刊论文52篇、二类核心期刊论文21篇），主编、参编教材及出版专著8部，获得软件著作权2项、实用新型专利8项；获得江苏省第十六届哲学社会科学优秀成果二等奖3项，苏州市第十五次哲学社会科学优秀成果三等奖3项，教育部高等学校科学研究优秀成果奖（人文社会科学）1项。举办了国内外专家学术讲座10余场；资助教师和研究生参加国际、国内会议30余人次。

四、学院特色及重大事项

（1）1月11—12日，第十四届全国冬季运动会雪车比赛双人雪车和四人雪车项目在德国温特贝格举行。学院学子吴志涛和杜佳妮参加比赛，共获得三项冠军。

（2）6月25日，体育学院2020届毕业典礼暨学位授予仪式在东区体育馆举行。

（3）7月18—19日，2020年体育学院发展建设研讨会在张家港市成功召开，学院全体教职工参加了会议。

（4）9月13日下午，体育学院2020级新生开学典礼在本部敬贤堂隆重举行。

（5）苏州大学建校120周年庆典体育学院系列活动：2020年10月16—18日，体育学院高层次人才培养发展论坛暨体育学博士研究生教育20周年研讨会在苏州大学召开；10月17日，体育学院杰出校友、跆拳道两届奥运冠军吴静钰与学院在校学生进行了面对面交流；体育学院"院长特别奖"捐赠仪式在文辉楼220会议室举行。

（6）为弘扬中华民族尊老爱老的优良美德，10月23日，学院在东吴饭店二楼东吴厅举办了退休教职工重阳节茶话会活动，为退休老教师送去节日慰问与祝福。

（7）11月4—5日，体育学院第四十二届运动会在东校区体育场成功举行。

（8）11月12—15日，2020年江苏省本科院校体育教育专业一流专业建设研修班在学校如期举行。

（9）11月21日，2020年苏州大学校园马拉松暨江苏省大学生马拉松联赛如约而至，3 200余名校内外选手齐聚参与。

（10）12月1日，苏州大学卓越体育教师培养研讨会暨苏州市名师发展共同体（体育组）集中研修在学院进行。

（刘晓红）

艺术学院

一、学院概况

艺术学院始创于1960年，经过几代人的不懈努力与奋斗，已发展成为师资力量雄厚、专业方向比较齐全的综合性学院。学院现有在职教职工134人，其中，专任教师95人，博士研究生导师9人、硕士研究生导师42人，教授24人、副教授31人，海外专家7人，省教学名师2人。学院还聘请了多名国内外著名画家、设计师担任讲座教授、客座教授、兼职教授。在校博士研究生、硕士研究生、本科生和成人教育学生总计约3 300人。学院设有产品设计、服装与服饰设计、视觉传达设计、环境设计、数字媒体艺术、美术学（美术教育、插画）、艺术设计学7个专业；拥有一级学科设计学博士学位授权点和博士后科研流动站，一级学科设计学、美术学硕士学位授权点，艺术硕士（MFA）专业学位授权点；是国际艺术、设计与媒体院校联盟会员。2010年，艺术学学科获批首批江苏高校优势学科建设工程项目立项；2014年、2018年，设计学学科先后获批江苏高校优势学科建设工程第二期、第三期项目立项。2017年，在教育部第四次学科评估中设计学学科被认定为A类学科（A-），排名全国并列第五；在2018年"软科中国最好学科排名"中，设计学学科为全国前5%。艺术设计为江苏省高等学校重点专业（类），服装与服饰设计、美术学专业为国家级一流本科专业建设点。多年来，学院培养了马可、吴简婴、王新元、赵伟国、邱昊、逄增梅等一大批优秀的艺术与设计人才，毕业生遍及海内外。

二、教学工作

1. 本科生教学工作

学院进一步完善了本科教学质量保障体系，健全本科教学督导组织，成立艺术学院本科教学督导委员会，制定《苏州大学艺术学院本科教学督导委员会工作条例》《艺术学院课程考核资料存档工作方案》，加强对本科人才培养工作的指导、监督、检查和评估。学院全面贯彻落实《苏州大学一流本科教育改革行动计划》，强化专业建设对人才培养的引领，继服装与服饰设计专业获批国家一流本科专业建设点后，推动美术学专业成功申报2020年国家级一流本科专业建设点。将夯实课程建设作为人才培养的基础，根据《关于启动"苏大课程2020-3I工程"项目申报建设工作的通知》（教字〔2019〕293号）文件精神，学院推荐申报并获批苏州大学通识核心课程项目立项1项、研究性教学标杆课程项目立项2项、创新创业课程项目立项1项，教师获得苏州大学第二届课程思政课堂教学竞赛三等奖、苏州大学第十九届青年教师课堂教学竞赛三等奖。学院第二课堂优化思政教育

"四法",深化理论学习成果;实施以"八个一"为目标驱动的成长陪伴计划,推动"三全"育人工作全面铺开;选树青年榜样典型,发挥学生党员、骨干模范引领作用;"五育"并举,服务学生高质量发展,创建有"讲研创演""井冈逐梦""梦想公益学校"等学生工作品牌,协同推动人才培养,成果丰硕。2020年,本科生共参与各级大学生创新创业项目、"挑战杯"等科研项目30项,在省级以上刊物发表学术论文40余篇,在全国大学生广告艺术大赛、江苏省"紫金奖"中国(南京)大学生设计展、2020年江苏省第六届大学生艺术展演等重要赛事中本科生的参与人数达180人次,获奖200余次;2020届毕业生就业率统计为90.56%。艺术学院在苏州大学2020年综合考核中获得本科教学工作考评"人才培养贡献奖"。

2. 研究生教学工作

针对研究生的培养质量问题,学院严把入口和出口关。首先,不断加强优质生源招生工作力度。学院连续两年推免生的招生数量,以及"双一流"院校优质生源比例均位列全校首位。同时,强化研究生培养过程管理,实行了"实践+学术"的导师组招生模式,并自2017年开始实行论文答辩前双盲外审制度,学位论文有一位专家评为不合格即直接延期(比学校类似制度的出台早两年)。这些努力现已初步彰显成效。2019年,学院在教育部博士论文抽检和江苏省硕士论文抽检中,不合格数为零,遏制了连续多年论文抽检不合格的势头。2020年,艺术学院还获得全国艺术专业学位研究生教育指导委员会颁发的全国艺术硕士研究生优秀毕业成果奖1项,以及江苏省优秀专业学位硕士学位论文2篇,其中,省优硕论文是学院在时隔10多年后再次获得这一成果。

3. 学科建设与科研工作

学院聚焦"双一流"建设方向,按照"加强顶层设计,强化目标管理,打造学科高峰"的思路,大力推动学科建设与科研工作,成效突出。艺术学院在苏州大学2020年综合考核中获得人文社科科研工作"最佳进步奖"。

(1)学科引领作用不断加强。学院充分利用江苏高校优势学科建设项目资源,在2019年制定并实施了《苏州大学艺术学院纵向科研项目配套经费资助条例(试行)》《苏州大学艺术学院优秀学术专著出版资助条例(试行)》《苏州大学艺术学院高水平学术论文发表资助条例(试行)》《苏州大学艺术学院推动各系学科建设工作资助条例(试行)》《苏州大学艺术学院教师参加全国美展资助条例(试行)》《苏州大学艺术学院青年教师研究基金项目管理条例(试行)》6个优势学科建设经费资助条例,极大地激发了教师的科研与创作热情。2020年,学院继续推行系列资助条例,不断加强科研项目申报过程的管理和服务。学院教师科研热情高涨,仅各类国家级课题的申报数量就达21项。在2019年取得国家社科基金重大项目突破之后,2020年又取得了国家社科基金重点项目的突破,同时还获得国家社科一般项目2项,国家课题立项数创学院历史新高。此外,2020年,学院教师还获得江苏高校哲学社会科学重大项目等一批科研项目。在科研成果获奖方面,学院张朋川教授的著作《〈韩熙载夜宴图〉图像研究》2020年获得人文社科类高级别奖项——教育部第八届高等学校科学研究优秀成果奖(人文社会科学)二等奖。在艺术实践方面,学院教师先后参与文旅部主办的"中国共产党与中华民族伟大复兴——国家重大题材美术创作工程",以及中宣部、中国文联、财政部、文旅部联合主办的"不忘初心、继续前进——庆祝中国共产党成立100周年大型美术创作工程"等一批重大创作项目。

（2）学院依托江苏省非物质文化遗产研究基地、苏州大学非物质文化遗产研究中心、苏州大学艺术研究院、大运河文化带建设研究院苏州分院景观风貌与视觉文化研究中心，以及与重庆市文化与旅游发展委员会建立的"苏州大学驻重庆酉阳传统工艺工作站"、与重庆巫山县人民政府建立的苏州大学艺术学院"党建实践创新（重庆巫山）基地"和"文化旅游创新实践基地"，产学研转化与社会服务工作取得新的突破。学院"看见大山"设计扶贫公益项目，不仅受到《新闻联播》、CCTV-13、中央广播电视总台国际在线、《中国教育报》等重要媒体的关注报道，获得苏州国际设计周"最佳非遗创新设计"，入选由国家文旅部主办的第三届中国设计大展；2020年，该项目还受到贵州省委书记、省人大常委会主任孙志刚，省委副书记、省长谌贻琴一行在学校考察调研时的关注与好评，同时，还获得第六届江苏省"互联网+"大学生创新创业大赛红色筑梦之旅赛道省赛二等奖、第十一届"挑战杯"江苏省大学生创业计划竞赛银奖。

四、学院重大事项

（1）1月3日，学院服装与服饰专业入选国家级一流本科专业建设点。

（2）5月15日，学院2020届本科毕业生进行了"云答辩"，学院通过腾讯会议进行线上论文答辩。

（3）7月21日，学院成为全国首批5家美术学（师范）专业二级认证单位。

（4）9月10日，学院举办贺野遗作捐赠展，共展出贺野先生作品137幅。

（5）9月18日，学院举行"六十甲子峥嵘岁月，不忘初心砥砺前行"——苏州大学120周年校庆暨艺术学院60周年院庆活动。

（6）9月27日，学院戴家峰老师的作品《山城记忆》和张永老师的作品《开国英雄谱》获"百年梦圆——2020·中国百家金陵画展"最高奖（油画）。

（7）11月4日，在2020年苏州国际设计周上，学院的"看见大山"项目团队受邀参展，并荣获"特别贡献奖"。

（8）12月19日，学院2016级研究生周家书的《文化类展陈策划与空间叙事性研究——以昆山非物质文化遗产展览馆为例》被全国艺术专业学位研究生教育指导委员会评为全国艺术硕士研究生优秀毕业成果，并入选"以美育人，以艺育才"——全国艺术硕士培养院校教学成果云展演活动；2016级研究生陈丁丁的学位论文《山本耀司的服装设计研究》和王玮琪的学位论文《立体书籍设计的多样性研究》被评为2020年江苏省优秀硕士专业学位论文，获评省优硕论文也是艺术学院在近12年来的首次。

（9）12月20日，纪念苏州大学建校120周年暨苏州大学艺术学院建院60周年系列展"与时舒卷——徐惠泉作品展"在苏州大学美术馆开幕。

（10）12月21日，学院师生"镌绘之美——桃花坞木版年画的传承与活化"工作坊获得江苏省第六届大学生艺术展演艺术实践工作坊特等奖。

（卢海粟）

音 乐 学 院

一、学院概况

苏州大学音乐学科创建于1998年,原为艺术学院音乐系。2012年10月,正式组建苏州大学音乐学院。学院现有音乐与舞蹈学一级学科硕士点,音乐学(师范)、音乐表演、作曲与作曲技术理论3个本科专业。学院坚持"以美育人、以文化人"的大美育育人理念,培养具备高尚道德、国际视野、民族情怀,且基础扎实的卓越音乐人才。

学院设置有4个专业系部:作曲与理论系、钢琴系、声歌系、管弦系;2个专业管理机构:音乐教育发展与研究中心、音乐表演发展与研究中心;2个教学科研支撑机构:场馆管理中心、音乐图书馆。

学院现有专任教师36名,其中,教育部美育教指委委员1名,教授6名、副教授9名,教师大多来自国际顶尖大学和音乐学院,兼具专业素养和国际视野,34%的是外籍及港澳台教员,44%的有博士学位,有多位国际重要比赛的获奖者。学院还聘任一大批国内著名乐团中舞台经验丰富的演奏家担任兼职教师。实力雄厚的师资队伍为创作、演奏、教学和科研领域的学科发展提供了强力保障。

学院倾力建设3个校级学生乐团:苏州大学交响乐团、苏州大学合唱团、苏州大学交响乐团管乐团,乐团曾在国家大剧院、江苏大剧院等重量级展演平台上演出,得到教育部领导的充分肯定,高水平的艺术实践活动,促进了本科教学质量和教师教学水平的"双提升",学生乐团已成为学校对外展示优质校园文化的一张新名片。

教育部中华优秀传统文化传承基地、苏州大学中国昆曲评弹研究院、高校美育研究中心均设立或者挂靠在学院,成为学院音乐人才培养的又一沃土。

二、教学工作

1. 本科生教学工作

2020年,音乐学院交响乐团、管乐团、合唱团三大乐团共组织线上线下演出9场。2020年上半年,受新冠肺炎疫情影响,交响乐团与合唱团采用线上"云演出"方式进行本学期的教学和实践活动。交响乐团的60多名师生共同参与了"云合奏",其中,埃尔加《威风凛凛》是受委托为苏州大学2020年毕业典礼暨学位授予仪式准备的,共有校内外4个单位的70余人参与了整片制作。苏州大学合唱团的学生参加全国180多所艺术院校师生联合参与的线上万人合唱《我们》,学院50位"云合唱"工作人员和志愿者共同携手运用音乐人工智能技术,倾心打造出万人隔屏唱响同一首歌。2020年下半年,苏州大学交响乐团共举办4场大型音乐会，交响乐团完成江苏省教育厅、江苏省财政厅的"高雅艺术进校园"两场演出任务。在江苏省第六届大学生艺术展演活动器乐专场中，苏州大学交响乐团参演的《东吴畅想》斩获乙组（专业组）合奏类特等奖和乙组优秀创作奖，苏州大学合唱团荣获特等奖。管乐团举办"致敬贝多芬"专场音乐会1场，中外教师举办各类室内乐活动共计8场，展现了学校专业艺术教师队伍的教学能力及学生的专业能力。

在教学改革方面，学院遵循人才培养规律，科学引导、激发教育，引导学生进行探究性学习和创新性实验，培养学生发现、分析和解决问题的兴趣和能力。在学校、学院的支持下，选聘部分享有社会声誉的一线教研员充实团队，形成自己的教学特色，发挥示范带动作用，积极推进音乐教育团队的组建和发展，筹建音乐表演管弦乐团教学团队。2020年荣获省级重点教材1部，省级教学竞赛二等奖2项，"苏大课程2020-3I工程"项目1项。吴磊、冒小瑛的《中小学音乐教材自弹自唱教程》获2020年江苏省重点教材；吴磊、朱栋霖、冒小瑛团队的微课程"江南音乐文化之美"获2020年全省高校微课教学比赛二等奖；万维佳获第二届江苏省师范院校教师智慧教学大赛二等奖；马晓婷获2020年苏州大学第十九届青年教师课堂教学竞赛三等奖；吴磊"江南音乐文化之美"获"苏大课程2020-3I工程"项目混合式教学课程项目立项。在大学生基本功比赛中，学院代表队荣获本科组团体二等奖第一名及多项单项奖。此外，2名学生参加第九届江苏省师范生教学基本功大赛，均荣获三等奖。

2. 研究生教学工作

加强音乐与舞蹈学一级学科硕士点的建设管理，提升学科竞争力；做好学术型硕士（音乐与舞蹈学）、艺术硕士（音乐专业）的培养工作，提升生源质量，完善培养过程，继续就业指导。积极准备2020年全国第五轮学科评估。2020年根据全国艺术专业学位研究生教育指导委员会文件，学院对艺术硕士培养方案进行修订。同时按照学校要求对音乐与舞蹈学学术型硕士研究生培养方案进行修订。

2020年春季学期因受疫情影响，研究生毕业答辩采用了线上答辩的方式进行，虽然答辩形式由线下转为线上，但对答辩过程及论文质量严格要求，不降低标准，保证研究生毕业论文答辩圆满完成。除了研究生毕业论文答辩外，本学期还改革创新线上教学模式，在疫情防控期间保证教学工作正常进行的同时保障教学质量。

三、学科建设与科研工作

1. 科研项目及成果

2020年，学院教师发表核心论文9篇，其中，CSSCI一类核心刊物1篇、二类核心刊物4篇、三类核心刊物1篇、北图核心刊物2篇、外文A&HCI核心期刊1篇，出版中文学术专著4部。获批省部级项目4项，其中，教育部委托项目1项、教育部体育卫生艺术国防教育专项任务1项、教育部中华优秀传统文化传承基地项目1项、全国艺术专业教育指导委员会课题1项、市厅级项目3项。教师科研成果获6项奖励，其中，教育部高等学校科学研究优秀成果奖二等奖1项，江苏省文艺大奖二等奖1项、三等奖2项，苏州市第十五次哲学社会科学优秀成果奖二等奖1项、三等奖1项。学生获得全国艺术专业学位研究生教育指导委员会评选的优秀毕业成果 2 项。制作的在线开放课程"江南音乐文化之美"获得江苏省高校微课教学二等奖。

2. 国内外学术交流

2020 年，学院继续积极贯彻国际化办学方针，积极开展国际化合作办学，加强与已签署合作协议大学之间的合作；努力做好招生宣传，招收优质国际学生。继续加强与已签署合作协议的加拿大韦仕敦大学、美国巴德学院之间的合作，开展与美国罗切斯特大学伊斯曼音乐学院成立联合学院的办学计划，预科、本科及研究生联合办学培养方案、人员配备框架及办公教学用房配置初稿拟定完成，后期将与伊斯曼音乐学院进行视频会议开展进一步讨论；与此同时，与英国贝尔法斯特女王大学也多次进行在线会议讨论合作办学，"3+1+1"模式本硕连读项目也正在进行课程对接。

四、学院重大事项

（1）4 月 12 日，江苏省政协副主席、党组副书记阎立考察苏州大学音乐学院。

（2）9 月 13 日，学院本科生章艾琳在由葡萄牙科英布拉大学发起的线上音乐会上演奏竖琴，该场音乐会由来自全球的 73 位竖琴演奏家共同参与。

（3）10 月 17 日，苏州大学纪念建校 120 周年交响音乐会在恩玲艺术中心音乐厅隆重上演，指挥家张诚杰担任指挥，其中，交响曲《东吴畅想》由学院青年作曲家孔志轩为庆祝苏州大学建校 120 周年创作完成。

（4）10 月 23 日，学院刘彦玲教授的硕士研究生孙嘉敏、王彧参加"2020·济南·西方音乐学会·史学理论与方法研讨会"。

（5）10 月 26 日，苏州大学音乐学院与苏州工业园区星海实验中学、星海小学签订实验基地合作协议。

（6）11 月 18 日至 22 日，江苏省第六届大学生艺术展演活动器乐展在学校恩玲艺术中心成功举办，此次展演共有来自全省 63 所高校的 99 个参演节目。江南丝竹《南祠起板》、重奏《自由探戈》和原创交响乐曲目《东吴畅想》分别获得甲组小合奏/重奏第一、乙组小合奏/重奏第一、乙组合奏第一的优异成绩。

（7）12 月 6 日至 12 日，由教育部主办、苏州大学承办的 2020 年度高校公共艺术课程建设专题研讨班在苏州大学成功举办。教育部体育卫生与艺术教育司副司长万丽君和国内高校著名美育专家举办讲座。

（蔡雲颖）

医 学 部

一、学部概况

医学部现有基础医学与生物科学学院、放射医学与防护学院、公共卫生学院、药学院、护理学院等5个学院、3个临床医学院、9个研究院所和巴斯德学院。现有在校研究生4 000余名，全日制本科生5 000余名，外国留学生近400名。

医学部现有教职工850余人，4家直属附属医院具有教学职称的教师1 080人。"两院"院士3人，欧洲科学院院士1人；国家特聘专家4人，国家特聘青年专家17人，教育部"长江学者奖励计划"特聘教授和青年学者7人；"新世纪优秀人才支持计划"5人；人力资源和社会保障部"百千万人才工程"培养对象（国家级）4人；国务院学位评定委员会学科评议组成员4人；国家自然科学"杰出青年基金"获得者13人，"优秀青年基金"获得者9人；"973计划"首席科学家6人，重大科技专项首席科学家1人，国家重点研发计划项目负责人7人。

医学部现拥有博士后流动站7个，一级学科博士点7个，一级学科专业学位博士点1个；一级学科硕士点9个，专业学位硕士点6个。有国家级重点学科3个，国家重点临床专科8个，国防科工委重点学科2个，省一级学科和二级学科重点学科各4个，省优势学科一期2个、二期3个、三期4个。现有学术型博士生导师203人（含临床52人），临床专业学位型博士生导师94人，硕士生导师510人（含临床205人），临床专业学位型硕士生导师197人。

医学部现有省部共建放射医学与辐射防护国家重点实验室1个、国家国际科技合作基地（国家级国际联合研究中心类）1个、国家临床医学研究中心（血液系统疾病领域）1个、教育部创新团队2个、教育部工程技术研究中心1个，省部级重点实验室7个，省级科技公共服务平台1个，省高校优秀科技创新团队1个、协同创新中心2个，省"双创计划"团队12个。截至2020年，共有8个属于医学部或医学相关学科进入ESI全球前1%：临床医学、药学与毒理学、生物与生物化学、神经科学与行为科学、分子生物与遗传学、免疫学、农学、环境与生态科学。

现有本科专业15个，其中，有国家一流本科专业建设点5个，国家级特色专业建设点1个，江苏省一流本科专业建设点1个；省"十二五"重点专业1个，省品牌专业1个，省特色专业3个；省级实验教学与实践教育中心5个；国家来华留学生英语授课品牌课程2门，国家级双语教学示范课程2门，国家级精品在线开放课程3门，省精品课程1门，省英文授课精品课程7门；普通高等教育本科国家级规划教材2部，省重点/精品教材7部；国家级虚拟仿真实验教学项目2项；获国家级教学成果二等奖1项。附属医院21

所（其中，直属附属医院4所），教学实习点100多个；生物类校外实习基地18个。

医学部积极开展国际学术交流与合作，先后与美国、英国、法国、德国、日本、韩国、澳大利亚、新加坡等国家及中国香港、台湾等地区的高校、科研机构建立了广泛的交流与长期的合作关系。

二、教学工作

1. 本科生教学工作

（1）规范管理，完善服务，确保本科教学秩序稳定有序。制订了2017—2020级四届临床医学（农村订单定向）专业的人才培养方案；配合巴斯德学院完成培养方案制订工作；配合协调护理学、医学检验技术2个专业接受省专业评估，提供材料。

（2）推陈出新，持续改进，推动人才培养质量提升。召开第五次苏州大学临床医学专业建设研讨会，主题是规范教学基层组织建设，推动医学教育创新发展。成立医学教育研究与教师发展中心，完善苏大医学教育的组织架构。完成第一届医学部示范课堂评选工作。开展PBL优秀教案评选工作。开展10场"名医讲堂"系列讲座，设立医学部学生课外科研项目79项等。教师主编出版教材6部，发表教学研究论文92篇。

（3）重点筹谋，积极申报，推进一流专业"双万计划"项目建设。有3个专业入选省级一流本科专业；4个专业推荐申报国家级一流本科专业。获国家级"金课"2门；验收通过"十三五"江苏高校外国留学生英文授课精品课程7门；获省级重点教材立项2部；入选第八批出版重点教材1部。《医学免疫学》推荐参评首届"全国教材奖"。

获校级在线开放课程建设4项，其中，微专业2项，全英文在线开放课程2项。获校级教材培育项目6项，其中，新编4项，修订2项。获校级课程思政建设项目13项，其中，教学团队6项，示范课程7项。获"苏大课程2020-3I工程"项目8项，其中，混合式教学课程3项，通识核心课程2项，新生研讨课程2项，研究性教学标杆课程1项。

获省级高校微课教学比赛奖励2项，一等奖、二等奖各1项。获校级教学成果奖2项，一等奖、二等奖各1项。获校级课程思政竞赛奖励7项，其中，一等奖1项，二等奖2项，三等奖4项。

2. 研究生教学工作

深化改革，人才培养效能提升。2020年（前期）招收硕士研究生578名（其中，全日制学术型硕士研究生386人，全日制专业型硕士研究生174人，非全日制专业学位硕士研究生18名），博士研究生98名。开展2021年推免生选拔接收工作，确认接收校内外推免生36名（含直博生1名）。确定15位博士候选人2021年进入博士阶段。顺利完成医学部11家基层培养单位171位生物学一级学科考生的导师-学生双选工作。首次组织医学部新上岗硕士研究生导师培训，制订施行《苏州大学医学部研究生中期考核抽查方案》《苏州大学医学部研究生开题报告交流方案》。新增研究生工作站1个；获教改项目：国家重点项目1项、一般项目1项；获研究生培养创新工程：博士生14个，硕士生7个；获江苏省教育改革成果优秀奖1项。

三、学科建设与科研工作

1. 科研项目与成果

（1）科技项目与经费继续保持较高水平。2020年，获得立项的纵向科研项目269项，其中，国家重点研发计划项目1项、课题2项；国家自然基金项目174项（其中，优青3项、重点2项、国际合作2项）；省部级19项（其中，省优青2项）。2020年，纵向科研经费13 141.03万元，横向项目经费4 053万元（较2018年提高11.38%）。军工纵向项目到账经费974万元。

（2）论文发表在量的基础上保持质的提升。2020年，发表SCIE论文1 417篇，其中，1区论文137篇（较2019年持平），2区论文433篇（较2019年增长29.6%）。最新自然指数（Nature Index）排名（2019年12月1日—2020年11月30日），生命科学类论文共50篇（较2019年增加6篇），FC（Fractioual count分数式计量）为18.65，全国排名第23位（较2019年提升9位）。

（3）科技奖励继续呈现进步态势。2020年，获国家科技进步二等奖1项，江苏省科学技术奖8项，高等学校科学研究优秀成果奖（科学技术）2项，华夏医疗保健国际交流促进科技奖2项，国防科技进步奖1项，中国商业联合会科技奖2项。

（4）扎实推进产业化工作。2020年，实现知识产权转让14项，获授权专利159项。共建企业平台1个，共建协同中心2个。

（5）平台团队建设继续稳步推进。2020年，继续支持省部共建放射医学与辐射防护国家重点实验室、国家血液系统疾病临床医学研究中心、基因组资源国际联合研究中心建设。组织申报科技部创新人才推进计划创新团队1项，组织申报江苏省发改委工程研究中心1项，获批苏州市重点实验室1项。

（6）学术交流机制建立健全。继续举办生命与医学科学前沿"东吴·谈家桢讲坛"；举办苏大120周年校庆系列学术活动；多次举办新冠肺炎科研学术汇报会、研讨会。推进和完善学校-医院双聘教授制，促进基础和临床学科交叉融合。

2. 国内外学术交流情况

9月29日，苏州大学医学部组织召开了新冠病毒研究进展学术研讨会，围绕新冠病毒的结构功能、流行病学调查及基础和临床的预防、诊断、治疗、防护研究进行了全面、深入的探讨和交流。

10月16—17日，举办苏州大学120周年校庆系列活动之蛋白质翻译后修饰及可药性调控学术研讨会；主办的"东吴·谈家桢讲坛"邀请到苏州大学杰出校友、北京大学生命科学学院教授陈建国及中国科学院分子细胞科学卓越创新中心核心研究员、中国科学院大学特聘教授胡荣贵做学术讲座。

10月24日、10月31日、11月7日，长三角医学教育联盟"与你谈科学"在线系列课程迎来第17、18、19讲。第17讲由欧洲科学院院士、转化医学研究院院长时玉舫教授作为主讲人，讲授了系列课程"免疫学与再生医学"，医学部书记邹学海作为科学串讲人。第18讲由医学部常务副主任徐广银教授讲授了系列课程"是痛非痛的旅程"，医学部副主任龙亚秋教授作为科学串讲人。第19讲由剑桥-苏大基因组资源中心徐璎教授作为主讲人，讲授"生命科学之轮——技术的推动力"，医学部常务副主任徐广银教授作为科学串讲人。系列课程吸引了校内本、硕、博学生百余人现场参与，并通过超星、哔哩哔哩等多平台同步直播，吸引了近十万人在线学习。

四、学部重大事项

（1）1月10日，医学部2019年度工作总结表彰大会在医学楼四楼报告厅举行。校长熊思东，校党委常委、副校长陈卫昌，校科学技术研究部科学技术处处长钱福良，校学生工作部（处）副部（处）长段永锋，医学部全体党政领导，各学院、临床医学院领导，研究院（所）负责人及教职工代表出席大会，大会由学部党工委书记邹学海主持。

（2）5月8日，校长熊思东，校党委常委、副校长陈卫昌率学校相关职能部门的主要负责人来医学部调研公共卫生学院的公共卫生学科发展。学部党政领导班子、公共卫生学院党政领导班子参加调研会。

（3）10月18日，正值苏州大学迎来建校120周年之际，江苏省政府办公厅副主任邹宁华一行来校调研。苏州市政府副秘书长马九根，苏州市教育局正处职干部高国华，校党委常委、副校长陈卫昌陪同调研，并在独墅湖校区炳麟图书馆召开苏州大学医学教育创新发展情况调研会。会议由陈卫昌副校长主持。

（4）11月5日，根据学校党委统一部署，校党委第五轮巡察第一巡察组于11月5日至11月18日对医学部党工委开展巡察工作。11月5日上午，第一巡察组在独墅湖校区医学楼四楼报告厅召开巡察医学部党工委工作动员会。第一巡察组全体成员、医学部党政领导班子及学部各办公室、中心、各科研院所（不含唐仲英血液学研究中心）全体在职教职员工参加了会议。动员会由医学部党工委书记邹学海主持。

（5）11月12日，国家卫生健康委职业健康司二级巡视员郦净一行莅临学部就职业卫生培训合作事宜进行调研。中国疾病预防控制中心辐射所所长孙权富、中国疾病预防控制中心辐射所主任张伟、国家卫生健康委职业健康司技术服务管理处干部练德幸、江苏省卫生健康委职业健康处处长袁家牛、江苏省卫生健康委职业健康处二级调研员吴海鹰、江苏省疾病预防控制中心放射防护所所长王进、苏州市卫生健康委职业健康处处长潘红英随同调研。座谈会由医学部党工委书记邹学海主持，放射医学与防护学院党委书记王成奎、公共卫生学院副院长张增利、放射医学与防护学院教授涂彧、医学部国际交流与发展办公室主任宋军参加了调研座谈会。

（姜雪芹）

医学部基础医学与生物科学学院

一、学院概况

医学部基础医学与生物科学学院于2008年年初由基础医学系和生命科学学院合并组建而成。学院下设13个系，8个校级研究院（所）。

学院现有教职工222人（专任教师181人），其中，正高职称60人、副高职称98人、中级职称58人；具有博士学位者174人；博士生导师38人，硕士生导师64人。学院有中国科学院院士1人、教育部长江学者2人、杰出青年基金获得者4人、优秀青年基金获得者2人、国家特聘青年专家1人、教育部"新世纪优秀人才支持计划"获得者2人、农业农村部岗位科学家3人、江苏省高层次创新创业人才引进计划资助者3人、江苏省"333工程"培养对象9人、江苏省"青蓝工程"培养对象12人。学院聘请刘富友（英国皇家科学院院士、英国格拉斯哥大学教授）、David James Kerr（英国格拉斯哥大学教授）、Havard E. Danielsen（挪威奥斯陆大学教授）、Muthu Periasamy（Sanford Burnham Prebys医学研究所教授）、杨洪远（澳大利亚新南威尔士大学教授）、赵国屏（中国科学院院士）、Peter Delves（英国伦敦大学学院副院长）、虞献民（美国佛罗里达州立大学教授）及卢斌峰（美国匹兹堡大学终身教授）等担任讲/客座教授。

学院承担临床医学、医学影像学、护理学、口腔医学、医学检验、放射医学、预防医学、药学、中药学等专业本科生、研究生及留学生基础课程的教学任务；此外，负责法医学、生物科学、生物技术、食品质量与安全、生物信息学本科专业的建设和约700名本科生的培养任务。已建成国家级双语教学示范课程2门、省级精品课程3门、江苏省品牌特色专业和国防科工委重点建设专业点1个、省级实验教学示范中心2个。

学院负责基础医学、生物学、畜牧学3个一级学科建设工作。现有博士后流动站2个（基础医学、畜牧学）、一级学科博士点2个（基础医学、畜牧学）、二级学科博士点12个，一级学科硕士点3个、二级学科硕士点23个，在读研究生350余人。

学院拥有江苏省一级学科重点学科1个（基础医学）、一级学科重点学科培育点1个（畜牧学）、二级学科重点学科2个（免疫学、特种经济动物饲养），教育部"长江学者"和创新团队发展计划"创新团队"1个（带头人：高晓明），江苏省重点实验室4个（江苏省干细胞研究重点实验室、江苏省水产动物营养重点实验室、江苏省干细胞与生物医用材料省部共建重点实验室、江苏省感染免疫重点实验室），苏州市重点实验室3个（苏州市疼痛基础研究与临床治疗重点实验室、苏州市蚕丝生物技术实验室、苏州市癌症分子遗传学重点实验室）。同时，学院积极参与国家"211工程"重点学科建设1个、共建国家"211工程"重点建设实验室1个。

近年来，学院促进学科交叉，加强国内外的学术交流与合作，提升学科内涵，获批科研项目层次不断提升，重点、重大项目取得突破，科研成果不断丰富。承担科技部重大专项、"973 计划"、"863 计划"、国家自然基金重大和面上项目 100 余项；2020 年，学院教师共发表 SCI 论文 101 篇，授权知识产权 64 项。

学院秉承"养天地正气，法古今完人"的校训精神，坚持"教学科研并重、基础应用结合"的理念，以人才培养为中心，加强教学质量管理与改革，努力培养基础扎实、综合素质好、实践能力强的医学及生物学专门人才。

二、教学工作工作

1. 本科生教学工作

2020 年，全院共承担课程 291 门（共 558 个班），28 575 学时。组织全英文教学团队，提高教学水平。疫情期间，学院做好线上授课技能培训、课程建设与日常教学管理，把疫情影响降到最低程度。

学院组织修订了《本科生导师制实施细则》，为 2019 级 201 名相关专业本科生配备导师，指导学生开展撰写第一篇综述；为 120 名 2020 级临床医学"5+3"一体化学生和 30 名巴斯德英才班学生推荐了基础导师。继续推进"科研训练"课程计划，安排 119 位 2018 级生物科学和生物技术专业学生到 54 个 PI 实验室开展科研训练。学院 2020 年上半年有 2015 级 6 个专业 174 名学生完成毕业论文（设计）；下半年 2016 级 112 名学生顺利开展毕业实习工作。

学院专业建设、教学教改获得较大突破。法医学专业获批 2020 年国家级一流本科专业建设点，法医学系陶陆阳教授团队的"颅脑损伤法医学鉴定"课程获评国家级虚拟仿真实验教学一流课程。2020 年，学院有 6 门课程入选"十三五"江苏高校外国留学生英文授课省级精品课程；获得苏州大学在线开放课程立项建设 2 项、"苏大课程 2020-3I 工程"通识核心课程 1 项、混合式核心课程 1 项、苏州大学课程思政教学团队 1 项、苏州大学课程思政示范课程 1 项、苏州大学教材培育项目 1 项。学院教师发表教学论文 17 篇，担任主编或副主编教材 6 部，参编教材 6 部。姜岩、许静、单立冬等的课被评选为医学部本科教学示范课；王悦的 PBL 教案被评为医学部优秀 PBL 教案；仇灏、傅奕分获全国高校微课比赛二、三等奖；邓敏获苏州大学第二届课程思政课堂教学竞赛一等奖；李文杰、代馥虹分获苏州大学第十九届青年教师课堂教学竞赛一、二等奖。

学院积极鼓励学生申报各类课外科研项目。2020 年，共获批立项国家级项目 3 项，省级重点项目 3 项、省级一般项目 6 项，苏州大学"箨政基金"项目 3 项，苏州大学第二十二批大学生课外学术科研基金资助项目 11 项，2020 年度医学部学生课外科研项目 21 项。

2020 年，学院共组织了观摩课 26 次，多次进行录播及听课评价活动。组织开展期中教学检查，组织召开"医学教育新形势下教学质量提升"教师教学座谈会，促进教师的互相学习与成长。

2. 研究生教育工作

学院党委注重研究生日常管理，指导研究生会利用公众号等平台开展宣传工作。2020

年,举办了8场返校生座谈会和"开学第一课",组织观看了青年宣传片《后浪》,对返校隔离中的湖北籍学生开展了"东吴好景盼君归"慰问活动,先后开展了"情暖基医,携手同心"端午节系列活动、"思周则全、行妥方安"的安全培训及"走进实验室"新生培训、2020级新生第一课、研究生新生座谈会、"迎国庆、度中秋"暖心系列活动(累计4场)、"医路扬帆,沿路同行"新生团辅活动、"不忘初心,'羽'你同行"师生羽毛球赛,组队参加了医学部第二届篮球赛。

2020年,学院共招收研究生117人,其中,博士生18人、硕士生99人。毕业取得学位研究生共129人,其中,博士15人、学术型硕士91人、专业型硕士11人、同等学力硕士12人;硕士及博士论文全部实行盲审。

学院重视研究生培养,完善培养方案,建立了宽口径、厚基础,以突出培养创新能力为特色的新课程体系。2020年,获江苏省研究生科研与实践创新计划项目4项,第三届全国大学生蚕桑生物技术创新大赛特等奖1项、一等奖2项、二等奖3项、优胜奖1项,获评苏州大学优秀博士学位论文1篇、优秀学术硕士学位论文2篇、优秀专业学位硕士论文1篇。

研究生获国家奖学金8人,校优秀研究生干部3人、优秀研究生11人、优秀毕业研究生17人、学术标兵1人,其他各类奖助学金328人次。

三、科学研究与学术交流

1. 科研项目及成果

学院组织教师积极申报各级各类科研项目,科研成果稳步提升,学院全面超额完成年度科技责任目标。2020年,学院获得国家自然科学基金面上项目11项、青年基金项目4项、国家优青项目1项;省级项目5项;市厅级项目4项。民口纵向项目到账总经费超过5 187万元,横向经费850余万元。

学院教职工2020年共发表SCI论文101篇,其中,一区论文9篇,二区论文51篇,三、四区论文41篇;授权知识产权近64项;获省部级及以上奖项5项。

2. 学术交流

2020年,学院积极组织各类线上线下学术交流活动,全年举办2020苏州大学国际青年学者东吴论坛学院分论坛及院系科研讲座等多场线上交流活动。邀请清华大学饶子和院士来院讲座。

四、学院重大事项

(1)根据美国ESI数据库公布的最新数据,学院农业科学学科进入全球前1%。

(2)5月20日下午,学院在601号楼多功能厅召开校"两代会"代表选举大会暨校工会"两委会"委员推荐工作会议。选举出席苏州大学八届一次教职工代表大会代表、第十四次工会会员代表大会代表。

(3)6月11日,学院举行2020苏州大学国际青年学者东吴论坛学院分论坛,学院领导班子、人才引进工作小组、系主任、学科负责人等在学院3119会议室,与来自国内外的 15 位青年学者通过腾讯会议系统进行了线上交流。

（4）8月4日下午，由苏州大学生物钟研究中心、医学部基础医学与生物科学学院遗传学系王晗教授负责的国家重点研发计划"发育编程及其代谢调节"重点专项——"生物钟对组织器官代谢和稳态的调节作用"项目启动实施会议召开。

（5）9月3日，江苏省教育厅公布了《省教育厅关于公布"十三五"江苏高校外国留学生英文授课省级精品课程及中外合作办学高水平示范性建设工程验收评定结果的通知》（苏教外函〔2020〕35号），学院共有6门课程入选"十三五"江苏高校外国留学生英文授课省级精品课程名单。

（6）9月18日，2020年度国家自然科学基金项目的评审结果公布，学院共获16项资助。其中，吴华研究员主持的"消化道肿瘤分子病理学"项目，获优秀青年科学基金项目资助。

（7）10月20日下午，苏州大学-润碧泓水生态修复协同创新中心签约暨揭牌仪式在独墅湖校区403楼3119会议室隆重举行。

（8）11月4日，苏州大学党委第四巡察组巡察学院党委工作动员会在独墅湖校区炳麟图书馆一楼学术报告厅召开。根据学校党委统一部署，校党委第五轮巡察第四巡察组于11月4日起，对学院党委工作开展巡察。

（陈玉华）

医学部放射医学与防护学院

一、学院概况

医学部放射医学与防护学院前身是创建于1964年隶属于原核工业部的苏州医学院放射医学系。2011年，成立放射医学与防护学院。2012年，成立放射医学及交叉学科研究院。2018年，省部共建放射医学与辐射防护国家重点实验室获批。2019年，江苏省、苏州市科普基地获批。学院下设7个中心、1个研究所：放射生物学研究中心、分子影像与核医学研究中心、辐射纳米毒理学研究中心、辐射防护与安全研究中心、多模态辐射技术研究中心、核能环境放射化学研究中心、靶向放射药物创新和转化中心、定量生物与医学研究所。

放射医学学科是该领域唯一的国家重点学科，也是江苏省和国防科工委重点学科及"211工程"重点建设学科；特种医学自2011年起先后获得江苏省高校优势学科建设工程连续三期建设项目；放射医学协同创新中心2020年获得第三期资助；2020年放射医学专业获批国家一流本科专业建设点。

学院现有教师113人，专任教师88人，基本形成以柴之芳院士为学科带头人的力量雄厚、结构比较合理的高水平师资队伍，包括中国科学院院士、国际宇航科学院院士、"973计划"首席科学家、"万人计划"入选者、国家杰出青年基金获得者、国家优秀青年基金获得者、国务院学位评定委员会学科评议组成员、教指委成员等14余人次。2020年，获批科技部创新人才推进计划重点领域创新团队，师资涵盖医学、物理、化学、生物医学工程、原子能科学技术、纳米材料和计算生物学等不同学科，体现出多学科交叉融合、协同创新的优势。

二、教学工作

1. 本科生教学工作

学院坚持立德树人，以本为本，强化以"两弹一星"精神、医者仁心的医学人文精神为内涵的课程思政建设，加强课程质量建设。

学院启动了放射医学课程思政课程、团队建设，放射医学校级课程思政教学团队、"放射卫生学"校级课程思政课程获批，《医学放射防护学教程》获江苏省重点教材立项。陈娜荣获第二届苏州大学课堂思政课堂教学竞赛三等奖、苏州大学第十九届青年教师课堂教学竞赛三等奖。精准放射医学微专业立项，6门课程的视频拍摄完成。放射医学获批2020年苏州大学江苏高校特色专业建设立项、获批国家一流本科专业建设点。2020年，开展教学 82 门课程 5 118 学时。

学生培养质量不断提升。学院完善本科生导师制,充分发挥国家重点实验室的优势,增强学生对专业的归属感。获批大学生创新项目国家级 3 项、省级 5 项、校级 3 项,荣获第五届全国高校学生课外"核+X"创意大赛三等奖 6 项、优胜奖 7 项,荣获 2020 年"领航杯"江苏省大学生信息技术应用能力比赛三等奖 1 项,荣获江苏省第一届大学生生物医学工程创新设计竞赛优胜奖 1 项。2016 级放射医学专业学生 92 人顺利毕业并取得学士学位,毕业率为 98.92%,初次就业率达到 90.32%,升学率为 78.49%,社会办学声誉和专业内同行评价趋好。

提升教师教学成长能力。2020 年 9 月,"学院教师成长中心"成立;针对青年教师的教学能力提升需求举办了 3 期培训讲座。

2. 提升研究生质量工程

学院坚持科研育人、医研融通,优化完善复合创新型放射医学专业人才培养体系。

学院发挥国家重点实验室、协同创新中心科研平台优势,积极推动与医院临床科研融合,提升研究生培养质量。开展并顺利完成 2020 年江苏省研究生核应急医学救援"暑期学校"工作、2020 年暑期线上夏令营。获得江苏省研究生科研创新计划项目 2 项;获江苏省优秀博士学位论文 1 篇,江苏省优秀硕士学位论文 1 篇,苏州大学优秀博士学位论文 2 篇,苏州大学优秀硕士学位论文 3 篇。学院 2020 届研究生学位论文盲审全部合格。2020 年,招收博士研究生 21 人、硕士研究生 80 人;博士毕业 9 人,授予学位 9 人;硕士毕业 40 人,授予学位 39 人。毕业研究生 100% 就业。

加强研究生教育管理。学院开展研究生培养质量调查分析工作,对 2016 年以来研究生培养质量进行调研;开展博士学位论文"回头看"暨自查自纠工作,对 2018 年至 2020 年 28 篇博士学位论文进行审核;开展苏州大学放射医学及交叉学科(RAD-X)奖学(教)金评定并颁奖,激励学生的学习积极性和科学创造性。

三、学科建设与科研工作

1. 持续推进学科建设

2020 年,召开特种医学优势学科推进会和放射医学及交叉学科第八届战略发展研讨会,围绕"未来的发展方向和科学研究目标"展开研讨,进一步凝练研究方向,为制订好"十四五"规划做好前期各项工作。特种医学一级学科在 2020 年上海软科评估中位列全国第一。协同创新项目 2020 年绩效评估为 A 等次,特种医学优势学科三期建设工作稳步推进。

2. 科研工作成效突出

2020 年,获批国家自然基金 17 项,其中,优秀青年基金 1 项;承担国防科技项目 6 项,江苏省自然科学基金优秀青年基金项目 2 项,教育部霍英东基金项目 1 项,江苏省高校自然科学重大项目 2 项、面上项目 1 项,博士后类项目 10 项,包括国家重点实验室、协同中心、优势学科等专项经费总计 7 312 万元。学院教师发表论文 141 篇,其中,高水平论文 39 篇;授权专利 24 项,专利转化 7 项。王殳凹教授获第十六届中国青年科技奖,高明远团队获得教育部高校科研自然科学优秀成果一等奖;杨红英老师获中核集团科技进步二等奖。

加强重点项目的管理。2020 年,学院先后召开了国家重点研发计划"精准医学研究"

进展会议、国家重点研发计划数字诊疗装备研发专项绩效评价会议、国家重点研发计划"纳米科技"重点专项项目进展暨学术交流会、国防科技项目现场评审会等,有序推进国家重点项目研究的进展。

行业服务与学术交流。与中核安科锐等公司签署合作框架协议,质子重离子医学研究中心揭牌成立。召开江苏高校放射医学协同创新中心 2020 年推进会议,凝练、整合各协同单位的整体优势,充分总结协同成果,推进成果转化。2020 年,举办先进放射医学论坛 18 期,邀请国内外知名专家来访学院并做学术交流;1 名教师赴美国开展合作研究。与中国疾病预防控制中心辐射防护与核安全医学所联合创办了《放射医学与防护》(*Radiation Medicine and Protection*,RMP),进一步提升了学术话语权和国际影响力。

推进中能多粒子加速器建设。2020 年 5 月,召开了中能多粒子超导医学研究加速器论证会,随后多次召开用户论证会、专家论证会,柴之芳院士先后向江苏省委书记娄勤俭、苏州市委主要领导专门汇报并提出建议。

四、学院重大事项

(1) 1 月 8 日,江苏省高水平大学建设领导小组办公室发文《关于公布江苏高校协同创新中心第二建设期绩效评价结果的通知》,放射医学协同创新中心被评为 A 等次。

(2) 与中国疾病预防控制中心辐射防护与核安全医学所联合创办的《放射医学与防护》(*Radiation Medicine and Protection*,RMP),于 3 月发布首卷第 1 期。

(3) 5 月,中能多粒子超导医学研究加速器论证会成功举行;9 月,国际国内专家论证会成功举办;10 月,用户研讨会举办;11 月,质子重离子学术论坛(2020)暨苏州大学质子重离子医学研究中心成立大会成功召开。

(4) 6 月 22 日,学院党委完成换届,选举王成奎同志为中共苏州大学医学部放射医学与防护学院委员会书记,曹建平、朱巍、许玉杰、孙亮、周光明、朱本兴为委员。

(5) 9 月 11 日,江苏省科学技术厅发布《2020 年江苏省重点实验室评估结果》(苏科机发〔2020〕235 号),省部共建放射医学与辐射防护国家重点实验室评估为优秀。

(6) 10 月 10 日,江苏省委书记娄勤俭一行调研苏州大学并考察放射医学与辐射防护国家重点实验室。

(7) 11 月 20 日,放射医学与辐射防护国家重点实验室第一届学术委员会第三次会议召开。

(8) 11 月 30 日,中国科协科普部副部长钱岩一行调研放射医学与辐射防护国家重点实验室。

(9) 根据《教育部办公厅关于公布 2020 年国家级和省级一流本科专业建设点名单的通知》(教高厅函〔2021〕7 号),放射医学专业新增入选 2020 年国家级一流本科专业建设点。

(10) 高明远教授牵头项目"肿瘤多模态诊疗一体化探针相关基础研究"获得 2020 年度高等学校科学研究优秀成果奖(科学技术)自然科学一等奖。

(11) 放射医学与辐射防护团队入选科技部创新人才推进计划重点领域创新团队。

(朱本兴)

医学部公共卫生学院

一、学院概况

医学部公共卫生学院是在原苏州医学院于1964年创建的卫生学系基础上发展建立起来的,1985年,学院筹建预防医学系,1986年,开始招收五年制预防医学专业学生。学院历来坚持"人才兴院、质量强院、合作旺院、特色建院"的发展理念,目前学院已发展成为国内公共卫生与预防医学的主要教学、科研和人才培养基地之一。公共卫生与预防医学专业已形成从本科到博士后乃至就业后继续教育的完整培养体系。

学院现有公共卫生与预防医学博士后流动站、一级学科博士学位授权点、一级学科硕士学位授权点,公共卫生硕士(MPH)专业学位授权点,预防医学本科专业(校特色专业)。公共卫生与预防医学是"十三五"江苏省重点学科,也是国家重点学科(放射医学)和江苏省优势学科(特种医学、系统生物学)的支撑学科。学院是中国中西医结合学会时间生物医学专业委员会的主任委员单位和挂靠单位。

学院现有教职工68人,其中,专任教师60人。专任教师中有教授23名,副教授27名。设有预防医学五年制本科专业,该专业为苏州大学特色专业。2020年,在校生728人,其中,本科生437人,学历教育硕士研究生、博士研究生291人。本科生和研究生培养质量好、就业率高、就业前景好。

学院坚持"人才兴院、质量强院、合作旺院、特色建院"的理念,通过开设"第二课堂"系列活动(导师制、公卫大讲堂)等,引领学生实现"上医治未病"的人生理想。近年来,预防医学本科毕业生供不应求,具有较强的就业竞争力,读研率和就业率名列前茅。

二、教学工作

1. 学院严格执行学校的有关规定,疫情期间做好线上教学工作

由于受新冠肺炎疫情的影响,全院教师坚持"停课不停学"的原则,利用雨课堂、在线大学、大学MOOC、腾讯会议、虚拟仿真实验等在线平台开展了各式各样的线上理论教学和实践教学活动,保证了79门本科课程教学活动的正常开展。2020年下半年线下授课,教学秩序良好。学院教师获校第十九届青年教师课堂教学竞赛三等奖1名。

2020年上半年,由于毕业班学生不返校,教师通过线上辅导的方式,指导学生完成毕业论文,除1名学生申请休学放弃毕业论文外,其余学生均顺利完成了毕业论文。学院也顺利完成了学生毕业论文总结与评优工作,2篇论文获得校优秀毕业论文,1名教师获

校"本科毕业设计（论文）优秀指导教师"称号。

2. 保障学生毕业实习工作顺利开展

加强与实习点沟通，确保了2016级63名本科生的专业实习工作，学生均已顺利完成专业实习。2名实习点教师、1名校内教师获得学校"优秀指导教师"荣誉称号。园区疾控中心（卫生监督所）获批校外重点教学实习基地。

3. 积极申报第二学士学位

学院根据教育部办公厅《教育部办公厅关于在普通高校继续开展第二学士学位教育的通知》的要求，按照学校教务部部署，申请并获批公共卫生与预防医学第二学士学位授权点，为国家培养复合型人才。同时积极向省、国家申请博士培养点。积极申报微课程项目，获批2项"苏大课程2020-3I工程"项目。"医学统计学"入选"十三五"江苏高校外国留学生英文授课省级精品课程。

4. 规范做好研究生招生和培养工作

由于疫情的影响，2020年研究生招生采取线上复试的形式。学院办公室和教师一道，严格按照学校的要求，组织好复试的相关工作，顺利完成硕博士研究生的复试工作。研究生学位论文盲审不合格率低。顺利完成研究生线上、线下毕业论文答辩工作。

5. 推进课程思政建设

张永红教授团队被评为课程思政示范教学点（流行病与卫生统计学），李新莉教授团队获课程思政建设项目资助，张增利教授课程获批课程思政示范课程，张天阳副教授获校"我最喜爱的老师"称号。

6. 积极配合学校、学部的本科生招生工作

陈赞书记亲自参加学校招生宣传动员会。

三、学科建设和科研工作

学院申请国家自然科学基金项目37项，获批重大国际合作项目1项，面上项目2项；申请苏州市项目6项，获批2项。

与南京西格玛医学技术股份有限公司联合成立"医疗器械临床转化技术研发中心"，促进流行病与卫生统计学学科的应用和社会服务功用。

举行新形势下营养学科发展研讨会暨学术交流会，邀请国内知名院校营养学科专家来院交流，增加与各名校专家的合作，通过协同创新，发挥各自优势，共同为健康中国做出贡献。

邀请北京大学公共卫生学院副院长王培玉教授来院做"公共卫生的动态及学科发展"报告，报告为学院学科的发展提供了宝贵的借鉴和指导。

潘臣炜教授入选校仲英青年学者。徐勇教授入选教育部首届全国高校健康教育教学指导委员会人员名单。李建祥教授当选第五届卫生毒理与风险评估专业委员会副主任委员，张洁副教授、武婧副教授当选为常务委员，信丽丽副教授当选为专家委员。

四、学院重大事项

（1）全院师生积极投身抗疫，多名教授为苏州市疫情防控出谋划策，还通过科研、

制定相关标准、参与现场疫情防控等方式为抗疫斗争努力奉献;多名研究生获得学校表彰。

(2) 5月8日,校长熊思东,党委常委、副校长陈卫昌率学校相关职能部门的主要负责人来医学部调研公共卫生学院的公共卫生学科发展。

(3) 10月18日,学院举办学院发展研讨会。

(4) 11月4日开始,学院接受校党委第五轮巡察第六巡察组巡察。

(5) 11月起,学院配合学校完成学院院长、副院长人选推荐和选拔相关工作,张增利同志任院长、张洁同志任副院长。

(6) 12月22日,学院党委换届工作完成,陈赞、张增利、秦立强、张洁、饶永华等5位同志当选新一届党委委员,陈赞同志任书记。

(7) 教工一支部获评校先进基层党组织,张永红同志被评为校优秀共产党员。

(8) "医学统计学"入选"十三五"江苏高校外国留学生英文授课省级精品课程。

(9) 申请并获批公共卫生与预防医学第二学士学位授权点。

(10) 董昊裕同学获得江苏省第十五届大学生职业规划大赛一等奖。

(饶永华)

医学部药学院

一、学院概况

苏州大学药学教育最早可追溯至原东吴大学于1949年创办的药学专修科。1952年，全国院系调整，药学专修科并入华东药专。1993年，在原苏州医学院药理学学科基础上成立苏州医学院药学系，2000年并入苏州大学。依托综合性大学的学科优势，药学学科获得新的发展契机，于2005年成立药学院。

学院拥有药学一级学科博士学位授权点、药学一级学科硕士学位授权点、药学专业硕士和工程硕士（制药工程领域）学位授权点，拥有药学博士后科研流动站。建有1个省级重点实验室、2个市级重点实验室、3个校级研究机构。药学学科为江苏省高校优势学科建设工程项目立项学科、"十三五"江苏省重点学科，在全国第四轮学科评估中位列全国B+等级。药理学与毒理学学科跻身ESI全球前1%行列，2020年11月进入Top1.69‰。2015年，药学院入选汤森路透《开放的未来：2015全球创新报告》全球制药领域"最具影响力科研机构"，位列第7。

学院设有药学、中药学、生物制药3个本科专业，其中，药学专业入选首批国家一流专业建设点和江苏高校品牌专业建设工程项目。学院拥有1个省级学科综合训练中心，1门教育部来华留学生英语授课品牌课程，2门国家级"金课"，1个全英文授课教改班和1个整合药学教改班。2020年，全院在校学生1 088人，其中，全日制本科生703人，硕士研究生327人，博士研究生58人。在站博士后15人。

学院现有教职工123人，专任教师95人，其中，具备正高职称44人、副高职称34人、中级职称17人，集聚了一支包括享受国务院特殊津贴专家、国家杰出青年科学基金获得者、国家优秀青年科学基金获得者、中国科学院"百人计划"项目入选者、国家特聘青年专家、教育部"长江学者奖励计划"青年学者、"高层次留学人才回国资助人选"、江苏"双创计划"入选者、江苏特聘教授、江苏省有突出贡献的中青年专家等杰出人才的高层次人才队伍，拥有江苏省"双创"团队2个。

二、教学工作

持续深入推进教育教学改革。学院除坚持本科生"一对一"全员导师制、药学专业全英班等教改措施外，在2018级药学专业开展了整合药学改革。设置整合药学教改班，围绕创新药物研发人才培养，采用目标为导向的教学理念（OBE），按照药物研发（"找好药"，原培养体系）、生产（"做好药"，现培养体系）、使用（"用好药"，即临床药学）

进行分段培养，着力培养基础厚、口径宽、视野广的创新药物研发型专业人才。

加强本科教学培养体系建设。药理学教学团队顺利通过苏州大学首批在苏本科高校优秀教学团队结项验收；编写教材5部，发表教学论文7篇；张慧灵教授等主编的教材《药理学》入选2020年省级重点教材立项建设名单，张学农、刘扬共同编写的《新药注册申请技巧及新药研发关键技术》入选2020年苏州大学教材培育项目；季兴跃、黄斌的"化学小分子药物的前世今生"新生研讨课项目和杨红负责的"学科综合训练"研究型教学标杆课程项目获"苏大课程2020-3I工程"立项建设；国家级大学生创新创业训练计划项目立项3项，结题2项；江苏省高等学校大学生实践创新训练计划项目立项3项，结题3项；校级大学生创新创业训练计划项目立项2项，结题2项；"箬政基金"研修课题立项2项，结题2项；医学部课外科研项目立项17项，结题13项。

教育教学成果获得丰收。镇学初教授主持的"线上线下结合教学培养创新型药学人才的探索与实践"获苏州大学教学成果一等奖、苏州市教育教学成果二等奖；滕昕辰在第三届江苏省本科高校青年教师教学竞赛暨第五届全国本科高校青年教师教学竞赛选拔赛中荣获医学组二等奖，张熠和陆叶分别荣获苏州大学建行奖教金一等奖、三等奖，曹莉获苏州大学第二届课程思政课堂教学竞赛二等奖，邓益斌获苏州大学第十九届青年教师课堂教学竞赛三等奖；游本刚指导的黄伟同学获得省级本科毕业设计（论文）三等奖；4名教师分别获评苏州大学毕业设计（论文）优秀指导教师和苏州大学毕业实习优秀指导教师，获评本科优秀毕业设计（论文）团队1个和本科毕业实习优秀实习小组1个。曹焰妮等12名学生被免试推荐至浙江大学等高校攻读硕士、博士学位。

三、学科建设与科研工作

加强科研项目的申报和管理工作。学院共申请国家自然科学基金项目52项，立项14项，其中，1项优秀青年项目，9项面上项目，4项青年科学基金项目。另获江苏省青年项目1项，苏州市项目3项，新签横向项目35项。2020年，发表学术论文124篇，其中，SCI/EI/ISTP三大检索源期刊论文111篇。申请发明专利42项，授权专利近37项，转让专利7项。获江苏省科技进步奖三等奖（排名第3）1项，获江苏省医学会医学科技奖三等奖（排名第3）1项。

7月，药学学科在2020"软科世界一流学科排名"中跻身国内2—4名；10月，药理学与毒理学学科在US News 2021世界大学排名中位列国内第12名和全球第110名；11月，药理学与毒理学进入ESI全球前1.69‰。全院动员，积极组织做好教育部第五次学科评估工作。

加强与企业共建合作，成立协同创新中心、联合研发中心。共建苏州大学-海安市中医院科研协同创新中心、苏州大学-特瑞药业智能靶向纳米药物协同创新中心、苏州大学-创芯国际类器官药物评价协同创新中心等3个协同创新中心，共建苏州大学-刘燕酿制联合研究中心。与江苏海岸药业有限公司、长江润发集团等签订战略合作协议。

四、学院重大事项

（1）1月2日，药学专业成功获批国家级一流本科专业建设点。

(2) 6月28日,药学院组织召开2020届学生毕业典礼。

(3) 7月1日,药学学科在2020"软科世界一流学科排名"中跻身国内2—4名。

(4) 8月28日,"苏州大学-海安市中医院科研协同创新中心"揭牌仪式成功举行。

(5) 9月22日,药学院应征教授获国家自然科学基金优青项目资助。

(6) 9月24日,药学院举行研究生工作站(实践基地)授牌暨兼职导师聘任仪式。

(7) 10月20日,药理学与毒理学学科在US News 2021世界大学排名中位列国内第12名和全球第110名。

(8) 11月6日,"苏州大学-刘燕酿制联合研究中心"揭牌仪式成功举行。

(9) 11月26—29日,苏州大学成功参与承办第二十届"中国药师周"系列活动。

(10) 12月5日,药学院成功举办"和铂医药-苏州大学药学院"第十届研究生学术论坛。

(金雪明)

医学部护理学院

一、学院概况

医学部护理学院1985年开始进行成人护理学专升本教育。1997年，苏州大学创建护理系，1999年，开始本科招生。2008年，护理学院成立。护理学院现为一级学科博士、硕士学位授权点，有江苏省重点学科、江苏省特色专业，临床护理为国家级重点专科。1999年，开设以心血管专科护理为特色的五年制护理本科教育，2009年改为四年制护理本科教育。学院是"江浙沪闽研究生导师沙龙"发起单位和"华夏地区高等护理教育联盟"组建院校之一。2015年，学院通过了教育部高等学校护理学专业认证，并获批江苏省省级实验教学示范中心。2017年，学院荣获第二届全国护理专业本科临床技能大赛三等奖。2019年，获批护理学博士后科研流动站、全国首批中国老年学和老年医学学会护理和照护分会"护理与照护教育实践基地"。学院下设护理人文学系、基础护理学系、临床护理学系、社区护理学系和护理实践中心、护理研究中心。学院现有教职工20人，其中，附一院编制10人、苏大编制10人，专任教师14人，教授和主任护师4人，副教授和副主任护师11人；具有博士学位者6人。另有海内外客座教授48人，其中，2人为国际南丁格尔奖章获得者。

二、教学工作

1. 本科生教学工作

2020年，全院共承担课程31门，7 977学时（含理论980学时、带教6 997学时）。为43名本科生顺利配备了导师，辅助学生完成本科生科研训练及毕业论文撰写。2020年上半年学院有68名同学顺利毕业；下半年2017级43名同学顺利开展毕业实习工作。

学院进一步在教学过程中强调教学规范，加强对系、中心的统筹管理。多次检查教学规章制度执行情况，教学档案整理、收集情况，系、中心主任听课记录，教师的备课笔记及教案，等等。"护理人文关怀"等课程成为学校课程思政示范课程，李惠玲院长主讲的课程获苏州大学课程思政课堂教学竞赛三等奖；通过"博习讲堂"为师生开展10次人文教育主题活动；同时引导学生到养老机构、社区等进行志愿服务，2020年，学院成立中国南丁格尔志愿护理服务总队苏州大学医学部护理学院分队，为学院师生更好地进行志愿服务提供了更宽广的平台。这些举措均在一定程度上促进了师生人文综合素质的提升。

学院继续贯彻医学部关于开展观摩教学活动文件的精神，2020年，共组织开展观摩教学活动3次，其中，2次为学部示范性观摩教学，1次为院级观摩教学。每次观摩教学均组织附一院、附二院、附儿院的青年教师进行听课，2020年共约200人次参加。校督导、医学部督导对整个活动的基本情况，主讲教师的教案、授课计划、教学大纲等教学文件的完成情况，存在问题及改进措施等做出详细的点评，使在座的教师尤其是年轻教师受益匪浅，切实提高了青年教师的课堂教学基本功。

学院师生2020年共发表论文17篇，其中，SCI论文14篇（其中，SCI二区及以上2篇）。林璐获得教育部人文社会科学研究基金项目1项。2020年，学院新增中国在线大学慕课平台开放课程——"临床护理思维与决策"（第二轮开放），选课人数达900人；"高级护理实践案例"被中国高等医药教指委研究生网站录用；"护理人文关怀"多校联合启动慕课，北京大学医课堂平台选课3 000余人；完成微专业项目——"全生命周期健康管理与人文关怀"（6门课程）的视频拍摄工作。

2. 研究生教学工作

学院党委狠抓研究生学术道德规范。把加强科学道德和学风建设作为研究生的基本要求，加快推进科研诚信、学术道德教育规范化；坚持道德约束和监管惩处并重，完善合理有效、公正公开的学术不端行为查处制度及相关政策性文件。党委书记多次在班主任会议上强调研究生学术道德规范问题。加强培养过程的质量控制；完善培养方案，建立以厚理论、善关怀、强胜任、硬技术为特色的新课程体系；重视研究生培养，加强导师培训。新上岗的导师必须完成学校、学院的导师上岗培训后方可申请指导研究生；针对已上岗的导师，学院定期组织强化，并提供全国性培训的机会。

根据学校研究生院的统一安排，学院高度重视研究生推免、面试等工作，坚持"按需招生、德智体全面衡量、择优录取、保证质量、宁缺毋滥"的原则，制定公平、公开、公正、合理、规范的复试方案。同时加强研究生教学管理，着重抓好论文开题和答辩工作，提高研究生学位论文质量。2020年，学院硕士学位授予率100%；葛冰倩等研究生的论文获2020年中华护理百篇优秀论文。

三、科研工作与学术交流

1. 科研项目及成果

学院组织教师积极申报各级各类科研项目，科研成果稳步提升。2020年，林璐获得教育部人文社会科学研究基金项目1项。

学院教职工2020年共发表论文17篇，其中，SCI论文14篇（其中，SCI二区及以上2篇）；出版教材2部；获专利授权2项。《医学人文关怀》获2020年江苏省重点教材立项建设。

2. 学术交流

2020年，广西医科大学护理学院、西安医学院第一附属医院来访，调研并学习学院在专业认证、学科建设等方面的成功经验。

在疫情常态化下，积极探索线上学术交流形式，共邀请了郝玉芳等十几位护理领域专家为全院师生开展学术讲座。

四、学院重大事项

(1) 5月8日,举办护士节线上庆祝大会。

(2) 9月23日,中国南丁格尔志愿护理服务总队苏州大学医学部护理学院分队成立大会举行。

(3) 11月20—22日,举办2020年苏州市临床带教师资教学方法培训班暨江苏省高等教育学会护理教育研究第二届学术年会。

(4) 12月17日,张利岩客座教授授聘仪式成功举办,仪式后张利岩做老年护理讲座。

(王方星)

巴斯德学院

一、学院概况

苏州大学巴斯德学院成立于2019年9月,是苏州大学与中国科学院上海巴斯德研究所合作共建的苏州大学二级学院。巴斯德学院现有教职工13人,本科生30人,硕士研究生10人。学院坚持"四个面向",坚持科教强国和科技创新驱动发展战略,显著提升基础研究水平与瓶颈技术突破能力,传承和发扬上百年的"巴斯德精神"卓越研究、精英教育和专业培训,支撑和服务公共健康事业。学院的使命是汇聚和培养一批专业化、国际化的高端人才队伍,持续培养生命科学与公共健康创新人才,开展有特色、有应用前景的前沿基础研究,为把苏州大学建设成为高水平研究型大学不懈努力。巴斯德学院将整合中科院、巴斯德国际网络和苏州大学的优势资源,探索科教融合办学新范式,发展前沿交叉新学科,开创"教研医企"协同创新研究型学院新模式。

巴斯德学院以习近平新时代中国特色社会主义思想为指导,全面落实党的十九大和十九届五中全会精神,围绕学校"人民满意,国际认可,世界尊重"的办学方针,实施"科教融合,前沿交叉,'教研医企'协同创新"的办院方针。以"两个能力"和"四个面向"为基本原则,提升微生物感染和病原微生物传染领域的人才培养能力和科技创新能力,坚持"面向世界科技前沿、面向经济主战场、面向国家重大需求、面向人民生命健康",完善制度设计、加强基础教育、优化资源配置、提高合作水平,力争实现"政府支持、人民满意、国际认可、世界尊重"的建设目标,服务"生命安全"和"生物安全"的国家战略目标。

二、教学工作

1. 本科生教学工作

因材施教,"英才培养"。为实践国家高等教育创新人才培养战略,积极响应国家生物安全战略对复合型人才的迫切需求,学院秉承"英才培养"理念,坚持"科教结合",注重因材施教、个性化培养,探索"本硕博一体化"培养模式,培养具备国际视野和创新精神的生物学、医学和工程学交叉创新人才,逐步健全适合学院的招生、教学和管理体系,包括出台《苏州大学"巴斯德英才班"2020级人才培养方案》《苏州大学"巴斯德英才班"2020年学生选拔方案》《苏州大学"巴斯德英才班"实施方案》《苏州大学"巴斯德英才班"管理办法》等。2020年,从苏州大学理、工、医相关专业全日制本科生中选拔录取了来自全校8个学院(部)的30名学生,成功组建了第一届巴斯德英才班。

"第二课堂"稳步展开。学院秉承"以学生为中心"的理念,以立德树人、知行兼修为目标,凸显高校教育中"非正式课堂教育"的育人作用,起草了《"巴斯德英才班""第二课堂"实施方案》。通过导师辅导机制、素质提升机制和学生自治机制,满足学生的个性化发展需要,促进学生的全面发展,提高人才培养质量。

"谈心谈话"助力成长。为深入了解每位学生的学习和生活情况,学院与每位学生分别进行了班主任谈心谈话、学院谈心谈话。从谈心谈话中,学院获知学生在学习、生活、人际关系相处等方面的困惑与困难,并积极帮助学生解决问题,疏导情绪。

全面发展初见成效。2020年,巴斯德英才班的学生通过不懈努力获得了多项奖励,包括:程雨昕、赵启帆、李峰回等3人次获2020年第二届全国高校创新英语挑战活动英语词汇赛(非英语专业组)初赛优秀奖,赵启帆、李峰回、马天润等3人次获第五届全国大学生预防艾滋病知识竞赛优秀奖,等等。

2. 研究生教学工作

2020年,巴斯德学院招收攻读学术硕士学位研究生10人。

为探索研究生培养新模式,健全研究生指导机制,学院采用"以项目为牵引,导师指导组联合培养"的模式,推动成立导师指导组联合培养、共同指导研究生。

成立导师指导组。学院在医学部具有硕士生导师资格的教师中遴选,为研究生配备了学部导师,通过"学部导师—学业导师"指导组联合培养模式,联结苏州大学医学部导师与上海巴斯德研究所导师,共同指导研究生。通过研究生指导工作,促进双方在大学—科研机构科研、教学、项目申报等方面的长期合作。

建立项目牵引机制。学院帮助10位研究生申请到了中国科学院大学开放课题项目,项目资金直接入账苏州大学医学部导师实验室,通过项目连接导师指导组;也通过项目申请、立项、实施、结题等环节实战训练研究生申报课题、开展科研工作的能力。

重视德育教学工作。学院重视研究生的思想政治教育工作,在开学初进行新生入学系列讲座、实验安全培训和心理健康培训的基础上,学院响应国家2020年全国科学道德和学风建设宣传月活动,组织全体研究生参加2020年全国科学道德和学风建设宣讲教育报告会、苏州大学学术诚信教育网络教学等,通过一系列的思想政治教育活动,使学生明确"树人先立德"的原则,树立正确的科研价值观。

加强政策宣讲。为顺利开展研究生培养工作,学院对全体研究生进行了学校学位授予与全过程培养的政策解读,其中包括《苏州大学关于进一步加强研究生学位论文质量全过程管理的意见》《苏州大学硕士、博士学位授予工作细则》等。全体研究生在学习学校政策文件后,更加清晰地明确了研究生学习期间的规划。

2020年,巴斯德学院研究生在医学部学业奖学金评定中,荣获特等奖学金1名,一等奖学金1名,二等奖学金2名,三等奖学金6名。

三、学科建设和科研工作

兼职师资聘任。学院首批聘任了6位来自上海巴斯德研究所的讲座教授(兼职教授),其中,1名为外籍教授。这6名教授分别承担国家杰出青年科学基金、中科院"百人计划"、国家特聘青年专家、上海特聘青年专家、上海领军人才等项目。

专任师资引进。学院大力引进"精英化、国际化、研究型、交叉型"师资队伍。围绕免疫学、微生物学和生物信息学三大研究方向，招聘能实现神经科学、免疫学、发育学、微生物学的有机融合，人工智能与大数据分析、转化医学、同一健康等协同创新研究的全球英才。截至2020年，经面试并向学校推荐聘任教师9名，学校已批准引进6名，其中，确定入职2名，来自丹麦哥本哈根大学的优秀青年学者已经到岗工作，来自英国华威大学的特聘教授于2021年2月回国到岗。

行政管理人员招聘。学院共设4个办公室，分别是综合办公室、教学与学生管理办公室、科研与学术办公室、国际合作与交流办公室，除了科研与学术办公室外，其余3个办公室已配备或即将配备行政管理人员，开展日常管理、教学与学生管理、国际合作交流等相关工作。

科学研究工作。学院积极推进科学研究工作，截至2020年，学院已获得中国科学院大学开放课题1项（资助经费40万元）。积极动员学院教师重视各类项目的申报工作，组织学院教职工多次参加项目申请辅导会，学院教师正在积极准备2021年国家自然科学基金青年项目、面上项目、杰出青年项目、江苏省自然科学基金青年项目、面上项目的申报。

四、学院重大事项

（1）学院发展规划制订。"十四五"时期是我国由全面建成小康社会向基本实现社会主义现代化迈进的关键时期，是"两个一百年"奋斗目标的历史交汇期，也是苏大抢抓"双一流"建设机遇、实现建设"人民满意，国际认可，世界尊重"的高水平研究型大学战略目标的关键时期。根据有关文件精神及学院自身的实际情况，巴斯德学院起草了《巴斯德学院"十四五"改革发展规划》《巴斯德学院建设发展三年规划》等发展规划，围绕未来3—5年学院在制度建设、师资建设、人才培养、搭建创新平台、促进"教研医企"四位一体等各方面明确学院的发展方向与路径。

（2）学院信息化建设。2020年，学院网站建设初步完成，并配备专人负责定期维护与更新；开通并认证了学院微信公众号，实时宣传发布学院动态。

（夏淑婷）

师范学院

一、学院概况

苏州大学办师范教育的历史悠久。早在1952年，由东吴大学文理学院、苏南文化教育学院和江南大学数理系调整合并，建立苏南师范学院，同年更名为江苏师范学院。在1952年至1982年这30年里，江苏师范学院为国家培养了15 450名师范木专科生及55名硕士研究生，为江苏省中等教育事业的发展做出了重要贡献。为进一步发展师范教育，培育优秀师范人才，2019年9月16日，苏州市教育局与苏州大学经友好协商达成协议共建苏州大学师范学院，共同开启苏州大学师范教育改革发展的新篇章。2020年3月13日，苏州大学印发《苏州大学师范教育卓越教师培养计划2.0实施方案》，标志着苏州大学在师范教育人才培养方面步入新的历史发展阶段。

学校现有师范类专业13个，专业涉及中小学课程相关学科，人文学科专业包括：汉语言文学（师范）、思想政治教育、历史学（师范）、英语（师范）、美术学（师范）、体育教育、教育学（师范）、教育技术学（师范）（隔年招生）、音乐学（师范）等9个专业；理工学科专业包括：数学与应用数学（师范）、化学（师范）、物理学（师范）、生物科学（师范）等4个专业。学校共有教师教育实践实习基地100个，其中，近3年常用的有30多个，另有20多个其他学校参与的苏州工业园区"优秀实习生"等培养项目，师范教育培养体系日臻成熟。苏州大学师范学院受到田家炳基金会支持，以全校所有师范专业为基础，在不改变现行专业学院办师范专业教育模式的前提下，负责统筹协调全校师范专业教育，充分发挥综合性大学在师范办学特色打造、师范专业能力培养及师范人才培育上的引领作用，通过创新管理模式，着力造就一批师德高尚、专业扎实、创新教学、能力卓越的现代化教师。

师范学院面向全校师范专业本科生、全日制教育硕士生及有志于从事教师教育职业的非师范专业本科生等，探索本科生和研究生教育的融合，提高师范生培养层次和质量，并着力加强师范技能实训，建立健全贯穿培养全程的实践教学体系。与此同时，师范学院将积极拓展对外合作交流，深化校地合作，进一步推动跨境交流合作，扩大苏州大学师范教育的国际影响力。

二、教学工作

1. 课程建设

学院申报的"教师职业道德与修养"正式获"2020年新生研讨课项目立项建设"。

2020年9月,通过线上线下相结合的方式举办2021届本科教育实习动员大会暨师范生宣誓仪式。

学院申报的"教育领导+"微专业获教务部批准立项,该项目联合校内外相关学科教师及一线名师共同授课,涵盖6门课程,分别是"师范美育与伦理概论""新课改与名师说课""教育科研与学术写作""STEAM-创新项目设计""中小学心理健康及行为干预""教育法律案例与管理实务"。项目已完成部分课程的拍摄。

2. 参与学校师范教育发展规划工作

学院积极推进学校承担的江苏省卓越教师培养计划"综合性大学本硕一体化'实践反思型'高中教师培养实践研究";积极向江苏省教育厅争取并完成《苏州大学关于开展六年一贯制硕士层次高中教师培养的方案》;积极参与学校高等教育教学成果奖师范教育方面的申报和培育工作;协助审核2020版本科人才培养方案,制订《苏州大学关于进一步加强师范生教育教学能力培养的意见》,制订《苏州大学师范教育卓越教师培养计划2.0实施方案》并正式颁布实施;协助制订《苏州大学师范生免试认定中小学教师资格教育教学能力考核实施方案》;参与学校"十四五"改革发展规划"人才培养相关研究"编制调研及调研报告起草工作;提交《师范学院"十四五"规划调研报告》并撰写苏州大学师范教育"十四五"期间人才培养思路。

3. 师范类竞赛指导及就业指导工作

学院打造"云师说"平台,开展"云师说——师范生空中技能培训课""云师说——师范生空中就业指导课"系列课程。该系列课程采用在线视频微课的形式,邀请校内外名师参与指导师范生教学技能训练和提升,助力师范专业学生的实习就业,播放量达4 419次;组织开展招聘会,协助开展苏州市教育局、高新区教育局、工业园区教育局、相城区教育局的招聘工作。

4. 实训中心建设工作

学院已完成"师范类专业教师职业技能实训中心"立项、论证、招标,并已正式启动建设。实训中心位于东校区东教楼、独墅湖校区3301楼。学院也在同步制定实训中心使用和管理制度,明确师范生职业技能训练要求及规范。

三、对外交流与合作

1. 成功争取田家炳基金会资助

学院完成"田家炳基金会苏州大学师范教育推进项目"申请报告书。2019年12月9日,田家炳基金会正式公布审批通知,捐赠200万元用于师范学院的建设与发展。2020年3月,资金正式到账苏州大学教育发展基金会。

2. 积极开展校地合作,强化协同育人及为基础教育改革与发展服务的能力

一是建立教育研究基地,学院与江苏省震泽中学共建育英教育研究院,与苏州市田家炳实验初级中学共建教育研究基地,与昆山市花桥高级中学共建教育研究基地;二是深化校地合作,学院先后推荐教育学院余庆副教授为苏州市田家炳实验初级中学教学科研副校长,外国语学院古海波副教授为江苏省震泽中学教学科研副校长,材料与化学化工学部王伟群教授为江苏省黄埭中学教育科研副校长,形成高校和中学"协同教研"的共同发展

机制；三是助力研究基地申报师范类研究课题，学院协助苏州市田家炳实验初级中学申报及开展省"十三五"课题"指向有效教学的精准教研的实践研究"，协助江苏省震泽中学、江苏省黄埭中学成功申报苏州市"四有"好教师市级重点培育团队项目；四是学院积极开展教育扶贫及志愿服务工作，苏州大学志愿服务基地落户苏州市吴中区藏南学校；五是学院承担"苏州教育'十四五'时期高质量发展的战略重点与实施路径"课题，积极参与苏州教育"十四五"规划调研及编制工作。

四、学院重大事项

（1）3月13日，《苏州大学师范教育卓越教师培养计划2.0实施方案》正式发布。

（2）3月24日，田家炳基金会捐赠200万元定向用于支持建设师范学院。

（3）5—11月，开展"云师说——师范生空中就业指导课""云师说——师范生空中技能培训课"系列课程。

（4）5月，与苏州市田家炳实验初级中学共建教育研究基地，与江苏省震泽中学共建"育英教育研究院"。

（5）7月，"苏大课程2020-3I工程"新生研讨课"教师职业道德与修养"正式立项。

（6）8月，"教育领导+"微专业项目正式立项。

（7）9月，与昆山市花桥高级中学共建教育研究基地；召开2021届本科教育实习动员大会暨师范生宣誓仪式。

（8）11月，苏州大学"师范类专业教师职业技能实训中心"项目开始实行；召开"教育领导+"微专业建设研讨会暨兼职教师聘任仪式。

（9）12月，召开"田家炳基金会苏州学校改进计划"项目研讨会；与江苏省黄埭中学推进合作，协助学校成功申报苏州市"四有"好教师市级重点培育团队项目。

（顾正磊）

东吴学院

一、学院概况

东吴学院成立于2020年5月,是苏州大学直属公办二级学院,由大学外语、大学数学、大学计算机、大学物理、公共化学和公共体育6个学系组成,面向全校本科生、研究生实施公共基础课教学。

学院积极构建"学院—学系—教研室"三级管理模式。根据教研教改的需求,学院设有大学外语系第一教研室、第二教研室、第三教研室,高等数学教研室,高等数学(文科)教研室,线性代数教研室,概率统计教研室,无机及分析化学教研室,有机化学教研室,大学化学实验中心,大学物理教研室,大学计算机教研室,大学篮球教学组,网球教学组,共计14个教研机构,紧紧围绕立德树人、"双一流"建设和高质量发展开展工作,着力提升公共基础课的教学质量。

学院现有教职工231人,其中,专任教师218人(含1名外教)。学院具有副高及以上技术职称者107人(其中,教授8人、副教授99人)。

二、教学工作

2020—2021学年第一学期,东吴学院共承担1 139个教学班的99门课程,完成23 720人次的体测工作,公共基础课教学运行平稳,教学质量有所提高。

以课程思政为抓手,推进立德树人工作。2020年入选苏州大学课程思政教学团队3个、示范课程3门,学院给予配套经费,推动课程思政融入课堂教学,在公共基础课领域构建课程思政的育人大格局。

狠抓教学质量。制定《东吴学院领导班子听课制度》,学院党政领导采用"四不两直"的方式听课。制定《东吴学院教学督导工作条例》,聘任6名教学督导。教学督导认真履行职责,每月召开会议。通过领导班子和督导听课,全方位检验课堂教学效果,了解学生意见。对于问题,及时纠正;对于亮点,宣传推广。

探索新型教学模式,引领教学改革创新。"英语影视欣赏"等12门课程采用新型教学模式,通过混合教学,结合线上课程的灵活性及线下课程的交互性,提高学生的学习兴趣,提升教学效果。

三、教师发展与教学研究工作

1. 教师发展

2020年,新增3名博士学位教师(其中,1人来自海外名校),11名教师获聘副教授。学院教师在建行奖教金评选中获"教书育人类"一等奖1项、三等奖2项。学院积极鼓励教师参加教学竞赛来提升教学能力。2020年,共有20人次参与竞赛,获得省级特等奖1项、省级三等奖2项、省级优秀奖1项、校级三等奖2项。

2. 教学研究

2020年,学院共有18个教改项目立项,其中,国家级一流课程2项、省级重点教材2项、省级课题3项。"英语影视欣赏"获批国家级线上一流课程,"无机及分析化学"获批国家级线上线下混合式一流课程,《物理学简明教程》获省级重点教材立项,《大学物理实验教程》通过省级重点教材审定并出版。"数字化课程资源研究"专项课题获批中国高等教育学会重点教改课题。5本教材入选苏州大学教材培育项目。学院教师指导学生竞赛获国家级奖项6项、省级奖项19项。

四、学院重大事项

(1) 5月14日,东吴学院揭牌成立。

(2) 7月1日,公共基础课教师人事关系正式转入东吴学院。

(3) 9月4日,东吴学院召开首届教职工大会。

(4) 9月4日,东吴学院召开庆祝第36个教师节暨分工会成立会议。

(5) 9月28日,东吴学院成立第一届教学督导组。

(6) 10月21日,东吴学院全体教职工拍摄"全家福"集体照(苏大120周年校庆活动)。

(7) 10月,东吴学院教师办公楼(原特化楼)维修改造工程启动。

(8) 11月19日,苏州大学东吴学院学术分委员会成立。

(韩祥宗)

敬 文 书 院

为积极推进人才培养改革，探索高等教育大众化条件下的高素质人才培养模式，苏州大学借鉴哈佛、剑桥等国外著名大学"住宿学院制"及香港中文大学"书院制"等管理模式，结合学校实际情况，于2011年6月成立了以香港爱国实业家朱敬文先生的名字命名的书院——敬文书院。

书院以培养具有人文情怀、创造精神的研究型、国际化、高素质人才为目标，提出"育人为本、德育为先、个性培养、全面发展"的理念；以"为国储材，自助助人"的敬文精神为院训，倡导"明德至善、博学笃行"的院风，人才培养成效显著、特色鲜明。

敬文书院成立10年来，已培养出七届740余名优秀毕业生，其中，70%的毕业生进入世界著名学府深造，包括推荐免试至北京大学、清华大学、复旦大学、上海交通大学、南京大学、浙江大学、中国科学技术大学、东南大学、中国人民大学、武汉大学、同济大学、厦门大学、华东师范大学、中国政法大学等学校攻读硕士或直接攻读博士学位；被美国约翰霍普金斯大学、芝加哥大学、杜克大学、纽约大学、南加州大学，英国帝国理工学院、伦敦大学国王学院、曼彻斯特大学，新加坡国立大学，日本东京大学、京都大学，澳大利亚悉尼大学，以及中国的香港大学、香港中文大学等著名学府录取。直接就业的学生也深受用人单位欢迎，相当比例的毕业生进入世界500强企业就职。

与传统的办学模式相比，敬文书院的人才培养具有四大特色：一是打破了传统的行政班级和专业的界限，彰显了文理渗透、学科交叉育人的功能；二是打破了传统的以专业班级为载体的学生管理模式，实现了学生管理由班级管理向社区管理的实质性转变；三是打破了传统教育中重智育、轻德育，重培训、轻培养的格局，彰显了书院教育重思想、重人文、重心智的特色；四是拉近了传统教育中渐行渐远的师生关系，重构了亲密互动、教学相长、和谐相融的新型师生关系。书院就是一个充满活力的温馨之家，书院生活涵盖了各种学习、交流活动，每一名学生在书院都会感受到家的温暖。

一、多元社区温馨家园

敬文书院将学习社区和温馨家园合二为一，不仅有着园林式的院落环境，而且在宿舍区还有供书院师生研讨、生活的各类功能室，如导师工作室、学业讨论室、积学书房、劳动体验馆、咖啡吧、自修室、书画演习室、钢琴房、健身房、洗衣房、厨房等。书院以多元、兼容、开放为特征，为学生提供了心灵交流、思维碰撞、潜能拓展的平台。敬文冬至节、双旦晚会、师生共膳等活动更是彰显了书院对学生生活学习细节的关怀和浓厚的情谊。

二、文理渗透学科交叉

学校每年从天赐庄校区不同学院的本科新生申请者中选拔优秀学生加盟书院。每一个加盟书院的学生都有双重身份：他们既是敬文书院的学生，也是所在专业学院的学生。其"第一课堂"的专业学习主要由各自所在学院负责，"第一课堂"以外的学习和生活，包括党团组织生活和学生活动的开展等主要由书院负责。来自不同学科专业背景的学生在书院组建了四大学生组织——学生会、科协、分团校、青年传媒中心，以及独立乐队——Neverland。他们立足书院，联合学院，走出学校，辐射社会。书院学生在各类比赛中屡创佳绩，充分彰显了书院文理渗透、学科交叉的育人特点。

三、教授博士领衔导师

书院实行导师制。常任导师、社区导师、助理导师常驻书院，为学生的成长成才提供全天候、个性化的指导和服务。德政导师由院内外政治素养高、思想政治教育经验丰富的领导同志、优秀党务工作者和有关专业教师担任，通过开设思想政治理论课程或专题讲座，进班级、进宿舍、进社团，并兼任班主任或社团顾问、指导教师等多种形式开展指导，引导学生树立正确的世界观、人生观、价值观，增强社会责任感。学业导师作为书院导师队伍的核心力量，由学校选聘教学工作突出、研究能力强、具有高级职称或博士学位的优秀在职教师担任，还选聘了部分资深教授作为公共基础课学业导师常驻书院，推行"小班化、个性化"辅导；其余学业导师每两周至少与学生互动一次，在大学适应、论文写作、科研项目等方面为学生做有效而切实的指导。校外导师是具有学术水平和专业技能的各界社会精英，他们以"单独辅导+集中辅导+导师讲堂+走进导师单位"等模式，致力于帮助学生完善职业规划，明确目标与方向；促进理论学习和实践需求的有效融合，培养学以致用的治学态度。通过导师制，书院拉近了传统教育中渐行渐远的师生关系，在更高层次上重构了密切互动、教学相长、和谐相融的新型师生关系。

四、通识教育塑造全人

书院精心设计通识教育课程，倡导全人教育理念，鼓励学生探索专业以外的领域，拓宽视野，培养人文素养与科学精神。书院邀请各领域高水平名家开设系统化通识教育课程——"敬文讲堂"，主要包括文化传承、经典会通、艺术审美、创新探索等系列内容，由此打破了传统教育中科学与人文分割的格局，彰显了既重学科专业，又重人文情智的特色。此外，书院开设以书院学生为教学对象的小班应用英语、第二外语及跨文化素养等具备针对性的教学课程，赋予学生感悟语言之美、培养世界之情的全新体验，书院学生在全国大学生英语竞赛中屡获殊荣，获奖数在全校各学院名列前茅。

五、创新驱动引领成长

书院构建并实施了融导师制、线上线下联动课程、"苏大课程2020-3I工程"项目、创意大赛、创业计划五大元素于一体的创新创业金字塔体系。得益于此,书院累计有550余人次成功申报以苏州大学"箬政基金"为龙头的各类学术科研基金资助项目;有230余人次参与国家级、省级大学生创新创业训练计划;440余人次在国家级、省级的创业计划大赛和学科竞赛中获奖;180余人在省级以上学术刊物发表研究成果,其中包括SCI一区top、EI、ISTP和国家级学术刊物,其突出表现,极受钦羡。

六、海外研修奖助优先

自建院以来,敬文书院一直以培养研究型、国际化、高素质创新人才为目标,着力打造跨专业、跨文化、跨国界的学习环境。几年来,书院高度重视学生外语应用能力的培养,对外交流高层次项目的拓展,奖助研修体系的不断完善。2020年,书院已经有超过60%的学生获得海外研修的机会,分别前往QS世界大学排名前50的美国哈佛大学、斯坦福大学、加州大学伯克利分校,英国剑桥大学等众多国际名校研修交流、留学深造。

卓有成效的书院制育人模式吸引了社会各界的广泛关注,现已有包括东吴大学老校友李乃果、沈曾苏伉俪捐赠设立的"沈京似奖助学金",苏州日本电波工业有限公司总经理藤原信光先生捐赠设立的"未来卓越领导人奖学金",苏州新东方学校捐赠设立的"新东方国际化人才奖学金"在内的各类捐赠奖学金。此外,社会各界也在书院的办学过程中提供了物质方面的帮助。

七、书院重大事项

(1) 2月26日,书院举办长三角高校书院联盟"青春云战'疫'"系列活动。

(2) 4月16日,书院分党校与能源学院分党校联合开展以"从苏州疫情期的两手抓看地方治理效能"为主题的线上"云党课"活动。

(3) 4月29日,书院本科生党支部、校机关党工委党委办公室党支部通过线上线下相结合的模式,在敬文书院积学书房和WeLink平台,联合举办"守初心、担使命、促成长"主题党日活动。

(4) 5月9日,书院学生分3批陆续返校。

(5) 6月27日,书院2020届学生毕业典礼在校本部敬贤堂举行。

(6) 9月15日,书院2020级新生开学典礼在校本部敬贤堂隆重举行。

(7) 11月6日,书院院长钱振明,党委副书记、副院长孟玲玲,书院学生事务中心主任黄冠平,副主任孙正嘉一行赴复旦大学复旦学院(本科生院)、上海交通大学致远学院考察,学习著名大学的人才培养模式,以推进敬文书院的未来建设和发展。

(8) 11月25日,书院党委与苏州工业园区第一中学党总支前往苏州大学博物馆,开展"'四史'学习正当时,不忘初心忆峥嵘"联合主题党日活动。

(9) 12月3日,书院本科生党支部与党委办公室党支部在钟楼116会议室举行了结对共建仪式,校党委常委、党委办公室党支部书记薛辉受邀为师生党员讲授了"全面加强和改进教育系统党的建设"专题党课。

（10）12月21日，2020敬文·冬至节暨冬日劳动竞赛顺利举行。苏州大学党委常委、总会计师周高，校学生工作部（处）部（处）长董召勤等有关职能部门负责同志，书院德政导师、学业导师、常任导师、社区导师莅临活动现场，与书院学生共同感受冬日温情，体悟劳动光荣。

（柯　征）

唐文治书院

一、学院概况

为进一步推进苏州大学"卓越人文学者教育培养计划",苏州大学借鉴剑桥大学、哈佛大学等国外著名大学的书院制,参照西方文理学院的本科培养模式,于2011年成立了唐文治书院(简称"文治书院")。书院以著名教育家唐文治先生(1865—1954)的名字命名,突出民主办学、敬畏学术、教学相长、自我发展的特征,积极探索打通文史哲的人才培养模式,积极引导学生建立科学、合理、全面的知识结构,积极培养具有世界情怀和人文情怀,传承苏大精神和文治精神的复合型、学术型拔尖文科人才,努力实践新理念,探索新模式,形成新机制。

唐文治书院每年从中国语言文学类、历史学(师范)、哲学和思想政治教育等4个专业中择优选拔出30名新生。学生被录取之后学籍即转入书院,由书院集中管理,四年一贯制培养。

二、教学科研工作

2020年,书院继续积极推进教学改革,注重发挥学生的学习自主性,着力训练学生发现问题和解决问题的能力。2020届毕业生中继续深造的比例为73.08%。2020年度书院分别有1名学生获得国家级(省级重点)大学生创新创业训练计划项目,有2名学生获得"箓政基金"项目,有4名学生在全国大学生英语竞赛中获奖。书院2020级学生参加第十八届苏州大学新生英语短剧大赛,获得二等奖的好成绩。

三、学术交流

2020年,书院继续坚持"国际化"培养思路,一方面是"请进来",聘请海外人文领域知名学者、教授为学生开设系列讲座。2020年,哈佛大学博士后郑培凯受邀为书院学子开课,与学生直接交流与探讨,拓展了书院学生的国际视野。另一方面是"走出去",积极推荐优秀学生到国外一流大学研修。2020届毕业生出国(境)3人,升学出国率为11.54%。

四、学院重大事项

(1)4月8日,成功举办第四届百科知识线上竞赛,主题为"醇天地之真,格万物之理"。

（2）4月29日，顺利举行书院第六届线上读书会。

（3）6月14日，邀请哈佛大学博士后郑培凯为书院师生进行线上讲座"诗境与人生：苏轼的风雪关山路"。

（4）6月17日，邀请清华大学沈卫荣教授为书院师生进行线上讲座"陈寅恪与语文学"。

（5）6月19日，顺利举行书院毕业季青春故事分享会。

（6）6月28日，顺利举办"廿廿不忘，磊磊星光"2020届毕业季活动。

（7）7月7日，顺利举行书院学生事务中心2019—2020学年总结大会。

（8）9月28日，举办"幸有明月，幸有你"唐文治书院2020年中秋主题活动。

（9）10月20日，邀请山西大学文学院教授、中国小说学会副会长王春林来院开展讲座"从莫言获奖到中国现当代文学价值衡估"。

（10）10月21日，邀请暨南大学教授蒋述卓来院开展讲座"从阐释学角度看中国古代文艺美学范畴对佛教观念的接受"。

（11）10月23日，书院4个年级师生踊跃参加苏州大学第五十八届运动会，书院胡月华老师斩获女子垒球冠军。

（12）10月25日，邀请陕西师范大学教授李继凯来院开展讲座"中国现代文人书写行为的雅与俗"。

（13）10月26日，邀请著名作家、中国人民大学教授阎连科来院开展讲座"一个所剩无几的写作者"。

（14）11月9日，邀请北京师范大学教授、诗人、评论家欧阳江河和张清华来院开展讲座"百年新诗：道路、问题与经典化"。

（15）11月12日，邀请北京大学教授戴锦华来院开展讲座"再追问：电影是什么"。

（16）11月13日，邀请北京大学教授戴锦华来院开展讲座"女性的'发明'：电影与现代中国文化"。

（17）11月19日，邀请辽宁师范大学教授张学昕和青年作家班宇来院开展讲座"小说东北"。

（18）12月2日，邀请厦门大学人文学院副院长王日根教授来院开展讲座"才子与时势：有清一代的粗略扫描"。

（19）12月4日，邀请复旦大学博士生导师吴晓明教授来院开展讲座"中国学术的自我主张"。

（20）12月10日，邀请北京外国语大学历史学院院长李雪涛教授来院开展讲座"全球史的方法与比较文化研究"。

（21）12月20日，书院举办"岁末将至，敬颂冬安"2020年冬至主题活动。

（胡月华）

文正学院

一、学院概况

苏州大学文正学院创办于1998年，为全国首家在教育部登记设立的公有民办二级学院，并于2005年获准转设为独立学院。2012年经省政府批准在省内独立学院中率先由民办非企业单位法人登记为事业单位法人，同年起独立颁发学士学位证书。

2020年12月，教育部函复江苏省人民政府，同意苏州大学文正学院转设为苏州城市学院。苏州城市学院为独立设置的本科层次公办普通高等学校，隶属苏州市人民政府管理，办学定位于应用型高等学校，主要培养区域经济社会发展所需要的高素质应用型、技术技能型人才。

学院现有在校生11 395人，设有经济系、法政系、文学系、外语系等12个系科和数学、体育、思想政治教育3个教研室，设有44个本科专业，涵盖法学、文学、经济学、管理学、理学、工学、艺术学等多个学科。学院占地总面积637亩（约为424 667平方米），校舍建筑总面积24.3万平方米。

二、教学工作

2020届毕业生共3 183人，毕业率达95.98%，学位授予率达92.96%，考研录取率达10.47%，年终就业率达94.34%。

加大对教师的培养力度。学院实行导师制，注重过程管理。根据"专业对口，就近择优"原则，选派教师前往企事业单位进行挂职实践。与共建学院共同培养青年教师，为专业建设、学科建设、师资建设搭建了一个强大而有力的支撑平台。

全力推进专业优化调整工作，停招能源与动力工程、电子科学与技术、信息资源管理3个专业；完成航空服务艺术与管理新专业的培养方案、招生考试方案等的制订。在2019年的独立学院专业综合评估中，学院英语、日语、新闻学、广告学、机械工程、机械电子工程、车辆工程等7个专业参评并全部通过，其中，机械电子工程专业被定为星级专业。

积极推进"一流专业"建设。在光电信息科学与工程、信息工程两个省一流建设点的基础上，档案学专业被江苏省教育厅遴选申报国家一流专业建设点。通过课程思政建设、优化课程设置、充实教师队伍、深化创新创业的教育举措，推进法学、计算机科学与技术、通信工程3个院级重点专业建设进程。

三、科学研究与学术交流

推进教学研究与改革,提升教师教学水平。2020年,学院设立院级教改课题47项,其中,教学研究类22项,课程思政专项类14项,管理研究类11项;获评院级教学成果奖6项,立项项目及参与教师数较上一年度均有较大提升。完成34项教改项目结项工作。

有序开展教材建设立项和管理工作,保证课程教学质量。完成6项院级教材结项,遴选16门院级教材立项建设;两部新编教材获得2020年江苏省高等学校重点教材立项建设。

推进科研工作向纵深开展。学院制定并通过《苏州大学文正学院校企共建科研平台管理办法(试行)》,与特高压领头企业成立华电电力技术研究所。组织申报各级各类科研项目(成果)共47类,合计63项,同时组织办理结项的各级各类科研项目共31项,组织科研项目年度检查13项,项目过程管理有条不紊地顺利开展。

加大学生的科研创新投入,营造校园学术氛围,提升学生科研技能。组织学生参与各类科研项目127项,其中,省级以上各类科研竞赛20项,1 600余人次参加,涵盖12个系科,共获奖260余人次。其中,获全国一等奖2人、全国二等奖6人、全国三等奖及优胜奖19人,省级一等奖36人、省级二等奖68人、省级三等奖及优胜奖117人。

组织动员三创学院孵化项目参加各级各类比赛。2020年,学院派出9个项目参加比赛,获省级荣誉4项,市级奖项1项,区级奖项1项。其中,苏州山亦海文化创意有限公司、云鲜生鲜工作室获江苏省第十一届挑战杯铜奖;云鲜生鲜工作室获"汇思杯"优秀奖,创新创业中心获优秀组织奖;艺+墙绘工作室获苏州国际教育园"互联网+"创业大赛优胜奖。

积极开拓,探索特殊形势下的国际交流与合作。开展线上教学,在校项目班共有39人接受海外院校的网上授课,其中,双学位学生31人。中外合作办学项目共开设外籍教师网上课程29门。与上海赴外文化交流中心签署合作协议,鼓励学生走进名企,提升自身的竞争力;与日本开智国际大学新签合作交流协议,开展校际师生交流活动;与北京锐尔教育签订合作协议,引进世界名校线上交流项目;探讨与韩国高校间交换学生及研究生项目的合作。学院获得"《中美人才培养计划》121项目最佳合作单位"称号。

四、学院重大事项

(1) 1月25日,学院成立新冠肺炎疫情防控工作领导小组,领导小组下设宣传教育、教育教学、学生管理、安全保障、信息统计等工作组。

(2) 5月13日,学院党委组织召开全面从严治党工作会议,全体院领导、院长助理、中层干部、教工党支部书记、思政教研室负责人、团委书记共同参加会议,纪委书记解燕主持会议。

(3) 5月29日,学院与苏州大学文学院签订硕士研究生合作培养协议,学院文学与传播系3名博士青年教师获聘参与苏州大学文学院硕士研究生教学指导相关工作,探索青年教师队伍培养新机制。

(4) 7月3日,学院举行兼职教授授聘仪式暨苏州银行奖学金、奖教金捐赠签约颁奖仪式，新聘及续聘苏州银行人力资源总监钱凌欣等8名高管为学院兼职教授。

（5）8月22日，学院顺利完成2020年江苏省普通高校招生录取工作。美术类专业投档分数为489分，在同类院校中位列第一；普通类文理科投档分数分别为文科322分、理科330分，在同类院校中并列第二。本批次共计录取考生1 378人。

（6）9月3日，团省委下发表彰决定，学院团委书记何玉获评江苏省优秀共青团干部，2017级会计学专业学生李筠辉获评江苏省优秀共青团员。2017级汉语国际教育专业学生第超群荣获"江苏省优秀青年志愿者"称号，院团委青年志愿者管理部荣获江苏省青年志愿服务行动组织奖、江苏省青年志愿服务事业贡献奖。

（7）9月8日，"文一堂八友"范仲淹诗词书画展在学院文正艺术馆开展。

（8）9月9日，学院2020年教师节表彰大会在多功能厅举行，院领导对疫情防控工作先进个人、先进集体，苏州银行奖教金、胜利精密奖教金、建设银行奖教金获得者，以及其他表现突出教师进行表彰。

（9）9月10日，学院召开《苏州大学文正学院课程思政建设实施方案》研讨会，贯彻落实习近平总书记相关讲话精神及教育部《高等学校课程思政建设指导纲要》和省教育厅《关于深入推进全省高等学校课程思政建设的实施意见》的精神。

（10）9月18日，由苏州市公安局、市禁毒办、市教育局、团市委联合指导的2020年"青盾行动"——苏州高校公共安全教育"开学第一课"启动仪式，在学院多功能厅举行，副院长朱跃为启动仪式致辞。苏州市禁毒委副主任、禁毒办主任、市公安局副局长冯晋出席活动。

（11）10月25日，在苏州大学第58届学生体育运动会中，学院学生代表队连续三年蝉联校运会男子团体、女子团体、团体总分第一名。在苏州大学第23届教职工体育运动会中，学院教工代表队实现团体总分四连冠。

（12）11月3日，学院与苏州华电电气股份有限公司签订科研平台合作共建协议，成立学院首个校内研究所——苏州大学文正学院华电电力技术研究所。

（13）11月13日，学院党委组织召开统战工作会议，党委书记仲宏，党委统战委员、院长吴昌政，纪委书记解燕，党委副书记、副院长袁昌兵，以及学院民主党派代表、无党派人士代表、人大代表、少数民族代表等共同参加会议。

（14）11月15日，学院教师田克迪、2017级会计学专业学生李筠辉分别荣获"2019江苏高校辅导员年度人物"提名奖和"2019江苏省大学生年度人物"入围奖。

（15）12月20日，学院2019级英语专业龚嘉诚同学在2020"外研社·国才杯"全国英语演讲大赛中荣获全国总决赛亚军。

（16）12月23日，教育部印发《教育部关于同意苏州大学文正学院转设为苏州城市学院的函》（教发函〔2020〕111号），同意学院转设为苏州城市学院，学校标识码为4132013983；同时撤销苏州大学文正学院的建制。

（17）12月30日，学院2020年度教职工代表大会在综合楼三楼大会议室顺利召开。72名教职工代表出席会议，会议就院长工作报告、财务收支情况报告、工会工作报告、提案工作报告等进行讨论。

（刘　言）

应用技术学院

一、学院概况

苏州大学应用技术学院位于中国第一水乡——昆山周庄，地处"长三角区域一体化发展"地带，距苏州大学独墅湖校区20公里，东临上海，西接苏州，毗邻苏州工业园区、昆山经济技术开发区、花桥国际商务城和吴江高新技术开发区。校园环境优美，空气清新，设施一流，体现了"小桥、流水、书院"的建筑风格，是莘莘学子理想的求学场所。

学院成立于1997年11月，由国家"211工程""2011计划"首批入列高校，教育部与江苏省人民政府共建"双一流"建设高校苏州大学举办，2005年改制为本科层次的独立学院。学院设有31个本科专业，其中，服装设计与工程、电气工程及其自动化两个专业被评为省级一流本科专业建设点。在校生9 000多人，教师中高级职称者占60%以上，双师型专业教师占80%以上，其中，江苏省青蓝工程优秀教学团队1个、中青年学术带头人2人、优秀青年骨干教师10人。

学院秉承发扬苏州大学百年办学传统，坚持"能力为本创特色"的办学理念，优化专业设置，加强课程建设，强化实践教学，重视师资建设，深化校政企合作，改革、创新、奋斗20多年，形成了依托行业、强化应用、开放办学、高效管理的办学特色。由社会各界和高校百余名专家组成的专业教学指导委员会，在学院专业设置、师资聘请、教学计划审定、实习基地提供、学生就业指导、就业推荐等方面发挥了重要作用。

学院始终坚持以培养高层次应用型人才为宗旨，坚持"加强理论、注重应用、强化实践、学以致用"的人才培养思路，依托苏州大学雄厚的师资力量和本院的骨干教师，利用灵活的办学机制，在加强基础理论教育的同时，突出学生实践能力与现场综合处理问题能力的培养。

近5年，学院教师荣获省部级及以上教育教学奖24项，市厅级教育教学奖12项，其中，2020年获苏州市教育教学成果奖特等奖1项；学生在国家级、省级各级各类专业技能和学科竞赛中荣获奖项453项，其中，国家级奖项69项，省级奖项384项。毕业生年平均就业率超过95%，毕业生质量得到了用人单位的一致好评。

学院积极拓展国际交流，与美国、英国、法国、加拿大、澳大利亚、日本、韩国等国家和地区的20余所大学建立了合作关系。获得教育部批准的中外合作办学项目2项。

近年来，学院积极把握国家引导一批普通本科高校向应用技术型高校转型的战略机遇，统筹推行ISO9001质量管理体系和卓越绩效管理模式，以获批加入应用技术大学联盟、入选首批教育部-中兴通讯ICT产教融合创新基地院校、获批"互联网+中国制造

2025"产教融合促进计划试点院校为契机,积极配合昆山转型升级创新发展六年行动计划,实施创新驱动发展战略,探索为经济建设和社会发展服务的有效途径,坚持走应用型本科教育的发展之路,将应用型本科教育办出特色、办出品牌,构建完善的应用型创新人才培养体系,力争将学院办成特色鲜明的高水平应用技术大学,让百年学府在千年古镇创造出新的辉煌。

二、教学工作

大力实施课程思政建设,制定《苏州大学应用技术学院关于全面实施课程思政的指导意见》,成立学院课程思政建设领导小组,负责统筹推进全院课程思政教育教学改革工作。组织开展 2020 年苏州大学应用技术学院课程思政示范课程立项建设工作,建设一批课程思政示范课程,培养学院的课程思政教学名师和教学团队,通过岗前培训、在岗培训和教学能力提升培训等专题培训,提升教师的课程思政素养。召开辅导员思想政治理论课学习分享会,通过学习贯彻习近平总书记在学校思想政治理论课教师座谈会上的重要讲话精神,分享思想政治理论课说课获奖课件,进行"同题异构"方法解析与交流,不断提升辅导员思想政治理论课的教学能力。

进一步梳理教学管理类工作标准,参照工程认证标准,重新修订了专业人才培养方案、课程大纲、教学进度表、试题审核表、试题质量分析表等教学文件模板,全面规范教学过程化管理。初步拟定了二级学院教学管理考核办法、课程过程化管理与课程评价实施办法等教学质量提升方案系列文件,以可量化、可评价、可追踪为要求,全面提升教学管理、课堂教学、课程建设质量。

开展课程中心建设,加强课程资源建设。学院全面推广使用超星泛雅教学平台,加强课程资源的建设和管理,推动课程建设的持续、健康发展。鼓励和引导专任教师引用和开发优质的网络课程,学院信息化教学平台建课数达 1 088 门,建课教师达 417 人次,学生参与数达 56 601 人次。

积极推进国家一流本科专业建设申报工作,学院服装设计与工程、电气工程及其自动化两个专业被省教育厅推荐参评国家级一流专业建设点,电气工程及其自动化专业成功获批 2020 年省级一流本科专业建设点。

积极组织开展省市各类教学改革项目申报和立项管理工作,积极组织申报江苏省高校微课教学比赛、第二批在苏高校思政课程和课程思政教学示范课、第二批在苏高校"新时代·实践行"主题实践活动、昆山市民办教育协会教师教育教学论文评比活动等教学研究项目,同时共有 20 余项教学研究项目立项和成果获奖。在 2020 年江苏省高校微课教学比赛中,获奖 10 项。

三、学科建设与科研工作

1. 科研项目及成果

积极搭建科研平台,鼓励教师积极申报各级各类教改、科研项目和教学、科研成果奖,提前启动省自然基金项目申报工作,同时组织申报省市各种来源的项目 26 类,参与申报教科研项目共计 118 项，2020 年是申报院级以外课题种类和数量最多的年份。其中，共有 36 个教科研项目成功立项，31 项教科研成果获得校级以上成果奖。按照工作程序，完成 40 余项各级各类教科研项目的结项和年检工作。在 2020 年江苏省高校微课教学比赛中，获奖 10 项，还有多项教学论文成果在苏州市、昆山市的评比中获奖。组织完成省自然科学基金面上项目、江苏省高等学校自然科学研究面上项目、2020 年江苏省社科应用研究精品工程课题的结题工作。认真做好科研项目成果管理和各类统计汇总工作，已完成 2020 年国家数据平台上有关科研信息的汇总和上报。2020 年 12 月，学院 1 项教学成果获评苏州市教育教学成果高等教育类特等奖。

2. 国内外学术交流情况

拓展学术交流，做好特殊形势下的国（境）外交流工作，加大澳门科技大学保荐生项目的宣传力度，截至 2020 年共有 17 名学生通过初审；继续做好传统国（境）外交流项目宣传，共有 3 名学生报名参加日本九州外国语学院学分项目，1 名学生报名参加澳大利亚伍伦贡大学硕士项目；积极拓展线上国（境）外交流项目，推出澳门大学国际经济与商业项目，香港大学人工智能与未来科技项目，新加坡国立大学、新加坡南洋理工大学在线学术课程等特色项目。合力开发学生出国（境）项目申请系统，设计开发学生出国（境）申请及学分转换系统并整合现有的出国（境）学生离校和返校两个系统，学生通过新系统大大缩短办理时间。

四、学院重大事项

（1）4 月，昆山市副市长李晖来学院督查疫情防控工作。

（2）7 月，学院学子喜获首届"外教社·词达人"杯江苏省大学生英语词汇大赛决赛特等奖。

（3）9 月，姑苏区人大代表、苏州大学应用技术学院院长傅菊芬参加苏州市"我为'十四五'规划献良策"五级人大代表座谈会。

（4）10 月，苏州市扶贫基金会为学院学子捐赠助学款 50 万元，用于扶助家庭经济困难大学生，帮助其顺利完成学业。

（5）11 月，学院教师荣获第十一届"外教社杯"全国高校外语教学大赛江苏省赛区决赛一等奖。

（6）11 月，学院团委在 2020 年全国大中专学生志愿者暑期"三下乡"社会实践"镜头中的三下乡"活动中荣获全国"优秀组织单位"称号。

（7）12 月，学院本科教育服务荣获 2020 年全国市场质量信用等级评价用户满意服务。

（8）12 月，江苏省教育厅实验室安全管理现场检查专家组来学院开展实验室安全管理现场检查。

（9）12 月，学院荣获 2020 年苏州市教育教学成果特等奖。

（10）12 月，学院"江苏旗袍学院"获评苏州市高职院校"优秀企业学院"。

（王颖异）

老挝苏州大学

一、基本概况

老挝苏州大学成立于2011年,是老挝政府批准设立的第一所外资大学,也是中国政府批准设立的第一所境外大学,由苏州大学投资创办,校址位于老挝首都万象市郊赛色塔县香达村,占地面积220 000平方米。

1. 办学历程

2006年,作为政府行为,中国国家开发银行邀请苏州工业园区承担万象新城的开发建设,并提供融资支持。苏州工业园区邀请苏州大学加盟,在万象新城筹建高等学校。2008年5月,苏州大学设立老挝代表处,开始筹建老挝苏州大学。2009年1月,苏州大学获得老挝国家投资与计划委员会颁发的"老挝苏州大学设立许可证"。2011年6月,苏州大学获得中国教育部《关于同意设立老挝苏州大学的批复》。2011年7月,老挝苏州大学正式成立。

2. 办学现状

2012年9月,苏州大学与万象市政府签署土地租赁协议,并随即启动了校园建设的各项准备工作。

老挝苏州大学先后于2012年7月和2013年8月获得老挝教育与体育部批准,设立国际经济与贸易、国际金融、中国语言、计算机科学与技术等4个本科专业并先后开始招生。

由于校园尚未建成,临时租用的办学场地设施有限,为了保证正常教学和培养质量,经老挝教育部同意,老挝苏州大学采用"1+3"培养模式,与中国苏州大学联合培养学生,学生最终可获得由中国苏州大学和老挝苏州大学分别颁发的毕业证。老挝苏州大学至2020年已有4届本科毕业生。

除了开展本科教育外,老挝苏州大学于2012年7月成立汉语培训中心,为老挝老百姓提供不同级别的汉语培训课程。经过向国家汉办申请,老挝苏州大学于2012年4月获得中国国家汉语推广委员会批准,在老挝万象设立汉语水平考试(HSK)考点,每年组织多次HSK考试。

作为连接苏州大学和老挝的桥梁和纽带,老挝苏州大学还积极推进苏州大学与老挝在科技、人文等领域的合作与交流,协助苏州大学与老挝科技部合作成立了"中老绿色丝绸研究中心",并启动了"蚕桑示范园"建设项目。推动苏州大学"一带一路"发展研究院(老挝研究中心)与老挝社会科学院、老挝国家经济研究院等机构的交流。

老挝苏州大学的管理人员由苏州大学选派的干部和在老挝招聘的本地员工组成,老挝苏州大学校园一期工程于 2015 年启动，共计 6 000 平方米的土建工程已基本结束。但由于种种原因，房屋内部装修和水电等配套设施建设尚未完成，校园还未投入使用。

二、招生和培训工作

由于新校园迟迟未能投入使用，同时受国内各级各类对外国留学生提供奖学金的利好政策的冲击，加之学校的学费标准一直没有调整，招生人数没能取得突破。但是学校的汉语教学从 2012 年开展以来，稳中有进，在近年社会上汉语培训机构增多的情况下，一直以师资优良和教学正规著称于老挝社会。汉语培训班截至 2020 年年底，参加学习的学员累计超过 3 649 人次。至 2020 年 12 月，学校共组织了 33 次汉语水平考试，参考总人数达到 7 309 人次。

除了每年组织多次考试外，2020 年，学校继续派员工赴老挝琅南塔省教育厅上门送考，为众多外省考生解决了往返万象考试的困难，受到了考生的衷心赞扬和感谢。

三、对外交流

6 月 29 日，老挝教育部私立教育协会相关人员一行在协会常务副会长、老挝国际学院（Lao International College）院长 Pasitthiphon Phonvantha 博士的带领下来学校访问调研，校长助理黄郁健、冯温格及顾问洪平等接待了访问团一行。

10 月上旬，中老铁路运营期第三期老挝籍学员汉语强化培训班在老挝国立大学孔子学院开班。应中老铁路有限公司培训部的邀请，学校抽调骨干汉语教师到孔子学院协助开展本期强化班的汉语教学工作。

11 月 24 日，老挝凯山丰威汉国防学院训练部副部长本农上校、汉语教研室主任万康中校一行 7 人访问学校，交流汉语教学情况。副校长黄兴接待了访问团一行。

11 月 28 日，学校举办 2020 "江苏杯"汉语演讲比赛（老挝赛区）决赛。受疫情影响，本次比赛采用"线上线下同步连线，线上线下同步评审打分"的方式。江苏省国际文化交流中心秘书长虞晓波、副秘书长周越波，南京大学海外教育学院副院长程序作为线上嘉宾出席。老挝国立大学孔子学院老方院长 Khamhoung Chanthavong、老挝国立大学孔子学院中方院长罗明、万象中学校长 Thongphan OULAYTHONE、沙湾拿吉崇德学校董事长马励娟、沙湾拿吉崇德学校副校长 Chindavanh Soukhavong、学校副校长黄兴等领导和嘉宾共 100 余人现场出席了比赛。本次比赛还通过学校 Facebook 平台进行直播，共有 1 000 多人次实时观看。

12 月 15—17 日，学校与老挝科技部、老挝女双手有限公司联合在万象举办 2020 "老挝全国桑蚕技术培训班"。老挝科技部部长波万坎·翁达拉，老挝新闻文化旅游部部长吉乔·凯坎皮吞，老挝女双手有限公司董事长、前国家主席朱马利夫人乔赛佳·赛雅孙，学校副校长黄兴，以及老挝相关部门负责人、各省推荐的培训班学员等 80 余人参加了开幕式。

四、重大事项

（1）根据苏州大学和苏州先锋木业有限公司达成的关于老挝苏州大学校园地块移交协议，学校自2020年1月1日起承担老挝苏州大学一期校园和二期土地的看护任务。

（2）在获得老挝教育部同意后，学校于6月2日正式复课，本科生、汉语培训班学生恢复线下教学。自3月老挝疫情暴发伊始和6月学校复课复学以后，学校积极采取措施，有效做好疫情防控工作。老挝主流媒体《新万象报》先后2次刊登报道，介绍学校疫情防控工作做法和经验。

（3）7月12日，学校汉语水平考试考点线下考试在老挝琅南塔分考场举行。本次考试涉及HSK三级、四级、五级、六级共4个等级，共有665名考生参加。

（4）8月23日，学校在万象主考场和琅南塔分考场同时举办汉语水平考试。本次考试两地共安排了39个考场，考生总数808人，再次刷新学校HSK考点单次考生人数新高。

（5）12月4日，学校举行仪式，聘请老挝教育与体育部原副部长孔熙·盛玛尼博士为学校顾问。副校长黄兴向孔熙颁发了聘书，校长助理黄郁健、冯温格等出席。

（6）12月16日，2020年度汉语水平考试优秀考点颁奖典礼在中文联盟线上平台全球同步举行。中国教育部中外语言交流合作中心副主任赵国成宣读了2020年度"汉语考试优秀考点"名单并为获奖单位颁奖。老挝苏州大学获评2020年度"汉语考试优秀考点"。该奖项由教育部中外语言交流合作中心和汉考国际教育科技（北京）有限公司从799个汉语考试海外考点中选出，共32家单位获得。

（7）12月25日，副校长黄兴前往老挝教育与体育部，拜会了教育与体育部党组书记、副部长普·西马拉翁（Phout SIMMALAVONG）博士。

（茅磊闽）

附属医院简介

苏州大学附属第一医院

一、医院概况

苏州大学附属第一医院始创于清光绪九年（1883），时称"博习医院"，1954年6月易名为苏州市第一人民医院，1957年成为苏州医学院附属医院，2000年苏州医学院并入苏州大学，医院更名为苏州大学附属第一医院。医院本部坐落于古城区东部十梓街188号，占地面积64 960平方米；建设中的总院坐落在苏州城北平江新城内，占地面积约201.9亩（134 600平方米），将分两期建设，其中，一期建设床位1 200张，建筑面积20.16万平方米，已于2015年8月28日正式投入使用；二期规划床位1 800张，建筑面积21.84万平方米。医院实际开放床位3 000张，职工4 600余人。

医院于1994年通过江苏省首批卫生部三级甲等医院评审，并成为苏南地区医疗指导中心。医院系江苏省卫生厅直属的集医疗、教学、科研、预防、保健于一体的综合性医院，并被设为卫生部国际紧急救援网络中心医院，2012年被确认为江苏省省级综合性紧急医学救援基地，苏州大学第一临床学院、护理学院设在医院，江苏省血液研究所、江苏省临床免疫研究所挂靠在医院。在复旦大学医院管理研究所发布的"中国最佳医院排行榜"中，医院排名前50强；在最佳专科排行榜中，血液科排名全国前3。在香港艾力彼发布的"中国地级城市医院100强排行榜"中，医院连续七年雄踞榜首，并在"中国顶级医院排行榜"中名列第33位。2020年再次荣获国家科技进步二等奖，蝉联全国文明单位。

二、党建工作

党委坚持"第一议题"学习制度，共召开党委会"第一议题"学习15次。2020年，开展院党委理论学习中心组学习10次，制订《全院政治学习和组织学习活动计划》，党政领导班子成员深入临床一线开展主题教育党课。深化落实"两个责任"和"一岗双责"，制定出台《2020年度落实全面从严治党主体责任清单》；召开2020年度全面从严治党工作大会，签订年度《党风廉政建设与行风作风工作责任书》。党政领导班子积极发挥第一责任人责任和"一岗双责"责任，开好处级领导班子专题民主生活会，发挥"头雁"示范引领作用。全面落实意识形态工作责任制，强化党委书记"第一责任"和领导班子"一岗双责"，调整意识形态工作领导小组；建立健全意识形态工作考核评价、督查问责机制，全年召开意识形态分析研判会2次，严格医院报告会、研讨会、讲座、论坛等审批程序。全年在《人民日报》等媒体上发表稿件800余篇，官微"粉丝"过百万；在医院网站开辟"共同战疫特别报道"专栏，组织开展"中国医师节""道德讲堂"等系列宣传教育活动，举办主题宣讲80余场次。全年完成4 000余人次的薪级工资增长和公积金缴存基数调整工作，增强职工福利获得感。开展"战"高温、大病、女职工分娩慰问400余次，组织参加球类、书画等活动20余次，开展"敬老月"和走访慰问、旅游、体检等活动。

三、医疗工作

2020年，医院完成诊疗总量316.2万人次，出院13.4万人次，平均住院日7.1天，手术4.8万例。坚持做好疫情防控工作，先后有52名志愿者，分别远赴湖北、新疆以及委内瑞拉等国内外疫情一线地区支援。先后获得"全国医院新冠肺炎疫情防治党建先进团队""江苏工人先锋号"等称号；1人入选疫情防控"长江学者"，2人入选全国卫生健康系统新冠肺炎疫情防控工作先进个人；2人获得江苏省卫生健康系统疫情防控工作记大功奖励，5人获得记功奖励，3人入选先进个人。

四、教学工作

2020年，医院完成44个班级3 862名学生的教学任务，其中，理论教学7 172学时，见习带教8 663学时。继续推进床边教学、开展教学查房、举办"临床教学周"等，通过加强导师管理、深化教学方法改革运用等形式提升教学质量。统筹推进临床技能中心建设，开展临床技能培训师资遴选和培训工作，通过开展临床技能培训和情景模拟培训，不断规范和强化住院医师规范化培训；做好研究生、进修生培养工作。2020年，获批继续教育项目共153项，其中，国家级40项，省级51项，市级62项。

五、科研、人才、学术交流工作

医院有中华医学会分会主任委员2人，候任主任委员1人，省级以上副主委人员46人。获得省部级以上奖励5项，其中，包括国家科技进步二等奖1项，江苏省科学技术进步一等奖1项。获国家自然科学基金立项39项，其中，重点项目1项、国家杰出青年科学基金项目1项。举办各类毕业生双选洽谈会20场，录用168人，其中，博士研究生27人，硕士研究生57人。完善评聘结合职称体系；出台《人才引进暂行办法》，为引进人才搭建优良平台；成立博士后管理工作领导小组，并制定《博士后绩效考核实施办法》，不断规范和完善博士后的招收、培养、考核、奖惩机制；1人当选欧洲科学院院士，1人获得"长江学者奖励计划"特设岗位，1人入选江苏省有突出贡献中青年专家，5人成功获批江苏省第五期"333工程"，4人入选国家青年导师，3人入选江苏省"六大人才高峰"，17人入选"姑苏卫生人才"。

六、总院建设工作

2020年，项目东区中心岛区域土方开挖、垫层及砖胎膜、防水均已完成，陆续进行底板浇筑且已完成约80%,负2层主体结构同步施工且完成约30%,负1层顶板东北角开始支模施工;西区工程桩、立柱桩、围护桩、三轴深搅桩全部完成,冠梁、支撑梁全部完成,正在进行支撑梁下土方开挖。应急事故池土方开挖完成,底板钢筋绑扎中。电梯、物流等招标完成,污水处理设备招标准备中。内装、净化、智能化工程等专项设计沟通工作全面展开。医疗专项系统方案设计深度优化,合理优化二期感染病科各区域特别是发热门诊布局。

(郜 艳)

苏州大学附属第二医院

一、医院概况

苏州大学附属第二医院始建于1988年，又名核工业总医院、中法友好医院，是一所集医疗、教学、科研、预防、核应急等于一体的三级甲等医院，也是苏州大学医学部第二临床学院。医院设有国家临床医学博士后流动站，临床医学一级学科博士、硕士学位授予点，住院医师规范化培训基地，国家药物临床试验基地。医院设有放射医学与辐射防护国家重点实验室临床中心、放射医学转化中心、核技术临床研究中心、苏州市神经疾病临床医学中心、苏州市肿瘤放射治疗医学中心、苏州市骨质疏松临床医学中心，共有4个苏州大学研究所、9个市重点实验室。

医院正在建设"全国一流三甲医院、核特色鲜明的一流大学附属医院、高度国际化医教研融合临床研究中心"。医院现由三香路院区、络香路院区、浒关院区和西环路院区组成，共设床位2 050张。医院现有临床科室34个，医技科室14个，职能科室26个，教研室26个，职工3 135人，高级专家642人，享受国务院政府特殊津贴专家17人，博士生导师50名，硕士生导师145名。

医院深入贯彻习近平新时代中国特色社会主义思想和党的十九大精神，以社会主义核心价值观为导向，大力弘扬新时代核工业精神和新时代医疗卫生职业精神，秉持"服务百姓健康，承载社会责任"办院理念，至今获得了多项荣誉称号，被评为全国模范职工之家、中央企业抗击新冠肺炎疫情先进集体、中央企业先进基层党组织、江苏省卫生系统先进基层党组织、江苏省五四红旗团委，蝉联省、市文明单位，多次荣获"中核集团'四好'领导班子"等称号。

二、医疗工作

20世纪90年代初，医院率先在苏州市开展微创手术。神经外科锁孔微创技术国内率先开展，全国领先；普外科是卫生部内镜技术培训基地、国家级腹腔镜外科医师培训基地；消化科内镜中心是中国医师协会内镜医师培训基地；神经内科支架植入等核心技术质控指标位列国家脑防委高级中心第一方阵；显微外科技能培训中心系中国医师协会专科培训基地。

医院是国家级高级卒中中心、国家级胸痛救治中心、江苏省区域创伤救治中心、苏州市危重孕产妇救治中心。医院入选苏州市健康市民"531"行动倍增计划区域防治指导中心建设单位名单：市级区域骨质疏松防治指导中心、市级区域慢阻肺防治指导中心、全人群睡眠障碍区域防治指导中心、市级区域代谢性疾病（"三高"）防治指导中心。医院是苏州市首家国家血栓防治中心优秀单位、江苏省 VTE 防治联盟副主任单位、中国房颤中心（标准版）、国家心衰中心（标准版）、国家癌症中心第一批乳腺癌规范诊疗质量控制试点中心。

医疗设备齐全先进，拥有 CT、DSA、MRI、直线加速器、PET 等万元以上设备共计 2 800 台（套）。

医院积极承担国家卫健委、江苏省卫健委、苏州市政府、中核集团支医帮扶工作，将优质医疗资源送到宁夏、陕西、贵州、江苏宿迁等地区，响应支医帮扶，落实健康扶贫。积极响应苏州市健康市民"531"行动倍增计划。同时，积极拓展专科医联体和社区医联体。

按照同质化原则，2018 年医院浒关院区正式运营，为苏州西北部居民提供三级甲等综合医院同质化优质医疗服务。浒关院区 1 期建设于 2018 年年底完成并投入使用。2020 年，年诊疗量已达到 69 万人次，年出院量已达到 1.87 万人次。

三、科研、教学工作

医院正在建设高度国际化的医教研融合临床研究中心和一流的大学附属医院。在 2020 年中国医院科技量值排名中居第 112 位，16 个学科进入百强，2 个学科进入全国 20 强，神经外科学、神经病学、妇产科学、普外科学、整形外科学和眼科学在苏州市排名第一。

"十三五"期间，医院承担市级及以上科研项目 450 项，其中，国家级项目 110 项；获市级以上各类科技奖项 229 项，其中，省部级科技进步奖 14 项；医院授权各类专利 197 项。截至 2020 年年底，共获科技进步奖 742 项，承担各级科研项目 2 011 项，发表核心期刊学术论文 9 903 篇，主编参编专著 199 部。

医院现有享受国务院政府特殊津贴专家 17 名，博士生导师 50 名，硕士生导师 145 名，承担研究生、本科生、海外留学生及省内外大中专院校和医疗单位的教学、实习与进修、国家级与省级医学继续教育等任务。医院进行医学生本科教学，开设 92 门课程；已培养硕士研究生 2 544 名、博士研究生 1 401 名、规培生 1 129 人、进修生 2 803 人，开办国家级继续教育班 244 个、省级 248 个、市级 371 个。

四、核医学应急救援与核技术医学应用

应急救援、急救与危重症救治是医院的责任，也是医院的重点发展方向，有利于核工业强国战略，有利于长三角一体化发展国家战略，有利于苏州建成国际化大都市战略。在苏州市政府的规划、引领、支持下，医院正在筹建应急急救与危重症救治中心大楼项目，实现"五位一体"，与国际接轨。

医院作为核事业发展的医学保障基地，是国家核应急医学救援技术支持分中心、国家核应急医学救援分队、国家核应急医学救援培训基地。放射治疗科和核医学科等核技术医学应用达到国内先进水平。医院有放射防护国家重点实验室临床中心、国际原子能机构辐

射应急准备与响应能力建设中心、放射医学转化中心、核技术临床研究中心、核素诊疗中心、辐射损伤救治科。医院力争打造成为国内核技术医学应用的排头兵和旗舰医院。

五、主要国际合作

作为国内第一个挂牌的中法友好医院，医院与法国巴黎、蒙彼利埃、斯特拉斯堡、南特、格勒诺布尔-阿尔卑斯等大学均有着密切的深入交流合作；与日本广岛大学在核医学应急、辐射损伤领域开展全方位基础和临床的合作；与日本癌研有明医院在胃肠肿瘤领域深度合作，癌研有明医院胃肠肿瘤多学科诊疗团队为苏州市迄今为止唯一成功引进的国际医疗团队。同时与美、德等国在多领域进行交流合作。

（李　雯）

苏州大学附属儿童医院

一、医院概况

苏州大学附属儿童医院建于1959年，在原苏州医学院附属第一医院儿科基础上独立组建。经过60多年的发展，现已成为一所集医疗、教学、科研、预防于一体的三级甲等综合性儿童医院，隶属江苏省卫生健康委员会，是苏州大学直属附属医院，苏州大学医学部儿科临床医学院和苏州大学儿科临床研究院设在医院；是江苏省儿童血液肿瘤中心，江苏省儿科类紧急医学救援基地，省级新生儿危急重症救治指导中心，江苏省儿童早期发展基地，全国首批"肺功能单修基地"，苏州市危重新生儿救治中心，苏州市儿童健康管理中心，苏州市新生儿急救分站，苏州市儿童创伤救治中心，苏州市儿童友好型试点医院。

医院有总院和景德路院区两个院区。总院占地面积近6万平方米，建筑面积13.3万平方米。景德路院区占地面积1.8万平方米，建筑面积4.5万平方米。核定床位1 500张，实际开放床位1 306张，现有职工2 002名。

二、医疗工作

2020年，医院完成门急诊总量192.51万人次，出院病人7.06万人次，手术2.02万例。新增3个省级临床重点专科，1个省级临床重点专科建设单位，1个市级临床重点专科。加强各项医疗核心制度执行情况的督导检查，不断完善医疗规范和流程。共19个专科58个病种实施临床路径管理，2020年正式入径39 112例。共16个病种开展日间手术服务，开展日间手术1 480台次。开展日间化疗病房，实施日间化疗5 736例。共与55家医疗单位建立医联体合作关系，建成紧密型儿科医联体7家；与10家医联体单位实行远程会诊。开展"少跑一次"主题优质护理服务举措。牵头成立区域内儿科护联体，推动儿科护理同质化发展。持续开展儿童舒缓治疗，进行疼痛管理和临终关怀。获批中华护理学会京外儿科专科护士临床教学基地、儿童康复护理专科培训基地。部署发热门诊线上咨询平台工作，完成门诊电子病历结构化改造。通过国家医疗健康信息互联互通标准化成熟度"四级甲等"测评。根据患者需求，新增12个专科专病门诊、2个多学科门诊。当年选派援助桑给巴尔1人，援助西藏拉萨市妇幼保健院、新疆伊犁州友谊医院、陕西省旬邑县人民医院等单位13人，医师下基层单位服务共计61人次。

三、教学工作

在新冠肺炎疫情期间，医院利用线上与线下相结合的方式进行授课，保质保量完成各项教学任务,无教学事故发生。配合学校完成教学改革,各专业中开展模块教学、PBL教学和Mini-CEX考核教学,进行教学改革课题立项,举办各类教学活动。2020年,招收2020级儿科班学生75名,其中,五年制儿科班学生45名,"5+3"一体化儿科班学生30名。招收全日制儿科学硕士研究生88名,其中,科学型硕士研究生8名,专业型硕士研究生80名;科学型博士研究生7名,临床型博士研究生59名,同等学力博士研究生12名。2020年,授予研究生学位107名。获省级、校级课程思政讲课比赛二等奖各1项;获2020年校级课程思政教学团队立项1项;获批校级在线开放课程、线上线下混合课程各1项。

儿科专业基地被评为全国首批"住院医师规范化培训重点专业基地"。分层次构建儿科急救技能培训体系,包括急救基础技能相关的14个模块培训、新生儿到儿童全覆盖的高级生命救护,针对包括心跳呼吸骤停在内的突发危重症场景进行模拟演练。开展线上应急能力培养系列课程13场次,2020年全年累计培训300余人次。启动国家基层儿科医护人员培训项目苏州基地,以儿科医联体为建设平台,整合基层社区卫生服务中心医护资源,对基层医护人员的儿科知识给予系统性的技能培训、考核认证。2020年,接收专科进修84人,招收苏州市第六届儿科进修学院学员18人。

四、科研、学术交流情况

2020年,获批国家自然科学基金项目15项;获教育部科学技术奖二等奖1项、江苏省科学技术奖三等奖1项、华夏医学科技奖三等奖1项;获批江苏省重点研发计划项目、江苏省自然科学基金项目合计7项。"儿童感染性疾病精准诊治实验室"成功获批为苏州市重点实验室。2020年,医院公开发表论文372篇,其中,SCI论文102篇,主持或参与编写专家共识、指南10人次。依托广州医科大学附属第一医院钟南山院士引进团队,建立国家呼吸系统疾病临床医学研究中心病毒诊断研究和推广区域平台。2019年,中国医院科技量值儿科学排行榜上,医院居第14位;变态反应学(第34位)、呼吸病学(第74位)、血液病学(第80位)跻身全国百强榜(含综合性医院),科技能力排名进一步提升。

优化在站博士后激励政策,加强博士后在站管理,新进站博士后1名,获中国博士后科学基金面上项目资助1项。完成第三批、第五批"姑苏卫生人才"考核及第七批"姑苏卫生人才"申报工作,获批特聘人才1名,领军人才2名,重点人才3名,青年拔尖人才6名,其中,领军人才首次同时获批2名;获评教学高级职称9名,其中,教授2名,副教授7名;获省双创博士称号2名;引进学术型博士研究生8名。举办各类继续教育项目40项,其中,国家级10项,省级15项,市级15项。举办第三届泛太湖儿科学术会议和科主任论坛系列活动,聚焦新冠肺炎疫情下的儿科医学发展,积极搭建学术交流平台,提升学术交流的深度与广度。

(马新星)

表彰与奖励

2020年度学校、部门获校级以上表彰或奖励情况（表4）

表4 2020年度学校、部门获校级以上表彰或奖励情况一览表

受表彰、奖励的集体	被授予的荣誉称号与奖励	表彰、奖励的单位与时间
苏州大学附属儿童医院	第六届全国文明单位	中央精神文明建设指导委员会 2020-11
苏州大学附属第一医院	全国文明单位（复查继续保留荣誉称号）	中央精神文明建设指导委员会 2020-12
苏州大学附属第一医院	2020年省级财政资金预算绩效目标编制工作优秀奖	江苏省财政厅 2020-04
苏州大学附属第一医院	2020年度国家级母婴安全优质服务单位	江苏省卫生健康委员会 2020-12
苏州大学附属第一医院团委	全国五四红旗团委	共青团中央 2020-05
苏州大学附属第一医院	2019—2020年度脑卒中高危人群筛查和干预项目先进单位	国家卫生健康委脑卒中防治工程委员会 2020-11
苏州大学附属第一医院	2020年度五星高级卒中中心荣誉称号	国家卫生健康委脑卒中防治工程委员会 2020-11
苏州大学	第十一届"挑战杯"江苏省大学生创业计划竞赛捧杯学校（优胜奖）	共青团江苏省委、江苏省教育厅、江苏省科学技术协会、江苏省学生联合会 2020-12
苏州大学	第十一届"挑战杯"江苏省大学生创业计划竞赛优秀组织奖	

续表

受表彰、奖励的集体	被授予的荣誉称号与奖励	表彰、奖励的单位与时间	
文学院 传媒学院 政治与公共管理学院 教育学院 物理科学与技术学院 光电科学与工程学院 材料与化学化工学部 纳米科学技术学院 医学部 党委办公室（规划与政策研究室、保密委员会办公室） 校长办公室（法律事务办公室、督查办公室） 国内合作办公室 纪委（监察专员办）内设机构 党委组织部（党校、党代表联络工作办公室） 党委宣传部（新闻中心） 招生就业处 科学技术研究部（"2011计划"办公室） 人文社会科学处 继续教育处（继续教育学院） 国际合作交流处（港澳台办公室、出入境服务中心） 老挝苏州大学 学术委员会秘书处 海外教育学院 博物馆 信息化建设与管理中心	2019年度综合考核优秀单位（第一等次）	苏州大学	2020-03
文学院 政治与公共管理学院 纳米科学技术学院 医学部	2019年度综合考核优秀单位（高质量发展先进单位）	苏州大学	2020-03
社会学院党委 教育学院党委 光电科学与工程学院党委 材料与化学化工学部党委 医学部党工委 离休党工委 机关党工委	2019年度综合考核优秀单位（党的建设先进单位）		

续表

受表彰、奖励的集体	被授予的荣誉称号与奖励	表彰、奖励的单位与时间
社会学院党委 物理科学与技术学院党委 计算机科学与技术学院党委 医学部基础医学与生物科学学院党委 医学部放射医学与防护学院党委 后勤党委 政治与公共管理学院党委管科土管卫管地方政府研究生党支部 马克思主义学院党委研究生党支部 教育学院党委教育技术学教师党支部 东吴商学院党委研究生第二党支部 王健法学院党委本科第一党支部 外国语学院党委英文党支部 金螳螂建筑学院党委建筑与规划党支部 数学科学学院党委金融工程中心党支部 光电科学与工程学院党委光电信息党支部 材料与化学化工学部党委物理及分析化学教工党支部	苏州大学先进基层党组织	苏州大学　　　2020-06
材料与化学化工学部党委本科第一党支部 纳米科学技术学院党委纳米生物研究生党支部 电子信息学院党委本科生党支部 沙钢钢铁学院党委教工第一党支部 轨道交通学院党委通信控制学生党支部 体育学院党委本科生党支部 艺术学院党委教工第一党支部	苏州大学先进基层党组织	苏州大学　　　2020-06

续表

受表彰、奖励的集体	被授予的荣誉称号与奖励	表彰、奖励的单位与时间
医学部党工委本科生预防医学党支部 医学部公共卫生学院党委教工第一党支部 唐仲英医学研究院党委第一党支部 应用技术学院党委商学院学生第四党支部 苏州大学附属第一医院党委呼吸内科党支部 苏州大学附属第一医院党委心脏大血管外科党支部 苏州大学附属第一医院党委超声科党支部 苏州大学附属第二医院党委内科第四党支部 苏州大学附属第二医院党委医技第二党支部 苏州大学附属儿童医院党委第三党总支 苏州大学附属儿童医院党委第五党总支 机关党工委党委办公室党支部 群团与直属单位党工委信息化中心党支部 群团与直属单位党工委东吴饭店党支部 图书馆党委第一党支部 苏大教服公司党委物业第一党支部	苏州大学先进基层党组织	苏州大学 2020-06
教育学院 纳米科学技术学院	2019年度本科招生宣传先进集体标兵单位	苏州大学 2020-01
物理科学与技术学院 机电工程学院 电子信息学院	2019年度本科招生宣传先进集体先进单位	
材料与化学化工学部 数学科学学院 光电科学与工程学院 能源学院 东吴商学院（财经学院） 计算机科学与技术学院	2019年度本科招生宣传先进集体优秀单位	

续表

受表彰、奖励的集体	被授予的荣誉称号与奖励	表彰、奖励的单位与时间
功能纳米与软物质研究院 计算机科学与技术学院 材料与化学化工学部 医学部放射医学与防护学院	2019年研究生工作综合考评优秀奖	苏州大学　　2020-01
艺术学院 能源学院 金融工程中心	2019年研究生工作考评特色奖（招生贡献奖）	
医学部护理学院 沙钢钢铁学院	2019年研究生工作考评特色奖（教学管理质量奖）	
医学部药学院 物理科学与技术学院	2019年研究生工作考评特色奖（培养质量奖）	
纺织与服装工程学院 体育学院 音乐学院	2019年研究生工作考评特色奖（国际交流合作奖）	
机电工程学院 轨道交通学院 医学部公共卫生学院	2019年研究生工作考评特色奖（立德树人成就奖）	
苏州大学附属第二医院 社会学院	2019年研究生工作考评特色奖（最佳进步奖）	
电子信息学院	2019年度科技工作先进单位（科技项目最佳进步奖）	苏州大学　　2020-01
能源学院	2019年度科技工作先进单位（学术论文最佳进步奖）	
光电科学与工程学院	2019年度科技工作先进单位（科技奖励最佳进步奖）	
轨道交通学院	2019年度科技工作先进单位（知识产权最佳进步奖）	
沙钢钢铁学院	2019年度科技工作先进单位（产学研合作最佳进步奖）	

续表

受表彰、奖励的集体	被授予的荣誉称号与奖励	表彰、奖励的单位与时间	
计算机科学与技术学院	2019年度科技工作先进单位（军工科研最佳进步奖）	苏州大学	2020-01
电子信息学院	2019年度科技工作先进单位（综合科技最佳进步奖）		
医学部	2019年度科技工作先进单位（科技项目突出贡献奖）		
机电工程学院 物理科学与技术学院	2019年度科技工作先进单位（最佳组织奖）		
王健法学院	2019年度人文社科科研工作先进单位（科研项目贡献奖）	苏州大学	2020-01
社会学院	2019年度人文社科科研工作先进单位（科研项目最佳进步奖）		
文学院	2019年度人文社科科研工作先进单位（科研成果贡献奖）		
东吴商学院（财经学院）	2019年度人文社科科研工作先进单位（科研成果最佳进步奖）		
政治与公共管理学院	2019年度人文社科科研工作先进单位（科研服务地方贡献奖）		
传媒学院	2019年度人文社科科研工作先进单位（科研活力突出奖）		
外国语学院	2019年度人文社科科研工作先进单位（科研工作组织奖）		
中国近现代史纲要教研室（马克思主义学院） 马克思主义基本原理教研室（马克思主义学院） 思政专业备课组（政治与公共管理学院）	2020年优秀思想政治理论课教学先进集体	苏州大学	2020-06

2020年度教职工获校级以上表彰或奖励情况（表5）

表5　2020年度教职工获校级以上表彰或奖励情况一览表

受表彰者姓名	被授予的荣誉称号与奖励	表彰、奖励的单位与时间
吴德沛	全国先进工作者	中共中央、国务院 2020-11
孙立宁	第二届全国创新争先奖状获奖者	人力资源和社会保障部、中国科协、科技部、国务院国资委　2020-05
钱雪峰	"弗朗西斯科·德·米兰达"二级勋章	委内瑞拉政府　2020-12
惠品晶	突出贡献专家奖	国家卫生健康委脑卒中防治工程委员会　2020-11
胡绍燕　施晓松	第五届江苏省"百名医德之星"	江苏省委宣传部、江苏省文明办、江苏省卫生健康委员会　2020-08
钱晓冬	2019—2020年"江苏省青年岗位能手"	共青团江苏省委、江苏省人力资源和社会保障厅　2020-08
钱红英　黄建安	江苏省优秀共产党员	江苏省委　2020-06
阮长耿	苏州科学家勋章	苏州市委、市政府 2020-10
路建美　华人德　沈振亚	第六届苏州杰出人才奖	苏州市委　2020-04
张俊红　杜鸿　陶桂珍　杨爱琴	先进工作者	中国宝原投资有限公司　2020-01
钱晓东　虞景　王梦兰	苏州市优秀共产党员	苏州市委　2020-06
顾继红	苏州市优秀基层党组织带头人	

续表

受表彰者姓名	被授予的荣誉称号与奖励	表彰、奖励的单位与时间
田一星　胡萱	江苏省优秀共青团干部	共青团江苏省委　2020-05
于潜驰	2020年度全省共青团工作"先进工作者"	共青团江苏省委　2020-12
余雷	第十一届"挑战杯"江苏省大学生创业计划竞赛优秀指导教师	共青团江苏省委、江苏省教育厅、江苏省科学技术协会、江苏省学生联合会　2020-12
岳军	2020年"诵读中国"经典诵读大赛江苏省选拔赛优秀指导教师	省语委办公室、省教育厅办公室　2020-10
祁宁　赵亮	2019年度"苏州市青年岗位能手"	共青团苏州市委、苏州市人力资源和社会保障局　2020-03
陈龙　高峰　赵阳 孙德芬　李述汤　潘志娟 吴磊　柴之芳　镇学初 薛辉　周玉玲　查佐明 于毓蓝　缪世林　黄兴 张庆　束霞平　张增利 袁晶　施盛威　程晓军 张志红	2019年度综合考核优秀单位（担当作为好干部）	苏州大学　2020-03
熊瑛子　庄绪龙　魏真真 袁丹　曹羽　李文杰	苏州大学第十九届青年教师课堂教学竞赛（一等奖）	
李婧　郑红玉　孔川 顾小乐　张传宇　何金林 蔡琦琳　林韶晖　周健 虞一青　王锟　代馥虹 张伟刚　李嫣　胡珺婷	苏州大学第十九届青年教师课堂教学竞赛（二等奖）	苏州大学　2020-11
滕辰妹　马晓婷　张榴琳 李希阳　陈宁阳　屠立峰 张利锋　周瑞　张冬利 熊福松　田雅丝　王钢 李春光　王艳　杨惠娅 陈娜　张奕蕊　万慎娴 裴育芳　邓益斌	苏州大学第十九届青年教师课堂教学竞赛（三等奖）	

续表

受表彰者姓名	被授予的荣誉称号与奖励	表彰、奖励的单位与时间	
胡小君　孔　川　范俊玉 王晓蕾　罗志勇　胡　萱 曹润生　丁良超　亓海啸 李丽红	2020年优秀思想政治理论课教师	苏州大学	2020-06
刘向东　管贤强　李　瑾 郭明友　周丽萍　杜贵府 邓　敏	苏州大学第二届"课程思政"课堂教学竞赛获奖（一等奖）		
唐　荣　穆　杨　张建良 吴　娆　王　璐　孙胜鹏 虞　虹　王阳俊　柏振江 曹　莉	苏州大学第二届"课程思政"课堂教学竞赛获奖（二等奖）	苏州大学	2020-06
程雪阳　高　超　邵伟钰 曹永国　彭文青　张　婷 吴世凤　刘宇清　芮贤义 任　勇　郭　芸　屈天鹏 李惠玲　韩淑芬　陈　娜 凌　琳	苏州大学第二届"课程思政"课堂教学竞赛获奖（三等奖）		
郭才正　胡绿叶　徐　娜 王翠华	2020年度苏州大学"兴育新"宣传思想政治工作奖（理论宣传）		
许冠亭　林慧平	2020年度苏州大学"兴育新"宣传思想政治工作奖（思政教师）		
张　芸　邢　超　尹　喆	2020年度苏州大学"兴育新"宣传思想政治工作奖（新闻舆论）	苏州大学	2020-11
黄　河　于潜驰　王光阁 申　琳　李琳琳　胡　萱 赵承良　于存洋　孟玲玲	2020年度苏州大学"兴育新"宣传思想政治工作奖（思政工作）		
王玉明　蒋闰蕾	2020年度苏州大学"兴育新"宣传思想政治工作奖（文明文化）		

续表

受表彰者姓名	被授予的荣誉称号与奖励	表彰、奖励的单位与时间
王爱君　张正彪　郑　慧	2020年周氏教育科研奖（优异奖）	苏州大学　　　2020-08
彭文青　孙宝全　何伟奇	2020年周氏教育科研奖（优秀奖）	
彭　扬　江　牧　华　飞	2020年周氏教育科研奖（优胜奖）	
胡剑凌　眭建华　涂　彧	2020年周氏教育教学奖（优秀奖）	
赵　蓓　余　雷　周　鹏	2020年周氏教育教学奖（优胜奖）	
杨　炯　马书明　刘子静 谷　鹏　黄　洁	2020年周氏教育卓越管理奖	
潘向强　王　勇　司马文华 缪爱国　丁　威　宋玲玲 杨　帆　殷为民　朱颖康 鲁　萍　于明波　袁羽琮 王　奎　崔建忠　丰世富 金　贤　孙　磊　许宜申 周生杰　沈长青　周　航 翁雨燕　丁鸿铭　曾永安 甄　勇	2019年度本科招生宣传先进个人省内组	苏州大学　　　2020-01
郭晓雯　朱伟芳　张　涛 赵荟菁　姚亦洁　唐　强 陈　恺　林健荣　王绍丹 张书奎　陈　星　殷黎晨 何　耀　孙掌印	2019年度本科招生宣传先进个人省外组	
周法超　常　赛　孔凡立	2019年度本科招生宣传先进个人综合组	
任　平　刘电芝	2019年度人文社科科研工作先进个人（个人杰出贡献奖）	苏州大学　　　2020-01
成　龙　商　仪　柯　征 张旻蕊　纪金平　李　莹 胡　洋	2019年度苏州大学优秀专职辅导员	苏州大学　　　2020-07

续表

受表彰者姓名	被授予的荣誉称号与奖励	表彰、奖励的单位与时间
周 航	2020年苏州大学王晓军精神文明奖先进个人	苏州大学　2020-07
徐国源　朱　飞　马竞飞 李红霞　陆树程　付亦宁 吴继霞　茆晓颖　上官丕亮 高明强　王利芬　褚利忠 高　雷　吴　玺　钟志远 蔡　琪　金丽玲　顾闻钟 李　莹　陈　良　许继芳 侯学妮　樊明迪　钱志强 宋　敏　唐　荣　解　笑 潘燕燕　陈玉华　涂　彧 邓益斌　张永红　黄冠平 张素萍　姜　帅　钱晓东 王梦兰　孙　湘　张玉坤 李小勤　徐星怡　姜惠芬 王国海　施敏骅　刘励军 孙永明　孙　沁　毛自若 姚文英　虞　景　黄顺根 管文文　崔子璐　和天旭 王美琴　王云杰　朱　旻	苏州大学优秀共产党员	苏州大学　2020-06
钱继云　于莉莉　朱　晓 朱晨花　胡　洋　王　琪 薛　曦　乔　治　杨朝晖 王　园　张振华　胡剑凌 袁　红　吕　凡　陈　廷 钱成一　杨　雪　马晓钰 周　倩　朱　巍　彭　蓓 孟玲玲　高　峰　青　伟 顾继红　赵卫峰　李朝晖 胡明娅　廖健毅　徐　月 何　菊　钟　静　陈彦艳 刘欣亮　张云坤　庄建英 陈彤彤	苏州大学优秀党务工作者	

2020年度学生集体、个人获校级以上表彰或奖励情况(表6)

表6 2020年度学生集体、个人获校级以上表彰或奖励情况一览表

受表彰、奖励的集体、个人	被授予的荣誉称号与奖励	表彰、奖励的单位与时间
辛家齐	江苏省优秀共青团员	共青团江苏省委 2020-05
汤健　刘雪平　张迪 陈星元　杨筱丽　陈戎 卡那斯·巴合提克力德	第十二届"挑战杯"中国大学生创业计划竞赛银奖	第十二届"挑战杯"中国大学生创业计划竞赛组委会　　　　2020-12
付晓凡　赵晨希　孙青 黄承媛　吴奕蕾　沈晓彤 郭明漪　徐怡菲　李恒毅 范传留　何加钦　郭琳 蒋思宇　李筠辉　张思雯 吴岑烨　王明月	第十二届"挑战杯"中国大学生创业计划竞赛铜奖	
付晓凡　赵晨希　梁咏琪 孙青　王浩宇　李长颀 李恒毅　华国凯　范传留 黄承媛	第十一届"挑战杯"江苏省大学生创业计划竞赛金奖	共青团江苏省委、江苏省教育厅、江苏省科学技术协会、江苏省学生联合会 2020-12
何加钦　郭琳　蒋思宇 李筠辉　张思雯　吴岑烨 王明月　陈一铭　杨雨昕 徐怡菲　王树玮　杨宇轩 陈宇翔　谈天　秦悦 张淼吉　张城　陆宇星 桑子涵　王航航　朱其霖 赵君巧　马静伟　于雅淇 白雪菲　矫宇洋　顾宇轩 江宸　汤健　刘雪平 张迪　陈星元　杨筱丽 陈戎 卡那斯·巴合提克力德	第十一届"挑战杯"江苏省大学生创业计划竞赛银奖	

续表

受表彰、奖励的集体、个人	被授予的荣誉称号与奖励	表彰、奖励的单位与时间
方一凡　侯君怡　胡若涵 李光强　丁　玥　周梦晨 陈怡雯　朱澎飞　胡泽生 卢　帆　杨学猛　陈　壮 何　钰　沈晓彤　李爱平 刘明辉　樊夏羽芊　章晓旗	第十一届"挑战杯"江苏省大学生创业计划竞赛铜奖	共青团江苏省委、江苏省教育厅、江苏省科学技术协会、江苏省学生联合会 2020-12
孟亚婷　杨　涵	2020年苏州大学五四青年奖（勤勉自强类）	苏州大学　　　　　2020-06
尹上林　姜　敏	2020年苏州大学五四青年奖（敬业奉献类）	
尤彦伟　孙靖宇　吴　庄 巢　宇	2020年苏州大学五四青年奖（创新创业类）	
苏瑾文	2020年苏州大学五四青年奖（文明风尚类）	
乔昕森　赵俊涛　高　恒 温　欣	2020年苏州大学五四青年奖（抗疫专项类）	
苏州大学国旗班	2020年苏州大学五四青年奖（文明风尚类）	
外国语学院翻译志愿者团队 苏州大学附属儿童医院支援黄石医疗队 苏州大学爱心援鄂助学团	2020年苏州大学五四青年奖（抗疫专项类）	
苏州大学龙舟队（体育学院）	2020年苏州大学王晓军精神文明奖特别奖	苏州大学　　　　　2020-07
苏州大学唐仲英爱心学社（学生工作部） 教育学院"用心抗疫"师生志愿服务团（教育学院） "红果果"科普公益团（材料与化学化工学部）	2020年苏州大学王晓军精神文明奖先进集体	
马国元　余　浩　苏瑾文	2020年苏州大学王晓军精神文明奖先进个人	

续表

受表彰、奖励的集体、个人	被授予的荣誉称号与奖励	表彰、奖励的单位与时间
马国元　惠文云　丁叙文 翟懋慧　余　浩　陈志鹏 梅　颢　黄　蕾　钮婧歆 吴燕铭	苏州大学优秀共产党员	苏州大学　2020-06

2020年度江苏省普通高校省级三好学生、优秀学生干部、先进班集体名单

江苏省三好学生（16人）

传媒学院	李舒霓
教育学院	庄　柠
东吴商学院（财经学院）	蔡倩玥
金螳螂建筑学院	陈秋杏
数学科学学院	智星瑞
能源学院	胡雪纯
材料与化学化工学部	张胜寒
电子信息学院	陆　蝶
机电工程学院	钱津洋
沙钢钢铁学院	易　格
纺织与服装工程学院	黄宇笛
医学部	李沐璇　闫玉洁　张　恬
敬文书院	王紫璇
唐文治书院	钱毅珺

江苏省优秀学生干部（22人）

文学院	田家琪
传媒学院	汤秀慧
社会学院	谢胜杰
政治与公共管理学院	唐　植
教育学院	吴梦琳
东吴商学院（财经学院）	梁咏琪

王健法学院	陈智伟
外国语学院	刘芝钰
物理科学与技术学院	王艳湫
光电科学与工程学院	吕林焰
能源学院	姚　禹
纳米科学技术学院	刘文萱
材料与化学化工学部	朱筱妍
计算机科学与技术学院	田新宇
沙钢钢铁学院	汪　鑫
纺织与服装工程学院	张子怡
轨道交通学院	钱露露
体育学院	苏凤凤
艺术学院	俞梦月
医学部	毛心齐　刘兰岚　陈晓雯

江苏省先进班集体（20个）

文学院	2017级汉语言文学（基地）班
社会学院	2017级历史学（师范）班
政治与公共管理学院	2017级思想政治教育（师范）班
东吴商学院（财经学院）	2017级财务管理班
	2018级财务管理班
王健法学院	2017级法学一班
外国语学院	2017级英语班
金螳螂建筑学院	2017级风景园林班
数学科学学院	2017级数学与应用数学（基地）班
纳米科学技术学院	2018级纳米材料与技术专业一班
材料与化学化工学部	2017级强化班
计算机科学与技术学院	2017级人工智能实验班
电子信息学院	2016级通信工程（嵌入式培养）班
机电工程学院	2016级工业工程班
轨道交通学院	2017级车辆工程班
体育学院	2017级武术与民族传统班
艺术学院	2016级产品设计（工业）班
医学部	2016级临床医学卓越医师班
	2017级口腔医学班
敬文书院	2017级明德班

2019—2020学年苏州大学各学院校级三好学生、三好学生标兵、优秀学生干部、优秀学生干部标兵名单

文学院

三好学生（41人）

方礼蕊	张华宇	林菲钒	吕　晨	刘　洁	王虹媛	范　伟
尹子豪	何雯靖	孙雨涵	钱湘蓉	王柳依	高　菲	张　怡
李　涵	董怡雯	崔小语	杨　涵	余若思	宋欣燃	郭彦彤
缪　蔚	龚欣怡	张雨欣	田家琪	谢　颖	李　洋	吴姣燕
杜馨雨	陆森森	王应娇	陆怡雯	胡欣雨	徐铩蓉	周泊辰
王涵怡	殷子惠	郭婧祎	毛　岑	丁晓双	胡妍佳	

三好学生标兵（1人）
　　吕　晨

优秀学生干部（34人）

石蓉蓉	田一鸣	谢宇红	谢思琪	杨智惠	吴秋阳	杨心怡
邓媛媛	朱子馨	王卓玉	姚　如	张淑琳	许睿欣	冯　柱
王　静	关　珊	刘　旭	奚悦婷	黄嘉玉	黄晓雯	杨紫燕
王成钧	李清越	王雨婷	刘　磊	陈晓冉	孙祎曼	毛星棋
李文昕	董晚雨	侯宜君	汪　楠	韩怡琳	曾　雯	

优秀学生干部标兵（1人）
　　刘　洁

传媒学院

三好学生（39人）

汤秀慧	温　欣	张之钰	陈依柠	唐千千	黄凤仪	万旭琪
李若溪	王　否	周俊崧	沈晨跃	蒋艺瑶	陆文灏	韦嘉怡
杨定一	王书琳	周子力	许　可	梁晓菲	施馨羽	陈　宇
周紫涵	曹　薇	吴　霜	翁嘉伟	张　静	庄　圆	柳嘉懋
郭新卓	刘　蕾	陆天潇	莫雅晴	周婧怡	刘娇娇	何雨舟
曹宁粤	杨逸楚	杜嘉琪	章子怡			

三好学生标兵（1人）
  沈晨跃

优秀学生干部（26人）
  陈廷轩 邵昱诚 唐梓烨 葛家明 高 垚 王 辰 钱 琪
  钱 昕 吴宇迪 陈 辉 赵 珺 马文心 朱思逸 史凯文
  吴若晗 朱家辉 陈欣仪 毛陆凡 王子涵 李佳华 张曾娅
  徐 妍 池铭晰 李乐辰 钟威虎 姚沁怡

优秀学生干部标兵（1人）
  汤秀慧

社会学院

三好学生（39人）
  孙一鸣 周子仪 戈 颖 钱瑾瑶 张 悦 李 雯 马婉婷
  周婷月 刘 婕 王圣云 邵至央 李昕辰 任 优 仲晓莹
  杜冰艳 曹世婧 王瑜悦 张鲁阳 华伊纯 张慧灵 张炜文
  陈昱彤 白一茗 第 尔 李梦柯 徐晓灵 陈 恬 户潇赟
  雷悦橙 方 茵 徐雨晴 苗佳慧 杨添翼 谭闵文 季 阳
  邬静娴 顾雪婷 巢 漪 陈美君

三好学生标兵（1人）
  雷悦橙

优秀学生干部（32人）
  姚 雨 李思琪 杨美美 李恩乐 王姿倩 刘茗潋 姚 莹
  唐金文 王 吉 印依婷 刘 莉 熊元铱 石珺玥 陆笑笑
  叶子佳 杨露凝 金宇鸥 马博赟 左思敏 王义轩 杨金泽
  邢 璐 苏广新 卞之舸 顾博文 钱正林 王钰嘉 乔子扬
  郭鑫榕 宋宇新 陈楚苓 唐子婷

优秀学生干部标兵（1人）
  苏广新

政治与公共管理学院

三好学生（61人）

汤怡磊	马思琪	董泓玮	王淑芮	邵平凡	廖 蕊	吴 昊
卢茜茜	赵 阳	季思祎	武黎昕	蔡雪霞	李宗宇	何颖珊
张文娴	卢诗雨	陈 菲	李 尧	马静雯	贺冰冰	韩青岚
陈心怡	赵欣悦	郭宝怡	陈忻妮	李京芳	裴 凡	施凯雯
郭隽瑶	徐飞越	陈锡悦	丁玉婷	徐一帆	沈昀函	李嘉宁
付 丽	周 楠	陈亦何	李子贇	易彦知	李莎莎	陈懋昕
唐纪元	李宇琦	程逸君	邓霓冉	蒋 渊	李冠秋	封若兮
罗语轩	鹿心怡	钱 程	朱欣悦	蔡 昳	孙梦晗	邱 天
陶雨然	周 展	凌婧逸	张乐彦	兰涵宁

三好学生标兵（1人）
王淑芮

优秀学生干部（51人）

李梓嫣	杨 奕	陆石慧	张博津	任家恒	邵 杰	李宓芳
梁 茹	杨 敏	沈晶莹	朱昕雨	魏可欣	甄睿康	孟秋明
艾茹洁	吴晨华	袁 泉	肖缘成	张 达	钱 玥	乔已芫
施 琦	王林宇	孟寒晴	徐嘉瑄	彭艺丞	朱思虞	杨 苗
王悦奕	梁 晨	孔鑫怡	陶润杰	胥璐瑶	毛 琳	管哲琪
耿子涵	史云亭	王紫纯	陈 涛	裴新宇	刘泽远	钱施泽
陈 逸	张卉妍	徐鹿童	陈 雨	袁 婷	武胡玥	胡 越
李 锦	方思语

优秀学生干部标兵（1人）
钱施泽

教育学院

三好学生（19人）

顾 茜	陆莹绮	龚佳妮	张子玉	郭晶铭	顾心语	吴 冰
夏美茹	徐仪舫	刘雨青	周芷莹	张冰烨	周润东	王 佳
张佳丽	刘鑫雨	李雨秋	张傲雪	胡睿洁

三好学生标兵（1人）
郭晶铭

优秀学生干部（16人）

余　红　　覃　红　　谈　靓　　钟思雨　　章源源　　张秀娟　　郁高昕
钟　声　　曹　可　　王心彧　　张　城　　王碧茹　　罗蒙蒙　　何诗颖
周　妍　　海德利亚·乌不力海尔

优秀学生干部标兵（1人）

柏　静

东吴商学院（财经学院）

三好学生（96人）

程　可　　卢语琦　　屈佳欣　　沙煜晗　　顾　婕　　刘子琪　　徐怡菲
赵思琪　　倪晨希　　蔡昕玥　　冯张小雨　王　菁　　李宇涵　　黄烨佳
王秋宇　　朱雅婷　　费　一　　张　也　　舒　越　　郑凯捷　　孙疏桐
李子轩　　唐心怡　　王　怡　　李昕睿　　温　昕　　姚炀滢　　韩雪庆
张雨祺　　陆毅凌　　莫　凡　　杨雨昕　　朱若瑾　　孟　竹　　张　越
唐舒誉　　梅张妍　　宋亚琪　　王诗艳　　薛欣驰　　杨克威　　熊天诚
王晶玥　　葛心宇　　杨筱丽　　孙　青　　尹雨昕　　徐　蕾　　王雨薇
黄承媛　　张语涵　　冯亦龙　　赵尚峰　　李文婧　　饶斯玄　　施丽娟
李　妍　　徐可心　　石莹莹　　周燕伟　　唐倚晴　　赵　悦　　生　婧
周彤潼　　陈泳霖　　薛晓宇　　梁咏琪　　王　晗　　李中一　　苗　雨
吴　铮　　葛　妍　　徐　佳　　于宛灵　　高　璟　　董流浩　　王雨欣
杜一鸣　　幸甜甜　　余宁静　　倪雅彤　　赵　珂　　毛静怡　　周慧薇
陆亚强　　言文滔　　吴妍妍　　沈黎珂　　何艳艳　　蔡倩玥　　张书瑄
曹　梦　　吴奕蕾　　付　琪　　刘田田　　张继恒

三好学生标兵（2人）

黄　莹　　费　一

优秀学生干部（83人）

华子婧　　李嘉豪　　顾振轩　　朱雅玟　　兰　晨　　陆依敏　　鲍栩凡
李贝西　　李梦瑄　　马礼军　　陈俊龙　　李成海　　许亚威　　焦楚惟
成　邑　　卞静姝　　谢心怡　　徐浅予　　孙亦凡　　吉　欣　　尹　靓
张思路　　许波雯　　孔自立　　何佳逸　　左　丁　　范雯丽　　胡梦妍
王屹泽　　齐　妙　　殷俪菲　　王芙笛　　李青原　　肖　雪　　刘晓彤
端木瑾　　裴姝洁　　赵　明　　卞恒婕　　杨呈磊　　刘　敏　　刘睿琦
邵佳卿　　戴培艺　　徐麒洋　　杨　航　　龚蕊芯　　李炜洵　　朱子雯
仓荣建　　王子怡　　朱宏渊　　张辰希　　徐　伟　　程梦迪　　陈　银
彭钰茹　　熊齐扬　　姜佩言　　陈思源　　施昊天　　白文婷　　林秋岑

钱定坤　周海洋　杨婷婷　梁煜昕　陈瑞祺　李亚霓　袁心钰
李苏皖　陆乃菁　樊诗洁　倪心乐　黄　莹　张　丽　张若昕
徐渊杰　肖晨光　郁菲菲　曹　彦　黄东旭　翟惠芮

优秀学生干部标兵（2人）
　　吉　欣　杨婷婷

王健法学院

三好学生（35人）
　　张　梁　吴翊文　陈　灵　梁津梅　赵虹霞　徐嘉钰　黄伊雯
　　王雨苏　刘　会　王仕阳　齐嘉钰　胡韬相　周　宸　殷　玥
　　陈智伟　周　颖　张昱洁　陈冠宇　王晶妍　沈俞晖　丁睿琛
　　项子彧　邹芦羽　嵇弈清　诸昌盛　潘子路　薛玉瑶　张惠雯
　　朱雨娴　顾政昇　胡　昊　季成宇　何百慧　陈　媛　钮　璇

三好学生标兵（1人）
　　王晶妍

优秀学生干部（25人）
　　夏志梅　陶子扬　张　泰　高　洁　吴明韬　徐　艳　孙吉尔
　　张兆书扬　石佳宁　王锦涛　李南希　卞心怡　陈加一　钱　程
　　杭若妍　沈梓言　刘佳乐　顾逸如　孙启航　王　涵　曹梓怡
　　吴婕妤　李洛垚　钱君博　魏安琪

优秀学生干部标兵（1人）
　　张　泰

外国语学院

三好学生（47人）
　　章露萍　黄羽琪　刘希辰　彭金旖　尚子涵　周启航　蒋甜甜
　　彭晓雨　周千语　谢丹玲　卢　娴　刘芝钰　张佳佳　施赛峰
　　谭陈倩　谭意如　王雨轩　刘子怡　宋　双　陈冰丽　瞿　悦
　　陈青乔　杨刘晶　吕文轩　倪　佳　蔡玮晗　沈欣怡　张　玮
　　朱韫婕　黄　平　谈　真　邹双宇　陆尚薇　卢福田　陈　赫
　　缪薛鹏　曾若彤　龚吴瑾　陈修竹　任泽琪　席远方　赵颖莹
　　李俊东　赵一丹　史明璐　韦欣悦　孙文青

三好学生标兵（1人）
　　刘芝钰

优秀学生干部（36人）
　　张雨萱　　王宏天　　刘　畅　　陈尔晗　　卢芃羽　　周亚迪　　宋悦怡
　　易　艳　　庞邵婕　　狄陈静　　董悦薇　　贺嘉琪　　林　琳　　邬子萱
　　刘佳艺　　孔颖萍　　张哲闻　　汤慧桃　　邓玙洁　　马依然　　王潇苒
　　徐晓蓓　　高　杰　　袁昕彤　　杭珂竹　　汝　琳　　许惠星　　黄嘉怡
　　顾隐月　　蒋潇雪　　壮欣溢　　戴正浩　　申芸凡　　王雅茜　　蔡皓卿
　　程　琦

优秀学生干部标兵（1人）
　　宋悦怡

金螳螂建筑学院

三好学生（35人）
　　沈雨霏　　李学桐　　东　方　　梁韵涵　　陈秋杏　　周心悦　　李香凝
　　谭洽菲　　潘　越　　安可欣　　谢宇虹　　唐晓雪　　史佳雯　　刘逸灵
　　韩睿琦　　钟诺亚　　康子靖　　刘　倩　　孙庆颖　　李姝怡　　蒋昳雯
　　程希圆　　闫鑫鑫　　殷绘云　　陈　可　　刘思洁　　汪千琦　　潘　妍
　　高　鑫　　陈思婷　　黄诗雯　　王张惠　　刘　婷　　王　沁　　陈姝好

三好学生标兵（1人）
　　谭洽菲

优秀学生干部（29人）
　　吴天彤　　倪心怡　　张　玺　　刘雨萱　　魏　东　　孙路杰　　云　翔
　　陈俊燚　　唐　令　　郭武鑫　　吴泽瑜　　王玥迪　　叶芊蔚　　李怡蓉
　　李明哲　　王轩浩　　潘始潜　　罗海瑞　　崔靖婕　　黄玉妍　　张广哲
　　还凯洁　　赵欣怡　　和　煦　　王奕澄　　刘惠宁　　王祺皓　　田恩光
　　吴雯冰

优秀学生干部标兵（1人）
　　叶芊蔚

数学科学学院

三好学生（35人）
顾辰菲　黄涵琪　陈泓嫒　张　崧　金可馨　吴婧婧　薄　磊
朱轶萱　马世俊　胡咏嘉　林可心　林琪萍　姚康飞　孔雯晴
吴紫涵　黄千益　顾子锐　俞鸿飞　杨成慧　严珮锦　陈雨彤
王文斌　张欢欢　王淑楠　杨思哲　叶添笑　姜海云　祝文皓
徐浩翔　杭良慨　于丽影　戴子涵　谈婧怡　王道莹　孔德溯

三好学生标兵（1人）
陈泓嫒

优秀学生干部（21人）
于雨航　王冰冰　袁晨焜　王艺霏　丁　力　欧阳仪　陈子怡
龚明越　顾　凯　孙墨涵　梅泽恺　关培桦　沈竹君　谢宇欣
王邵懿琳　刘倩雯　薛立诺　智星瑞　杜　冰　黄　一　甄熙茹

优秀学生干部标兵（1人）
刘倩雯

能源学院

三好学生（25人）
黄　蓉　苏炫伊　周伊静　单晨曦　包晋榕　陆　佳　刘悟雯
朱元泽　虞小玉　胡悦滢　黄天辰　梁和欣　雷闯常　邹瑷吉
陈彦君　刘欣然　吴　翔　牛　峥　孙　彬　杨佳慧　罗　帆
施张璟　沈　未　李伟萍　王晓天

三好学生标兵（1人）
陆　佳

优秀学生干部（21人）
胡雪纯　刘　畅　王靖涵　戚晗轩　许雨荻　凡雨鑫　高欢欢
雍一秋　樊　开　范顾越　王辰熙　沈　霖　唐佳易　姚雨柔
陈婧怡　邱泽翔　樊思远　顾嘉禧　姜千怿　刘郑灏　张传奇

优秀学生干部标兵（1人）
樊　开

光电科学与工程学院

三好学生（21人）
  吕林焰　范宸逸　金　越　李若男　侯沣轩　黄亮杰　王子轩
  禹明慧　朱　涛　陶昕辰　袁子佩　鲍温霞　周　响　倪慧琳
  孙金龙　夏世龙　赵欣瑜　吴佳辰　孔维哲　吴蒋晨　胡　益

三好学生标兵（1人）
  吴佳辰

优秀学生干部（18人）
  张　文　陈　欣　王志杰　王　靖　唐　宁　徐忻怡　李　振
  周　舟　于嘉伟　祝云翔　刘红涛　刘晓同　吴舒彤　张伟强
  杨智勇　刘晨阳　章隽辰　杨梦涛

优秀学生干部标兵（1人）
  杨智勇

物理科学与技术学院

三好学生（20人）
  马郅恺　陈周艺　刘宏芳　杜姜平　陈超萍　项姿睿　俞纪涛
  单倩雪　余博丞　范伟杰　孙　曦　王天阳　周珂儿　秦嘉政
  郭　瑞　庞静怡　王　曦　周继坤　刘奕辰　许一唯

三好学生标兵（1人）
  周珂儿

优秀学生干部（17人）
  顾　颖　冯赵然　赵　榕　贡小婷　夏月星　徐娇娇　张书琪
  卫　涵　杨　晨　陈亦寅　陈中山　汤星辉　代龙飞　申家辉
  游享瑾　周克宇　杨庭妍

优秀学生干部标兵（1人）
  代龙飞

材料与化学化工学部

三好学生（67人）

王苏健	王晨昊	曹馨尹	郑欣雨	张凝远	朱 煜	杨舒婷
蔡明蓁	顾若凡	张胜寒	李 想	黄雨婷	刘 航	董 旭
陶欣蔚	齐子珺	刘家文	宋惠其	王皓晴	董晓璇	夏钰莹
成中涵	马景烨	郭 兴	李海姣	雷 杰	严逸舟	刘文聪
乔一恒	王志聪	吴晓晓	刘 源	鲍优卉	朱静雯	孙佳怡
高海博	赵思瑞	宇文李焰	魏梦然	韩 月	宋雨阳	喻 情
雷雨珩	章江虹	朱嘉伟	费宇成	王亦陈	周心怡	鞠恒伟
朱筱妍	钱伊琳	陈智琪	胡锦程	陈明智	杨一帆	乔利鹏
王丽君	刘栩埜	丁叶薇	高 洁	孙天宇	余文卓	蔡翼亮
郭子峰	蔡嘉跞	吴邵茜	成媛媛			

三好学生标兵（1人）
　　王亦陈

优秀学生干部（56人）

谢琦皓	范 恺	宋芃宇	杨茗琛	孙纪豪	黄凯锐	王舒娴
李悦鹏	盛 典	刘佳慧	许 雯	陈浩东	王施霁	吉金龙
施清韵	蒲秀丽	熊联虎	周暮兰	李保运	刘天龚	张晓娜
陈玉洁	洪宇轩	师 燕	崔若童	包予晗	陈屹婷	谢常笑
孙启文	沙新虎	朱铭澄	陈敏铭	游良鹏	丁俊源	曹建磊
何 成	裴润博	卢文彬	苗冠乾	郑 浩	董 川	陆卓蓉
孙晶怡	薛维杉	杨 丹	姚青云	于 洁	程秋爽	王孟宇
刘旭东	朱泽斌	戴渝璇	姚诗琦	蒋浩宇	樊汝钰	罗鹏珍

优秀学生干部标兵（1人）
　　朱泽斌

纳米科学技术学院

三好学生（21人）

倪滟雯	刘文萱	赵 璁	杨茜雅	冯逸丰	高文萍	师广益
蓝 青	张滟滟	孙晓悦	王 韬	胡旭东	赵 寒	王 泽
宋范新	吕乃欣	朱利丰	潘子健	王树状	周杨楷	杨 帆

三好学生标兵（1人）
　　张滟滟

优秀学生干部（13人）
　　李玉涵　　司洪麟　　陈　琳　　陆荟羽　　靳　然　　储　非　　苏迦琦
　　鲁珈辰　　王　欢　　戴一帜　　邵　铭　　张一鸣　　姚　卞

优秀学生干部标兵（1人）
　　戴一帜

计算机科学与技术学院

三好学生（61人）
　　任建宇　　司马清华　章　岳　　宋怡霖　　戴文轩　　周荫南　　崔秀莲
　　高大明　　林　夕　　赵丽雅　　罗　峰　　王博宇　　练爱军　　赵津艺
　　赵若愚　　蒋雨昊　　陈嘉祺　　陈　云　　陆熠晨　　陈可迪　　杜林鸽
　　于立恒　　周柯言　　裴皓辰　　朱欣雨　　徐　一　　邢寰宇　　徐航慈
　　邝逸伦　　潘　玮　　姜泽鹏　　王江楠　　王新瑞　　周京晶　　张易新
　　丁誉洋　　顾宇浩　　段　通　　林婉清　　徐邵洋　　吴忆凡　　张誉泷
　　赵嘉宁　　钱　煜　　郭静文　　强　蕾　　蔡玉林　　张云雁　　王品正
　　戴　彧　　张文馨　　汤泽成　　王海光　　邵前程　　杨双林　　管新岩
　　徐卫伟　　陆佳浩　　纪一心　　金　颖　　尤王杰

三好学生标兵（1人）
　　徐卫伟

优秀学生干部（50人）
　　谈川源　　葛乃宁　　娄　陈　　陈　强　　韦思义　　魏　然　　刘佳豪
　　李雨杰　　谭雅雯　　史童月　　耿　皓　　陈孜卓　　叶苏青　　张　昊
　　周宇航　　万　蓉　　朱泽楷　　孔宇航　　李亦晨　　周怡刚　　金晗昕
　　马　标　　薛　琦　　方缘恒　　许　瑶　　冯春惠　　武　瑕　　鲁　游
　　朱逸龙　　周延宇　　谢雨潼　　刘　浩　　陈志洁　　戴娅婷　　岳鹏飞
　　钟恒恺　　王懿丰　　肖义胜　　文誉颖　　王　雨　　许睿阳　　田新宇
　　韩轶凡　　刘武微　　赵子萱　　刘晓璇　　张韫竹　　任鹏瑞　　谢添儒
　　张逸康

优秀学生干部标兵（1人）
　　张逸康

电子信息学院

三好学生（54人）

毛晏平	陆 洲	周奕斐	周帅阳	李浩川	燕 南	刘昊昀
汤 慧	金 轩	杨梦瑶	赵超贤	王逸曦	沈星月	王 祥
李开映	吴佳颖	梁 莹	王利杰	陈 颖	高翔宇	任 彤
张骁宇	王宏颖	卜倩倩	杨 成	朱辰霄	郑文韬	郑余枫
孙晓雨	沈希蔚	吴应睿	黄小航	徐 毅	吕 远	苏柔羽
周雨晴	孙宇晨	李林林	谭志苇	周 婷	薛伟康	叶志丹
钱蔡宇	张子琪	赵慧瑶	于倩慧	刘东滟	裘红翠	刘敏方
井 开	于竹颖	邓伟业	黄明靖	冯泽宇		

三好学生标兵（1人）
　　陈 颖

优秀学生干部（46人）

郭泽涛	马旺健	王昕宇	季 爽	蒋婧玮	付骏豪	李子奕
庄 悦	梁姝璇	王 旋	龚 逸	潘振标	田柠玮	陈茂杰
丁一鸣	颜陆胜	吕诚名	赵文翔	黄润毛	朱瑞凯	刘益麟
申秋雨	刘天宇	吴天韵	李原百	孟亚婷	蒋臻宵	杨凤婷
任 锐	徐杰星	任哲峰	姜旭婷	张子丞	陈雪梅	姜宇杰
甘岳林	王佳宝	欧阳康奥	张静静	何浩瀚	米 宁	张晨瑞
曹非凡	徐晟开	陆丽雪	鞠 超			

优秀学生干部标兵（1人）
　　孟亚婷

机电工程学院

三好学生（61人）

王欣玥	陈 菲	张胜江	黎雯馨	张群豪	徐加开	王凯威
王亚楠	邹俊杰	臧 帅	刘阳萍	董雪纯	赵翰霆	芮洪波
文 晓	徐文理	王妙辉	陈雨琳	任星齐	管婷婷	曹紫琦
王志兴	魏敏华	陈梦鑫	石一凡	张琬婧	王 炜	聂振宇
何德强	李 怡	贺继宏	沙晓龙	薛凯阳	凡义超	冯远峰
王浩阳	罗鹤飞	王雅琴	陶怡雯	刘文齐	王兴峰	谢雨君
张 奎	管浩宇	吴宝康	吴梦琪	胡雨薇	梁业丰	沈佳瑜
张 昊	王开金	董依菲	赵玉栋	宋 康	邹文婧	隆 瑶
马 强	刘怡明	范淑娴	卢 帆	田 爽		

三好学生标兵（1人）
　　卢　帆

优秀学生干部（47人）
　　薛祎怡　邹海涛　杨　晨　张　艳　朱欣怡　温丽红　鞠刘燕
　　袁孝鹏　沈子薇　骆　萍　吴灵慧　张鹏生　田　霞　顾　凡
　　黄勃宁　阮霖轩　肖　遥　钱津洋　戚一舟　钱　龙　朱丽燕
　　黄　胄　段维旺　张星辰　刘　畅　张欣璇　邵宇秦　王　义
　　李志伟　熊万权　陈　慧　莫梦捷　韩琪隆　林　政　李欣钰
　　高健龙　陈贝贝　任星宇　徐　虎　孙嘉伟　刘昌林　刘宇灏
　　邓梦康　金昊阳　成豪杰　翁智超　孙其瑞

优秀学生干部标兵（1人）
　　王凯威

沙钢钢铁学院

三好学生（19人）
　　戴文萱　孙岚曦　蒋文娟　张　洁　张智伦　张云普　李浦睿
　　刘龙飞　饶可新　尹河缘　刘欣滢　王　燕　王佳乐　陈季娇
　　张　颖　孙子昂　叶锦涛　章嘉婕　史建新

三好学生标兵（1人）
　　蒋文娟

优秀学生干部（12人）
　　杨　彬　王景琦　王亚婧　周梦媛　郭雅茹　史长鑫　朱　杰
　　王远明　周静怡　林　杰　都孟帅　宋亚伟

优秀学生干部标兵（1人）
　　叶锦涛

纺织与服装工程学院

三好学生（56人）
　　张晴晴　徐芳丹　潘嵩玥　李佩炫　许　婷　李爱景　孟靖达
　　潘翔宇　吴佳阳　刘雪婷　李佳盈　黄　璇　张舒洋　张子怡

沈佳昱	张昱旻	李苗	李欣然	刘腾杰	席瑞凡	李家仪
张慧琴	朱慧娟	韩颖	轩子诺	阮玉婷	徐佳雯	徐琛
杨欣蓓	龚夏怡	沈璐璐	高雅飞	杨雅茹	常思琪	朱笛
顾梦溪	王艺冉	唐颖	罗震伟	赵子健	王天骄	叶紫
闫佳宁	徐诺	王宇蝶	孔昱萤	陈少莉	张悦	肖齐玥
余璐阳	郭瑞	谈至元	闫妍	朱珩	徐若杰	姚若彤

三好学生标兵（1人）
　　张子怡

优秀学生干部（45人）

祁凯	傅辰熙	韩愈	达欣岩	申冰洁	张雪儿	曹艺琦
白雪菲	李哲	王燚若男	贾奕帆	李浩然	曹亦佳	樊晨昱
郭存宝	易雯	李茜	马胜雨	唐梦瑶	董奥晴	陈冉
李昌东	刘贝宁	马越	王博安	刘海涓	吴家隆	宋慧
薛萧昱	黄慧琴	杨钰婷	张轶苗	翟冬烨	陈卓韵	王沂渢
付晏泽	卢书晴	赖耿昌	李卉馨	刘静宜	黄诗鸿	李刚
赵硕	俞杨销	高诗涵				

优秀学生干部标兵（1人）
　　白雪菲

轨道交通学院

三好学生（43人）

田文婧	李乐晗	孟维权	易静	王凌云	邹佳琪	高瑞
陈伟斌	高荣环	王召阳	赵一帆	马阳阳	滕景佳	程基烜
赵天宇	陈泽宇	沈铮玺	佟嘉鑫	吴志豪	沙盈吟	丁雅雯
干文涛	张轩瑜	蔡建新	王铀程	陈玉婷	李修齐	黎怡彤
丁俊哲	康梓溰	刘远航	张颖欣	罗春晖	陈蕴哲	林荷洁
袁鹏	金永泰	缪灵一	任冠宇	瞿也涵	富帝淳	宫梓洋
赵子健						

三好学生标兵（1人）
　　张镡月

优秀学生干部（36人）

| 陈桂泉 | 李俊廷 | 董彩银 | 别玉峰 | 范星宇 | 许学石 | 孟繁瑞 |

朱天杭	张络怡	史　记	李元辰	杨金兰	陈梦婷	连玉航
马晨阳	张昀枫	刘建非	吴　璇	郭琳媛	周国庆	刘乔希
程　诚	张镡月	闵睿朋	王可馨	杨轶青	刘东奇	郁佳怡
凌晨宇	赵　龙	牛昕羽	叶仪凡	田嘉豪	陈泽逸	陈胜伟
周艳琳						

优秀学生干部标兵（1人）
　　陈胜伟

体育学院

三好学生（29人）

张巧语	程冲夷	邵义彦	王冰清	林晨丽	李婉菁	马思恩
吴嘉欣	李木子	任思妍	陆子怡	季雨聪	顾恩丽	吴珈蓝
刘雨欣	宋莹莹	吕　靓	马占强	张　燕	苏凤凤	朱桂鸣
王小军	徐梦琴	沈翔宇	代向楠	沈　俊	王思娴	黄佳蕾
胡美龄						

三好学生标兵（1人）
　　刘雨欣

优秀学生干部（25人）

徐思雨	纪露露	王余利	刘书瑞	盈　昕	蒋书奇	丁嘉杰
郑可锐	陈美琪	陆　健	刘秀征	陈欣忆	王本亚	许佳怡
杨　华	李倩倩	王丹宁	牛子孺	谷　叶	黄璀珺	汤滨雁
魏雅婷	管彦舒	陈林江	任　玉			

优秀学生干部标兵（1人）
　　盈　昕

艺术学院

三好学生（42人）

林雨君	李缘琳灿	于雅淇	刘润丹	贾　艳	蒋　玲	苏霁虹
张文扬	扈冰玉	齐宸漪	蒋圣煜	周　煌	陈婧怡	杨　倩
陈韩琪	程孟琦	林　晗	谷泽辰	钱书迪	李　娜	张合轩
李怡彤	骆春蕊	王译函	黄少君	林艺涵	金俣岑	何思哲
徐雅璐	连　苗	方可可	张晓妍	栗星然	沈　焕	卢馨洁

孙婉滢　张　钰　奚冰凌　高若瑜　吴宇聪　李扬意　寿艺珏

三好学生标兵（1人）
于雅淇

优秀学生干部（38人）
杜超君　张艺萱　崔凯翔　吴梦琪　黄歆然　李　玥　钱　婧
曾　巧　欧阳诗佳　赵安捷　李圆圆　邹慧婷　姚子杨　武　茜
王东荃　茅　睿　李思琪　吴　同　金星雨　郑可欣　杨思璇
邱　露　巫　京　余一涛　张雨晴　蒋博全　王熠昕　陈俊松
李雨桥　马紫昂　冯楚雯　孙嘉忆　罗　毅　周维世　赵卡裕
陆　垚　闫璐瑶　琚倩雯

优秀学生干部标兵（1人）
杨思璇

音乐学院

三好学生（10人）
曲健宁　林伽皓　余　洁　孔维玮　唐　宇　刘雨佳　吴佳宣
王含秋　王思瑶　吴昕怡

三好学生标兵（1人）
孔维玮

优秀学生干部（5人）
栾奕萱　李欣颖　韩铧震　林舒仪　彭涵宇

优秀学生干部标兵（1人）
栾奕萱

医学部

三好学生（237人）
魏语佳　杨　晋　许钱苇　赵诗雨　邵梦成　顾思渊　翟进阳
张安琪　马钰涵　潘怡瑶　李　霞　王　楠　李　明　樊超宇
王翔宇　高佳怡　金怡卿　董昕怡　胡卓萌　马紫嘉　牛宇清
郑亚雯　张　悦　龚明月　李　慕　潘具洁　王银秋　付晓雅

梁 欢	丁海伦	胡雨晨	陈海锋	邓婧蓉	胡彦宁	李晓宇
汤婕冉	黄睿哲	华怡颖	严 敏	包安然	宋 颖	刘晓仟
府 凯	曾美琪	赵桐欣	孙 毅	喇 瑞	时 雨	郝心仪
姚怡辰	赵炫烨	杨 诺	华雯玺	罗宏杰	李心逸	王龙腾
赵悦宁	刘 蓉	唐燕瑶	肖晓棠	高 铎	吴 代	郭涵沐
鲁嘉楠	张皓丹	许吴双	杨 春	任一凡	陈家敏	邓悦婷
朱世祺	张天成	谷冰姿	刘尚海	李 全	朱洁丽	陆子安
曹焰妮	赵 倩	史天择	马 赫	朱心茂	胡奥妮	金佳颖
仲丽晴	李雅卓	张隽秋	张晓培	陈 文	王昆鹏	任 娜
郭 欣	杨智怡	薛 源	叶雨岚	史卓玥	黄心茹	雷 婧
戴诗杰	刘 婷	宋 颖	武怡宁	杨濡嫦	张 恬	董文菁
赵亚薇	陈 静	王 洋	陈芷青	刘宸佑	崔依琳	朱明芮
相柏杨	金哲宇	李 姝	谢陈瑶	王 飞	李安安	张 婉
袁 荃	谭凯文	郭欣怡	赵余好	唐浩益	徐晓倩	巢 悦
殷瞳瞳	吕思晨	卢思慧	黄 棋	管锡菲	周子纯	岳思佳
张培林	姜思佳	金 怡	蔡 靖	周 淼	张 昊	胡妃妃
陈旭亚	蔡含佳	赵苗苗	胡静哲	成佳丽	马天宇	谢建昊
许含章	王玥宁	何 颖	徐姝琳	杨雪瑜	张晓芙	张欣童
张宇杨	封 娜	鲁春梅	蔡陆威	杨婧怡	董 进	李奕阳
王子璇	杨子怡	范嘉慧	邵文珺	李如一	李欣茹	奚佳辰
汤天璐	王文秋	殷芸菲	孙思敏	孟婉雨	赵雪晴	陈秋宇
何秋瑾	曹颖悦	黄 蕾	吴屹淳	张 娟	单甜甜	孙 颖
张婧雯	武 钰	周吉全	何欣怡	徐佳露	周荷蜓	崔爽楠
花艳丽	闫玉洁	朱文涛	杨轶凡	莫金兰	毛瑞婷	沙婧涵
成若菲	刘栗杉	刘逸凡	李泽忠	郭昱菲	杨 琪	钱雅楠
朱文韫	张学颖	朱 宇	李 莹	陈晓雯	赵 涛	解 懿
刘仲玥	梅 颖	罗 军	干若秋	龙佳沁	缪可言	周雨佳
周顺琪	李金津	杨 彬	张杭瑶	李 雯	何 倩	王鹏博
郑子妍	王雨辰	王宇翔	陈秋星	沈 丹	胡珂华	谭盈盈
胡思雨	陈 悦	周雨桦	孟 叶	黄 瑶	刘 珍	

三好学生标兵（4人）

胡彦宁　　朱心茂　　周　淼　　华雯玺

优秀学生干部（199人）

崔宇睫	蒲友祺	田美娟	沈志佳	张劲松	毛心齐	汪 萍
徐祖婧	刘晓彤	刘嘉鹏	陆 威	徐 笛	顾沁源	王瑞敏
季小雨	施 秀	张峪绮	相丹丹	东汝娇	韩晓阳	张文芳
宋玥洋	李嘉欣	俞 婷	张子颖	龚黎明	孙一丹	左舒蕾

计 艺	王子萌	周 亮	吴月粤	徐梦柔	沈陆恒	李玥臻
赵银宇	徐莉萍	曹国志	徐塑凯	尚金伟	孙子璇	杨 慧
施江南	效 啸	徐 颖	丁 薇	王书琪	陈 可	徐子淇
刘雨辰	肖呈琦	高文欣	王艺博	刘佳美	舒铭锴	陈汉钦
宋顺晨	展 沁	尚史蓓蕾	张洪滔	孙 越	彭宇浩	王 璐
闫燚涵	杨倩南	李梦娟	董心怡	杨雯雯	邢中旭	张希凌
苏 雨	何婧娴	吉兴芳	刘 莉	张源元	周 泽	侯娇娇
吴雨欣	刘 蕾	徐 畅	潘林尧	吕 晨	王泽萌	毛新旗
卯升江	张 莉	刘一宇	周璐瑶	张云霞	邓 怡	王鹤晶
肖羽淇	王 顺	管思懿	卢子璇	张珊珊	邱 蝶	储 玮
杨梦菲	王 鑫	顾璎珞	李可萌	张子怡	翟雅轩	朱 婕
王雪琪	钱瑞琪	倪亚娟	刘欣雨	黄范萱	季允淇	边愉涵
李茉研	徐明嘉	董 雨	樊一铭	俞王剑飞	王雨昊	温 越
蔡佳洁	乔百川	蒋启明	张静宇	武 杰	刘 宁	赖凤霞
汤应闯	黄 岚	陈茂敏	武 奕	金启渊	范龙飞	刘斯林
范雨欣	高嘉阳	田宇轩	孙培欣	陈静怡	张嘉诚	王星懿
吴 琴	张丽娜	孙以恒	戴其灵	张洁黎	李佩臻	杨 凡
苏双印	张筱嘉	韩劝劝	张鸿翔	赵文玉	李宏诚	宋依婷
周滋翰	陈海畅	陈锦华	李 婕	马云龙	史君笛	江果恒
张家铭	熊 博	李阳婧	向 丽	殷瑞琪	沈皓月	郑宁宁
周逸超	张婧婧	蒋岚欣	张 瑾	王品博	黄君瑶	许 锴
林陈心子	陈聪颖	杨 旸	吴 颖	林新悦	王莹莹	李佳阅
韩淑清	李增洋	刘 畅	王 欣	董兴璇	白宪召	罗浩元
张梦瑶	金伟秋	戴晓茹	段佩辰	崔星月	苏让让	陆飞虎
许 佩	章姝涵	李奕璇				

优秀学生干部标兵（4人）

王 璐　董兴璇　韩晓阳　沈皓月

唐文治书院

三好学生（6人）

黄奕扬　段琪辉　张菁宸　钱 婧　钱毅珺　马怡宁

三好学生标兵（1人）

张菁宸

优秀学生干部（5人）

汤浩然　祝思柔　邹雯倩　田壮志　赵雨萌

优秀学生干部标兵（1人）
　　邹雯倩

敬文书院

三好学生（21人）
　　熊超然　董可意　顾晨迪　周月驰　郁林音　朱晨清　汤乐妍
　　钟成昊　瞿安越　俞力宁　姚思韵　孙天怡　徐乐怡　沈栩臣
　　马越纪　孙墨涵　郝志芃　李敏佳　张　越　许　愿　张家利

三好学生标兵（1人）
　　郭静文

优秀学生干部（18人）
　　郁　昽　李梓正　鲁亚威　刘欣怡　朱安琪　平　允　方正亮
　　仲　言　陆橡羽　许文睿　谢溢锋　徐圣阳　张发鸿　田　宇
　　陆嘉瑞　夏子尧　樊夏羽芊　刘亦城

优秀学生干部标兵（1人）
　　徐圣阳

2019—2020学年苏州大学校级先进班集体名单

校级先进班集体（31个）

文学院	2018级汉语言文学（师范）班
传媒学院	2019级新闻传播学类一班
社会学院	2018级历史学（师范）班
政治与公共管理学院	2018级行政管理班
教育学院	2018级教育（师范）班
东吴商学院（财经学院）	2018级财政班
	2019级财政班
王健法学院	2018级法学一班
外国语学院	2018级西班牙语班
金螳螂建筑学院	2018级城乡规划班
数学科学学院	2018级数学与应用数学（基地）班
能源学院	2017级能源与动力工程班

光电科学与工程学院	2019级光电信息科学与工程班
物理科学与技术学院	2017级物理（师范）一班
材料与化学化工学部	2018级英语强化班
纳米科学技术学院	2017级纳米班
计算机科学与技术学院	2018级信息管理与信息系统班
电子信息学院	2018级通信二班
机电工程学院	2018级工业工程班
沙钢钢铁学院	2017级金属材料一班
纺织与服装工程学院	2018级纺织工程班
轨道交通学院	2018级电气工程与智能控制班
体育学院	2018级运动康复班
艺术学院	2018级产品设计（染织）班
音乐学院	2017级音乐学（师范）班
医学部	2018级临床医学五年三班
	2018级临床儿科班
	2017级临床医学"5+3"卓越医师班
	2017级预防班
唐文治书院	2018级唐文治书院班
敬文书院	2018级明德班

2019—2020学年苏州大学研究生学术标兵名单

文学院	张琳琳
传媒学院	刘泽宇
政治与公共管理学院	张洋阳
马克思主义学院	于　佳
外国语学院	韩　昕
王健法学院	梁　尧
教育学院	吴　颖
艺术学院	李　静
音乐学院	梁心慧
体育学院	刘小慧
金螳螂建筑学院	王　鹏
数学科学学院	丁　洁
物理科学与技术学院	孟林兴
光电科学与工程学院	安怡澹
能源学院	蔡京升

材料与化学化工学部	曲家福　蔡亚辉
功能纳米与软物质研究院	巢　宇
计算机科学与技术学院	张　栋
电子信息学院	张钰狄
机电工程学院	金　日
纺织与服装工程学院	张　文
轨道交通学院	汪海恩
医学部基础医学与生物科学学院	李梦雪
医学部放射医学与防护学院	王婷婷
医学部公共卫生学院	郭道遐
医学部药学院	闵庆强
医学部第一临床学院	张　琳
医学部第二临床学院	孙莉莉
医学部第三临床学院	冯嘉伟
医学部儿科临床医学院	李泊涵

2019—2020学年苏州大学优秀研究生名单

文学院（15人）

孙　霞　　许陈颖　　龚韵怡　　唐庆红　　曹宇薇　　王艳梅　　袁嘉烨
杨由之　　衣俊达　　蒋　玲　　滕瑜平　　夏漩漩　　崔琳萱　　熊国敏
钱冰雁

传媒学院（9人）

刘泽宇　　张　旺　　沈建霞　　赵姝颖　　赵　上　　李　超　　史梦蕾
洪梦琪　　赵健强

社会学院（10人）

刘　辰　　钟鑫鑫　　周　祺　　汪子璇　　王永康　　王　琴　　张书言
李　荣　　郑　杰　　成志强

政治与公共管理学院（7人）

耿　莹　　卢佳月　　陆梦怡　　马玉杰　　黄青青　　杨　肖　　刘涵怡

马克思主义学院（5人）

陆佳妮　孙昃怿　张云婷　杨　静　马姗姗

外国语学院（12人）

汪　翔　许冰超　张　彤　张婷婷　黄　睿　周影星　梁会莹
张　萌　郑子怡　章惠宇　赵　璐　王泽宇

东吴商学院（财经学院）（19人）

刘　铭　徐树奇　于双丽　熊　璇　刘逗逗　孙旭安　袁一君
陈一亮　邹佳佳　杨　悦　邵梦逸　曹　南　唐　晨　谢佳佳
陈　璞　张　盟　杨　玥　张　萌　周佳卉

王健法学院（23人）

湛　杨　黄一豪　黄文瀚　方修涵　王　雪　刘　洁　杨　楠
王　瑶　臧　莉　童云霞　杭广远　高子璇　刘琳琳　卢　菊
刘玉绰　刘艺娴　黄冰冰　李俊泽　刘焕芳　丁　睿　梁晓莹
仲晓蕾　秦　琛

教育学院（教育科学研究院）（11人）

吴　颖　赵　源　谭子妍　左晓扬　蒋天柔　潘闻舟　印　苏
谭成慧　许崇娟　顾佳灿　符笑涵

艺术学院（13人）

姚宜玮　赵雯婷　梁宝莹　聂玉莹　曲艺彬　陆　婷　王晨露
郭子明　李奕霖　朱思豪　常　杰　宋桢甫　陈　琦

音乐学院（2人）

张译舟　徐建晔

体育学院（11人）

周　晟　姜静远　刘　望　刘小慧　彭　勇　任园园　张　磊

韩朝一　　翟　童　　潘善瑶　　赵　磊

金螳螂建筑学院（7人）

王港迪　　叶怀泽　　寇　琴　　初　筱　　蔺　鹏　　李　锦　　徐家明

数学科学学院（9人）

雷东霖　　周　同　　王文静　　朱雨姝　　戚良玮　　薛苏岳　　钱怡然
窦　伟　　马思柳

金融工程研究中心（4人）

符婉玲　　孔令辉　　逯景昊　　孙银雨

物理科学与技术学院（11人）

孟林兴　　谢　皓　　朱新蕾　　吴成坤　　邓智雄　　闵亮亮　　黄钊锋
王珍珠　　许卫卫　　丁悦然　　许月仙

光电科学与工程学院（8人）

张新君　　陈　成　　伍远博　　安怡澹　　马鸿晨　　周长伟　　江均均
邢春蕾

能源学院（6人）

易雨阳　　曾　楷　　孙　浩　　曹元昊　　张文珺　　杨世齐

材料与化学化工学部（36人）

陈炜杰　　张顾平　　徐　辉　　罗姜姜　　卢　博　　王娅然　　高一鸣
陈　佳　　裴英琪　　陈春艳　　王　成　　金刘君　　钱伟煜　　郁　闯
苗莉莉　　陈潇斌　　尚婧睿　　傅建妃　　李鹏程　　童　沁　　伍薇莼
周桂桃　　刘利利　　王萌萌　　王　颖　　姜至轩　　尤华明　　马国雨
刘小芳　　张佳佳　　白　菊　　熊卫星　　鲁坤焱　　王　昊　　邵　颖
杨　贺

功能纳米与软物质研究院（18人）

王咸文	凌旭峰	黄思益	魏国庆	孔宁宁	郝钰	余悦
刘言	董翀	葛成龙	张乙	程晨	杨文樊	沈万姗
沈淑芳	张梦玲	张大科	王媛媛			

计算机科学与技术学院（16人）

张正齐	高晓雅	葛洋洋	敬毅民	全俊	马标	徐东钦
朱杰	祝启鼎	闫磊磊	王俊	何曦	李晓	徐婷婷
李潽潽	谭新					

电子信息学院（11人）

陈敏	卢龙进	彭圆圆	吴倩	钱盈家	吉双	韩淑莹
叶妍青	丁广刘	李思慧	张啸			

机电工程学院（12人）

侯诚	陈龙	侯君怡	耿江军	李广琪	方一凡	严欣
李奇	车浩池	李光强	付晓凡	杨明		

沙钢钢铁学院（2人）

施嘉伦　　叶霖海

纺织与服装工程学院（14人）

谢旭升	郗焕杰	李晓霞	陈子阳	苏文桢	王丽君	王倩
尹静	方翠翠	张旭	赵艳	成晨	汤健	高承永

轨道交通学院（4人）

汪海恩　　李仕俊　　李惠丽　　胡蔡飞

医学部基础医学与生物科学学院（12人）

李梦雪	张云山	赵书祥	邓奇峰	张萌	杨娟娟	董璇
郭宾宾	卞丹丹	叶文涛	王嫚	李爱卿		

医学部放射医学与防护学院（8人）

周 红　肖雨霁　关静雯　洪 敏　王 茜　周 磊　葛剑娴
马琳琳

医学部公共卫生学院（7人）

章 宏　刘 芳　钱思凡　邹惠莹　王 进　杨雪娇　董昊裕

医学部药学院（11人）

吴芳霞　路家琦　颜鹏举　涂佳林　邱飘飘　徐庆峰　周静雅
王 钰　万文俊　武鲁茜　刘 帅

医学部护理学院（4人）

董 贝　解聪艳　王 婷　莫圆圆

唐仲英血液学研究中心（3人）

徐 莉　朱灵江　王 蕾

生物医学研究院（3人）

杨 洋　徐 翡　蒋曼曼

神经科学研究所（3人）

孙 倩　王 银　郑雨帆

医学部（2人）

郝凯丽　章礼炜

医学部第一临床学院（31人）

葛鑫鑫　杨 静　陆慧敏　陈明伟　尹 娜　刘延平　吴飒星
纪逸群　葛高然　李 欢　苏虹宇　刘 波　顾 洁　黎逢源
奚黎婷　滕雅杰　严力远　郭效宁　昂小杰　孙明兵　薛 韬

孙芳璨　　徐　悦　　陆宇杰　　马云菊　　吴　亮　　何　芸　　何雨欣
徐姜南　　王　伟　　朱　焱

医学部第二临床学院（16人）

张懿恋　　江旭东　　翁程骅　　王玮珍　　马　超　　吴　涛　　王文佳
赵培培　　高光宇　　姚平安　　周　鑫　　李俊杰　　闫家辉　　邢丹蕾
陈　滢　　毕　昀

医学部第三临床学院（6人）

丁莉欣　　刘兆楠　　陈文玉　　朱玉兰　　端家豪　　陈钰琦

医学部儿科临床医学院（7人）

黄佳杞　　田秋燕　　高振鹏　　李　宇　　戴亚平　　刘　倩　　王宇轩

医学部（4人）

杨雁博　　袁桂强　　李家颖　　高比昔

2019—2020学年苏州大学优秀研究生干部名单

文学院（4人）

张琳琳　　田　毓　　戴茜茜　　吕金刚

传媒学院（2人）

乐美真　　凌加胜

社会学院（2人）

惠文云　　卜泓瑄

政治与公共管理学院（2人）

卜鹏程　　张咪咪

马克思主义学院（1人）

周心欣

外国语学院（3人）

李 迹　章早园　颜 蓉

东吴商学院（财经学院）（4人）

徐逸骢　周赫儒　张金康　李昌盛

王健法学院（6人）

聂春阳　赵 坦　李晓晟　史浩成　李 村　金明霄

教育学院（3人）

韩 俊　姜 珊　李 莹

艺术学院（4人）

查沁怡　龙微微　项天舒　臧以超

音乐学院（1人）

孙菲昳

体育学院（3人）

舒 丽　骆 乐　王庭晔

金螳螂建筑学院（2人）

代鹏飞　李泽文

数学科学学院（2人）

王 瑶　张子璐

金融工程研究中心（1人）

任　杰

物理科学与技术学院（3人）

陈志鹏　　王　雨　　葛宇轲

光电科学与工程学院（2人）

范子琦　　黄　哲

能源学院（2人）

杨齐凤　　沈力炜

材料与化学化工学部（10人）

何加钦　　张　旭　　吉梅山　　王俊豪　　宋童欣　　杜　丹　　田　春
高佳玉　　叶晗晨　　任勇源

功能纳米与软物质研究院（5人）

肖彦玲　　陈叙樾　　朱文祥　　黄乐伟　　姜慧慧

计算机科学与技术学院（5人）

彭　湃　　寇俊强　　郑晟豪　　潘晓航　　张　妍

电子信息学院（3人）

李太超　　倪成润　　张　涛

机电工程学院（4人）

颜嘉雯　　姚茂云　　余司琪　　杨　网

沙钢钢铁学院（1人）

闫洞旭

纺织与服装工程学院（4人）

莫晓璇　吴玉婷　张雨凡　赵俊涛

轨道交通学院（1人）

张　萍

医学部基础医学与生物科学学院（3人）

陆政廷　倪　沁　赵　欣

医学部放射医学与防护学院（3人）

陈俊畅　尤思梅　王玉民

医学部公共卫生学院（3人）

堵雅芳　白云斌　陈永浩

医学部药学院（3人）

张米娅　林　晨　赵　颖

医学部护理学院（1人）

许　诺

唐仲英血液学研究中心（1人）

张　童

生物医学研究院（1人）

苗　迎

神经科学研究所（1人）

王　坚

医学部（1人）

卞小森

医学部第一临床学院（8人）

郗　焜　　白羽佳　　谈辰欢　　韦卢鑫　　王若沁　　管鸣诚　　顾怡钰
张晓畅

医学部第二临床学院（4人）

吴泽恩　　陶永丽　　安　璐　　谢伟晔

医学部第三临床学院（2人）

朱　欢　　李艳飞

医学部儿科临床医学院（2人）

孙喻晓　　代云红

2019—2020学年苏州大学优秀毕业研究生名单

文学院（25人）

王海峰　　周梦云　　刘思彤　　王珺靓　　韩媛媛　　乐　平　　裴靖文
贾愫娟　　韩淑萍　　董颖洁　　倪　琳　　时雪昊　　唐燕珍　　奚　倩
窦淳冉　　金梦蝶　　凌　珍　　袁佳艳　　刘晓雪　　高顾楠　　王佳妮
徐　涵　　董秀梅　　李　悦　　陶科序

传媒学院（16人）

朱　赫　　原雪辉　　朱子微　　张　云　　朱梦秋　　侯潇潇　　金真婷
郑青青　　苏博雅　　朱　琳　　孙宇辰　　王怡明　　郑　敏　　王　童
芦　艺　　陈　诚

社会学院（15人）

夏 雪	王昱皓	沈 璐	郭子英	石洁茹	钱怡婷	洪媛琳
蔡 元	徐 倩	傅辉子	贺亚娟	刘 佩	顾枫清	李艳玲
李 乾						

政治与公共管理学院（49人）

张佳敏	丁叙文	陈 祎	帅 凯	张 凡	王蒙怡	钟美玲
董晨雪	朱旭钰	祁文博	张洋阳	邱星宇	沈 良	符 苏
侯小刚	倪 洁	孙博文	戴 超	府俊婷	张晓东	肖 磊
金 琪	徐诗祺	金 盼	严怡雯	殷睿鹃	黄莉姝	邓钱萍
陆 峰	钟 泽	苏海华	朱燕华	冯靖凯	胡 鹏	李 妍
赵含烟	戴 瑜	汤晓枫	王熙琪	段玉雯	潘兰婷	朱丽郡
陆贤明	徐忠淑	孙 萌	张 阳	陈 一	范 俊	张顶峰

马克思主义学院（6人）

| 李佳娟 | 储 萃 | 许芷琳 | 齐晓营 | 王红怡 | 鲍祯涛 |

外国语学院（18人）

钟 瑛	伊惠娟	颜 方	郭畅畅	韩 昕	刘秋彤	马银欢
那 倩	王 雨	王卉怡	叶 洁	王盈鑫	伏 荣	张 露
徐思琦	汪正昕	刘文斌	王怡璇			

东吴商学院（财经学院）（43人）

邵 蔚	朱慧敏	景 兰	李 想	余 浩	张艳婷	王 巧
邹力子	薛思豪	许 慧	刘付韩	单佳兰	张意如	姜钧乐
张紫涵	孙丽娟	刘天宇	牟宗昕	程子琪	朱 彤	吕璐璐
荆百楠	史晓璐	周雯静	文 晴	王梓凝	顾慧宁	王文婧
宋嘉为	李 园	冒纯纯	何清儒	张自力	慎立惠	徐 涛
黄 帅	李 敏	陈一博	韩 冰	陈昌盛	姚莹莹	张鹏兴
张文静						

王健法学院（38人）

| 楚 晨 | 吴 敏 | 赵永如 | 李一凡 | 胡 政 | 徐翕明 | 薛沈艳 |

李娜娜	舒雅雅	胡巧璐	董 劼	闫 岩	牛莲莲	于润芝
蔡芸琪	孙 敏	谭 悦	靳瀚宁	杨晓源	叶焯灵	单 煜
梁 尧	李小涵	虞志波	郭 倩	桂 沁	万润发	赵益福
陈思彤	尹蔓蔓	孙艺洋	祁琳琳	郑 颖	余 洋	黄 姿
黄聿韶	李梅琼	梁永斌				

教育学院（19 人）

王炫懿	胡碧洋	瞿锦秀	刘晓宁	吕佳丽	刘 鑫	王鲁艺
蔡文冠	张玲俐	王国轩	郁林瀚	黄 越	王啸天	王 斐
徐婷婷	孙佚思	胡 清	徐 瑛	汪 敏		

艺术学院（18 人）

李嘉予	严思寒	李 壮	刘晓晴	李 欣	蒋彦丰	杨得祺
徐倩蓝	李 静	白 雪	陈 颖	傅一培	魏 磊	郑 豪
韩可欣	何文倩	林馨之	李紫君			

音乐学院（4 人）

| 陈梦皎 | 霍运哲 | 周思文 | 李 想 |

体育学院（17 人）

付 冰	程金娜	刘 丹	王阿婷	张文静	易 鑫	曹敏敏
毛立梅	方 琼	陶 丹	金桂琳	冯宁宁	朱永明	钱 伟
胡聪聪	陶 醉	严 鑫				

金螳螂建筑学院（9 人）

| 王 鹏 | 钱 云 | 夏志楠 | 时 雯 | 孙萌忆 | 查章娅 | 蒋昊成 |
| 牟昌红 | 赵文婧 | | | | | |

数学科学学院（11 人）

| 张晓璇 | 李泮池 | 黄月月 | 陈召弟 | 连博博 | 袁亭玉 | 李晓丽 |
| 许 莉 | 张涤天 | 丁 洁 | 杨朝军 | | | |

金融工程研究中心（6人）

蔡莉　　刘通　　汤淳　　宋婉晴　　王一如　　杨雪

物理科学与技术学院（10人）

李威　　刘中泽　　王海云　　王敏　　冯凯　　季文杰　　李珊珊
张孟影　　张莹　　甘晓雯

光电科学与工程学院（11人）

周忠源　　朱嘉诚　　刘渝　　唐杰　　周峰　　陈超　　罗成招
肖臣鸿　　盛春香　　吴利　　丁浩

能源学院（6人）

郑祥俊　　田政南　　胡忠利　　魏南　　王超　　郭瑞天

材料与化学化工学部（44人）

蔡亚辉　　曲家福　　吴庄　　成雪峰　　皮业灿　　袁春晨　　王鹏棠
董颖莹　　刘冬妮　　王淑惠　　王雨龙　　米龙庆　　张秧萍　　陈昌赟
赵笑芳　　庄嘉欣　　张斌斌　　周航　　刘灿　　杨秀芝　　秦园园
费伟华　　曹莹莹　　曾倩　　陈新宇　　张加旭　　陈康　　董瑞芳
黄火帅　　金圣　　鞠国栋　　周科含　　张默瑶　　倪媛媛　　苏涵
丁臻尧　　张红　　刘文影　　吴周　　朱海　　郑琰君　　刘羽平
王英杰　　周康

功能纳米与软物质研究院（22人）

巢宇　　董自亮　　胡云　　沈阳　　邹亚涛　　张燕南　　吴俊杰
张园览　　景旭　　陶一辰　　储彬彬　　孙悦　　汤佳丽　　陶雯雯
金严　　周赟杰　　党倩　　王姝　　焦婷婷　　李鹏丽　　徐天慧
贾若飞

计算机科学与技术学院（23人）

周雯　　孙玉林　　曹骞　　李佳鹏　　李茂龙　　林欣　　刘苏文
翟东君　　张蓉　　徐程凤　　陶涛　　冯鸾鸾　　朱灿　　丁鹏飞

刘启元　赵　璟　陈子璇　唐泽民　刘　建　任加欢　叶　静
纪　光　张　栋

电子信息学院（14人）

刘　艺　张钰狄　丁世峰　田海鸿　陈将奇　冯爽朗　付粉香
王必成　杨宵玲　仲兆鑫　伏　斌　钱金星　曹凌云　曹国灿

机电工程学院（19人）

金　日　李长顺　李云飞　金　晟　朱博韬　刘乾峰　董　伟
黄曼娟　赵欣桥　马　翔　路国庆　林安迪　武　帅　肖浩男
张　靓　朱玉广　王兆龙　刘金聪　沙连森

沙钢钢铁学院（2人）

吴　琼　王婵娜

纺织与服装工程学院（21人）

江　瑞　赵凯莹　骆　红　仇卉卉　郁丹妮　郭　凌　程桐怀
闫彪彪　朱明星　赵泽宇　方　月　刘　群　闫　凯　程亭亭
施　琦　陈新彭　孙　玲　肖　杰　宣　凯　张　逸　瞿　静

轨道交通学院（5人）

江　涛　王平远　李　宁　陈逸枫　郭文军

医学部基础医学与生物科学学院（17人）

赵之林　吴思奇　王　慧　任胜杰　梁　子　王云锋　王永峰
詹超英　毛婷婷　杨斯迪　崔广同　穆　旭　李杨丽　吴蓉蓉
倪亨吏　张　宁　敖　愿

医学部放射医学与防护学院（8人）

桂大祥　曹津铭　王婷婷　杨翠萍　江文雯　钱　昆　王　涛
陈　磊

医学部公共卫生学院（8人）

朱正保　王广丽　李德明　任　斐　杨晓林　杨胜益　孙丽丽
胡志勇

医学部药学院（15人）

闵庆强　朱泽凡　毛　奇　缪彤彤　王丹丹　杨静杰　徐田甜
朱　梦　鞠秀峰　刘　柳　李婉婉　陆凡清　马旗联　王　峰
王明梅

医学部护理学院（5人）

沈　芳　孙　锐　胡安妮　查倩倩　薛　源

唐仲英血液学研究中心（4人）

赵　喆　张　策　张梦利　张耐冬

生物医学研究院（3人）

左宜波　金林聪　皇晨晓

神经科学研究所（3人）

王　彬　董佳丽　吴　迪

医学部（4人）

房建凯　袁　廉　张素勤　李华善

医学部第一临床学院（45人）

马延超　许小宇　盛广影　杜雯雯　李　炜　李学涛　杜　健
冯雪芹　胡　波　刘文慧　王温立　李　颖　赵冉冉　李　浩
唐梦晓　柏家祥　薛禹伦　郁彬清　王程远　代　晨　钱春雨
徐　婷　鲁礼魁　杨春丽　张红宇　叶　侠　王鑫隆　刘立立
沈莹莹　苏青青　陆　婷　王明晗　谈　心　周夜夜　马　圆
林佳益　陈维凯　葛　隽　杨　森　温阳辉　毛德利　邵　阳

张　琳　　文丽君　　车艳军

医学部第二临床学院（21人）

袁　晔　　白进玉　　张军军　　张冰玉　　崔晓燕　　孙荣懋　　王　青
高士媛　　翁瑞霞　　陶逸飞　　傅　翔　　刘昱璐　　杨　硕　　于洪昌
张载航　　赵裕欢　　丁佳琦　　任毕欣　　马佳艳　　范少楠　　时新雅

医学部第三临床学院（9人）

韩　勖　　桑　宸　　吴叶顺　　牛云莲　　陈仁贺　　冯嘉伟　　谭煜炜
曹惠华　　张　霜

医学部儿科临床医学院（11人）

李泊涵　　王丹丹　　谭兰兰　　伍高红　　胡锡慧　　王　烨　　杜培培
刘　蕾　　李雯菁　　王　伟　　陆啸云

医学部（6人）

任　驰　　张一健　　刘梦宇　　虞　帆　　苏忠雪　　茹煜华

苏州大学2020届本科优秀毕业生名单

文学院（32人）

王惑立　　周莎莎　　邓　娜　　谷兆颖　　薛　伟　　邹　楚　　季从蓉
李彬源　　戴思钰　　徐晶莹　　梁　淼　　陈屠亮　　王资博　　周子敬
李家琪　　陆紫嫣　　张　璇　　缪之淇　　周晓丽　　陈玉婷　　潘睐城
曹佳敏　　陈剑英　　李婉如　　胡梦情　　吴　颐　　汪玉莹　　李芝霖
李文卓　　单宁夏　　陈　娟　　朱贵昌

传媒学院（35人）

索士心　　袁欣远　　崔　冰　　赵倩敏　　汪　杉　　闻雅娟　　姚　远
陈炳宇　　顾杰钰　　吴宣颐　　王　婷　　沈　玥　　张　瑶　　蒋成澄
薛　洁　　金心怡　　谭媛尹　　蒋梓萱　　王　瑶　　戴淑雯　　徐双伶

| 周昀頡 | 李艳艳 | 卢肇学 | 尤 蕾 | 张思凡 | 郝思舜 | 王 莹 |
| 董梦圆 | 苏静茹 | 李舒霓 | 马国元 | 吴子铭 | 蔡雨昕 | 赵梓会 |

社会学院（32 人）

季曹丹	王永吉	靳 炜	张 悦	马昊天	邢 相	张静烨
鄢欣仪	吴锐熠	徐晴韵	王 康	李锶晨	江 欢	华应僖
谢胜杰	刘雯雯	姜洧钟	倪誉溪	张灵羽	郑笑越	景 祁
史儒雅	金姝恒	卢佳慧	熊雨馨	侯宁宁	马 娇	陈 娅
王语欣	吕彦池	张 敬	张海潮			

政治与公共管理学院（59 人）

王 蕊	马梦薇	周敏娟	王宇凡	于 茜	柏心悦	许研卓
陈 旸	汤清源	石文杰	凌艺嘉	邓晓薇	吴小文	张思佳
朱霄翔	李蕴仪	李 妍	邢路扬	顾沁溪	邹 靖	朱 敏
吴 妍	黄琛丹	张雅媛	邓建秀	周浩然	吕秋婷	严一凡
郁港宁	戴静宇	陈方舟	许植瑾	童 瑶	吴 彬	智倩玉
顾小武	韩照婷	唐 植	季 凡	朱绮璠	冒慧娴	徐亮亮
陈子莹	申保禄	张浩楠	胡心月	毛 睿	梁紫妮	吴 童
石胜男	徐 睿	张洪源	徐 琳	张 琳	包 慧	丁元淇
景楚妍	杨安星	吴昱佳				

教育学院（16 人）

马 静	王宇旋	蒋雨恬	刘胜兰	庄 柠	许心悦	佘名鑫
黄佳祺	严纯顺	刘昱萌	顾铭淳	孙雅雯	周 衡	赵 媛
李振江	吴梦琳					

东吴商学院（财经学院）（72 人）

董 雷	周钰涵	简一霞	霍雨佳	丁慧蓉	陶乐宸	李婧婧
马 丽	徐 铭	朱梦婷	钱云钰	曹雨佳	赵笛涵	殷 琳
宁 佳	张弋菲	赵浚延	凌 瑜	杨 洁	沈申雨	陆甄敏
仇一凡	吴清怡	高 芬	颜 昕	钮伊纯	张雨萱	费 凡
万明月	吴 桐	王晓雪	黄 睿	孙倩文	卜晓琪	居鑫悦
王欣平	常 莎	初天慧	史姗姗	祖婷菲	王路瑶	叶诗静
王舒涵	高 远	王 雯	王苏凡	孙 逊	辛雨潞	侍 倩
戎锦慧	杨 越	王 薇	王 韫	魏闻语	徐梓耀	张银莹

刘　昶	白逸飏	吴　纪	糜家辉	朱莹莹	杨雨晨	胡萦紫
陈欣宇	顾　琳	林李欢	沈雯锦	张心怡	徐隽丹	严雅馨
宋啸宇	徐佩玥					

王健法学院（25人）

张子逸	袁诚忆	汤予商	王　安	赵晨怡	王　翔	孙加凤
李欣悦	尤学懿	李明阳	王　成	刘　玲	陈思雨	彭　博
邓家豪	蒋雨涵	朱志燕	祁玮璇	缪　奇	黄　薇	梁艺凡
杨巽迪	卞一凡	雷一鸣	周雪怡			

外国语学院（40人）

樊彦如	金香梅	周　舟	熊润竹	黄莎莎	王　璠	潘榆桐
刘兴邦	缪钰明	金彦芸	陈可心	裴南兰	严　格	王丽云
王　婷	王斯纬	张梦丹	李舒怡	吴静炀	朱璀敏	王艳萍
刘音音	徐　烨	张秋芳	杨　玲	章洁银	王雨柔	周欣安
顾亦尧	马旻晗	沈冰洁	丁　璐	何　蕾	王锡瑞	潘乐天
刘雅歆	林奕辰	刘　欣	严　语	方贵敏		

金螳螂建筑学院（24人）

方奕璇	吴子豪	王轩轩	徐佳楠	朱晓桐	石张睿	张斯曼
王梓羽	刘艺涵	原　榕	朱　颖	张伊婷	张　希	王　军
周天祺	杨赛男	王歆月	胡永川	李　竹	任旭晨	张晨悦
张婷雨	张欣迪	秦慕文				

数学科学学院（32人）

蔡李洁	汪　琳	左梦雪	瞿钰霖	陈　锋	许诗娜	冯　妍
陈理玉	汤淇珺	陈书晓	卢厚保	汪梦佳	俞　昊	赵　晨
祁　政	陈　宇	袁智镕	张爱静	颜晨生	杨　瑜	唐　倩
蒋涵雨	刘泓钰	曹　璐	范昊静	王雯婷	徐海博	刘宇梦
徐静璇	丁润泽	蒋心怡	刘昊迪			

能源学院（22人）

朱留涛	史怡然	卞文彬	姚　禹	濮阳国强	韩建锋	金鲁杰
邹路玮	张慧峰	张维敏	赵健国	陆森煜	徐雪儿	王宇昊

| 王泽宇 | 戴　宸 | 陈咏琳 | 刘奕然 | 李忠航 | 周恩宇 | 顾安琪 |
| 黄梓杰 | | | | | | |

光电科学与工程学院（15 人）

彭玉洁	侯爱虎	叶翔宇	潘泽晖	马仕哲	江　阳	周鸣新
刘欣悦	刘慧敏	唐艳青	俞　童	张奕凡	赫一涵	吴振宁
张嘉铭						

物理科学与技术学院（15 人）

李漪含	梁美君	王艳湫	景可语	苏子贤	罗海峰	李虹霖
张博峰	马宗光	项白絮	朱雯琦	鞠　煜	肖　月	邱　蕾
孙　妍						

材料与化学化工学部（53 人）

何雅慧	谈馨月	柯亚铭	陈金露	庞慧敏	丁心雨	余娉儿
钱喆焱	谭绍禧	吴杭飞	叶林飞	王晓雯	冉茂漪	夏新月
张　茂	孙亚兰	陈　丹	陈思琪	孟芳菲	李宛霖	吴　蕙
陈若凡	吉恬萌	丁汇丽	尹树杏	种锦雨	丁　娆	张昕帆
王跞予	赵方彤	郭　艳	马晓亮	陆昕彤	彭　程	黄舒婷
张敏杰	龙佳佳	申凌慧	朱文杰	符　蓉	李欣霏	王炳成
刘　峥	杨舒婷	石高畅	阮佳纬	冯梦佳	李金玲	李新月
张雪俐	朱均淼	陆雯婷	魏晓旭			

纳米科学技术学院（16 人）

姚　楠	李衢广	王霆钧	丁夕岚	薛红蕾	薛雨清	李晓雷
梁晶晶	吴慧珊	徐超颖	张迎晖	唐　睿	钱佳楠	陈都阳
佘嘉霖	丁丽燕					

计算机科学与技术学院（48 人）

顾楚怡	王仁杰	陈嘉俊	吴　刚	张博宇	徐晟辉	孙懿豪
刘俊汐	钱　来	袁　琳	徐小童	王嘉晨	范耀文	徐敏瑞
王　森	王佳安	徐　愿	赵雅婕	严嘉祺	田　浩	黄红妹
郑守迪	仇旭健	张志洲	束云峰	陶嘉淳	吕双伶	李　豪
谢铁良	侯　洋	陈泳全	朱泓全	吴秉庭	张钰峰	梁海涛

庄伟渊　　杨云霄　　王　宇　　唐思南　　孙　柠　　孙可心　　唐夕云
王可心　　令狐川露　徐　迪　　李　恬　　高志广　　徐国庆

电子信息学院（49人）

王紫璇　　卢佳艺　　朱静波　　刘　铭　　张　迪　　史凡伟　　刘弘毅
毕舒妍　　肖子安　　谢紫怡　　郭　丽　　杨　倩　　张慧敏　　李欢欢
王朵朵　　赵　亮　　叶　枫　　潘敏慧　　包秀文　　屈雯怡　　王　雪
冯久勋　　程鲁杰　　梅茹欣　　马天逸　　赵天祥　　张海华　　朱子启
汪佳锌　　崔柏乐　　翟振伟　　赵思雨　　周子健　　刘力源　　刘奕含
欧阳艳　　孟凡泽　　陆　蝶　　高佳伟　　杨皓文　　孙鹏程　　曹凤楚
杨　晨　　朱文杰　　汤雁婷　　陈　前　　蒋大海　　张　威　　胡　洋

机电工程学院（39人）

郭正华　　易序涛　　黄佳成　　李耀文　　曾志坤　　石延秀　　朱镇坤
陆黄钰薇　赵建华　　李飞宇　　高志成　　庞雅天　　张　帅　　张颖嘉
顾佳成　　周坤钰　　朱桂琳　　王昕燕　　何馨然　　丁佩琦　　卢翔倩
宋宇航　　佟　琳　　蔡泽钰　　张烨虹　　许宇哲　　张劲铭　　熊继源
顾钰颖　　梁家栋　　刘佳庆　　黄佳瑛　　丁晓璇　　刘志祥　　赵　龙
纪仕雪　　张稳涛　　杨　岚　　秦　浩

沙钢钢铁学院（12人）

汪　鑫　　韩　博　　杨　柳　　徐帅权　　占　洁　　马凯文　　王　锐
杨涑娟　　陈靖雨　　刘宇坤　　易　格　　张高峰

纺织与服装工程学院（42人）

黄宇笛　　饶　婷　　王佳仪　　崔玉婷　　周昕妍　　刘羿辰　　王梦梦
冯子韵　　曹　慧　　张　悦　　金振宇　　蒋紫仪　　龚依澜　　王　静
林　祥　　周竑宇　　徐一茗　　马世栋　　赵欣悦　　左雨蒙　　陈筱玥
肖　舒　　茆哲心　　张　蓉　　马成超　　杨振北　　王　威　　葛　灿
刘永红　　潘梦娇　　王晓蕊　　张露杨　　朱　灵　　吴天宇　　王笑颜
贾莠侨　　李　香　　朱梦珂　　何芳妮　　邢丽丽　　胡俊惠　　相烨焕

轨道交通学院（43人）

陈一豪　　邱彦锦　　周　漫　　王玉琦　　邢慧琴　　唐诗音　　田　静

关睿康	黄 蕾	马艺林	汤宇杭	王凯欣	郑子璇	严礼杰
刘帅鑫	周小淇	俞 淼	刘 雯	吴青琳	张思慧	冯丽丽
刘天宇	施瑞琪	杨玉琪	宋秋昱	秦添钰	陈博戬	吕思嘉
姚亭亭	杨添通	马睿飞	陈思懿	何 峥	王 茜	昝雨尧
邬佳欣	周怡雯	朱华阳	马利军	孙 猛	钱成晟	盛东起
李少起						

体育学院（26人）

赵 兵	赵和凯	周敏雯	李 凯	赵妍清	于清华	陈诗梦
刘方正	李 晶	孙小云	周 宇	张宇宸	高 浩	王路路
黄 红	梁智珊	蒋 智	吴 迪	王诗雅	嵇恺然	陈梦竹
吕邵钦	上官俏然	朱晨月	佘旻昊	徐 舸		

艺术学院（36人）

叶一婷	苏 韩	李雯菁	郭梦娜	潘婉婷	许 琳	符梦月
张 倩	张子芊	李鑫成	俞梦月	陈小雨	魏刘超	陆诗韵
舒蒙春	叶纡利	叶凯婷	佘文婷	陈 萌	区汶慧	舒萌萌
周 静	张子茹	喻 鹏	吴心悦	郎 静	柳 珣	段雪妮
陈 洪	郑婉莹	王高婧	鹿瑞麟	龚 云	邢 晔	史爽爽
张浩泽						

音乐学院（14人）

章韫柔	郝子铭	彭楚玥	董爱钰	苏心悦	曲玥玥	陈昱廷
郭之祺	朱译诺	刘沁卓	宋晓妍	赵文珺	贺子峰	张鑫钰

医学部（154人）

钮婧歆	孔柯瑜	归甜甜	谢卓霖	尤红英	石晓兰	梁晓龙
庄歆予	奚 敏	殷民月	顾雨洁	高莉蓉	王 瑞	肖嘉睿
朱思佳	邱寒磊	王紫兰	马玉濠	陈春文	邵宇阳	廉晓露
王明晖	黄舒怡	金奕滋	彭雪楠	蔡令凯	李江楠	王佐翔
魏西雅	雷张妮	吕诗晴	夏青月	姜佳译	薛培君	陆嘉伟
杨普升	陈茜楠	侯馨竹	吴 松	陈 鑫	陈 龙	杨丽清
郝力洁	徐 曦	陈 晨	朱晓菁	徐 华	刘 畅	黄 傲
程 颖	谭梦煜	陈雨蒙	叶程心月	方 丹	张 婷	翁芷杰
邓婷婷	杨 毅	黄田雨	林彬彬	葛金卓	洪 婷	程 慧

窦媛燕	张淑怡	王　迎	汪亚男	张　颖	梅　楠	曾上予
王楚涵	印旭阳	余洁倪	蒋　增	戴　瑶	许佳何	袁芳琴
邱新宇	邱　娴	张茹茹	张雅妮	张艳香	单佳露	陈爱红
顾　鹏	王淳雅	王　肥	夏　璐	奚可迪	王彦浩	彭　嫦
王　钧	傅卓凡	张　丹	徐　源	黄姮毅	张悦越	隆小红
李　晨	李沐璇	邱群婳	郭盼芳	周于群	揭凯悦	彭攀攀
汪佳玉	聂映敏	高艳蓉	陈梦茜	佟　洋	于运浩	赵明晖
刘嘉雯	陈洁尧	孙瑞琪	钱佳璐	闫端阳	肖钦文	汪达青
刘　琳	唐　娜	闻奕丞	亢重傲	贺梦颖	张　哲	任理华
田　禾	刘兰岚	周俊秀	郑慧琳	范　琼	赵　蕊	管　晋
申　晓	史可心	周玲芹	杜　倩	曹智钦	刘德旺	卓　霖
杨蒲媛	吴元元	张　艳	孙菀晗	宋星宇	陈宇迪	杨　清
赵　倞	蒋全琪	张遥昊	陈　坤	张超瑜	陈倩倩	李　俊

唐文治书院（2人）

沈冰沁　　朱玉千芊

关于抗击新冠肺炎疫情获校级以上表彰或奖励情况专题

2020年度学校、部门、集体获校级以上表彰或奖励情况（表7）

表7 2020年度学校、部门、集体获校级以上表彰或奖励情况一览表

受表彰、奖励的集体	被授予的荣誉称号与奖励	表彰、奖励的单位与时间
苏州大学附属第一医院	中国抗疫医疗专家组组派工作表现突出单位	国家卫生健康委 2020-12
核工业总医院	中央企业抗击新冠肺炎疫情先进集体	国务院国资委党委 2020-10
苏州大学附属第一医院援鄂医疗队 苏州大学附属传染病医院（苏州市第五人民医院）	全省抗击新冠肺炎疫情先进集体	江苏省委、省政府 2020-11
苏州大学附属儿童医院援湖北黄石青年突击队	在新冠肺炎疫情防控工作中表现突出的先进青年集体	共青团江苏省委 2020-03

2020年度教职工获校级以上表彰或奖励情况（表8）

表8　2020年度教职工获校级以上表彰或奖励情况一览表

受表彰、奖励的教职工	被授予的荣誉称号与奖励	表彰、奖励的单位与时间
钱红英　施晓松　张建平　杨正平	全国抗击新冠肺炎疫情先进个人	中共中央、国务院、中央军委　2020-09
李　锐　郭　强　王　英　张　方　王珍妮	全国卫生健康系统新冠肺炎疫情防控工作先进个人	国家卫生健康委、人力资源和社会保障部、国家中医药管理局　2020-03
钱雪峰	中国抗疫医疗专家组组派工作中表现突出个人	国家卫生健康委　2020-12
黄建安　陈祖涛　王　俊　华　菲　陈　成　王　艳　张俊红　施敏骅　柏振江　刘　宁　周曙俊　沈兴华　鞠慧敏　徐俊驰　杜向东　李　莉　郑江南　张　勇　孙　骐　丁　政　钱文霞　陈　波　周锦桃　罗富银	全省抗击新冠肺炎疫情先进个人	江苏省委、省政府　2020-11
丁　政　王　灿　王　俊　孙亦晖　黄建安	江苏省卫生健康系统新冠肺炎疫情防控工作先进个人	江苏省人力资源和社会保障厅、江苏省卫健委　2020-03
黄建安　王　俊	江苏"最美医务工作者"	江苏省委宣传部等　2020-03
王珍妮　李　锐　郭　强　王　英	新冠肺炎疫情防控记大功奖励	
陈祖涛　罗二平　钱红英　柏振江　穆传勇　周曙俊　刘　峰　李　蕾　许春阳　邹君俊　陈　龙　张　勇　葛学顺　赵旭明　施晓松　赵　志　曾大雄　华　菲　陈庆会　黄丽娟　孙跃辉　闻立新　李　飞	新冠肺炎疫情防控记功奖励	江苏省人力资源和社会保障厅　2020-03

续表

受表彰、奖励的教职工	被授予的荣誉称号与奖励	表彰、奖励的单位与时间
王秋艳　吉　祥　刘苏卿 陈　辉　秦　颖　钱晓东 徐佳丽　徐星怡　赵大国 徐德宇	新冠肺炎疫情防控记功奖励	江苏省人力资源和社会保障厅 2020-06
王梦兰　朱文霞　朱利玉 仲　瑜　闫　晓　孙　湘 孙　蔚　苏　楠　张　钰 张晓辉　陈　丽　茅秋霞 袁欣羽　钱晓冬　徐盼盼 章　菲　蔡英辉　缪小浪	新冠肺炎疫情防控嘉奖奖励	江苏省人力资源和社会保障厅 2020-06
王　英　方　晨　张增利 胡　吉　施晓松　钱　斌	关于表彰抗疫一线医务人员的决定（一等功）	中国核工业集团有限公司 2020-04
王　峙　许芳兰　孙亦晖 杜　鸿　陈香凤　周保纯 赵旭明	关于表彰抗疫一线医务人员的决定（二等功）	
邓天星　兰月敏　刘　莹 祁佳丽　孙　谕　李　晖 张　萌　周晓晨　周海燕 周　童　赵顺叶　秦　艳 韩　信　程永志　镇晶晶	关于表彰抗疫一线医务人员的决定（三等功）	
毛自若　艾红珍　石小燕 田凤美　朱建军　刘励军 许　亮　孙　沁　连一新 张明霞　张俊红　陆　军 陈　锐　武　妍　范国华 金博焕　施敏骅　顾琴燕 徐　博　高莉敏　谭凤玲 谭丽萍	关于表彰抗疫一线医务人员的决定（嘉奖人员）	
史进方	新疆抗疫攻坚先进个人	中共新疆维吾尔自治区委员会 2020-06

关于表扬我校在新冠肺炎疫情防控工作中表现突出的个人和集体(第一批)的通报

苏大委〔2020〕18号

一、予以通报表扬的个人(262人)

苏州大学附属第一医院(51人)

王 旭	王 灿	王秋艳	王 俊	王 艳	王 捷	王梦兰
付建红	吉 祥	朱文霞	朱利玉	仲 瑜	华 菲	刘苏卿
闫 晓	孙 湘	孙 蔚	苏 楠	杜官军	李 锐	吴笑敏
张玉坤	张建林	张晓辉	张 钰	陆英杰	陈 成	陈 丽
陈 青	陈祖涛	陈 辉	茅秋霞	罗二平	赵大国	赵 志
秦 颖	袁欣羽	钱红英	钱晓东	钱晓冬	徐佳丽	徐盼盼
徐星怡	徐德宇	郭 强	黄建安	章 菲	曾大雄	蔡英辉
缪小浪	穆传勇					

苏州大学附属第二医院(25人)

王 英	王 峙	毛自若	方 晨	邓天星	兰月敏	刘 莹
祁佳丽	许芳兰	孙亦晖	孙 沁	李 晖	张 萌	金博焕
周保纯	周晓晨	周海燕	周 童	赵旭明	赵顺叶	施晓松
秦 艳	钱 斌	韩 信	镇晶晶			

苏州大学附属儿童医院(12人)

| 朱安秀 | 朱碧琳 | 张新星 | 陈庆会 | 赵 韦 | 柏振江 | 徐宾新 |
| 郭宏卿 | 崔尚卿 | 韩 珺 | 虞 景 | 缪林忠 | | | |

苏州大学附属第三医院(14人)

| 万亚媛 | 王德生 | 冯 赟 | 庄晓冰 | 刘 峰 | 闫延赞 | 李雪梅 |
| 李静波 | 吴 佳 | 陆素英 | 陈 叶 | 周曙俊 | 赵成林 | 臧雪锋 |

苏州大学附属张家港医院(26人)

丁 政	王冬娇	王 烨	王 稳	卢慕菊	朱盼盼	朱晓沁
刘 江	李 蕾	何丽慧	沈 龙	张 黎	邵菊香	赵邱霞
赵 奚	夏彩芬	顾 轶	顾海虹	钱 芸	钱 琪	徐春明
黄丽娟	黄侠侠	黄 玲	谢 宇	戴 轶		

苏州大学附属常熟医院（15人）
  王珍妮 王 瑶 叶风华 刘 璇 许春阳 吴 娇 邹君俊
  张国怡 陆沈栋 顾丽丹 陶艺凡 曹男兰 曹梦漪 蒋梦佳
  缪 洁

苏州大学附属太仓医院（23人）
  刘仁红 刘 婷 李 锋 李 慧 杨贤君 闵文珺 张 琴
  陆 清 陈 龙 陈 阳 陈凯伦 陈 圆 陈 琳 季 怡
  周锦桃 周 赟 贺龙云 顾丽艳 顾晓雯 钱 平 高珍珍
  曹 航 韩丽娟

苏州大学附属高邮医院（19人）
  王亚琪 王怀成 王 娟 圣 奎 师 刚 吕宝林 朱 玲
  许 颖 孙跃辉 张亚洲 陆兆双 邵佳亮 竺婷婷 居 超
  钱 莉 葛学顺 董 露 嵇 静 曾永清

苏州大学附属常州肿瘤医院（7人）
  王 涛 王 蕾 李 飞 杨燕初 张 勇 闻立新 袁 涛

苏州大学附属青海省人民医院（19人）
  王梅英 石青军 冯金花 刘佳微 祁晓静 孙晓林 孙 斌
  李小娟 李霞媛 沈美英 张 方 张 蕊 武龙凤 罗明琴
  贾桂彬 候学智 常 江 覃桥会 霍世芳

苏州大学附属呼伦贝尔医院（2人）
  孙家润 陈 思

校长办公室（4人）
  杨 炯 吴 鹏 张志平 张 璐

党委宣传部（5人）
  尹 喆 石 勇 杨舒婷 张东润 姚 臻

人力资源处（2人）
  朱巧明 崔子璐

财务处（1人）
  黄嘉成

教务部（3人）
　　许　凯　　李　慧　　周　毅

学生工作部（处）（3人）
　　孙庆民　　杨　燕　　徐海洋

研究生院（3人）
　　和天旭　　赵一强　　曹　健

党委研究生工作部（1人）
　　吴雪梅

继续教育处（1人）
　　缪世林

国际合作交流处（3人）
　　朱履骅　　张若依　　张　桥

保卫部（处）（5人）
　　王瑞成　　问泽民　　李达昌　　吴建中　　黄水林

后勤管理处（4人）
　　王云杰　　王斯亮　　顾建忠　　蒋　峰

医院管理处（1人）
　　蒋　敬

校医院（4人）
　　石翠翠　　朱　旻　　张秀花　　张莉华

外国语学院（3人）
　　王　鼎　　朱苏静　　沈　晨

材料与化学化工学部（2人）
　　孟凤华　　钟志远

机电工程学院（1人）
　　耿长兴

沙钢钢铁学院（1人）
　　长海博文

海外教育学院（1人）
　　夏　骏

信息化建设与管理中心（1人）
　　张　庆

二、予以通报表扬的集体（27个）

　　苏州大学附属第一医院
　　苏州大学附属第二医院
　　苏州大学附属儿童医院
　　苏州大学附属传染病医院
　　苏州大学附属第三医院
　　苏州大学附属张家港医院
　　苏州大学附属常熟医院
　　苏州大学附属太仓医院
　　苏州大学附属高邮医院
　　苏州大学附属常州肿瘤医院
　　苏州大学附属青海省人民医院
　　苏州大学附属呼伦贝尔医院
　　党委宣传部
　　发展委员会办公室
　　教务部
　　学生工作部（处）
　　大学生心理健康教育研究中心
　　研究生院
　　党委研究生工作部
　　继续教育处
　　国际合作交流处
　　港澳台办公室
　　保卫部（处）
　　后勤管理处
　　医院管理处
　　校医院
　　外国语学院师生志愿者医疗翻译团队

关于表扬我校在新冠肺炎疫情防控工作中表现突出的个人和集体（第二批）的通报

苏大委〔2020〕20号

一、予以通报表扬的个人（410人）

（一）教职员工（245人）

苏州大学附属第一医院（31人）

王　杨	王希明	甘建和	冯婷婷	朱晔涵	刘永浩	江敏华
李勇刚	杨　玲	杨新静	陈友国	陈延斌	陈　军	陈国林
陈　南	季　成	金　钧	赵卫峰	胡春洪	将军红	秦爱兰
凌春华	高建瓴	黄小平	黄　坚	黄瑾瑜	黄　燕	雷　伟
衡　伟	戴颖钰	戴　慧				

苏州大学附属第二医院（14人）

艾红珍	古小松	田凤美	许　亮	孙兴伟	杜紫燕	张俊红
张　颖	武　妍	胡　吉	徐　博	高莉敏	程　丰	谭丽萍

苏州大学附属儿童医院（10人）

田健美	成芳芳	朱　敏	汤光明	李建琴	肖玉婷	汪　健
金雪梅	盛　茂	缪　珀				

苏州大学附属第三医院（5人）

王大明	史伟峰	朱立胜	刘　宁	狄　佳

苏州大学附属太仓医院（5人）

孙昇锋	张美芳	张　瑜	浦永兰	滕　燕

苏州大学附属广济医院（3人）

杜向东	李传威	陆心传

苏州大学附属传染病医院（84人）

丁　剑	丁善文	王　芳	王　倩	王银铃	王　琰	卞傲傲
邓艳雁	代　丽	毕霞红	朱月萍	朱　菱	任　荣	华彦珺
刘义安	刘　韧	刘　佳	刘荣荣	刘美琴	刘晓琳	汤　伟

孙玲珍	李旭敏	李苏梅	李国勇	李　明	杨玉婷	杨　婕
时翠林	闵春燕	汪琦姿	沈兴华	张　柳	张梦婕	陆梦嘉
陆　静	陈红光	陈　英	陈思敏	陈　敏	陈新年	金灵莉
金美华	金　洁	周婷婷	周　腾	周　蜜	庞旖颖	赵　静
荀　磊	胡蓉蓉	钮武平	侯立军	俞佳燕	贺文超	袁　嘉
顾斌斌	柴晓哲	柴毅翔	钱惠军	徐　月	徐　璐	徐檬丹
殷幼林	凌　寅	唐佩军	唐雍艳	陶志强	黄　昀	黄鑫玥
曹巧玲	曹艳梅	曹慧茹	屠乘风	蒋　丹	蒋海英	韩　珊
曾令武	谢　媛	虞　忻	薛　峰	戴　婷	魏　青	濮东杰

苏州大学附属无锡九院（3人）
　　丁　可　　张　钰　　周全斌

党委办公室（3人）
　　卜谦祥　　林焰清　　袁　楠

校长办公室（3人）
　　王　伟　　陈　希　　蔡燊冬

督查办公室（2人）
　　王　静　　李　睿

党委宣传部（1人）
　　孙　磊

新闻中心（2人）
　　丁　姗　　辛　慧

发展委员会办公室（4人）
　　张海洋　　胡新华　　段文文　　褚　玮

人力资源处（2人）
　　吴　奇　　张　骏

教务部（3人）
　　陆　丽　　周　荃　　喻翔玮

科学技术研究部（4人）
　　田　天　　刘开强　　刘海燕　　席　建

继续教育处（2人）
　　丁珏旻　　李洪勋

后勤管理处（5人）
　　朱剑峰　　任凤然　　庄建英　　沈金昊　　陈正明

校医院（3人）
　　丁小玲　　张翌阳　　张　需

文学院（2人）
　　胡　萱　　陶家骏

社会学院（2人）
　　李　玲　　顾颖莹

马克思主义学院（5人）
　　刘媛媛　　刘慧婷　　金　鑫　　曹观法　　蒋　慧

王健法学院（1人）
　　程雪阳

金螳螂建筑学院（1人）
　　成　龙

光电科学与工程学院（1人）
　　姚亦洁

电子信息学院（3人）
　　李　莹　　陆鸿飞　　郁连国

机电工程学院（2人）
　　李知瑶　　顾正磊

轨道交通学院（1人）
　　成　明

沙钢钢铁学院（3人）
　　郁佳莉　　蔡晓旭　　管　淼

音乐学院（4人）
　　于存洋　　马晓钰　　孔志轩　　吴海娣

医学部（1人）
　　黄　静

生物医学研究院（1人）
　　李　艳

文正学院（5人）
　　刁元凯　　邢　超　　祁素萍　　冷　飞　　张毅驰

东吴饭店（20人）
　　王燕萍　　卞　兰　　朱　伟　　许起忠　　孙宏珍　　孙振豪　　孙　瑶
　　李　明　　李　瑛　　肖东升　　时光明　　邱绍芳　　张荣华　　陈中华
　　郁开渊　　徐建雄　　高　瑛　　陶艳萍　　程　洁　　薛　华

苏州中核华东辐照有限公司（4人）
　　王贵超　　张卫刚　　姚顾华　　顾　俊

（二）学生（165人）

文学院（7人）
　　丁晓双　　王　可　　王翊文　　陈　蓉　　季新悦　　钱湘蓉　　徐成煜

传媒学院（11人）
　　王　熠　　史梦蕾　　巫婷婷　　李怡晓　　李艳艳　　沈晨跃　　周俊崧
　　郝　婕　　凌加胜　　陶　然　　温　欣

社会学院（17人）
　　史晨雨　　吕雪姣　　华雨辰　　孙淑婷　　李兰心　　李　乾　　李梦柯
　　张羽彤　　张海东　　郑　杰　　闻心怡　　郭应宇　　唐子婷　　唐金文
　　黄昀天　　韩　婷　　雷悦橙

政治与公共管理学院（20人）
　　丁香予　　丁叙文　　卜鹏程　　白泰萌　　仲思润　　沈　晓　　张佳敏

陆润良　范　围　胡　翔　俞　亮　施洁心　施　晶　秦子茜
高　强　郭新宇　唐从政　童靖壹　薛星辰　瞿彩平

马克思主义学院（4人）
　　王　欢　林心杰　龚明星　翟懋慧

东吴商学院（财经学院）（2人）
　　郭怡宁　黄锦程

王健法学院（1人）
　　陈　聪

数学科学学院（20人）
　　于雨航　王艺皓　王蔚杰　方佳怡　孔德溯　史建伟　李新凯
　　杨凌旭　吴萃艳　沈繁星　张天阳　张　睿　陆彦辰　陈　扬
　　陈佳琳　陈思蓉　凌牧天　梅泽恺　曹正宇　焦朵朵

物理科学与技术学院（3人）
　　芦　政　杜思南　梁国庆

光电科学与工程学院（8人）
　　王卓然　刘红涛　孙金龙　姜紫翔　倪慧琳　徐子涵　郭丽红
　　黄水娟

计算机科学与技术学院（12人）
　　万　蓉　王沛月　孔维琦　史童月　吕双伶　苏肇辰　吴天赐
　　吴以宁　季圣祥　夏雨晨　夏　鹏　徐昊哲

电子信息学院（21人）
　　王　猛　包立辰　朱立宇　仲　洋　刘子豪　刘仁雨　刘　佳
　　杨朝晖　吴亮鹏　吴　倩　沙炎平　张炜奇　张瀚豪　陈雪梅
　　陈慧鑫　周子健　周　钰　郑乐松　赵思雨　倪珅晟　鲍登森

机电工程学院（7人）
　　丁　宁　李　昊　李　怡　陈锦涛　黄升睿　戚一舟　路　锐

沙钢钢铁学院（1人）
　　林泽锟

轨道交通学院（4人）
　　张轩瑜　　陈柏彰　　袁钊　　潘旭

艺术学院（3人）
　　王燕　　罗安琪　　贾悦林

医学部（6人）
　　沈皓月　　荆雨　　顾元元　　徐佳辉　　程克斌　　谢弘

医学部第一临床学院（6人）
　　万跃　　周锋　　郑江南　　施宇佳　　姜小敢　　徐宪韬

医学部第二临床学院（4人）
　　孙兵　　郁昊达　　徐磊　　黄玉民

唐仲英医学研究院（1人）
　　丁慧

敬文书院（5人）
　　包立辰　　刘亦城　　李想　　吴紫涵　　殷叶伟康

唐文治书院（2人）
　　王子铭　　梁一

二、予以通报表扬的集体（30个）

苏州大学附属第一医院感染病科
苏州大学附属第一医院重症医学科
苏州大学附属第一医院呼吸与危重症医学科
苏州大学附属第一医院大内科
苏州大学附属第一医院放射科
苏州大学附属第一医院医务部
苏州大学附属第一医院护理部
苏州大学附属第一医院门急诊部
苏州大学附属第二医院隔离病区
苏州大学附属第二医院发热门诊
苏州大学附属第二医院呼吸科
苏州大学附属第二医院急诊科

苏州大学附属第二医院医务部
苏州大学附属第二医院感染管理处
苏州大学附属儿童医院园区总院发热门诊
苏州大学附属儿童医院景德路院区发热门诊
苏州大学附属儿童医院景德路院区急诊病房
苏州大学附属传染病医院重症医学科
苏州大学附属无锡九院
传媒学院团委
政治与公共管理学院青鸟志愿服务团
马克思主义学院研究生党支部
医学部实验动物中心
金融工程研究中心大数据理论与应用团队
电子信息学院团委
苏州大学爱心援鄂助学团
机电工程学院学生联合会
苏州大学研究生支教团
东吴饭店莘园客房部
东吴饭店党支部党员抗新冠病毒志愿者服务队

关于表扬我校在新冠肺炎疫情防控工作中表现突出的个人和集体（第三批）的通报

苏大委〔2020〕35号

一、予以通报表扬的个人（369人）

（一）教职员工（339人）

苏州大学附属第一医院（85人）

于荣俊	王月菊	王丹丹	王国海	王佳佳	王艳	王珣
王海芳	王海鹏	王雪元	方玉萍	石冰玉	卢慧娟	史冬涛
朱文忆	朱建国	朱晓黎	任田	刘明星	刘济生	刘铮
江梦	许华宇	严冠敏	李小平	李小勤	李洁	肖坤庭
吴天燕	吴玉芳	吴洪涛	吴惠春	邱浣敏	邱骏	邱瑾
沈旦	沈续瑞	宋恺	张茵英	张海洲	张晶晶	陆云芬
陈东芹	陈庆梅	陈克俭	陈凯	陈玲	陈罡	陈雪军
陈铭聿	范嵘	金美娟	金梦妮	周明元	周群	赵瑶
胡婷婷	俞喆珺	施从先	施耀方	姜惠芬	秦帆	顾洁

钱秀芬	钱雪峰	徐月林	徐 岚	徐 洁	徐 颖	殷琼花
栾富娟	唐兆芳	陶玲玲	龚 伟	常 新	眭文洁	蒋小明
韩如慧	韩焕菊	韩燕霞	童本沁	蔡冬明	蔡建政	蔡 楠
魏玉辉

苏州大学附属第二医院（42人）

丁启峰	王玥潼	王 洁	王 静	仇志清	包 闽	朱建军
朱艳清	朱倩兰	刘文群	刘励军	孙 谕	孙 超	芮 峰
杜 鸿	杨 莉	连一新	邱菁华	邹灿灿	沈兰兰	沈 晔
宋小妹	张玉松	张明霞	张增利	陆 军	陈香凤	陈海南
陈 辉	周旭平	郑 芹	孟凡红	柏瑞华	施敏骅	姜子峰
贾 亮	顾海波	梅 嘉	程永志	詹周兵	潘旭玲	薛雷喜

苏州大学附属儿童医院（12人）

| 万园园 | 王晓东 | 卢祖元 | 孙伊娜 | 严向明 | 沈芸妍 | 张志勤 |
| 张 钰 | 赵亚妮 | 姚文英 | 顾文婧 | 靳丹丹 |

苏州大学附属呼伦贝尔医院（29人）

丁建伟	于敏佳	马艳超	王洪刚	王桂杰	王晓平	王慧云
巴特尔	吕金艳	朱玉洁	刘文霞	刘 瑞	孙海滨	杜彦李
吴学敏	张志芬	张育娟	张 艳	张颖琪	邵志伟	夏旭峰
徐桂峰	郭 平	郭 超	唐玉华	崔志良	矫 傲	潘泽民
魏荣鑫

苏州大学附属青海省人民医院（15人）

| 王 凯 | 王顺彩 | 元 春 | 多 杰 | 刘守红 | 齐亚丽 | 李月美 |
| 杨 敏 | 妥亚军 | 张 强 | 赵生秀 | 赵 华 | 赵 花 | 顾玉海 |
| 程文栋 |

校长办公室（1人）

郭明凯

法律事务办公室（1人）

沈 玮

党委组织部（4人）

刘 慧　　吴常歌　　何 菊　　黄 河

发展委员会办公室（3人）
　　刘子静　　程　彦　　管文文

人力资源处（3人）
　　尹　奎　　何德超　　徐　飞

党委教师工作部（1人）
　　何　雯

财务处（7人）
　　王一乐　　朱　彦　　孙琪华　　李　洋　　杨　杰　　姚永明　　姚红美

招生就业处（4人）
　　丁佐江　　张　芸　　张维延　　靳　葛

学生工作部（处）（1人）
　　陈　平

大学生心理健康教育研究中心（2人）
　　王　平　　王　清

研究生院（7人）
　　王杰祥　　卢　玮　　刘　京　　杨　牧　　张进平　　胡　玮　　曹光龙

人文社会科学处（4人）
　　尹　飞　　吴新星　　张婷婷　　郭才正

继续教育处（2人）
　　李　琳　　查盈章

保卫部（处）（6人）
　　王　健　　刘　凤　　陈晓刚　　周伟虎　　周法超　　徐　荣

后勤管理处（8人）
　　王明明　　仇玉山　　李小俊　　李祖胜　　陈　刚　　徐　华　　唐中斌
　　潘小农

校医院（6人）
　　孙小华　　何炜杰　　张丹红　　张艳丽　　周　倩　　郭　丽

传媒学院（6人）
　　王雁冰　　朱　飞　　花　雨　　谷　鹏　　陈　一　　黄艳凤

政治与公共管理学院（6人）
　　卢荣辉　　李红霞　　张凯丽　　张　晨　　尚贵华　　薛佳佳

教育学院（6人）
　　刘电芝　　吴继霞　　张旻蕊　　陈贝贝　　金利妍　　黄辛隐

东吴商学院（财经学院）（5人）
　　汤云佩　　季存森　　胡　勇　　董　娜　　程　萍

王健法学院（7人）
　　支劲松　　肖丽娟　　张焕然　　胡育新　　胡　洋　　郭凤云　　曹　妍

物理科学与技术学院（9人）
　　王迎春　　方　亮　　叶　超　　苏晓东　　杨俊义　　吴　亮　　辛　煜
　　单杨杰　　郭永坤

光电科学与工程学院（3人）
　　王　园　　孙树燕　　陈宇恒

能源学院（3人）
　　王晓东　　孙　放　　严若今

纳米科学技术学院/功能纳米与软物质研究院（12人）
　　Anthony Little　　Dawn Buckley　　刘　阳　　孙宝全　　李有勇　　杨　娟
　　吴海华　　　　钟　俊　　　　徐建龙　　唐建新　　蔡梦婷　　魏　健

计算机科学与技术学院（2人）
　　卢维亮　　俞莉莹

纺织与服装工程学院（10人）
　　于金超　　朱俊芳　　许　逊　　孙晓旭　　吴菲菲　　季彦斐　　郑　敏
　　徐回祥　　蒋闰蕾　　魏　凯

轨道交通学院（5人）
  朱鑫峰 刘仕晨 顾雁飞 钱成一 梁　畅

体育学院（4人）
  丁海峰 史得丽 杨　雪 商　仪

艺术学院（5人）
  宋　敏 张慧子 陈　刚 赵智峰 虞　岚

师范学院（1人）
  张佳伟

唐仲英医学研究院（1人）
  高峰青

博物馆（1人）
  尹慧敬

采购与招投标管理中心（2人）
  张仰齐 张　洁

艺术教育中心（1人）
  陈　晶

苏州大学出版社有限公司（7人）
  牛涵波 刘一霖 孙茂民 张　凝 顾　清 盛惠良 谢珂珂

（二）学生（30人）
教育学院（3人）
  叶芷彤 西尔艾力·库尔班艾力 彭佳贝

东吴商学院（财经学院）（1人）
  王　怡

王健法学院（2人）
  陈　怡 赵晶洁

能源学院（2人）
　　王晓毅　　乔昕淼

纳米科学技术学院/功能纳米与软物质研究院（5人）
　　王　博　　邓惠莹　　杨　帆　　高　恒　　雷　浩

沙钢钢铁学院（1人）
　　曾庆财

纺织与服装工程学院（4人）
　　卡那斯·巴合提克力德　　张子怡　　张　颖　　孟靖达

体育学院（4人）
　　朱康杰　　孙佳奇　　沈　俊　　章昀昊

医学部公共卫生学院（3人）
　　刘珈显　　李梦莹　　陆英杰

医学部药学院（1人）
　　周静雅

医学部第一临床学院（3人）
　　李丕宝　　蒋文娟　　穆根华

医学部第二临床学院（1人）
　　涂文辉

二、予以通报表扬的集体（39个）

　　苏州大学附属第一医院医学工程处
　　苏州大学附属第一医院后勤服务中心
　　苏州大学附属第一医院保卫处
　　苏州大学附属第一医院工会
　　苏州大学附属第一医院信息处
　　苏州大学附属第二医院护理部
　　苏州大学附属儿童医院园区总院预检分诊处
　　苏州大学附属儿童医院景德路院区预检分诊处
　　苏州大学附属儿童医院第三党总支

苏州大学附属儿童医院第六党总支一支部
苏州大学附属呼伦贝尔医院支援满洲里市抗击"2019-nCoV"医疗队
苏州大学附属呼伦贝尔医院新型冠状病毒感染救治中心救治组
苏州大学附属呼伦贝尔医院发热门诊
苏州大学附属呼伦贝尔医院门诊办
苏州大学附属呼伦贝尔医院急诊科
苏州大学附属呼伦贝尔医院护理部
苏州大学附属呼伦贝尔医院总务科
苏州大学附属青海省人民医院呼吸与危重症医学科
苏州大学附属青海省人民医院护理团队
苏州大学附属青海省人民医院院感科
苏州大学青年志愿者协会
苏州大学团委青年传媒中心
财务处
招生就业处
苏州大学东吴智库
继续教育学院专业技术与职业技能培训中心
教育学院心理学系教师党支部
教育学院大学生社区防疫志愿服务团
东吴商学院 MBA 联合会
东吴商学院退休党支部
王健法学院本科生第二党支部
纳米科学技术学院教工第一党支部
纳米科学技术学院本科生 2019 级团支部
轨道交通学院通信控制学生党支部
体育学院团委
医学部护理学院校园抗疫科普同伴支持护理团队
采购与招投标管理中心
出版社有限公司
苏州中核华东辐照有限公司党支部

苏州大学2019—2020学年各学院（部）获捐赠奖学金情况（表9）

表9 苏州大学2019—2020学年各学院（部）获捐赠奖学金情况一览表

序号	学院（部）	捐赠奖学金金额/元
1	文学院	10 000
2	传媒学院	5 000
3	社会学院	4 000
4	政治与公共管理学院	14 000
5	教育学院	10 000
6	东吴商学院（财经学院）	200 600
7	王健法学院	16 200
8	外国语学院	89 800
9	金螳螂建筑学院	19 000
10	数学科学学院	8 000
11	物理科学与技术学院	13 000
12	光电科学与工程学院	10 000
13	能源学院	3 000
14	材料与化学化工学部	108 000
15	计算机科学与技术学院	97 000
16	电子信息学院	171 600
17	机电工程学院	33 000
18	纺织与服装工程学院	236 000

续表

序号	学院（部）	捐赠奖学金金额/元
19	轨道交通学院	23 000
20	体育学院	4 000
21	艺术学院	17 000
22	医学部	240 500
23	敬文书院	97 500
24	纳米技术学院	27 500
25	音乐学院	25 000
26	唐文治书院	3 000
27	沙钢钢铁学院	7 000
	合计	1 492 700

重要资料及统计

办 学 规 模

教学单位情况（表10）

表10 教学单位一览表

学院（部）
文学院
传媒学院
社会学院
政治与公共管理学院
马克思主义学院
外国语学院
东吴商学院（财经学院）
王健法学院
教育学院
艺术学院
音乐学院
体育学院
金螳螂建筑学院
数学科学学院
物理科学与技术学院
光电科学与工程学院
能源学院
材料与化学化工学部
纳米科学技术学院

续表

学院（部）	
计算机科学与技术学院	
电子信息学院	
机电工程学院	
沙钢钢铁学院	
纺织与服装工程学院（紫卿书院）	
轨道交通学院	
医学部	基础医学与生物科学学院
	放射医学与防护学院
	公共卫生学院
	药学院
	护理学院
	第一临床学院
	第二临床学院
	儿科临床医学院
	第三临床学院
巴斯德学院	
东吴学院	
师范学院	
敬文书院	
唐文治书院	
工程训练中心	
艺术教育中心	
海外教育学院	
继续教育学院	
文正学院	
应用技术学院	
老挝苏州大学	

成教医学教学点情况（表11）

表11 成教医学教学点一览表

教学点名称	招收专业
宜兴卫生职工中等专业学校	临床医学
江苏省武进职业教育中心校	护理学、临床医学、医学影像学
常州市金坛区卫生进修学校	护理学
溧阳市卫生培训中心	护理学
太仓市卫生培训与健康促进中心	护理学、医学检验
张家港市健康促进中心	护理学、临床医学、药学
昆山市健康促进中心	护理学
江苏医药职业学院	医学影像学、食品质量与安全
镇江市高等专科学校	护理学
常熟开放大学	护理学、临床医学、药学
江苏省南通卫生高等职业技术学校	护理学、药学

全校各类学生在校人数情况（表12）

表12 全校各类学生在校人数一览表　　　　单位：人

类别		人数
研究生	博士研究生	1 894
研究生	硕士研究生	14 533
全日制本科生		27 810
外国留学生		2 097
成教	函授生	2 295
成教	业余	5 476
成教	脱产	0
合计		54 105

研究生毕业、入学和在校人数情况（表13）

表13 研究生毕业、入学和在校人数一览表　　　　　　　单位：人

	毕业生数	授学位数	招生数	在校研究生数
博士生	338	544	474	1 894
硕士生	4 099	4 525	5 574	14 533
总计	4 437	5 069	6 048	16 427

全日制本科生毕业、入学和在校人数情况（表14）

表14 全日制本科生毕业、入学和在校人数一览表　　　　　　单位：人

	毕业生数	招生数	在校学生数
总计	6 437	6 679	27 810

注：全日制本科毕业生数为实际毕业人数。

成人学历教育学生毕业、在读人数情况（表15）

表15 成人学历教育学生毕业、在读人数一览表　　　　　　单位：人

	在读学生数		毕业生数	
	本科	专科	本科	专科
合计	7 771	0	3 710	0

注：此表中成人学历教育学生数未包括自学考试学生数。

2020年各类外国留学生人数情况（表16）

表16　2020年各类外国留学生人数情况一览表

总人数/人	男/人	女/人	国家、地区数/个	高级进修生/人	普通进修生/人	本科生/人	硕士研究生/人	博士研究生/人	短期生/人
2 097	954	1 143	86	2	22	546	133	111	1 307

2020年中国港澳台地区各类学生人数情况（表17）

表17　2020年港澳台地区各类学生人数情况

总人数/人	男/人	女/人	地区数/个	交换生/人	本科生/人	硕士研究生/人	博士研究生/人
164	98	66	3	1	100	23	40

全日制各类在校学生的比率情况（表18）

表18　全日制各类在校学生的比率

类别	合计/人	占学生总数的比例/%
研究生	16 427	35.45
本科生	27 810	60.02
外国留学生	2 097	4.53
总计	46 334	100

注：总计中不含成人教育学生。

2020 年毕业的研究生、本科（含成人学历教育、结业）生名单

2020 年毕业的学术型博士研究生名单

文学院

文艺学（2人）
　　李甫洛娃　王海峰

中国古代文学（7人）
　　殷虹刚　　王惠梅　　陶友珍　　李　静　　袁　鳞　　杨　霖　　黄金龙

中国现当代文学（1人）
　　沈　杰

比较文学与世界文学（2人）
　　王晓伟　　范小青

通俗文学与大众文化（1人）
　　杨晓林

传媒学院

媒介与文化产业（2人）
　　吴卫华　　杜丹

社会学院

中国史（5人）
　　刘瑞红　　王铁男　　周　辰　　夏　雪　　杨　文

政治与公共管理学院

马克思主义哲学（3人）
　　傅　歆　　张丽霞　　赵光义

中国哲学（1人）
　　温祥国

伦理学（1人）
　　刘大伟

管理哲学（1人）
　　祁文博

政治学理论（3人）
　　吴新星　　刘椰斐　　严　晶

国际政治（1人）
　　刘　敏

地方政府与社会管理（3人）
　　马　薇　　张婵娟　　张洋阳

马克思主义学院

马克思主义基本原理（2人）
　　丁新改　　徐雪闪

思想政治教育（2人）
　　卓成霞　　李佳娟

外国语学院

英语语言文学（3人）
　　陈　隽　　王丽霞　　钟　瑛

俄语语言文学（1人）
　　万真宜

外国语言学及应用语言学（1人）
　　李玲玲

东吴商学院（财经学院）

区域经济学（1人）
　　何育静

财政学（1人）
　　黄丹荔

金融学（2人）
　　张　峰　　顾嵩楠

企业管理（4人）
　　瞿　淦　　商燕劼　　戴　云　　林明灯

王健法学院

法学理论（2人）
　　余行飞　　李　青

刑法学（5人）
　　江金满　　尹文平　　韩　冰　　徐翕明　　李文吉

环境与资源保护法学（1人）
　　楚　晨

国际法学（1人）
　　凌　晔

教育学院

高等教育学（11人）
　　史新广　　徐爱兵　　赵　中　　焦晓骏　　夏之晨　　汪　敏　　瞿锦秀
　　赵　凡　　刘晓宁　　闫丽霞　　王佩佩

艺术学院

设计学（3人）
　　徐世平　　王蕴锦　　许甲子

体育学院

体育学（5人）
　　金　安　　秦琦峰　　雷园园　　张　强　　付　冰

数学科学学院

基础数学（7人）
　　雷　达　　刘春连　　杨朝军　　刘仕田　　吴　莉　　丁　洁　　孙杨剑

计算数学（1人）
　　骆佳琦

应用数学（2人）
　　臧运涛　　刘　宇

物理科学与技术学院

等离子体物理（3人）
　　崔美丽　　李　威　　杨佳奇

凝聚态物理（3人）
　　孔凡军　　戴烨斌　　陆金成

光学（5人）
　　熊　展　　曾　军　　徐　涛　　刘晨凯　　曹燕燕

软凝聚态物理（3人）
　　夏益祺　　卢雪梅　　杜思南

光电科学与工程学院

光学工程（3人）
　　朱嘉诚　　周忠源　　彭啸峰

能源学院

新能源科学与工程（13人）
　　赵　亮　　江小蔚　　陈　源　　王　宇　　余良浩　　胡忠利　　李世玉
　　郑祥俊　　韩东蔚　　杨齐凤　　连跃彬　　朱俊桐　　熊力堃

材料与化学化工学部

无机化学（9人）
　　崔燕峰　　罗　稳　　李国辉　　刘春玉　　薛超壮　　郭　斌　　张向成
　　皮业灿　　王鹏棠

分析化学（1人）
　　岳仁叶

有机化学（8人）
　　张国玉　　屈礼叶　　常克俭　　孙兵兵　　王航航　　余佳佳　　徐　佩
　　李　鉴

物理化学（4人）
　　葛　明　　袁春晨　　王丹丹　　吴　庄

高分子化学与物理（14人）
　　殷　露　　许桂英　　李志凯　　李佳佳　　田　春　　李立山　　郭　冰
　　薛荣明　　潘　霁　　郭　青　　孙丽娟　　渠阳翠　　薛　辉　　顾　艳

材料学（2人）
　　郭晓稚　　丁振杰

应用化学（9人）
　　庄　严　　钱文虎　　曹天天　　曹宇锋　　蔡亚辉　　曲家福　　成雪峰
　　王灿灿　　尚　超

功能纳米与软物质研究院

物理学（3人）
  胡　云　　苑　帅　　张燕南

化学（8人）
  蔺晓玲　　夏雨健　　王亚坤　　晏　晶　　储彬彬　　周赟杰　　巢　宇
  徐　骏

材料科学与工程（15人）
  王金文　　毛　杰　　冯　凯　　李　海　　彭美文　　潘斌斌　　李旭东
  孙　悦　　冯　坤　　景　旭　　杨　迪　　董自亮　　邹亚涛　　胡慧成
  黄晨超

计算机科学与技术学院

计算机科学与技术（4人）
  李麟青　　蒋建武　　黄金晶　　张　栋

软件工程（1人）
  赵　艳

电子信息学院

信号与信息处理（7人）
  王晓玲　　潘玲佼　　卜　峰　　俞　凯　　樊　波　　赵　伟　　容毅标

机电工程学院

智能机器人技术（3人）
  顾晓辉　　许　辉　　卞雄恒

纺织与服装工程学院

纺织工程（6人）
  刘佳佳　　瞿　静　　刘　健　　朱天雪　　王永峰　　丁召召

纺织材料与纺织品设计（1人）
　　田　丹

纺织化学与染整工程（4人）
　　侯学妮　曹红梅　周青青　刘　慧

轨道交通学院
智能交通科学与技术（1人）
　　张　瑾

金融工程研究中心
金融工程（2人）
　　马建静　王希舜

医学部
人体解剖与组织胚胎学（1人）
　　巫荣华

免疫学（7人）
　　詹升华　许　静　杨　敏　郑　晓　刘　娟　肖伟玲　李小雷

病理学与病理生理学（2人）
　　房建凯　庞宁波

法医学（1人）
　　郑汉城

医学细胞与分子生物学（3人）
　　张　陶　杨彦军　李华善

医学部基础医学与生物科学学院
医学系统生物学（1人）
　　石满红

特种经济动物饲养（1人）
　　任胜杰

免疫学（1人）
　　沈　健

病原生物学（1人）
　　杨斯迪

病理学与病理生理学（1人）
　　倪亨吏

法医学（2人）
　　左媛宜　　高　诚

医学神经生物学（2人）
　　周　菊　　余书敏

医学细胞与分子生物学（5人）
　　裴超俊　　邱剑丰　　童　新　　王永峰　　吴思奇

药理学（1人）
　　梁　子

医学部放射医学与防护学院

应用化学（1人）
　　桂大祥

放射医学（6人）
　　毛卫东　　董百强　　曹津铭　　王婷婷　　张钰烁　　赵　梦

特种医学（2人）
　　李保玉　　张连学

医学部公共卫生学院

流行病与卫生统计学（2人）
　　朱正保　　郭道遐

营养与食品卫生学（2人）
　　胡志勇　　张　峥

医学部药学院

药物化学（3人）
　　蔺　宇　　王　旭　　周　舟

药剂学（2人）
　　翟艳华　　王　燕

药物分析学（2人）
　　易　琳　　周丹丹

微生物与生化药学（1人）
　　马燕军

药理学（5人）
　　胡展红　　王庆琳　　徐宇嘉　　王　峰　　王明梅

医学部护理学院

护理学（2人）
　　林　璐　　王　濯

唐仲英血液学研究中心

免疫学（2人）
　　翟晓晨　　伍超凡

医学细胞与分子生物学（5人）
　　陈凤梧　　赵　喆　　朱　芳　　贺美玲　　张　策

神经科学研究所

医学神经生物学（2人）
冯雨　王彬

生物医学研究院

免疫学（8人）
董潇　秦安东　杨飞　代通　梁力文　蒋晓婉　左宜波
孙天乐

苏州大学附属第一医院

内科学（14人）
陈晓晨　赵晔　付建红　栾富娟　陈丽　张磊　文丽君
张秀艳　马延超　杨冰玉　喻艳　许小宇　盛广影　杜雯雯

影像医学与核医学（2人）
李炜　胡波

外科学（12人）
陈一欢　兰晶　田一星　顾晓晖　车艳军　黄子威　郗焜
易晨龙　李学涛　杜健　张荣远　具晟

眼科学（2人）
殷雪　张冰钰

麻醉学（4人）
高建瓴　陈军　金鑫　彭科

围产医学与胎儿学（2人）
李凌君　冯雪芹

苏州大学附属第二医院

内科学（1人）
凌华毓

神经病学（1人）
　　顾　超

外科学（6人）
　　赵　奎　　吴加东　　徐小慧　　袁　晔　　白进玉　　洪　磊

肿瘤学（1人）
　　张军军

苏州大学附属儿童医院

儿科学（1人）
　　朱自强

苏州大学附属第三医院

外科学（2人）
　　姚宏伟　　韩　勖

海外教育学院

药剂学（1人）
　　KHAN NAVEED ULLAH

纺织工程（7人）
　　MASSELLA DANIELE
　　SIRILERTSUWAN PETCHPRAKAI
　　IYER SWETA
　　JAIN SHEENAM
　　JAVADI TOGHCHI MARZIEH
　　ABATE MOLLA TADESSE
　　ABTEW MULAT ALUBEL

2020年毕业的学术型硕士研究生名单

文学院

美学（3人）
　　李天莹　刘丹华　齐成建

课程与教学论（2人）
　　葛丹迪　张　敏

中国语言文学（21人）
　　黄　达　徐文静　周梦云　何韵楠　沈珏媛　刘召禄　刘思彤
　　罗　杰　朱怡婷　王珥靓　阚沁园　温　静　熊思曼　陈　戈
　　熊　倩　吴莹洁　王东辉　韩媛媛　乐　平　裴靖文　贾愫娟

中国现当代文学（7人）
　　刘　梅　李喜玲　解书琪　冯晨露　尉　倩　徐浩乾　韩淑萍

中国语言文学（中国现当代文学）（1人）
　　严佳炜

中国语言文学（中国古代文学）（2人）
　　闫荣娜　高艺文

中国古代文学（12人）
　　李奕扬　董颖洁　郭　艺　倪　琳　时雪昊　唐燕珍　奚　倩
　　陆雯洁　孙碧卿　窦淳冉　张鑫佩　袁　媛

传媒学院

新闻传播学（11人）
　　王　冶　潘庆轩　杨明哲　程　瑶　孙　婷　唐家佳　程梦玲
　　钟庆悦　董清源　张子铎　朱子微

戏剧与影视学（9人）
　　何泽谕　吴佳妮　张文韬　李　婷　原雪辉　谷文娇　于娜懿

朱　赫　　端心萍

社会学院

社会学（5人）
　　王昱皓　茅梦佳　马陆叶　袁青青　申珍珍

中国史（13人）
　　梅　洁　朱　红　齐　光　沈　璐　郭子英　武晓珊　施林霞
　　周立文　王　浩　潘蓓蓓　洪家琪　潘　婷　章慧慧

世界史（3人）
　　王　蕊　石洁茹　钱怡婷

旅游管理（5人）
　　惠文云　洪媛琳　王　溪　蔡　元　何美玲

社会保障（2人）
　　朱文龙　徐　倩

图书情报与档案管理（10人）
　　李娟娟　祝云柳　傅辉子　贺亚娟　周烁奇　马志颖　周　洁
　　陈　蕾　王　悦　刘　佩

政治公共管理学院

马克思主义哲学（9人）
　　王新钰　张文斌　王　楠　陈　祎　高　亮　张　乐　赵化雨
　　秦黛新　纪成蓉

外国哲学（1人）
　　刘鸣善

逻辑学（1人）
　　石通政

伦理学（4人）
　　张　凡　孟可欣　张全洁　孙逸君

科学技术哲学（2人）
　　李婷婷　　张文杰

管理哲学（1人）
　　李润筱

政治学（9人）
　　许　政　　周　威　　任佳岚　　郭珊珊　　郎　千　　李　燕　　王　莹
　　陈林林　　赵云云

地方政府与社会管理（2人）
　　帅　凯　　钱超烨

管理科学与工程（4人）
　　史映红　　刘　璐　　钟美玲　　周方舟

行政管理（22人）
　　陈子晔　　鲍忆晨　　胡巧云　　张译心　　王　峥　　许俊仁　　王凯丽
　　宋晓琪　　闫彩霞　　朱　林　　何　珍　　丁叙文　　杨新云　　姬　莉
　　陈　琦　　李晓霞　　曹丽园　　胡　星　　张佳敏　　朱　琳　　任　楠
　　王蒙怡

社会医学与卫生事业管理（6人）
　　朱旭钰　　陈小涵　　赵　岩　　余　峰　　董晨雪　　郑丽丽

马克思主义学院

马克思主义基本原理（6人）
　　王红怡　　杨　娇　　鲍祯涛　　储　萃　　齐晓营　　杨　璠

思想政治教育（5人）
　　章咏芳　　张巩轶　　胡玉珍　　刘婉婉　　夏　慧

外国语学院

英语语言文学（9人）
　　瞿丹波　　金玥成　　田雯雯　　王盈鑫　　谭梦洁　　陈　倩　　章　祎
　　王毓蓉　　伊惠娟

俄语语言文学（5人）
  于晓笛 刘秋彤 孙倩颖 段超群 颜　方

日语语言文学（6人）
  顾佩姗 杨瑞君 霍心然 陈静怡 王卉怡 陈　卫

外国语言学及应用语言学（14人）
  钱晓芙 高含笑 曹　聪 张晓梅 马银欢 郭塞雪 朱晓影
  胡欣雨 王　雨 叶　洁 葛雨洁 韩　昕 王杨慧 那　倩

翻译学（4人）
  荣　蓉 李婉琳 袁　露 郭畅畅

东吴商学院（财经学院）

世界经济（1人）
  卜殿山

应用经济学（24人）
  单　辉 刘天宇 石　佳 景　兰 牟宗昕 刘付韩 王瀚诚
  常雪妮 陈一民 盛笑笑 汪振辰 朱慧敏 胡婧婧 李　红
  毕晓亮 杨金宇 许　慧 李　想 单佳兰 丁　昊 王　巧
  郑　欣 邹力子 孙丽娟

工商管理（21人）
  胡启金 顾梦颖 刘　珠 张艳婷 李玉娟 孙雅南 王　晶
  何紫齐 孙雅倩 季　蒙 姜钧乐 张意如 周剑玲 李玲怡
  王灵丽 邵　蔚 张苏斌 朱　彤 李　园 陈　莹 文　晴

王健法学院

法学理论（6人）
  何　欢 曹维佳 李　娟 何玉凤 唐诗蒙 任中玉

法律史（5人）
  罗园园 陈思彤 张艺恒 赵亚铺 马德婷

宪法学与行政法学（9人）
　　常　健　　薛沈艳　　梁　尧　　吴　敏　　郭　倩　　吴尧程　　余　洋
　　徐　菲　　陆　雪

刑法学（9人）
　　甘珏昇　　李一凡　　喻美玲　　谭　悦　　蔡芸琪　　鲍磊磊　　汪　典
　　王子娜　　于润芝

民商法学（13人）
　　杨　涛　　胡　政　　万润发　　舒雅雅　　叶肖肖　　石　钰　　叶怡君
　　熊良媛　　左一凡　　桂　沁　　张沁芊　　周卓晗　　胡巧璐

诉讼法学（7人）
　　赵　静　　朱　红　　董　劼　　王　琰　　姜兆鸢　　闫　岩　　杜晓桐

经济法学（6人）
　　邢立杰　　吴晓玮　　黄　姿　　王丙玉　　刘肖楚　　张颖祺

环境与资源保护法学（3人）
　　徐瑞云　　甘珏晟　　杨丹丹

国际法学（8人）
　　陆璟怡　　赵司宇　　熊　晨　　郑　颖　　赵永如　　邵沁雨　　李　伟
　　徐　睿

教育学院

教育学（21人）
　　赵炜霖　　胡碧洋　　阚　蓉　　杨　洁　　马　敏　　张　妍　　徐　瑛
　　吕佳丽　　薛黎萍　　屠羽洁　　吕津美　　陈恺琦　　刘　鑫　　丁倩文
　　李兵兵　　杨　娟　　王艺璇　　贺凤霞　　杨小丽　　刘婷婷　　王鲁艺

心理学（22人）
　　李　洋　　何　玥　　蔡文冠　　晏婷婷　　高　旻　　张玲俐　　黄聪慧
　　杜　娟　　刘小源　　何雯欣　　王国轩　　雷　瑜　　刘晓曼　　许　蓉
　　蒋潇潇　　董金华　　杨　岚　　郁林瀚　　陈曹霁　　黄　越　　王啸天
　　温凯玲

教育经济与管理（1人）
　　王　斐

艺术学院

艺术学理论（5人）
　　牛璐璐　　查沁怡　　李嘉予　　任展展　　赵　琼

美术学（6人）
　　王　璐　　杨子玉　　付　蔷　　姚汪炯　　曹　培　　李　欣

设计学（16人）
　　陈诗夏　　蔚　典　　朱　严　　周　艺　　公艺涵　　严思寒　　周娟娟
　　陈思琦　　李　壮　　刘晓晴　　毛贵凤　　李嘉雯　　曹江文静　　刘悦迎
　　仲佳钰　　王皓铭

音乐与舞蹈学（9人）
　　任佳林　　霍运哲　　陈梦皎　　叶振华　　张雨洁　　陈威龙　　李玮芸
　　李　想　　饶　英

体育学院

体育学（27人）
　　刘　丹　　翁　羽　　刘晓彤　　沈德欢　　李志成　　张　凯　　舒　丽
　　王思文　　潘景玲　　邵　刚　　顾祎程　　廖　波　　方汪凡　　史文凯
　　原世伟　　段豪爽　　张文静　　聂鹏飞　　陈　鹏　　陈　爽　　易　鑫
　　袁家浩　　赵金燕　　周春晖　　刘　丰　　宋小春　　吴相雷

体育学（体育教育训练学）（3人）
　　郝桐桐　　王阿婷　　柳　畅

体育学（运动人体科学）（2人）
　　邱宣凯　　程金娜

金螳螂建筑学院

建筑学（8人）
　　杨　娟　　武向前　　关　迪　　李东会　　张　宁　　王盈蓄　　张金菊

杨旭晖

风景园林学（12人）
张　源　　王　卉　　陈可心　　贾梦雪　　查章娅　　李　蓉　　钱　云
袁先峰　　牟昌红　　罗　兰　　袁泽斌　　欧阳秀琴

建筑与园林设计（2人）
庄　涛　　赵萍萍

城乡规划与环境设计（7人）
孙萌忆　　殷　玲　　蒋昊成　　夏志楠　　时　雯　　徐银凤　　王　鹏

数学科学学院

数学（33人）
时继阳　　郑涌沪　　郭　峰　　陆晓悦　　陈　伟　　尤　彪　　徐　艳
张　雪　　李晓丽　　李泮池　　罗昕祺　　汪　敏　　徐楠楠　　刘　晴
袁亭玉　　矫喜花　　连博博　　姚　远　　陈召弟　　谭高洁　　张道飞
胡文娟　　刘熙雯　　许　莉　　王　红　　庄宇呈　　卓玲聿　　张涤天
靳艳杰　　陶玉琪　　韩春梅　　陈晔星　　霍榕容

统计学（5人）
黄月月　　罗正阳　　赵向阳　　韦　琪　　李春艳

物理科学与技术学院

课程与教学论（3人）
吴金艳　　虞开磊　　陈宇环

物理学（43人）
刘叶锋　　季文杰　　吴俊杰　　贾子源　　周　瑜　　童瑞寰　　杨明玥
管恩国　　王海云　　朱海飞　　刘中泽　　马晓萍　　伊天成　　林志康
胡　格　　倪　昊　　徐　成　　李欣研　　林　炜　　徐子豪　　赵忆泉
童文昱　　刘溪悦　　朱晓翠　　周山虎　　周婉艺　　沈　磊　　李珊珊
刘　帅　　李正阳　　张潇漫　　张文雅　　尤艺博　　何晓蕾　　王甫涵
潘菁妍　　施沈佳　　郭连振　　闫　旭　　石　燕　　单多琛　　汪潇涵
赵　飞

化学（3人）
　　叶安娜　刘梦婕　张荟

材料科学与工程（4人）
　　马文东　王敏　冯凯　戴佳敏

材料物理与化学（4人）
　　刘心卓　孙梦雷　王顺　陈成

化学工程与技术（1人）
　　杨淑敏

光电科学与工程学院

新能源科学与工程（3人）
　　沈童　郝宇　罗成招

光学工程（25人）
　　王进　郑鹏磊　陈超　林天福　朱晓晓　周峰　缪力力
　　万林　吴凯　肖臣鸿　周洁　袁志豪　周文法　孙清心
　　曹兆文　王颖　盛春香　刘卫笑　江天润　高旭　吴利
　　陆均　刘建越　余江　王振坤

检测技术与自动化装置（5人）
　　瞿志成　薛隆基　鲁文超　王伟　陈莉媛

能源学院

新能源科学与工程（33人）
　　卜良民　陈曦雯　沈力炜　田政南　陈宇杰　李聪　潘晓伟
　　李晓凤　单晓建　金惠东　冒泽阳　杨洋　田凯　刘玉莲
　　黄雪　魏南　夏洲　郭瑞天　潘秉堃　杨成　江涛
　　鲁慧　王朝　季崇星　刘书源　马佩佩　朱德澄　高亮
　　韩永康　王美欧　杨莹　张婉　王超

材料与化学化工学部

课程与教学论（1人）
耿　毅

化学（154人）

张　建	杨　深	吴　倩	丁臻尧	戴　惠	王心怡	喻聪聪
赵一鸣	廉小婷	罗列高	白翠婷	周欣纯	陈　莉	杨肖静
沈燕玲	陈　雨	闵沈晰	刘宝磊	汤彦甫	张毅晨	曹　蕾
姚　澜	王英杰	李红萍	吕　峰	王阿强	望志强	贺彦哲
刘羽平	刘文影	朱志锋	李　钦	史　洁	龚玉琼	范仟亿
韩富富	吴小清	李　航	王佳斌	刘胜男	王晓彦	汪浩然
沈　恺	张纪坤	张莎莎	胡若琳	徐泽明	汤峥震	蒋晓晓
管毓崧	王志祥	赵方方	侯　斐	黄　媛	张士启	蒋蒙莎
张雅萍	陈　静	吴　周	杨成用	黄梦迪	陈序然	崔丽娜
罗晓玲	郑　薇	顾佳惠	夏升旺	张加旭	刘　艳	韩　冰
张秧萍	庄嘉欣	程情青	于官富	渠梦男	陈昌赟	赵笑芳
张默瑶	陈巧云	周　璐	秦园园	杨秀芝	杨　洋	王淑惠
王婵娟	潘　磊	张文娟	高　科	骆慧霞	王玉悦	刘　杰
周　航	姚海峰	刘继阁	吴　硕	袁　庆	张　红	黄佳苏
王　捷	刘玲玲	戴晨阳	鞠国栋	方尚文	李丹丹	苏　竹
何慈旺	汪梦瑶	单海文	龙文号	张玲玲	周科含	吴敬男
刘其周	韩　昳	周轶群	董艺凡	王新新	曾　倩	辛　秀
严旭萍	董善亮	夏晨宇	陈新宇	徐晓娟	吴沁家	陶　娜
苏　涵	潘　康	王　越	王雨情	余接强	王效铭	孙玉立
龚　静	卢忆冬	胡家明	刘维维	沈正旺	曹旭艳	汤娜娜
朱明玥	张　荣	胡汪琴	刘　灿	张　旭	陈偲偲	段　宁
陆燕华	倪媛媛	孙　莹	移明慧	郝艳红	邵警警	王科科

材料科学与工程（71人）

朱　柳	周　航	陈　蕾	周　方	严　泓	韦永生	米龙庆
刘传杰	王雨晴	周　洋	蔡天宇	于　菲	彭碧寰	朱　海
王　康	宁礼健	张思炫	苗晨曦	王泽浩	车坤明	赵清清
胡　安	高梓寒	胡江南	董颖莹	王　宁	王　瑞	张丽娜
侯广亮	蔡鑫烨	梁家晨	熊喜科	杜　军	李晓蒙	王　瑶
鄢　雨	张书祥	周清清	李沛瑶	齐浩军	阮晓军	汪洪宇
陈　康	罗冬平	董星亮	郭文波	吴金安	李　昊	陆文雅
余　娜	王亚男	王雨龙	龚雨竹	祝　超	王　彬	谭　路
邱天伦	金格格	谢　辉	郑　承	李光伟	张斌斌	刘子央

董　浩　　李旦一　　赵　杰　　郑琰君　　余颖康　　毛雨轩　　余　丽
朱新峰

工程与技术（34人）
葛安磊　　张亚东　　曹海尚　　陆玉琪　　岳彩毅　　郝　凡　　胡光伟
秦逸凡　　张亚南　　李云青　　杨宝萍　　杨雪莹　　丁美来　　周　康
金　圣　　何炫辰　　狄爱俊　　夏华瑶　　刘冬妮　　陈佳凯　　童　武
朱晓敏　　董瑞芳　　谭昊存　　费伟华　　朱凤娟　　赵永燕　　缪　成
黄火帅　　曹臻雷　　曹莹莹　　陈　婳　　李　慧　　索翔淑

功能纳米与软物质研究院

物理学（19人）
季　康　　金　严　　王　燕　　万迎春　　宋乳昕　　翟天舒　　罗　威
汪　天　　杨佳诚　　葛慧婷　　李珠宏　　朱凯晨　　张园览　　陈　彤
李亚琛　　陶一辰　　薛　烨　　张景越　　刘　蕾

化学（28人）
姜洪雪　　郭宇通　　宋璐莹　　姜　超　　方耀思　　郝丰燕　　刘　婷
赵　霓　　刘胜男　　刘方方　　秦元帅　　陈润芝　　党　倩　　吴　丹
曹　洋　　史丹利　　费玺钰　　王丽娜　　邓陈芳　　张丹蕊　　石基宏
吴海妍　　陈佳念　　郁友军　　王彤彤　　吴宇辰　　于晓雅　　张逸杰

生物学（9人）
胡古月　　汤佳丽　　张　陆　　张忆秋　　罗　敏　　陈叙樾　　梁秋君
杨剑东　　庄　齐

材料科学与工程（53人）
左　颖　　许　昊　　涂雯璟　　姚倩婷　　孔　宁　　吴俊杰　　焦婷婷
谢凌婕　　彭岳衡　　申雨薇　　陈诗茜　　吕　晶　　周　远　　马进进
贾若飞　　郭碧雨　　葛　蕾　　韩洋洋　　肖玉双　　张广辉　　高烨华
肖彦玲　　张　勇　　李　利　　孙双桥　　陶雯雯　　梁慧芳　　尉　奇
张子翔　　沈恩池　　石峻伟　　刘英俊　　高　晋　　花　睿　　李鹏丽
李睿颖　　刘　烨　　屈天一　　沈　阳　　孙丽娜　　王　姝　　王雅雯
邢晶晶　　徐天慧　　于盈盈　　张　飞　　张锦盼　　张　瑞　　张夏丽
朱蒙蒙　　李俊楠　　王金华　　钱玉立

计算机科学与技术学院

计算机科学与技术（40人）

杨文建	周 雯	沈龙骧	朱宗奎	张婧丽	程宏玉	孙玉林
陈红名	郁圣卫	曹 骞	陈 松	戴倩雯	李佳鹏	李茂龙
林 欣	刘苏文	孙佳宝	谭 敏	王钰蓉	吴金金	夏劲夫
翟东君	张 蓉	周 欣	王建成	秦文杰	王怡婷	吴良庆
徐 扬	洪锦堆	梅 杰	徐程凤	陶 涛	汪润枝	冯鸾鸾
吴 璠	付晨鹏	胡嘉欣	吴 婷	张 栋		

软件工程（7人）

杨一帆	章 波	张家硕	杨慧萍	唐白鸽	朱 灿	范小青

管理科学与工程（1人）

印 聪

电子信息学院

电子科学与技术（36人）

丁岩明	王雅兰	安景慧	刘 艺	宋培滢	姚莹飞	赵金凤
周鑫鑫	朱良久	鲍登森	张 淼	薛银泉	王 旭	张钰狄
邓俊伟	陈思霸	汪 彤	丁世峰	张书芳	李成诚	雷 雨
郭星辰	陈 旭	田海鸿	耿敬茹	蔡金伟	周 琰	陈将奇
冯爽朗	付粉香	牛龙飞	王必成	杨宵玲	张 靖	仲兆鑫
周 旭						

机电工程学院

机械工程（13人）

蒋伟伟	胡俊杰	黄曼娟	王星程	王荣淼	袁 鑫	潘 煜
卞卫国	董 伟	汪 洋	赵 琪	李云飞	闫 肃	

工业工程（3人）

赵欣桥	李志颖	秦 萍

仪器科学与技术（4人）

金 日	张英军	过 宇	葛赛金

控制理论与控制工程（5人）

金晟　邱杰　马翔　唐飞扬　李芳霞

沙钢钢铁学院

材料冶金（8人）

吴琼　郝月莹　王婵娜　李泰霖　张汉文　文璐　张采薇
肖震东

冶金工程（1人）

姜兴睿

纺织科学与工程学院

纺织科学与工程（36人）

王子茜　赵凯莹　江瑞　骆红　周婵娟　张仕阳　管丽媛
朱明玫　张铭　陈晓敏　方文兵　郭芳　吴晨星　温壮壮
张迎梅　仇卉卉　董秀丽　江爱云　沈舒明　张素铭　赵泽宇
钟珊　郭凌　孙弋　张天晓　陈新彭　纵亚坤　闫凯
蔡冲　刘正　程桐怀　刘群　姜舒　雷启然　施琦
杨奉娟

纺织科学与工程（纺织化学与染整工程）（1人）

张皓然

纺织科学与工程（服装设计与工程）（1人）

肖杰

轨道交通学院

车辆工程（6人）

江涛　徐浩祯　王平远　刘旭　任宸　杨倪子

测试计量技术及仪器（13人）

李宁　柏柳　张桢瑶　李筱筠　谢佳琪　方健　闫烁
杜俊　杜启雯　杨德智　陈逸枫　郭文军　王程

道路与铁道工程（5人）
　　张佳莉　　袁钊　　陈辉　　刘杨　　周婷

交通运输规划与管理（6人）
　　邓昌棉　　张星宇　　笪媛　　汝雨薇　　胡天宇　　施佳呈

金融工程研究中心

金融工程（4人）
　　李鑫　　刘金龙　　刘通　　张静

医学部

细胞生物学（11人）
　　丁楠　　吴昊　　王雪鹏　　高圆圆　　徐绍芳　　龙光宇　　吴凡
　　吴洁　　谢文萍　　杨壮壮　　严兵

实验动物学（1人）
　　江霞

免疫学（11人）
　　张东泽　　张胜南　　张素勤　　成斌　　马鲲鹏　　秦慧敏　　卞小森
　　张胜超　　潘甬厦　　郭鑫　　黄佩卿

法医学（2人）
　　张静怡　　王卓群

医学部基础医学与生物科学学院

医学系统生物学（5人）
　　吴蓉蓉　　贺洪鑫　　周盛荣　　毕成　　詹超英

植物学（1人）
　　周海琳

动物学（4人）
　　王文伟　　郭桃桃　　李佳倩　　王姝琴

生理学（3人）
　　屈雅欣　　韩孟晓　　宋　健

水生生物学（6人）
　　李　泽　　金锐铭　　张俊彪　　许绪芳　　崔广同　　王云锋

微生物学（2人）
　　黄大海　　赵淑丽

神经生物学（5人）
　　刘嘉兵　　崔尚啸　　曾　馨　　齐任飞　　马　鹏

遗传学（7人）
　　张晟华　　赵　蒙　　张明天　　王雨超　　孙泽龙　　吴　睿　　张伟伟

发育生物学（2人）
　　刘晓菲　　史美娟

细胞生物学（10人）
　　宋　莎　　袁安祥　　袁　野　　尹　伊　　敖　愿　　许　悦　　赵凌霞
　　李　逸　　潘　朋　　杨　敏

生物化学与分子生物学（19人）
　　穆　旭　　梅　红　　张　宁　　胡秋明　　吕　晶　　朱涵雪　　刘华超
　　刘晓杰　　杨树高　　隋宗言　　姜苏芩　　张　野　　黄晓恒　　赵丹丹
　　林安安　　郑玉凤　　刘　军　　朱　乔　　阎冰玉

生物物理学（1人）
　　赵之林

免疫学（4人）
　　崔娟娟　　陈　晨　　张　蕾　　黄　丹

特种经济动物饲养（2人）
　　毛婷婷　　钟粤桥

水产养殖（1人）
　　孙　飞

人体解剖与组织胚胎学（1人）
　　马　超

免疫学（1人）
　　石立彦

病原生物学（5人）
　　王燕琳　　仲梓溶　　李杨丽　　周丽婷　　吴兴旗

病理学与病理生理学（4人）
　　武　蕾　　王　练　　娄晓莉　　杜　欢

法医学（7人）
　　谢宇欣　　胡国亮　　陈雪坤　　陈　炜　　邹　燕　　贾梦洋　　史超群

医学部放射医学与防护学院

化学（8人）
　　丁丽华　　王　涛　　何林玮　　潘艳霞　　陈　磊　　刘　政　　高银佳
　　崔倩亦

放射医学（2人）
　　熊赛赛　　吴　荻

材料科学与工程（2人）
　　陈锡健　　张瑜港

生物医学工程（9人）
　　唐小峰　　葛暄初　　李占鹏　　周冬冬　　王一迪　　吴涵旭　　杨翠萍
　　蔡婷婷　　江文雯

放射医学（16人）
　　贾慧敏　　冯　阳　　朱　琳　　袁炜烨　　周兴国　　丁佳楠　　高艺莹
　　高若玲　　闫红彬　　杨雪娇　　戴迎初　　赵　颖　　席　悦　　赵淙钊
　　张　楠　　喻　欢

特种医学（3人）
　　钱　昆　　徐玥靓　　魏雪蕊

医学部公共卫生学院

流行病与卫生统计学（13人）
　　郭倩岚　　江滟波　　杨晓林　　裘　晨　　张　瑞　　景　阳　　林　波
　　孙丽丽　　冯玥溢　　许　力　　王广丽　　周伊婷　　张玉霞

劳动卫生与环境卫生学（3人）
　　盛志杰　　章　红　　吴倩倩

营养与食品卫生学（4人）
　　李德明　　薛雅琪　　凌晨洁　　杨胜益

儿少卫生与妇幼保健学（1人）
　　吴荣昆

卫生毒理学（4人）
　　任　斐　　谢　文　　余晓凡　　毛佳渊

社会医学与卫生事业管理（3人）
　　陆雯歆　　贾瑞霞　　彭　丽

医学部药学院

药物化学（6人）
　　朱泽凡　　陶寿伟　　余　靓　　宋世伟　　闵庆强　　徐义文

药剂学（6人）
　　李香莲　　王丹丹　　徐　涛　　陈利清　　高彬彬　　王　璐

生药学（4人）
　　彭志茹　　黄晓雷　　赵　磊　　单佳晶

药物分析学（4人）
　　倪　瑶　　朱　梦　　杨　曼　　张　晨

微生物与生化药学（3人）
　　赵志明　　赵名君　　李信萍

药理学（15人）
　　张　勇　　钱　柯　　沈　微　　刘　娜　　郭　毅　　陆凡清　　夏玉娟
　　程俊杰　　王　帆　　朱玉婷　　何　韬　　陶　静　　宋焰梅　　马旗联
　　曾　坤

医学部护理学院

护理学（8人）
　　胡安妮　　徐　寅　　薛　源　　喻伟霞　　负　航　　查倩倩　　孙　锐
　　沈　芳

唐仲英血液学研究中心

细胞生物学（7人）
　　杜　千　　李　玲　　韩志超　　周逸飞　　丁　慧　　王烁辰　　万　严

生物化学与分子生物学（5人）
　　冉　巧　　李　磊　　费奕雯　　张　童　　季　诚

免疫学（5人）
　　范双双　　张梦利　　钱　龙　　张耐冬　　李　青

病理学与病理生理学（1人）
　　王志婷

神经科学研究所

神经生物学（16人）
　　李永昌　　许宇成　　董佳丽　　白家麟　　魏士壮　　李　欣　　涂海跃
　　李永振　　黄彩云　　赵秀云　　张江涛　　吴　迪　　周　航　　刘鲁冰
　　崔如霄　　潘恺凌

生物医学研究院

免疫学（25人）
　　周莉莉　　徐　倩　　刘　衬　　吴文艳　　杨玉妍　　武传建　　潘晓华
　　董永丽　　金林聪　　王梦菲　　皇晨晓　　方　军　　郑　铭　　郑梦歌
　　王　静　　李相融　　梁明龙　　宋亚惠　　秦照峰　　杨玥尧　　王利丹

陈　铭　　吴林鹏　　秦潇源　　邓　蕾

苏州大学附属第一医院

生物化学与分子生物学（1人）
　　巩婷婷

免疫学（1人）
　　张　雨

内科学（15人）
　　刘文慧　　蔡婷婷　　符宇龙　　刘　婷　　李亚楠　　陈海峰　　王温立
　　缪文静　　李　颖　　杨丽萍　　刘　咏　　刘恒芳　　蔡　萍　　赵冉冉
　　王　杏

神经病学（2人）
　　孙　彤　　李　浩

影像医学与核医学（4人）
　　刘红莲　　徐家晨　　唐梦晓　　占　杨

临床检验诊断学（4人）
　　王　甜　　曹杨琳　　朱心怡　　路芳芳

外科学（22人）
　　魏良医　　徐金辉　　郭江博　　柏家祥　　薛禹伦　　沈怀霜　　何家恒
　　周张喆　　郁彬清　　李　鹏　　赵一朗　　齐士斌　　王　欢　　王程远
　　代　晨　　徐一丁　　邓知通　　刘　旋　　彭光银　　陈　诚　　钱春雨
　　王兆东

妇产科学（8人）
　　朱嵩岳　　徐　婷　　鲁礼魁　　齐玲璐　　杨春丽　　周小叶　　张红宇
　　张飞雷

肿瘤学（3人）
　　叶　侠　　高　倩　　陈瑞芳

康复医学与理疗学（1人）
　　王鑫隆

麻醉学（2人）
　　王　辉　　华　洁

急诊医学（1人）
　　徐　颖

中西医结合临床（1人）
　　席　一

药剂学（1人）
　　刘立立

苏州大学附属第二医院

内科学（4人）
　　汪德潞　　张冰玉　　沈梦圆　　王文静

神经病学（6人）
　　孟丹阳　　牛镜棋　　冯　月　　刘亦腾　　朱　婷　　吴宇英

影像医学与核医学（1人）
　　胡　磊

临床检验诊断学（5人）
　　张碧颖　　王凌霞　　崔晓燕　　万玮敏　　张　雪

外科学（11人）
　　朱伟卿　　李　健　　马纯杰　　丁奕栋　　孙荣懋　　沈文琦　　杨　涛
　　王　青　　曹生军　　王文闻　　刘建疆

眼科学（2人）
　　都景霞　　徐交文

肿瘤学（4人）
　　施文玉　　余小婷　　任　阳　　张　洁

苏州大学附属儿童医院

儿科学（10人）
  朱　赟　　陆啸云　　李泊涵　　王丹丹　　王月月　　马　玉　　黄　慧
  员亚晶　　谭兰兰　　顾　荃

苏州大学附属第三医院

临床检验诊断学（2人）
  湛玉霞　　张　琴

外科学（2人）
  李　玉　　桑　宸

苏州大学附属第六医院

神经病学（1人）
  张爱萍

外科学（1人）
  张　冲

苏州市广济医院

精神病与精神卫生学（1人）
  袁　廉

上海市肺科医院

影像医学与核医学（1人）
  吴筱东

外科学（1人）
  葛　韬

上海市第六人民医院

影像医学与核医学（1人）
　　何　钰

外科学（1人）
　　陆　健

上海市第十人民医院

外科学（1人）
　　张晓辉

海外教育学院

国际关系（1人）
　　BEHISHTY MOHAMMAD JAWID

医学系统生物学（1人）
　　ALAM MD SHAHIN

物理学（1人）
　　IQBAL ATEF

新能源科学与工程（1人）
　　KHAN MAJID

材料物理与化学（2人）
　　RASHID ARIF
　　KHAN SHAHID

控制理论与控制工程（1人）
　　KHAN WAJID ALI

纺织化学与染整工程（1人）
　　KHAN FARAZ

内科学（2人）
ABDUL WARIS
MAJID KHAN

外科学（1人）
AKHTAR MUHAMMAD NAEEM

药剂学（1人）
SHAH KIRAMAT ALI

药理学（1人）
KIFAYAT ULLAH

行政管理（1人）
CHANTHAFONH KHATTHANECK

音乐与舞蹈学（1人）
LAW GIM GA

2020年取得专业学位博士研究生名单

苏州大学附属第一医院

临床医学（114人）

杨小进	余 强	刘 勇	王 振	项友群	焦 岩	安天志
朱 亭	唐 兴	文 根	周 军	张 燕	史曙光	姜 炜
王广伟	梁苏东	张 鹤	管智慧	朱绍瑜	林小龙	刘 钢
潘晓帆	严晓铭	冯小芳	刘媛媛	徐兴国	张茂银	沈美勤
杨 熙	韩 峰	黄 飞	陈宇宁	危志强	金东华	林 海
王 飞	张丽芙	赵 培	吴刚勇	苏 彤	何碧媛	张 林
王 刚	朱云森	刘青柏	王庆锋	张弘玮	陈 雯	王秀存
栗家平	谢 波	胡 睿	田文泽	张云魁	李广斌	张 强
周丹丹	李 艳	胥红斌	陈 青	戴月娣	袁宏杰	周美艳
黄子明	范 佳	石 岩	王旭东	许乐乐	张新民	刘冬柏
徐 挺	汪志峰	王君祥	杨丽霞	李华镭	陈宝祥	祝华珺
郭 翔	刘德森	周 元	许 煕	李 峰	陈成帷	刘 磊

孙向华	尤利益	陈　皓	张春霞	曹英杰	陈　涛	施宇佳
贺海东	董凌云	王德琴	朱　蓓	徐　敏	葛继勇	党时鹏
熊辉霞	吴伟翔	李良勇	孙春锋	吴旭华	虞　宵	许　聪
刘　宇	陶美满	冯兰兰	程忠强	管志峰	徐　坡	彭　媛
王子文	徐晓玲					

苏州大学附属第二医院

临床医学（62人）

张　翀	赵　磊	连一新	董　赟	张海林	唐　梅	丁羚涛
吴纪霞	何金海	林　宇	李　丹	赵　晨	殷卓敏	易全勇
沈明敬	倪　达	张　鹏	刘　敏	陆　件	田巧先	徐　洁
周　俊	伍　勇	陆珍辉	张　淑	沈　赟	常　城	陆　轲
张　磊	李志鲲	陆小庆	柳海晓	陈　康	徐大伟	徐　刚
刘中兵	李　达	谢　涛	徐　伟	陈媛媛	宋文博	苗　慧
于云莉	徐信兰	陈　强	朱建良	叶振宇	张　伟	马红莲
盛余敬	吴文治	刘　鹏	崔满意	毕　涌	龙汉春	孙海华
蔡乐益	刘小健	李　克	张晓利	卫承华	许莹莹	

苏州大学附属儿童医院

临床医学（12人）

卢　俊	王　祥	朱伦庆	朱振伟	蒋丽军	邱亭亭	吕　媛
吴蓉洲	杜晓晨	王菊香	荣　星	孙慧明		

苏州大学附属第三医院

临床医学（4人）

杨玉花　　邵小南　　蒋　昊　　曹　阳

苏州大学附属第六医院

临床医学（1人）

姚银旦

苏州市九龙医院

临床医学（1人）

杨德宝

上海市东方肝胆医院

临床医学（1人）

胡逸人

上海市肺科医院

临床医学（4人）

张红霞　邓沁芳　高广辉　陈善豪

上海市第六人民医院

临床医学（2人）

宋　飒　盛晓华

上海市第十人民医院

临床医学（1人）

项时昊

2020年毕业的专业型硕士研究生名单

文学院

学科教学（语文）（56人）

金梦蝶	田　雯	张亚文	沈　逸	钱　晶	班金红	戴　夏
张　楠	宋　燚	凌　珍	庄文锦	金　萍	袁佳艳	王玉琴
李松林	顾　睿	周心瑜	高琪琪	彭思微	朱苏芮	刘晓雪
高顾楠	王佳妮	徐　涵	范陆婷	陈婷婷	韦　艺	顾思晨
葛　赛	李　蕾	董秀梅	周紫岚	徐　轲	刘　敏	聂丽君
胡　蝶	连家敏	郭喜清	黄孟艮	穆　欣	周晨思	田斐然
张亦弛	陈　芸	钟舒婷	李　悦	陶科序	惠静海	王怡玲
梁聪颖	邓　沁	徐夏芳怡	李媛媛	张玉洁	杜佳乐	胡　洁

汉语国际教育（45人）

张　晨　邓亚平　刘　瑞　陆梦佳　徐子茜　陈良惠　支修顾

宋星颖	高培路	史梦静	张璞玉	蔡 霞	彭 航	姚 轶
王嘉蕾	姚颖頔	刘 姗	杨超颖	吴晓丽	董 慧	杜 安
蒋 昕	曹一石	于萍萍	尹天舒	闫利敏	张彤晖	赵亚梅
叶凤琴	王晶晶	乐俊兰	杨涵清	鲁萝萝	孙梦桐	王子琪
许 引	黄 婉	谭娜娜	赵 越	刘丽凤	王艺宸	张瑜珂
李玉曦	杜宁宁	高 煜				

传媒学院

新闻与传播（61人）

常 玉	尹盼秋	唐文娟	言雪依	朱 琳	朱梦秋	陈 鑫
金真婷	沈泽宇	胡文倩	陈 诚	缪 妙	叶 涛	刘 留
王 越	倪瑞言	季鑫香	工怡明	苏博雅	王 童	李小倩
刘东帆	鲁 璐	孙宇辰	史明明	卜阳芳	孙 颖	穆 清
袁鑫庆	芦 艺	季心怡	巩汉语	黄 蕾	李 馨	潘 莹
孙楚豪	陈红芸	张 喆	高 玉	朱汉卿	胡梦月	郑 敏
卢子凌	王 钰	张婷婷	丁 飞	王 颖	吴楚楚	倪 洋
王小璇	李 颖	李嘉靖	孔 瑶	汝 云	王佳佳	杜梦晓
戴 萍	姜 雪	邓一帆	杨宛玉	梁晓璐		

出版（14人）

| 张 云 | 赵亚婷 | 邱媛颀 | 刘天祺 | 张 璐 | 庞 璐 | 侯潇潇 |
| 李可洁 | 李瑞堃 | 贾文芳 | 唐舒彦 | 刘若玉 | 郑青青 | 胡阳阳 |

社会学院

社会工作（29人）

索鹏伟	李思奇	宋耀萌	张 平	顾枫清	王鹏翔	孙 楠
袁 妮	王 兢	俞凌珊	郑 权	马园园	刘圆春	刘玉倩
谢子健	季 芳	屈婷婷	朱钰梦	梅小敏	陈 艳	李梦歌
张 林	张海东	杨海侠	李 柯	唐文渊	刘 晨	马宇雪
宋 洁						

学科教学（历史）（30人）

缪小燕	豆 敏	周琴琴	李沛然	李艳玲	易倩倩	陈德惠
马雨夜	王紫妍	陈选惠	曹兴睿	吕雪姣	蒋志艳	邓亚萍
张欣云	王宇情	李 乾	朱莲飞	邵莲萍	曹 林	牟若玮
辛 娜	李 馨	梁 艳	高金玲	南 雁	孙慧灵	沈阳阳
沈妙妙	王珊珊					

政治与公共管理学院

公共管理（217人）

赵昕瑜	王文斌	邵志欣	葛　晖	陈兰心	薛　波	徐羽丽
邹宇彬	金　盼	戚芳蓉	严　珺	朱　艺	徐　诗	严怡雯
殷睿鹃	鲍炜璐	王亚男	王紫薇	茅　敏	范　恒	肖　磊
黄莉姝	常晓晨	张淳祎	姜楷韫	金　琪	蔡安妮	徐瀚洋
阎　龙	钟　泽	朱广然	谈石成	潘怡之	刘美子	刘　伟
宋佳骏	陈思思	钱雯雯	苏　芮	殷玉婷	朱泽昊	吴亚霖
陈　洁	祝佳音	江舰云	邓钱萍	苏海华	盛夕照	周文江
丁　琰	陆　峰	胡　鹏	钟亚华	刘雨婷	曹雨蕾	冯靖凯
周　凯	范颖杰	汤晓枫	王熙琪	戴　瑜	沈于宸	朱昌桦
王济纬	胥若凡	朱红雨	戴鸿举	李建辉	吴灿华	黄　晓
徐思超	姚思圆	赵　娟	顾　彦	邱　骅	沈莉亚	邵　帅
张丽君	朱燕华	陆庆兵	季　新	夏苗苗	李　妍	顾　晨
钱　伟	杨　成	傅文妍	陈欣荣	赵含烟	陆海峰	李　林
刘　成	周奕欣	段玉雯	张　瑶	程　凯	黄欣嘉	孙　静
杨　敏	居铃鸿	朱丽郡	朱　赤	安恩光	王　婷	孙　萌
张　阳	范　俊	吴　昊	马永闯	韩雅倩	阚俊芬	潘兰婷
董新成	汤培磊	王靖思	陆贤明	张顶峰	范哲玮	刘成凤
朱子萍	徐忠淑	凌　晔	尹　珺	吕盼盼	金　茜	毕松琪
陈　一	戴　炜	邱星宇	吴　俣	张　锦	罗鹏涛	沈　龙
吉小俊	朱　伟	钱启蒙	沈　良	符　苏	柏　培	侯小刚
倪　洁	王登营	史春坤	朱晓栋	孙博文	戴　超	游　颖
府俊婷	王小佳	傅　琴	奚　佳	章小康	鹿倩倩	张晓东
陈鑫群	陆润良	陈若馨	李玮晨	徐　雯	龚丽泉	郑冰研
陈东阳	徐　伟	徐睿君	范　围	吴浩斌	陈湘龄	于长龙
胡　磊	顾书媛	沈凤凤	顾　俊	戴天添	王　全	孙　博
朱昀昊	朱叶彬	刘奇峰	杨　丽	阮力章	朱培能	杨燕芳
姚　杰	李　青	唐　榕	谭诗垚	杨子江	王文旋	邹昊轩
史建海	冯雨蓉	孟　梦	毛文君	方文杰	孙玉卓	孙思维
张　玲	饶　珠	潘仁红	刘春雨	叶　凯	丁佐江	肖　亮
许　殷	张文超	光　健	王思乔	郑　欣	朱　姝	周　李
王雨馨	徐梦娇	高　萍	张俊华	叶　涵	吴春阳	石光翔

马克思主义学院

学科教学（思政）（22人）

许芷琳	杨　帆	吉　星	吉　莹	雷　晶	张雪萍	王　蓉

周晓娜	刘　威	刘珮雯	李　成	杜逍逍	卞红玮	叶静云
沈亚波	陈　菁	徐怡帆	王莹莹	王钰娇	黄烨栋	马云飞
张胜利						

外国语学院

学科教学（英语）（40人）

秦　闻	吴立夏	沈晓雯	吴　凡	林　立	李　娟	冯欣希
黄　炎	万吕洁	汤天添	朱慕蓉	杨菊艳	邵臻丽	谢余云
段　言	祝　玲	经思勉	郭灵艳	薛巧丛	胡方舟	归梦雅
王　玉	伏　荣	周永金	陈培培	吴　睿	徐苹苹	李亚玲
许　玥	张雅静	王　君	解可欣	魏良博	陆晓敏	郭玉佳
李　淼	程丹丹	缪凯玥	吴国昌	汪佳子		

英语笔译（29人）

刘旺顺	张　露	茅海鹰	陆　琳	王怡璇	王　诗	张锦辉
汪正昕	马晨曦	王　钰	张　悦	周莹莹	王湘玉	刘梦竹
张云聪	刘文斌	张　彤	金明明	申雨平	万　燚	龚燕馨
夏秀慧	肖　亚	蒋凤仪	吕瑞雪	翟俞智	高　冲	袁宇婷
母彩兰						

英语口译（22人）

张　鑫	张宇韬	张　璐	冯誉露	徐婉雯	韩力梅	高慧影
李　鹏	刘佳宁	侯梦静	徐思琦	王子欣	黄惠文	刘晓岚
许婉晴	左先玲	王晓敏	开自延	邓　飞	林歆惠	韩明明
徐子依						

东吴商学院（财经学院）

金融（31人）

薛思豪	余　浩	赵　倩	郁佳琪	邹　击	周雯静	邹　超
孙静怡	吕璐璐	邢莲莲	史晓璐	王　晶	陈董平	谭哲勤
邓浩涵	宛辰轩	颜昌华	尹　雪	陈书菲	孙亚亮	袁堂洁
陶岩松	叶礼蕾	宋　浩	顾天一	朱立凡	冒纯纯	沈彬彬
王嘉欣	周　涛	王善伟				

税务（10人）

| 陈怿华 | 程　茜 | 许瑞晶 | 张秋月 | 谢　玲 | 陆　雅 | 宁心怡 |
| 马满静 | 马逸君 | 常舒婷 | | | | |

国际商务（1人）
　　杨涵钦

工商管理（238人）

查　政	李琛晨	郁　雯	陆志勤	黄馨慧	吴梦骄	冯文博
丁　健	陈凯歌	王文治	张　晶	武士勇	高筱雯	张　蕾
李梦娇	顾竹君	胡月阳	杨孟仁	罗玉婷	张　莹	沈　洁
王　嫣	杨　瑞	王裕华	夏　雨	袁　英	邵婉婷	刘　珏
秦于安	周恩民	李馥艳	沈丹萍	葛烽锋	鲍春晖	王彦隽
徐　锋	李　杨	陈　超	毛秀锋	潘　洋	张鹏兴	黄　帅
茅晓花	何　丹	袁　搏	费永恒	李　敏	李威呈	李永文
庞　溯	王　青	张海霞	陈静月	王铸钢	宋文灏	周　迟
徐金星	丁星辰	胡冬生	戴丹萍	陶健辉	夏　彬	卜　妍
张文静	周　玲	史玲萍	陆婷婷	孙唯靖	徐　娇	季潇娴
李婷婷	石祥峰	李　倩	陆　倩	沈晓盈	慎立惠	耿小霞
徐　涛	沈晓华	陈婷钰	叶　凤	付秀军	刘艳娜	孙　颖
吴书楼	范振宙	葛倩怡	缪鑫磊	唐小芳	张　毅	姚阳阳
周　鼎	陈　熹	尤文静	洪　敏	刘希成	周文波	焦　丹
方鹏飞	姚　优	伊　静	叶玉莲	张　玲	龚俞勇	韩　冰
项寅安	赵陆健	吴　涛	孙文予	姚莹莹	张　进	姜云霞
陆旭东	张　璐	金灏冉	康俞荣	彭　赢	华　晶	万其军
黄倪仁	苏明莉	臧超原	蒋　婧	李耀星	王　翊	赵若辰
郑　莉	陈一博	康　延	王　彬	丁　宇	马蓉蓉	米　娟
陈昌盛	查静娟	倪　千	周开览	王　丹	陈　静	鲍建平
马　硕	陈春苗	刘　忆	熊　静	杨金龙	徐园园	张青松
陈庆玺	赵桂明	葛　捷	韩佳莹	蒋李琛	饶丽丽	阮　庆
邢学波	陶　涛	曹　协	陈曜坤	毛红丹	时　晔	张　琳
陆　艳	高阳阳	石佳辰	戴　旭	侯丽丽	郁明祥	段　锴
何　睿	马　骏	薛　明	吕　宸	朱国伟	张哲清	郭超然
章　燊	李俊成	季申浩	杨　盼	王玉瑶	管有成	胡许然
苏　蕾	安　萍	洪萌萌	沈心怡	翟若莼	顾　立	王露萍
李斯文	王小娟	赵　磊	卢丽华	周晓君	孔令飞	刘婷宇
杨天羽	张娴静	侯雪荣	崔　雪	沈春亮	柯静娴	朱诗怡
陈燕华	杨乃霖	姚志平	申澄迪	朱书漾	陆一晗	陈　琳
陈　凯	丁旭锐	陈　辰	秦荣川	戴红梅	吴涤非	杨　杰
商博勋	吕　阳	王　翔	牛静文	唐天博	彭冠军	朱鹏杰
钱晓伟	赖长芝	施天宇	陶龙贤	王政博	陈　壮	于　凯
阚　苗	张志洲	戴雷雷	成力静	谢铭辰	胡晓军	黄海娟

会计（122人）

马思渊	陈骁雄	谢 懿	管 梦	黄超凯	崔仲聪	吴玉兰
徐 堃	宦一鸣	戴锡飞	席丽倩	赵楠楠	宫谈飞	王萌萌
王晓凤	薛建丽	尚文佳	胡云卿	朱君妍	陈牧鋆	王 玲
刘 璐	杨 筱	弥曜曜	顾慧宁	王文婧	殷 虹	刘 玥
胡秀芳	吴鑫裕	顾 颖	傅 思	何清儒	仇馨玥	宋嘉为
葛 忱	杨心悦	吴梦伟	徐碧颖	刘媛媛	樊如茹	张紫涵
邓 璐	梁星云	杨桂坤	张婷婷	杜一凡	仲学文	潘楚琪
陈心怡	程子琪	孙志超	黄 蓉	肖雨婷	王梓凝	徐 攸
周鹏宇	岑 笙	唐 莹	陈 昶	夏建平	浦铭嘉	胡聪祺
陈婉莹	刘新逸	李红雨	严 繁	陈 辰	曹露楠	荆百楠
张子娴	赵倩倩	张自力	庞中阳	薛明敏	鲁 吉	汪翌旭
赵鑫逸	金珂南	张子璇	邱止已	石建宇	鲍 涵	胡昭君
徐文涛	储海东	翟靓雅	许 彤	华映晨	李 塘	林 兰
刘宇哲	叶雨涵	夏玉倩	朱敏行	陈 涵	朱雅卿	徐 婧
丁嘉呈	许 月	白玉婷	邱钰婷	朱怡茜	张雅朦	赵 越
李 丹	王凯晨	张翼飞	刘 敏	赵 悦	刘瑀喆	吴暑霞
江 敏	庞晓萌	李 凯	沈 钰	赵可歆	博 恬	苏宗宇
朱雅菁	范旭枫	许怡飞				

王健法学院

法律（非法学）（94人）

陆冰倩	卞 茜	靳瀚宁	倪 艳	卜令坤	钟晓石	鹿仟仟
姚雪峰	祁琳琳	王爱雯	周 成	虞志波	孙艺洋	计佳敏
赵益福	陆漫漫	浦 赟	王 鹏	刘子成	孙博伟	黄 颖
吴 迪	雷双忆	施秀妍	张田田	杨东升	郑 蕾	赵蔚蔚
曹铭欣	胡 月	陶新月	高 峰	吴君垚	张远望	卫成进
祁 琦	邓美娥	吕冰清	侯 苑	韦凯裕	钱颖洁	李 青
王 玚	吕梁山	廖敬业	羊振志	史露露	吴雪年	陈 雪
李 雪	衡春英	高 宇	郝慧慧	于 洋	宋佳伟	俞子勇
李 蕾	宋 辉	顾 伟	吴晓庆	黄聿韶	张晋宁	熊 然
程 丽	张豪杰	李慧敏	张 贝	徐佳茜	曾 莹	颜文祥
于 笑	马媛媛	钱永秀	尚 尚	陈文佳	李 晨	鲍康敏
陈永晶	蔡雨生	王玉培	严 言	邓超杰	舒思妍	郑宣霞
梁化春	吴 艳	刘怡君	宋东平	孔 明	刘雨叶	袁晓丽
周 莉	宋 洁	伍 智				

法律（法学）（103人）

胡衍彬　庞家豪　李梅琼　陈　琪　梁永斌　王冬燕　郑诗曼
王璐瑶　贾紫轩　李小涵　张　莹　孙一丹　李慕凡　吴梦寒
仲奕任　陆　敏　李　斌　袁子皓　徐华东　谢士林　田海琳
冯平鸽　郭　婷　王宇成　牛莲莲　徐　露　汪　兰　宋亚萍
唐亦南　陈金生　邓　凡　朱伯洋　史梦柯　吴　昊　张　真
倪琳琳　毛　敏　杨　凡　邓婷婷　范珠燕　单　煜　高雪芹
雷　敏　肖朝政　金　晟　单梦珂　程　鹏　朱志远　杨晓源
辛翔宇　何玉香　王紫旋　蔡心怡　李始贵　李峥嵘　王强强
霍　莹　叶焯灵　孙　敏　李娜娜　黄冷千　李志伟　刘晓媛
杨佳莹　黄雪芬　甘世青　杨丽芳　郑　盼　徐卓亚　任小杰
尹蔓蔓　邓加仪　裴海燕　王海荣　陈世文　彭　兰　刘　萍
李文飞　魏振娟　李晓婷　詹江鹏　杨玉龙　顾卓然　刘焕新
李文慧　蒋莉钰　方祖凤　刘萍萍　王臻美　王晓宇　胡　辉
王　政　梁桐溪　张悦雯　黄　乐　魏珊珊　金益朋　丁英俊
刘　臻　曹金娣　樊传凯　周盼盼　施王鑫

教育学院

教育管理（3人）

陈　琳　张　敏　荆若清

职业技术教育（7人）

姜　燕　王　星　王　兰　朱志莲　张　璐　隋娜娜　潘丽莎

应用心理（40人）

徐婷婷　孙佚思　周思怡　邱小余　王　昕　霍鹏辉　杨　远
朱非凡　牛溪溪　王小双　吴　思　姚沁来　孙德林　李　蕊
王炫懿　张　庆　戴心仪　尹昱靓　赵超越　胡　清　钟　慧
刘　娇　吴丽鑫　王　欢　胡胜杰　赵佩婷　崔佳慧　张　甜
周晓玲　高　苗　夏香玉　姜　怡　张翠萍　李娅璇　王　震
黄　杰　陈雪婷　张梦梦　孙丽俊　廖宇佳

艺术学院

工业设计工程（1人）

张　鹏

美术（19人）

祖 萌　　符文莉　　徐 任　　张 权　　胡 静　　王超超　　李紫君
马佳音　　张 博　　孙一贺　　武海峰　　朱晓雯　　黄可橙　　张闽燕
沈逸飞　　林馨之　　陈颖慧　　梁玉佳　　刘 恬

艺术设计（86人）

徐 倩　　徐倩蓝　　吴 洲　　韩可欣　　陈 颖　　李姗姗　　何文倩
章琼丹　　傅一培　　刘贤悦　　王柯颖　　陈怡蓉　　王子玥儿　李淑佳
王雅倩　　蒋彦丰　　蒋 琳　　沈 钰　　万琪琪　　白 雪　　李 毅
吴佳媛　　魏 磊　　程 哲　　濮颖洁　　李双双　　李 静　　刁苏娴
李特敏　　陈燕燕　　王笑丽　　爱新觉罗·云霄　　郑 豪　　刘小换
郭 露　　漆弈彤　　闵西贤　　姚汶汝　　杨得祺　　樊 婧　　宋宛宸
俞佳伟　　郭德乙　　李 慧　　吴彩云　　卢紫薇　　刘 强　　张 晚
林立超　　石丰源　　顾航菲　　彭 博　　沈 晶　　徐嘉颖　　朱含辛
刘家兵　　余 敏　　朱玉琦　　齐 洁　　李秋婷　　王欣宇　　何智健
顾子怡　　王银娣　　林 雪　　许雅婷　　闫 璐　　窦相鹏　　姜春生
赵明明　　陈 聪　　吴 爽　　吴 星　　王 咪　　刘俐智　　叶 蕊
陈竹林　　薛丽娟　　张 艳　　刘姝婷　　王俊飞　　杭彦奇　　吕铮妤
华 丽　　刘若愚　　朱继红

音乐学院

音乐（21人）

毛 魏　　彭诗媛　　周思文　　孔令通　　杜宇翚　　唐 雪　　黄 思
顾仁秉　　杨彬森　　程椰子　　高晶晶　　王思慧　　钱希原　　刘晓楠
田雅伦　　彭 望　　姜 雄　　王微旖　　陈里超　　蔡 超　　朱慧婷

体育学院

体育（87人）

张小娟　　唐 城　　吴小华　　李婷婷　　李奕信　　刘鑫禹　　桂 倩
江 博　　丰 芹　　胡聪聪　　陶 丹　　严 鑫　　周 冲　　周 琴
朱 玲　　赵 磊　　方 琼　　钱 伟　　毛立梅　　金桂琳　　翟雨佳
廖 浪　　李海天　　姚 昊　　仝子洋　　许科技　　陶 醉　　丁 宸
朱永明　　叶慧娟　　曹仲允　　谭志航　　岳丽丽　　吴小波　　李 润
单 迪　　江 桥　　谢 咪　　周 浩　　李 旋　　胡杨娜　　王奕丹
冯宁宁　　曹敏敏　　任 亮　　徐吴俊宇　朱思南　　许宏悦　　吕雪姣
常锦华　　张懿文　　刘 亮　　龚隆泉　　韩雪敏　　马占山　　潘宜康
张瑞珂　　陈 林　　张詠皓　　张耀宗　　王灿灿　　朱涛涛　　郝祥瑞

田猜猜　李岷奇　徐嘉鑫　尤　敏　李　成　吴　银　彭景国
李　楠　温梦如　邓佳伟　叶权文　茆忠塘　周艮艮　刘星辰
许月辉　刘　盐　周玮强　徐　迪　王玉姣　辛安兵　刘　洋
牛　源　谭　亮　刘小川

金螳螂建筑学院

风景园林（29人）
　　李天星　刘亮亮　邱俊扬　唐铭婕　付　蒙　李泽文　邢思琪
　　解郭其　陈　颖　朱宏伟　王庆燕　董　浩　张梦莹　袁　博
　　贾君兰　王　军　朱利利　衰曼曼　王雨晴　柯　鑫　刘彦民
　　梁俊峰　赵文婧　张　莉　汪　园　李士博　杨源源　蒋雁茹
　　檀东尧

艺术设计（1人）
　　金诗曼

数学科学学院

应用统计（21人）
　　朱兴刚　苏　屹　郭晓娟　陈玲茜　何丽瑶　茅锦丹　谢桂燕
　　童　遥　杨云云　陆海龙　张晓璇　陈少杰　张　琪　陈　思
　　费金东　蔡　娇　焦　岑　刘利婷　周子涵　戴静怡　廖文静

学科教学（数学）（14人）
　　杨　洋　王素彦　常　蕾　沈宇芳　张　敏　杜婷婷　赵　一
　　施叶菲　张一凡　朱　玥　高祥雨　杨柳青　高　岩　姜枚含

物理科学与技术学院

学科教学（物理）（24人）
　　张玮琪　王静静　厉红燕　刘晓燕　张鸣鸣　舒　欣　王　青
　　张孟影　姜　楠　丁娅婷　甘晓雯　张　莹　王　珏　彭晓云
　　李　雪　周　斌　韩晶晶　郑思琦　朱　可　梁德婧　张成姣
　　唐成晨　王　越　姚雅洁

光电科学与工程学院

光学工程（30人）

杨拓拓	朱永翔	周　浩	姚明亮	丁　浩	黄爽爽	赵世晴
叶　红	许子威	马　樱	芮丛珊	张　念	姚凯强	刘　渝
郭彦玲	熊先杰	董　磊	胡正文	陈天意	曹舒磊	何　耿
杨新宁	牛文静	唐　杰	柯万雨	罗安林	杨福臻	成　哲
陈　旭	陈　泽					

材料与化学化工学部

学科教学（化学）（3人）

　　高佳玉　　刘　珊　　张玉环

计算机科学与技术学院

计算机技术（59人）

闫天露	阮慧彬	丁鹏飞	刘启元	赵　璟	高友明	郑　杰
许浩亮	周　懿	钱永烨	李鑫超	葛东来	洪敏杰	俞鸿飞
陈吉红	高　俊	程　威	王惠照	张　培	周俊佐	单双利
陆金刚	张　欢	程　梦	葛海柱	彭　雪	郑行家	姜　冲
刘贤德	周孝青	徐　昕	李泽鹏	戚逸然	殷明明	潘　湛
李　斌	时圣苗	张艺琳	何　斌	张　赟	陈　鑫	张益凡
吴瑞紫	叶　飞	杜学武	刘晓飞	尚叶欣	纪　光	李燕丽
周少雄	刘宁宁	黄冬平	熊啸东	黄志贤	丁　娜	杨海花
金映言	顾　砾	吴　斌				

软件工程（38人）

李小沛	徐　璐	陈子璇	李伟康	周　豪	孙亚军	宋晓兆
周　伟	黄德朋	张婷婷	陆　乐	付明嘉	高家俊	张　迎
李明扬	朱　磊	王艺深	程昊熠	何芙珍	彭　伟	冯读娟
黄佳跃	戴　欣	张宜飞	唐泽民	张　凯	张亚男	刘　建
赵　赟	车彬彬	韩东旭	任加欢	叶　静	王体爽	曹春明
徐金垒	葛新越	郭心悦				

电子信息学院

电子与通信工程（70人）

　　伏　斌　　高　路　　朱　婕　　马媛媛　　庞　婕　　华文亮　　王　枫

管丽玲	成雪娜	陆如意	缪一辉	吉利鹏	邱励燊	陈　斌
朱晓磊	钱强强	汤　剑	钱金星	商　镪	祝啟瑞	刘继强
徐宏伟	陈　娇	沈学放	席静伟	刘倩云	韩子阳	许钰龙
曹凌云	荆　通	方昕宇	曹国灿	高子康	王志鹏	唐京川
陈子昂	谢友玲	袁传平	刘　璐	邢孔鹏	陈婷婷	戴佳宁
聂玲子	陈泽翔	吴　庆	刘贤柱	胡　超	王　灿	张　杰
史炳伟	薛凌青	吉正飞	刘金陈	张　悦	范佳敏	李晶晶
许　生	杨　甬	倪　婕	张　宇	刘　莉	李　娟	贺　喆
张春杰	黄　蓉	张柯柯	张　梦	汤宜昌	锁　珍	张　平

集成电路工程（4人）
　　姜鸿涛　魏依苒　张迎亚　邵颖飞

机电工程学院

机械工程（87人）

高世林	倪　超	花维维	王德力	沙连森	张文琪	吴旭东
陈尤旭	王兆龙	苏　凡	仲丁元	胡志平	李　刚	刘仕琦
梅有柱	孙振栋	孟祥峰	刘良先	张　斌	张　靓	姜沐晖
王　柱	王　超	孙　涛	倪志康	张佩强	苏　昊	孙浩楠
朱宗建	彭　程	刘金聪	戴　兵	张文杰	徐　坤	张程程
后鹏程	林安迪	杭太鹏	杨　振	张大前	杨　千	颜祺峰
张吉平	孟庆林	久　磊	张仁政	张　恒	章云霖	陈铭宏
刘乾峰	王　森	肖浩男	张　茜	李凡奇	刘庆壮	钱文海
刘马泽	王暑光	任星宇	朱玉广	仇昌成	路国庆	呼春雪
袁　琴	刘　刚	陈　鲁	张秀安	陈　聪	陆佳伟	史国宝
邓文飞	孙　硕	王　尚	毛慧俊	马腾飞	熊义峰	李　厅
祁百生	钮市伟	付永四	姜　伟	陈　新	武勇强	葛稔南
高万里	陆思晓	杨　杰				

控制工程（28人）

陈　军	李长顿	武　帅	朱博韬	程奥风	何刘进	吴　昊
崔　威	吕红阳	李　想	李净净	陈紫文	万　翔	石　非
姚富荣	杨信田	严士淇	朱向群	沈志伟	张　忍	胡文千
吉春波	王宗良	王学士	邹德健	唐春华	吴　肃	徐　腾

纺织与服装工程学院

纺织工程（79人）

解 宇	张晓慧	曲海洋	张 逸	姜福建	周 枫	曾庆萍
郁丹妮	吴婷婷	杨 熙	刘宗法	李肖肖	梁阿辉	赵 亮
檀 伟	赵明达	张开威	王文建	张 婷	郭 琦	朱明星
田 伟	唐孝颜	朱聪聪	方 玮	方 月	余治华	宇宏达
马逸平	郑松明	张 玲	吴 雷	彭宁博	闫冠宇	莫换平
程亭亭	刘玉萍	郭贺虎	曾靖雅	毛佳丽	陈 琼	胥 倩
刘玉萍	尹 喆	高 珊	刘 静	缪海霞	孙 玲	徐翠芬
孙小防	沈志豪	谷宏雷	陈益平	闫彪彪	吕 仲	肖 凤
鲁译夫	何家铭	王俊豪	宣 凯	张 驰	柏俊峰	陈丹丹
罗永平	陈 千	程倩倩	张 欣	赵琨雷	丁慧慧	杨 洋
袁新晨	陈天陆	楚润善	张淑军	刘 涛	刘松睿	刘凌云
符宇航	樊佳佳					

金融工程研究中心

金融（39人）

王辛怡	张书成	王 妍	亢 刚	李 涛	王 悦	高晨琦
吴婷婷	宋婉晴	陈云帆	程万军	杨 雪	胡耀华	岳子彦
王一如	汤 淳	刘 伟	蔡 莉	周韵蓉	王礼瑶	罗年霖
熊 臻	刘 杨	赵权兵	黄 超	王宇钊	徐思敬	单丹丹
王一平	司仙仙	徐 臻	肖 嵘	孙雪琳	徐景钰	高德强
刘苏萌	贾子腾	李沃原	徐逸帆			

医学部基础医学与生物科学学院

养殖（3人）

王 慧　　许 梦　　陈 健

渔业（4人）

郁 浓　　潘呈龙　　杨会兴　　董华雨

医学部公共卫生学院

公共卫生（20人）

杨金荣	应曜宇	曹晨蕊	黄 亮	闵晴晴	王英全	付姣姣
凡亚云	王 帅	何嘉辉	卞梦弢	王宋之	朱雪睿	万嘉璐

邱琳雅　　孙珍珍　　蒋　鹄　　周恩宇　　高海泉　　陈　琴

医学部药学院

制药工程（3人）
　　赵明霞　　徐田甜　　季亚美

药学（41人）
　　吴晓宁　　谢冰莹　　缪彤彤　　鞠秀峰　　刘聆凤　　杨静杰　　张　怡
　　何　鸢　　杜小换　　汪芝香　　万春蕾　　何　云　　赵　丽　　陈凌云
　　袁文君　　桂晶晶　　张钧砚　　林　博　　余雯君　　季红瑶　　姚债文
　　史智峰　　孙　琳　　刘　柳　　曹临冬　　姚　丽　　徐　婉　　陈新茹
　　王妍妍　　王明明　　李婉婉　　杨　陆　　仝　瑶　　张　芬　　毛　奇
　　曾　屾　　马　振　　周举军　　张存珍　　李洁琼　　朱凯莲

医学部护理学院

护理（26人）
　　张佳佳　　盛贵箫　　倪　璇　　宋添乐　　张　萍　　胡闲月　　阚亚楠
　　张丹丹　　耿　敏　　崔　青　　陈　悦　　张滢滢　　廖　颖　　於　梅
　　王晓彤　　郑鹏飞　　刘小妹　　李彩霞　　吴　敏　　李　媛　　赵玉琳
　　谢长清　　秦月香　　王丽婷　　陈　申　　赵　敏

苏州大学附属第一医院

内科学（56人）
　　张奕佳　　陆圣威　　王贝贝　　付梦真　　黄妤淼　　沈莹莹　　包　蕾
　　尤传云　　苏青青　　李萧萧　　何方凯　　李　娟　　王安祺　　刘桢睿
　　盛梦瑶　　朱海锋　　蒋怡华　　吴梦娇　　刘秋菊　　陈　荻　　胡　楠
　　袁　玲　　陈　晨　　魏宁心　　陈雨琪　　郑雅丹　　蒋　文　　陆　婷
　　吴彦霖　　熊羽佳　　章君毅　　杨长根　　滕若凌　　刘鹏飞　　王　田
　　沈　倩　　王明晗　　姚玲玉　　张　莹　　杨露露　　张志萍　　闫晓爽
　　吴雅雪　　于景秋　　刘　硕　　王少怡　　徐蜜蜜　　闫　梦　　黄晓雯
　　蒋淑慧　　侯　畅　　王志毅　　赵　烨　　范佳莉　　江国栋　　程　云

老年医学（4人）
　　付智红　　许　迪　　周芬芬　　荣　韧

神经病学（11人）
　　黄双娇　　蒋　华　　刘三姣　　孙光碧　　梅春浩　　谈　心　　王笑竹
　　王怡婷　　严满云　　周丽华　　黄　欢

皮肤病与性病学（1人）
　　杨梦瑶

影像医学与核医学（14人）
　　周夜夜　　马　圆　　唐浩桓　　俞靖凡　　邓小文　　王　佳　　陆　艳
　　杨义文　　吴晓娟　　惠友友　　潘香君　　李文娟　　付举一　　翁春娇

外科学（80人）
　　张祝玮　　王建雄　　朱　旭　　周毅迪　　林佳益　　过　波　　王嘉倩
　　徐宗瀚　　张亚中　　方跃鹏　　李启凡　　陈维凯　　陈张欢　　成孝强
　　葛　隽　　蒋智荣　　马晓杰　　杨　森　　张长昊　　张　航　　朱继刚
　　何　栋　　黄　如　　陈　仲　　孙嘉乐　　李　玮　　成丁财　　陈学磊
　　徐　逸　　刘　涵　　王俊杰　　尤嘉玮　　温阳辉　　姚　俊　　章志伟
　　吴余凡　　毛德利　　周　放　　周迪远　　曹晨亮　　杨恒颖　　李　治
　　郭　鹏　　陈虞立　　田康俊　　朱中伟　　孙　阳　　邵　阳　　赵崇舜
　　姜东阳　　刘永春　　赵国政　　张　弛　　李　政　　汪天一　　朱伟业
　　张国东　　陈　笑　　张　鹏　　李　兵　　王德发　　徐浩然　　郭亚军
　　霍桂军　　黎　鹏　　周开国　　卢　勋　　汪　俊　　王　南　　盛美樱
　　王晓松　　黄　钰　　徐　鹏　　李雪栋　　路正扬　　刘　喻　　张传煜
　　崔子涵　　姜一鸣　　卢　达

妇产科学（6人）
　　沈　燕　　许菲菲　　张　琳　　周　颖　　王春雨　　管　飚

眼科学（3人）
　　杨甜柯　　曹奕虹　　杨笑龙

耳鼻咽喉科学（3人）
　　徐　能　　孙仰光　　高　燕

肿瘤学（16人）
　　何甚楠　　宁　静　　唐雨曼　　于文艳　　刘志菊　　崔梦婷　　房钰婷
　　刘中芳　　张　青　　查昳琳　　朱佳星　　康　佳　　蒋婷婷　　向梦琪
　　宁　灿　　李仕贤

麻醉学（5人）
　　黄铭洁　　张　闵　　袁俊鹏　　赵恒静　　钱颖聪

急诊医学（6人）
　　蔡振宇　　鞠　琳　　陈　昊　　余　鹏　　李末寒　　杨成双

全科医学（1人）
　　刘吕梅

苏州大学附属第二医院

内科学（17人）
　　吴兴贵　　郭开达　　高士媛　　郑　苗　　石　晨　　张　谊　　唐　彬
　　彭红伟　　李　婧　　翁瑞霞　　朱梦莹　　王嘉琪　　刘　湘　　陶逸飞
　　罗筱衍　　王　璐　　严心怡

神经病学（14人）
　　庄　圣　　葛逸伦　　吴雪纯　　汪若君　　董旭雯　　刘小娟　　褚露露
　　覃文倩　　顾晗滢　　陈　沁　　陈仪婷　　傅　翔　　刘昱璐　　毛学宇

皮肤病与性病学（2人）
　　王娟娟　　朱丽珺

影像医学与核医学（11人）
　　孔维唯　　郭丽艳　　王　晗　　杨　硕　　衡海艳　　张　月　　于洪昌
　　程　雯　　余　蕊　　张　茜　　黄　姗

外科学（29人）
　　李蕴好　　叶荣安　　钱　晨　　肖马平　　计李超　　李　乾　　顾　顿
　　蒋　淳　　杨　凯　　张载航　　李国槟　　吴月明　　顾志伟　　杨天佑
　　黄红斌　　马洪阔　　王　欢　　汤光圆　　郑小飞　　于　晨　　姜　雷
　　曾光亮　　赵裕欢　　李新庆　　付鲲鹏　　王成路　　周剑芳　　花　雨
　　刘加驰

妇产科学（9人）
　　郑　昱　　钱　瑜　　邱丽君　　孔晓蓉　　丁佳琦　　高　青　　钟　惠
　　马　云　　朱鑫鹏

眼科学（2人）
　　牛童童　　马　戈

耳鼻咽喉科学（1人）
　　韩　雨

肿瘤学（13人）
　　任毕欣　　倪丽伟　　朱雪婷　　王　敏　　马佳艳　　范少楠　　张姗姗
　　程　虹　　时新雅　　王晓乐　　刘　磊　　袁许亚　　杜　云

麻醉学（2人）
　　刘月琴　　许卿雅

急诊医学（1人）
　　方文丽

苏州大学附属儿童医院

儿科学（62人）
　　郭利霞　　徐雪云　　刘　蕾　　王　伟　　管玉强　　武田博　　汪　洁
　　闫东亚　　洪　雨　　曾　荣　　樊　晔　　郭旭蓓　　俞怡雪　　曹梦露
　　徐丽娜　　朱成琳　　吴金凤　　姜　旭　　李笑晨　　樊小如　　周文杰
　　范佳英　　王　烨　　陈　元　　杨　帆　　杜培培　　李雯菁　　高　伟
　　程　远　　何云霞　　李丽君　　王喜阳　　殷　荣　　宋常伟　　吴文娟
　　杨舒迪　　俞文涛　　谢丽宁　　温天贞　　柳　欢　　徐雯雯　　甄凯凯
　　刘金凤　　胡锡慧　　郭　彪　　汪枝繁　　曾春燕　　赵夏莹　　孙曼曼
　　李　沛　　夏亚林　　范玉洁　　陈营营　　孙若楠　　伍高红　　高天仪
　　胡倩倩　　宋浩洁　　董娅平　　石春武　　鲍　瑾　　曹一舟

苏州大学附属第三医院

内科学（11人）
　　孙甜甜　　杨　赟　　苏文雅　　许　晨　　袁　铖　　王　翠　　陈轶凡
　　王若朋　　吴叶顺　　汪逍逍　　田科科

神经病学（3人）
　　牛云莲　　李晓娜　　胡珊珊

皮肤病与性病学（1人）
　　陈仁贺

影像医学与核医学（5人）
　　孙笑芬　　史云梅　　沙圆圆　　王思齐　　张　琪

外科学（17人）
　　陈宇伟　　袁晓峰　　许晨阳　　郭世武　　王　棚　　赵　友　　吴庭纯
　　冯嘉伟　　谭煜炜　　杨俊生　　曹惠华　　高　运　　钱一涛　　谈晓星
　　汪　飞　　赵　杰　　张博闻

眼科学（2人）
　　吴志航　　吴靖怡

肿瘤学（5人）
　　葛柯乐　　陈　洁　　范佳琳　　毛曦政　　陈　睿

康复医学与理疗学（1人）
　　张　霜

麻醉学（2人）
　　杨　静　　陈　斌

急诊医学（1人）
　　李孟超

医学部护理学院

护理（2人）
　　洪　勇　　张彩彩

教务部

临床医学（28人）
　　沈冀宁　　姜　明　　栾　哲　　李赵继　　任　驰　　宋　伟　　张一健
　　陈林林　　刘梦宇　　姚　开　　李家毅　　胡靖霄　　孙逸斌　　虞　帆
　　居宇静　　邬　欣　　苏忠雪　　叶　晨　　周先勇　　高素玥　　曾梦然
　　沙　桐　　沈一凡　　李　菲　　张文丽　　茹煜华　　蔡　雪　　袁　锋

苏州市九龙医院

外科学（1人）
　　孙　飞

2020年毕业的同等学力硕士研究生名单

王健法学院

宪法学与行政法学（1人）
　　吴　颖

医学部

免疫学（3人）
　　杨小骏　　韦　俐　　拜红霞

医学部基础医学与生物科学学院

免疫学（5人）
　　丁丽洁　　盛小花　　夏　娜　　陈卫伟　　张　震

病原生物学（3人）
　　李娟娟　　张小莉　　罗瑞香

病理学与病理生理学（2人）
　　陈　芳　　陈凤秋

医学心理学（2人）
　　邹菲尔　　何小莉

医学部药学院

药物化学（1人）
　　孙耿耿

药理学（9人）
范梦瑶　金泰宇　吕　颖　贾斯晗　杨　欣　龚　睿　李佳汶
徐　莉　唐　慧

医学部护理学院

护理学（11人）
蔡雅静　卢明曼　孟祥芹　马晓敏　钱炜炜　梁　爽　凌　蜜
施芊妤　王　虹　李海霞　李　芬

苏州大学附属第一医院

内科学（37人）
倪凌雁　朱艳红　杨博文　周秀芬　秦玲玲　王琳琳　刘罗杰
熊　燕　包　洁　张　敏　盛　欢　杜雪萍　聂　娣　马芬芬
姚胜红　张玉娟　刘月红　蒋传芳　董　蕾　邓典峰　周　鑫
袁　超　张颖轶　马　艳　陶　悠　蔡　颖　金　珂　高　琪
许　云　冯云赋　钱佳萍　赵奕龙　季媛媛　金冬梅　杨　志
陆　梅　曹素珍

神经病学（7人）
刘　晶　侯　旭　吴菲菲　丁　波　季芸芸　詹　力　郝吉轮

影像医学与核医学（14人）
王　静　周　婉　储　伟　王　锐　姜　艳　李桂芬　王　子
朱苏滨　李　萍　王　皆　潘　杰　汪丽娜　张　逸　王　闯

临床检验诊断学（1人）
沈国银

外科学（29人）
吕文涛　吴　丹　徐伟峰　陆烟生　张华强　王　索　陆小军
陆黎春　沈韧斌　倪昀皓　陈毅斌　陈　健　朱　振　李成柏
冯　健　蒋　午　赵　伟　常　剑　洪　钱　吴石兵　裴　杰
张　艳　闫永鑫　吴　涛　罗立立　杨纯杰　屈路强　龚　伟
裴晓炜

妇产科学（19人）
　　李　慧　　周　琴　　章建娟　　朱海峰　　赵皙萍　　周新秋　　葛源媛
　　陈晓芳　　刘莹莹　　张俊华　　曾群峰　　梁海清　　李艳春　　黄　蕾
　　黄　钰　　刘　怡　　何　林　　王　森　　沈倩倩

眼科学（3人）
　　鲁　栩　　李　兴　　秦　燕

耳鼻咽喉科学（1人）
　　周思彦

肿瘤学（3人）
　　黄晓蕾　　何中凤　　朱国荣

康复医学与理疗学（4人）
　　席佳韵　　闫振壮　　茅溢恒　　李明娣

麻醉学（7人）
　　黄雯静　　史文澄　　范建萍　　孙逸瑶　　项金慧　　李　越　　张　娅

急诊医学（4人）
　　叶寅杰　　程悠悠　　肖　涛　　潘妮芳

中西医结合临床（1人）
　　蒋婷婷

苏州大学附属第二医院

内科学（11人）
　　孟祥玲　　王　翠　　姚梦倩　　朱　祥　　包　拯　　刘倩盼　　苏　哲
　　邵　翔　　蒋瑜芳　　曹琳雁　　肖　青

神经病学（3人）
　　徐龙栋　　王玲玲　　宋惠辉

皮肤病与性病学（2人）
　　秦　凤　　徐　文

影像医学与核医学（14人）
宋瑞肖　路　程　贺亚晴　屈亚锋　王忆原　惠楚楚　陈自勉
李　琳　史丽群　张厚胜　贾　迪　丁　伟　蒋　燕　王胜桥

临床检验诊断学（2人）
应菲菲　马开慧

外科学（5人）
刘永斌　张晓鑫　王本军　甘明强　王子路

妇产科学（7人）
潘　懿　张艳华　包　琦　马德明　李　熠　赵雅萍　刘倩岚

肿瘤学（6人）
唐　鑫　钱晓兰　谭　悦　王　伟　俞　翀　何斯怡

麻醉学（10人）
王科擎　华　芳　倪欣欣　成亚丽　刘　璐　陈晶晶　王全亮
冯春辉　倪　欣　戴立伟

急诊医学（1人）
严　涛

苏州大学附属儿童医院

儿科学（19人）
孙　健　王增成　方雯蕙　马旭莹　彭效芹　刘怀彬　张秋燕
陆　静　蒋　蕾　付　马　韦星星　杨蓓蕾　徐　华　张晓燕
郑　夏　路　超　谢骏宇　董自娟　徐　忠

苏州大学附属第三医院

内科学（2人）
王　丹　陈梦瑶

儿科学（2人）
施志兰　黄　程

影像医学与核医学（4人）
　　赵　骏　　沈丹萍　　邓叶岚　　周菲菲

外科学（6人）
　　徐　翔　　吴云峰　　张永明　　蔡唯甦　　张　亮　　马鸿翔

肿瘤学（2人）
　　管　玺　　殷文明

苏州市广济医院

医学心理学（1人）
　　迟爱民

精神病与精神卫生学（2人）
　　张　莉　　张　俊

上海市肺科医院

内科学（5人）
　　韩　振　　陈广宇　　鄢奉斌　　韩德伟　　杨多华

影像医学与核医学（5人）
　　申晋疆　　钱海洋　　陈继赵　　韩莹莹　　管晶晶

上海市第六人民医院

妇产科学（1人）
　　王　婧

上海市第十人民医院

神经病学（1人）
　　张　军

外科学（2人）
　　任海鹏　　陈　刚

海外教育学院

国际商务（17人）

PINNAZAROVA AIZHAMAL
CHALEUNPHONH SOMMAY
GIAP THI GIANG
GANSUKH BILEGSANAA
POPOVA VALENTINA
KOMLYK YULIIA
AL-SOUFI ALI RAED ALI NASSER
OUDOMSOUK AMEE
INTHISANE ANY
GAAZE ANNA
MAMAZHONOV BILOLIDDIN
KHADANOVA LARISA
AZAROV ANTON
SATHATHONE DUANGTAVANE
ZAINIYEVA ALMIRA
XAYSOMPHOU PHOUTHAKONE
GLOZNEK KRISTIAN

体育（1人）

YAO LEI

汉语国际教育（15人）

KOVALCHUK KATERYNA
SKIDONENKO LIUBOV
KHAOWONG FUEANGFA
SOKOLOVA YULIA
THUNKITJANUKIT NICHAREE
EMELIANENKO ALINA
KHAMHONGSA PETCHANONG
HELMI BUN
DENI
YESSI VERONICA
GONGYEABLEATU TUSIONG
NURBEKOV NURLAN
YOO JONGWOOK
KIM CHANWOOK

KAWAGUCHI NOZOMI

新闻与传播（5人）
NGUYEN THI KY
TRAN THI HA
KORIANOVA TETIANA
CHOE CHEOLUNG
JUNG YOUNG-GYUN

2020年3月本科毕业学生名单

电子信息学院

电子科学与技术（2人）
　　刘千秋　　卢幸辰

电子信息工程（2人）
　　郭天予　　汤　伟

微电子科学与工程（2人）
　　王贯宸　　王　瑶

信息工程（3人）
　　吴晓波　　魏万辉　　张志军

东吴商学院（财经学院）

财政学（1人）
　　马　斌

电子商务（1人）
　　陈建伟

国际经济与贸易（1人）
　　陈翀霄

会计学（1人）
　　江　航

市场营销（1人）
　　陈清照

纺织与服装工程学院

纺织工程（3人）
　　陈慧宁　　祝铖煜　　刘一凯

非织造材料与工程（1人）
　　刘丽欣

服装设计与工程（1人）
　　诸葛晓诗

轻化工程（5人）
　　高　轲　　马　新　　熊景鹏　　李金兴　　李　颖

光电科学与工程学院

测控技术与仪器（1人）
　　王汉磊

电子信息科学与技术（3人）
　　殷艳超　　沈栋杰　　李臻蔚

光电信息科学与工程（1人）
　　刘　凡

计算机科学与技术学院

计算机科学与技术（2人）
　　蒋　韬　　杨　森

软件工程（3人）
　　冯海鸥　　候　磊　　臧纯浩

软件工程（嵌入式培养）(4人)
　　王逸飞　　王　毅　　张荣根　　颜雨庭

软件工程（嵌入式软件人才培养）(1人)
　　李建兴

网络工程（7人）
　　严家俊　　许晓阳　　崔恒凯　　于苋林　　赵红伟　　罗钰钦　　王进奎

能源学院

能源与动力工程（4人）
　　张　卿　　郭　杰　　王　震　　郑　越

数学科学学院

数学与应用数学（师范）(3人)
　　黄纯谡　　沈霖成　　徐　瑞

体育学院

体育教育（1人）
　　许晗斐

武术与民族传统体育（1人）
　　刘振振

运动训练（5人）
　　富　森　　陆彦彤　　李则予　　陈家贺　　王展博

外国语学院

日语（1人）
　　张方懋

王健法学院

法学（1人）
　　周胤佐

物理科学与技术学院

物理学（6人）
　　殷建峰　　龚梦园　　刘成龙　　夏　纲　　许阳晨　　许琳君

物理学（光伏科学与技术）（1人）
　　赵君涵

物理学（师范）（2人）
　　于新旭　　王　聪

轨道交通学院

车辆工程（2人）
　　赵建男　　李　勋

电气工程与智能控制（3人）
　　茆苏纬　　程世洲　　程言豪

工程管理（1人）
　　蒋泽峰

建筑环境与能源应用工程（1人）
　　陈璟舟

通信工程（城市轨道交通通信信号）（1人）
　　刘　超

机电工程学院

材料成型及控制工程（4人）
　　陈昊阳　　徐铠政　　蒋骏骏　　黄易周

电气工程及其自动化（4人）
　　段　文　　余梓铭　　蒋新宇　　周　涛

工业工程（3人）
　　杨金山　　王　爱　　刘英东

机械电子工程（1人）
　　曾纪聪

机械工程（4人）
　　陈义刚　　朱美智　　王映杰　　彭　浩

沙钢钢铁学院

金属材料工程（2人）
　　孙　鹏　　金廉乾

冶金工程（4人）
　　朱云鹏　　肖　扬　　陈布新　　阿恒别克

材料与化学化工学部

材料科学与工程（1人）
　　陈天逸

高分子材料与工程（4人）
　　杨子涵　　范文浩　　李程光　　李　侃

化学（4人）
　　鞠培源　　郑家林　　李金鹏　　阿迪拉·阿力甫

化学工程与工艺（1人）
　　朱家乐

无机非金属材料工程（2人）
　　赵　超　　库奇塔尔·阿的力汗

传媒学院

网络与新媒体（1人）
　　陈甲伟

新闻学（1人）
　　陈佳明

金螳螂建筑学院

风景园林（3人）
　　曾云明　　钱成婷　　王舒彤

建筑学（2人）
　　吴欧阳　　陈易洲

园艺（1人）
　　王　霞

纳米科学技术学院

纳米材料与技术（2人）
　　张　玲　　吴一凡

社会学院

劳动与社会保障（1人）
　　陈雯雯

社会工作（1人）
　　丁鑫伟

文学院

汉语言文学（师范）（1人）
　　高　爽

医学部

放射医学（2人）
　　符国强　　旦增珠扎

护理学（3人）
　　单露露　　陈雅清　　陈星佑

临床医学（2人）
　　汤超凡　　李鹏飞

生物技术（4人）
　　卢桂冰　　周榆函　　罗　培　　张皓琪

生物信息学（1人）
　　闫　瑾

食品质量与安全（2人）
　　卓玛央宗　哈达毛

药学（2人）
　　于振宇　　韩　璐

预防医学（2人）
　　陶　然　　王　晗

中药学（2人）
　　王加文　　张礼孝

艺术学院

服装与服饰设计（时装表演与服装设计）（1人）
　　张家豪

环境设计（1人）
　　韩玉鑫

数字媒体艺术（2人）
　　尹　逸　　谢　欢

政治与公共管理学院

哲学（1人）
　　李慧宇

2020年6—8月本科毕业学生名单

文学院

汉语国际教育（46人）
　　袁　野　　魏雨竹　　朱科伊　　伏心瑜　　周克林　　薛玉洁　　严红叶
　　张　逸　　吴旻玥　　周莎莎　　黄希月　　李秀飞　　谷兆颖　　李彬源
　　薛　伟　　王惑立　　严　芝　　王思雨　　季从蓉　　蔡雯琦　　刘奕汐
　　张紫嫣　　邓　娜　　孟　楚　　武　颜　　谭雨萌　　于　明　　张丽婷
　　王文云　　李菁波　　刘从义　　洪　榕　　王　娟　　陈小雨　　王怡欣
　　姜　礼　　童文隽　　罗　易　　梁　璇　　史鹏燕　　王雪蕾　　邹　楚
　　徐子懿　　吴怡凡　　涂玄力　　王薏丹

汉语言文学（1人）
　　樊昌炬

汉语言文学（基地）（34人）
　　赵欣怡　　郑雅静　　郭垚君　　陈屠亮　　罗启冉　　彭浐洋　　张玉彬
　　周　玥　　谢杰炜　　吕　蓝　　袁继美　　张沛然　　夏秋童　　归晟叶
　　王资博　　王林彤　　徐晶莹　　楼琼临　　王倩瑶　　李家琪　　戴思钰
　　梁　淼　　俞果岑　　何顾楠　　吴斌斌　　李紫东　　丁小丽　　任丽晔
　　张昕煜　　杨　祺　　袁雅琪　　刘欣叶　　周子敬　　章　妍

汉语言文学（师范）（88人）
　　严高敏　　林诗怡　　王郁楠　　李　莉　　殷秀琳　　鄢梦妮　　张昉昀
　　陈剑英　　丁雨佳　　张　璇　　张　轩　　唐溪晗　　刘雨潇　　孙　露
　　缪之淇　　张　烁　　宋晓玲　　王　纵　　陈淼淼　　曹佳敏　　梁家凌
　　姚　旺　　费秋怡　　闫颖雪　　谭　媛　　殷　潇　　陈　瑜　　李相成

戴玥诚	王佳楠	张文君	江铃铃	曹柯成	宁雨凡	尹孟洹
袁盛杰	陈玉婷	蒋 婷	陆紫嫣	杨 仪	李慧莹	孙晓晴
陈 奕	胡渝杭	房启迪	丁弋桐	倪颖颖	汪婷玉	王慧娟
李 婷	田 畅	袁啸潇	仲冬芹	郑 媛	单沅沅	陈 影
吕佳璞	侯 道	杭太芹	毛宇宁	李婉如	庞鑫润	马昭轩
叶竹岩	谷雅寒	沈绮娴	陶思玥	杨 晶	胡梦情	潘眯城
徐 楚	尚 宁	唐亚敏	崔妍奕如	于晓英	任启宝	何文倩
章孝敏	熊金一	张美慧	罗 瑞	曾丽娟	严紫琳	吴格林
安 娜	余小云	唐孟阳	周晓丽			

秘书学（45人）

银 阳	左亚杰	王 治	尼玛玉措	何 欢	吴健怡	彭玉婷
张 倩	徐 敏	张 熙	方雪琴	袁 彬	汪玉莹	李珊珊
李 想	王本艳	胡海燕	蒋宇星	刘艾浓	张 雯	李文卓
钱剑波	陈致理	吴 颐	董卓浩	李 晶	龙诗丽	朱宝君
严 霞	刘 瑞	单宁夏	李芝霖	郭亚亚	朱贵昌	陈 瑶
樊 荣	刘子阳	陈 娟	李玉柔	袁雨静	曾文宇	曾 琳
贺 娟	严沁雪	管 月				

传媒学院

播音与主持艺术（40人）

王子瑾	刘翰德	赵梓会	涂熹沅	王羽馨	孙 钊	玄梦卿
董文睿	崔翔宇	何昕然	程沐阳	颜子娟	刘一凡	彭姝洁
常思维	岳宇峰	邢 灿	从彩华	张奕卓	蒋玉婷	郗 睿
江 虹	薛钧元	马国元	吴 限	李舒霓	孙金强	邱梦凡
吴子铭	薛静瑜	陆飞妃	何晓岑	汪张薇	何钰洋	陈 铭
史迪文	陈雅婷	蔡雨昕	赖声扬	鲍泉蓉		

广播电视学（26人）

闫文娟	佘 晔	单 丹	吴金金	张紫璇	王 莹	杨青云
陈 思	薛 莹	韩 一	朱烨凡	陆幼幼	廖光英	赵涵彧
王明巧	殷雯馨	李秀玲	栾一漫	全叙颖	徐陈程	蒋静竹
苏静茹	付峻莹	张 萌	董梦圆	柳桠楠		

广告学（61人）

田雪晴	龚 琰	高云飞	罗奕涵	周昀颉	金心怡	张宇晴
姜 然	孙 晨	王钰琪	黄 榕	许 姝	姜 帆	卢肇学
白家林	尤 蕾	吴奕霖	张思凡	朱 颖	戴淑雯	吴淑怡

张志远	许艺珈	张　旺	郝思舜	易思茜	许家宁	王崇人
徐双伶	杨恒广	沈龚正	王知涵	李佳武	姜景元	李梦杰
谭媛尹	方永杰	李　畅	刘青青	李雪敏	王佳瑜	蒋梓萱
宗慧敏	罗双全	龙景琦	张晓敏	王　瑶	陈美玲	王　瑾
熊雪晴	夏文青	龚义明	陈思沅	李艳艳	郑昕遥	张　越
韩雨欣	毛雨晴	杨聪怡	杨舒涵	曹立江		

网络与新媒体（41人）

刘　颖	夏万源	俞心一	杨映钦	蒋思宁	赵文妍	戴　瑶
潘奕婕	薛　洁	张　昊	王泽莹	翟家栋	沈　玥	杨依銮
芮　赟	高　原	王　婷	张亚豪	吴宣颐	兰松泉	蒋成澄
华志海	韩　艺	刘力立	邓雨洁	吴佳儒	张庭诺	鞠智铭
邢紫瑄	王郝爽	杨凡钦	于慧文	李春花	姜昕彤	宋明阳
胡可馨	赵　灵	张　瑶	谢雨馨	马殿越	符　玥	

新闻学（58人）

赵倩茹	杨晶婕	崔晓红	陈兆鑫	刘卓悦	陆佳铃	汪　杉
龚　裕	闻雅娟	谢锦焕	张轩语	曲天韵	张　晓	陆冰儿
王天浩	朱淑颖	贺雨珊	韩　唯	王天祺	王　阳	顾嘉乐
蔡俊宝	郭晶晶	赵克柔	韦　祎	刘依婷	刁玉凯	曹　雪
吴天昊	汪　慧	袁欣远	姚　远	陈　尹	柏文慧	王加敏
陈炳宇	武梦瑶	姜　帆	陈一凡	吴　荻	殷　琦	闫靖芬
顾杰钰	周家俊	张析珧	索士心	江韦柯	崔　冰	赵倩敏
杨娇娇	田栩莹	田小容	陈　甜	杨　思	陈　霖	刘欣雨
米玛玉珍	美朵拉珍					

社会学院

档案学（27人）

侯宁宁	王语欣	梅　艳	熊雨馨	余　琦	张雅宁	徐诗妍
马　娇	李　博	陈诺忆	陈　娅	罗　倩	圣金如	肖　颖
谢林利	潘　洁	金海燕	黄华玥	顾春洋	李晓梅	胡佳乐
杨　晶	邹　婷	李裕贵	王碧嫚	令狐娟	杨　婷	

劳动与社会保障（35人）

王汐文	李　如	陈　曦	唐明懿	徐冰沁	罗君怡	施雨伶
景　祁	朱　瑞	张灵羽	袁苏豪	周雨润	汪嘉翼	张敏萱
倪誉溪	陈　纳	史儒雅	史晓艺	陆雨婷	何思佳	吴玉洁
姜　雨	刘哲怡	金姝恒	孙悦涵	奚小娴	谈铭泽	郑笑越

　　　　徐佳楠　　杨多多　　尹士林　　殷秀玲　　申晨凤　　卢佳慧　　顾梁宇

历史学（师范）(25人)
　　马昊天　　韦金萍　　季　悦　　范文博　　李亚琨　　靳　炜　　甘　婷
　　王子琪　　杨　可　　季曹丹　　卫少莹　　陈燕华　　王雅文　　徐一丹
　　周　玥　　张　悦　　王永吉　　祁　洁　　邢　相　　叶和平　　张静烨
　　杨莉青　　罗　岚　　陈怡如　　龙清玄

旅游管理（29人）
　　李昀慈　　艾意雯　　韩晶晶　　蓝　莹　　刘瑞琦　　贾旭良　　徐　慧
　　鄢欣仪　　方　瀚　　琚萌萌　　吴锐熠　　王东阳　　周　进　　夏玉灵
　　徐飞鸿　　王企梦　　时云娇　　沈成乾　　唐倩如　　李泽威　　胡馨好
　　邱韵霖　　黎易航　　陈海康　　李佳峰　　靳　敏　　朱金波　　李　萌
　　格桑卓拉

社会工作（32人）
　　李锶晨　　王思玄　　吴　娜　　王　源　　郑　昱　　江　欢　　王　田
　　李丛杉　　丁　越　　顾叶波　　王雅丽　　周文星　　徐晴韵　　张天馨
　　庄　妍　　胡　钰　　蔡露阳　　庞嘉莉　　封志超　　季皓宇　　朱雅婷
　　周浩伟　　顾宇霆　　叶章成　　邹林杰　　王　康　　姚　萍　　孙欣茹
　　华应僖　　徐　泽　　余欣游　　周守卫

社会学（26人）
　　仲灵慧　　王文娣　　崔佳婧　　牛子怡　　皇甫天天　陈思蓉　　冷梦凡
　　李君蕊　　谢胜杰　　侯楚楚　　丁雅捷　　刘雯雯　　蒙　婧　　王小雨
　　钱　颖　　袁志东　　周　波　　邓梦浩　　吴玥婷　　杨　璐　　李佳珂
　　余　洁　　姜淯钟　　李睿瑶　　赵　玉　　孙雨桐

信息资源管理（28人）
　　徐盼灵　　张　伟　　宋成瀚　　王昕宇　　曹筱涵　　吕彦池　　黄与橙
　　张　敬　　周　遥　　朱丛斌　　李彦泽　　张海潮　　薄煜煊　　沈　昕
　　潘　婷　　冯　洁　　房梓晗　　曹芷琦　　张　亮　　夏婷婷　　刘美杏
　　俞鑫韵　　王舒怡　　韦佳雯　　蒋林珊　　郭欣宜　　丁　瑶　　王致涵

政治与公共管理学院

城市管理（51人）
　　范章翔　　吕晨瑜　　陈佳聪　　吴　仪　　黄警宜　　朱绮璠　　吴煜涵

蒋　玲	黄苏敏	魏　益	戴　雨	郑聪聪	尹伟新	张　静
姚靖雯	赵明星	张　颖	杨新月	陆稚雅	曹　炜	张后来
徐杰乐	冒慧娴	李正昊	贺思雅	丁静颖	戴　添	李潇凌
徐慧敏	陈子莹	季　凡	孙宇轩	张　威	陆裕芳	张　引
陈　玥	韩照婷	唐　植	杨玉林	张天勤	沈昱成	顾小武
郭晨曦	何诗明	徐亮亮	李东霖	周峻锌	陆靓倩	储艺璇
周振涛	王千羽					

公共事业管理（33人）

乔　木	戴　晨	杨茜雅	金　虎	陈　瑶	汤荣媛	罗俊伽
王　超	王宇凡	王　蕊	于　茜	韩　菲	李珂昕	马梦薇
曲慧敏	赵家慧	顾祎颉	林　楠	唐素娟	周敏娟	傅俊鹏
何世界	彭　波	徐　倩	殷夕童	徐睿淇	张家琪	李　松
邓治艳	雷作平	祁　瑞	扎马诺夫	索朗卓玛		

管理科学（39人）

李坭熹	秦　思	王婷玉	陆乙一	张洪源	许壮壮	王　杰
吴　童	郭　钰	梁紫妮	叶家香	邵可人	汝立阳	陈　攀
徐　睿	陈建宇	李　洁	吴梦欢	卓钰皓	周　晔	吕　梦
崔　雨	毛　睿	田世荣	余黎明	王天歌	张晨阳	苏　凝
杜晏清清	郝　琦	李　蓉	顾　燕	石胜男	刘晓寒	李佳仪
麻蓊文	方怡欣	杨　东	王黎超			

人力资源管理（50人）

王纤纤	兰　瑶	陈敏怡	崔晓丽	李明辉	戴　蓉	陈方舟
张景乔	张　倩	杨　磊	张津浩	高　彦	祁雨涵	吕秋婷
张欣荣	郭晶晶	许植瑾	姜　恪	张海贤	胡亚玲	黄　杰
赵海可	彭金玲	方程程	戴静宇	马锦虹	史传琦	郁港宁
王　雷	赵雅晴	俞斯斯	陈敏慧	蔡家玉	周浩然	王芩芩
肖佳玲	钟万昌	严一凡	王婷婷	秦　霞	何凤云	袁红梅
陈　艳	郭小婉	冯　兰	任明友	左芝灵	梁　玲	林家薇
卡比努尔·牙生						

思想政治教育（17人）

黄镜百	李静宇	陆　苗	刘冰心	童　瑶	刘秋雨	吴　彬
史钧烨	张云琳	常　恬	房寒郁	宋文璇	智倩玉	赵晓宁
郭　霖	杨直妮	李沁洋				

物流管理（136人）

王宏宇	王继业	钱映奉	吕可心	刘欣榆	沈 慧	黄冠文
徐可欣	陈 潜	朱 蕾	沈佳宇	唐亚楠	徐 琳	李雪琦
李 墨	常鑫宇	陈心语	孔维圆	王梓珈	洪星奇	邢 静
林汐云	王玉琛	任靓婧	徐子涵	蔡铃琳	刘天添	王慧敏
许雅雯	丁元淇	桂 驰	包 慧	景楚妍	窦丽萍	吴 俊
梁 爽	宗胜男	崔业鑫	张 琳	雷宇昊	范雅绮	王 奕
瞿 杰	陈 恬	蒋雨萌	莫心成	杨安星	吴昱佳	郭 霖
陈净水	张子敖	王嘉蒙	丁译萱	张超逸	王鹏飞	邵逸飞
欧阳昕昀	马佳羽	冯薪颖	凌晓璨	王紫瑶	白皓宇	姜志菊
邵慧敏	吴小文	张茜瑶	方惠婷	徐丽萍	金雯珺	周霄宇
朱霄翔	封徐娟	顾沁溪	沈予卿	许研卓	蒋明希	周宇洋
吴 双	傅重远	张安琪	姚乃溪	许吟斐	张思佳	李蕴仪
凌艺嘉	冯淑婷	黄昕玥	马雨慧	邓晓薇	柏心悦	高 煜
卞 畅	刘牧青	董天瑶	杨 钰	方艺舟	陈慧之	李雪晴
赵娱喆	芮婉清	杨晨欣	包 昀	吴杜妍	徐康迪	朱倩雯
李 铭	秦海涵	汤清源	陈 航	陈 旸	翟羿蒙	杜嘉轩
陈 玥	刘扬嘉	陆昕怡	朱沙铭诚	沈彧涵	平 凡	周锦文
宋国琛	袁佳璇	张 希	李 妍	陈佳芸	李雪晨	刘啸宇
王心怡	余 爽	王子桢	耿 楠	石文杰	吴文熙	邢路扬
蔡翔宇	邱 诺	施 锋				

行政管理（42人）

尹 明	经文仪	王 琳	贾明轩	蒋帅雯	黄琛丹	谭慧霞
朱 敏	陆沁梅	唐红颖	吉 蓉	陈祎瑶	吴 妍	邹 靖
夏紫怡	李嘉欣	朱心怡	穆家琪	陆嘉杨	吴 悦	孟令彤
吴先雄	邓建秀	张雅媛	穆维晨	慕婷婷	周帮红	李森儿
郭苏横	赵 涵	李梅格	朱文宁	张 颖	程铭婧	杨轶勋
端 翔	卓琪琪	熊珂莹	吴游芳	罗佳怡	郭凯瑞	石皓方

哲学（19人）

胡桂梅	邵健飞	张文卿	李煜辉	申保禄	赵婷钰	候慧敏
陈 晨	凌华东	张浩楠	胡心月	张钦颖	杨 颖	林泓廷
李晨鹭	常 全	吕潇倩	李 瑾	田曼诗		

外国语学院

朝鲜语（18人）

朱晓彬	李 庆	樊彦如	都田路	杜华峥	刘瑞辰	邵雪琪

何如霜　　刘沣慧　　金香梅　　孙佳阳　　陈　烨　　丁诗倩　　周明珠
李明珠　　高　鑫　　张　雨　　鄂君萱

德语（22人）
熊润竹　　费雨恬　　朱子青　　黄莎莎　　王可畅　　周　舟　　沈韵娜
樊静芝　　兰爱金　　成　权　　施欢芸　　林香实　　蔡文博　　曾　妮
陈　浩　　许博文　　尹红静　　沈怡妍　　张文文　　顾竟竟　　程紫琰
苏育彡

俄语（22人）
张晓蕾　　潘榆桐　　李思阅　　刘兴邦　　王　璠　　侯晓祺　　缪钰明
黄牧鸣　　何芸溢　　王思然　　裴星童　　陈子君　　赵梓琳　　缪秋驰
程　实　　滕轶轲　　吴亚云　　蒋文旦　　蒋　蓉　　邓　涵　　包柳佳
姜天慧

法语（23人）
孙　傲　　钱昱含　　林　颖　　裴南兰　　顾叶舟　　杨易育　　孙　佳
卢飞月　　谢思嘉　　孟可馨　　陈可心　　夏义颖　　丁亿怡　　顾梦雨
沈宇凌　　严　格　　金彦芸　　毛馨童　　王丽云　　魏梦媛　　殷文婷
林楚昕　　梁佳柠

翻译（25人）
梅敏钰　　李紫薇　　丁子豪　　张韶雯　　陶玲玲　　朱璀敏　　苏慧婷
储临宵　　宋　坤　　张　乐　　费　凡　　李舒怡　　李潇娅　　陈启纯
杨　凡　　李晨凤　　陈　也　　王　婷　　陈镠滢　　张梦丹　　王斯纬
任　旭　　吴静炀　　徐梦桥　　胡锦媛

日语（49人）
吴佳妮　　俞　扬　　左晓雨　　秦曼曼　　郝靖怡　　凌心慧　　邵晓琳
何梦蝶　　王子儒　　肖晓岭　　张秋芳　　左亦文　　田俊露　　王嘉敏
徐　烨　　顾梓涵　　王梦莹　　薛梦姣　　孙　娇　　张周听雨　傅慧萍
董荣荣　　陈梦婕　　唐钰涵　　黄佳希　　倪铭婕　　张　琰　　吴　凡
凌　怡　　陆佳豪　　李　颖　　杨　玲　　周雨薇　　刘音音　　蒋亦寅
蒋卓云　　叶思婷　　张　梓　　王艳萍　　金学养　　朱梦凡　　简锡怡
陈　琳　　孙　蔚　　农欣霞　　戴　麟　　冯雪松　　祁　娇　　李致岑

西班牙语（21人）
刘祯皓　　夏　天　　王雨柔　　欧婉欣　　蒋佳锦　　杨　洋　　蒋　汇

| 钱雨欣 | 刘雨橦 | 李　佳 | 周晨曦 | 臧梓轶 | 严　昱 | 赵书艺 |
| 黄嘉琪 | 董　琪 | 杨铚玮 | 章洁银 | 李思辰 | 胡湘灵 | 王尚志 |

英语（28人）

吴可雨	杨　梓	赵　悦	金圆媛	陈欣宇	陈嘉琪	仇逸琳
方　晨	陈　雪	徐祺葳	查亚明	蔡笃源	严　语	甘红燕
刘　欣	支天阳	方贵敏	宋丹丹	王慧雅	林奕辰	刘　欣
段雨豪	吕　妍	谢炽阳	杨　润	谭　琪	糜泽明	沈文君

英语（师范）（53人）

陆　敏	王维莱	朱子言	蔡　睿	朱　敏	江铭贤	刘　越
倪　静	周雅倩	贺虓啸	周欣安	曹旭飞	张昕瑜	张　慧
张奕泽	许　冲	马旻晗	徐　婕	闫家宁	朱曼茹	刘雅歆
杨秋榕	潘展蓉	蔡慧敏	蔡　莹	王艺璇	覃焕峨	郭梦瑶
徐靓妍	陶思思	黄　菊	覃泽霖	王锡瑞	刘　悦	陈依婷
沈冰洁	孙　碟	顾亦尧	黄颖瑜	汪璟奕	何　蕾	潘乐天
胡　玥	张誉文	周　露	刘　霞	陈　琳	张月华	季　婷
潘钰婷	张　钰	吴庭周	丁　璐			

东吴商学院（财经学院）

财务管理（43人）

王瀚羚	刘宇坤	邵馨瑶	张泽仪	郑雅璇	杨　蕾	王亚东
戴沁荷	曹天奕	刘鼎革	陈添一	花欣杰	潘　杰	肖　锦
赵泽正	鲍子平	纪晓枫	许　颖	王　雯	刘梦佳	周　寻
赵一诚	孙　逊	李　昊	高　远	程　泽	潘　珏	王倩倩
王苏凡	杨惠诗	莫刘益	金　蓉	张　滢	辛雨潞	郝雅娴
张业宁	陈嘉玥	杨小燕	李欣彤	张胜蓝	徐翊玮	顾晓璇
王舒涵						

财政学（30人）

胡秀雯	白雨农	韩超群	曹梦琪	谢　悦	李振爽	周丁昊宇
朱梦婷	陶乐宸	何文洁	蒋文清	李婧婧	陈昱峰	刘惠明
徐　铭	李洋钰	潘楮钰	马　丽	郑文清	陈妍君	陈　钰
王　可	李恒毅	卢　伟	贾　娜	谢志荣	方杏文	邓楚雯
徐佳佳	陈　美					

电子商务（15人）

| 郑炜乔 | 戎锦慧 | 杨　悦 | 王少博 | 左玉檬 | 方　琦 | 杨　越 |

于孜硕　刘发亮　李　康　侍　倩　汪　鑫　张李嘉　德吉央宗
贡　吉

工商管理（37人）

吴黄超　卢燕玲　吴　茜　王晋敏　周钰涵　冯乐乐　陈燕玲
陈嘉琳　满婷婷　董　雷　金　超　洪家豪　霍雨佳　周　睿
赵文靖　戈朝阳　张子怡　汤风炜　丁慧蓉　邹晓莹　肖谨韬
简一霞　张瀚文　颜文廷　陈豪银　张晓妍　孙艳阳　杨艳华
潘伟伟　毛玉洁　袁　枫　梅玉航　汪紫珩　谭妙婧　杨佳佳
梁曦文　王宇萍

国际经济与贸易（45人）

方靖壹　顾思琦　徐沁宜　温嘉华　蒋　洁　张秋艳　宋诗琪
高璟倩　文雅倩　许　添　陈　怡　邓逸帆　徐泉寅　陈德罡
常　莎　王欣平　吴晓月　童欢欢　卢　静　孔　玥　高　璐
柏　悦　张　舟　郭　霏　张晓娴　周伊朵　黄　睿　卞晓琪
苏筱涵　孙倩文　居鑫悦　徐军澄　黎　萌　何宇璇　童健超
钱　伶　王怡人　史姗姗　陶　蝶　何曹雅慧　朱赟怡　杨宛铃
初天慧　高　翔　徐　海

会计学（106人）

沙娱琼　刘明瑾　赵浚延　方景怡　赵　洁　许　凡　余斌娴
杨　洁　王　澜　王渝凡　冯佳琦　顾可涵　朱　锐　吴清怡
张梓琦　邓　楠　高　芬　朱浩天　张惠雯　黄　李　俞雯霞
王晓雪　孔凡楚　张　军　高申圣　李　涔　刘紫薇　齐　艳
唐文灿　沈申雨　宋昊宇　刘煜璇　钮伊纯　陆甄敏　王梦凯
符译元　杨涵清　夏心怡　卢笑萌　王海璇　麻清巍　郭　毅
唐凌雁　邹　旦　徐　彤　马亦娴　焦志琪　颜　昕　周雪婷
徐　晨　吴　桐　殷承潇　韩建韬　万明月　陆燕琳　陈　明
陈静怡　张弋菲　冒佳沂　张雨萱　胡婧波　程宇星　仇一凡
花晓涵　汤　晨　胡欣月　仰许念　周艺伟　奚立君　朱　月
江明帆　陈哲源　陈　竹　杨　丽　陆昱辰　路　易　王研菲
蒋孝雯　吴宁一　孙　慧　陆靓华　吴梦然　罗　丹　潘子衿
严海斌　凌　瑜　倪言炎　王梦琪　王　殷　刘笑言　何丽芹
乔　楚　王天歌　王思方　刘程德　闫　莉　郭亭钰　荆梦瑶
游孟萍　鲁世佳　李天昱　费　凡　杨宜帆　岳　祺　石善文
朱雨晖

金融学（139人）

夏　凡	严　妍	林　仙	许　涛	季熔熔	徐梓耀	王佳悦
童　瑶	吴　纪	赵　澄	张银莹	王　韫	顾慧蓉	朱莹莹
王德俊	宗浩威	丁涵玉	罗意洲	崔润宬	朱寅非	曹可欣
杨玺珠	夏　翠	黄星晗	章　怡	徐汪林	李海璐	金世玉
龚祖越	邹景源	张芮瑄	刘方龙	林旻玥	程一阳	万津杭
王卓妍	白逸飏	姜雨婷	施文怡	杨雨晨	王露纯	张　萱
汪　艳	钟　鸣	黄乐怡	张思怡	罗又溪	黄静钰	顾才琪
杨书茗	王　薇	梁心雨	薛　婵	张凌毓	王雨朦	吴怿文
李裕阳	沈博涵	徐梓艳	范雨晴	沈熠然	杨立新	糜家辉
谢业涵	崔嘉欣	习仙玲	林泰阁	马怡雯	胥　睿	宋　宇
严雅馨	田　易	顾　琳	林　颐	戴如琳	汪寅聪	陈欣宇
李仕埼	于泽韬	卜洁如	项　倩	殷子云	丁纪莎	姚舜禹
朱逸伦	薛紫仪	徐晓萱	张圆圆	杨卓凡	丁文捷	汪凌霄
林李欢	董　佳	蒋可焱	刘一苇	徐拟竹	沈雯锦	赵一凡
沈　恬	严雨欣	方丹青	李明宇	张心怡	万与辰	袁义泽
彭　晨	张津浩	柯婉婷	戴心儿	杭　佳	王佳宇	傅　蓉
胡萦紫	王紫钰	董镜天	闫凌云	鲍　玥	宋啸宇	章鸣涛
茅舒恬	凌　凡	戚志远	邢　珂	何子柠	杨　莹	徐佩玥
朱傅哲	罗袁媛	陈　每	蒋琛琪	徐隽丹	华晨阳	赵丹蕾
周　寅	许珈瑞	周　威	刘　昶	冯　远	魏闻语	

经济学（22人）

张　昭	朱静文	熊婧言	花杨铭	冯　汛	叶诗静	韩　鑫
刘李缘	李云霞	杨聿栋	沈凌云	罗晓芳	安　琪	蒋文煊
徐　陈	祖婷菲	陈明佳	王路瑶	高晓慧	索朗措姆	林　馨
李杨帆						

市场营销（40人）

杨　帆	何宇超	陆逸雯	王　昊	曹　顺	缪书琪	赵文娟
杨　森	戎函菲	蒋雨菡	朱晶晶	裴羽欣	徐亚琴	周泽琦
朱春安	屈　威	曹雨佳	杜一琳	张　凯	李佰通	滕　静
钱云钰	宁　佳	赵笛涵	丁安祺	谢　粉	郑　莉	周茂华
吴啸永	殷　琳	张文静	温晓敏	阮晨阳	欧　禹	杨乐乐
彭宥祯	聂漪漪	冯琦婷	贾志鹏	次　仁		

王健法学院

法学（119人）

扈淋婷	黄婧怡	胡嗣钰	钱雨佳	张智超	陈思雨	汤予商
高敏燕	张寅辉	汤睿琦	王新宇	任　丽	吕郁忱	袁　园
张子逸	孙　鹏	尚惠美	施雯琪	陈　洁	褚欣宇	陈峙学
刘　玲	胡琪靖	苏瑞怡	罗丽萍	许艳姿	孟庆超	孙　凯
许　东	李欣悦	王　翔	陆淼馨	何泽昊	杨锦仪	蒋雨涵
王亦一	孙加凤	田剑鹰	刘新宇	邓家豪	吴　琪	袁天新
徐晓龙	缪　奇	胡　晗	袁诚忆	邹佳仪	朱慧铃	赵翊吾
姜　娜	李明阳	莫程茳	陈洁君	李　由	张　迪	周　逸
禹雅婷	李安婷	张皓然	赵浏晶	颜怀哲	陈怡田	吴　辉
胡雨洁	杨　琦	王心玥	黄　丫	朱志燕	赵晨怡	杨　妞
王振月	张晨曦	刘　玲	徐楚雯	张宇帆	苏书民	秦　彧
张萌晰	张　林	仲跻鹏	李锁琳	马寅天	刘智超	赵梦南
狄清华	崔　彤	张瀚月	火凤雪	吴　艳	陈艺敏	王　安
钱梦欢	黄　薇	殷铮轩	孙烨婷	王　成	苏　凡	危柯婧
尤学懿	郭玉惠	刘舒羽	王心怡	王伟杰	董应明	黄　茜
程若铮	裴日成	张欣欣	王洪伟	杨林清	张　鸿	王心钰
赵同倩	张燕雪	杨　诗	彭　博	徐　苑	祁玮璇	许雪宁

法学（法学教改）（5人）

刘　菊	胡美琦	林　炜	戚宇琪	段玉玺

知识产权（36人）

洪　薇	宋乙歌	施佳丽	胡茂龙	陶　丹	周新雨	范瑞旸
刘天琦	王远见	焦　阳	黄思杰	林红玉	杨巽迪	焦潇潇
黄钰萱	于　欣	胡锌涛	王艺澄	毕　冉	周雪怡	宋飞达
叶楚峤	王佳琪	张会敏	陈姝璇	赵　艺	杨清竹	卞一凡
徐景灵	雷一鸣	王晓宇	王　翔	王佳琪	李　丹	梁艺凡
聂　睿						

教育学院

教育技术学（师范）（31人）

卞　阳	杨　铅	张　雷	赵　鑫	杨金雨	张丽娟	张　苗
石　聪	曹　凡	韩雨倩	张雨诗	高　颖	刘奕林	马　静
张　澜	郑　宇	宋　煦	李佳蔚	李　雯	张　瑾	刘　睿
王宇旋	李　玉	曹　萱	蒋雨恬	董洁蕾	刘胜兰	万　乐

高　喻　　阿卜来提江·阿卜迪热什　　阿力木江·玛合木提

教育学（师范）（34人）

陈　雪	李　悦	许心悦	庄　柠	谈之兮	尹晨鑫	郑佩文
张　淳	叶灌伟	周　雪	阮麟雅	高莹莹	吴嘉琳	佘名鑫
孙晓凡	黄佳祺	张露戈	李玉娥	邱　天	韦　舒	谢胤君
夏　阳	顾　楠	张　婷	严纯顺	师朝军	沈天祎	王耀率
杨　琪	来家豪	彭渝琳	杨　娅	糟怡玲	马君钰	

应用心理学（48人）

蔡文琦	徐蒙奇	刘名一	王丹华	蔡雪莹	刘昱萌	王若水
侍　于	赵心怡	王思涵	陈晗阳	马闻悦	袁　梦	周　衡
赵　媛	吴雯娴	张文萱	顾梦雪	董　熠	张婧璐	高文静
李振江	王　凯	张伊凡	陈博文	周佳赟	方爱园	米怡祺
陈煜锋	温　馨	费咏杰	王彦鑫	王书铭	顾铭淳	陈　越
平　洁	张　静	李　皓	陈柯晴	孙雅雯	周梦琦	吴梦琳
杨艳华	龙　昆	李　瑛	孟　杨	陈　麒	赵云欣	

艺术学院

产品设计（39人）

邓国靖	谭玉娟	叶一婷	范淋丽	苏　韩	张丽珊	郭　梅
李　娅	洪树鸿	钟美花	赖兰芳	方　媛	曹　璐	王航航
陈海玲	李　夏	祁　香	陈子宁	潘婉婷	周天一	张海娟
唐青青	郭梦娜	王诗琦	冼咏彤	黄炜钰	汤　宁	方雯雯
余　艺	曾嘉豪	段正欢	贾展鑫	胡晶晶	张　旺	陈茂娇
杨扬潇	任婷雪	何栩榕	李雯菁			

服装与服饰设计（35人）

刘欣妍	区嘉仪	陈彩艳	孙点春	陈媛媛	任嘉敏	赖仕伟
苏镰洁	赵轶楠	江雨珂	莫晓晴	姜沁男	张曼丽	江　博
王世峰	符梦月	许　琳	郑英才	张馨雨	黄彬彬	阮　祺
张子芊	王阿顺	李鑫成	陈清澜	张　倩	丁庆庆	安　彤
张　琳	张镭议	陈怡君	刘伊玲	任焰焰	黄宏豪	蒯　玥

环境设计（41人）

陶　冶	陈奕斌	杨雯茜	杨泳蓝	周佳奇	朱秋艳	蒋文仙
张思雨	张　璇	俞梦月	舒蒙春	李战军	甄蔼琳	谭文苑
朱　烨	周博寒	刘怀远	陈雨兮	张　萌	刘　铃	魏刘超

朱绮萌	周宇凡	石敏莹	倪宏伟	齐芯淼	陈小雨	赵紫怡
陈秋旖	余嫚嫚	李成龙	陆诗韵	汪子蔚	叶纡利	邢璞玉
钱宥铭	吴佳艺	程思锦	白昆鹭	刘梦圆	郝笑冉	

美术学（53人）

梁骋昊	陈 扬	张琼方	郭新垚	李耀聪	水源源	时依萌
杨 璐	陈红宇	黄景丽	赵忻忻	李慧玲	马墨欣	邓尹臻
成敏婷	莫鑫远	高 鹏	沈楚恒	李泳欣	区汶慧	金盼倩
殷源璟	张子茹	汪雅雯	黄嘉儿	杨宇晴	卫钰倩	焦文妃
刘淑仪	周 静	李岚周	吴宇晴	苏成德竹	沈洁琼	施圣雪
葛尤美	喻 鹏	周梦璐	吴耀利	许绮璇	戈鋆潇	胡梦雪
吕 健	高 娟	郎 静	叶凯婷	马俊喆	舒萌萌	吴心悦
黄旭霞	佘文婷	陈 萌	刘诗曼			

美术学（师范）（3人）

| 余文婷 | 韩瑞瑞 | 谢 乾 |

视觉传达设计（21人）

张洲睿	任智博	张诗敏	张一涵	吴辛悦	毕馨玥	万俊俊
祝琛龄	张乐乐	汪艳菲	卢俊文	鹿瑞麟	陈倩文	龚 云
乔 妍	袁一鸣	梁嘉敏	刘建君	苏俊杰	岳 可	王高婧

数字媒体艺术（22人）

王 勇	郭建波	刘清月	郑志英	翁州燕	史爽爽	苗琳婕
裴鸿瑞	曹 洋	李敏君	黄丽萍	巴婉莹	吴 桢	吴琰泽
张乔枫	刘定华	刘天昕	张浩泽	刘莹雪	邢 晔	张 玲
金 婧						

艺术设计（1人）

朱泳锦

艺术设计学（19人）

朱晓星	白 璐	钱若如	周田田	王琳琰	刘诗妍	侯子寒
章若楠	熊翊好	吕润玲	郑婉莹	段雪妮	陈丹彤	周艺蕾
方 佩	柳 珣	陈 洪	姚书彦	霍相全		

音乐学院

音乐表演（43人）

王思琪	张一麟	韦明基	刘琪祺	郭秉龙	方　亮	葛佳欣	
胡伊凡	周璇璋	刘沁卓	王斯娅	邱学莘	李榆林	郭之祺	
孔艺陶	周海东	胡珂琪	陈玘嫙	孔令耘	梁广阔	李孟泽	
朱译诺	刘铱君	郑景文	史贺毅	柯振杰	贺子峰	张　璐	
彭康泰	张鑫钰	刘崇实	宋晓妍	赵炳奇	周星艺	梁誉耀	
赵文珺	吴　笛	章艾琳	曾梓轩	谢屹超	陈梓勤	林　希	
肖志伟							

音乐学（师范）（46人）

杜婉怡	黎美键	王梓璇	高嘉瑶	莫宸怡	董爱钰	袁已晴
王美惠子	张　宇	赵梓晴	陈　楠	许　雯	黄丹华	邓思桐
程思铭	方美婷	陈雯樱	张潆心	陈昱廷	高舒晴	苏心悦
黄晓逢	王宇辰	黄洁莹	张卓然	朱　悦	韦诗嘉	丁思佳
黄慧怡	秦智悦	章韫柔	郭子铭	邵子豪	钟　伶	葛子涵
黄　诚	彭滟云	叶佳慧	黄　惠	张天舒	李佩璇	郝子铭
彭楚玥	冉　沁	罗征宇	曲玥玥			

体育学院

民族传统体育（1人）

赵　威

体育教育（78人）

陈　星	邹　铖	姜晨宇	赵天来	王　浩	汤大闯	龚艺轩
王　凯	秦绪阳	曹敬业	漆光泽	杨浩渤	李　晶	施卓鹏
高玉宾	赵和凯	龚萌萌	陈　刚	谭　天	郝　望	陈诗梦
程千帆	周　瑞	周敏雯	庄天涯	王　宽	李　蕾	李　凯
杨　青	倪　明	吴依文	方嘉敏	刘常玉	张宇宸	赵勇健
孙威权	周　宇	蔡梦晨	崔　宁	刘方正	杨文军	马开宇
冯志强	何艺文	孙小云	赵妍清	吴　钰	李天一	张国成
徐洪鑫	顾凯泓	黄艺婷	祁响响	王承浩	潘雨瑞	陶　君
陈　轩	张潇磊	赵　越	孙　琦	李汶红	刘泰翔	赵　兵
袁　康	孙　婧	于清华	袁欣扬	周业业	王晨曦	盛　伊
李继明	陈镜宇	赵　楠	李旭东	李　然	李鹤仪	马志飞
黄钦杰						

武术与民族传统体育（20人）

王路路	崔珈豪	毛贯宇	黄　红	刘旭韬	梁智珊	贲自豪
谷易成	黄怡婷	谢迎春	毕业攀	张国敬	曹锡有	高　浩
周志星	杨　能	刘华伟	朱芯缘	王家伟	王雅雯	

运动康复（26人）

赵建梅	魏　彤	陈方正	彭俊华	徐析诺	蒋　智	吴　迪
周　昂	杨　臻	蔡昀刚	王诗雅	朱宇亮	包铠铭	瞿楷健
周陈露	陈欣欣	嵇恺然	尤彦伟	陈春华	林俊辉	邓方明
卢馨怡	叶凌霄	赵　韩	杨启航	冯仁志		

运动训练（48人）

季钲斌	吕文正	韩易轩	宋冠霖	陈　鑫	刘　翀	陈钦壬
吴一凡	吕邵钦	卢孔政	刘亚涛	罗文昊	姜开轩	季　峰
吴奇杰	黄金鹏	陈　程	解文华	吴煜超	王艺杰	周静秋
孙宏达	余旻昊	上官俏然	黄润韬	顾张瑜	孙　犀	黄　晨
汤冠侯	苏　锦	丁浙辉	朱晨月	张　帅	吴奇威	李驰烨
陈涛涛	师为康	刘兆勇	马千惠	徐　伟	高　燕	吕程程
张天豪	樊思成	李　瑞	徐　舸	陈梦竹	郭　丹	

金螳螂建筑学院

城乡规划（25人）

谢思凯	王荣娜	黄桢林	张子敬	朱　颖	范子澄	钱湘仪
金　淘	熊怡婧	蒋致远	施惠雯	王梓羽	徐显淳	甘　雨
刘艺涵	张伊婷	张　希	何　杨	陈迎禄	杨翼晋	徐　枚
张恩翰	赵星芮	原　榕	李海玲			

风景园林（46人）

黎立昱	梁　爽	张欣然	薛　芹	刘　相	陈欣宇	刘　潋
张婷雨	黄保琳	韦梦琳	任旭晨	胡永川	蒙珉珉	张晨悦
黄天华	邵若芸	夏　天	钱德雪	张芳棋	秦　倩	李韵怡
朱君妍	张宇昊	陈莹莹	景万谦	秦慕文	李　竹	何泳铭
王歆月	屠　越	朱懿璇	周　拓	熊　祥	盛雪凝	苏浩田
班幸仪	崔佳锋	张欣迪	王欣蕊	姚杰奇	胡　昱	刘雪峰
龙艺丹	肖明峰	王永薇	杨承慧			

建筑学（62人）

王 萱	江慧敏	王思远	江李桃	黄祎文	顾晨昊	郝 宁
关 悦	方奕璇	周立诚	徐佳瑞	戴启帆	曹晨阳	殷嘉琪
王轩轩	袁纪超	刘泽南	吴君仪	徐佳楠	陈正罡	张传敏
韦昱光	杨 浩	顾莹莹	陶 怡	石张睿	张飞虎	杨 灵
徐佳乐	孙陈玉	朱晓桐	何志远	张斯曼	张馨元	刘 玥
卢笑颖	张嘉敏	张 姝	刘 薇	蒋雪菲	谢怡帆	刘海涛
窦修贤	王嘉瑜	赵 婕	王日龙	王思雨	吴家妮	李宝伦
刘依芸	胡潇文	吴子豪	方 雨	裴博毅	杨菁婧	毛继梅
徐鸿儒	杨镓臣	何晨旸	王海旭	李思涵	殷建祥	

历史建筑保护工程（23人）

周 妍	印梦涵	宋 医	顾浩男	王 军	江天一	叶 港
朱静文	殷晓晓	庄秦坤	杨赛男	沈雯茜	居慧敏	高 旭
周新成	周天祺	吴欣欣	翁 娣	王浩然	彭 承	黄飞铭
费鸣泽	施靓亮					

数学科学学院

金融数学（23人）

陈 龙	袁 森	蒋心怡	王志豪	韦宜恬	孙 悦	葛宏程
钱 欣	王嘉奇	徐静璇	刘昊迪	祝子皓	吕文文	胡慧鑫
任春慧	杨世琪	宋亚文	叶宏檀	杨尧渊	韩 旸	申汶山
丁润泽	徐郡婵					

数学与应用数学（基地）（39人）

徐仁杰	安天悦	张吉平	秦学智	高 原	郑钧华	陈苏州
左梦雪	张宇鑫	余 宝	宋利强	宋 敏	陈 锋	陈崎麟
段新桃	杨淑敏	孙 榕	张姝婧	瞿钰霖	崔逸君	姜 瑾
吴逸帆	荣泱钧	范孜奕	许志康	谢欣超	吕力遥	俞筱晨
张文超	潘佳仪	许诗娜	郑金玮	汪 琳	沈 琰	项 航
刘新雅	蔡李洁	查家熙	徐 洁			

数学与应用数学（师范）（45人）

胡 垚	陈 伟	谢 湛	董 雨	李 琦	吴志芯	龙宇洋
陈书晓	施紫薇	姚晓蔚	许 菲	刘星星	张悦情	陈嘉慧
郭雨萱	吴佳希	胡恩约	冯冬梅	吴雨冲	冯 妍	王腾飞
王 靖	于司隽	汪梦佳	孙 悦	陈 明	毛 砚	陈晓聪
王映涵	张峻源	汤淇珺	杨沁宇	薛敏琪	郝毅轩	卢厚保

| 章益涛 | 周 丽 | 李鸿博 | 陈理玉 | 何煜晶 | 何 倩 | 张佳佳 |
| 金 枫 | 刘海燕 | 俞 昊 | | | | |

统计学（45人）

蔡 昊	沈光聪	陆天沐	胡昌艳	颜宇昕	纪章鹏	谈 虎
李 佳	任董媛	房 玉	陈泽玉	胡 琪	纪 源	包佳威
陆颖姗	张心悦	郑宇石	杨 洋	王诗语	王雯婷	檀凌霜
张笑岩	冯昕扬	钱昕玥	解 周	刘清尧	薛 艳	梁 驰
朱晓慧	朱 越	殷 慧	刘泓钰	曹 璐	徐海博	黄 振
孙雁宇	高宏伟	范吴静	刘宇梦	蒋涵雨	黄佳卉	包 航
张 凯	刘颖琪	唐思齐				

信息与计算科学（44人）

徐 枫	李绍昂	耿亚楠	左 尧	姜 涛	吴佳佳	祁 政
万震宇	赵 轩	朱文涛	刘 蕊	朱二曼	杨 瑜	赵志雅
杨晟远	李静楠	戴 颖	王嘉炜	马家祥	袁 誉	李金哲
赵 晨	陈 宇	李澍峰	王昭桢	陈静飞	颜晨生	秦凯忠
方晓明	王迎炜	王洁铭	马泽裕	许公玺	袁智镕	张爱静
张栋栋	张飞宇	唐 倩	孟思彤	姚昊旻	吴雨桐	徐吉成
蒋月娇	刘舒璇					

物理科学与技术学院

物理学（68人）

朱亚飞	黄 杰	欧岱雨	罗豪杰	柏再青	卞非寒	喻泓尧
李玉鎏	于锦悦	冀 磊	李漪含	赵 毅	马宗光	童可韶
罗海峰	郑潇钡	李岩林	张博峰	付孔霜	韩梓桐	郭 津
刘贝宁	刘苏杭	金宇轩	马 钊	张心雨	史 浩	郭懿霆
焦 阳	梅宇涵	袁佳智	杨朝辉	陈 璐	赵 鉴	李虹霖
陈 昊	于乃夫	傅 铄	何景熙	陆志铭	汤容雨	张 勤
马欣然	王艳湫	杨 杰	孙铭顺	卢锦波	尤俊博	潘昕阳
沈雨桐	胡嘉鑫	余 谦	景可语	金奕扬	苏子贤	袁 伟
屠文强	刘思尧	张 浪	赵忠华	沙梦婷	吴俊蓉	姚子杨
梁美君	索朗多吉	任 田	王 旭	美合日妮萨·艾散		

物理学（师范）（28人）

阿迪力·艾海提		图尔苏阿依·麦麦提		张 颖	蒋 添	项白絮
肖 月	蒋昱宸	蔡晨愉	王芳苏	朱 强	施 芮	马恺晨
姚国嘉	朱 杨	居 露	鞠 煜	孙 妍	朱雯琦	王明星

朱　沁　　彭雪媛　　雷锦璇　　袁羽鑫　　罗娜娜　　宋佳伦　　罗正梅
肖双洲　　邱　蕾

光电科学与工程学院

测控技术与仪器（24人）

楚明航　　王紫薇　　范　樊　　王思翔　　赵品辉　　马凌鹏　　叶翔宇
卞潇谦　　张亦弛　　侯爱虎　　蔡嘉恒　　刘　蓓　　严潇远　　高　洋
刘智丰　　周仕杰　　潘泽晖　　彭玉洁　　徐玉亭　　吴宇宁　　冉　帅
于岭梅　　习　雪　　吴梦雪

电子信息科学与技术（27人）

张国文　　陆元丰　　张奕凡　　韦侬敏　　姜　健　　马越洋　　何海锟
赵令鹏　　张瑞铭　　吴振宁　　吴印昌　　沙海鑫　　张嘉铭　　钱金阳
明鑫峰　　李金亮　　刘雪冰　　展文卿　　赖雅婷　　张天昊　　张一帆
徐梓榕　　赫一涵　　王子谦　　江启瑞　　宋　昊　　姚金星

光电信息科学与工程（52人）

高　远　　薛超俊　　黄照成　　况弘毅　　虞晟飏　　林　干　　马仕哲
王亚伟　　严修远　　吴晋锋　　陶啸峰　　方　远　　陈　鑫　　薛孟女
梁译文　　耿　帅　　陈　为　　张　楸　　林永元　　杨　雕　　葛沛然
俞　童　　章溢华　　林　召　　杨珽承　　华鹏彬　　刘慧敏　　庄小伟
李柯江　　梁梓健　　刘欣悦　　周鸣新　　俞佳浩　　谢怀先　　孙瑜阳
孙蒲正　　史惟汉　　唐艳青　　陈世杰　　王海龙　　林水源　　刘鉴辉
景左凯　　江　阳　　徐梓毅　　徐文畅　　崔月亮　　何林静　　陈旭航
饶书苑　　杨志翠　　冯安伟

能源学院

能源与动力工程（45人）

王　伟　　沙宏伟　　陈　铭　　胡晏铭　　张会丰　　赵晨阳　　吴相才
郑寅泰　　范林锐　　朱留涛　　沈　宇　　卞文彬　　姚　禹　　杨题华
韦勇智　　张琦琦　　李小波　　冯泽源　　史怡然　　吴连冠　　王博文
黄　超　　赵红斌　　赖昶志　　濮阳国强　杨　岩　　吴臻宇　　韩建锋
沈俊勇　　潘志超　　颜　翔　　邵子寅　　刘子成　　马晓鸥　　陈子夜
张　岂　　李　烨　　王一淳　　何　庚　　周瑞康　　赵钰涵　　孙正宇
罗维坤　　郑宗平　　智东超

新能源材料与器件（103人）

陈森林　黄　川　蒋一统　熊伟星　蒋国宵　张　涛　陆正阳
何炎铮　刘　斌　何航标　张慧峰　李亚娇　于晓伟　徐啸宇
陈　浩　金宏斌　陆森煜　金鲁杰　高志祥　李泽浩　童　宸
顾天颐　孙旭辉　陈　昊　李佳航　张维敏　刘华锋　童　乾
李　丹　束倩文　陈怡然　姜聪慧　赵健国　花　伟　邹路玮
丁一凡　贾全志　戎　奕　梁亚辉　周兴丑　何雪松　陆　宇
张璐宁　顾安琪　王梓铭　王宇昊　金震寰　苏梓康　刘　璇
李忠航　江李渊　黄梓杰　杨书茗　全楚轩　周恩宇　钱嘉程
熊星翰　罗九牧　李　扬　牛翊潼　戴　宸　张楚若　王泽宇
张婷婷　陈哲伟　秦文博　高　翔　梁翼瑞　焦怡翾　韦曦原
刘宗尧　陈咏琳　刘笑之　蔡建成　刘奕然　龙赐雨　张可嘉
许晨瑜　刘宇洋　张叶帆　王鹏举　谷　雨　王可心　冯思远
刘祥第　张雪峰　林小渝　王心雨　徐雪儿　吴　越　张淑敏
姚俊屹　柯冰钰　李成鹏　陈广发　胡万涛　王　晨　胡一鸣
李环娅　刘博均　苏兆俊　姜海瑞　张　帅

材料与化学化工学部

材料化学（17人）

丁　楠　朱朔青　曹浩宇　邵　蕊　丁家振　李玉彬　李宛霖
王新凯　吴　蕙　于天琪　张周宁　赵　琪　杨　莹　赵锡君
武梦莎　林南屹　张建华

材料科学与工程（31人）

庞慧敏　冯　鉴　陈可欣　黄林辉　刘倬良　徐　硕　白雪杨
蒋可欣　李　曦　季晨昊　朱宗婷　陈金露　丁心雨　吴可凡
何雅慧　谈馨月　陈宇涵　胡雪凝　郭有章　余娉儿　李秋逸
隋铖奇　袁浩宇　邓梓宸　柯亚铭　李月蓉　许康路　秦　杰
伍业勇　陈继鹏　肖俊波

高分子材料与工程（49人）

孙传康　胡家伟　韦扣存　王习禹　朱啸宇　饶　钰　吴　斌
胡　威　徐炜杰　吴杭飞　叶林飞　周　浩　龚　宸　蒋文轩
胡　恬　钱喆焱　姜润超　王晓雯　唐伊文　朱怡航　徐　杨
马亚飞　张昕岳　杨依笑　孙焕章　须志红　冉茂漪　夏新月
赵雪松　张　茂　缪　纳　孟　越　黄　磊　孙亚兰　陈　丹
姜卓均　余洁洁　赵烨轩　徐　挺　曹成鑫　张宇翔　晏　伟
俞鑫权　谭绍禧　张心阳　尹钦屹　胡欣欣　田荣飞　刘星瑶

功能材料（34人）

孜克肉拉·再比不力	刘梓恒	成鹏飞	李佳琦	华逸兴	熊胜军
蔡浩	时宇	丁汝	朱梦成	赵胜男	王伟力	徐怡萱
黄子健	靳永斌	崔豪豪	贺乾军	周振杰	花勇	张天汕
陈思琪	陶然	梁津玮	邱亚烯	李逸	罗晓雯	周东亚
王乾翔	连王威	叶若楠	梁敏	孟芳菲	熊宇琨	段福进

化学（97人）

吴卫彬　李旭鹏　范理文　薛影鹏　唐璐　於辰妍　吴桂羽
卞启远　吴和亿　张昉　代书祥　赵方彤　刘帅　钱冠文
李祺昊　王雅茹　蒋丹枫　刘声　黄惠粤　陈若凡　沈强
谭婷　曹金宇　张永超　郭艳　黄舒婷　陈薪同　申凌慧
张宏途　徐芳　宋宪越　吉恬萌　陆云烽　陆淑媛　李子凡
唐嘉梅　曲格平　丁娆　赵国军　刘梓杰　李锦楠　赵磊
唐琪　孙翼　陈雨　娄梦姗　赵祎　姚潇楠　季光明
丁汇丽　睢昕　李梦楠　黄家泰　马晓亮　程童　吴宇琴
马艺宁　尹树杏　张昕帆　吴璇　张敏杰　黄睿霖　蔡之恩
王雨虹　郭玉权　陈子源　吴志杰　郑兆虎　王宸　王跞予
陆昕彤　程高标　朱遥　梁化志　李涵滔　周天纬　刘丹
种锦雨　都安邦　景钰　丁美玲　张渴望　汪声涛　彭程
有少文　曹怡　章萍　关望　田如雯　田菊　龙佳佳
龙继红　周贝霖　刘希　黄家瑞　刘鹏　古丽逊·吐尔逊

化学（师范）（1人）

薛丽

化学工程与工艺（36人）

潘禹　曹雪梅　朱琦　杨舒婷　冯梦佳　李金玲　王云阳
张璇　李睿娴　赵庆桢　周玉树　王祎旻　冷梦雪　郎睦宁
金梦娇　耿思琪　姜春波　阮佳纬　沈康　刘峥　彭鼎杰
周张红　张琳宁　朱子维　石高畅　陈佳丽　王滢　周利蓉
杜梦巧　李玥琨　杨硕　成小锋　李先业　段又愈　陈桂玲
王思阳

环境工程（18人）

谢纬君　黄永超　石中玉　张雪俐　蒋沛江　胥梦琦　谢佩祥
魏晓旭　朱均淼　万誉　张力　陆雯婷　张周崎　李新月
詹栋　冯花　冯诗　田青青

无机非金属材料工程（9人）

杨航伟　饶俊豪　杨　昊　方　寅　叶　桐　周文龙　田月晖
罗楠清　钟　帅

应用化学（36人）

吴震宇　王宇君　菅亚亚　万晓丰　周泽宇　王　镇　林　勇
李　想　戈　珅　李永恒　单康磊　陈　浩　葛佳妮　符　蓉
冯仰翀　班奇洋　殷浩煜　曹群雨　张沈嵩　贺承志　徐　洋
杜　克　刘　杰　李廷瑞　朱文杰　王炳成　王超逸　李欣霏
沈淳悦　苏　磊　张泽雨　苏文豪　汪梦宇　胡科威　姜新宇
杨志远

纳米科学技术学院

纳米材料与技术（105人）

张　璐　袁　月　杨柳菁　孙思远　程　旭　冯恩禄　杨　瑞
陈修远　陈梦露　王　棋　刘根林　唐天豪　高镇秋　裴日裕
姜嘉璇　季海锋　缪蔚龄　汪煜国　蒋　鹏　王若楠　李欣泽
张天炀　夏　啸　江梦婷　赵　刚　莫祥辉　李晓雷　杨智乔
钱佳楠　陈春浩　顾文杰　邵琪雯　宗　浩　刘昊洋　熊子健
师明煜　王　昊　王霆钧　李　斌　梁晶晶　黄海天　周　伟
薛雨清　于潇涵　高可汗　唐　睿　任晓斌　张默淳　张浩威
高　琦　罗群毅　刘家琦　沈旭凯　陈锦辉　李伟鸿　徐超颖
郎智煊　李衢广　张仕林　吴林良　姚　楠　冯　钒　陈　涛
樊　华　丁夕岚　张迎晖　朱晨辉　邱盈华　张舒天　吴慧珊
李嘉祎　宋哲恒　刘育岩　孔繁诚　张遵灏　李文涛　李雪松
丁丽燕　陈都阳　申正奇　杨天禹　陈姝文　蔡闻静　江天石
蒋　迪　王煜皓　张　佳　朱俊毅　佘嘉霖　薛红蕾　刘慧杰
毕　瑜　盛敏翀　程书凝　周梅琬秦　宋子馨　时哲力　黄华瑞
王　充　王椿焱　龙雨昕　陈启明　高弋元　付钰斌　陈毓灵

计算机科学与技术学院

计算机科学与技术（150人）

罗凯艺　周　皓　刘宇韬　张鑫宇　张格致　朱嘉皓　宋嘉威
薛　越　胡钦宇　陈诗歆　邹　梦　任正非　周　磊　王轶宇
范耀文　马晗旭　吴　刚　胡昕彤　林奋炫　张　琦　仲智颖
朱浩文　史翔宇　陈　云　张博宇　苏睿聪　范　帅　徐晟辉
陈嘉俊　王亦心　孙丹锋　郑守迪　熊圣昌　周仕林　王泽宇

张　芳	缪佳伟	周　骁	杨黄江山	卢瑞元	朱玉媛	舒　杰
黄颖丰	韩欣艳	祝华宇	杨　潇	夏云洲	相　颖	段厚伟
钟丽梅	范　羽	崔　健	孙懿豪	杨金东	朱开元	黄琮程
陈心怡	王彦欣	孙　浩	陶嘉淳	张经纬	孟金虎	孙中成
孔　锴	黄　平	林圣勤	刘佩文	陈宇翾	殷晨龙	窦怀厦
王康鸿	殷越飞	徐　婧	阚宏扬	钱赵荣	陈嘉泓	李　扬
李敬佩	戴子菲	贺一夫	张志洲	龚子恒	洪　曦	刘俊汐
陈裔尧	仇旭健	张　浩	陈　宇	祝秀军	田　浩	冯读硕
杨　奕	束云峰	章　红	严嘉祺	赵旭军	从怀党	杨　康
钱　来	池　庆	刘雪海	孟祥瑜	赵维俊	王　浩	李　豪
黎　霞	徐敏瑞	谢铁良	顾楚怡	袁　琳	范晶晶	徐小童
周经松	王嘉晨	黄红妹	顾　颖	沈天豪	邱天成	王　森
何家旺	赵雅健	王瑞津	高　峰	于　鹏	陈　晨	吴　尚
吴浩然	吕双伶	徐　愿	何文忠	张志寅	王佳安	徐可欣
任志鹏	涂华武	郑展飞	邓　欢	娄遂恒	王威振	代亚男
周芳亦	靳　义	俸中娴	赵　珊	马程鹏	张逸轩	旦增顿珠
王　磊	王仁杰	邱孝行				

软件工程（73人）

徐　进	徐慧芳	吴欣荣	付　豪	张溢锋	朱晨涛	田奕晨
白　旭	蔡王辉	李衡佑	冯俊植	阮　松	周　彬	王　琦
卢　锐	张仕杰	王满荣	王　越	罗梦宇	周天翔	杜涛涛
朱志玲	吴　湛	王　成	魏建良	杨东阳	周　洋	郑　琇
丁群虎	张钰峰	田玉冲	梁海涛	杨云霄	周　磊	庄伟渊
葛　江	侯　洋	曾　宇	许颖栋	钱子裕	陈泳全	丁智银
金　典	于程程	夏文嘉	孙　虎	李绍贤	徐　缘	吴鹏举
唐俊斌	吴秉庭	朱泓全	徐　言	钱雨凡	郭宇航	喻储旭
刘　湛	王　宇	马宇杰	丁润程	张婉玉	秦　天	黄健凯
杨　增	张扬林	黄柏清	李　舟	谢　骁	王成睿	陆承锋
唐思南	刘　欢	陈俊航				

软件工程（嵌入式培养）（8人）

| 向安睿 | 陈子玥 | 陆思凡 | 童　许 | 黄子靖 | 李逸凡 | 申　晨 |
| 张珺铭 | | | | | | |

软件工程（嵌入式软件人才培养）（6人）

| 黄海波 | 王伟韬 | 王宇初 | 卢　静 | 陈　承 | 蒋　夔 |

网络工程（12人）
　　王文欣　　周昱铭　　孙翊涵　　侯文浩　　丁亚伟　　唐林锋　　陶俊杰
　　华雄飞　　张　杰　　杨彦彬　　于　辉　　周旭韬

物联网工程（38人）
　　张　霖　　杨一鸣　　潘亚东　　刘明仁　　马觉理　　陈奇一　　胥　涛
　　徐　迪　　宋　雅　　张　乐　　陶文萱　　赵思杰　　吴　涛　　李嘉铭
　　李帅克　　张锡磊　　吴　江　　陈鑫博　　黄智宏　　张庆飞　　高志广
　　徐国庆　　于　祥　　缪振炎　　刘博遥　　蔡宇晖　　王璧蔚　　李浩冬
　　俞　旸　　郭睿华　　奚　晨　　殷怀瑞　　李　恬　　冯黔双　　刘莉姿
　　韦　飞　　訾　翠　　赵雅洁

信息管理与信息系统（38人）
　　林凤妃　　严以宽　　高德展　　李淑颖　　蒲秀蓉　　袁　博　　陈荻帆
　　柯艺铃　　孙玮啸　　孙啸昂　　朱梦柯　　唐夕云　　沈　聪　　张徐浩
　　吴　昊　　王可心　　张寅钊　　彭玮玮　　沈嘉诚　　王　亮　　张镇麟
　　孙可心　　孟金令　　孙　柠　　王　魏　　羊靖怡　　刘慧敏　　刘鸿瑜
　　李　昀　　陆文捷　　周璐瑶　　张　雪　　孙雨溪　　王梓汉　　周　莎
　　黎　旭　　令狐川露　张恒滔

电子信息学院

电子科学与技术（34人）
　　吴湖月　　颉凯兵　　陈　冰　　刘天玺　　张棋栋　　王紫璇　　薛春宝
　　卢佳艺　　管灵凯　　黄嘉铭　　张玉静　　黄善好　　朱静波　　何肽威
　　杨春艳　　陈子翰　　刘　铭　　刘　涛　　宋飞飞　　张钦源　　闫科言
　　史刘鑫　　张　迪　　蒋睿涛　　史凡伟　　曹　越　　刘　彤　　徐金桥
　　王　峰　　胡兵杰　　何林襄　　刘弘毅　　朱　琳　　图尔贡·萨迪克

电子信息工程（59人）
　　王　维　　朱彦君　　闫益繁　　张文杰　　孙志海　　袁子安　　郭　丽
　　王泽群　　魏锦辉　　黄　超　　段　毅　　季　颖　　陈智纬　　高　巽
　　孟寅杰　　夏镜华　　胡宏益　　胡　洋　　陆　道　　林嘉木　　马　婧
　　张浚玮　　李赛赛　　杨　倩　　莫凯霖　　张浩文　　许　丰　　张慧敏
　　朱浩存　　高晋岩　　张炜奇　　周千尧　　王　俊　　张永胜　　刘华英
　　沈智彦　　陈宇杰　　黄雨诚　　刘智程　　许岳东　　李子苏　　朱宏伟
　　王　焱　　耿佳琪　　夏文虎　　李欢欢　　徐　杰　　王才泽恒　王朵朵
　　刘建新　　吴洪怡　　涂尊明　　冯　肖　　张峻玮　　张春意　　赵　亮
　　袁明铸　　朱　伟　　刘宇航

集成电路设计与集成系统（30人）

高致远　倪　渝　张桐桐　周铂镇　凌　昊　姚旭妍　仲　典
张　谦　吴　梅　朱文杰　王　裕　郭欣格　邵子健　汤雁婷
陈　前　黄嘉诚　芮步晖　唐志伟　朱星丞　秦毓濛　瞿嘉玲
庄　毅　潘成生　薛　玥　陆禹松　蒋大海　张　威　李美玲
沈佳燕　韩　悦

通信工程（65人）

翟　璐　李　钰　居　阳　周晓枫　叶　枫　赵天祥　梅茹欣
袁豪杰　胡竞文　田佳辰　常志臻　何家璇　许智信　赵　猛
吕左京　严蕙瑶　贺　威　黄夏馨　马天逸　袁雨薇　包秀文
包增浩　虞书铭　屈雯怡　刘雅琴　李栋胜　褚荣晨　施煜昕
徐　彤　朱栋岚　徐锦程　李羿璇　缪品铖　徐　涛　潘敏慧
王　鑫　朱子启　王　康　王　颖　黄庆杰　郁　骏　刘晓雅
宋文彬　兰　鑫　曹雪阳　张奕晖　郭青雅　张海华　程鲁杰
郭家根　王　雪　常　鑫　冷访华　王思法　王日顺　贾立臣
刘翔宇　张　明　库新怡　陈昱君　李　杨　龙　昊　张兴鹏
王　宁　冯久勋

通信工程（嵌入式培养）（43人）

薛　嘉　张　晨　梁　真　房耀东　高佳伟　黄　婧　章昊天
常志鹏　甘　露　黄建兴　王鹏飞　孙鹏程　季雨霏　庞　博
范云天　谈文昊　王爱业　曾晓慧　杨　晨　田　虎　陆　蝶
徐宇飞　周　倩　胡　朗　杨如琪　王政东　孟凡泽　曹凤楚
黄紫婧　杨皓文　堵梦杰　葛　未　孔　睿　吕言真　朱晓奕
宗　铭　屈家琦　周健鑫　陆　恺　刘陈璐　王晋怡　颜文聪
夏予琦

微电子科学与工程（32人）

简　煜　陈不凡　魏倩倩　赵来平　曾祥倩　祝天市　刘　莹
赵园园　吴　昊　肖子安　傅橙辉　王畅朔　周旭阳　王　崔
谢紫怡　罗　干　陈浩男　翟海杰　姚福民　温　馨　王　喆
王　浩　高瞻远　孟鸿锋　任宇浩　韦忠况　邱长勤　唐吉飞
谷廷泉　毕舒妍　强祺洋　王　杰

微电子学（1人）

王毅鹏

信息工程（50人）

吴成杰　汪佳锌　段俊良　王　杰　朱张琦　郑汉柏　邬星梓
李意红　佘一凡　何昊然　宋明煜　胡志刚　陈开铭　王宗达
罗欣瑶　孙　琛　周子健　潘泓宇　谭笑婷　徐鹏森　王　水
安晨曦　周治邦　胡展程　陈子叶　赵思雨　赵想想　童海燕
张　旭　翟振伟　彭　涛　殷　明　崔柏乐　李政阳　陶雨菱
李超群　卢　阳　汤林豪　刘巡迎　周　晶　欧阳艳　刘力源
冯亚萍　汪超伟　邱于添　穆　岚　杨宗颖　高方万　刘奕含
冯宇帆

机电工程学院

材料成型及控制工程（42人）

胡　政　张天亮　卢　强　林云忠　李灏舟　董耀华　周　鑫
张子栋　亓广齐　吕先林　吴梦辉　张王威　王　刚　张　乐
姚智越　王文军　郭全东　王青冉　任旭东　蔡锦涛　刘妙音
葛小亮　董旭伟　葛盛吉　石延秀　赵培进　张　浩　曾志坤
陈飞豪　施政宇　陆宣成　杨李益　周　强　黄佳成　易序涛
李赵威　彭际结　阮　松　郭正华　陆　兵　杜世贤　李耀文

电气工程及其自动化（68人）

钱　豪　甘世亮　孙静怡　陆黄钰薇　许敏捷　周坤钰　沈嘉杰
纪海纳　陈　洋　仇铭劼　高　星　张　钊　吕　林　苏　焱
邢宇杰　欧阳飞凡　张　啸　张颖嘉　张　帅　张　礼　张浩然
沈鑫海　路　锐　赵　颖　谢一凡　姜高修　邹如镜　李海峰
王雅琪　耿润昊　范传留　成柯庆　张　言　裴振杰　万项宇
郭　鹏　施凯杰　王　畅　王兆唐　蔡雅程　黄利明　缪袁月
马忠祥　邵旋珂　赵建华　杨　雪　王　玮　庞雅天　李飞宇
张均煜　张鑫阳　邢健豪　胡剑辉　邱林钢　陆云飞　顾佳成
宋佳勋　高志成　罗　艺　朱镇坤　王淑娴　张　禹　殷瑞鹏
黄德顺　何星月　田金艳　柯　昊　任景瑞

电气工程与自动化（1人）

陈嘉玮

工业工程（25人）

马　浩　赵志强　王锐军　王　琦　刘　洋　王约翰　韩腾飞
施云祺　王志文　丁佩琦　何馨然　王昕燕　李海龙　廖　洪
庞　彦　朱桂琳　余　童　朱丹丹　张　艺　李　忍　周希柄

黄淑君　　卢翔倩　　陈展博　　张春阳

机械电子工程（45人）

鲁　露	佟　琳	宋裕烽	钱嘉林	梁红阳	程　壮	张　奔
王帅帅	张镇山	郭志浩	张永锋	佴奔致	王　敏	梁昊天
项宇承	杨路强	王宇宸	李嘉琦	葛荣华	肖源杰	陶　源
顾志恒	熊继源	蔡泽钰	叶　彬	潘蒙蒙	吴　轩	宋继聪
郭　燊	宋宇航	裴智超	刘　林	张烨虹	王　烨	顾佳昊
颜宇庆	蔡旭寅	吴雷杰	颜　远	李文豪	张　帆	许宇哲
吴祖冲	李　阳	张劭铭				

机械工程（65人）

孙志东	崔星毅	陈方乾	王　乾	米宇奇	孙广杰	顾岚翔
张　群	赵宇航	于　航	韦骏文	丁有恒	蔡玉祥	陈恬恬
杨　晨	张稳涛	徐馨浩	张愉健	牛省委	季国庆	程舟琦
刘　妍	刘佳庆	刘　琦	郭春晓	杨　敬	梁家栋	张雅慧
张娴妮	刘家璇	施雅淇	黄佳瑛	杨　岚	鲜书豪	陈少文
徐佳含	周　文	秦　浩	马　晖	彭耀兴	刘志祥	张竞业
梁　随	马　军	纪仕雪	王　浩	张　峥	汪宇豪	石昊珉
顾钰颖	张苏越	黄淋鑫	王振华	周　通	韩　笑	张铭超
胡新路	赵　龙	丁晓璇	孙愈釜	梅博涵	汪龙华	文　娟
孙　宇	赵显刚					

沙钢钢铁学院

金属材料工程（34人）

曹　硕	陈波宇	吴胜宗	周　冰	袁琳皓	覃诗卉	莫少立
董志虎	李卓烨	陈靖雨	曾庆财	何乐为	刘宇坤	黄　超
顾天奇	艾　聪	黄　泰	彭德意	易　格	刘　站	袁　帅
束　鑫	杨逸轩	曹　震	陈　鹏	周　成	李润杰	刘佳硕
唐　迪	刘　东	张高峰	何兵兵	蔡如锋	那维克然·塞力木	

冶金工程（41人）

周博伦	窦天孝	刘陶然	黄　博	吴茂桥	柴超伟	王　锐
徐文庭	张天屹	林泽锟	汪　鑫	占　洁	向　福	宋京博
赵博天	曹佳明	杨献光	程　晨	邓寅祥	谢寒月	马凯文
邓涵辉	王昺珏	蒋　周	徐帅权	杨　岳	么天阔	韩　博
赵政凯	李江子	鲁　杰	徐宇轩	杨墨瞳	党梓毓	杨　柳
黄　鸿	毛　凯	胡万祺	龚高飞	杨涞娟	张　峰	

纺织与服装工程学院

纺织工程（136人）

王钢强	施 宪	王恒宇	陆知微	朱思达	赵欣悦	朱继尧
于 迪	焦承昊	陈 瑾	詹 昊	宋华煜	杨泽豪	杜汶骏
段季欣	蒋紫仪	张闻浩	葛子懿	吴恒通	罗政煜	徐颖丹
左雨蒙	李金澹	杨宁哲	周竑宇	雷雨晴	费绮颖	龚依澜
马 泰	薛坤仑	黄天翔	薛 霖	丁旭寅	刘光硕	邹樊伟
沈骄宁	戚宸冰	夏 航	张宇凡	殷若凡	陆欣怡	杨静榆
朱舜杰	辰 辰	代 力	俞可欣	金振宇	杨弋丁	范志成
肖 舒	王 静	陈筱玥	邵怡丹	张玮玺	林 祥	唐柯烨
徐一茗	沈芸婷	王沁旖	孙嘉阳	董瑞涵	高捃恺	马世栋
唐雪萌	何天亮	张 雪	刘宇婷	祝 虎	茆哲心	张玉恒
朱恩松	万春兰	陈月月	饶 婷	吴思捷	王赜默	王佳仪
张丹阳	冯小雷	祁珍珍	常思韵	崔玉婷	谢梦媛	黄宇笛
刘羿辰	吴 旻	吴美玲	张雪彤	姚 琳	潘 文	冯子韵
谢燕婷	邹 昊	贺妍蓉	周昕妍	王宇帆	经 科	李宜笑
陈清煜	张一丹	谢茜敏	秦佳芳	徐小航	曾庆怡	芦玉杰
钱永康	陆 玮	武浩东	陈瑾钰	王梦梦	桂舒尧	刘旭红
童爱心	张周宇	于 欣	谢银丹	罗伟伟	孙乐然	范 宁
曹 慧	庞玉霜	汪 童	陆美化	黄孟丹	孙 悦	郑速蓉
贺子真	陈佳琳	张 悦	施静雅	杨 丽	周恩亦	罗竹颖
孙迎悦	张文婧	王育祥				

非织造材料与工程（38人）

顾欣愉	李成明	王子陈	张诗琪	赵雪钦	西亚堃	杨瑞嘉
张 蓉	陈 诚	邓 瑜	马国财	魏晨星	叶 旭	田建鸿
黄涵乐	李兴兴	王 威	谭美雯	陈 虎	马成超	杨舒桦
吴佳骏	王海涛	张 旭	李泽伟	刘 奎	丁正媛	葛 灿
杨振北	马宏智	谭锦程	成金钊	白 昱	刘译阳	张晓彤
陈文霞	罗世丽	丁明玥				

服装设计与工程（53人）

陈昕艺	宋妍叔	顾嘉霖	陶 思	苏 畅	刘 敏	林佳丽
朱 灵	尹楚琪	蒋 沁	罗庆楠	吴兴桃	张鑫怡	唐曦崚
蔡王丹	王笑颜	陈佳妮	李思钰	刘永红	李 洋	李丽华
刘艳秋	王琳琳	谢旭岚	蒋林秀	韦钰菁	刘思忆	曹雪纯
郭萌萌	李英健	潘梦娇	骆 言	冯胜楠	盘 鑫	林雨峰
吴天宇	王晓蕊	张露杨	许雨萌	景灵犀	陈小雨	刘 涵

张思思　蒲兰美　胡加欢　陈沁雪　郭怡芊　赵　阳　韩凤媛
孟　聪　卡那斯·巴合提克力德　　　阿丽米热·奴尔买买提
木开热木·玉山

轻化工程（54人）

郑靖国　仇梦琳　孙新超　罗　婕　苏　畅　贾荞侨　相烨焕
李　香　郭昀鑫　邢丽丽　刘星灿　杨晓玥　陈鸿武　黄　飞
肖连和　李秋蕴　胡雅静　曹勇志　戴　窈　符业创　刘鉴达
王　蕾　吴鑫昊　赵在辰　朱梦珂　武晓瑞　李灿灿　陶美洁
赵寅杰　徐诗媛　陈　露　田晓堃　司倩倩　朱珏萱　晏任斯
马福祥　徐　迅　胡伊婷　杜泳胶　汤雨辰　文　鑫　张子薇
蔺雨明　高天华　胡俊惠　何芳妮　袁玉辑　李　珏　王瑞琳
顾蕾颖　顾　珊　刘　玲　托玉其别克·吾肉孜
古丽沙那提·努尔别克

轨道交通学院

车辆工程（50人）

李广源　王　欣　程海生　亢东东　吴海晓　陈博戳　沈　冲
李　涛　陈嘉鹏　王浩宇　张牧辉　侯闻韬　赵　睿　高鹏程
杜少秋　杨玉琪　焦禹潼　施瑞琪　秦添钰　孙元虎　蔡加健
张莘雨　徐　伟　蔡　松　季世文　刘　敏　刘天宇　王　浩
宋梦雨　张梓伟　王　超　武鹏飞　苏炎杰　洪文辉　瞿佳诚
于　宇　宋秋昱　曾　智　李鹏飞　朱成秀　李家俊　赵博文
何　嵩　王瑞阳　刘康宁　黄文芳　牟　松　卓远赢　彭德民
吴　迪

电气工程及其自动化（45人）

付建周　方绪阳　张　浩　黄浩东　石　康　王兴佳　伏　健
许　昊　张宇航　郑凯旋　王帅帅　王梦圆　何　涛　潘炎亮
聂子贤　张正宝　虞文祥　朱子恺　徐华瑞　马宇昊　张　勇
姚　鑫　高　嵩　钱成晟　缪晓志　姚铭洋　李苏雷　沈刘阳
于　伟　马利军　李少起　朱华阳　刘中宇　李文皓　解　云
岳志创　孙　猛　李大龙　崔同雨　盛东起　吴峻玮　贾红旭
沈宏林　王永其　周柯宇

电气工程与智能控制（49人）

张家乐　冯治家　毕超鹏　李志远　陆佳宇　崔凌志　夏鹏程
卢力铮　严澄阳　王岁宁　牛佳庆　孙智刚　王杨浩　鲍祺豪

金天虎	唐　旭	徐　杰	顾明星	黄　蕾	王　昕	张　远
杨　磊	蔡　涛	张重达	朱彬涛	李轩赫	陆　昊	朱其德
严礼杰	陈德民	吴　洋	李　昊	周志伟	汤宇杭	马艺林
郭　腾	韩剑文	辛宇杰	黄靖文	王凯欣	叶文韬	梁梦舟
沈　宇	杨新晨	周溢聪	叶书凝	郑子璇	刘帅鑫	陈培治

电气工程与自动化（城市轨道交通控制工程）（1人）

朱晨阳

工程管理（32人）

李　政	剡星瑞	张永杰	蒋　运	张　峰	徐崇益	张思慧
周小淇	王国荣	吴青琳	俞　淼	韦秀美	陈嘉熠	刘　雯
陆诗煜	徐迎峰	齐旺盛	杨　蓉	袁曜凡	黄　山	亢剑罡
卞　俐	陆扣亮	冯丽丽	张名扬	余　瀛	谢文奇	居以劼
李祥墙	屈　洋	马　甜	吴易霞			

轨道交通信号与控制（37人）

孙骁屹	钱露露	缪志凯	王玉琦	陈一豪	李可昕	陈彬峰
房舟彤	张朋杨	高　嵩	孙睿琦	彭　量	孙襄宇	马昀韵
田　静	芮昊宇	姚嘉诚	唐诗音	姚　禹	鞠梦洁	王　睿
周　漫	邢慧琴	杭　昊	朱苗然	邱彦锦	李庆洋	应涛剑
许　通	董昊远	孙煜然	关睿康	李重阳	刘润泽	冯　源
蒋瑶瑶	李园馥溶					

建筑环境与能源应用工程（43人）

王赵洋	王羽婷	黄泽祥	容仕汉	何　峥	董山山	王拴来
任啸天	贾　悠	吴艺晖	闫阳天	刘　波	徐永刚	曹　振
朱鑫磊	曾　越	万红牛	周钰博	宋瑜豪	王永涛	姚亭亭
陆星淳	胡张驰	陈思懿	沈杨洋	章柳松	何　晋	杨添通
尚　康	邵华泽	潘平安	张凌峰	马睿飞	何银芳	黄　培
顾远健	吕思嘉	许子敖	王良斯	李　锋	朱昱衡	王晓虎
李鹏云						

交通运输（31人）

陈宇安	桑爱春	尤金泽	路炇达	刘雪莹	文天润	王　楠
赵羿杰	李妍琦	李梦婷	李巍峰	王　茜	孟世纬	邬佳欣
陈　香	武莹莹	昝雨尧	朱梦楠	翟君伟	靳晓香	张书敏
宋卓康	吴敏峰	郑思远	李　怡	杨　振	代维斯	杨　楠
吴永杰	陆育霄	周怡雯				

通信工程（城市轨道交通通信信号）（1人）
　　胡春春

医学部

法医学（19人）
　　陆晨希　　陈雨蒙　　张成建　　陈茹凤　　程　颖　　杨萍康　　薛　李
　　郑雪皎　　陈春梅　　高　阳　　黄　傲　　魏晓文　　缪文文　　张星辰
　　杨　勇　　李晋东　　谭梦煜　　方健松　　阿迪拉·艾克拜尔

放射医学（97人）
　　雷　宇　　唐　刊　　白薏琳　　邹济平　　高　芸　　钱云飞　　杜　岚
　　王议贤　　陈叶萌　　胡　创　　马晓婷　　殷卓然　　工艺锦　　张雅妮
　　盛云婧　　朱韵菁　　朴美娜　　邱　娴　　单佳露　　胥庆青　　潘凯程
　　奚可迪　　章雨晨　　邱新宇　　卢双双　　陈梦萍　　王羽丰　　任嘉溦
　　缪敏倩　　罗发坚　　王　宁　　陈爱红　　刘一桐　　于涌铎　　张志森
　　顾　鹏　　宗旭敏　　周凯笑　　李佳辰　　邵世龙　　李振妍　　王彦浩
　　夏　璐　　朱　钰　　陈　笛　　祝子斌　　袁芳琴　　董　帅　　赵　敏
　　周　舟　　赵　刚　　朱　雯　　宿　晨　　张　磊　　赵宇豪　　洪志强
　　于江坤　　武顺杰　　粟敦慧　　吴海欣　　周　怡　　陈思蕊　　张艳香
　　陈　静　　李　琼　　艾依丁　　谢毛毛　　张欣悦　　鲁海燕　　王榕泽
　　张　蒙　　张天天　　李嘉南　　黄裕乔　　李富鹏　　许佳何　　吴晨曦
　　祖　鹤　　蓝海屹　　刁　娅　　陈静文　　刘雨欣　　王　肥　　潘多卓玛
　　王睿云　　邢郁婷　　安　怡　　胡添源　　其美卓嘎　　王淳雅　　马婷婷
　　杨　赛　　罗辰宇　　刘　畅　　林　雪　　张茹茹　　缪　暄

护理学（59人）
　　郭蓓蓓　　陆　麒　　陈姗姗　　邹伟韬　　吴晓枢　　尚苏阳　　苏　迪
　　张　丹　　隆小红　　何星霖　　敖赛星　　王玛丽　　王　钧　　马颖杰
　　刘　丰　　王雅岚　　金　涛　　范小娜　　李歆语　　钟赛敏　　杨　帆
　　王　烁　　崔　娟　　季玉姣　　徐　源　　徐　璐　　张悦越　　惠佳滢
　　方　格　　刘志莹　　严晓毓　　彭　嫱　　黄姮毅　　石优颖　　王珊珊
　　王　梓　　陈　霖　　傅卓凡　　姜　婕　　张煌天　　徐　芳　　蒋纤纤
　　褚家华　　汤可沁　　许文璐　　朱董旎　　纪雪朦　　曹雨璠　　李　晨
　　黄诗雯　　张友姣　　邹　颖　　熊璐瑶　　贾静晗　　李杰萍　　牛嘉月
　　夏甜甜　　司楚楚　　周靖炎

口腔医学（51人）
　　刘家悦　　康詠晴　　李光成　　黎千嘉　　詹宗历　　王　彤　　付雪萌

张 晗	杨 毅	陈 晨	张 睿	刘雨晴	王冰清	张晨晨
邓婷婷	叶程心月	黄立志	陆叶平	张 婷	李超凡	纪玉洁
赵子昇	田浩轩	徐秋冬	盛 漪	居 静	束长青	翁芷杰
葛盈盈	王周阳	吴一凡	邓荣芳	黄懋庭	王雅慧	刘海岩
蒋子晗	崔顾馨	谢林洋	郭安捷	张兴伟	蒋志敏	李雨柯
张林峰	赵 芮	崔 丹	方 丹	赵奕萌	罗阳新	付启航
黄田雨	图提古丽·马木提					

临床医学（154人）

关 霖	杨露露	张 豪	林天劼	陆佳怡	丁 兴	钱超群
肖心怡	孙 祥	黄逸欢	马海洋	赵梦梦	陈义天	朱 淼
史学龙	魏本凯	冯颖慧	韩丹瑞	黄嘉鹏	郭之怡	吉 祥
陆 颖	康登峰	金奕滋	施雨彤	周 颖	王 博	孙丹丹
刘善雯	姜佳译	彭雪楠	蔡令凯	滕 云	杨普升	王雨桐
黄 晰	史梦琳	侯馨竹	杨思源	张力戈	何 浪	谢 菲
王伊嘉	陆家梁	王佳柠	吴 松	黄久晶	朱 庆	孙 涛
顾 爽	陆少柔	曾敬统	宣 颖	陈家瑶	吴子煜	尹虹杰
郭 颖	仇 宇	李佩佩	夏青月	陈 泽	朱天骋	陈茜楠
严泽亚	周子杰	朱世新	张 珏	李晓哲	徐海波	张 瑀
杨丽清	陈 龙	李洋锋	崔轶桐	许金晖	寇 裕	黄舒怡
赵晗童	沈昱灿	郝力洁	陈 琦	袁 超	朱宁骐	华镓梁
谢佳韵	陈 鑫	刘浩然	刘向明	许锦坤	丛伟杰	许 杰
徐 威	郑樊程	雷诗辉	吴忱烨	李光辉	陈昊澜	王艾冬
沈 晖	钱 睿	林 卉	葛荣磊	崔 晨	李丹阳	徐昊天
崔 娜	陈 芳	王佐翔	王 震	马宇航	马泽坤	吕诗晴
严皓敏	沈方正	刘颖超	龚 成	周 洁	顾义洁	潘 杰
李慧霞	汪天豪	李文龙	张诗韵	朱 婕	赵世通	王诗明
郑羽佳	陆泽坤	谢好菲	张 昊	张婷婷	尼翔羽	李江楠
金 杰	雷张妮	王海蓉	张美荣	申登辉	范张伟	曾 峥
黄 颖	程心萌	张炜杰	曾宏涛	陈 霈	魏西雅	薛培君
陆嘉伟	冯 帆	杨 成	梅永杰	阿卜杜拉·扎克尔		
阿力米热·叶尔江		艾萨·吾扑尔				

临床医学（5+3本科段）（142人）

陈香楠	姚剑蓉	梁晓龙	王嘉禾	刘 原	文晓亮	王华铮
潘 斌	黄 凯	贾梦婷	黎远玖	邵宇阳	李 然	姚佳仪
黄智灏	季任婷	姚曼雪	贾元源	肖嘉睿	龚淞楠	王明晖
叶 磊	胡 灿	邹颂渝	金星羽	顾雨洁	张 杨	武莉格
王佳文	胡雅琪	谢卓霖	张阳光	张 陈	岳月仪	赵天翼

高莉蓉	殷民月	周芝润	尤红英	张钱中逸	庄歆予	时星宇
冯伟	贺子屹	王长宝	陈光樑	王怡	杨满慧	陈晨
叶盛	孙苏文冬	李诗佳	谭鑫曦	于浩	顾毅杰	仲颖
蔡海山	华嘉年	石晓兰	张思佳	左桀明	蒋禾子	赵梓乐
王紫兰	金捷	陈春文	李雯	赵轩宇	陆佳玲	邱寒磊
杨祖耕	周子杰	王素琴	归甜甜	李益臣	邓乐彤	倪海舜
李自愿	谭政豪	刘博文	李傲霜	朱思佳	蔡雪艳	白燕金
党成晶	于孟琦	陈文悦	张影恬	吴义珠	廉晓露	张谦
陈唐亦衡	史鼎森	周佳怡	陈嘉豪	孔柯瑜	吴皖肖	石启芸
曹明杰	倪柳菁	陈子珺	苏赛	史亮	金聿嘉	杨宜婷
陈艳婷	陈惠娟	陆蒋惠文	高志翔	徐莉	汤愈	奚敏
谢林桂	姜诗瑶	钮婧歆	马玉濠	吴晓光	赵玥	徐佳妮
张宁	任嘉裕	何怡	邢维鑫	叶洋	张超	朝娃
张晓艳	李慧宇	洪苏倩	吴乾玉	樊子君	宋钰萌	刘致君
冯自彬	万超玲	余培	杨挺宇	罗丹	叶梦凡	施皓
许青芃	王瑞					

临床医学（儿科医学）（35人）

耿丽婷	陈晨	徐华	彭雁	吴怡瑾	朱婷婷	姚淑雯
尹超平	娄涵	毛广惠	朱晓雨	文军	韦忠玲	葛启超
向舒蕾	戴彤彤	刘畅	褚思嘉	王艺静	李曜多	张桢
李天逸	唐蒙蒙	沈宽	李梦鎣	钱旭	吴妍	朱兆峰
朱晓菁	张睿	坎渝	徐曦	马韵之	冯碧云	李佩瑶

生物技术（69人）

郭盈	李般若	薛仁杰	缪继疃	刘子旭	陈庭浩	谈心
倪梦宇	徐小涵	张子言	赵梦琦	吴悦	田亚妮	徐向迪
严晨啸	蔡佳敏	马荧荧	周玲芹	徐雨馨	李幸	沈丹丹
杜倩	陈洁	王喆	申晓	郑万坤	淡雅欣	丁忠莉
谢美萍	张雨嫣	叶彤林	刘旭	郭浩东	李鳗芸	张子建
刘德旺	屈珍	万立	虎嘉祥	杨蒲媛	杨乐	王储强
李媛玉	周凌波	史可心	赵俊杰	宋成林	王慧慈	曹智钦
涂桢铖	张亮	李郁梅	覃小华	马国胜	毛博	马米阳
许林鑫	吴元元	张硕	曾莹	刘娟	周梦圆	冯万胜
卓霖	张艳	孙菀晗	王志虎	管梓涵	迪丽努尔·阿不都热合曼	

生物科学（31人）

张之馨	李呈喜	彭如及	金薇	荆凤雅	金泽荣	黄果
朴弘毅	徐海鹏	陈坤	葛心瑶	关成	张超瑜	高赫

张遥昊	李嘉媛	杨济远	柳 华	钟 岭	史王飞	康程浩
李 俊	王雨晨	万艳萍	李 黛	杨禹莲	陈倩倩	俞莹莹
王 璇	何晓颖	哈力旦·艾尼				

生物信息学（33人）

范鹤禹	杨 清	田沛艺	黄 磊	宋星宇	刘 鑫	刘兴义
唐 尧	姚心怡	亢馨婧	陈宇迪	张雨涵	杨小芳	赵旭东
牛清民	孙智科	王楷天	王琪萱	黄金秋	赵 倞	李在涵
刘婉琳	孙啸晗	张 倩	蒋全琪	郭曼玉	甘 密	李云帆
谭 霈	文玉昊	李建有	依力哈木·依布拉英		哈马尔·巴合达吾列提	

生物制药（44人）

周 旭	陆 柔	葛 婧	周俊秀	赵 蕊	范健宸	李依桐
马莺方	任 丹	卫克东	廖伟南	陆穆娇	罗嘉丽	邵 琪
田春阳	费晓凡	郑慧琳	蔡亚凌	张镜一	刘兰岚	黄发言
李雪程	罗 鑫	叶超凡	刘兴晨	刘伟伟	管 晋	朱明辉
范 琼	李佳颖	周益威	刘志昊	赵晓媚	秦笑楠	王世嵩
黄淋玉	陈巧玉	葛 涛	雷 蕾	谢惠敏	张 茹	李雪静
娜菲沙·艾则孜		加沙里·洪都孜别克				

食品质量与安全（28人）

周于群	陈梦雨	高田田	孙靖迪	崔新旌	花峥芮	蔡 锐
周 崟	沈 越	莫怡敏	赵明珊	党宁琪	胡 慧	徐艺帆
郭盼芳	潘必旺	王鑫怡	杨 涛	邱群婳	汤孜希	黄霁雯
潘雅颖	高家伟	李沐璇	马晓玲	阿尔信古丽·霍斯力汗		
尼鲁帕尔·艾斯卡尔		古丽杰娜提·赛买提				

药学（97人）

刘海秋	李子民	刘沛沛	石博文	吴佳雯	杨云渺	孙志伟
王 瑞	赵青青	杨杰凯	白雪纯	朱一凡	李施宏	陈 谦
刘嘉雯	牛嘉慧	钱佳璐	孙瑞琪	高 叶	崔玉红	范侣华
陆欣雅	陈世雄	丁嘉怡	宋振杨	商子屹	聂冰清	丁悦凯
李 琳	王聪媚	陆菲菲	周慧丹	徐家乐	闫端阳	陈梦茜
杨馒玉	邱 天	陈冠华	陈 刚	潘罗丹	李妙春	张茜茜
谭晨阳	金 秋	陈文鸿	左淑婷	肖钦文	吴 旻	赵亚囡
赵 玫	曾海芳	李佳佳	马 璇	卢吟秋	吉伏舟	王楠茜
袁茂嘉	朱 辉	林金榕	尚鹏飞	唐 婕	揭凯悦	钟楚红
马文慧	毛佳琪	杨向春	彭攀攀	邢津铭	王 梅	赵 鹏
张芳蕊	马思琪	韩佩洋	赵明晖	王秦雨	庞家鑫	陈洁尧

龚星煜　　李文翔　　佟　洋　　于运浩　　杨祥吉　　金植炎　　高艳蓉
余佩思　　蒋　锐　　浦　娅　　龙　楠　　聂映敏　　陈会会　　汪佳玉
段思玉　　向海鸣　　李安全　　杨婧雯　　贾瑾如　　梁力丹

医学检验（1人）
　　钱琳玲

医学检验技术（36人）
　　王瑞欣　　刘云开　　张　友　　曹佳敏　　柳宛辰　　邵　静　　陈思嘉
　　亢重傲　　曹　程　　郑娟梅　　闫蕙婷　　张铭蕙　　王九洲　　刘　婷
　　熊　璇　　杨高明　　王伟国　　王瑶祯　　吴晓晗　　皇甫芷如　　唐晔玮
　　陈雅云　　刘　琳　　汪达青　　有　媛　　徐成钰　　张　扬　　舒伊萍
　　蒙海娜　　闻奕丞　　汪　丹　　梁　锐　　唐　娜　　黄　廷
　　阿孜古丽·麦麦提　　阿尔祖古丽·艾散

医学影像学（48人）
　　张彦飞　　金晟琦　　方　菡　　肖体先　　魏　楠　　王雪怡　　薛雪菲
　　吕晓静　　杨萌萌　　徐深波　　李　萌　　戴　瑶　　余洁倪　　周　婷
　　吴少锋　　张诗婕　　张婉微　　曾上予　　刘明会　　张　宇　　蒋　增
　　宋子阳　　褚玮钰　　秦　烨　　王楚涵　　缪　瑶　　印旭阳　　顾　韵
　　耿莹莹　　梅　楠　　梁广财　　杨逸涵　　毛佳悦　　陆璐琦　　杨文洁
　　彭　迪　　沙静云　　安景景　　张宇慧　　王　瑶　　赵世豪　　泽仁旺堆
　　伍　俊　　秦浩睿　　聂　宏　　乔晓梦　　边巴普尺　　张云怡

预防医学（59人）
　　张海龙　　王　赞　　王优一　　郑萍佐　　汪亚男　　朱吟玮　　洪月莹
　　李　田　　窦媛燕　　孙路路　　洪　婷　　周　悦　　石　喜　　严婉铭
　　王星辰　　陆玉瑛　　陆　奇　　刘　晓　　朱含赟　　戴　航　　朱钲宏
　　丁　昕　　许志伟　　杨凯鑫　　李　悦　　袁　婷　　张淑怡　　祝雨舟
　　程　慧　　王子言　　林彬彬　　赵明明　　王　迎　　张　颖　　王仕文
　　王梦洁　　葛金卓　　张帅领　　段鸿宇　　杨秀梅　　鄂小红　　李　茹
　　芮雨琦　　陈军霞　　冯　苑　　杨　帆　　李孝雪　　邓　然　　姜明兰
　　朱齐凤　　单　册　　梁启慧　　范建楠　　梁世琪　　买迪娜·阿布都斯力木
　　吾尔克孜·乃比江　　热沙来提　　热不来提　　热则耶姆·阿卜力米提
　　买尔哈巴·麦麦提吐尔孙

中药学（23人）
　　唐小芸　　陈雅婕　　杨　旭　　王　帅　　王兆民　　任理华　　李　玲
　　徐　霜　　贺梦颖　　刘伟伟　　陶成诚　　张胜强　　代昌平　　李梦雪

张　哲　　汶荻儿　　徐　洁　　潘英竹　　周巧灵　　蒋智锐　　马琦怡
田　禾　　姜斐然

临床医学（七年制本硕连读本科段）（5人）
　　郑　政　　任　伟　　李咏东　　付潇潇　　饶宇宁

唐文治书院

汉语言文学（基地）（19人）
　　孟洪羽　　覃艳媲　　赵　哲　　崔洺睿　　孙雅茹　　白沛瑶　　沈冰沁
　　黄赟涵　　刘琛瑶　　王雅喆　　杨　光　　李一凡　　李青睿　　柳　芬
　　高霆轩　　浦泽心　　朱玉千芊　朱芸萱　　李心然

历史学（师范）（3人）
　　王子铭　　曹宜峰　　李家然

思想政治教育（1人）
　　田小川

哲学（3人）
　　徐雨彤　　郝琛宠　　王　睿

2020年9月本科毕业生名单

纺织与服装工程学院

非织造材料与工程（1人）
　　敖用福

轻化工程（1人）
　　王红莉

机电工程学院

工业工程（1人）
　　李东奥

材料与化学化工学部

功能材料（1人）
  李然钦

文学院

汉语言文学（1人）
  刘铁鑫

医学部

护理学（1人）
  李　浩

艺术学院

服装与服饰设计（2人）
  朱　璇　　安莹晓

2020年12月本科毕业生名单

东吴商学院（财经学院）

会计学（1人）
  孙艺轩

计算机科学与技术学院

计算机科学与技术（1人）
  郝永昌

软件工程（1人）
  陈　伟

数学科学学院

金融数学（1人）
　　倪心逸

统计学（1人）
　　孙华熙

体育学院

体育教育（1人）
　　吴　凯

运动训练（1人）
　　刘佳欣

物理科学与技术学院

物理学（1人）
　　徐文剑

机电工程学院

工业工程（2人）
　　陈星宇　　李艺璇

金螳螂建筑学院

风景园林（1人）
　　李　钊

纳米科学技术学院

纳米材料与技术（1人）
　　党重尚

艺术学院

美术学（1人）
　　周雅宣

视觉传达设计（1人）
　　吴　枭

政治与公共管理学院

物流管理（1人）
　　许南珺

2020年3月获得第二学士学位学生名单

王健法学院

法学（双学位）（1人）
　　刘一凯

医学部

生物科学（双学位）（1人）
　　吴一凡

2020年6月获得第二学士学位学生名单

传媒学院

新闻学（17人）
　　黄镜百　　王宇凡　　丁译萱　　倪誉溪　　李泽威　　蒯玥　　王心雨
　　吴可凡　　张迪　　杨琦　　王一粟　　张玥　　郑瑞洁　　薛皓月
　　罗欣瑶　　余瀛　　居以劼

东吴商学院（财经学院）

工商管理（48人）

孟洪羽	李文卓	朱玉千芊	金香梅	李舒怡	李敏君	姜开轩
赵韩	戴宸	华逸兴	褚欣宇	徐苑	洪薇	王昺珏
杨涑娟	王蕾	朱梦珂	朱珏萱	杨泽豪	王静	崔玉婷
曹雪纯	李楚丰	陈轩	吴雨阳	陈莉	吴静	金一鸣
谈赟杰	吴瑶	周万琪	董杰华	周秦	佘名鑫	糟怡玲
王丹华	高峰	张娴妮	鞠梦洁	李涛	侯闻韬	瞿佳诚
宋秋昱	张书敏	张晓	杨青云	陈思	姚远	

国际经济与贸易（78人）

钱昱含	张健	伏心瑜	吴颐	杨祺	丁元淇	桂驰
景楚妍	周敏娟	吴煜涵	黄苏敏	陈玥	吴童	夏紫怡
周宇洋	刘牧青	包昀	李铭	李妍	王思玄	蔡露阳
郑笑越	黎易航	曹筱涵	黄与橙	徐婕	季婷	林奕辰
秦曼曼	李佳	赵书艺	王嘉炜	何林静	苏磊	张泽雨
汪梦宇	刘颖琪	邢丽丽	段季欣	龚依澜	范志成	张玮玺
马世栋	祝虎	万春兰	宋妍叔	王佳仪	谢梦媛	张蓉
刘羿辰	葛灿	许雨萌	黄孟丹	孙悦	周恩亦	孙迎悦
程杉	彭静	朱力樊	周颖	陈雪芳	杨倩	贾珂珂
吴阳	陈杨民	王子佳	张灿	高文峰	徐晨钦	叶灌伟
杨奕	施雅淇	王帅	黄霁雯	关睿康	高原	胡可馨
陈霖						

计算机科学与技术学院

计算机科学与技术（11人）

陆靓倩	邹林杰	朱越	刘泓钰	孙艳阳	吴主香	徐源
刘兴义	王琪萱	李云帆	张名扬			

教育学院

教育学（18人）

房启迪	何煜晶	杨丽	王峻霞	徐刘香	张明煜	彭芳
夏聪聪	孙乙毓	苏一楠	胡鑫尧	牛嵘嵘	刘一丹	金琰琼
张志豪	陈玘煊	关成	王钧			

应用心理学（49人）

林楚昕	黄 博	周钊霖	陈 笛	季从蓉	蒋雨萌	殷夕童
李煜辉	李正昊	唐 植	王嘉蒙	沈予卿	范文博	叶章成
郝靖怡	杜华峥	徐 舸	陈怡然	李佳琦	余洁洁	尹钦屹
施佳丽	刘 东	李 珏	金振宇	唐柯烨	魏晨星	蒋林秀
潘梦娇	崔红文	杨祎欣	庞雨涵	吴 静	王新元	陆心怡
孟庆媛	王 林	冯森妤	周予衡	任中行	姜晓杨	郭 辰
杨钰楠	包增浩	陈昱君	姚杰奇	吴青琳	金心怡	张轩语

社会学院

历史学（12人）

徐 敏	俞果岑	李永恒	张高峰	陈 森	黄婧柔	张雪宸
赵紫荆	卢雪纯	郭妍旻昱	邓潞溟	李卓恒		

王健法学院

法学（122人）

菅亚亚	卞 阳	缪文文	张 璇	陈森森	黄希月	倪颖颖
李芝霖	孔维圆	王慧敏	梁 爽	徐睿淇	尹伟新	姚靖雯
戴 添	张津浩	陈祎璠	吴 妍	李嘉欣	李森儿	张 颖
罗佳怡	吴小文	卞 畅	徐康迪	朱倩雯	陈 玥	卫少莹
张灵羽	琚萌萌	李佳峰	陈 娅	江铭贤	汪璟奕	金圆媛
左晓雨	何如霜	刘旭韬	孙宏达	毛玉洁	王 可	温晓敏
吴清怡	高申圣	夏心怡	凌 瑜	文雅倩	常 莎	童欢欢
居鑫悦	何曹雅慧	李云霞	王卓妍	戴心儿	陈 每	党梓毓
李秋蕴	雷雨晴	戚宸冰	吴 旻	张雪彤	李英健	张思思
朱 丹	张宏宇	许沈龙	范 文	丁若琪	纪雪芹	郑名媛
张明珠	陈沁怡	厉思嘉	朱 静	蔡柯慧	匡宇霏	凌仙羽
潘 泽	章雯雯	谭喻文	王 舫	杨芳雨	陈旭琳	施晨寅
袁文秀	王旭辰	张芯蕊	王伊恬	李 东	岳倩倩	杨 阳
周雯琦	王欣悦	贺一凡	涂秋灵	朱亦彤	张峻豪	孙邦耀
王名坤	李昌浩	束正培	易 茗	王津晶	王颖航	曹 欢
余卓点	刘名一	刘昱萌	米怡祺	陈 越	孙雅雯	罗嘉丽
费晓凡	袁曜凡	何银芳	俞心一	陆冰儿	王泽莹	吴天昊
刘力立	杨凡钦	赵倩敏				

知识产权（4人）

方贵敏	李环娅	赵欣悦	汪 杉

医学部

生物科学（10人）

王　康　　周雨润　　汤雨辰　　杜汶骏　　辰　辰　　何　劲　　许雨璇
王思远　　朱雅云　　王逸江

政治与公共管理学院

行政管理（13人）

王椿焱　　杨　潇　　汤逗逗　　王彬旭　　孙秋宇　　王　卫　　陈雅儒
窦雪丹　　俞冰洁　　魏丰菁　　韩雨倩　　张雨诗　　李　雯

2020年9月获得第二学士学位学生名单

教育学院

教育学（双学位）（1人）

邱元虹

2020年6—7月获得学士学位留学生名单

广告学（2人）
　　JIN ZHANG ROMAN ANGEL
　　KAI WEI THORENS FUNG

环境设计（1人）
　　TANISHITA SAYA

临床医学（27人）
　　GAYATHRI MADHAVAN
　　MONICA PANGA
　　SUMADHUR GURINDAPALLI
　　KISHORE KUMAR
　　SANGEETA PRASAD
　　DINESH KUMAR PADIGA

ALOU BADARA KEITA
SIDHANT VERMA
CHERAKURI CHANDAN VAMSI KRISHNA
PANWALA SHRIYA CHANDRESHKUMAR
PADMANABAN JAYABADURI
MAJRASHI, AHMED ALI A
MANDAPALLI KAVYA SREE
POTHULA AKHILA NAGA SAI
GUMMAKONDA ANIL JOSHUA
ENAKANURI MOHAN CHANDRA
DAVE AKSHAY
SAGAR DEVAL
DETSIRIROM HEMMASIT
KODIYATAR AJAY LAKHU
TIWARI SHUBHAM
CHOUDHARY ANKIT
MUNIRAJU HARIKRISHNAN
MUTHURAMALINGAM MURUGESH
NATARAJAN MANOJ
PARMAR KHYATI RAMESHWARBHAI
KADIRI MUSHARRAF MUSADDIK

国际经济与贸易（14人）
DISSANAYAKE CHALANA JANADARA
TAKAHATA KAYO
PHOULEUANGHONG VILAKONE
MANIVONG SOUPHATHONG
THAVYTHONG NETBOUNNONG
KHENNAVONG VIMALA
NADYA
SOUKAKOUNVONG CHILAVOUTH
XAYSETTHA SOUKLASINH
Vanthida VONGXOMPHOU
Heuangpadith OUANMALA
Chanthone SAYVONGSA
Soukomphonh PHOUANGSAVADY
Xaiyaphone LAVONGVILAY

经济学（1人）
　　KIM YOUN KI

汉语言文学（26人）
　　KIM TAEHOON
　　KIM MINJUN
　　JEON SHINHYUNG
　　KIM HYERIN
　　JUNG JAEYOUNG
　　LEE JUSANG
　　HWANG JISU
　　LEE YE WON
　　LAWSON STEPHEN PATRICK
　　MOON YOUNG MIN
　　TRAN SY NGUYEN
　　MO DAJUNG
　　JEONG SIYEON
　　KIM SUJI
　　PARK MINSEUL
　　AHN YUJUNG
　　KIM BOKYUNG
　　KANG SOOMIN
　　JO HYELIN
　　LEE DAHYUN
　　KWON JISUN
　　YUN JINKYEONG
　　KO WOOJIN
　　JANG HYEJIN
　　KIM GYU REE
　　CHO MINHEE

2020年12月获得学士学位留学生名单

东吴商学院（财经学院）

国际经济与贸易（1人）
　　PRONINA KRISTINA

医学部

临床医学（7人）
  WAZID KHAN PATHAN
  TELRANDHE SHRITESH SHRIDHARRAO
  NAGAR BHARAT RAJ
  JAIN SHRAIYESH
  PATIL SWAPNIL SANJAY
  KHARI PANKAJ
  MUTHULINGAM BHARATHI

2020年6—8月本科结业学生名单

东吴商学院（财经学院）

财政学（1人）
  蒋雪萌

国际经济与贸易（1人）
  邱诺俊

计算机科学与技术学院

软件工程（嵌入式软件人才培养）（1人）
  朱家成

轨道交通学院

车辆工程（1人）
  韩健勇

机电工程学院

电气工程与自动化（1人）
  朱群超

社会学院

劳动与社会保障（1人）
　　石建全

医学部

临床医学（1人）
　　周琳顺

中药学（1人）
　　张象威

2020年成人高等学历教育毕业生名单（3 710人）

电气工程及其自动化专升本函授（22人）
许正行	周海峰	程泳霖	李冠鼎	蒋爱东	徐　静	王晓东
杨灿灿	阚甲德	沈　号	陆　扬	陈　杨	王作新	江晓霞
陈会卿	郝未远	韩志强	顾立伟	李　帅	徐宜波	张宸铭
张黎明						

电气工程及其自动化专升本业余（81人）
钱利锋	赵智伟	蔡宋欢	王　杨	查晓军	张　坤	伏宜庆
曹敏花	杨明光	张孝晨	杨亚军	张天帅	梁　鑫	王　雷
高展鹏	魏成雷	王艳忠	徐　超	刘德群	许益鸿	任佳琦
高志博	朱迎春	田进华	仇斌全	张海涛	张　艳	姜　磊
贺　兴	魏振宇	王显威	陈海龙	李雪梅	曹茹文	曹　伟
征素萍	陆　野	周　峰	李　冬	陈　杰	徐正中	沈　锋
冯才平	张文波	陈亚明	惠哲雨	朱爱国	端九品	陈　男
陈　华	张永峰	张　飞	杨宏伟	张震霆	刘　伟	王　成
迟海峰	尹一博	张帅帅	邢玉龙	史飞雪	董　堃	孙守朋
曹祥真	孙昌英	周泽宏	周胜凯	冯庆军	韩占财	曾继建
刘　震	罗　成	欧阳晟	王　烽	刘　健	沈志文	殷　祺
王文钰	秦晨昊	程　伟	邢　妍			

重要资料及统计

电气工程与自动化专升本业余（9人）

陈　荣　　付　凯　　刘晓琥　　葛克宇　　张　曙　　索明涛　　钱　锦
薛林林　　吴家诚

电子信息工程专升本函授（17人）

季　陈　　钟金天　　王春园　　解云鹏　　王成龙　　赵志雷　　王贵平
罗月甜　　周　勇　　王一专　　朱海燕　　张红珍　　赵腾飞　　沈剑宇
张　令　　李玲玉　　张跃辉

电子信息工程专升本业余（65人）

倪敬茂　　陆恒亮　　邱懿恺　　朱　坤　　王　强　　谢丽芹　　苑刚刚
刘秀兵　　郑艳玲　　徐　荣　　周礼坤　　胡　涛　　娄建坚　　邱　浩
高汝东　　裴一君　　顾林春　　吴辉琴　　赵洪波　　王仁勇　　马　文
张　顺　　孙鹏飞　　李浩然　　陈利利　　李　娜　　卓忠宇　　曲　笛
郑国超　　邵　凯　　陈　昊　　邓晓英　　任欢逸　　吴　江　　尤文建
张　萍　　周　杰　　陶亚东　　吴大欣　　胡　健　　李艳超　　陈剑佳
郑鑫龙　　王　欢　　鄢建红　　蔡立成　　赵治全　　马思勤　　宋道才
谭紫筠　　程小振　　陈尚齐　　葛万金　　孟祥松　　钱　隼　　汤维华
樊　凡　　孔德建　　沈心怡　　景　兴　　高丹丹　　肖　金　　梁晓钟
高　鑫　　宓保质

法学专升本函授（140人）

田文艳　　朱　琳　　徐　超　　蒋丽欢　　高　霞　　金　成　　赵　华
丁俊杰　　刘沁芳　　李　政　　吕燕云　　胡　蕊　　任洪晨　　李金花
卢伊雯　　施蕴莹　　李　静　　郎铭琦　　王晴晴　　孙晓岚　　邵　英
曹仁海　　胡妙龄　　黄　意　　丁理敏　　孙德华　　张　晨　　金文辉
朱　蕾　　焦晓东　　石　林　　陈　悦　　何海燕　　王　涛　　徐金洁
朱　杰　　孙子涵　　汪烨欢　　耿晓旭　　沈玉姣　　吴　燕　　沈　浩
吴群芝　　陈　偌　　郑　哲　　龚晓兰　　严斐洲　　吴钰文　　汤婷君
沈梦琪　　袁　钺　　邵　洁　　焦明明　　闵　珠　　矫　筱　　于吉光
邵　兰　　冷月娇　　杜　建　　郭洪娟　　刘　燕　　戴志文　　黄成杰
丁丽娟　　李　宁　　赵国栋　　谈介峰　　周　莉　　朱　吉　　朱玲娜
王　平　　马金秋　　张　杰　　左明军　　魏晓莹　　郭婷婷　　杨　浩
徐嘉仪　　唐雅男　　陆妍伊　　谢彩娥　　徐硕霞　　王　露　　秦时盈
赵慧娟　　陈　平　　王培莉　　施美林　　唐　峰　　朱惠芳　　叶孝红
陆宇威　　陈思逸　　刘　炜　　唐　芳　　苏　哲　　张皓龙　　宋伟伟
孙佳佳　　何佳佳　　查晓宇　　高　霁　　狄　馨　　陆　熠　　颜　敏
彭讴文　　施丽娟　　胡一敏　　王宇嘉　　郭　健　　卫俊杰　　姚斯嘉
高　玮　　徐　丽　　黄双玉　　孙　涛　　陈俞欣　　于　杨　　赵仁路

刘 丽	陆俊强	吴松辉	张 宇	朱佳文	汤易姗	童川珠
张立清	毛 涓	徐 芳	张 静	吴苏苏	李晔成	吕开苗
李佳轩	郭 飞	刘晓梅	涂 洛	余宛蓉	邹 娜	孙 欢

工程管理专升本函授（43人）

姚 昱	高 荣	蒋治华	葛阳红	徐 燕	季 溢	程原博
杨焕侠	杨雨欣	刘 侠	卜红燕	朱福照	虞志刚	张天龙
王志伟	陆佳华	钱高强	冯成坤	刘世伦	周欣鑫	许江奥
周蒙恩	苏 可	钱国荣	薛子月	孙 琦	宋 宇	陈雪玉
张步天	徐俊文	姚 亮	刘婉茹	张洪艳	仲春燕	袁 虎
周源泉	蔡东海	黎采妮	任海军	高 萍	马丁丁	崔秀震
季 培

工商管理专升本函授（194人）

曹洪惠	周 涛	范建云	赵植翔	陈君言	潘远杰	袁 晴
郑华权	王晓方	卞菁菁	徐 立	王铁栓	潘佩佩	伏 丹
曹方霞	李广森	王君秀	郑 婷	顾 华	王 勇	刘 蕾
俞思远	曹炳扬	赵 婷	孔祥风	吴金磊	孙桂媛	王 超
李 娟	张 莹	张曙辉	陆春林	李翠珍	张卫国	曹 燕
钱 峰	陈 荣	瞿在军	王易东	赵月红	纪 芳	陈 艳
卢 盈	张建福	陈 龙	陈 艳	陈 磊	褚云艳	徐小伟
魏恺成	高佳玲	周冬青	杨春燕	高泽旭	卢德胜	王翔宇
刘 月	李玲玲	孔令婷	钟仁民	凌启佳	陈 洁	韩银海
魏娜娜	曾浩宇	陈 琛	周梦涛	王佳炜	丁小娟	黄 岚
刘雪兰	张其欣	董 珍	孙敬文	程 启	窦改革	朱 宏
张 令	李文浩	姜美玲	孙 锋	冯 琳	徐新艳	李玲香
仲彩虹	徐 欣	陈 静	王 静	王全珍	张 停	宋敏健
夏桂森	王圣贤	王争艳	吴 涛	任娟娟	孙中宇	凌 琳
金 静	韩 龙	陈晓晓	黄金新	顾韦如	周文艳	田景奇
邹 胜	史 蕾	李 敏	陈佳金	丁琦洁	赵 琴	沈少民
梅志祥	叶定春	奚 夷	陆梦青	李小燕	周 鑫	惠玉兰
张明敏	殷描春	何 伟	罗 进	平志强	徐晓青	苏亚菲
曹 洁	王丽娟	顾李霆	王楠楠	李 娜	朱逸飞	张金前
卫 沁	魏文杨	杨二昌	王 靖	赵 波	秦文军	卓山岗
卢 翔	杨小勇	李正梅	许春强	李晓艳	姚丽娟	高学干
王 迪	生春霞	孙 钰	朱 兰	王玉将	朱 政	魏先芝
邓晓春	马震昊	王金星	何吉胜	朱焕龙	夏一甲	周 蓉
吴倩影	钱 强	丁 蓉	嵇 静	宋 鹏	张思怡	顾运生
周丽红	陈旭文	王丽华	朱泽荣	罗 丽	王 军	张 建

杨晶晶	王　勇	魏振芳	栾承坤	叶　飞	龚若男	王常昊
查　睿	宋燕林	张　静	沈　宏	段军国	程蓉蓉	施赛杰
顾雪芳	卢　扬	钱　媛	朱　娟	张　丽		

汉语言文学专升本函授（52人）

庄巧梅	朱枫华	蒋　玉	钱美凤	徐丹竹	高春丽	孙会会
赵雪梅	谢梦云	刘文丽	赵　旭	唐慧君	高利萍	丰培培
许欣欣	朱启娜	缪　颖	曾双琼	陆　夏	吴笑笑	顾党凤
沈　璐	周　洁	周　繁	潘晓燕	姚　琦	翟　萍	朱　洁
董作贺	丁鹏飞	戴玲玲	张　瑜	陈　飞	薛　潇	陈连勇
李紫胭	来　芸	戴启明	侯颖颖	段艳华	常　征	吴　莉
顾　璟	冯英明	田　润	赵裕乐	陈誉扬	杨　靖	杨爱华
史超男	王　雪	张秋芝				

行政管理专升本业余（34人）

叶肖峰	董桃桃	浦晓丽	梁　婷	夏晓艳	戴晶晶	杨晨宇
冯　丹	罗美玲	王小芹	郭涛红	杨栎玉	李润杰	邱翠翠
王　正	孙　燕	胡婷婷	王　威	沈亚丽	郁龙飞	贺　寒
吕　晨	夏红星	梁　雪	夏　洁	姚嘉春	杨　伟	李蒙蒙
朱晓宇	许景文	田如意	沈云成	高　雯	史庆龙	

护理学本科业余（319人）

李　颖	鲁　颖	陈慧婷	童　彤	张振慧	陈欣怡	李若彤
赵　越	陈嘉燕	陈　瑶	聂　丹	严思澄	陈佳秀	查阳阳
高紫淳	毛彩云	吴晓莲	滕雨轩	周　园	王　琳	王明悦
束丽婷	陆佳怡	张　蕾	叶　洁	顾燕华	韩　璞	华　敏
曹　波	黄馨瑶	季晓丽	杨琳子	高红雅	吴钇潾	范晓艳
王文晶	曹姣铃	贾丽丽	顾芳晴	苏洺洁	裴芸琪	温　婷
郑志梅	张　琴	姚佳燕	张胜男	邹　平	杨　莹	浦丽玉
任　燕	王　静	张　凰	张雨婷	钱洁芳	祁丽君	杨　阳
李苗苗	蒋梦雨	顾笑燕	刘　婷	王丽娟	高　瑶	徐怡清
蒋郁雯	陈佳丽	曹嘉奇	胡源蓉	宋　莹	卞丹妮	李春燕
董　颖	马小雪	李　莎	姜　燕	潘　晴	罗玲丽	潘浏宇
邵　玲	陈　莹	张佳欣	韩新月	陶非凡	沈译玲	段秋玥
周雅婷	王　莹	眭梦雅	陆家怡	蔡婷婷	赵　倩	胡　慧
史媛媛	彭丹萍	胡　颖	贾　娇	林丹玮	王　慧	朱　侠
黄妤健	严雪婷	汤静静	陈　霞	赵子倩	邹佳欣	陈　婉
刘　清	余佳慧	杨智慧	谢含艳	谭倩琳	蒋雅文	徐潇琪
李梦影	吴晓凡	贾文倩	朱雯菲	王宝莹	张欣颖	曹杨扬

杨柳青	林佳慧	周淼	刘红玉	赵益芹	陈盼盼	袁 莉
蒋飞瑶	王 妍	肖 瑶	韦 晔	戴 静	张 彤	于梦婷
曹 琪	嵇园媛	朱文静	瞿方方	俞钧婷	张亚萍	刘 娟
陶雨萌	屈榕榕	胡 馨	吴佳亿	黄 君	邵 伟	阮永馨
朱乐施	周九妹	张静漪	李池缘	张 倩	孙 玮	单雯婧
庄晓姝	沈 涵	周 菁	罗含婷	许 越	张 怡	余 林
钱文娟	吴婉冬	邵 华	姚 鑫	唐婷玉	周汪珍	韩梦如
丁亚芳	汤 瑶	朱 珠	钱 红	陆紫燕	杭 杉	王玉莹
陶 叶	刘华婷	何 静	杨 圆	吴 滢	赵 静	高丽萍
肖慧芸	周 鑫	朱 蕾	吴 莹	杨 帆	谢凌芳	林岚清
詹春跃	董贝贝	蔡雯昕	谢 天	袁 恬	刘思洁	邓叶琪
陈晗星	蒯惠萍	毕 琳	谭蓓蕾	梁 云	吴 凡	王晓怡
张 琴	唐佳炜	吴 燕	毛旭佳	权玉双	陈怡帆	黄 沙
周雨笑	严怡洲	冯昳霄	潘梦婕	林 娇	丁啸天	孙徐慧
王奕晔	周 丹	杨静云	陈 璐	潘 瑾	眭怡娜	蔡小燕
易妍妍	陈萍楠	李 欣	陈 丽	宋嘉定	汤 雨	左 琴
何丹丹	袁雅澜	王 静	华 杨	黄远照	蔡瑶呈	陈 敏
任 薇	徐 好	王昱垚	袁 琪	吴慧敏	李润洁	陈 敏
郑秋月	陈湉湉	杜天豪	刘 佳	虞 伟	花子涵	毛 茜
张雨婷	杨星业	赵烨敏	陈 青	杨雨红	李佳婷	张 妍
王 婷	卞 婷	石燕芳	卞 璐	练 姝	任宇琴	史 晶
秦 静	刘 姗	周 媛	吴秋萍	张馨予	胡正芳	张 敏
吴彩云	丁 宇	刘 叶	林 晨	倪飞飞	李 莉	解 静
戴 蓓	郭林倩	宗美玲	赵筱奕	薛嘉楠	陈 雯	陶川雨
闵志晨	林佩瑶	龚淑怡	陈媛媛	谭 玲	岳 圆	杨 霞
张宇轩	胡思雨	贾 恬	蔡佳利	眭欢欢	谭佳琦	刘媛媛
刘冬梦	马燕玲	许 愿	张 静	薛梦婷	陈嘉琦	林 雪
韩远星	张 澜	陆晶晶	费 凡	聂莎莎	宁德露	袁 宇
谈青婷	于 慧	薛晓霞	胡丹丹			

护理学专升本业余（1 457人）

胡俊荣	杨小钰	贾 婉	赵 羿	王 澜	邹徐燕	舒周晓
顾小芳	姚坛垠	徐 郁	周煜微	顾宇晨	邹一宁	齐欢平
陆 柯	郭艳梅	林 雅	陶思睿	孙宇洁	周晓霞	韩彩真
吕岩岩	张娟娟	徐 佳	王 玲	孙颖越	朱欣燕	陈 姝
马祎婷	汤海蓉	吴丽君	张 颖	李 琳	张旭贤	朱静怡
薛新叶	陆邓佳	陆 烨	刘云霞	费馨瑜	杨鸿艳	金诗芸
蔡诗昳	钱茗毅	顾晓倩	沈伊宁	赵锦波	姚 成	沈雯倩
王诗妮	蒋思怡	秦媛媛	柴敏妲	戴季红	张莹莹	丁 丹

张　静	侯深情	韩渠荣	刘馨璐	曹金燕	胡中静	袁亚丽
许晨艳	张明洁	陈　佳	陈　鸿	潘雨辰	胡佳雯	徐迎春
成　玥	沈秋艳	钱佳贝	马晓妍	蔡　洁	邵　婕	马嘉琪
王钰铭	钱心怡	黄雅伦	瞿逸倩	王　珏	陶佳敏	王劲杰
蔡　婷	陈　茜	陆晓婷	陆颖湄	朱海欢	何静怡	白　婧
黄慧贤	王　仁	夏　攀	石珊珊	支丽芸	顾嘉雯	季媛媛
戴正青	吴　满	蒋雪怡	吴霞凤	袁新影	王敬凡	戴诗意
宋　娇	胡思佳	何　敏	王晨悦	高丽星	金春霞	陈　洁
朱　媛	陆　寒	刘冰晶	汪佳莹	俞怡君	孙　笑	王　玲
束　茜	尹　莹	沈　洁	徐菊红	张奕楠	花　芯	陆李洁
唐　佳	邹天慧	华　煜	朱铭洁	于　彬	瞿夏园	顾佳莹
陆小敏	唐竹叶	陈　怡	陈雪珍	王小位	古　苏	陈学梅
张　兴	张美娟	苏　翠	秦　苏	沈　芹	杜　邢	府晨沁
王金媛	周　晨	谭　明	袁高敏	周素娟	高　荷	胡玉平
洪　倩	王　敏	黄辰亚	杨　洋	顾梦丹	何文婕	朱羽玲
顾冬蕾	朱瑜菲	毕雅敏	钱明珠	屈朱烨	顾静叶	陈　艳
徐天缘	黄　铮	朱　蕴	黄思怡	张敏莉	张贤璧	周　佳
傅韵斐	胡方怡	王　青	涂　瑶	陈晓峰	肖丹丹	张金凤
绳姗姗	张　怡	顾雯娟	赵敏钰	王文芝	高　瑜	王　月
李　政	洪伊静	沈颖蕾	高　洁	孟芷怡	戈园园	褚婷婷
徐莎莎	杨　丽	邵正华	李婷婷	张　诚	徐冰楠	金　斓
汪　艳	沈　琼	吴　佳	沈思雨	顾　怡	曾美琦	张思忆
范艳卿	姚　倩	林敏芳	黄璐怡	张　丹	徐雨青	邵　静
李绮婷	祝夏丹	钱月丹	宣子纯	濮瑜婷	徐　懿	屈灵茜
周怡婷	崔莉莉	徐　云	周晴怡	虞　晓	田艳菲	周东燕
张静文	张瑞华	宁婷婷	邵文慧	罗梦婷	金马怡	张　玲
姚晨轶	王莹星	李　益	葛兰玲	黄　缘	倪梦娇	王祉娴
徐梦迪	季一媚	蒋仕齐	朱家辉	徐佳男	吴　越	陈　萍
蒋连玉	杨秋涵	徐雨晨	王佳铃	金　烨	朱文佳	王怡玲
王继慧	葛苏亚	殷晨佳	卢欣语	唐小田	范烨烨	陈　敏
蒋海敏	文　如	金　花	吴　玲	张　旋	徐　月	苏倩倩
张　芸	查聪韦	庞文英	李玉玉	徐　望	杨　燕	孙　恺
翁宇芳	仇含瑜	李聪慧	殷晓玲	顾琴燕	张　红	张　旸
李　欢	王　娟	陆亚利	朱景景	常　辰	陈　辉	孙　悦
杨　丹	杨小芳	顾　静	杨彩艳	姚依婷	史梦洁	张歆莹
孙文静	赵斯曼	张　晓	王　敏	陈红梅	仲晓洁	何　瑛
张　超	张玉芹	舒丽丽	黄　影	糜兰芳	吴世英	胡雪萍
姚晓红	钱　静	毛宗凤	鲁香月	刘　艳	吴雯菊	陆嘉敏
刘　宏	范玉连	许晨琳	赵笑鸟	周陆桃	雷晓娜	李　梦

周 萍	郭 珍	苗晓梅	蔡 雯	李彤瑶	汪萍萍	梁思琦
张 艳	朱明静	张亚茹	朱彦霖	肖 悦	倪 萍	李思奇
仲寒雪	陶 莹	唐晓瑜	薛艳云	倪静芬	宋婷婷	陈思雯
赵 琳	周 洁	罗 琴	於莹沁	王旭瑶	吴 吉	刘晓欣
冯莹莹	朱月霞	周逸宁	蔡梦诗	沈志燕	陆韵斐	袁 迪
顾雨情	钱顾琴	缪喜青	蔡静婷	钱宇浩	陈 婵	董 嘉
孙星依	王 琳	潘燕青	阮莉雯	陆怡静	沈思佳	阮晓婷
曹毅诚	朱怡雯	王艳婷	郁诗文	陆苏豫	周心怡	陈淑贞
周 婷	朱妍依	王乐怡	金帅瑶	陈 新	钱 晶	沈熹月
廖江涛	郑佳静	朱奕辰	唐颖秋	经 雅	范子奕	叶 琳
陈家融	金聪彦	张玲彦	蒋旭雯	张雨晶	郑文茜	高玲丽
吴一鸣	程 瑶	顾 晴	陈舒安	许佳梦	周晨丽	马晓红
陶 岚	程星怡	周紫涵	刘冰琼	朱梦婷	杨国菲	郁爱玲
章晓蕾	王怡伦	周伟圣	顾 颖	吴晓帆	邓忆秋	阙树娟
陈晓菲	揭美香	王若青	魏 妍	王丽娜	何晓艳	陆紫雯
殷嘉慧	徐 杰	徐 倩	俞超君	严晨婷	季能静	王晨璐
邓冬媛	席明圆	程伊玲	梁井玲	张 妍	卢天琪	张 驰
张 雨	程 琴	丁海霞	宋菁菁	王 珺	宋宁宁	严丽芳
王祝平	汪雨客	唐姝荣	袁雅稚	张 洁	吴大丽	范东菊
朱莲珠婕	王 秀	郑 佳	张 晶	王宇婧	徐晶星	杨 蕾
焦 玮	胡贝贝	邹莉娟	邱樱洁	施琳宏	张林珠	高瑜佳
苗 洁	万 悦	翁玉婷	陆程佳	谷甜甜	张文雯	陈春旋
闻丹旖	周 丹	胡贝儿	祝 丹	郭佳红	杨晴虹	王 璐
徐 磊	周忆梅	薛欧平	徐怡雯	池叶萍	孙 洁	杨丽丽
陈 怡	章秋婷	奚婷华	陆铭佳	崔 杰	刘 莹	李娟娟
裴 阳	潘 琪	陶雅玲	李 鹃	张海霞	骆 雨	陆雪丽
李 娟	蒋芳芳	吴慧婵	吕欣荣	杨 洁	裴艳艳	吴宇婷
王佳怡	杨 慧	郝晓青	徐 艳	陈雪红	侯佳宇	刘亚萍
陈宇倩	赵 敏	杜叶茹	陆思佳	金 静	杨娟娟	张 萍
周晓未	黄苏颖	金 锦	谢莉萍	谭 静	杨 颖	范明月
肖孟蝶	田 双	魏方圆	张 影	刘 桃	李 路	朱诗佳
钮雨薇	许忠静	计 晴	程慧芳	周黎明	丁晓艳	孙荣娟
倪心玮	周艳婷	宁雨佳	户诗茵	厉国庆	陈静霞	陆嫒琦
包馨怡	顾昕怡	董秋园	李 佳	王梦雪	陶 杰	张卫楠
徐 静	周 睿	孙梦娇	郁露姣	梁雪芹	张史萍	王娟娟
沈顾娟	方 燕	庄 芳	邢丽君	沈贤琳	唐瑜清	张李丹
庄慧玲	赵舒月	吴 霞	陈 影	屠 萍	杨 斓	任 丹
王苗苗	吴晨晨	卢喜荣	乔亚南	牛丹妮	钟燕静	袁子茵
郑晔雯	王小祥	孙春华	范晓花	李凯玲	徐燕洁	姚军军

付翠青	朱敏涛	瞿安祺	田蜜蜜	江徐馨	姚月萍	王逸雯
顾奕倩	曾 芬	芮 洋	周 玥	周佳燕	朱 琳	蔡心玥
李静雯	黄 瑞	张诗瑶	夏梅霞	蒋恺怡	陆 璐	刘芯蕾
徐苏婷	黄译萱	瞿 韵	朱蒙佳	吴芃萱	范梦琴	石文雅
沈紫韵	耿巧云	蒋 玲	李 笑	李静文	陶 方	郁凌霜
汪孜意	李文秀	杨 艳	郑亦匀	金秀瑜	龚梦佳	江明宸
姚 瑾	许彩云	罗丹妮	顾昕瑶	张 梅	陈 香	王丽梅
施梦婷	周姗姗	王 朗	明新颜	李 婷	曹钰莹	吴 滢
徐吉彬	韩星星	张 扬	孙 丹	钱佳音	庞 慧	张 珂
裴 莉	王 玥	黄 丽	汤文帅	杨 欢	朱文静	郑婷婷
刘怡洁	谢妮妮	徐敏慧	刘思宇	陈 洁	吴 敏	潘 婷
姚沁彤	郭丽娟	张 云	承 娜	刘欣燕	徐小雪	史燕秋
金玲娟	张晗春	吕文琼	魏怡莲	吴芳芳	刘泓渑	顾小霞
何 芬	王亚兰	强艳丽	李 菲	赵 晶	徐秋梅	赵 敏
赵芝丽	冯 瑜	周丽娜	朱启珍	薛 淼	李莹莹	孙 婕
王 珺	黄杉杉	范静娟	吴丹琴	张 沁	周 娜	吴丹丹
岳黛华	潘 菲	蒋晓丽	高青青	汪梦洁	蒋 荣	周晓姣
戴文秀	唐玉婷	王彩萍	史立群	钱筱婷	陆金金	李 楚
孙雨萍	刘慧勤	何丽香	吴韶霞	张青云	薛明智	黄熙云
刘思依	严 琦	李 雪	徐枝佳	何佳丽	魏成玉	徐昕奕
吕 雯	高云霞	孙雪连	毛 芸	赵俊英	李姣姣	丁孟雅
周 婷	居文丽	金紫燕	周 舟	周 瑶	张钰薇	戚辰君
刘 云	曹 莲	贺 阳	卞光裕	封兴艳	吴 萍	钱艳丽
王 媛	赵文君	赵梦婷	张天琪	张小娟	韦文静	潘小兰
周丹萍	张 玲	奚佳玲	罗 孟	胡云霞	汪 霞	高 雅
朱小莉	徐 妍	王启芸	吴 鹭	王逸冰	管梦丹	郭佳燕
杨叶玲	李晓婷	陆 恬	郁银瓶	范泗绮	陈晓婷	王 菲
邱艳红	龚琳慧	浦雅婷	苏 杨	丁心怡	郭钦洵	赵 旭
史雅茜	陈 淑	许玲玲	戴 茜	史亚楠	黄琰斐	刘雪芹
王滤婷	钱 晶	吴颖妹	周 兰	狄诗卉	刘 倩	蒋 琳
陈 艳	杨辛辛	钱 洁	张春花	李爱仙	彭建萍	史怀婷
陈 媛	金慧勤	曹敏华	许叶婷	陈雪如	蔡 芸	王妤婷
范芸莹	王静娟	邵 君	朱晶敏	王子晴	顾咏依	唐丽媛
胡 婷	庄智中	吴静慧	沈 婷	戴陈琳	方 浩	沈家豪
周 易	俞文杰	王洁丽	马欣妍	顾 艳	王梦婷	姚慕珂
张 宇	花 怡	陶樱秋	陈梦佳	顾梦忆	石艳婷	王 妹
费郁贻	池静依	李 忻	钱 澜	徐敏珠	韩 瑞	李豫雅
李婉婉	李 惠	马 磊	蔡姣姣	赵 丹	崔庆玲	陆天奕
李倩倩	罗丽娟	许 珊	沈 心	金丽红	徐 铭	王 欢

钱珊珊	顾香凝	汤海燕	计心怡	吴茂州	张茗月	蔡梦怡
梁维萍	化孟月	李　飞	王　银	毛梦洁	钱雅琪	吕婷婷
任梦霞	杨　玥	於晶晶	刘静静	钱晓丹	钱慕瑶	顾丽丹
李　晔	俞　芳	陈琳琳	贝　悦	王明娟	杜凤敏	王苏苏
徐天怡	李　雪	郁莉莉	叶　帆	顾佳瑛	周晓桐	楼雨茜
陆琳怡	夏　青	赵雯雯	孙　婷	张晨一	郭肖杰	肖　梦
莫　滟	缪慧丽	孟　静	金宇红	张水萍	王　路	孙宁云
胡姗姗	侍　萌	王　珏	曹　菲	俞　涵	唐　薇	陈　婷
王丽萍	李书艳	杨荣芳	易靖靖	曾燕贞	王怡楠	卜奕仁
张冰雪	朱海霞	薛金蓉	李　婷	吴艳梅	季　阳	陈　铭
朱纯颉	高艳艳	孙　梅	林　倩	高　萍	狄　菲	翟艳红
曹　悦	王莉莉	丁习春	李桂芹	唐　萍	张　怡	任　佳
朱明艳	王　盼	白思婷	徐　旭	刘仕佳	李梦娟	周秀琦
赵　蓉	许一多	戴　琰	庄　颖	王　婷	吴翠珍	蒋　丹
韦　云	蒋秋悦	高文婕	薛　嫱	陶　香	胡群菲	史赟芸
曾　佩	张佳琪	沈卓灵	黄　容	赵　娟	钱　瑶	许小娟
朱晓婷	任　梦	聂禹熙	陶一铭	蒋　燕	李　萍	张佳敏
史晓霞	夏　攀	程　玉	张　晶	张汉芹	吴海英	谢　燕
贺稼慧	蒋　晶	魏继娟	虞　嘉	戴佳佳	刘馨怡	宋香军
王　玮	袁雪莲	李梦旭	邹丹凤	李　莉	陈　岚	陈丽丽
肖佳楠	刘颖涵	金　倍	陈　玲	张豫凌	李满盈	蒋柯相
谢　钰	王　瑜	朱　婷	杨　青	金晓娅	谭梦佳	钱钰珂
潘志芳	王　萍	刘　玲	张晓佳	蒋叶舟	浦丹玲	顾晓贝
顾亦楠	黄肖男	张晓婷	钱　梦	何　青	夏晨艳	尹雪雪
王海燕	李　萍	陆飘钰	房　燕	江蔓蔓	李婷婷	吉文霞
周　静	梁　雯	何依恬	徐　佳	杨　滢	文　业	顾丽娜
杨敏奕	傅亚茹	王凤娇	王　晶	朱莉莉	房佳琼	王金波
闻玉慧	高　刚	袁婷婷	徐宁玲	杨赟洁	费春宇	丁玲英
芮嘉欣	张　莉	钱雅雯	方　颖	孔雯仪	汤瑜兰	李　丹
池佳燕	崔曼烨	陈　珂	苏英杰	黄华兰	周　娟	林　洁
季雨晨	苏　锋	沈　鑫	刘星怡	林虞薇	尤歆霞	张书阳
尹天娇	杨佳逸	蒋冬婷	李　栖	范诗懿	施佳惠	袁　怡
张素琴	王　芳	李晓婷	史明珠	徐昊然	王　丹	芮益萍
周　璐	陈　琳	余　蓓	陈心怡	朱琴萍	史遥奇	汤佳祯
冯译弘	陆　芸	李　明	伍欣原	姜　黎	蔡冰倩	吕晨茜
潘　萍	王　莉	潘苏杭	顾文艳	夏　蕾	陈玉洁	朱永康
庄碧云	黄钰婷	周　莉	温家圆	汪晓虹	金钰玲	王雪霞
陈　洁	张玲轩	丁荣珍	陶雨晨	周　媛	陆敏婕	陆宇维
徐　媛	徐　蓓	邹怡洁	程秋萍	杜慧慧	钱　璟	陈　敏

徐 寅	夏伊凡	季 琳	张 琴	马梓薇	方薛雯	李彩霞
徐湘华	张然然	吕超伟	吕丹露	王丽君	吴晓红	李婧雅
陆 玥	翟 娟	朱丽佳	周如娟	顾天伦	罗晓倩	单婷婷
陈静仪	朱喜一	陈 玲	陈梦杨	周珍珍	钱敏敏	陈苏娟
徐 琳	宋晗玉	俞 珍	袁 珏	金 媛	袁 信	吴秋亚
王 敏	鄂文娟	计 帆	夏春玉	崔静静	杨 玲	周梦琴
钱丽乔	宣嘉乐	赵 楠	姜俊菲	薛丹婷	史凌艳	龚梦亭
唐 婷	邵曼曼	李晨晨	张苗苗	陆诗瑜	谢羽洁	侯大岭
胡 佳	卢晓燕	左 云	孟 雪	许蕊茹	唐晓晓	李婷婷
汪起旭	孙 秋	蔡颖越	陈文靓	施梦徐	宋抿臻	芮红娣
张美玲	王 静	王 丽	张 近	赵平平	王雅婧	童 倩
黄迎燕	荀 云	庄碧玉	王 丹	李思琪	岳惠莲	汤 岚
蔡彩叶	祁文静	王 爽	秦樱璐	尹 倩	吴文琴	周 杨
孙莉艳	钱丽婷	吴 娟	贾 燕	花 娟	闵彩芬	涂思雯
王金妃	庄云琼	贺 笑	彭雪蕾	张 茜	陈菲儿	柳晓琴
郑婷婷	窦烨蕊	周 丹	仇明霞	王 晔	伊洛佑	时 昕
蒋心怡	蒋丽丽	王 叶	汤宇虹	郑 雯	储丽霞	李 晋
彭海霞	倪荣芳	周利娟	顾文君	薛 妍	何婷婷	崔陈阳
朱 彬	胡 筱	周光荣	黄 瑶	刘天洋	王馨蔓	陈 婷
曹敏洁	莫蓉蓉	彭敏莉	乔 娜	陈 方	黄典荣	赵 翠
孙 宁	汤梦婷	胡 宇	张 姣	吕怡敏	付丹妹	赵 迪
蒋 蕾	王彩霞	蔡 佳	吴佳丽	徐 珂	胡莉萍	何雪雯
徐桂林	应永慧	陈泽颖	刘银菲	薛 梦	孙祁香	黄 平
孔林慧	夏珑珑	陈文雅	杨 倩	翟瑞芳	曹奕菲	李梦娇
张 昱	王眹冰	马非非	宋颖悦	金 伟	周 虹	邓晓婷
苏 丹	罗希文	葛春欢	范嘉怡	马 琳	钱惠伟	董玉婷
蒋瑞娥	项旖婷	吴思敏	丁周芯	杨 欣	郭璐婷	杨 卫
柳 英	黄 菲	马玉萍	程 倩	邹 楠	乔雪娇	郑雅萍
芦 洁	吴 玲	聂海霞	潘 婷	沈丽洁	陈 元	顾晓金
陈慧琳	李睿玘	范宇珊	鞠益芳	陈沛玉	沈凤颖	芮晓雅
叶会遥	刘银蓉	何晶静	朱清清	张 燕	张妍丽	黄 杨
贾云霞	恽 怡	宋 丽	蒋 飞	谢婉茹	胡洪丽	解 舒
彭晓霞	钱佳怡	钱雪慧	任杨杨	景 黎	汤 扬	周 宁
眭叶华	陈诗卉	尤思恩	邹琦妍	徐 阳	顾梦黛	张 润
周 丽	吴 颖	张碧云	张艳芳	刘佳奇	俞思捷	杨丽丽
顾颖丹	沈梦珏	刘颖奕	朱 仪	须 婷	龚怡杰	顾梦倩
施 荣	何 洁	王 珂	顾霞红	徐妍雯	张梦佳	程佳媛
高慧慧	赵聪珏	邵心悦	陆 依	钱晓能	吴传倩	王 燕
孙荣荣	高 杰	李 欢	费红娟	潘婷婷	王海霞	蔡继娟

沙　叶	杨　佳	吴思洁	王玉婷	梁　静	蒋俊瑶	陆姿百
汪卉芳	曹　萍	潘　静	庄　婷	刘　微	吴晓丽	费　维
赵家瑶	周雪颖	张　铮	邓　芸	吴亚萍	黄金娥	任志敏
张　静	徐晓旭	刘　超	谭明敏	周颖娜	纪　月	陈　华
潘　盈	杜　慧	王培涛	杨润兰	金晓亮	姚　群	黄伟平
周　燕						

会计学专升本函授（150人）

陈　菲	林　硕	路甜甜	赵晓玉	颜艳娟	施明红	葛　伟
杨　蕾	王秋琼	吉　丽	沈丹圆	李柏柏	柏忠芹	李　昊
薛珊珊	顾小平	沈倩霞	刘维明	李红霞	周　莹	田　静
孙霞萍	左巧玲	陆晨蕾	王海芳	刘玲玲	潘星新	陆丽娟
单　艳	徐海玲	庄　平	张　慧	倪　雯	李　欣	曹云香
张　晴	陆姣红	孔庆美	徐海燕	宋诗琪	钱晓英	沈俊艳
薛　雪	陈　艳	刘锦杰	夏叶琴	吴　翮	姜京京	吴国慧
章紫红	封以艳	陆华婷	练　婧	许梅琴	王清萍	庄　云
孙亭亭	殷　娜	李梦丹	王　芳	王　燕	刘训杰	程　婷
袁璐璐	陆柳燕	吴　靓	郭莉萍	姚　逸	史静妍	钱丹莉
陆　菲	陆　苗	苏小丽	何宇帆	姚雅琼	陈梦娠	周　思
孙　晨	魏　荣	秦秋梦	周　婷	刘　秀	曹年英	王晓敏
顾　唯	潘梦琪	陆秋敏	纪敏只	刘　焕	施咏屏	朱湘铃
缪云娟	叶士来	谢超群	秦　莉	曹美霞	顾慧君	李博晓
周丽晴	陈莉萍	沈雪勤	张　平	崔宇慧	徐紫蓉	何梦萍
张　琳	侍作田	王佳菲	李春荣	陈　远	宣晴霞	邓良娇
龚叶红	耿莹莹	孙凯雯	孙爱芸	陈菁菁	唐晓磊	张金秋
范　静	景　颖	赵　静	王安琪	王佳琪	陈　默	于　曼
柳璐璐	朱丽婷	许　诚	倪敏艳	盛秀全	黄育婷	王银梦
陈梦佳	张灵利	陈　韵	张　曼	单　晔	王云云	王曦娇
陈　婵	毋　阳	葛　瑶	李茜茜	陆海燕	张佳新	章娟娟
何爱华	冯　婷	彭程程				

机械工程专升本函授（9人）

吴进成	刘富义	张垚磊	梁先昶	董立广	蔡月华	张　杰
王治邦	孙　政					

机械工程专升本业余（73人）

于福磊	王爱民	刘　林	路曙亮	李　华	李　洋	胡　超
王　欣	马　妮	杜冬峰	孙春晖	林泽龙	王贤亮	孙志清
武君花	刘瑞潇	陈其爽	刘圣晔	王嘉明	谢宏亮	张壮丽

陈文强	周德华	王　强	秦志华	秦东魁	沈　玉	肖　军
高建良	张龙刚	王少锋	朱永刚	蔡　静	赵晓伟	方　月
朱　蓓	陆国良	李　明	陈启飞	邵玉伟	刘　鹏	周　健
郭海滨	肖　芸	代　帅	江超亮	吴金芝	徐卫刚	陈风强
王文兵	张其东	许庆武	周志强	尉　森	韩新艳	顾文博
朱亮亮	张　妍	陈　晨	张小霞	王　祺	杨　浩	顾海生
林亚冬	赵　乐	缪新淳	孔正涛	吴　剑	纪伟伟	陈　晨
王传洲	戚川川	黄欢欢				

机械设计制造及其自动化专升本业余（38人）

陈阿锁	李　翔	柏　楠	张闻启	沙子夜	叶　鹏	吉志钢
王　凯	胡强强	姚保臣	张传森	陈嘉俊	张秋伟	汪　飞
张　雷	蔚聚欢	孙永叶	曹树池	费　腾	陈延超	陈金豹
葛劲旅	唐东旭	张司玉	崔汉文	俞双宇	廖昌美	陈丽丽
陈津如	付　颖	杨　勇	王新星	葛肖博	汪婷婷	张天翔
郝　欣	孙　侃	许金祥				

计算机科学与技术专升本业余（74人）

刘体香	周强成	李安文	白永辉	石旭东	管林相	李志勇
王义吉	于大海	王　童	刘亮亮	刘正闯	方　舟	袁玉曼
段云苏	金有来	顾祺烨	王　驰	胡文毅	吴亚丁	王星星
张　健	韦正禄	张青青	邹佳佳	王　雪	何立浩	高　明
闫　斌	高雅莉	金　涛	周海兵	于祥龙	吴昱成	张　雪
王辉艳	胡文奇	王　恒	杨汉力	孙　超	韩建青	朱佳伟
王加星	倪孝兰	蒯晨文	李　健	何秀丽	白丽梅	俞志强
蔡彤鑫	王二垒	朱　远	陈　欢	成　强	邵亚萍	王　蝶
花志宏	张　良	徐海东	赵祥贺	周亚秀	潘　飞	付永娟
杨维学	陈　珂	王宁深	万　榕	梁靖宇	开　鑫	姜士海
史晓冰	梅登清	秦　刚	陆圣游			

建筑环境与能源应用工程专升本函授（20人）

卓　旋	李泽文	高　萍	桑志刚	夏宏付	涂珊珊	孙阿成
朱启军	朱　斌	聂建宝	龚丽英	卢　华	邹昀燚	李永军
邵亚南	刘　豪	薛小强	顾宏程	王同政	陈恩坤	

建筑环境与设备工程专升本函授（6人）

曹少青	陈海莉	张　达	王为腾	姚佳玮	许娟娟

金融学专升本函授（87人）

江学凤	陆冰倩	李飞燕	汤金云	杨　青	何　慧	薛　晓
瞿秋霆	李海兵	潘　纪	张　欣	丁启民	赵　佩	蒋晓清
范婷婷	李永辰	董菲菲	周婷婷	薛　娴	朱　可	张消消
李　倩	王文静	袁　媛	陈倩倩	怀丽玲	曹　艺	卜静静
陈冬梅	杜萌萌	匡军伟	李为利	袁丽曼	冯元香	邱　倩
宋海霞	许英莲	王　媛	于洲然	冯丽娜	屈芬芬	沈羿卉
兰　勤	徐大瀚	赵瑞丽	胡明珠	母　帅	刘金凤	毕慧云
刘　浩	陆锦铭	王玲平	郝　姗	李晓健	柳洪岩	刘做梅
吕明妍	李　娜	唐金珠	李金增	李　婧	何莹洁	程云霄
毕江丽	叶　丽	张　宇	杨晓珊	沈　杰	周　阳	张　建
王雪莹	马智颖	钱俊科	蔡敏洁	陈培凌	沈中原	王　俊
王　杰	王　丹	王　帅	谢　浩	王　然	陆马兰	许　丹
耿一光	陈　艺	杨丹丹				

临床医学专升本业余（79人）

徐友珍	嵇　茜	王　路	黄瑞荣	吴友玲	刘荟萃	徐　懿
沈剑豪	曹青青	王树环	熊佳能	赖晓芳	介馨敏	穆秦倩
王　伟	姚　翔	李腾飞	赵凯迪	牛　锴	程　青	张腾腾
高　丹	李　颖	张　巍	尹蕙菱	莫　兰	杨伊鹏	王　峥
孙世旸	黄朱浩	蒋春华	余丽琴	李厚婷	赵　恬	刘洪嘉
戴新英	吴　艳	潘　航	张　莉	钱孝林	陶佳哲	武晨冰
朱雪娟	徐祖兴	朱佳琪	肖　莉	吕　和	陈晓宇	马俊杰
奚建南	许　敏	邵　侠	杭　骏	于苏畅	杨　浩	翁思文
戚启红	盛艳慧	冯　越	赵淑杰	张雪峰	欧阳阳	张伟宇
程　孔	刘　杰	魏晓丽	郭晶晶	吴　坤	刘继峰	方　明
王夏晴	杜秀銮	周小雨	夏秀君	高一秀	陈达飞	刘佳琦
王　倩	张　楚					

人力资源管理本科业余（17人）

林　敏	马翠玲	金月红	孟令侠	胡玲涓	苏　琴	桑　榆
杨珊珊	张春英	于春霞	夏巧玉	吴　芳	易　杰	王冬梅
刘　静	柴　樱	路丽红				

人力资源管理专升本业余（186人）

李　玲	胡春燕	高煜婷	盛　兰	金莹莹	王　秀	王晨莉
李　芬	赵森森	李金华	张旭光	庞　晴	金　芹	李文荣
冯　净	卜红霞	朱举马	张付美	王　强	孟笑笑	寋维莲
贡云霞	孙伟伟	王　琼	张翠娟	曹艳红	张思齐	王　飞

任 萍	吴 艳	刘佳龙	张 浩	钮海蓉	李 钰	丁 杨
饶 艳	卞本玲	黄 蓉	鲁 婷	周 澜	陈 香	赵 霞
王 敏	林 娜	蔡雯艳	李晶晶	张莉婷	马 琴	孙永平
张 琴	孙 洁	倪庆云	李 静	谭 敏	殷讯佳	沈吉绯
石丽丽	丁 焱	李凌波	陈 洁	马 妍	沈蓉蓉	路金强
党仕巧	朱 虹	李晓静	顾晨燕	陆孝红	侯 硕	赵娟娟
王礼金	金 奕	梁 寒	李玲娟	曹莹莹	王飞凤	殷开侠
黄 娜	李亚飞	师明珠	邢 凤	胡玉芳	赵杨杨	朱云娇
吴燕萍	吴莎莎	崔文静	高翔宇	李雪梅	叶 辉	潘卫新
李艳艳	季 冬	任 倩	胡 莹	周志超	徐亚莉	周雅雯
邵生华	许香丽	赵 静	董菊凤	金若昊	周 恒	李 威
沈静懿	徐 欢	姜海琴	胡 丹	周倩妮	高婉婷	杨佳晔
樊莹莹	阚言春	金小丽	钱秋燕	钱 虹	唐倩倩	姜艳芝
徐宗琦	晏新华	朱辰慧	顾舟舟	王 璐	徐增辉	王 曦
葛香凝	李佳琪	范思思	陈燕萍	徐静娟	史云霞	周 静
陆 静	季月娥	刘 华	陈冠红	马静波	陈海琴	王歆乐
苏玲玲	陆喜峰	徐颐玉	张 岚	钱晓芳	黄红斌	陈 燕
张大威	计虹艳	董桂菊	张 莺	王冬冬	马燕雨	王苏扬
周维芬	袁秋琴	董 静	胡小琴	张 苗	郑梦云	刘 佳
王 琳	闫 苓	府晓人	李绍玲	沈晓云	岳小芳	高 芹
唐晓霞	曹紫良	费黎芹	潘金华	管丽静	张铁梅	林显野
李 娇	张晓兵	朱强强	孙 良	徐 虹	陈 静	张金玲
包建芬	肖 玲	孙 荣	王 丹			

食品质量与安全专升本函授（28人）

汤海婷	张 颖	胡晓培	于建莲	张 茜	沈 晓	卢 棚
俞 婷	周 健	周 炜	马悠然	阚媛媛	苏鼎凯	崔 强
耿 运	金曼灵	顾加炜	李佳懿	眭丽丽	凌 莉	张马飞
杨 硕	赵晓男	邵冠琦	高嘉诚	胡文俊	张 琴	周 冉

物流管理专升本业余（51人）

尤 玉	金雪锋	姜 昆	沈海燕	昝 路	黄丽娜	杨立鹏
杜泓超	曹洋敏	陈谱香	温伟敏	刘中锋	于 航	王曾正
吴小燕	皇甫加加	张艳慧	郭 莉	李鑫鑫	何 慧	吴 开
吴蓓钰	陆丽莉	贺丽娟	戴光辉	吴粉霞	王雪芹	周婷婷
成 斌	宋忠臣	居世春	田海燕	姜 南	范存熠	田雷娟
潘 飞	宋 银	杨晓东	陆 健	周红霞	曹海焕	李 华
周小妹	陈登娟	朱 勤	高春明	熊 艾	倪 霓	乔 平
陈有本	袁 绘					

新能源材料与器件专升本函授（6人）
　　赵天乐　　范远航　　李　磊　　王永红　　郑海锋　　董善君

新能源材料与器件专升本业余（4人）
　　张东东　　夏熙明　　臧银平　　秦姝姝

信息管理与信息系统专升本业余（23人）
　　顾苏苏　　朱思敏　　王　武　　黄　珍　　杨　波　　朱言利　　陈海政
　　叶　鑫　　李　琰　　周文霞　　徐建秀　　钱开铭　　丰秀娟　　夏新德
　　陆彩萍　　徐康华　　宋高强　　曹志昊　　谈国伟　　刘　云　　蔡文婷
　　杨　程　　彭晓俊

药学本科业余（4人）
　　陈　婷　　顾　旭　　陈琴琴　　仇　健

药学专升本函授（116人）
　　顾叶红　　金卓琉　　张　倩　　顾丽莉　　许伟华　　马在俊　　陆伊忞
　　沈雨菱　　张　千　　李凯杰　　张　晴　　陆　淼　　王　燕　　李　敏
　　顾　圆　　徐子菡　　王　延　　柯宏锡　　张　静　　王　卫　　范晨利
　　高　旭　　李小军　　曹　蕾　　顾诗琳　　周晨倩　　薛　虎　　仇泽华
　　帅明明　　朱苏娟　　雷秀娟　　陈　肖　　施文丽　　汤静静　　严彩霞
　　臧　赢　　李华生　　陆春颖　　严思艳　　刘晓红　　李卓莹　　陈飞飞
　　郑　健　　陈欣悦　　王　赟　　朱安稳　　丁　婷　　房敏敏　　汤锦风
　　高　伟　　王　永　　宋柳柳　　黄　敏　　祁玲玲　　王丽萍　　曾　贞
　　江东云　　陆怡文　　王晨漪　　刘雅婷　　李萍萍　　文　磊　　周维凤
　　陈　慧　　张静辉　　倪芳芳　　沈雯倩　　施　纯　　张英芳　　陶静燕
　　王　寅　　沈元睿　　徐　佳　　朱　婷　　肖桂鹏　　袁新颖　　马　洁
　　张燕梅　　俞　杰　　顾凯艳　　俞梦晴　　陈广娟　　刘佩佩　　初　丹
　　邱益德　　辛金金　　陈亦娟　　康诚瑶　　陈　曦　　周　潮　　张　琴
　　孙守军　　陆　懿　　卞涵芳　　俞秋婷　　王　丽　　顾屺讴　　缪　佳
　　董芳芳　　王　静　　马梦蕾　　韦巳蕾　　潘　娇　　顾艳君　　计仪晴
　　肖丽丹　　殷　芳　　钱小英　　王娱婷　　邵怡婷　　孙　佳　　陈丽佳
　　查玉婷　　王宇豪　　黄梦怡　　陆梦丹

医学检验专升本业余（5人）
　　陈　辰　　马珊珊　　刘　银　　倪　敏　　杨　影

医学检验技术专升本业余(15人)

胡甜甜	郑 娟	郝爱秋	李齐齐	柏燕青	李 婷	余苗苗
周 娜	刘 璐	孙 佳	施 磊	陆晓春	尤 骏	胡香南
张秀丽						

医学影像学专升本业余(133人)

张光耀	陆 洋	范存凯	吴 垠	樊 平	蒋明慧	孙 昊
陈 聪	陈彦文	冯珏文	陈素宁	卞晓晓	徐 腾	李建中
夏文杰	柳 丹	冯珏雅	赵新月	钱 剑	崔 洁	王 琳
李 楠	刘金芳	孙苏同	赵少聪	张修南	陈 科	张寓栋
邵玲玲	毛威威	王万鑫	沈 聪	陈明厚	张含冰	孙红美
段苏贞	闻 静	陆梦婷	张 磊	郑华恩	高园园	赵一杰
孔雪婷	朱梦凡	张 静	甘 雯	周静怡	朱亦青	张连玲
朱娟娟	左娟娟	王 伟	徐晓青	于中君	崔艳玲	殷正悦
沈 妍	吴 倩	马丽俐	林理嘉	张 君	王 慢	丁 月
叶啸天	巨欢欢	黄 哲	王 华	吴怡林	盛佳雨	刘佳林
何倩吉	周 燕	宗淑倩	王 雯	孙影雯	鲍绮文	邱文桐
管文琴	夏 颖	蔡 昊	陈闪闪	朱星宇	石 熠	汤洁瑕
赵 健	周诗雨	邵 荣	朱 琳	范志毅	秦 超	吴志成
王怡婷	陈培菁	费智博	施梦娇	蔡 耀	单 鑫	朱 云
孙晓晓	王 颖	赵 芯	周 珺	王润瑜	曹升阳	潘 怡
贾雪玲	董 茜	徐 玲	蒋 硕	赵紫阳	朱海菲	徐 青
吴添烨	黄 墅	张立康	刘思祖	吕 洋	赵梦莉	吕仁洁
王 坤	周敏敏	路 骁	惠 玥	沈 林	李 阳	夏 怡
李 静	周嘉伦	郑亚凡	郭 凯	黄启超	姚成亮	尚 鹏

英语专升本业余(153人)

吴敏华	张玉洁	李 瑞	倪伟紫	王秋旭	顾 丹	王梦迪
何 辉	李凤华	王 静	范永丰	颜 婷	邹亚平	蔡应琼
吕文娟	许 倩	吴兆鹏	闫昱含	周 岚	陈 英	季逸群
韩秀芳	吴 垠	王海鸣	吴方方	于 璇	洪其兰	毕士兰
王雪婷	顾 健	叶 琳	戴 萍	张文玉	刘海苏	史秀明
杭于钌	李莲香	李平平	张 郁	高 叶	严闻乾	魏金春
顾立宏	余 全	沈子艳	王亿琳	周 进	徐 凯	李小赛
祁明杰	郭 悦	赵 堃	徐紫嫣	孟庆霞	朱海峰	徐圆怡
梁 杰	纪叔珍	熊 雨	杨金龄	党 会	樊丹丹	宋晓婷
刘锐锐	侯姝婧	赵 丹	杨 丹	刘建侠	李海霞	张亚琼
赵 川	万志田	魏 鑫	张嫚嫚	陈 红	杜芸芸	陈 蕊
朱红丽	何晓娟	周 飞	苏玲玲	王晶晶	黄计娟	李 林

郭　玲	张婷婷	马　婧	邹秀翠	张　翠	顾路路	司　荣
马中玲	何文霞	王萍萍	司应爽	黄丽华	程　玲	王启荣
孟方方	徐小娟	张瑞晓	程　凝	王万艳	钟红丽	陈妹芳
蒋荣玲	马昌玲	刘　芳	袁冬玲	徐晓静	杨玉蓉	龚　超
丁　娟	李玉伟	许　鑫	刘　泉	王　慧	张子宸	孙美琳
唐金红	朱　文	于荣华	朱　伟	栗玉世	周　欢	陈思雯
李月寒	叶　江	张慧慧	洪　燕	汤晓波	张　倩	袁晓婷
曹金霞	马　颖	薛　婷	潘　容	张　苗	张小燕	刘院琴
徐建英	徐有生	徐　洪	毛　坤	张　莹	张正娟	胡晓霞
陈敏霞	夏　琳	高　倩	吴梦娇	熊志生	印惠丽	

办学层次

博士后流动站及博士、硕士研究生学位授权点（表19、表20、表21）

表19　2020年苏州大学博士后流动站一览表

序号	学科代码	学科名称	序号	学科代码	学科名称
1	101	哲学	16	805	材料科学与工程
2	202	应用经济学	17	812	计算机科学与技术
3	301	法学	18	817	化学工程与技术
4	302	政治学	19	821	纺织科学与工程
5	305	马克思主义理论	20	905	畜牧学
6	401	教育学	21	1001	基础医学
7	403	体育学	22	1002	临床医学
8	501	中国语言文学	23	1004	公共卫生与预防医学
9	502	外国语言文学	24	1007	药学
10	602	中国史	25	1009	特种医学
11	701	数学	26	1305	设计学
12	702	物理学	27	1202	工商管理
13	703	化学	28	812	软件工程
14	714	统计学	29	810	信息与通信工程
15	803	光学工程	30	1011	护理学

表20 苏州大学博士、硕士学位授权点名单

序号	授权类别	一级学科代码	一级学科名称	二级学科代码	二级学科名称	批准时间
1	博士学位授权一级学科点	0101	哲学			2011-03
2	博士学位授权一级学科点	0202	应用经济学			2011-03
3	博士学位授权一级学科点	0301	法学			2011-03
4	博士学位授权一级学科点	0302	政治学			2011-03
5	博士学位授权一级学科点	0305	马克思主义理论			2018-03
6	博士学位授权一级学科点	0403	体育学			2011-03
7	博士学位授权一级学科点	0501	中国语言文学			2003-09
8	博士学位授权一级学科点	0502	外国语言文学			2011-03
9	博士学位授权一级学科点	0602	中国史			2011-08
10	博士学位授权一级学科点	0701	数学			2003-09
11	博士学位授权一级学科点	0702	物理学			2011-03
12	博士学位授权一级学科点	0703	化学			2003-09
13	博士学位授权一级学科点	0714	统计学			2011-08
14	博士学位授权一级学科点	0803	光学工程			2003-09
15	博士学位授权一级学科点	0805	材料科学与工程			2011-03
16	博士学位授权一级学科点	0812	计算机科学与技术			2011-03
17	博士学位授权一级学科点	0817	化学工程与技术			2018-03

续表

序号	授权类别	一级学科代码	一级学科名称	二级学科代码	二级学科名称	批准时间
18	博士学位授权一级学科点	0821	纺织科学与工程			2003-09
19	博士学位授权一级学科点	0835	软件工程			2011-08
20	博士学位授权一级学科点	0905	畜牧学			2018-03
21	博士学位授权一级学科点	1001	基础医学			2003-09
22	博士学位授权一级学科点	1002	临床医学			2011-03
23	博士学位授权一级学科点	1004	公共卫生与预防医学			2011-03
24	博士学位授权一级学科点	1007	药学			2011-03
25	博士学位授权一级学科点	1009	特种医学			2011-08
26	博士学位授权一级学科点	1011	护理学			2011-08
27	博士学位授权一级学科点	1202	工商管理			2011-08
28	博士学位授权一级学科点	1305	设计学			2018-03
29	博士学位授权二级学科点	0401	教育学	040106	高等教育学	2003-09
30	博士学位授权二级学科点	0810	信息与通信工程	081002	信号与信息处理	2006-01
31	硕士学位授权一级学科点	0303	社会学			2011-03
32	硕士学位授权一级学科点	0401	教育学			2011-08
33	硕士学位授权一级学科点	0402	心理学			2011-03
34	硕士学位授权一级学科点	0503	新闻传播学			2006-01

续表

序号	授权类别	一级学科代码	一级学科名称	二级学科代码	二级学科名称	批准时间
35	硕士学位授权一级学科点	0603	世界史			2011-08
36	硕士学位授权一级学科点	0710	生物学			2006-01
37	硕士学位授权一级学科点	0802	机械工程			2006-01
38	硕士学位授权一级学科点	0806	冶金工程			2006-01
39	硕士学位授权一级学科点	0809	电子科学与技术			2011-03
40	硕士学位授权一级学科点	0810	信息与通信工程			2006-01
41	硕士学位授权一级学科点	0811	控制科学与工程			2018-03
42	硕士学位授权一级学科点	0813	建筑学			2015-11
43	硕士学位授权一级学科点	0823	交通运输工程			2016-09
44	硕士学位授权一级学科点	0831	生物医学工程			2003-09
45	硕士学位授权一级学科点	0834	风景园林学			2011-08
46	硕士学位授权一级学科点	1201	管理科学与工程			2006-01
47	硕士学位授权一级学科点	1204	公共管理			2006-01
48	硕士学位授权一级学科点	1205	图书情报与档案管理			2011-03
49	硕士学位授权一级学科点	1302	音乐与舞蹈学			2011-08
50	硕士学位授权一级学科点	1303	戏剧与影视学			2011-08
51	硕士学位授权一级学科点	1304	美术学			2011-08

表21 苏州大学博士、硕士专业学位授权点名单

序号	授权类别	专业学位类别代码	专业学位类别名称	批准时间
1	博士专业学位授权点	1051	临床医学	2000-10
2	硕士专业学位授权点	0251	金融	2010-10
3	硕士专业学位授权点	0252	应用统计	2010-10
4	硕士专业学位授权点	0253	税务	2010-10
5	硕士专业学位授权点	0254	国际商务	2010-10
6	硕士专业学位授权点	0351	法律	1998-12
7	硕士专业学位授权点	0352	社会工作	2009-07
8	硕士专业学位授权点	0451	教育	2003-09
9	硕士专业学位授权点	0452	体育	2005-05
10	硕士专业学位授权点	0453	汉语国际教育	2009-06
11	硕士专业学位授权点	0454	应用心理	2010-10
12	硕士专业学位授权点	0551	翻译	2009-06
13	硕士专业学位授权点	0552	新闻与传播	2010-10
14	硕士专业学位授权点	0553	出版	2014-08
15	硕士专业学位授权点	0854	电子信息	2018-08
16	硕士专业学位授权点	0855	机械	2018-08
17	硕士专业学位授权点	0856	材料与化工	2018-08
18	硕士专业学位授权点	0857	资源与环境	2020-03
19	硕士专业学位授权点	0858	能源动力	2020-03
20	硕士专业学位授权点	0860	生物与医药	2018-08
21	硕士专业学位授权点	0861	交通运输	2018-08
22	硕士专业学位授权点	0951	农业	2004-06
23	硕士专业学位授权点	0953	风景园林	2014-08
24	硕士专业学位授权点	1051	临床医学	2000-10
25	硕士专业学位授权点	1052	口腔医学	2019-05
26	硕士专业学位授权点	1053	公共卫生	2001-12
27	硕士专业学位授权点	1054	护理	2014-08

续表

序号	授权类别	专业学位类别代码	专业学位类别名称	批准时间
28	硕士专业学位授权点	1055	药学	2010-10
29	硕士专业学位授权点	1251	工商管理	2003-09
30	硕士专业学位授权点	1252	公共管理	2003-09
31	硕士专业学位授权点	1253	会计	2010-10
32	硕士专业学位授权点	1254	旅游管理	2020-03
33	硕士专业学位授权点	1255	图书情报	2020-03
34	硕士专业学位授权点	1351	艺术	2005-05

全日制本科专业情况（表22）

表22 苏州大学各学院（部）本科专业/专业方向设置一览表

学院（部）	学院（部）代码	本科专业/专业方向名称
文学院	01	汉语言文学（基地） 汉语言文学（师范） 汉语国际教育 秘书学
政治与公共管理学院	02	哲学 思想政治教育 行政管理 管理科学 人力资源管理 公共事业管理 物流管理 城市管理 物流管理（中外合作办学项目）
社会学院	03	历史学（师范） 旅游管理 档案学 劳动与社会保障 图书馆学 社会工作 信息资源管理 社会学

续表

学院（部）	学院（部）代码	本科专业/专业方向名称
外国语学院	04	英语 英语（师范） 翻译 日语 俄语 法语 朝鲜语 德语 西班牙语
艺术学院	05	美术学 美术学（师范） 产品设计 艺术设计学 视觉传达设计 环境设计 服装与服饰设计 数字媒体艺术
体育学院	06	体育教育 运动人体科学 武术与民族传统体育 运动训练 运动康复
数学科学学院	07	数学与应用数学（基地） 数学与应用数学（师范） 信息与计算科学 统计学 金融数学
材料与化学化工学部	09	无机非金属材料工程 高分子材料与工程 材料科学与工程 环境工程 化学工程与工艺 材料化学 化学 化学（师范） 应用化学 功能材料

续表

学院（部）	学院（部）代码	本科专业/专业方向名称
东吴商学院（财经学院）	10	经济学 国际经济与贸易 财政学 金融学 工商管理 会计学 市场营销 电子商务 财务管理 金融学（中外合作办学项目）
王健法学院	11	法学 知识产权
沙钢钢铁学院	13	冶金工程 金属材料工程
纳米科学技术学院	14	纳米材料与技术
纺织与服装工程学院	15	轻化工程 纺织工程 服装设计与工程 非织造材料与工程 纺织工程（中外合作办学项目）
教育学院	18	教育学（师范） 应用心理学 教育技术学（师范）
音乐学院	21	音乐表演 音乐学（师范） 作曲与作曲技术理论
物理科学与技术学院	22	物理学 物理学（师范）
光电科学与工程学院	23	测控技术与仪器 电子信息科学与技术 光电信息科学与工程

续表

学院（部）	学院（部）代码	本科专业/专业方向名称
能源学院	24	能源与动力工程 新能源材料与器件 新能源材料与器件（中外合作办学项目）
计算机科学与技术学院	27	计算机科学与技术 信息管理与信息系统 软件工程 网络工程 物联网工程 人工智能
电子信息学院	28	通信工程 信息工程 微电子科学与工程 电子信息工程 电子科学与技术 集成电路设计与集成系统
机电工程学院	29	电气工程及其自动化 工业工程 机械电子工程 机械工程 材料成型及控制工程 智能制造工程
医学部	30	生物技术 食品质量与安全 生物科学 生物信息学 放射医学 预防医学 药学 中药学 生物制药 临床医学 临床医学（儿科医学） 临床医学（"5+3"一体化） 临床医学（"5+3"一体化，儿科学） 法医学 医学影像学 口腔医学 医学检验技术 护理学

续表

学院（部）	学院（部）代码	本科专业/专业方向名称
金螳螂建筑学院	41	建筑学 城乡规划 园艺 风景园林 园林 历史建筑保护工程
唐文治书院	46	唐文治书院人才培养教师教育方向 唐文治书院人才培养非教师教育方向
轨道交通学院	47	工程管理 车辆工程 交通运输 电气工程与智能控制 建筑环境与能源应用工程 轨道交通信号与控制
传媒学院	48	新闻学 广播电视学 广告学 播音与主持艺术 网络与新媒体
巴斯德学院	52	巴斯德英才班

注：本表统计时间截止到2020年12月。

成人学历教育专业情况

高中起点本科

护理学　　　　　　　　　　　　药学
人力资源管理

专科起点升本科

电气工程及其自动化　　　　　　建筑环境与设备工程
电气工程与自动化　　　　　　　金融学
电子信息工程　　　　　　　　　临床医学

法学	人力资源管理
工程管理	食品质量与安全
工商管理	物流管理
汉语言文学	新能源材料与器件
行政管理	信息管理与信息系统
护理学	药学
会计学	医学检验
机械工程	医学检验技术
机械设计制造及其自动化	医学影像学
计算机科学与技术	英语
建筑环境与能源应用工程	

教学质量与学科实力

国家基础科学研究与教学人才培养基地情况（表23）

表23　2020年国家基础科学研究与教学人才培养基地

归属	基地名称
数学科学学院	数学
文学院	中国语言文学

国家级大学生校外实践教学基地情况（表24）

表24　国家级大学生校外实践教学基地

归属	基地名称
计算机科学与技术学院	苏州大学—方正国际软件有限公司工程实践教育中心

国家创新人才培养示范基地（表25）

表25　国家创新人才培养示范基地

归属	基地名称
纳米科学与技术学院	科技部创新人才推进计划——创新人才培养示范基地

苏州大学国家级、省（部）级重点学科，国家一流学科，优势学科，重点实验室，协同创新中心，公共服务平台，工程（技术）研究中心，重点研究基地及实验室教学示范中心

国家级重点学科（4个）

1. 纺织工程
2. 放射医学
3. 内科学（血液病）
4. 外科学（骨外）

国家级一流学科（1个）

材料科学与工程

国防科工委重点学科（2个）

1. 放射医学
2. 内科学（血液病）

江苏省优势学科（20个）

1. 设计学
2. 软件工程
3. 法学
4. 马克思主义理论
5. 体育学
6. 中国语言文学
7. 外国语言文学
8. 数学
9. 化学
10. 光学工程

11. 纺织科学与工程
12. 基础医学
13. 药学
14. 政治学
15. 物理学
16. 计算机科学与技术
17. 化学工程与技术
18. 工商管理
19. 特种医学
20. 临床医学

"十三五"江苏省一级学科重点学科（9个）

1. 哲学
2. 应用经济学
3. 中国史
4. 统计学
5. 信息与通信工程
6. 公共卫生与预防医学
7. 护理学
8. 教育学（培育学科）
9. 畜牧学（培育学科）

省部共建国家重点实验室（1个）

放射医学与辐射防护国家重点实验室

国家临床医学研究中心（1个）

国家血液系统疾病临床医学研究中心

国家工程实验室（1个）

现代丝绸国家工程实验室

国家地方联合工程实验室（2个）

1. 新型功能高分子材料国家地方联合工程实验室（江苏）
2. 环保功能吸附材料制备技术国家地方联合工程实验室（江苏）

国家级国际合作联合研究中心（2个）

1. 智能纳米环保新材料及检测技术国际联合研究中心
2. 基因组资源国际联合研究中心

"一带一路"联合实验室（1个）

中国-葡萄牙文化遗产保护科学"一带一路"联合实验室

"111"计划创新引智基地（1个）

光功能纳米材料创新引智基地

江苏省高校国家重点实验室培育建设点（1个）

现代光学技术国家重点实验室培育建设点

省部级重点实验室（33个）

1. 省部共建教育部现代光学技术重点实验室
2. 教育部碳基功能材料与器件国际合作联合实验室
3. 江苏省先进光学制造技术重点实验室
4. 卫生部血栓与止血重点实验室
5. 江苏省碳基功能材料与器件重点实验室
6. 江苏省薄膜材料重点实验室
7. 江苏省有机合成重点实验室
8. 江苏省计算机信息处理技术重点实验室
9. 江苏省丝绸工程重点实验室
10. 江苏省现代光学技术重点实验室
11. 江苏省放射医学与防护重点实验室
12. 江苏省新型高分子功能材料工程实验室
13. 江苏省先进功能高分子材料设计及应用重点实验室
14. 江苏省感染与免疫重点实验室
15. 江苏省先进机器人技术重点实验室
16. 江苏省水处理新材料与污水资源化工程实验室
17. 全国石油和化工行业有机废水吸附治理及其资源化重点实验室
18. 工业（化学电源）产品质量控制和技术评价实验室
19. 江苏省重大神经精神疾病诊疗技术重点实验室
20. 江苏省老年病预防与转化医学重点实验室

21. 全国石油化工行业导向生物医用功能的高分子材料设计与合成重点实验室
22. 江苏省网络空间安全工程实验室
23. 全国石油和化工行业颗粒技术工程实验室
24. 江苏省先进碳材料与可穿戴能源技术重点实验室
25. 江苏省临床免疫学重点实验室
26. 江苏省机器人技术及智能制造装备实验室
27. 江苏省大数据智能工程实验室
28. 纺织行业天然染料重点实验室
29. 江苏省水产动物营养重点实验室
30. 纺织行业丝绸功能材料与技术重点实验室
31. 纺织行业医疗健康用蚕丝制品重点实验室
32. 纺织行业纺织材料阻燃整理重点实验室
33. 纺织行业智能纺织服装柔性器件重点实验室

国家"2011计划"协同创新中心（牵头单位）（1个）

苏州纳米科技协同创新中心

江苏省高校协同创新中心（4个）

1. 纳米科技协同创新中心
2. 血液学协同创新中心
3. 放射医学协同创新中心
4. 新型城镇化与社会治理协同创新中心

国家级公共服务平台（3个）

1. 国家化学电源产品质量监督检测中心
2. 国家纺织产业创新支撑平台
3. 国家技术转移示范机构

国家大学科技园（1个）

苏州大学国家大学科技园

省部级公共服务平台（7个）

1. 江苏省苏州化学电源公共技术服务中心
2. 江苏省苏州丝绸技术服务中心

3. 江苏省苏州医疗器械临床前研究与评价公共技术服务中心
4. 江苏省节能环保材料测试与技术服务中心
5. 江苏省中小企业环保产业公共技术服务平台
6. 江苏省骨科临床医学研究中心
7. 工业废水重金属离子污染物深度处理及资源化利用—公共技术服务平台

省部级工程中心（5个）

1. 数码激光成像与显示教育部工程研究中心
2. 血液和血管疾病诊疗药物技术教育部工程研究中心
3. 江苏省数码激光图像与新型印刷工程技术研究中心
4. 江苏省纺织印染业节能减排与清洁生产工程中心
5. 江苏省新型光纤技术与通信网络工程研究中心

国家级实验教学示范中心（4个）

1. 物理实验教学中心
2. 纺织与服装设计实验教学中心
3. 计算机与信息技术实验教学中心
4. 纺织与服装虚拟仿真实验教学中心

国家级虚拟仿真实验教学项目（4个）

1. 乳腺癌组织分子分型的免疫组织化学检测方法项目
2. 抗流感病毒活性药物的设计与筛选项目
3. 颅脑损伤法医学鉴定
4. 重大突发自然灾害应急决策

江苏省高等学校实验教学示范中心（20个）

1. 电工电子基础课实验教学中心
2. 化学基础课实验教学中心
3. 计算机基础课实验教学中心
4. 物理基础课实验教学中心
5. 基础医学教学实验中心
6. 艺术设计实验教学中心
7. 机械基础实验教学中心
8. 纺织服装实验教学中心
9. 生物基础课实验教学中心

10. 传媒与文学实验教学中心
11. 心理与教师教育实验教学中心
12. 工程训练中心
13. 临床技能实验教学中心
14. 纳米材料与技术实验教学中心
15. 新能源材料与器件实验教学中心
16. 建筑与城市环境设计实践教育中心
17. 药学学科综合训练中心
18. 轨道交通实践教育中心
19. 冶金工程实践教育中心
20. 护理学学科综合训练中心

教育部人文社会科学重点研究基地（1个）

中国特色城镇化研究中心

国家体育总局体育社会科学重点研究基地（1个）

体育社会科学研究中心

国家体育总局体育产业研究基地（1个）

苏州大学江苏体育健康产业研究院

国家体育总局重点实验室（1个）

机能评定与体能训练重点实验室

江苏省哲学社会科学研究基地（3个）

1. 江苏省吴文化研究基地
2. 苏南发展研究院（培育智库）
3. 江苏当代作家研究基地

江苏高校哲学社会科学重点研究基地（9个）

1. 苏州大学公法研究中心
2. 苏州基层党建研究所
3. 老挝-大湄公河次区域国家研究中心

4. 国际能源法研究中心（培育智库）
5. 东吴智库
6. 江苏体育产业协同创新中心（培育智库）
7. 中国文化翻译与传播研究基地
8. 中国昆曲与戏曲研究中心（培育智库）
9. 红十字运动与慈善文化研究中心（培育智库）

江苏省决策咨询研究基地（2个）

1. 江苏苏南治理现代化研究基地
2. 江苏现代金融研究基地

江苏省文化厅（1个）

苏州大学非物质文化遗产研究基地

江苏省委宣传部（2个）

1. 江苏省中国特色社会主义理论体系研究基地
2. 东吴智库（培育智库）

江苏高校哲学社会科学优秀创新团队（3个）

1. 地方政府与社会治理优秀创新团队
2. "传播与社会治理研究"创新团队
3. 智慧供应链创新团队

江苏省社科院（1个）

大运河文化带建设研究院苏州分院

苏州大学2020年度国家、省教育质量工程项目名单

苏州大学"十三五"江苏高校外国留学生英文授课省级精品课程名单

苏教外函〔2020〕35号

2020-09-03

苏大教〔2020〕52号

2020-09-10

序号	课程名（中英文）	主持人	学院（部）
1	生物化学 Biochemistry	苏 雄	医学部
2	医学免疫学 Medical Immunology	居颂光	医学部
3	医学统计学 Medical Statistics	沈月平	医学部
4	生理学 Physiology	王国卿	医学部
5	病理生理学 Pathophysiology	赵 颖	医学部
6	神经生物学 Neurobiology	陶 金	医学部
7	普通物理学 Fundamentals of Physics	须 萍	物理科学与技术学院
8	细胞生物学 Cell Biology	魏文祥	医学部
9	热学 Thermal Physics	张泽新	材料与化学化工学部
10	化工原理 Principles of Chemical Engineering	肖 杰	材料与化学化工学部

苏州大学第二批在苏本科高校优秀教学团队立项建设名单

苏教高职〔2020〕11号

2020-06-11

苏大教〔2020〕28号

2020-06-17

序号	教学团队名称	团队负责人	学院（部）
1	中国文学经典阅读教学团队	杨旭辉	文学院
2	程序设计教学团队	赵 雷	计算机科学与技术学院

苏州大学首批在苏本科高校优秀教学团队结项名单

苏教高职〔2020〕12号
2020-06-11
苏大教〔2020〕29号
2020-06-17

序号	教学团队名称	团队负责人	学院（部）
1	纳米材料与技术教学团队	王穗东	纳米科学技术学院
2	人工智能教学团队	李凡长	计算机科学与技术学院
3	药理学教学团队	镇学初	医学部

苏州大学首批在苏本科高校精品在线开放课程结项名单

苏教高职〔2020〕12号
2020-06-11
苏大教〔2020〕29号
2020-06-17

序号	在线开放课程名单	课程负责人	学院（部）
1	吴文化史	王卫平	社会学院
2	中国特色文化英语教学	顾卫星 叶建敏	外国语学院

苏州大学2019年度江苏省高等教育学会高等教育科学研究优秀成果获奖名单

苏高教会〔2020〕24号
2020-09-29
苏大教〔2020〕89号
2020-10-23

序号	奖项	申报人	成果名称	成果类型	刊物&出版社	单位
1	特等奖	周毅 李卓卓	新文科建设的理路与设计	论文	中国大学教学	社会学院
2	一等奖	田芝健	"三能一体"深化思政课改革创新	论文	新华日报	马克思主义学院
3	一等奖	金国	民初私立大学的生存境遇与办学理念的选择——以私立南开大学的早期创办为例（1915—1922年）	论文	高等教育研究	教育学院

续表

序号	奖项	申报人	成果名称	成果类型	刊物&出版社	单位
4	二等奖	曹晓燕	互联网条件下的汉语网络教学平台构建策略	论文	文学教育	文学院
5	二等奖	徐 蒙	当下传播学课程教学面临的挑战及其应对	论文	视听	传媒学院
6	二等奖	余 庆	论作为教育哲学研究方法的教育概念分析	论文	教育学报	教育学院

苏州大学2020年省重点教材立项建设名单

苏高教会〔2020〕39号
2020-11-26
苏大教〔2020〕110号
2020-12-08

序号	教材类别	教材名称	教材适用类型	拟出版单位	主编姓名	学院（部）
1	修订	体育运动伤害防护	本科	苏州大学出版社	王国祥 鲍 捷	体育学院
2	修订	服装工业制版（第三版）	本科	东华大学出版社	李 正	艺术学院
3	修订	创意女装结构造型	本科	中国纺织出版社	黄燕敏 胡小燕 李飞跃	艺术学院
4	修订	物理学简明教程	本科	苏州大学出版社	江美福 冯秀舟 张力元	东吴学院
5	修订	无线传感器网络原理及应用	本科	东南大学出版社	陈小平	电子信息学院
6	新编	中国武术短兵教程	本科	人民体育出版社	李 龙	体育学院

续表

序号	教材类别	教材名称	教材适用类型	拟出版单位	主编姓名	学院（部）
7	新编	中国现当代通俗小说与网络小说	本科	高等教育出版社	汤哲声	文学院
8	新编	中小学音乐教材自弹自唱教程	本科	苏州大学出版社	吴 磊 冒小瑛	音乐学院
9	新编	医学人文关怀	本科	北京大学医学出版社	李惠玲 周晓俊	医学部
10	新编	药理学	本科	科学出版社	张慧灵 Helena Kelly 镇学初 王光辉	医学部
11	新编	低温等离子体诊断原理与技术	本科	科学出版社	叶 超	物理科学与技术学院
12	新编	Python编程导论——计算思维实现	本科	清华大学出版社	赵 雷 朱晓旭	计算机科学与技术学院

苏州大学第八批出版省重点教材名单

苏高教会〔2020〕39号
2020-11-26
苏大教〔2020〕111号

编号	教材名称	主编姓名	出版社	教材标准书号（ISBN）	备注
2018-1-105	大学物理实验教程（第三版）（上、下册）	江美福 方建兴	高等教育出版社	978-7-04-055011-5 978-7-04-055012-2	2018年修订
2018-2-038	有机化学（上、下）	史达清 赵 蓓	高等教育出版社	978-7-04-050483-5 978-7-04-050918-2	2018年新编

续表

编号	教材名称	主编姓名	出版社	教材标准书号（ISBN）	备注
2018-2-146	Practical Quantum Mechanics 实用量子力学（双语版）	马约翰（John A. McLeod）刘俪佳	厦门大学出版社	978-7-5615-7491-1	2018年新编
2019-1-034	无机化学（第二版）	郎建平 唐晓艳 陶建清	南京大学出版社	978-7-305-23131-5	2019年修订
2019-2-034	医学放射防护学教程	涂彧	原子能出版社	978-7-5221-0386-0	2019年新编

苏州大学首批国家级一流本科课程认定名单

教高函〔2020〕8号
2020-11-24

序号	课程名称	课程负责人	课程团队其他主要成员	学院（部）	认定课程类型
1	英语影视欣赏	卫岭 张立蓉	丁红云 王静 赵新刚	外国语学院	线上一流课程
2	创意、视觉、营销、传播—理解广告	胡明宇	王静 董博 倪建 冯敏	传媒学院	线上一流课程
3	江南古代都会建筑与生态美学	王耘	蒋玮 周生杰 邵雯艳	文学院	线上一流课程
4	颅脑损伤法医学鉴定	陶陆阳	陈溪萍 王涛 罗承良 张明阳	医学部	虚拟仿真实验教学一流课程
5	重大突发自然灾害应急决策	陈进华	黄建洪 沈承诚 宋煜萍 郑红玉	政治与公共管理学院	虚拟仿真实验教学一流课程
6	电磁场与电磁波	刘学观		电子信息学院	线下一流课程

续表

序号	课程名称	课程负责人	课程团队其他主要成员	学院（部）	认定课程类型
7	干细胞与肿瘤：二十一世纪人类面临的挑战和机遇	周泉生 王建荣		医学部	线下一流课程
8	吴文化史专题	王卫平	黄鸿山 朱小田 王玉贵 朱琳	社会学院	线上线下混合式一流课程
9	无机及分析化学	周为群		材料与化学化工学部	线上线下混合式一流课程
10	影像诊断学（二）	胡春洪	杨玲 王希明 叶爱华 张妤	医学部	线上线下混合式一流课程
11	思想政治理论课实践	田芝健	罗志勇 郑芸 陈枢卉 唐强奎	马克思主义学院	社会实践一流课程

苏州大学2020年全省高校微课教学比赛获奖名单

苏大教〔2020〕109号
2020-12-01

序号	学院（部）	作品名称	作品类型	团队成员（排第一位为主讲人）	获奖情况
1	外国语学院	英国湖区：浪漫主义的灵感之源	微课	石晓菲	一等奖
2	医学部	中医辨证莫要慌、八纲辨证是总纲	微课	胡天燕	一等奖
3	传媒学院	我是朗读者	微课程	冯洋	一等奖
4	政治与公共管理学院	社会结构与"社交距离"政策执行	微课（课程思政）	刘向东	一等奖
5	物理科学与技术学院	从"小单摆"看"大世界"	微课	方亮	二等奖

续表

序号	学院（部）	作品名称	作品类型	团队成员（排第一位为主讲人）	获奖情况
6	音乐学院	江南音乐文化之美	微课程	吴磊 朱栋霖 冒小瑛	二等奖
7	医学部	识别危及儿童生命的状态	微课（课程思政）	柏振江	二等奖
8	东吴学院	光栅	微课	钱懿华	三等奖
9	体育学院	从两起接吻案看《世界反兴奋剂条例》中无过错的认定	微课	熊瑛子 郭树理	三等奖
10	王健法学院	国际法上的国家	微课	卜璐	三等奖
11	马克思主义学院	《民法典》中"好人条款"的三维解读	微课	王晓蕾	三等奖
12	纺织与服装工程学院	新型纺纱之喷气涡流纺纱技术	微课	王萍	三等奖

教育部办公厅关于公布第二批新工科研究与实践项目的通知

教高厅〔2020〕23号

2020-10-19

新工科专业改革类项目——人工智能类项目群

序号	项目编号	负责人姓名	学院（部）	项目名称	组别	指南编号
1	E-RGZN20201022	李凡长	计算机科学与技术学院	"人工智能+X"的创新型工程教育组织模式研究与实践	地方高校组	10

省级高校示范马克思主义学院及培育点名单

苏教社政函〔2020〕15号
2020-07-14

序号	学校名称	建设类别
1	苏州大学	示范马克思主义学院

省级高校思政课教育教学改革创新示范点项目

苏教社政函〔2020〕15号
2020-07-14

序号	项目名称	学校名称	项目负责人
1	"五+"合力 协同创新：思想政治理论课实践教学改革与创新	苏州大学	田芝健

苏州大学2020年全日制本科招生就业情况

一、招生情况

（一）招生计划及执行情况

江苏省发展与改革委员会、江苏省教育厅根据国家统一部署，结合江苏省实际情况，批准苏州大学2020年度全日制112个本科专业招生6 674名。在江苏省外29个省（市、自治区）招生计划2 471名（含正常计划1 448名、支持中西部地区协作计划748名、国家专项计划261名、对口援疆计划11名、南疆单列计划3名）；不分省计划488名（含预留计划14名、体育单招计划62名、艺术不分省计划119名、保送生计划11名、高水平运动队计划66名、高校专项计划155名、招收内地新疆班和内地西藏班毕业生计划46名、新疆双语类少数民族预科生转入本科计划15名）；在江苏省内招生计划3 715名（含正常计划3 605名、地方专项计划70名、地方免费医学生计划40名）。另有新疆少数民族预科生计划15名、国家民委专项计划1名，不占招生计划总规模。

苏州大学2020年实际录取新生6 690名，其中，省内3 799名，省外2 891名。在江苏省招生计划增量较大，占核准计划数的56.92%，是在江苏录取人数最多的"双一流"高校。此外，在本校应届毕业生中录取第二学士学位学生35名。

（二）录取新生情况

在学校2020年录取的6 690名新生中，男生3 222名，占48.16%，女生3 468名，占51.84%。

1. 江苏省内录取情况

在江苏，各类投档线仍保持稳定，文理科选测科目较高等级的考生人数有所增加，文理科投档线在江苏高校中的位次均有所上升，艺体类投档线继续位列省内高校前列；院校代号1261投档线对应考生位次文科上升明显、理科保持稳定，全省文科2 700名以内、理科13 000名以内的新生占比均有所上升（表26）；院校代号1266增加了招生专业和招生计划，多数专业满足了考生的专业志愿，且投档最低分、对应考生全省位次均获得显著提高。

表26　江苏省录取总体情况汇总（院校代号1261）

	省控线	最低分	平均分	最高分	最低分超省控线			投档线在江苏高校中的排名		
					2020年	2019年	2018年	2020年	2019年	2018年
提前体育	346	429	433	450	83	98	77	2	2	2
提前美术	406	574	579.30	597	168	160	160	2	2	2
提前音乐（声乐）	145	215	216.91	219	70	59	59	2	2	2
提前音乐（器乐）	145	222	223.57	230	77	67	66	2	2	2
本一文科	343	378	381.50	394	36	29	29	5	6	6
本一理科	347	383	386.93	401	36	32	31	6	8	8

注：江苏高校指地处江苏省的所有高校。

2. 高考改革省份录取情况

2020年，实施新高考录取的省份已达6个，除上海、浙江外，新增北京、天津、山东、海南等四省市。浙江、山东实行"专业（类）+学校"平行志愿，考生直接投档到具体专业（类），不存在专业调剂；上海、北京、天津、海南实行"院校专业组"平行志愿，考生分别投档到多个专业组，允许进行组内专业调剂。近三年来，上海、浙江的整体生源质量基本呈现逐年上升趋势，第二批高考综合改革省份的整体生源质量保持基本稳定（表27、表28）。

表 27　第一批改革省份近三年录取总体情况汇总

省份	录取分类别	2020 年			2019 年			2018 年		
		超省控线/分	对应考生位次	位次比/%	超省控线/分	对应考生位次	位次比/%	超省控线/分	对应考生位次	位次比/%
上海	平均分	37.94	6 894	15.34	36.31	6 912	15.69	33.6	7 290	16.79
	中值分	36	7 073	15.74	34	7 300	16.57	32	7 465	17.20
浙江	平均分	56.79	8 689	3.44	58.05	8 429	3.34	57.8	8 377	3.57
	中值分	57	8 240	3.26	58	8 429	3.34	57	8 377	3.57

表28 第二批改革省份近三年录取总体情况汇总

省份	科类	2020年			2019年			2018年		
		最低分超省控线/分	最低分位次	位次比/%	最低分超省控线/分	最低分位次	位次比/%	最低分超省控线/分	最低分位次	位次比/%
北京	文史	85	7 336	15.76	54	1 302	8.84	53	1 486	9.35
	理工	58	5 632	10.33	87	6 073	17.68	82	6 236	17.84
天津	文史				84	898	5.33	79	921	5.97
	理工	84	16 686	3.18	64	4 286	11.57	59	4 648	12.35
山东	文史				62	1 789	1.34	71	1 792	1.31
	理工				95	11 989	4.34	102	11 167	4.18
海南	文史	101	2 578	5.07	96	397	2.07	93	372	2.05
	理工				98	1 879	5.48	105	1 653	4.69

3. 其他省份

我校生源数量充足，生源质量比较优秀，各省录取最低分对应考生位次居于前列，将近一半省份的生源质量处于上升趋势。18 个省份文科投档线超出本一省控线 60 分，16 个省份理科投档线超出本一省控线 90 分。与 2019 年相比，2020 年，文、理科最低分考生位次比提高的省份均为 10 个。2018—2020 年，文科考生位次居生源省份前 5% 以内的省份数占比保持在 95% 以上，理科考生位次居生源省份前 10% 的省份数占比保持在 85% 以上（表 29）。

表 29　近三年录取最低分位次情况

录取最低分位次占同科类高考报名人数的比重	2020 年		2019 年		2018 年	
	文科	理科	文科	理科	文科	理科
前 5% 以内	22	10	21	14	22	14
前 5%—10%	0	9	1	6	1	8
10% 以下	0	3	0	2	0	1
省份数合计	22	22	22	22	23	23

注：以上为省份数统计，不含未公布高考成绩分段统计数据的省份。

二、就业情况

（一）就业基本情况

2020 届本科毕业生（含本硕连读学生）共 6 218 人，本科生初次就业率达 74.96%，年终就业率为 92.96%，其中，协议就业率为 39.71%，升学出国（境）率为 37.25%，灵活就业率为 15.94%。《教育部简报》2020 年第 19 期专题介绍我校多措并举促进毕业生就业工作的做法，招生就业处负责同志撰写的稳就业调研报告得到江苏省委书记吴政隆的批示肯定。我校荣获 2020 年全省高校毕业生就业工作量化考核"A"等次。

（二）就业工作的开展

1. 加强云端服务

推出"苏大职播间"线上直播 24 场次，开通网上签约系统并制作网签流程动画视频，开通云端 24 小时"QQ 就业客服"，在光明网和央视频直播中推介毕业生，光明网直播专场观看人数达 111 万。学校被评为智联招聘中国最佳高校"数字化就业人气奖"。

2. 精心服务重点

联动院（部）举办电子信息类、机械类、金融类、医学类等分专业、分校区线上线下招聘会 40 余场。精准对接毕业生需求，重点帮扶贫困家庭毕业生及湖北籍毕业生，其就业率高于学校平均率，完成教育部"1+1"帮扶湖北高校毕业生就业任务。

3. 精细抓紧落实

吃透国家就业政策，积极宣传各类政策性就业项目，开展第二学士学位招考，编印

20 期就业工作周报,形成动态预警机制。

(三)措施及要求

就业工作秉持"全时段推进、全方位协调、全过程监控、全体人受益"的就业工作理念,健全"学校主管、学院主抓、部门协同、全员参与"的就业工作机制。2020 年年初,学校印发《苏州大学促进 2020 届本科毕业生就业创业工作实施方案》,通过实施"五聚焦五聚力",即聚焦就业观念,聚力加强思想引领;聚焦就业渠道,聚力扩大就业领域;聚焦精准施策,聚力优化指导服务;聚焦重点对象,聚力帮扶特殊群体;聚焦源头治理,聚力提高培养质量,努力实现更高质量更加充分的就业。对 2020 届有就业意愿的本科毕业生服务率达到 100%,初次就业率和年终就业率双双达标。

三、2020 年苏州大学各专业录取情况

2020 年苏州大学各专业在江苏省录取分数情况见表 30。表 31 附上 2020 年部分高校在各省市的投档线统计情况。

表 30　2020 年苏州大学各专业在江苏省录取分数统计表

学院(部)	专业名称	学制	批次	文科			理科		
				最高分	最低分	平均分	最高分	最低分	平均分
文学院	中国语言文学类	四	本一	394	381	383.67			
传媒学院	播音与主持艺术	四	艺术1	324	271	300.43			
	新闻传播学类	四	本一	391	381	382.77	393	385	386.78
社会学院	社会学类	四	本一	386	380	381.71	388	383	384.79
	历史学(师范)	四	本一	386	381	382.36			
	劳动与社会保障	四	本一	381	378	379.23	387	383	385.50
	旅游管理	四	本一	380	379	379.91	388	384	385.80
	图书情报与档案管理类	四	本一	383	379	379.92	388	384	386.17
政治与公共管理学院	哲学	四	本一	382	379	380.38			
	思想政治教育	四	本一	384	381	382			
	管理科学	四	本一	382	380	380.63	388	385	386.44
	人力资源管理	四	本一	382	380	380.57	392	387	387.67
	行政管理	四	本一	388	380	381.36	389	384	387.25

续表

学院（部）	专业名称	学制	批次	文科			理科		
				最高分	最低分	平均分	最高分	最低分	平均分
政治与公共管理学院	城市管理	四	本一	383	379	379.62	387	385	385.80
	物流管理	四	本一	383	379	380.20	387	384	385.89
	物流管理（中外合作办学）	四	本一	374	366	369.49	372	363	366.08
教育学院	教育学（师范）	四	本一	386	382	383.13	391	387	388.43
	教育技术学(师范)	四	本一				388	384	387.21
	应用心理学	四	本一				397	386	387.17
东吴商学院（财经学院）	经济学	四	本一	388	384	385.73	391	389	389.21
	财政学	四	本一	389	383	383.92	390	388	388.73
	金融学	四	本一	394	385	387.31	395	391	392.03
	金融学（中外合作办学）	五	本一	385	372	374.45	393	373	379.19
	国际经济与贸易	四	本一	386	381	382.24	391	387	388.43
	工商管理	四	本一	384	381	382.64	390	388	388.55
	会计学	四	本一	391	384	385.89	393	389	390.77
	财务管理	四	本一	392	383	384.15	391	389	389.40
	电子商务	四	本一				389	387	387.56
王健法学院	法学	四	本一	396	387	390.20	398	391	393.50
	知识产权	四	本一	390	387	387.60	391	388	389.67
外国语学院	英语	四	本一	394	384	385.92	395	394	394.67
	英语（师范）	四	本一	395	386	388.50	400	395	396.80
	俄语	五	本一	381	378	379.36	386	383	385
	德语	四	本一	384	380	381.83	389	387	388.33
	法语	五	本一	384	379	380.71	391	387	388.67
	西班牙语	四	本一	384	379	381.17	389	386	387
	日语	四	本一	398	378	380.73	393	387	389.14

续表

学院（部）	专业名称	学制	批次	文科			理科		
				最高分	最低分	平均分	最高分	最低分	平均分
外国语学院	朝鲜语	四	本一	380	379	379.78	385	384	384.33
	翻译	四	本一	384	382	383.00	390	389	389.67
金螳螂建筑学院	建筑学	五	本一				391	386	388.23
	城乡规划	五	本一				392	385	386.62
	风景园林	四	本一				390	385	387.31
	历史建筑保护工程	四	本一				390	385	387.14
数学科学学院	金融数学	四	本一				395	390	391.18
	数学类	四	本一				399	390	391.42
	统计学	四	本一				392	388	389.33
物理科学与技术学院	物理学	四	本一				391	388	388.68
	物理学（师范）	四	本一				395	389	390.12
光电科学与工程学院	测控技术与仪器	四	本一				389	386	387.05
	光电信息科学与工程	四	本一				394	388	389.44
	电子信息科学与技术	四	本一				396	390	390.64
能源学院	新能源材料与器件(中外合作办学)	五	本一				383	364	369.44
	新能源材料与器件	四	本一				391	387	387.82
	能源与动力工程	四	本一				389	385	386.54
材料与化学化工学部	化学工程与工艺	四	本一				393	383	385.20
	环境工程	四	本一				391	383	385.20
	化学类	四	本一				392	384	386.14
	材料类	四	本一				392	384	386.51

续表

学院（部）	专业名称	学制	批次	文科			理科		
				最高分	最低分	平均分	最高分	最低分	平均分
纳米科学技术学院	纳米材料与技术	四	本一				393	389	390.05
计算机科学与技术学院	软件工程	四	本一				398	392	393.63
	计算机科学与技术	四	本一				397	391	392.52
	人工智能	四	本一				394	390	391.44
电子信息学院	电子信息类	四	本一				395	388	389.23
机电工程学院	电气工程及其自动化	四	本一				392	388	388.63
	机械类	四	本一				389	383	385.78
	智能制造工程	四	本一				391	388	389.33
沙钢钢铁学院	冶金工程	四	本一				385	384	384.62
	金属材料工程	四	本一				390	384	385.22
纺织与服装工程学院	纺织工程（中外合作办学）	四	本一				377	359	362.59
	轻化工程	四	本一				386	384	385
	纺织类	四	本一				391	385	386.59
轨道交通学院	车辆工程	四	本一				390	384	385.70
	电气工程与智能控制	四	本一				390	387	387.51
	轨道交通信号与控制	四	本一				389	386	386.76
	建筑环境与能源应用工程	四	本一				389	384	385.64
	交通运输	四	本一				389	384	385.47

续表

学院（部）	专业名称	学制	批次	文科			理科		
				最高分	最低分	平均分	最高分	最低分	平均分
医学部	生物信息学	四	本一				389	380	382.56
	食品质量与安全	四	本一				389	380	383.25
	生物制药	四	本一				383	376	379.06
	临床医学（"5+3"一体化）	五	本一				402	393	395.21
	临床医学（"5+3"一体化，儿科医学）	五	本一				393	391	391.55
	临床医学	五	本一				395	391	392.29
	临床医学（儿科医学）	五	本一				391	390	390.18
	医学影像学	五	本一				391	390	390.56
	放射医学	五	本一				390	388	388.87
	口腔医学	五	本一				393	391	392.14
	预防医学	五	本一				390	386	387.59
	药学	四	本一				390	384	386.92
	中药学	四	本一				385	374	376.94
	法医学	五	本一				390	383	386.24
	医学检验技术	四	本一				389	387	388.08
	护理学	四	本一				383	373	375.07
	生物技术	四	本一				384	376	378.13
体育学院	体育教育	四	体育	450	429	433			
	运动训练	四	其他	86	67	78.37			
	武术与民族传统体育	四	其他	86	79	82.61			
	运动康复	四	本一				386	374	376.28

续表

学院（部）	专业名称	学制	批次	文科			理科		
				最高分	最低分	平均分	最高分	最低分	平均分
艺术学院	美术学（师范）	四	美术	597	575	581.33			
	美术学	四	美术	575	574	574.33			
	艺术设计学	四	美术	578	574	576.25			
	视觉传达设计	四	美术	588	579	581.75			
	环境设计	四	美术	586	578	581.80			
	产品设计	四	美术	590	576	579.50			
	服装与服饰设计	四	美术	577	575	575.83			
	数字媒体艺术	四	美术	586	580	583.33			
音乐学院	音乐表演	四	艺术1	94	84	88.75			
	音乐学（师范）	四	声乐	219	215	216.91			
	音乐学（师范）	四	器乐	230	222	223.57			

注：除本一批次外的艺术、体育类专业录取分数不分文理。

表31 2020年部分高校各省市投档线统计表

省份	南京大学		东南大学		南京航空航天大学		南京理工大学		南京师范大学		河海大学		南京农业大学	
	文科	理科	文科	理科	文科	理科	文科	理科	文科	理科	文科	理科	文科	理科
北京		667		638		603		601		580		581		566
天津		695		667		645		631		637		618		621
河北	655	689	633	666	618	650	无	645	621	638	611	639	608	615
山西	622	665	600	641	582	610	无	608	578	595	579	600	573	582
内蒙古	602	667	580	585	无	599	无	589	547	563	548	544	无	555
辽宁	652	676	639	657	621	无	617	623	592	615	597	609	580	
吉林														
黑龙江	633	682	无	645	无	618	无	598	588	604	580	591	571	543
上海		574		559		537		532		527		525		517
江苏	403	406	396	404	384	392	378	393	380	382	378	389	376	377
浙江		670		653		627		637		632		619		605
安徽	635	677	617	657	601	636	595	635	607	629	599	625	596	610
福建	633	670	无	645	599	618	590	613	603	601	597	605	589	583
江西	628	668	无	638	594	618	无	616	595	610	593	608	无	595
山东		673		651		599		595		609		609		601
河南	649	689	630	666	612	643	无	646	618	633	607	633	604	619
湖北	629	670	606	636	585	623		620	585	607	582	608	576	594
湖南	649	670	631	645	617	622	无	621	621	614	615	614	607	597
广东	630	675	无	644	无	614	无	611	无	595	579	596	571	583
广西	631	673	601	632	无	610	无	604	580	589	575	592	560	569
海南		788		726		671		675		660		663		643
重庆	647	670	625	645	无	607	无	588	605	611	591	591	无	599
四川	627	678	609	656	581	631	578	628	590	627	583	620	577	609
贵州	659	670	637	636	无	599	无	598	611	584	610	586	无	560
云南	664	687		653		618		629		632	616	565	605	584
陕西	663	681	641	640	610	586	585	587	618	581	602	573	584	542
甘肃	641	652	无	616	无	580	无	571	594	551	570	555	无	528
青海	615	623	无	560	无	518	无	496	无	无	526	408	无	424
宁夏	650	637	无	590	无	548	无	550	无	无	585	533	无	497
新疆	619	659	无	617	无	575	无	574	569	542	564	555	551	511

续表

省份	江南大学		中国药科大学		中国矿业大学		深圳大学		上海大学		郑州大学		苏州大学	
	文科	理科	文科	理科	文科	理科	文科	理科	文科	理科	文科	理科	文科	理科
北京	580		578		558		595		623		576		611	
天津	630		618		613		647		无		627		645	
河北	609	632	608	631	604	626	608	638	624	650	614	633	620	645
山西	574	591	570	587	570	585	566	582	591	610	576	595	582	600
内蒙古	535	548	547	579	540	547	545	561	572	601	533	552	556	572
辽宁	617	583	619	607	604	583	622	604	无	644	615	587	630	607
吉林														
黑龙江	508	569	579	584	564	569	574	575	594	602	569	577	592	553
上海	504		530		516		521		528		515		530	
江苏	375	379	372	376	372	376	374	382	390	391	375	378	378	383
浙江	622		633		608		637		630		621		625	
安徽	597	617	596	613	584	609	596	624	605	630	594	617	608	636
福建	594	601	594	586	587	583	597	609	605	622	592	585	601	611
江西	592	607	588	601	586	597	597	616	598	615	589	602	600	617
山东	596		596		579		611		603		602		592	
河南	611	626	602	626	602	621	613	634	620	643	606	624	619	640
湖北	578	600	569	597	574	593	585	621	598	621	578	600	564	620
湖南	614	612	610	605	604	602	618	623	625	624	610	605	622	620
广东	567	590	571	604	567	584	569	588	无	608	585	593	596	609
广西	570	584	575	569	561	583	579	612	589	598	571	583	584	597
海南	653		665		646		675		无		644		670	
重庆	580	505	593	555	581	567	602	641	613	607	593	576	610	584
四川	580	604	577	616	574	611	586	628	597	628	581	614	593	624
贵州	609	576	601	570	598	567	611	597	622	593	609	581	618	586
云南	612	616	618	662	602	595	619	623	633	627	614	610	627	578
陕西	591	563	581	564	580	548	611	554	630	603	589	559	623	581
甘肃	无	547	594	546	568	529	589	561	605	565	581	549	598	563
青海	无	461	522	465	494	406	536	501	537	518	524	452	543	496
宁夏	无	524	563	516	570	497	无	无	无	无	587	488	600	537
新疆	557	545	552	538	550	514	无	无	583	567	553	524	578	565

注：① 2018年上海、浙江实施高考综合改革，考生不分文理。
② 所有院校（我校除外）中无数据的省份表示该省数据未获得。
③ 新疆的数据未统计全，其余填"无"的代表无计划。

四、2020 年苏州大学本科生就业情况（表32）

表32　2020 年苏州大学本科生就业情况

学院（部）	专业	总就业率	协议就业率	其中			
				创业率	灵活就业率	升学出国率	
全校		92.96%（5 780/6 218）	39.71%（2 469/6 218）	0.06%（4/6 218）	15.94%（991/6 218）	37.25%（2 316/6 218）	
沙钢钢铁学院	冶金工程	92.41%（73/79）	43.04%（34/79）	0.00%（0/79）	11.39%（9/79）	37.97%（30/79）	
	金属材料工程	97.67%（42/43）	41.86%（18/43）	0.00%（0/43）	16.28%（7/43）	39.53%（17/43）	
		86.11%（31/36）	44.44%（16/36）	0.00%（0/36）	5.56%（2/36）	36.11%（13/36）	
	车辆工程	93.20%（274/294）	53.06%（156/294）	0.00%（0/294）	8.50%（25/294）	31.63%（93/294）	
	电气工程及其自动化	96.08%（49/51）	47.06%（24/51）	0.00%（0/51）	13.73%（7/51）	35.29%（18/51）	
轨道交通学院	电气工程（城市轨道交通工程）	97.78%（44/45）	91.11%（41/45）	0.00%（0/45）	2.22%（1/45）	4.44%（2/45）	
	电气工程自动化（城市轨道控制工程）	100.00%（1/1）	100.00%（1/1）	0.00%（0/1）	0.00%（0/1）	0.00%（0/1）	
	电气工程与智能控制	94.12%（48/51）	47.06%（24/51）	0.00%（0/51）	9.80%（5/51）	37.25%（19/51）	
	通信工程（城市轨道交通通信信号）	100.00%（1/1）	100.00%（1/1）	0.00%（0/1）	0.00%（0/1）	0.00%（0/1）	

续表

学院(部)	专业	总就业率	其中			
			协议就业率	创业率	灵活就业率	升学出国率
轨道交通学院	轨道交通信号与控制	92.11% (35/38)	50.00% (19/38)	0.00% (0/38)	5.26% (2/38)	36.84% (14/38)
	建筑环境与能源应用工程	97.67% (42/43)	39.53% (17/43)	0.00% (0/43)	16.28% (7/43)	41.86% (18/43)
	交通运输	77.42% (24/31)	25.81% (8/31)	0.00% (0/31)	3.23% (1/31)	48.39% (15/31)
	工程管理	90.91% (30/33)	63.64% (21/33)	0.00% (0/33)	6.06% (2/33)	21.21% (7/33)
纺织与服装学院	纺织工程	97.61% (286/293)	35.49% (104/293)	0.00% (0/293)	19.11% (56/293)	43.00% (126/293)
	服装设计与工程	96.43% (135/140)	23.57% (33/140)	0.00% (0/140)	19.29% (27/140)	53.57% (75/140)
	非织造材料与工程	100.00% (54/54)	37.04% (20/54)	0.00% (0/54)	29.63% (16/54)	33.33% (18/54)
	轻化工程	100.00% (39/39)	64.10% (25/39)	0.00% (0/39)	10.26% (4/39)	25.64% (10/39)
音乐学院	音乐表演	96.67% (58/60)	43.33% (26/60)	0.00% (0/60)	15.00% (9/60)	38.33% (23/60)
		96.63% (86/89)	32.58% (29/89)	0.00% (0/89)	43.82% (39/89)	20.22% (18/89)
	音乐表演	95.24% (40/42)	28.57% (12/42)	0.00% (0/42)	42.86% (18/42)	23.81% (10/42)
	音乐学（师范）	97.87% (46/47)	36.17% (17/47)	0.00% (0/47)	44.68% (21/47)	17.02% (8/47)

续表

学院(部)	专业	总就业率	其中			
			协议就业率	创业率	灵活就业率	升学出国率
电子信息学院	电子信息工程	99.07% (320/323)	57.59% (186/323)	0.00% (0/323)	0.00% (0/323)	41.49% (134/323)
	电子科学与技术	100.00% (61/61)	59.02% (36/61)	0.00% (0/61)	0.00% (0/61)	40.98% (25/61)
	通信工程	97.22% (35/36)	63.89% (23/36)	0.00% (0/36)	0.00% (0/36)	33.33% (12/36)
	通信工程(嵌入式培养)	100.00% (65/65)	60.00% (39/65)	0.00% (0/65)	0.00% (0/65)	40.00% (26/65)
	微电子科学与工程	100.00% (43/43)	37.21% (16/43)	0.00% (0/43)	0.00% (0/43)	62.79% (27/43)
	信息工程	100.00% (35/35)	62.86% (22/35)	0.00% (0/35)	0.00% (0/35)	37.14% (13/35)
	集成电路设计与集成系统	96.23% (51/53)	71.70% (38/53)	0.00% (0/53)	0.00% (0/53)	24.53% (13/53)
		100.00% (30/30)	40.00% (12/30)	0.00% (0/30)	0.00% (0/30)	60.00% (18/30)
王健法学院	法学	78.13% (125/160)	28.13% (45/160)	0.00% (0/160)	23.13% (37/160)	26.88% (43/160)
	知识产权	75.00% (93/124)	29.84% (37/124)	0.00% (0/124)	19.35% (24/124)	25.81% (32/124)
		88.89% (32/36)	22.22% (8/36)	0.00% (0/36)	36.11% (13/36)	30.56% (11/36)
材料与化学化工学部	化学	97.92% (329/336)	28.57% (96/336)	0.00% (0/336)	20.54% (69/336)	48.81% (164/336)
	应用化学	98.00% (98/100)	35.00% (35/100)	0.00% (0/100)	22.00% (22/100)	41.00% (41/100)
		97.22% (35/36)	19.44% (7/36)	0.00% (0/36)	11.11% (4/36)	66.67% (24/36)

续表

学院(部)	专业	总就业率	协议就业率	其中		
				创业率	灵活就业率	升学出国率
材料与化学化工学部	材料科学与工程	100.00% (32/32)	9.38% (3/32)	0.00% (0/32)	31.25% (10/32)	59.38% (19/32)
	材料化学	94.12% (16/17)	17.65% (3/17)	0.00% (0/17)	41.18% (7/17)	35.29% (6/17)
	无机非金属材料工程	100.00% (11/11)	63.64% (7/11)	0.00% (0/11)	18.18% (2/11)	18.18% (2/11)
	高分子材料与工程	98.11% (52/53)	24.53% (13/53)	0.00% (0/53)	13.21% (7/53)	60.38% (32/53)
	功能材料	100.00% (32/32)	21.88% (7/32)	0.00% (0/32)	28.13% (9/32)	50.00% (16/32)
	化学工程与工艺	97.30% (36/37)	43.24% (16/37)	0.00% (0/37)	18.92% (7/37)	35.14% (13/37)
	环境工程	94.44% (17/18)	27.78% (5/18)	0.00% (0/18)	5.56% (1/18)	61.11% (11/18)
	小计	92.42% (244/264)	51.52% (136/264)	0.00% (0/264)	9.09% (24/264)	31.82% (84/264)
机电工程学院	机械工程	91.30% (63/69)	56.52% (39/69)	0.00% (0/69)	14.49% (10/69)	20.29% (14/69)
	材料成型及控制工程	89.13% (41/46)	67.39% (31/46)	0.00% (0/46)	8.70% (4/46)	13.04% (6/46)
	机械电子工程	95.65% (44/46)	30.43% (14/46)	0.00% (0/46)	10.87% (5/46)	54.35% (25/46)
	电气工程及其自动化	94.59% (70/74)	51.35% (38/74)	0.00% (0/74)	1.35% (1/74)	41.89% (31/74)
	工业工程	89.66% (26/29)	48.28% (14/29)	0.00% (0/29)	13.79% (4/29)	27.59% (8/29)

续表

学院(部)	专业	总就业率	协议就业率	其中 创业率	其中 灵活就业率	升学出国率
传媒学院	新闻学	90.35% (206/228)	38.16% (87/228)	0.00% (0/228)	19.30% (44/228)	32.89% (75/228)
	广播电视学	83.05% (49/59)	27.12% (16/59)	0.00% (0/59)	28.81% (17/59)	27.12% (16/59)
	广告学	88.46% (23/26)	38.46% (10/26)	0.00% (0/26)	3.85% (1/26)	46.15% (12/26)
	网络与新媒体	96.72% (59/61)	54.10% (33/61)	0.00% (0/61)	16.39% (10/61)	26.23% (16/61)
	播音与主持艺术	92.86% (39/42)	33.33% (14/42)	0.00% (0/42)	21.43% (9/42)	38.10% (16/42)
		90.00% (36/40)	35.00% (14/40)	0.00% (0/40)	17.50% (7/40)	37.50% (15/40)
教育学院	教育学	92.04% (104/113)	45.13% (51/113)	0.00% (0/113)	15.04% (17/113)	31.86% (36/113)
	教育技术学	97.06% (33/34)	50.00% (17/34)	0.00% (0/34)	17.65% (6/34)	29.41% (10/34)
	应用心理学	90.32% (28/31)	51.61% (16/31)	0.00% (0/31)	12.90% (4/31)	25.81% (8/31)
		89.58% (43/48)	37.50% (18/48)	0.00% (0/48)	14.58% (7/48)	37.50% (18/48)
东吴商学院(财经学院)		91.68% (430/469)	41.36% (194/469)	0.00% (0/469)	15.99% (75/469)	34.33% (161/469)
	经济学	90.91% (20/22)	31.82% (7/22)	0.00% (0/22)	27.27% (6/22)	31.82% (7/22)
	财政学	93.55% (29/31)	38.71% (12/31)	0.00% (0/31)	29.03% (9/31)	25.81% (8/31)
	金融学	91.91% (125/136)	25.74% (35/136)	0.00% (0/136)	13.24% (18/136)	52.94% (72/136)
	国际经济与贸易	91.11% (41/45)	44.44% (20/45)	0.00% (0/45)	15.56% (7/45)	31.11% (14/45)
	工商管理	91.43% (32/35)	48.57% (17/35)	0.00% (0/35)	34.29% (12/35)	8.57% (3/35)

续表

学院（部）	专业	总就业率	其中			
			协议就业率	创业率	灵活就业率	升学出国率
东吴商学院（财经学院）	市场营销	97.30% (36/37)	64.86% (24/37)	0.00% (0/37)	16.22% (6/37)	16.22% (6/37)
	会计学	87.62% (92/105)	44.76% (47/105)	0.00% (0/105)	10.48% (11/105)	32.38% (34/105)
	财务管理	93.02% (40/43)	53.49% (23/43)	0.00% (0/43)	6.98% (3/43)	32.56% (14/43)
	电子商务	100.00% (15/15)	60.00% (9/15)	0.00% (0/15)	20.00% (3/15)	20.00% (3/15)
	社会学	91.13% (185/203)	30.05% (61/203)	0.00% (0/203)	23.15% (47/203)	37.93% (77/203)
	社会工作	92.31% (24/26)	15.38% (4/26)	0.00% (0/26)	26.92% (7/26)	50.00% (13/26)
	历史学（师范）	93.94% (31/33)	33.33% (11/33)	0.00% (0/33)	21.21% (7/33)	39.39% (13/33)
社会学院	劳动与社会保障	96.00% (24/25)	32.00% (8/25)	0.00% (0/25)	24.00% (6/25)	40.00% (10/25)
	档案学	89.19% (33/37)	37.84% (14/37)	0.00% (0/37)	27.03% (10/37)	24.32% (9/37)
	信息资源管理	85.19% (23/27)	40.74% (11/27)	0.00% (0/27)	14.81% (4/27)	29.63% (8/27)
	旅游管理	92.59% (25/27)	7.41% (2/27)	0.00% (0/27)	18.52% (5/27)	66.67% (18/27)
	金融数学	89.29% (25/28)	39.29% (11/28)	0.00% (0/28)	28.57% (8/28)	21.43% (6/28)
数学科学学院	数学与应用数学	94.95% (188/198)	36.87% (73/198)	0.00% (0/198)	12.12% (24/198)	45.96% (91/198)
	金融数学	91.30% (21/23)	34.78% (8/23)	0.00% (0/23)	8.70% (2/23)	47.83% (11/23)
	数学与应用数学	100.00% (48/48)	58.33% (28/48)	0.00% (0/48)	14.58% (7/48)	27.08% (13/48)

续表

学院(部)	专业	总就业率	其中			
			协议就业率	创业率	灵活就业率	升学出国率
数学科学学院	数学与应用数学(基地)	86.84% (33/38)	7.89% (3/38)	0.00% (0/38)	10.53% (4/38)	68.42% (26/38)
	信息与计算科学	95.45% (42/44)	40.91% (18/44)	0.00% (0/44)	18.18% (8/44)	36.36% (16/44)
	统计学	97.78% (44/45)	35.56% (16/45)	0.00% (0/45)	6.67% (3/45)	55.56% (25/45)
体育学院	体育教育	92.74% (166/179)	69.83% (125/179)	1.12% (2/179)	0.56% (1/179)	21.23% (38/179)
	运动训练	91.03% (71/78)	74.36% (58/78)	1.28% (1/78)	0.00% (0/78)	15.38% (12/78)
	武术与民族传统体育	90.57% (48/53)	69.81% (37/53)	0.00% (0/53)	1.89% (1/53)	18.87% (10/53)
	运动康复	100.00% (22/22)	81.82% (18/22)	4.55% (1/22)	0.00% (0/22)	13.64% (3/22)
外国语学院	英语	96.15% (25/26)	46.15% (12/26)	0.00% (0/26)	0.00% (0/26)	50.00% (13/26)
	俄语	83.78% (217/259)	43.24% (112/259)	0.00% (0/259)	4.25% (11/259)	36.29% (94/259)
	德语	90.12% (73/81)	48.15% (39/81)	0.00% (0/81)	4.94% (4/81)	37.04% (30/81)
	法语	81.82% (18/22)	18.18% (4/22)	0.00% (0/22)	0.00% (0/22)	63.64% (14/22)
	西班牙语	76.19% (16/21)	57.14% (12/21)	0.00% (0/21)	4.76% (1/21)	14.29% (3/21)
	日语	100.00% (23/23)	47.83% (11/23)	0.00% (0/23)	0.00% (0/23)	52.17% (12/23)
	朝鲜语	85.71% (18/21)	33.33% (7/21)	0.00% (0/21)	14.29% (3/21)	38.10% (8/21)
	翻译	75.51% (37/49)	40.82% (20/49)	0.00% (0/49)	6.12% (3/49)	28.57% (14/49)
		72.22% (13/18)	50.00% (9/18)	0.00% (0/18)	0.00% (0/18)	22.22% (4/18)
		79.17% (19/24)	41.67% (10/24)	0.00% (0/24)	0.00% (0/24)	37.50% (9/24)

续表

学院(部)	专业	总就业率	其中			
			协议就业率	创业率	灵活就业率	升学出国率
文学院	汉语言文学	93.02% (200/215)	39.53% (85/215)	0.00% (0/215)	24.19% (52/215)	29.30% (63/215)
	汉语言文学(基地)	92.22% (83/90)	50.00% (45/90)	0.00% (0/90)	17.78% (16/90)	24.44% (22/90)
	汉语国际教育	91.18% (31/34)	11.76% (4/34)	0.00% (0/34)	17.65% (6/34)	61.76% (21/34)
	秘书学	91.30% (42/46)	26.09% (12/46)	0.00% (0/46)	43.48% (20/46)	21.74% (10/46)
		97.78% (44/45)	53.33% (24/45)	0.00% (0/45)	22.22% (10/45)	22.22% (10/45)
纳米科学技术学院	纳米材料与技术	90.48% (95/105)	17.14% (18/105)	0.00% (0/105)	10.48% (11/105)	62.86% (66/105)
艺术学院		91.42% (213/233)	32.62% (76/233)	0.00% (0/233)	37.34% (87/233)	21.46% (50/233)
	美术学	94.64% (53/56)	32.14% (18/56)	0.00% (0/56)	42.86% (24/56)	19.64% (11/56)
	艺术设计学	100.00% (19/19)	15.79% (3/19)	0.00% (0/19)	63.16% (12/19)	21.05% (4/19)
	视觉传达设计	95.24% (20/21)	42.86% (9/21)	0.00% (0/21)	14.29% (3/21)	38.10% (8/21)
	环境设计	89.74% (35/39)	33.33% (13/39)	0.00% (0/39)	38.46% (15/39)	17.95% (7/39)
	产品设计	84.21% (32/38)	18.42% (7/38)	0.00% (0/38)	47.37% (18/38)	18.42% (7/38)
	服装与服饰设计	89.47% (34/38)	42.11% (16/38)	0.00% (0/38)	28.95% (11/38)	18.42% (7/38)

续表

学院（部）	专业	总就业率	协议就业率	创业率	灵活就业率	升学出国率
					其中	
艺术学院	服装与服饰设计（时装表演与服装设计）	100.00% (1/1)	100.00% (1/1)	0.00% (0/1)	0.00% (0/1)	0.00% (0/1)
	数字媒体艺术	90.48% (19/21)	42.86% (9/21)	0.00% (0/21)	19.05% (4/21)	28.57% (6/21)
	哲学	90.64% (339/374)	35.03% (131/374)	0.00% (0/374)	16.84% (63/374)	38.77% (145/374)
	思想政治教育	95.00% (19/20)	10.00% (2/20)	0.00% (0/20)	30.00% (6/20)	55.00% (11/20)
	管理科学	94.12% (16/17)	11.76% (2/17)	0.00% (0/17)	23.53% (4/17)	58.82% (10/17)
政治与公共管理学院	人力资源管理	88.89% (32/36)	27.78% (10/36)	0.00% (0/36)	27.78% (10/36)	33.33% (12/36)
	公共事业管理	91.11% (41/45)	51.11% (23/45)	0.00% (0/45)	13.33% (6/45)	26.67% (12/45)
	行政管理	87.88% (29/33)	39.39% (13/33)	0.00% (0/33)	27.27% (9/33)	21.21% (7/33)
	城市管理	87.80% (36/41)	39.02% (16/41)	0.00% (0/41)	7.32% (3/41)	41.46% (17/41)
	物流管理	90.20% (46/51)	39.22% (20/51)	0.00% (0/51)	23.53% (12/51)	27.45% (14/51)
		91.60% (120/131)	34.35% (45/131)	0.00% (0/131)	9.92% (13/131)	47.33% (62/131)
		92.22% (854/926)	28.73% (266/926)	0.11% (1/926)	19.22% (178/926)	44.17% (409/926)
医学部	生物科学	72.73% (24/33)	27.27% (9/33)	0.00% (0/33)	6.06% (2/33)	39.39% (13/33)
	生物技术	92.96% (66/71)	16.90% (12/71)	0.00% (0/71)	14.08% (10/71)	61.97% (44/71)
	生物信息学	88.24% (30/34)	32.35% (11/34)	0.00% (0/34)	17.65% (6/34)	38.24% (13/34)
	食品质量与安全	96.67% (29/30)	20.00% (6/30)	0.00% (0/30)	43.33% (13/30)	33.33% (10/30)

续表

学院(部)	专业	总就业率	其中			
			协议就业率	创业率	灵活就业率	升学出国率
医学部	生物制药	97.73% (43/44)	38.64% (17/44)	0.00% (0/44)	13.64% (6/44)	45.45% (20/44)
	临床医学	100.00% (28/28)	75.00% (21/28)	0.00% (0/28)	3.57% (1/28)	21.43% (6/28)
	临床医学	92.21% (142/154)	16.88% (26/154)	0.65% (1/154)	28.57% (44/154)	46.10% (71/154)
	临床医学(儿科医学)	100.00% (35/35)	17.14% (6/35)	0.00% (0/35)	8.57% (3/35)	74.29% (26/35)
	医学影像学	93.75% (45/48)	20.83% (10/48)	0.00% (0/48)	29.17% (14/48)	43.75% (21/48)
	放射医学	91.84% (90/98)	9.18% (9/98)	0.00% (0/98)	17.35% (17/98)	65.31% (64/98)
	口腔医学	97.92% (47/48)	14.58% (7/48)	0.00% (0/48)	43.75% (21/48)	39.58% (19/48)
	预防医学	95.08% (58/61)	36.07% (22/61)	0.00% (0/61)	6.56% (4/61)	52.46% (32/61)
	药学	87.76% (86/98)	34.69% (34/98)	0.00% (0/98)	10.20% (10/98)	42.86% (42/98)
	中药学	88.00% (22/25)	56.00% (14/25)	0.00% (0/25)	20.00% (5/25)	12.00% (3/25)
	法医学	63.16% (12/19)	31.58% (6/19)	0.00% (0/19)	0.00% (0/19)	31.58% (6/19)
	医学检验技术	94.59% (35/37)	45.95% (17/37)	0.00% (0/37)	24.32% (9/37)	24.32% (9/37)
	护理学	98.41% (62/63)	61.90% (39/63)	0.00% (0/63)	20.63% (13/63)	15.87% (10/63)
计算机科学与技术学院	计算机科学与技术	97.95% (334/341)	58.65% (200/341)	0.29% (1/341)	15.25% (52/341)	23.75% (81/341)
	软件工程	98.66% (147/149)	57.72% (86/149)	0.00% (0/149)	9.40% (14/149)	31.54% (47/149)
		100.00% (78/78)	62.82% (49/78)	0.00% (0/78)	21.79% (17/78)	15.38% (12/78)

续表

学院（部）	专业	总就业率	其中			
			协议就业率	创业率	灵活就业率	升学出国率
计算机科学与技术学院	软件工程（嵌入式培养）	88.89%（16/18）	77.78%（14/18）	5.56%（1/18）	5.56%（1/18）	0.00%（0/18）
	网络工程	89.47%（17/19）	68.42%（13/19）	0.00%（0/19）	21.05%（4/19）	0.00%（0/19）
	物联网工程	97.30%（36/37）	54.05%（20/37）	0.00%（0/37）	13.51%（5/37）	29.73%（11/37）
	信息管理与信息系统	100.00%（40/40）	45.00%（18/40）	0.00%（0/40）	27.50%（11/40）	27.50%（11/40）
金螳螂建筑学院		96.32%（157/163）	41.10%（67/163）	0.00%（0/163）	24.54%（40/163）	30.67%（50/163）
	建筑学	98.44%（63/64）	45.31%（29/64）	0.00%（0/64）	23.44%（15/64）	29.69%（19/64）
	城乡规划	100.00%（25/25）	28.00%（7/25）	0.00%（0/25）	12.00%（3/25）	60.00%（15/25）
	风景园林	98.00%（49/50）	48.00%（24/50）	0.00%（0/50）	26.00%（13/50）	24.00%（12/50）
	历史建筑保护工程	82.61%（19/23）	30.43%（7/23）	0.00%（0/23）	34.78%（8/23）	17.39%（4/23）
	园艺	100.00%（1/1）	0.00%（0/1）	0.00%（0/1）	100.00%（1/1）	0.00%（0/1）
唐文治书院		92.31%（24/26）	7.69%（2/26）	0.00%（0/26）	15.38%（4/26）	69.23%（18/26）
	哲学	100.00%（3/3）	0.00%（0/3）	0.00%（0/3）	33.33%（1/3）	66.67%（2/3）
	思想政治教育	0.00%（0/1）	0.00%（0/1）	0.00%（0/1）	0.00%（0/1）	0.00%（0/1）
	汉语言文学（基地）	94.74%（18/19）	0.00%（0/19）	0.00%（0/19）	15.79%（3/19）	78.95%（15/19）
	历史学（师范）	100.00%（3/3）	66.67%（2/3）	0.00%（0/3）	0.00%（0/3）	33.33%（1/3）

续表

学院（部）	专业	总就业率	协议就业率	创业率	灵活就业率	升学出国率
光电科学与工程学院	测控技术与仪器	96.91% (94/97)	48.45% (47/97)	0.00% (0/97)	3.09% (3/97)	45.36% (44/97)
	光电信息科学与工程	95.83% (23/24)	25.00% (6/24)	0.00% (0/24)	4.17% (1/24)	66.67% (16/24)
	电子信息科学与技术	100.00% (47/47)	59.57% (28/47)	0.00% (0/47)	0.00% (0/47)	40.43% (19/47)
		92.31% (24/26)	50.00% (13/26)	0.00% (0/26)	7.69% (2/26)	34.62% (9/26)
物理科学与技术学院	物理学	92.45% (98/106)	31.13% (33/106)	0.00% (0/106)	13.21% (14/106)	48.11% (51/106)
	物理学（光伏科学与技术）	92.38% (97/105)	30.48% (32/105)	0.00% (0/105)	13.33% (14/105)	48.57% (51/105)
		100.00% (1/1)	100.00% (1/1)	0.00% (0/1)	0.00% (0/1)	0.00% (0/1)
能源学院	新能源材料与器件	95.86% (139/145)	37.93% (55/145)	0.00% (0/145)	6.21% (9/145)	51.72% (75/145)
		95.00% (95/100)	33.00% (33/100)	0.00% (0/100)	2.00% (2/100)	60.00% (60/100)
	能源与动力工程	97.78% (44/45)	48.89% (22/45)	0.00% (0/45)	15.56% (7/45)	33.33% (15/45)

苏州大学科研机构情况（表33）

表33 2020年校级科研机构一览表

序号	机构归属	科研机构名称	负责人	成立时间	批文号
1	苏州大学	放射医学研究所	柴之芳	1983-08-30	核安字〔1983〕136号
2	省卫生厅	江苏省血液研究所	阮长耿	1988-06-18	苏卫人〔1988〕20号
3	苏州大学	蚕桑研究所（原蚕学研究所）	李兵	1989-12-22 2000-11-02	苏蚕委字〔1989〕26号 苏大委〔2000〕59号
4	苏州大学	医学生物技术研究所	居颂光	1990-02-29	核总安发〔1990〕35号
5	苏州大学	中药研究所	秦正红	1991-02-26	核总安发〔1991〕32号
6	中国核工业集团有限公司	中核总核事故医学应急中心	姜忠	1991-12-07	核总安发〔1991〕213号
7	苏州大学	生化工程研究所（原保健食品研究所）	魏文祥	1993-06-15	核总安发〔1993〕99号
8	苏州大学	比较文学研究中心	吴雨平	1994-04-09	苏大科字〔1994〕16号
9	苏州大学	东吴公法与比较法研究所	王克稳	1994-05-03	苏大科字〔1994〕22号
10	苏州大学	核医学研究所	许玉杰	1994-06-01	核总人组发〔1994〕184号
11	苏州大学	纵横汉字信息技术研究所	钱培德	1994-06-21	苏大科字〔1994〕26号
12	苏州大学	神经科学研究所	刘春风	1995-04-03	核总人组发〔1995〕110号
13	苏州大学	社会与发展研究所	张明	1995-05-10	苏大〔1995〕28号
14	苏州大学	信息光学工程研究所	陈林森	1995-10-30	苏大〔1995〕52号
15	苏州大学	物理教育研究所	桑芝芳	1995-11-02	苏大科字〔1995〕53号

续表

序号	机构归属	科研机构名称	负责人	成立时间	批文号
16	苏州大学	吴文化国际研究中心	王卫平	1996-12-05	苏大〔1996〕28号
17	苏州大学	辐照技术研究所	朱南康	1996-12-19	核总人组发〔1996〕515号
18	江苏省	苏南发展研究院（培育）	高峰	1997-04-07 2009-04-20	苏大科字〔1997〕6号 苏社科规划领字〔2009〕11号
19	苏州大学	卫生发展研究中心	徐勇	1998-04-10	核总人组发〔1998〕133号
20	苏州大学	丝绸科学研究院	陈国强	1999-08-23	苏大委〔1999〕35号
21	苏州大学	信息技术研究所	朱巧明	1999-11-25	苏大委〔1999〕55号
22	苏州大学	现代光学技术研究所	王钦华	2000-05-12	苏大科字〔2000〕14号
23	苏州大学	江苏省数码激光图像与新型印刷工程技术研究中心	陈林森	2000-09-20	苏科技〔2000〕194号 苏财工〔2000〕131号
24	苏州大学	苏州大学血液研究所	阮长耿	2000-10-16	苏大委〔2000〕53号
25	苏州大学	苏州大学大分子设计与精密合成重点实验室（原功能高分子研究所）	朱秀林	2001-03-22 2013-12-26	苏大〔2001〕14号 苏大科技〔2013〕48号
26	苏州大学	儿科医学研究所	冯星	2001-03-22	苏大〔2001〕14号
27	苏州大学	数学研究所	夏志宏	2001-12-04	苏大办〔2001〕22号
28	苏州大学	中国昆曲研究中心	周秦	2001-12-12	苏州大学与苏州市政府协议2001-X211-7
29	苏州大学	水产研究所	叶元土	2002-05-14	苏大科〔2002〕18号
30	苏州大学	外语教育与教师发展研究所（英语语言学研究所）	顾佩娅	2003-12-27 2018-06-25	苏大科〔2003〕84号 苏大办复〔2018〕153号
31	江苏省文化厅	苏州大学非物质文化遗产研究中心	卢朗	2006-10-24 2014-11-17	苏大人〔2006〕102号

续表

序号	机构归属	科研机构名称	负责人	成立时间	批文号
32	苏州大学	妇女发展研究中心	李兰芬	2006-10-27	苏大办复〔2006〕32号
33	苏州大学	应用数学研究所	曹永罗	2006-10-29	苏大人〔2006〕126号
34	苏州大学	马克思主义研究院	朱炳元	2007-03-22	苏大人〔2007〕25号
35	苏州大学	东吴书画研究院	华人德	2007-03-23	苏大人〔2007〕27号
36	苏州大学	苏州基层党建研究所	陈建军 周玉玲	2007-06-26 2012-01-11	苏大委〔2007〕26号 苏教社政〔2012〕1号
37	苏州大学	生态批评研究中心	李勇	2007-07-06	苏大人〔2007〕69号
38	苏州大学	地方政府研究所	沈荣华	2007-07-07	苏大人〔2007〕71号
39	苏州大学	肿瘤细胞与分子免疫实验室	徐杨	2007-09-30	苏大人〔2007〕90号
40	苏州大学	化学电源研究所	王海波	2007-10-09	苏大人〔2007〕91号
41	苏州大学	人口研究所	马德峰	2007-10-11	苏大人〔2007〕93号
42	苏州大学	生物医用高分子材料重点实验室	钟志远	2007-12-13	苏大人〔2007〕120号
43	苏州大学	金融工程研究中心	姜礼尚	2007-12-13	苏大人〔2007〕121号
44	苏州大学	系统生物学研究中心	胡广	2007-12-13	苏大人〔2007〕122号
45	苏州大学	科技查新工作站		2008-01-08	苏大科技〔2008〕1号
46	苏州大学	出版研究所	吴培华	2008-01-21	苏大社科〔2008〕1号
47	苏州大学	人力资源研究所	冯成志	2008-04-09	苏大社科〔2008〕3号
48	苏州大学	唐仲英血液学研究中心	吴庆宇	2008-05-19	苏大〔2008〕28号
49	苏州大学	功能纳米与软物质研究院	李述汤	2008-06-05	苏大科技〔2008〕25号
50	苏州大学	新药研发中心	镇学初	2008-06-25	苏大科技〔2008〕28号
51	苏州大学	教育科学研究院	周川	2008-06-30	苏大委〔2008〕37号
52	苏州大学	高性能计算与应用研究所	陈国良	2008-12-08	苏大科技〔2008〕62号

续表

序号	机构归属	科研机构名称	负责人	成立时间	批文号
53	苏州大学	骨科研究所	唐天驷 杨惠林	2008-12-31	苏大〔2008〕102号
54	苏州大学	苏州节能技术研究所	沈明荣	2009-01-05	苏大科技〔2009〕1号
55	苏州大学	嵌入式系统与物联网研究所（原嵌入式仿生智能研究所）	王宜怀	2009-04-20 2016-11-24	苏大科技〔2009〕9号 苏大办复〔2016〕342号
56	苏州大学	社会公共文明研究所	芮国强	2009-06-08	苏大〔2009〕21号
57	苏州大学	廉政建设与行政效能研究所	王卓君	2009-06-24	苏大委〔2009〕37号
58	苏州大学	癌症分子遗传学实验室	张洪涛	2009-09-22	苏大科〔2009〕40号
59	苏州大学	生物制造研究中心	卢秉恒	2009-10-27	苏大科技〔2009〕50号
60	苏州大学	健康中国研究院	陈卫昌	2009-10-13 2018-06-22	苏大〔2009〕44号 苏大科技〔2018〕10号
61	苏州大学	软凝聚态物理及交叉研究中心	马余强	2009-10-10 2010-09-21	苏大科〔2009〕46号 苏大办复〔2010〕276号
62	苏州大学	机器人与微系统研究中心	孙立宁	2010-01-05	苏大科〔2010〕3号
63	苏州大学	高技术产业研究院	陈林森	2010-01-12	苏大人〔2010〕6号
64	苏州大学	生物医学研究院	熊思东	2010-01-16	苏大科〔2010〕8号
65	苏州大学	绿色高分子工程和催化技术实验室	潘勤敏	2010-03-30	苏大科〔2010〕10号
66	苏州大学	捷美生物医学工程仪器联合重点实验室	王振明 陶智	2010-05-26	苏大科〔2010〕13号
67	苏州大学	台商投资与发展研究所	张明	2010-06-08	苏大科〔2010〕14号
68	苏州大学	国家心血管病中心—苏州大学分中心	沈振亚	2010-10-13	苏大科〔2010〕28号

续表

序号	机构归属	科研机构名称	负责人	成立时间	批文号
69	苏州大学	交通工程研究中心	汪一鸣	2010-12-29	苏大科〔2010〕46号
70	苏州大学	农业生物技术与生态研究院	贡成良	2011-04-06	苏大科〔2011〕23号
71	苏州大学	张家港工业技术研究院	郑军伟	2011-04-13	苏大科〔2011〕27号
72	苏州大学	生物钟研究中心	王晗	2011-05-03	苏大科〔2011〕26号
73	苏州大学	人才测评研究所	冯成志	2011-06-08	苏大〔2011〕21号
74	苏州大学	环境治理与资源化研究中心	徐庆锋	2011-06-30	苏大科〔2011〕32号
75	苏州大学	高等统计与计量经济中心	唐煜	2011-07-13	苏大科〔2011〕34号
76	苏州大学	盛世华安智慧城市物联网研究所	朱巧明	2011-09-28	苏大科〔2011〕36号
77	苏州大学	激光制造技术研究所	石世宏	2011-10-28	苏大科〔2011〕43号
78	苏州大学	地方政府与社会管理研究中心	乔耀章	2011-12-31	苏大科〔2011〕57号
79	苏州大学	古典文献研究所	罗时进	2011-12-31	苏大科〔2011〕58号
80	苏州大学	新媒介与青年文化研究中心	马中红	2012-01-10	苏大社科〔2012〕1号
81	苏州大学	智能结构与系统研究所	毛凌锋	2012-01-20	苏大科技〔2012〕8号
82	苏州大学	典籍翻译研究所	王宏	2012-03-02	苏大社科〔2012〕3号
83	苏州大学	汉语及汉语应用研究中心	曹炜	2012-04-01	苏大社科〔2012〕4号
84	苏州大学	检察发展研究中心	李乐平（胡玉鸿）	2012-04-01	苏大社科〔2012〕6号
85	苏州大学	波动功能材料实验室	高雷	2012-04-11	苏大科技〔2012〕20号

续表

序号	机构归属	科研机构名称	负责人	成立时间	批文号
86	苏州大学	东吴哲学研究所	李兰芬	2012-04-27	苏大社科〔2012〕8号
87	苏州大学	化工创新重点实验室	陈晓东	2012-05-16	苏大科技〔2012〕24号
88	苏州大学	放射医学及交叉学科研究院	柴之芳	2012-06-22	苏大科技〔2012〕28号
89	苏州大学	心血管病研究所	沈振亚	2012-07-01	苏大人〔2012〕54号
90	苏州大学	苏州市现代服务业研究中心（原苏州大学邦城未来城市研究中心）	段进军	2012-07-07 2018-12-17	苏大社科〔2012〕10号 苏大办复〔2018〕271号
91	苏州大学	大分子与生物表界面重点实验室	陈 红	2012-08-13	苏大科技〔2012〕29号
92	苏州大学	手性化学实验室	杨永刚	2012-09-24	苏大科技〔2012〕34号
93	苏州大学	网络舆情分析与研究中心	周 毅	2012-09-21	苏大社科〔2012〕13号
94	苏州大学	唐仲英医学研究院	吴庆宇	2012-10-11	苏大委〔2012〕34号
95	苏州大学	城市·建筑·艺术研究院	吴永发	2012-10-22	苏大社科〔2012〕15号
96	苏州大学	苏州大学-西安大略大学同步辐射联合研究中心	T-K-Sham	2012-11-12	苏大科技〔2012〕45号
97	苏州大学	数学与交叉科学研究中心	鄂维南	2012-11-12	苏大科技〔2012〕46号
98	苏州大学	食品药品检验检测中心	秦立强	2012-12-21	苏大科技〔2012〕59号
99	苏州大学	跨文化研究中心	王 尧	2013-03-07	苏大社科〔2013〕5号
100	苏州大学	先进树脂基复合材料重点实验室	梁国正	2013-04-15	苏大办复〔2013〕125号
101	苏州大学	呼吸疾病研究所	黄建安	2013-05-09	苏大委〔2013〕29号

续表

序号	机构归属	科研机构名称	负责人	成立时间	批文号
102	苏州大学	艺术研究院	姜竹松	2013-06-19	苏大社科〔2013〕6号
103	苏州大学	苏州基层统战理论与实践研究所	王卓君	2013-09-27	苏大社科〔2013〕10号
104	苏州大学	先进数据分析研究中心	周晓方	2013-09-27	苏大科技〔2013〕17号
105	苏州大学	先进制造技术研究院	孙立宁	2014-01-21	苏大科技〔2014〕3号
106	苏州大学	长三角绿色供应链研究院（原现代物流研究院）	李善良	2014-03-11 2020-09-25 2020-10-10	苏大办复〔2014〕60号 苏大办复〔2020〕141号 苏大社科〔2020〕9号
107	苏州大学	新教育研究院	朱永新	2014-03-12	苏大办复〔2014〕61号
108	苏州大学	剑桥—苏大基因组资源中心	徐璎	2014-03-12	苏大科技〔2014〕6号
109	苏州大学	江南文化研究院（原苏州历史文化研究所）	王国平	2014-03-14 2020-06-18	苏大办复〔2014〕62号 苏大社科〔2020〕6号
110	苏州大学	造血干细胞移植研究所	吴德沛	2014-03-18	苏大委〔2014〕9号
111	苏州大学	东吴智库（原东吴智库文化与社会发展研究院）	段进军	2014-04-02 2020-06-01	苏大办复〔2014〕91号 苏大办复〔2019〕67号
112	苏州大学	功能有机高分子材料微纳加工研究中心	路建美	2014-04-14	苏大科技〔2014〕14号
113	苏州大学	江苏省产业技术研究院纺织丝绸技术研究所	陈国强	2014-04-17	苏大科技〔2014〕16号
114	苏州大学	人类语言技术研究所	张民	2014-05-19	苏大科技〔2014〕21号
115	苏州大学	等离子体技术研究中心	吴雪梅	2014-06-17	苏大科技〔2014〕23号
116	苏州大学	电影电视艺术研究所	倪祥保	2014-06-23	苏大办复〔2014〕207号

续表

序号	机构归属	科研机构名称	负责人	成立时间	批文号
117	苏州大学	东吴国学院	王锺陵	2014-10-30	苏大办复〔2014〕443号
118	苏州大学	先进光电材料重点实验室	李永舫	2014-11-20	苏大科技〔2014〕46号
119	苏州大学	苏州市公共服务标准研究中心	江波	2014-12-08	苏大办复〔2014〕484号
120	苏州大学	海外汉学研究中心	季进	2015-01-07	苏大办复〔2015〕3号
121	苏州大学	中国现代通俗文学研究中心	汤哲声	2015-01-20	苏大办复〔2015〕14号
122	苏州大学	转化医学研究院	时玉舫	2015-05-22	苏大委〔2015〕32号
123	苏州大学	放射肿瘤治疗学研究所	田野	2015-05-24	苏大科技〔2015〕22号
124	苏州大学	骨质疏松症诊疗技术研究所	徐又佳	2015-05-24	苏大科技〔2015〕23号
125	苏州大学	能量转换材料与物理研究中心	李亮	2015-06-07	苏大科技〔2015〕24号
126	苏州大学	融媒体发展研究院	陈一	2015-08-04	苏大办复〔2015〕218号
127	苏州大学	国际骨转化医学联合研究中心	杨惠林 Thomas J. Webster	2015-10-13	苏大科技〔2015〕29号
128	苏州大学	语言与符号学研究中心	王军	2015-11-06	苏大办复〔2015〕296号
129	苏州大学	中国历史文化名城（苏州）研究院	吴永发	2015-11-07	苏大办复〔2015〕297号
130	苏州大学	机器学习与类脑计算国际合作联合实验室	李凡长	2016-01-07	苏大科技〔2016〕1号
131	苏州大学	细胞治疗研究院	蒋敬庭	2016-03-11	苏大科技〔2016〕7号

续表

序号	机构归属	科研机构名称	负责人	成立时间	批文号
132	苏州大学	儿科临床研究院	冯星	2016-04-13	苏大人〔2016〕28号
133	苏州大学	基础教育研究院	陈国安	2016-09-19	苏大委〔2016〕46号
134	苏州大学	空间规划研究院	严金泉	2016-11-14	苏大办复〔2016〕325号
135	苏州大学	工业测控与设备诊断技术研究所	朱忠奎	2016-12-16	苏大科技〔2016〕20号
136	苏州大学	能源与材料创新研究院	彭扬	2017-01-13	苏大人〔2017〕10号
137	苏州大学	江苏体育健康产业研究院	王家宏	2017-01-13	苏大社科〔2017〕2号
138	苏州大学	高等研究院	M-Kosterlitz 凌新生	2017-05-19	苏大科技〔2017〕11号
139	苏州大学	生物医学工程研究院	周如鸿	2017-09-11	苏大办复〔2017〕282号
140	苏州大学	高性能金属结构材料研究院	长海博文	2017-09-22	苏大科技〔2017〕19号
141	苏州大学	"一带一路"发展研究院(老挝研究中心)	波松·布帕万 钮菊生	2017-10-12 2018-03-10	苏大社科〔2017〕12号 苏大办复〔2018〕53号
142	苏州大学	人工智能研究院	凌晓峰	2017-11-02	苏大科技〔2017〕21号
143	苏州大学	分子科学研究院	李永舫	2017-12-04	苏大科技〔2017〕24号
144	苏州大学	地方治理研究院(原社会组织与社会治理研究院)	陈进华	2017-12-04 2019-11-25	苏大办复〔2019〕184号 苏大社科〔2017〕13号
145	苏州大学	范小青研究中心	房伟	2017-12-13	苏大办复〔2017〕390号
146	苏州大学	智慧供应链研究中心	赖福军	2018-01-12	苏大人〔2018〕42号
147	苏州大学	动力系统与微分方程研究中心	曹永罗	2018-03-11	苏大人〔2018〕41号
148	苏州大学	药物研究与转化交叉研究所	缪丽燕	2018-06-07	苏大科技〔2018〕8号

续表

序号	机构归属	科研机构名称	负责人	成立时间	批文号
149	苏州大学	资本运营与风险控制研究中心	权小锋	2018-06-11	苏大办复〔2018〕136号
150	苏州大学	新时代企业家研究院	黄 鹏	2018-07-10	苏大办复〔2018〕172号
151	苏州大学	国家监察研究院	李晓明	2018-08-09	苏大办复〔2018〕190号
152	苏州大学	国际税收战略研究与咨询中心	周 高	2018-08-19	苏大办复〔2018〕193号
153	苏州大学	微创神经外科研究所	兰 青	2018-09-12	苏大科技〔2018〕15号
154	苏州大学	博雅达空间规划协同创新中心	严金泉	2018-11-30	苏大科技〔2018〕21号
155	苏州大学	中国昆曲评弹研究院	吴 磊	2018-12-26	苏大办复〔2018〕278号
156	苏州大学	阔地智慧教育研究院	冯成志	2018-12-26	苏大办复〔2018〕279号
157	苏州大学	苏州大运河文化带建设研究院	江 涌	2019-01-02	苏大社科〔2018〕4号
158	苏州大学	中国大城市发展研究院	王龙江	2019-01-03	苏大办复〔2019〕2号
159	苏州大学	江苏对外传播研究院	陈 龙	2019-04-04	苏大办复〔2019〕32号
160	苏州大学	自由贸易区综合研究中心	王 俊	2019-05-06	苏大办复〔2019〕61号
161	苏州大学	影像医学研究所	胡春洪	2019-05-13	苏大科技〔2019〕23号
162	苏州大学	运动康复研究中心	王国祥	2019-07-05	苏大办复〔2019〕114号
163	苏州大学	分子酶学研究所	王志新	2019-09-05	苏大人〔2019〕67号
164	苏州大学	交叉医学研究中心	熊思东	2019-10-24	苏大委〔2019〕102号
165	苏州大学	先进材料国际合作联合中心	于吉红	2019-11-07	苏大委〔2019〕111号
166	苏州大学	建设性新闻研究中心	陈 龙	2019-11-12	苏大办复〔2019〕177号
167	苏州大学	金義智慧幼儿体育研究中心	王家宏	2020-01-10	苏大办复〔2020〕4号 苏大社科〔2020〕5号

续表

序号	机构归属	科研机构名称	负责人	成立时间	批文号
168	苏州大学	中医哲学研究中心	程雅君	2020-04-03	苏大办复〔2020〕15号 苏大社科〔2020〕5号
169	苏州大学	心身胃肠病学研究所	曹建新	2020-05-20	苏大科技〔2020〕17号
170	苏州大学	高分子精准合成研究所	张正彪	2020-06-29	苏大科技〔2020〕30号
171	苏州大学	泌尿及肾脏病研究所	侯建全	2020-09-03	苏大科技〔2020〕41号
172	苏州大学	师范教育科学研究院	张 曙	2020-09-02	苏大办复〔2020〕120号
173	苏州大学	退役军人事务研究院	黄学贤	2020-10-09	苏大办复〔2020〕145号 苏大社科〔2020〕8号
174	苏州大学	应急管理研究院	黄建洪	2020-10-10	苏大办复〔2020〕147号 苏大社科〔2020〕11号
175	苏州大学	苏州直播电商研究院	陈 龙	2020-11-20	苏大办复〔2020〕165号 苏大社科〔2020〕16号
176	苏州大学	凤凰·苏州大学语言文学研究与出版中心	曹 炜 王瑞书	2020-12-09	苏大社科〔2020〕17号

科研成果与水平

2020 年度苏州大学科研成果情况（表 34）

表 34　2020 年度苏州大学科研成果一览表

单位	获奖成果/个	SCIE/篇	EI/篇	CPCI-S/篇	核心期刊论文/篇
文学院	18	0	0	0	87
传媒学院	8	0	0	0	56
社会学院	21	0	0	0	55
政治与公共管理学院	13	0	0	0	76
马克思主义学院	5	0	0	0	80
教育学院	20	0	0	0	70
东吴商学院（财经学院）	15	0	0	0	61
王健法学院	14	0	0	0	75
外国语学院	14	0	0	0	46
体育学院	7	0	0	0	82
艺术学院	4	0	0	0	30
音乐学院	3	0	0	0	6
金螳螂建筑学院	0	10	5	2	0
数学科学学院	0	60	1	0	0
物理科学与技术学院	1	128	10	0	0
光电科学与工程学院	3	56	42	0	0
能源学院	3	164	2	0	0
材料与化学化工学部	3	515	0	0	0
计算机科学与技术学院	0	45	72	1	0

续表

单位	获奖成果/个	SCIE/篇	EI/篇	CPCI-S/篇	核心期刊论文/篇
电子信息学院	2	61	73	8	0
机电工程学院	2	115	48	0	0
沙钢钢铁学院	0	51	22	0	0
纺织与服装工程学院	7	111	31	0	0
轨道交通学院	3	66	54	0	0
功能纳米与软物质研究院	2	280	0	0	0
医学部	12	623	7	0	0
苏州大学附属第一医院	23	219	0	0	0
苏州大学附属第二医院	10	283	0	0	0
苏州大学附属第三医院	0	183	0	0	0
苏州大学附属儿童医院	12	79	0	0	0
其他附属医院	0	0	0	0	0
系统生物学研究中心	0	0	0	0	0
其他单位	4	7	0	0	0
合计	229	3 056	367	11	724

2020年度苏州大学科研成果获奖情况

自然科学研究成果获奖情况

国家科学技术进步奖（1项）（表35）

表35 国家科学技术进步奖获奖情况一览表

序号	项目名称	获奖等级	完成单位	主要完成人
1	缺血性心脏病细胞治疗关键技术创新及临床转化	国家科学技术进步二等奖	苏州大学附属第一医院、中国医学科学院阜外医院、中国科学院上海生命科学研究院、河北医科大学第一医院、中国科学院生物物理研究所	沈振亚 张 浩 杨黄恬 胡士军 刘 盛 陈一欢 刘 刚 曹 楠 滕小梅 姬广聚

中华人民共和国国际科学技术合作奖（1项）（表36）

表36 中华人民共和国国际科学技术合作奖获奖情况一览表

序号	人选	获奖等级	完成单位
1	雅克·冈	中华人民共和国国际科学技术合作奖	苏州大学附属第一医院

何梁何利基金科学与技术奖（2项）（表37）

表37 何梁何利基金科学与技术奖获奖情况一览表

序号	人选	获奖等级	完成单位
1	路建美	何梁何利基金科学与技术创新奖	苏州大学
2	吴德沛	何梁何利基金科学与技术进步奖	苏州大学附属第一医院

第二届全国创新争先奖（1项）（表38）

表38 第二届全国创新争先奖获奖情况一览表

序号	人选	获奖等级	完成单位
1	孙立宁	第二届全国创新争先奖	苏州大学

第十六届中国青年科技奖（2项）（表39）

表39 第十六届中国青年科技奖获奖情况一览表

序号	人选	获奖等级	完成单位
1	刘庄	第十六届中国青年科技奖	苏州大学
2	王殳凹	第十六届中国青年科技奖	苏州大学

教育部高等学校科学研究优秀成果奖（科学技术）（3项）（表40）

表40 教育部高等学校科学研究优秀成果奖（科学技术）获奖情况一览表

序号	项目名称	获奖等级	完成单位	主要完成人
1	肿瘤多模态诊疗一体化探针相关基础研究	自然科学一等奖	苏州大学	高明远 李桢 汪勇 史海斌 曾剑峰 文玲 高振宇 张少华 程侠菊

续表

序号	项目名称	获奖等级	完成单位	主要完成人
2	早产儿营养支持策略的创新及其并发症靶向治疗的转化应用	科技进步二等奖	苏州大学、苏州大学附属儿童医院、上海交通大学医学院附属上海儿童医学中心、南京医科大学附属儿童医院	朱雪萍 洪莉 程锐 韩淑芬 蒋小岗 朱晓黎 冯星 肖志辉 武庆斌 俞生林 丁晓春 张芳 盛晓郁 倪志红 胡筱涵 卢惠琴
3	双面纳米压印技术与高光效超薄导光器件的产业应用	科技进步二等奖	苏州大学、苏州维旺科技有限公司	陈林森 张恒 方宗豹 浦东林 乔文 周小红 周云 司群英 胡玉斌

江苏省科学技术奖（13项）（表41）

表41 江苏省科学技术奖获奖情况一览表

序号	项目名称	获奖等级	完成单位	主要完成人
1	大面积有机微纳单晶结构及其高性能光电器件	一等奖	苏州大学	揭建胜 张晓宏 张秀娟 邓巍 黄立明 王伟 于彩桐
2	肺癌相关介入肺脏学诊疗新技术建立及其治疗新靶点的转化应用	一等奖	苏州大学附属第一医院	黄建安 陈成 穆传勇 刘泽毅 朱健洁 陈延斌 朱晔涵 曾园园 王昌国 雷伟
3	血小板调控机制及其相关血栓与出血疾病诊断治疗应用研究	一等奖	苏州大学附属第一医院、苏州大学	戴克胜 何苏丹 朱力 何杨 周泉生 余自强 闫荣 赵丽丽 唐朝君 王兆钺 阮长耿
4	新一代有机硅光纤预制棒关键制备技术及产业化	一等奖	江苏亨通光导新材料有限公司、江苏亨通光纤科技有限公司、江苏亨通光电股份有限公司、苏州大学	肖华 陈伟 田国才 江平 马建强 袁健 王友兵 沈震强 胡付俭 吴铎
5	面向5G大容量绿色智能边缘数据中心关键技术及应用	二等奖	苏州大学、中天宽带技术有限公司	沈纲祥 符小东 李泳成 薛驰 陈伯文 揭水平 王建兵

续表

序号	项目名称	获奖等级	完成单位	主要完成人
6	天然染料纺织品印染关键技术及产业化	三等奖	苏州大学、鑫缘茧丝绸集团股份有限公司、恒源祥（集团）有限公司、盛虹集团有限公司、苏州虹锦生态纺织科技有限公司	王祥荣 储呈平 刘瑞旗 陈忠立 钱琴芳 陈忠伟 戴细春
7	泥鳅健康养殖关键技术与示范推广	三等奖	苏州大学、江苏海洋大学、连云港市海洋与渔业发展促进中心、宿迁市水产技术推广站、徐州市水产技术推广站	凌去非 朱 明 李彩娟 张晓君 强晓刚 王 珍 张 涛
8	颅脑损伤后质膜靶向修复的基础研究	三等奖	苏州大学	陶陆阳 罗承良 陈溪萍 高 原 张明阳 李倩倩 王 涛
9	胃癌精准诊治综合体系的建立与临床推广	三等奖	苏州大学附属第一医院、海军军医大学第一附属医院	李 锐 周 进 史冬涛 王洛伟 陈卫昌 张德庆 汪茜雅
10	人类脐带胎盘血管生理病理特点及血管疾病早期发育起源机制	三等奖	苏州大学附属第一医院	孙 森 高芹芹 汤佳奇 陶建英 周秀文 张鹏杰 李凌君
11	妇科肿瘤靶向治疗及相关机制研究	三等奖	苏州大学附属第一医院、苏州大学	陈友国 周金华 张 熠 沈芳荣 王 娟 李 珉 张英辉
12	小儿神经母细胞瘤的治疗体系创新和关键技术应用	三等奖	苏州大学附属儿童医院	汪 健 吴晔明 潘 健 赵赫 许云云 吕 凡 王 谦
13	靶向递送miRNA纳米载体体系的构建及肿瘤基因治疗新靶点的开发	三等奖	江南大学附属医院、江南大学、苏州大学	华 茜 尹 健 汪维鹏 东勇 王 腾 游庆军 周 桓

国防科学技术进步奖（1项）（表42）

表42 国防科学技术进步奖获奖情况一览表

序号	项目名称	获奖等级	完成单位	主要完成人
1	认知功能辐射损伤机制和防治的创新技术研究	三等奖	核工业总医院	田野 张力元 钱志远 王琛 邹莉 连一新 赵培峰 杨咏强

吴阶平医学奖（1项）（表43）

表43 吴阶平医学奖获奖情况一览表

序号	人选	获奖等级	完成单位
1	阮长耿	吴阶平医学奖	苏州大学附属第一医院

吴文俊人工智能科学技术奖（1项）（表44）

表44 吴文俊人工智能科学技术奖获奖情况一览表

序号	项目名称	获奖等级	完成单位	主要完成人
1	智能医学影像分析及其临床诊断应用	技术发明一等奖	苏州大学、汕头大学、苏州比格威医疗科技有限公司	陈新建 陈浩宇 朱伟芳 向德辉 石霏 俞凯

中国纺织工业联合会科学技术奖（3项）（表45）

表45 中国纺织工业联合会科学技术奖获奖情况一览表

序号	项目名称	获奖等级	完成单位	主要完成人
1	防护服装多重危害防护机理与成形关键技术及产业化	科技进步二等奖	苏州大学、北京邦维高科特种纺织品有限责任公司、江南大学、代尔塔（中国）安全防护有限公司、现代丝绸国家工程实验室（苏州）、南通大学	卢业虎 刘福娟 关晋平 柯莹 李秀明 张成蛟 徐毅 何佳臻

续表

序号	项目名称	获奖等级	完成单位	主要完成人
2	超大口径耐高压压裂液输送管编织与复合一体化关键技术	科技进步一等奖	五行科技股份有限公司、南通大学、苏州大学	王东晖 孙启龙 王 萍 沙月华 龙啸云 季 涛 高 强 叶 伟 秦庆戌 夏平原
3	原位聚合聚苯胺复合导电纱线制备关键技术与产业化	科技进步二等奖	绍兴文理学院、苏州大学、盐城市丝利得茧丝绸有限公司、鑫缘茧丝绸集团股份有限公司、南通纺织丝绸产业技术研究院、南通宝缘生物新材料科技有限公司	洪剑寒 潘志娟 韩 潇 陈建广 陈忠立 田 龙 杨俊峰

中国医疗保健国际交流促进会华夏医学科技奖（3项）（表46）

表46 中国医疗保健国际交流促进会华夏医学科技奖获奖情况一览表

序号	项目名称	获奖等级	完成单位	主要完成人
1	儿童肾损伤早期诊断和预后判断体系的建立及临床应用	三等奖	苏州大学附属儿童医院	李艳红 李晓忠 丁 欣 冯 星 丁 胜 方 芳 李 刚 陈 娇 柏振江 汪 清 林 强 王凤英 戴小妹 张文燕
2	肺癌治疗相关新靶点及介入诊断新技术的系列研究	三等奖	苏州大学附属第一医院	黄建安 陈 成 刘泽毅 陈延斌 朱健洁 衡 伟 曾园园 朱晔涵 穆传勇 王昌国 陈 涛 张晓辉
3	分子影像学在肿瘤诊疗中的基础与应用研究	二等奖	中山大学、中国科学院自动化研究所、广州医科大学附属第二医院、苏州大学	单 鸿 庞鹏飞 迟崇巍 帅心涛 朱康顺 高明远 黄明声 李 丹 周 斌 毛军杰

中国石油和化工联合会科学技术奖（1项）（表47）

表47　中国石油和化工联合会科学技术奖获奖情况一览表

序号	项目名称	获奖等级	完成单位	主要完成人
1	高精智能高效拉杆式轮胎硫化机关键技术及应用	科技进步奖二等奖	华澳轮胎设备科技（苏州）股份有限公司、苏州大学	王传洋　张正罗　江星星　黄桂强　朱忠奎　廖建忠　沈长青　游利灿　曾友平

中国商业联合会科学技术奖（2项）（表48）

表48　中国商业联合会科学技术奖获奖情况一览表

序号	项目名称	获奖等级	完成单位	主要完成人
1	鳜鱼良种繁养技术集成与推广	二等奖	苏州大学、扬州市水产生产技术指导站、南京市水产科学研究所、江苏省淡水水产研究所、苏州市水产技术推广站、扬州市董氏特种水产有限公司、射阳康余水产技术有限公司	黄鹤忠　叶金明　颜慧　陆健　张茂友　陈启凤　史杨白　丛宁　王曙光　杨显祥　王如巤　吴志强　邵泽宇　诸葛燕　马建社
2	多灾害环境下防护服装创新设计关键技术及产业化	二等奖	苏州大学、北京邦维高科特种纺织品有限责任公司、江南大学、苏州舒而适纺织新材料科技有限公司、代尔塔（中国）安全防护有限公司	卢业虎　何佳臻　柯莹　李秀明　关晋平　刘福娟　徐毅

中国轻工业联合会科技奖（1项）（表49）

表49　中国轻工业联合会科技奖获奖情况一览表

序号	项目名称	获奖等级	完成单位	主要完成人
1	高色牢度真丝手工织绣丝线技术及产品研究	技术发明三等奖	苏州大学	丁志平　陆晓琳　周海云　孙建春　李婧　王虹

河南省科学技术奖（1 项）（表 50）

表 50　河南省科学技术奖获奖情况一览表

序号	项目名称	获奖等级	完成单位	主要完成人
1	基于人类视觉感知显著性的织物表面缺陷检测分析关键技术及应用	河南省科学技术进步二等奖	中原工学院、苏州大学、厦门视加科技有限公司、恒天重工股份有限公司	李春雷　刘洲峰　董燕　何志勇　汤水利　黄云　廖亮　余森　李文羽　杨瑞敏

陕西高等学校科学技术奖（1 项）（表 51）

表 51　陕西高等学校科学技术奖获奖情况一览表

序号	项目名称	获奖等级	完成单位	主要完成人
1	蜘蛛纺丝的力学原理与纳米纤维的仿生设计	一等奖	西安建筑科技大学、西安工程大学、苏州大学、安徽工程大学	何吉欢　窦皓　王萍　刘志　郁丹妮

中国光学科技奖（2 项）（表 52）

表 52　中国光学科技奖获奖情况一览表

序号	项目名称	获奖等级	完成单位	主要完成人
1	微纳光伏器件的多物理耦合场建模、设计与实验	基础研究类二等奖	苏州大学、中国科学院宁波材料技术与工程研究所	李孝峰　叶继春　高平奇　张程　吴绍龙　杨阵海
2	柔性双面纳米加工关键技术及在超薄导光器件的应用	应用成果类二等奖	苏州大学、苏州维旺科技有限公司、苏州苏大维格科技集团股份有限公司	张恒　方宗豹　乔文　陈林森　朱志坚　浦东林　周小红　魏国军　周欣　朱鹏飞

江苏省能源研究会能源科技创新奖（1 项）（表 53）

表 53　江苏省能源研究会能源科技创新奖获奖情况一览表

序号	项目名称	获奖等级	完成单位	主要完成人
1	工业互联网智慧能效大数据监测管理技术	一等奖	苏州大学能源学院、轨道交通学院	吴玺　蔡琦琳　叶庆　王宇　吴珺　李锴　朱柯羽

江苏省卫生健康委医学新技术引进奖（20项）（表54）

表54 江苏省卫生健康委医学新技术引进奖获奖情况一览表

序号	项目名称	获奖等级	完成单位	主要完成人
1	O型臂导航联合显微镜辅助腰椎微创融合技术的临床应用	一等奖	苏州大学附属第一医院	毛海青 陈康武 杨惠林
2	共刺激分子ICOS、PD-1与Tfh监测在体液免疫介导的神经免疫病诊疗中的应用	一等奖	苏州大学附属第一医院	薛群 古彦铮 李小平
3	渐进缺血后适应在减轻急性心肌梗死缺血再灌注损伤中的应用	一等奖	苏州大学附属第一医院	周亚峰 于宗良 胡圣大
4	放射性同位素标记技术在创新药临床转化中的应用	一等奖	苏州大学附属第一医院	缪丽燕 张华 马晟
5	重症感染患者多模式临床评估体系的建立与应用	一等奖	苏州大学附属第一医院	王俊 黄芳 陈辉
6	超声引导穿刺头臂静脉植入静脉输液港的临床应用	一等奖	苏州大学附属第二医院	白旭明 靳勇 孙兴伟
7	支持向量机方法预测川崎病冠状动脉损伤	一等奖	苏州大学附属儿童医院	吕海涛 陈烨 孙凌
8	儿童胰胆管合流异常规范化诊疗及预警技术应用	一等奖	苏州大学附属儿童医院	汪健 郭万亮 黄顺根
9	复发难治性多发性骨髓瘤精准诊治体系的建立和临床应用	一等奖	苏州大学附属第二医院	李炳宗 张晓慧 葛雪苹
10	血管OCT应用于小梁切除术后滤过泡血管检测对滤过泡功能和手术效果预判的新技术	二等奖	苏州大学附属第一医院	陆培荣 殷雪 蔡琴华

续表

序号	项目名称	获奖等级	完成单位	主要完成人
11	动态磁共振成像在腰椎退行性疾病诊断治疗中的应用	二等奖	苏州大学附属第二医院	周晓中 周志强 金志高
12	个体化骨水泥弥散体系在治疗复杂骨质疏松性椎体骨折的应用	二等奖	苏州大学附属第一医院	刘滔 孟斌 刘昊
13	新型标志物对基于肝动脉化疗栓塞治疗肝细胞癌预后预测的临床应用	二等奖	苏州大学附属第一医院	仲斌演 倪才方 李智
14	虚拟现实技术在中央区及其毗邻部位脑肿瘤中的应用	二等奖	苏州大学附属第一医院	高薇 王中 陈罡
15	多模态监测在颅内外血管搭桥术治疗烟雾病中的应用	二等奖	苏州大学附属第一医院	黄亚波 韩庆东 周鹏
16	ITP诊断新技术的引进、转化及临床推广应用	二等奖	苏州大学附属第一医院	翟菊萍 何杨 左斌
17	中青年OSA患者心脑血管系统损伤的早期临床评估及敏感生物学标记物筛选	二等奖	苏州大学附属第二医院	陈锐 王婧 李洁
18	TWEAK在狼疮肾炎诊断及病情评估中的临床应用	二等奖	苏州大学附属第二医院	刘志纯 薛雷喜 温健
19	表观遗传标志物在儿童急性髓细胞白血病分层治疗中的应用研究	二等奖	苏州大学附属儿童医院	卢俊 李之珩 潘健
20	新生儿败血症死亡预测模型的建立和临床应用	二等奖	苏州大学附属儿童医院	陆良华 冯星 潘涛

江苏省卫健委妇幼健康引进新技术奖（2项）（表55）

表55　江苏省卫健委妇幼健康引进新技术奖获奖情况一览表

序号	项目名称	获奖等级	完成单位	主要完成人
1	儿童矮小症精准诊断技术的临床应用	一等奖	苏州大学附属儿童医院	陈临琪　陈婷　王晓艳
2	过敏性紫癜预后相关标记物的基础与临床研究	二等奖	苏州大学附属儿童医院	李晓忠　林强　陈如月

江苏医学科技奖（13项）（表56）

表56　江苏医学科技奖获奖情况一览表

序号	项目名称	获奖等级	完成单位	主要完成人
1	前列腺癌早期诊断技术的创新和临床应用	二等奖	苏州大学附属第一医院	侯建全　张学锋　李纲　黄玉华　魏雪栋　丁翔　陈东芹
2	妇科肿瘤靶向治疗及相关机制研究	三等奖	苏州大学附属第一医院、苏州大学	陈友国　周金华　张熠　沈芳荣　王娟　侯文杰　池迟　邹心炜　沈宗姬
3	基于肿瘤免疫与内镜微创技术的胃肠道肿瘤诊治综合体系的建立与应用	三等奖	苏州大学附属第一医院、常熟市第二人民医院	李锐　史冬涛　陈卫昌　成翠娥　张德庆　汪茜雅　高楠　栾富娟　庞雪芹
4	支气管哮喘免疫新机制研究及规范化个体化诊疗推广	三等奖	苏州大学附属儿童医院、华中科技大学附属同济医院、复旦大学	陈正荣　郝创利　甄国华　何睿　黄莉　严永东　朱灿红　王美娟　孙慧明
5	儿童急、慢性肾损伤早期诊断和预后判断体系的建立及临床应用	三等奖	苏州大学附属儿童医院	李艳红　李晓忠　冯星　丁胜　李刚　陈娇　林强　王凤英　张文燕
6	靶向新型基因位点的纳米药物改善肺癌治疗效果的机制与转化研究	三等奖	苏州大学附属第二医院、苏州大学	陈勇兵　沈明敬　殷黎晨　段善州　杨文涛　朱蓉英　张福全

续表

序号	项目名称	获奖等级	完成单位	主要完成人
7	髂静脉受压综合征的临床诊治与基础研究	一等奖	南京大学医学院附属鼓楼医院、苏州大学附属第二医院、苏州大学附属第一医院、苏州市中医医院	李晓强 桑宏飞 李文东 孟庆友 乔彤 钱爱民 冉峰 李承龙 戎建杰
8	中枢神经系统（脑/脊髓）损伤的羟甲基化表观遗传学机制和神经保护	一等奖	江苏省苏北人民医院、苏州大学、苏州大学附属第二医院	王永祥 徐兴顺 王静成 苗志刚 孙浩 冯新民 朱江涛 杨博 王骅
9	NSCs 移植治疗阿尔茨海默病的多模态分子影像学精准评价及相关机制	三等奖	苏州市立医院、苏州大学附属第一医院	陈双庆 蔡秀英 张炜 孔岩 沈玉英 汤香 蔡庆 周华 张帆
10	颈椎病外科减压重建技术的基础和应用研究	三等奖	徐州医科大学附属医院、苏州大学附属第一医院	袁峰 姜为民 郭开今 朱雪松 吴东迎 孙玛骥 邓斌 李强 唐先业
11	糖基化修饰对恶性肿瘤生物学行为的影响及机制研究	三等奖	江南大学附属医院、苏州大学、江南大学	华东 吴士良 关锋 姜智 茆勇 李想 王腾 刘春亮 吴小红
12	胰胆系肿瘤影像综合评价及新型生物标记物的研究与临床应用	三等奖	无锡市第二人民医院、苏州大学附属第一医院	张追阳 胡春洪 陈昉铭 周永平 张雷 戴途 李斌 钱海鑫
13	TLS 途径 DNA 聚合酶检测在评估食管鳞癌患者预后中的应用	三等奖	苏州市立医院、苏州大学	周俊东 何超 尚增甫 高爱迪 邹士涛 李晓庆

中核集团科学技术进步奖（2项）（表57）

表57　中核集团科学技术进步奖获奖情况一览表

序号	项目名称	获奖等级	完成单位	主要完成人
1	应用影像学新技术提高肿瘤放射治疗精准性的系列研究	二等奖	核工业总医院（苏州大学附属第二医院）	钱建军　朱雅群　杨咏强　徐　亮　邹　莉　郭　旗　陈列松
2	核能运转中信号核素氚的毒理学及人体内污染处理技术研究	三等奖	核工业总医院、苏州大学、中核核电运行管理有限公司、四川省科学城医院	刘玉龙　崔凤梅　王孔钊　陈炜博　宋　宇　熊扣红　陈　秋　孙　雷　卞华慧　王优优　涂　彧

江苏省地下空间学会科学技术奖（1项）（表58）

表58　江苏省地下空间学会科学技术奖获奖情况一览表

序号	项目名称	获奖等级	完成单位	主要完成人
1	苏州地区深基坑地连墙施工的稳定性评估及控制技术	科技进步二等奖	苏州大学、苏州市轨道交通集团有限公司	史培新　王占生　陆　卫　唐　强　谷亚军　郭　享　杨晓勇　陈海丰　张亚勇　汪龙兵　贾鹏蛟

其他奖励（3项）（表59）

表59　其他奖励获奖情况一览表

序号	项目名称	获奖等级	完成单位	主要完成人
1		中国化学会青年化学菁青化学奖	苏州大学	孙启明
2	大型超高层城市综合体项目智慧建造BIM应用设想	第三届"优路杯"全国BIM技术大赛优秀奖	上海建工集团、苏州大学	陈　燕　王熙杰　黄耀庆　陈　禹　陈丽娟
3	International Association of Advanced Materials	IAAM Scientist Award	苏州大学	邹贵付

周氏科研奖（6项）（表60）

表60 周氏科研奖获奖情况一览表

序号	获奖人	获奖等级	学院（部）
1	郑 慧	优异奖	生物医学研究院
2	张正彪	优异奖	材料与化学化工学部
3	何伟奇	优秀奖	剑桥—苏大基因组资源中心
4	孙宝全	优秀奖	功能纳米与软物质研究院
5	华 飞	优胜奖	苏州大学附属第三医院
6	彭 杨	优胜奖	能源学院

人文社科研究成果获奖情况

教育部第八届高等学校科学研究优秀成果奖（14项）（表61）

表61 教育部第八届高等学校科学研究优秀成果奖获奖情况一览表

序号	成果名称	作者	获奖等级	所在学院
1	文学社会学：明清诗文研究的问题与视角	罗时进	一等奖	文学院
2	Multi-attribute group decision making with aspirations: A case study	冯 博	一等奖	东吴商学院（财经学院）
3	Technology Evaluation and Imitation: Do They Have Differential or Dichotomous Effects on ERP Adoption and Assimilation in China?	赖福军	一等奖	东吴商学院（财经学院）
4	马克思恩格斯的生态文明思想——基于《马克思恩格斯文集》的研究	方世南	二等奖	马克思主义学院
5	当代中国马克思主义研究	任 平	二等奖	政治与公共管理学院
6	中国高校英语教师专业发展环境研究	顾佩娅	二等奖	外国语学院
7	探寻"诗心"：《野草》整体研究	汪卫东	二等奖	文学院
8	《韩熙载夜宴图》图像研究	张朋川	二等奖	艺术学院
9	苏州艺术通史	朱栋霖	二等奖	文学院

续表

序号	成果名称	作者	获奖等级	所在学院
10	当代传媒中的民粹主义问题研究	陈龙	二等奖	传媒学院
11	我国公共体育服务体系研究	王家宏	二等奖	体育学院
12	文学翻译的境界：译意·译味·译境	陈大亮	二等奖	外国语学院
13	秦汉土地赋役制度研究	臧知非	三等奖	社会学院
14	认知心理学：心智、研究与你的生活（第三版）	张明	三等奖	教育学院

江苏省第十六届哲学社会科学优秀成果奖（37项）（表62）

表62 江苏省第十六届哲学社会科学优秀成果奖获奖情况一览表

序号	成果名称	作者	获奖等级	所在学院
1	论治国理政思想的唯物史观基石	方世南	一等奖	马克思主义学院
2	基于"大中华文库"的中国典籍英译翻译策略研究	王宏	一等奖	外国语学院
3	《苏州通史》16卷本	王国平	一等奖	社会学院
4	转型时期的媒介文化议题：现代性视角的反思	陈龙	一等奖	传媒学院
5	企业参与职业教育办学的成本收益研究	冉云芳	一等奖	教育学院
6	叙事德育模式：理念及操作	李西顺	一等奖	教育学院
7	自我的回归——大学教师自我认同的逻辑	曹永国	一等奖	教育学院
8	Information Sharing and the Impact of Shutdown Policy in a Supply Chain with Market Disruption Risk in the Social Media Era	王要玉	一等奖	东吴商学院（财经学院）
9	《近思录》集解	程水龙	二等奖	文学院
10	《本草纲目》药理学的哲学渊源	程雅君	二等奖	政治与公共管理学院
11	当代俄汉新词语词典	薛静芬	二等奖	外国语学院

续表

序号	成果名称	作者	获奖等级	所在学院
12	社会性别定型的俄汉语用对比研究	周民权	二等奖	外国语学院
13	"文以载道"再评价	刘锋杰	二等奖	文学院
14	南宋中兴诗坛研究	曾维刚	二等奖	文学院
15	冯小青戏曲八种校注	王宁	二等奖	文学院
16	清代江南地区慈善事业系谱研究	王卫平	二等奖	社会学院
17	中国红十字运动通史	池子华	二等奖	红十字国际学院
18	中国地权制度的反思与变革	程雪阳	二等奖	王健法学院
19	行政审批制度改革中的法律问题	王克稳	二等奖	王健法学院
20	一个苏南乡村的治理之道——张家港永联村调查	高峰	二等奖	社会学院
21	民办高校的内部治理与国家监管——基于举办者的视角	王一涛	二等奖	教育学院
22	农民工教育培训收益研究	崔玉平	二等奖	教育学院
23	ICF视野下我国高校运动康复专业本科人才培养的思考	王国祥	二等奖	体育学院
24	政府购买体育公共服务的理论与实证研究	戴俭慧	二等奖	体育学院
25	中国职业足球联盟建立的原则、基础与思路	陶玉流	二等奖	体育学院
26	中国式卖空机制与公司创新——基于融资融券分布扩容的自然实验	权小锋	二等奖	东吴商学院（财经学院）
27	Can self-sacrificial leadership promote subordinate taking charge? The mediating role of organizational identification and the moderating role of risk aversion	李锐	二等奖	东吴商学院（财经学院）
28	P2P网络借贷研究进展及中国问题研究展望	冯博	二等奖	东吴商学院（财经学院）
29	国家监察学原理	李晓明	三等奖	王健法学院

续表

序号	成果名称	作者	获奖等级	所在学院
30	中国建筑美学史	王 耘	三等奖	文学院
31	互文性：《三国演义》多个英译本研究	彭文青	三等奖	外国语学院
32	化古为新——唐宋词对前人诗歌的接受	钱锡生	三等奖	文学院
33	藏书纪事诗研究	周生杰	三等奖	文学院
34	美在民间——中国民间审美文化论纲	徐国源	三等奖	文学院
35	多数人之债的类型建构	李中原	三等奖	王健法学院
36	"犯罪所得投资收益"追缴的影响因素与判断规则	庄绪龙	三等奖	王健法学院
37	公共信息服务社会共治模式构建研究	周 毅	三等奖	社会学院

2020年商务发展研究成果奖（1项）（表63）

表63　2020年商务发展研究成果奖获奖情况一览表

序号	成果名称	作者	获奖等级	所在单位
1	中国经济特区治理改革与地方政府管理体制创新研究	黄建洪	三等奖	政治与公共管理学院

2020年度江苏省社科应用研究精品工程奖（6项）（表64）

表64　2020年度江苏省社科应用研究精品工程奖获奖情况一览表

序号	成果名称	作者	获奖等级	所在单位
1	苏州大运河文化带遗产保护传承与活态利用	徐国源	一等奖	文学院
2	新文科建设的理路与设计	周 毅	二等奖	社会学院
3	中国传统民居建筑风貌地域分异特征与形成机理	汪德根	二等奖	金螳螂建筑学院
4	党建引领旺山蝶变之路	田芝健	二等奖	马克思主义学院
5	南京云锦纹样及其在新中式服装设计中的应用	李 正	二等奖	艺术学院
6	关于困扰基层干部的形式主义问题调研	刘成良	二等奖	政治与公共管理学院

苏州市第十五次哲学社会科学优秀成果奖（84项）（表65）

表65 苏州市第十五次哲学社会科学优秀成果奖获奖情况一览表

序号	成果名称	作者	获奖等级	所在单位
1	老子与海德格尔哲学美学思想比较研究	李红霞	一等奖	政治与公共管理学院
2	中国环境库兹尼茨曲线检验：加总偏误与政策含义 Investigating Environmental Kuznets Curve in China-Aggregation Bias and Policy Implications	徐涛	一等奖	东吴商学院（财经学院）
3	客观归责体系中允许风险的教义学重构	王俊	一等奖	王健法学院
4	江苏集中居住区居民生活质量研究	叶继红等	一等奖	政治与公共管理学院
5	叙事德育模式：理念及操作	李西顺	一等奖	教育学院
6	藏书纪事诗研究	周生杰	一等奖	文学院
7	《苏州通史》16卷本	王国平	一等奖	社会学院
8	社会性别定型的俄汉语用对比研究	周民权 周薇 陈春红	二等奖	外国语学院
9	无纸化背景下国家自然科学基金项目档案管理机制研究	毕建新 陈新红 刘开强 王芹 邵华 丁家友 余亚荣 谢诗艺 周烁奇	二等奖	社会学院
10	《伤寒论》的道学根柢	程雅君 郝改梅	二等奖	政治与公共管理学院
11	社会责任强制披露下管理层机会主义行为考察——基于A股上市公司的经验证据	权小锋 徐星美 许荣	二等奖	东吴商学院（财经学院）
12	资源节约效率和环境效率：基于中国城市的案例研究 The efficiencies of resource-saving and environment: A case study based on Chinese cities	张斌 陆丹婷 何艳 邱永和	二等奖	东吴商学院（财经学院）

续表

序号	成果名称	作者	获奖等级	所在单位
13	迈向优质旅游：全域旅游供需错配及其治理——苏州吴江案例研究	周永博 沈 敏 吴 建 魏向东	二等奖	社会学院
14	"犯罪所得投资收益"追缴的影响因素与判断规则	庄绪龙	二等奖	王健法学院
15	国有自然资源资产产权行使机制的完善	程雪阳	二等奖	王健法学院
16	试析习近平美丽中国思想的提出语境、主要内容和基本要求	陆树程 李佳娟	二等奖	马克思主义学院
17	一个苏南乡村的治理之道：张家港永联村调查	高 峰 马德峰 王俊敏	二等奖	社会学院
18	韦伯理解范式中的价值关联——社会范畴、"众神的战争"与"客观性"	王 赟	二等奖	社会学院
19	农民工教育培训收益研究	崔玉平	二等奖	教育学院
20	民办高校的内部治理与国家监管——基于举办者的视角	王一涛	二等奖	教育学院
21	从"中西对照"到"化异归同"——宗白华形上学美学的跨文化阐释	李 勇	二等奖	文学院
22	爱德华·泰勒的宗教自然诗	朱新福	二等奖	外国语学院
23	再论新闻客观性原则——基于新闻学若干概念的辨析	曹 然	二等奖	传媒学院
24	中华书局杂志出版与近代中国（1912—1937）	徐 蒙	二等奖	传媒学院
25	杨立青《唐诗四首》音乐分析	唐 荣	二等奖	音乐学院
26	《鲁班经》全集	江 牧 冯律稳 解 静	二等奖	艺术学院
27	当代俄汉新词语词典	程家钧 薛静芬	二等奖	外国语学院
28	20世纪以来美国公共医保制度研究	高芳英	二等奖	社会学院

续表

序号	成果名称	作者	获奖等级	所在单位
29	晚清时期中国红十字运动研究	池子华	二等奖	红十字国际学院
30	关于升级打造苏州一流营商环境推动长三角一体化发展的建议	赵石言 钱振明 赵扬 李萍	二等奖	工会
31	意大利城市滨河空间保护与更新	张靓	二等奖	金螳螂建筑学院
32	中国高校数字图书馆用户满意度与忠诚度影响因素研究 Factors influencing users'satisfaction and loyalty to digital libraries in Chinese universities	徐芳 杜佳	三等奖	社会学院
33	历史与逻辑的统一——《资本论》第1卷"所谓原始积累"章的地位与意义	王一成	三等奖	政治与公共管理学院
34	中国建筑美学史	王耘	三等奖	文学院
35	马克思对共同体发展的历史考察及其当代启示	桑明旭	三等奖	政治与公共管理学院
36	融资方式创新：中国PPP项目证券化的实证研究 Innovative Financing：An Empirical Study on Public-Private Partnership Securitisation in China	于宝山 陈作章 孙进	三等奖	东吴商学院（财经学院）
37	制度理论与环境压力：市场不确定对创新与绩效的调节作用 Institutional Theory and Environmental Pressures：The Moderating Effect of Market Uncertainty on Innovation and Firm Performance	储昭昉 徐景鸿 赖福军 Brian J Collins	三等奖	东吴商学院（财经学院）
38	社交媒体时代具有市场中断风险的供应链信息共享与关闭策略研究 Information Sharing and the Impact of Shutdown Policy in a Supply Chain with Market Disruption Risk in the Social Media Era	王建才 王要玉 车通	三等奖	东吴商学院（财经学院）
39	区域创业环境形成与作用机理研究	李晶	三等奖	东吴商学院（财经学院）

续表

序号	成果名称	作者	获奖等级	所在单位
40	双维视角下苏州城市空间形态演变及影响机理	徐银凤　汪德根　沙梦雨	三等奖	金螳螂建筑学院
41	"中国式业绩"与企业财务业绩诉求——基于A股上市公司获奖信息披露的基本事实发现与探讨	邓博夫　刘佳伟　吉　利	三等奖	东吴商学院（财经学院）
42	我国体育事业财政支出：规模、结构与空间效应	李燕领　王家宏　邱　鹏　柳　畅	三等奖	体育学院
43	行政审批制度改革中的法律问题	王克稳等	三等奖	王健法学院
44	绝对化广告用语的区分处罚	施立栋	三等奖	王健法学院
45	适时提出主义——以"新的证据"与证据失权的关系为中心	吴　俊	三等奖	王健法学院
46	占有保护疑难问题研究	章正璋	三等奖	王健法学院
47	"一带一路"背景下我国国际商事法庭的运行	卜　璐	三等奖	王健法学院
48	如何理解"法理"？——法学理论角度的一个分析	瞿郑龙	三等奖	王健法学院
49	国家级开发区转型升级中的治理体制机制创新：向度与题域	黄建洪	三等奖	政治与公共管理学院
50	碳储量时空变化对城市化的响应：以苏锡常地区为例 Spatiotemporal Dynamics of Carbon Storage in Response to Urbanization: A Case Study in the Su-Xi-Chang Region, China	付　奇　徐亮亮　郑红玉　陈进华	三等奖	政治与公共管理学院
51	新时代不断提高党的建设质量	丁新改　田芝健	三等奖	马克思主义学院
52	37℃：让城市更有"温度"——我国母乳哺育设施规划理论框架与实践研究	雷　诚　徐家明　朱　凯	三等奖	金螳螂建筑学院
53	慈善超市救助工程运作机制研究：以苏南地区为例	马德峰	三等奖	社会学院

续表

序号	成果名称	作者	获奖等级	所在单位
54	政府购买体育公共服务的理论与实证研究	戴俭慧	三等奖	体育学院
55	面向效能评估的英美公共图书馆数据采集及启示	李卓卓 孙东	三等奖	社会学院
56	青年网民的互动与沟通：复杂国际环境下的对外传播路径	张梦晗	三等奖	传媒学院
57	立案、失序与调适：北京政府时期的私立大学治理（1912—1927年）	金国	三等奖	教育学院
58	企业参与职业教育办学的成本收益研究	冉云芳	三等奖	教育学院
59	论作为教育哲学研究方法的教育概念分析	余庆	三等奖	教育学院
60	我国基础教育运动技能课程内容选择研究	殷荣宾	三等奖	体育学院
61	认知期望对声音诱导闪光错觉的影响 Effects of Cognitive Expectation on Sound-Induced Flash Illusion	王爱君 桑汉斌 何嘉滢 Clara Sava-Segal 唐晓雨 张明	三等奖	教育学院
62	一款用于精确呈现视觉刺激的LCD显示器 A consumer-grade LCD monitor for precise visual stimulation	张功亮 李艾苏 苗程菓 何逊 张明 张阳	三等奖	教育学院
63	任务难度对返回抑制影响的电生理关 Electrophysiological Correlates of the Effect of Task Difficulty on Inhibition of Return	李艾苏 苗程菓 韩玉 何逊 张阳	三等奖	教育学院
64	新文科建设的理路与设计	周毅 李卓卓	三等奖	社会学院
65	青年亚文化视角下的审美裂变和文化断层	马中红	三等奖	传媒学院
66	英汉程式语心理表征对比研究	贾冠杰 王云 李更春	三等奖	外国语学院

续表

序号	成果名称	作者	获奖等级	所在单位
67	基于"大中华文库"的中国典籍英译翻译策略研究	王宏等	三等奖	外国语学院
68	用数字说话：民意调查如何塑造美国政治	张健	三等奖	传媒学院
69	中日両言語における「性向語彙」の一考察（"性向词汇"的跨文化比较研究）	施晖　栾竹民	三等奖	外国语学院
70	《花月痕》之"痕"——兼论中国现代小说抒情传统	张蕾	三等奖	文学院
71	音乐与生态文化	张平	三等奖	音乐学院
72	清代常州学术文化研究	杨旭辉	三等奖	文学院
73	经典选本的方法论启示——钱仲联《宋诗三百首》探析	曾维刚	三等奖	文学院
74	帕特·巴克尔小说创伤记忆主题研究	朱彦	三等奖	外国语学院
75	化古为新：唐宋词对前人诗歌的接受	钱锡生	三等奖	文学院
76	六朝时期的"山水"、地图与道教	陈铮	三等奖	艺术学院
77	互文性：《三国演义》多个英译本研究	彭文青	三等奖	外国语学院
78	中美经贸关系的历史轨迹（1979—2016）	金卫星	三等奖	社会学院
79	晚清民国时期蒙陕边界带"赔教地"研究	王晗	三等奖	社会学院
80	宋代御药院机构与职能考论	丁义珏	三等奖	社会学院
81	民国时期重要出版人群体比较研究	李雅	三等奖	社会学院
82	大运河江苏段文化旅游联动发展的建议	屠立峰	三等奖	东吴商学院（财经学院）

续表

序号	成果名称	作者	获奖等级	所在单位
83	基层社会网格化联动治理的"苏州样板"研究	吴新星 叶继红	三等奖	政治与公共管理学院
84	关于推动苏州影视产业大发展的意见建议	王玉明 张江林 王明国 胡忠利 牛林昕 朱梦秋	三等奖	传媒学院

2020年度苏州大学科研成果知识产权授权情况（表66）

表66　2020年度苏州大学科研成果知识产权授权情况一览表

序号	申请日	专利号	专利名称	第1发明人	类别、国别/地区	所在单位
1	2014-06-04	2018100460696	野马追黄酮部位在制备抗乙肝病毒药物中的应用	张　健	发明	医学部药学院
2	2014-06-04	2018100455471	野马追的链状二萜化合物在制备抗乙肝病毒药物中的应用	张　健	发明	医学部药学院
3	2015-05-11	2015102358877	一种语音识别方法	常静雅	发明	光电科学与工程学院
4	2015-06-03	2015102994887	血管内皮钙黏蛋白抗原表位、抗体及其应用	何　杨	发明	医学部第一临床学院
5	2015-07-15	2015104163002	基于并引达省并二噻吩的化合物及其应用	廖良生	发明	纳米科学技术学院
6	2015-10-16	2017111317748	一种键合型色谱柱固定相	李　艺	发明	材料与化学化工学部

续表

序号	申请日	专利号	专利名称	第1发明人	类别、国别/地区	所在单位
7	2015-10-29	2015107179587	ABCC4基因多态性位点rs3742106的用途及其检测引物与试剂盒	汪维鹏	发明	医学部药学院
8	2015-12-28	2015110028629	一种鲁棒直推式标签估计及数据分类方法和系统	张召	发明	计算机科学与技术学院
9	2015-12-30	2017111948533	抗渣侵耐火材料	王慧华	发明	沙钢钢铁学院
10	2016-01-14	2018100459078	一种基于方酸衍生物的氨气传感器的制备方法	路建美	发明	材料与化学化工学部
11	2016-02-26	2018100699353	基于双β-二亚胺基二价镱配合物的α-羟基磷酸酯制备方法	薛明强	发明	材料与化学化工学部
12	2016-03-08	2016101285642	一种信息判别方法和系统	龚慧敏	发明	计算机科学与技术学院
13	2016-03-11	2016101373516	一种溶胀型丝素蛋白微针给药系统及其制备方法	殷祝平	发明	纺织与服装工程学院
14	2016-03-14	2016101437734	RIP3抑制剂在制备抗血小板血栓药物中的用途	戴克胜	发明	医学部第一临床学院
15	2016-03-29	2016101874365	一种手势识别方法、装置及手势学习系统	季怡	发明	计算机科学与技术学院
16	2016-04-19	2017109490438	一种锦纶织物印花用聚酰胺共聚物	朱亚伟	发明	纺织与服装工程学院
17	2016-04-25	2018106920547	一种亲水性聚（ω-己内酯）及其应用	李战雄	发明	纺织与服装工程学院
18	2016-05-09	201610301881X	药物组合物及其应用	金新春	发明	医学部第二临床学院

续表

序号	申请日	专利号	专利名称	第1发明人	类别、国别/地区	所在单位
19	2016-06-12	2016104047275	分泌的丝素原纤中含有丝胶蛋白质的家蚕品种选育方法	徐世清	发明	医学部基础医学与生物科学学院
20	2016-06-23	2016104634359	一种基于异构标注数据的快速序列标注方法及装置	李正华	发明	计算机科学与技术学院
21	2016-06-25	2018106920852	全介质超薄二维圆偏振二色性器件的制备方法	胡敬佩	发明	光电科学与工程学院
22	2016-06-28	2016104880315	一种将水相纳米粒子转移到油相中的方法	张桥	发明	纳米科学技术学院
23	2016-06-28	201610487864X	一种将油相纳米粒子转移至水相中的方法	张桥	发明	纳米科学技术学院
24	2016-06-30	2017114886577	一种硼酸酯的制备方法	薛明强	发明	材料与化学化工学部
25	2016-06-30	2018105329225	基于β-二亚胺基二价稀土硼氢配合物合成硼酸酯的方法	薛明强	发明	材料与化学化工学部
26	2016-06-30	2018100859456	一种硼酸酯的合成方法	薛明强	发明	材料与化学化工学部
27	2016-07-08	2018107715215	具有吸附-可见光催化降解协同作用的复合材料及其用途	蒋军	发明	材料与化学化工学部
28	2016-07-15	2018105979558	抗肿瘤药物及其制备方法	孟凤华	发明	材料与化学化工学部
29	2016-07-18	2016105644127	人结直肠癌或人结直肠癌转移的预测性生物标志物及其应用	李建明	发明	医学部基础医学与生物科学学院

续表

序号	申请日	专利号	专利名称	第1发明人	类别、国别/地区	所在单位
30	2016-07-28	2018101132576	一种聚苯醚填充的取向碳纳米管束/热固性树脂	袁 莉	发明	材料与化学化工学部
31	2016-08-03	2018107268673	一种多孔聚合物材料	袁 莉	发明	材料与化学化工学部
32	2016-08-19	2016106922670	一种运动目标检测方法及系统	张 莉	发明	计算机科学与技术学院
33	2016-08-19	201811309151X	一种丝素蛋白微纳米纤维多孔支架及其应用	张 锋	发明	纺织与服装工程学院
34	2016-08-23	2016107074236	一种光扩散片	申 溯	发明	光电科学与工程学院
35	2016-08-25	2016107231824	小数据库条件下正常语音流中耳语音的识别方法	陈雪勤	发明	电子信息学院
36	2016-09-08	2016108092301	制备具有室温宽频大磁电容效应的铁氧体外延薄膜的方法	汤如俊	发明	物理科学与技术学院
37	2016-09-09	2018106378657	苯甲酰基二苯氧膦衍生物的合成方法	邹建平	发明	材料与化学化工学部
38	2016-09-09	2018106392207	4-二甲氨基苯甲酰基二苯氧膦或者4-二正己基氨基苯甲酰基二苯氧膦的合成方法	邹建平	发明	材料与化学化工学部
39	2016-09-14	2016108245699	立面激光熔覆成形工艺中计算临界搭接率的方法的用途	傅戈雁	发明	机电工程学院
40	2016-10-09	2016108777949	基于兴趣目标的图像检索方法	钟宝江	发明	计算机科学与技术学院

续表

序号	申请日	专利号	专利名称	第1发明人	类别、国别/地区	所在单位
41	2016-10-27	2016109519889	一种耳语音特征提取方法及系统	陈雪勤	发明	电子信息学院
42	2016-11-07	2018114753809	基于半连续加料法制备聚合物的方法	程振平	发明	材料与化学化工学部
43	2016-11-08	2016109805772	一种盾构隧道土压力荷载计算方法	李攀	发明	轨道交通学院
44	2016-11-10	2016109879579	基于UT变换的放疗机器人肿瘤呼吸运动估计及预测方法	孙荣川	发明	机电工程学院
45	2016-11-15	2016110050684	三维大视野扫频光学相干断层成像中脉络膜的分割方法	石霏	发明	电子信息学院
46	2016-11-16	2018105153533	带有磁控溅射类金刚石碳膜的金属型材与应用	王德山	发明	机电工程学院
47	2016-11-16	2018105159258	基于磁控溅射类金刚石碳膜的铝合金及其应用	王德山	发明	机电工程学院
48	2016-11-17	2016110267855	一种纳米硅阵列负极材料的制备方法及其应用	王海波	发明	能源学院
49	2016-11-29	201611075209X	铋化合物在制备细胞自噬引发剂及细胞自噬模型中的应用	张乐帅	发明	医学部放射医学与防护学院
50	2016-12-05	2016111058255	一种多波长可调谐显微干涉的测量方法及其装置	马锁冬	发明	光电科学与工程学院
51	2016-12-06	2016111109878	一种基于时序约束活动意向的路径推荐方法及系统	许佳捷	发明	计算机科学与技术学院

续表

序号	申请日	专利号	专利名称	第1发明人	类别、国别/地区	所在单位
52	2016-12-09	2018109772458	一种低介电双马来酰亚胺树脂体系	袁 莉	发明	材料与化学化工学部
53	2016-12-09	2018109772674	一种低介电双马来酰亚胺树脂体系用预聚体	袁 莉	发明	材料与化学化工学部
54	2016-12-09	201810977266X	一种低介电双马来酰亚胺树脂体系用预聚体的制备方法	袁 莉	发明	材料与化学化工学部
55	2016-12-12	2018103692943	自修复型可重塑形多重形变热固性形状记忆树脂体系的制备方法	袁 莉	发明	材料与化学化工学部
56	2016-12-12	2018103687926	一种自修复型可重塑形多重形变热固性形状记忆树脂材料	袁 莉	发明	材料与化学化工学部
57	2016-12-16	2016111701339	一种中文事件事实性识别方法和系统	何天雄	发明	计算机科学与技术学院
58	2016-12-18	201611173220X	一种基于含氟聚氨酯的疏水膜及其制备方法	李战雄	发明	纺织与服装工程学院
59	2016-12-18	2018106915144	一种含氟聚醚二元醇的制备方法	李战雄	发明	纺织与服装工程学院
60	2016-12-18	2018106915680	一种含氟烷基共聚醚的制备方法	李战雄	发明	纺织与服装工程学院
61	2016-12-26	2016112185987	提高果胶酶活性的方法	龙家杰	发明	纺织与服装工程学院
62	2016-12-26	2016112179100	一种手写体字符图像特征识别的方法及系统	张 召	发明	计算机科学与技术学院

续表

序号	申请日	专利号	专利名称	第1发明人	类别、国别/地区	所在单位
63	2016-12-27	2016112291702	一种表面改性的氮化物半导体及其制备方法	曹冰	发明	光电科学与工程学院
64	2016-12-28	2016112395966	包裹微生物的聚合物修饰材料及其制备方法与在N,N-二甲基甲酰胺处理中的应用	路建美	发明	材料与化学化工学部
65	2016-12-28	2018114753993	基于二氧化钛的双层中空材料及其在硫化氢光催化处理中的应用	路建美	发明	材料与化学化工学部
66	2016-12-29	201611240948X	基于五粒子Brown态的量子分组多用户秘密比较方法	姜敏	发明	电子信息学院
67	2016-12-30	2016112700174	一种投影物镜及三维显示装置	赵改娜	发明	光电科学与工程学院
68	2016-12-30	201611270016X	一种投影物镜及三维显示装置	赵改娜	发明	光电科学与工程学院
69	2017-01-04	2017100044709	一种β-1,3-葡萄糖醛酸寡糖及其制备方法和用途	张真庆	发明	医学部药学院
70	2017-01-05	2017100068455	一种树脂全息波导镜片及其制备方法及三维显示装置	黄文彬	发明	光电科学与工程学院
71	2017-01-06	201710011273X	基于偏差转移和拆分的汽车360°环视图像拼接方法	陈立国	发明	机电工程学院
72	2017-01-10	2017100164819	一种处理含硒酸根废水的方法	肖成梁	发明	医学部

续表

序号	申请日	专利号	专利名称	第1发明人	类别、国别/地区	所在单位
73	2017-01-17	2017100303760	金纳米热放疗药物载体及其制备方法和应用	焦旸	发明	医学部放射医学与防护学院
74	2017-01-23	2017100500699	基于专用保护联合故障概率约束的最优化路由与频谱分配方法和系统	陈伯文	发明	电子信息学院
75	2017-01-23	2017100505796	基于可靠性感知的频谱资源最优化方法	陈伯文	发明	电子信息学院
76	2017-01-23	2017100502463	考虑联合故障概率约束的共享保护路由和频谱分配方法	陈伯文	发明	电子信息学院
77	2017-01-26	2017100575623	一种用于肾皮质定位的非均匀图搜索分割算法	向德辉	发明	电子信息学院
78	2017-02-13	2017100755823	一种基于最大纠缠GHZ态的多方量子对话方法	姜敏	发明	电子信息学院
79	2017-02-16	2017100824043	超疏水超亲油过滤膜及其制备方法和使用	石震武	发明	光电科学与工程学院
80	2017-02-17	201710086004X	完整剥离脊髓及神经节的方法	李芳	发明	医学部基础医学与生物科学学院
81	2017-02-20	2017100891372	用于幼年型骨质疏松症检测的试剂盒	裴育芳	发明	医学部公共卫生学院
82	2017-02-20	2017100890736	一种用于幼年型骨质疏松症检测的试剂盒	裴育芳	发明	医学部公共卫生学院
83	2017-02-23	201710099851X	一种羟基吡啶酮配体及其应用	王殳凹	发明	医学部放射医学与防护学院

续表

序号	申请日	专利号	专利名称	第1发明人	类别、国别/地区	所在单位
84	2017-02-27	201710107890X	一种单样本人脸识别方法及系统	张朦	发明	计算机科学与技术学院
85	2017-02-27	2017101084084	一种丝素蛋白抗凝血材料及其制备方法	王建南	发明	纺织与服装工程学院
86	2017-02-27	2017101088259	一种抗凝血材料及其制备方法	王建南	发明	纺织与服装工程学院
87	2017-02-27	2017101088329	阳离子化丝素蛋白材料、其制备方法及应用	王建南	发明	纺织与服装工程学院
88	2017-02-27	2017101096414	基于杆状病毒表达系统制备包裹鲤疱疹病毒Ⅱ型抗原的多角体的方法	贡成良	发明	医学部基础医学与生物科学学院
89	2017-02-27	2017101061843	一种高容量有机储锂材料的应用	王艳	发明	能源学院
90	2017-02-27	2017101096255	功能化中空介孔二氧化硅纳米微球及其制备方法与在吸附重金属离子中的应用	路建美	发明	材料与化学化工学部
91	2017-02-28	2017101146273	一种互花米草种子的贮藏方法	袁惠燕	发明	金螳螂建筑学院
92	2017-03-06	2017101283251	一种无线传感器网络三维表面覆盖方法及装置	王丹丹	发明	材料与化学化工学部
93	2017-03-09	2017101401101	一种制备合金纳米颗粒的方法	张桥	发明	纳米科学技术学院
94	2017-03-14	2017101482787	模拟人体肺部肿瘤运动的跟踪装置	郁树梅	发明	机电工程学院

续表

序号	申请日	专利号	专利名称	第1发明人	类别、国别/地区	所在单位
95	2017-03-15	2017101539395	一种高分辨率机绣方法	杨璐	发明	计算机科学与技术学院
96	2017-03-15	2017101529938	一种面向云计算的网络入侵检测方法及系统	李领治	发明	计算机科学与技术学院
97	2017-03-15	2017101545714	一种基于大数据的户外锻炼规划系统和方法	杨璐	发明	计算机科学与技术学院
98	2017-03-15	2017100179068	一种基于图像分割的彩色提花组织结构自适应均衡方法	李辉	发明	医学部放射医学与防护学院
99	2017-03-17	2018108930011	三茂稀土金属配合物作为催化剂在催化醛和频哪醇硼烷合成反应中的应用	薛明强	发明	材料与化学化工学部
100	2017-03-17	2018108930026	三茂稀土金属配合物作为催化剂在催化酮和频哪醇硼烷合成反应中的应用	薛明强	发明	材料与化学化工学部
101	2017-03-20	2017101673341	一种转基因大豆检测用多重PCR试剂盒及检测方法	孙万平	发明	医学部药学院
102	2017-03-21	2017101697613	一种事件类型抽取方法和装置	洪宇	发明	计算机科学与技术学院
103	2017-03-21	201710169141X	一种双语可比较语料挖掘方法及装置	洪宇	发明	计算机科学与技术学院
104	2017-03-24	2017101826563	一种中文情感表达组合抽取方法及装置	陈文亮	发明	计算机科学与技术学院
105	2017-03-27	2017101885538	一种二苯甲酮类离子液、抗菌材料及其制备方法	董亦诗	发明	材料与化学化工学部

续表

序号	申请日	专利号	专利名称	第1发明人	类别、国别/地区	所在单位
106	2017-03-27	2017101873070	一种网格资源可靠性监控方法及装置	陈炯	发明	计算机科学与技术学院
107	2017-03-28	2017101944095	基于富硫过渡金属硫化物的金属-硫电池及其制备方法	李彦光	发明	纳米科学技术学院
108	2017-03-29	2017101979751	一种知识精炼的方法以及装置	赵朋朋	发明	计算机科学与技术学院
109	2017-03-30	2017102040990	用于病毒性脑炎快速诊断的多重PCR试剂盒	孙万平	发明	医学部药学院
110	2017-03-31	2017102110279	一种提高家蚕抗高温能力的方法	李兵	发明	医学部基础医学与生物科学学院
111	2017-03-31	2017102084749	一种三嵌段聚合物及其制备方法	张学农	发明	医学部药学院
112	2017-04-01	2017102121269	一种胆固醇基团锚定的聚（乙二醇）甲基丙烯酸酯聚合物及其合成方法和应用方法	陈红	发明	材料与化学化工学部
113	2017-04-17	2017102505466	单克隆抗体C11C1在制备治疗内毒素血症的药物中的应用	武艺	发明	唐仲英血液学研究中心
114	2017-04-18	201810956975X	一种智能型织物及其应用	李战雄	发明	纺织与服装工程学院
115	2017-04-19	2017102582373	一种基于超图分割的社交用户数据优化放置方法	周经亚	发明	计算机科学与技术学院
116	2017-04-25	2017102783137	一种移动群智感知方法及系统	凌蒙	发明	计算机科学与技术学院

续表

序号	申请日	专利号	专利名称	第1发明人	类别、国别/地区	所在单位
117	2017-04-26	2017102838290	基于超像素聚类的协同显著性检测方法	刘纯平	发明	计算机科学与技术学院
118	2017-04-26	2017102813058	基于多特征融合的视频描述方法	刘纯平	发明	计算机科学与技术学院
119	2017-04-27	2017102886311	具有荧光效应的碳纳米点光刻胶及其成像方法	陈高健	发明	物理科学与技术学院
120	2017-05-02	2017103021287	去除水体中雌激素类污染物的方法	张洁	发明	医学部公共卫生学院
121	2017-05-02	2017103013064	一种基于词嵌入语义映射的事件短语学习方法及装置	熊德意	发明	计算机科学与技术学院
122	2017-05-03	2017103036032	HMM-SVM跌倒模型的构建方法及基于该模型的跌倒检测方法	甄天熠	发明	机电工程学院
123	2017-05-03	2017103057217	一种基于显著特征点提取的手势识别方法及装置	杨剑宇	发明	轨道交通学院
124	2017-05-04	2017103097680	一种基于miR-9的肝损伤靶向间充质干细胞及其制备方法与应用	张焕相	发明	医学部基础医学与生物科学学院
125	2017-05-04	2017103097708	一种基于miR-221的肝损伤靶向间充质干细胞及其制备方法与应用	张焕相	发明	医学部基础医学与生物科学学院
126	2017-05-08	2017103189894	一种硅基碳硼烷聚合物及其制备方法	童德进	发明	纺织与服装工程学院

续表

序号	申请日	专利号	专利名称	第1发明人	类别、国别/地区	所在单位
127	2017-05-08	2017103189907	一种碳硼烷陶瓷前驱体体系及其制备方法与应用	童德进	发明	纺织与服装工程学院
128	2017-05-09	2017103231389	单克隆抗体6C9G4及其在制备治疗内毒素血症的药物中的应用	武艺	发明	唐仲英血液学研究中心
129	2017-05-16	201710341639X	一种抗肿瘤纳米纤维药膜的制备方法	谢旭升	发明	医学部
130	2017-05-18	2017103544951	一种CPS建模的方法及装置	张广泉	发明	计算机科学与技术学院
131	2017-05-19	2017103565591	靶向循环肿瘤细胞的长循环纳米粒及其制备和应用	曹青日	发明	医学部药学院
132	2017-05-19	2017103587001	一种使用碱性添加剂催化氢化丁腈橡胶和丁腈橡胶的加氢方法	潘勤敏	发明	材料与化学化工学部
133	2017-05-23	201710368838X	一种用于硅锂离子电池的电解液添加剂的应用	朱国斌	发明	能源学院
134	2017-05-23	2017103673774	piRNA作为弥漫性大B细胞性淋巴瘤预后标志物的应用	李炳宗	发明	医学部第二临床学院
135	2017-05-26	2017103833580	天然宿主防御肽Alligatorin5的应用	王义鹏	发明	医学部药学院
136	2017-05-31	2017104011371	一种聚乙二醇辅助制备纯无机钙钛矿薄膜的方法	孙洪涛	发明	材料与化学化工学部
137	2017-06-01	2018111917135	一种印花色浆及其制备方法与应用	孙茜	发明	纺织与服装工程学院

续表

序号	申请日	专利号	专利名称	第1发明人	类别、国别/地区	所在单位
138	2017-06-01	2018111987212	一种印花织物及织物印花方法	孙茜	发明	纺织与服装工程学院
139	2017-06-07	2017104234670	一种血糖无损检测的混沌编解码方法	李文石	发明	电子信息学院
140	2017-06-08	2017104290971	一种针对脑力疲劳的语音疲劳度检测方法	赵鹤鸣	发明	电子信息学院
141	2017-06-09	2017104311408	一种手机外接眼底成像镜头及眼底图像获取方法	许峰	发明	光电科学与工程学院
142	2017-06-14	2017104479555	乌饭树叶黑色素的包合物及其制备方法和应用	张健	发明	医学部药学院
143	2017-06-15	2017104517449	一种碳/石墨烯柔性应变传感器及其制备方法	闫涛	发明	纺织与服装工程学院
144	2017-06-16	2017104559969	抗菌肽HlDFS1及其应用	戴建锋	发明	生物医学研究院
145	2017-06-19	2017104671564	催化炔烃和胺的分子间氢胺化反应的方法	袁丹	发明	材料与化学化工学部
146	2017-06-19	2017104622411	一种高含量吡啶氮掺杂多孔碳负极材料、制备方法及其应用	陈煜	发明	光电科学与工程学院
147	2017-06-20	2017104713139	一种耐热电刷及其制备方法	梁国正	发明	材料与化学化工学部
148	2017-06-20	2017104711538	一种阻燃电刷及其制备方法	梁国正	发明	材料与化学化工学部
149	2017-06-20	2017104719845	基于氰酸酯/双马来酰亚胺树脂的电刷及其制备方法	梁国正	发明	材料与化学化工学部

续表

序号	申请日	专利号	专利名称	第1发明人	类别、国别/地区	所在单位
150	2017-06-20	2017104719915	一种高性能电刷及其制备方法	梁国正	发明	材料与化学化工学部
151	2017-06-20	2017104696519	重组间充质干细胞及其制备方法	曲静	发明	医学部基础医学与生物科学学院
152	2017-06-21	201710472347X	一种高库伦效率锂硫电池电解液及其制备方法	晏成林	发明	能源学院
153	2017-06-21	2017104767798	白头翁皂苷B4在制备治疗疼痛的药物中的应用	刘艳丽	发明	医学部药学院
154	2017-06-22	201710481371X	一种促进软骨损伤修复的共交联双网络水凝胶支架的制备方法	施勤	发明	医学部第一临床学院
155	2017-06-22	2017104815058	基于随机森林与复合活性曲线的OCT图像层分割方法	向德辉	发明	电子信息学院
156	2017-06-22	2017104803525	基于神经网络与约束图搜索算法的OCT图像层分割方法	向德辉	发明	电子信息学院
157	2017-06-23	2017104858956	薄膜晶体管输出特性模型修正方法	王明湘	发明	电子信息学院
158	2017-06-26	2017104964781	一种手性双羟吲哚螺环化合物及其合成方法	王兴旺	发明	材料与化学化工学部
159	2017-06-26	201710492773X	一种基于环境交互的机器人实时控制方法	朱斐	发明	计算机科学与技术学院
160	2017-06-28	2017105097882	二芳香基亚甲基二硫醚类化合物及其制备方法与应用	敖桂珍	发明	医学部药学院

续表

序号	申请日	专利号	专利名称	第1发明人	类别、国别/地区	所在单位
161	2017-06-29	2017105138647	一种虹膜识别系统及其应用方法以及虹膜识别过程中针对不完整图像的特征值提取方法	吴澄	发明	轨道交通学院
162	2017-06-30	2017105299831	表面化学官能团可控的石墨结构型纳米材料及其制备方法和在质谱分析中的应用	刘坚	发明	纳米科学技术学院
163	2017-06-30	2017105250223	一株提高竹红菌素发酵产率的伴生细菌菌株及其应用	王剑文	发明	医学部药学院
164	2017-07-02	2017105298472	一种超支化聚苯基三唑甲酸酯及其制备方法与应用	李红坤	发明	材料与化学化工学部
165	2017-07-02	2017105298487	四碘甲腺原氨酸-N-羧基内酸酐、聚四碘甲腺原氨酸及其制备方法与应用	邓超	发明	材料与化学化工学部
166	2017-07-03	2017105306731	一种抗鱼类IL-1β卵黄抗体及其制备方法	宋学宏	发明	医学部基础医学与生物科学学院
167	2017-07-03	201710535107X	一种导光板制作装置及制作方法	张恒	发明	光电科学与工程学院
168	2017-07-05	2017105420031	烟草评价装置	陈晓东	发明	材料与化学化工学部
169	2017-07-05	2017105442191	一种主链含二茂铁的聚氨酯弹性体及其制备方法	王建军	发明	材料与化学化工学部
170	2017-07-05	2017105425567	改性蚕丝织物及其制备方法	周宇阳	发明	纺织与服装工程学院

续表

序号	申请日	专利号	专利名称	第1发明人	类别、国别/地区	所在单位
171	2017-07-05	2017105440514	一种并行诊断测试方法	王丽丹	发明	计算机科学与技术学院
172	2017-07-11	2017105629047	一种动态修正SOC的锂电池组均衡控制方法和系统	王宜怀	发明	计算机科学与技术学院
173	2017-07-12	2017105656487	频谱灵活光网络的故障概率和负载均衡折中方法和系统	陈伯文	发明	电子信息学院
174	2017-07-14	2017105759820	一种利用青石粉制备的微晶玻璃及其制备方法	闫炳基	发明	沙钢钢铁学院
175	2017-07-18	2017105872151	一种全无机卤素钙钛矿纳米晶体及其制备方法	张桥	发明	纳米科学技术学院
176	2017-07-20	2017105958256	内瘘血栓的实时检测系统、实时检测装置及其血流速度的检测方法	王丽荣	发明	电子信息学院
177	2017-07-24	201710606297X	一种 $Co-N-C/SiO_2$ 复合纳米催化剂、其制备方法及应用	吴张雄	发明	材料与化学化工学部
178	2017-07-26	2017106182026	一种空心 MnO_2 复合纳米材料、其制备方法及其应用	刘庄	发明	纳米科学技术学院
179	2017-07-26	2017106184680	由肿瘤细胞激活的诊疗一体化纳米探针及其应用	李永强	发明	医学部药学院
180	2017-07-27	2017106215053	含配体的共轭微孔聚合物及其应用	华道本	发明	医学部放射医学与防护学院

续表

序号	申请日	专利号	专利名称	第1发明人	类别、国别/地区	所在单位
181	2017-07-28	2017106313681	一种利用不锈钢渣和萤石尾矿制备微晶玻璃的方法	国宏伟	发明	沙钢钢铁学院
182	2017-07-28	2017106290054	基于云服务器的信号处理虚拟实验仿真系统及方法	王必成	发明	电子信息学院
183	2017-07-28	2017106278974	类Laval管式的水气分离装置	何吉欢	发明	纺织与服装工程学院
184	2017-07-31	2017106418503	醇溶性富勒烯衍生物在钙钛矿太阳能电池中的应用	李耀文	发明	材料与化学化工学部
185	2017-08-04	2017106597096	基于相似度量与权重衡量的彩色提花CAD中的配色方法	刘霁琮	发明	计算机科学与技术学院
186	2017-08-04	2017106583835	超支化聚己内酯及其制备方法	朱 健	发明	材料与化学化工学部
187	2017-08-07	2017106674603	重组材双工位成形装置	杨昌锦	发明	轨道交通学院
188	2017-08-07	201710668260X	一种制备异噁唑化合物的方法	万小兵	发明	材料与化学化工学部
189	2017-08-07	201710667059X	重组材多工位成形液压机	陈任寰	发明	轨道交通学院
190	2017-08-07	2017106667775	一种旅行路线推荐方法及系统	赵朋朋	发明	计算机科学与技术学院
191	2017-08-09	2017106741701	由稀土化合物催化的异脲的合成方法	陆澄容	发明	材料与化学化工学部
192	2017-08-10	201710680306X	一种人脸识别方法及装置	张 莉	发明	计算机科学与技术学院

续表

序号	申请日	专利号	专利名称	第1发明人	类别、国别/地区	所在单位
193	2017-08-22	2017107249930	一种基于微透镜莫尔成像的精密微位移检测装置及方法	申 溯	发明	光电科学与工程学院
194	2017-08-22	2017107247278	环状聚己内酯-聚乙二醇两亲性嵌段共聚物及制备和应用	张正彪	发明	材料与化学化工学部
195	2017-08-22	201710725300X	具有凝血酶响应性的纤溶涂层及其应用	陈 红	发明	材料与化学化工学部
196	2017-08-24	2017107322033	一种有轨电车轨道起点的自适应检测方法及装置	孙一珉	发明	轨道交通学院
197	2017-08-25	2017107412523	催化芳香胺的碳氢键烷基化反应的方法	袁 丹	发明	材料与化学化工学部
198	2017-08-29	2017107579697	多聚核苷酸-5'激酶-3'磷酸酶的新应用	周泉生	发明	唐仲英血液学研究中心
199	2017-08-30	201710765842X	一种产生高质量准贝塞尔阵列光束的方法及系统	梁春豪	发明	物理科学与技术学院
200	2017-08-31	2017107758945	面向互联网新闻事件的演化式摘要生成方法	吴仁守	发明	计算机科学与技术学院
201	2017-09-08	2017108072548	基于随机几何异构蜂窝网络的连续小区缩放方法	盛 洁	发明	轨道交通学院
202	2017-09-12	2017108192605	天蚕素多肽作为抗炎药物的应用	卫 林	发明	生物医学研究院
203	2017-09-13	201710822706X	一种高情感区分度的语音特征提取方法	肖仲喆	发明	光电科学与工程学院

续表

序号	申请日	专利号	专利名称	第1发明人	类别、国别/地区	所在单位
204	2017-09-14	2017108292514	具有近红外光热效应和多模态成像功能的超小蛋白复合纳米粒及其制备方法和应用	陈华兵	发明	医学部药学院
205	2017-09-18	2017108405851	一种通过光催化剂制备含氟交替聚合物的聚合方法	程振平	发明	材料与化学化工学部
206	2017-09-19	2017108518597	基于多角度视频的人脸识别装置和方法	刘光富	发明	计算机科学与技术学院
207	2017-09-20	2017108551171	小分子多肽及其应用	卫林	发明	生物医学研究院
208	2017-09-20	2017108536699	一种光学吸收多层膜	赖耘	发明	物理科学与技术学院
209	2017-09-21	2017108594783	一种石墨烯掺杂聚磷酸铵阻燃涂层织物及其制备方法	邢铁玲	发明	纺织与服装工程学院
210	2017-09-21	2017108595057	一种疏水抗紫外线织物及其制备方法	邢铁玲	发明	纺织与服装工程学院
211	2017-09-22	2017108684703	频谱灵活光网络中自适应负载均衡能耗优化方法及系统	陈伯文	发明	电子信息学院
212	2017-09-29	2017109045711	一种鲁棒的偏差补偿自适应滤波器的滤波方法	倪锦根	发明	电子信息学院
213	2017-09-30	2017109178520	一种包装食品无人售货方法	王明娣	发明	机电工程学院
214	2017-10-10	2017109364331	用于64-QAM相干光通信系统的光纤非线性均衡方法	高明义	发明	电子信息学院

续表

序号	申请日	专利号	专利名称	第1发明人	类别、国别/地区	所在单位
215	2017-10-10	2017109347228	一种混合动力汽车换挡策略优化及跟踪控制方法、系统	杨歆豪	发明	机电工程学院
216	2017-10-11	2017109432023	miRNA抑制子在制备防治心肌梗死药物中的应用	陈维倩	发明	心血管病研究所
217	2017-10-11	2017109421353	甘露糖化壳聚糖递送系统组装的结核黏膜基因疫苗	徐薇	发明	生物医学研究院
218	2017-10-13	2017109547012	基于高非线性光纤的通信方法	沈纲祥	发明	电子信息学院
219	2017-10-13	2017109524909	一种丝胶改性涤纶拉舍尔毛毯	李刚	发明	纺织与服装工程学院
220	2017-10-16	2017109642515	一种基于量子网络中分流流量传送的量子态隐形传送方法	姜敏	发明	电子信息学院
221	2017-10-19	2017109786530	一种超支化聚硅氧烷/氰酸酯树脂及其制备方法	顾嫒娟	发明	材料与化学化工学部
222	2017-10-19	2017109786827	一种超支化聚硅氧烷及其制备方法	顾嫒娟	发明	材料与化学化工学部
223	2017-10-20	2017109841862	通过多级结构设计制备高敏感度压阻式传感器的方法	刘涛	发明	材料与化学化工学部
224	2017-10-20	2017109972591	基于卷积神经网络的英文事件同指消解方法及系统	孔芳	发明	计算机科学与技术学院
225	2017-10-23	2017110054285	一种提高钢高温塑性的方法	屈天鹏	发明	沙钢钢铁学院

续表

序号	申请日	专利号	专利名称	第1发明人	类别、国别/地区	所在单位
226	2017-10-23	2017109927986	二价乙肝疫苗及其制备方法	董晨	发明	医学部公共卫生学院
227	2017-10-24	2017110013891	可诱导的转基因小鼠心肌病动物模型的构建方法及应用	彭天庆	发明	生物医学研究院
228	2017-10-25	2017110154512	一种基于认知基站的铁路通信频谱共享方法和系统	邓宏宇	发明	轨道交通学院
229	2017-10-27	2017110305955	二氧化钛/磺化氧化石墨烯/银纳米粒子复合膜及其制备方法与应用	路建美	发明	材料与化学化工学部
230	2017-10-27	2017110271982	恩替卡韦口腔速溶膜剂及其制备方法	曹青日	发明	医学部药学院
231	2017-10-27	2017110533311	负载MOF的3D钌/石墨烯气凝胶复合材料及其制备方法与在持续处理CO中的应用	路建美	发明	材料与化学化工学部
232	2017-10-30	2017110364169	一种热固性全芳香族聚酯酰亚胺液晶及其制备方法	顾嫒娟	发明	材料与化学化工学部
233	2017-10-30	2017110352509	一种液晶阻燃发泡材料及其制备方法	管清宝	发明	材料与化学化工学部
234	2017-11-01	2017110594936	快速氧化/还原双重响应性含双硒键的嵌段共聚物制备方法及其应用	倪沛红	发明	材料与化学化工学部
235	2017-11-03	2017110728517	一种有机光伏给体小分子材料及其制备方法和应用	张茂杰	发明	材料与化学化工学部

续表

序号	申请日	专利号	专利名称	第1发明人	类别、国别/地区	所在单位
236	2017-11-03	2017110719861	一种锂离子电池正极材料的制备办法	黄 程	发明	能源学院
237	2017-11-06	2017110764299	吡啶醇类配体、吡啶醇类配体的制备方法、金属有机框架材料及其制备方法	牛汝洁	发明	轨道交通学院
238	2017-11-08	2017110934389	一种基于K64-MCU的交互式机器人控制系统	王宜怀	发明	计算机科学与技术学院
239	2017-11-09	2017111000121	一种基于压电厚膜MEMS工艺的微能量采集器及其制备方法	刘会聪	发明	机电工程学院
240	2017-11-09	2017110990478	聚偏二氟乙烯纳米纤维膜及其制备方法	何吉欢	发明	纺织与服装工程学院
241	2017-11-10	2017111067916	三甲茂稀土配合物在催化亚胺和硼烷的硼氢化反应中的应用	薛明强	发明	材料与化学化工学部
242	2017-11-13	2017111196724	7-DOF仿人臂飞行物体作业最小加速度轨迹优化	任子武	发明	机电工程学院
243	2017-11-14	2017111230231	柞/桑蚕茧同步缫丝、并丝方法及混合蚕丝	丁志平	发明	艺术学院
244	2017-11-17	2017111441637	一种催化光控原子转移自由基聚合的铱盐催化剂的分离回收方法	程振平	发明	材料与化学化工学部
245	2017-11-17	2017111456238	二维超薄材料及其制备方法	何吉欢	发明	纺织与服装工程学院
246	2017-11-21	2017111640927	一种WS2纳米片中S原子对Pt沉积选择的验证方法	王显福	发明	能源与材料创新研究院

续表

序号	申请日	专利号	专利名称	第1发明人	类别、国别/地区	所在单位
247	2017-11-21	2017111653429	源于分枝杆菌噬菌体多肽的衍生肽及其应用	卫 林	发明	生物医学研究院
248	2017-11-22	2017111726665	一种基于二维材料石墨烯相氮化碳制备钙钛矿太阳能电池的方法	王照奎	发明	纳米科学技术学院
249	2017-11-22	2017111763289	一种基于绳索驱动的球形机器人弹性展开结构	魏 巍	发明	光电科学与工程学院
250	2017-11-23	201711183762X	基于甲基丙烯酸丙炔酯多孔膜应用硫醇-炔点击反应进行亲疏水转换的方法	黄剑莹	发明	纺织与服装工程学院
251	2017-11-24	2017111935035	柔性传感器的制备方法	刘 涛	发明	材料与化学化工学部
252	2017-11-24	2017111894105	微小RNA及其在制备抗肿瘤药物中的应用	汪维鹏	发明	医学部药学院
253	2017-11-26	2017111989656	α螺旋阳离子聚多肽及其制备方法和应用	殷黎晨	发明	纳米科学技术学院
254	2017-11-27	2017112064563	一种在声门闭相下估计声道面积的方法	陶 智	发明	光电科学与工程学院
255	2017-11-28	2017112191573	基于激光雷达的连续车辆速度检测方法	郑建颖	发明	轨道交通学院
256	2017-11-28	2017112143230	疏水棉织物及其制备方法和应用	周青青	发明	纺织与服装工程学院
257	2017-11-28	2017112167413	疏水蚕丝织物及其制备方法和应用	周青青	发明	纺织与服装工程学院

续表

序号	申请日	专利号	专利名称	第1发明人	类别、国别/地区	所在单位
258	2017-11-28	2017112166961	NO_2化学电阻式气体传感器及其制备方法	迟力峰	发明	纳米科学技术学院
259	2017-11-28	2017112190547	硅基三苯胺衍生物及其制备方法与在钙钛矿太阳能电池中的应用	李耀文	发明	材料与化学化工学部
260	2017-11-28	2017112167004	面向句子级生物关系网络抽取的语料库生成方法及系统	钱龙华	发明	计算机科学与技术学院
261	2017-11-29	2017112238620	一种涤纶面料的蛋白改性方法	王建南	发明	纺织与服装工程学院
262	2017-11-29	2017112245408	一种涤纶面料的蚕丝蛋白改性方法	王建南	发明	纺织与服装工程学院
263	2017-11-29	2017112238635	一种纯棉面料的蛋白改性方法	王建南	发明	纺织与服装工程学院
264	2017-12-04	2017112617078	二硅胺稀土配合物在催化亚胺和硼烷的硼氢化反应中的应用	薛明强	发明	材料与化学化工学部
265	2017-12-04	2017112616535	催化酯和胺进行反应制备酰胺的方法	姚英明	发明	材料与化学化工学部
266	2017-12-04	2017112601224	3-硒基吲哚类化合物的合成方法	纪顺俊	发明	材料与化学化工学部
267	2017-12-04	201711263115X	二硅胺稀土配合物在催化碳化二亚胺和二苯基膦的膦氢化反应中的应用	薛明强	发明	材料与化学化工学部
268	2017-12-04	2017112583480	白头翁皂苷B5用于预防和/或治疗肠病毒感染	刘艳丽	发明	医学部药学院

续表

序号	申请日	专利号	专利名称	第1发明人	类别、国别/地区	所在单位
269	2017-12-06	2017112749931	一种PLA-TPs纳米纤维膜及其制备方法和应用	王亚茹	发明	纺织与服装工程学院
270	2017-12-07	2017112811330	一种车窗清洗液	田景华	发明	能源学院
271	2017-12-07	2017112820005	超薄入射角无关偏振方向无关的超宽带完美吸收器	钱沁宇	发明	光电科学与工程学院
272	2017-12-07	2017112867745	吸附有机污染物的复合材料及其制备方法与应用	路建美	发明	材料与化学化工学部
273	2017-12-08	2017112980555	一种金属多面扫描棱镜的加工方法	黄启泰	发明	光电科学与工程学院
274	2017-12-08	2017112980536	一种消边缘效应的非球面镜胚	陈曦	发明	光电科学与工程学院
275	2017-12-08	201711294703X	一种信息中心网络中信息缓存路由方法、系统及设备	王进	发明	计算机科学与技术学院
276	2017-12-08	2017112917960	一种基于表面等离子激元共振的折射率测试及其制作方法	吴绍龙	发明	光电科学与工程学院
277	2017-12-11	2017113100266	一种合成1,2-二芳基乙烷类化合物的方法	孙宏枚	发明	材料与化学化工学部
278	2017-12-11	2017113080332	基于微液滴的全柔性无源压力传感器及其制造方法及其检测方法	聂宝清	发明	电子信息学院
279	2017-12-12	2017113180909	一种用于金属多面扫描棱镜加工的在线检测系统	黄启泰	发明	光电科学与工程学院

续表

序号	申请日	专利号	专利名称	第1发明人	类别、国别/地区	所在单位
280	2017-12-13	2017113298845	多芯光纤网络流量不对称业务传输的网络规划方法及网络	沈纲祥	发明	电子信息学院
281	2017-12-13	2017113321447	囊泡纳米药物在制备脑肿瘤治疗药物中的应用	张 建	发明	材料与化学化工学部
282	2017-12-13	2017113321540	囊泡纳米药物在制备脑肿瘤治疗药物中的应用	钟志远	发明	材料与化学化工学部
283	2017-12-13	2017113331932	一种单靶向还原响应囊泡纳米药物在制备脑肿瘤治疗药物中的应用	张 建	发明	材料与化学化工学部
284	2017-12-15	2017113512868	基于静电纺丝技术的硫化聚丙烯腈柔性正极及其制备方法	赵晓辉	发明	能源学院
285	2017-12-18	2017113669173	能够表示再现像遮挡关系的计算全息三维显示方法及系统	施玲燕	发明	光电科学与工程学院
286	2017-12-18	2017113654642	一种能减少再现浪费信息的计算全息三维显示方法及系统	苏衍峰	发明	光电科学与工程学院
287	2017-12-21	2017114007955	一种激光3D打印构建三维叠层结构的方法	邹贵付	发明	能源学院
288	2017-12-22	2017114019346	一种激光去毛刺用光头装置及激光去毛刺方法	朱刚贤	发明	机电工程学院
289	2017-12-22	2017114072899	一种边缘计算服务缓存方法、系统、装置及可读存储介质	沈纲祥	发明	电子信息学院

续表

序号	申请日	专利号	专利名称	第1发明人	类别、国别/地区	所在单位
290	2017-12-22	2017114086478	医院候诊信息显示方法	严建峰	发明	计算机科学与技术学院
291	2017-12-22	2017114012690	可有效提高农作物产量和抗病能力的碳纳米颗粒的制备方法	康振辉	发明	纳米科学技术学院
292	2017-12-22	2017114086482	用于预测心源性猝死易感性的试剂盒	高玉振	发明	医学部基础医学与生物科学学院
293	2017-12-25	2017114266023	一种无染色、无探针、无损检测细胞或类细胞结构微生物的类型及其周期的方法	杨磊	发明	骨科研究所
294	2017-12-25	2017114256426	三硅胺稀土金属配合物在催化醛与烯丙基硼酸反应中的应用	薛明强	发明	材料与化学化工学部
295	2017-12-25	2017114256411	三茂稀土金属配合物在催化醛与烯丙基硼酸反应中的应用	薛明强	发明	材料与化学化工学部
296	2017-12-27	2017114456066	一种用于评价臭氧催化氧化效率的双槽氧化池	吴铎	发明	材料与化学化工学部
297	2017-12-27	2017114411686	钯纳米材料的应用	葛翠翠	发明	医学部放射医学与防护学院
298	2017-12-27	2017114504375	一种减反膜	罗杰	发明	物理科学与技术学院
299	2017-12-28	2017114577997	一种新型二氧化钛微粒材料及其制备方法、在环保领域中的应用	吴张雄	发明	材料与化学化工学部
300	2017-12-29	2017114727246	基于螺旋波等离子体技术制备氮掺杂类金刚石薄膜的方法	陈佳丽	发明	物理科学与技术学院

续表

序号	申请日	专利号	专利名称	第1发明人	类别、国别/地区	所在单位
301	2017-12-29	201711472734X	一种可调的等离子体光子晶体选频滤波器	谭海云	发明	物理科学与技术学院
302	2017-12-29	2017114727316	电弧放电装置及利用该装置制备氮化硼纳米管的方法	黄天源	发明	物理科学与技术学院
303	2017-12-29	2017114845929	一种用于无纺布的蚕丝纤维及其制备方法	卢神州	发明	纺织与服装工程学院
304	2017-12-29	2017114845952	一种用于蚕丝无纺布的弯曲蚕丝纤维及其制备方法	卢神州	发明	纺织与服装工程学院
305	2017-12-29	2017114896333	一种蚕丝无纺布用改性挠曲材料及其制备方法	卢神州	发明	纺织与服装工程学院
306	2017-12-29	2017114896352	一种高弯曲蚕丝、制备方法及其应用	卢神州	发明	纺织与服装工程学院
307	2017-12-29	2017114869124	骨干网中超低损耗光纤替换调度方法及系统	沈纲祥	发明	电子信息学院
308	2017-12-31	2017114967358	一种用于棉织物的反应型抗紫外柔软整理剂及制备方法	周向东	发明	纺织与服装工程学院
309	2018-01-02	2018100021858	含三氟甲基的共轭聚合物及其制备方法和应用	张茂杰	发明	材料与化学化工学部
310	2018-01-03	2018100059268	一种尺寸均一的碲化铅纳米棒、制备方法及其应用	马万里	发明	纳米科学技术学院
311	2018-01-05	2018100118247	一种N-Au共掺杂的复合二氧化钛纳米线的制备方法	付凡	发明	纺织与服装工程学院

续表

序号	申请日	专利号	专利名称	第1发明人	类别、国别/地区	所在单位
312	2018-01-05	2018100122789	一种掺杂 N-Au 二氧化钛纳米线的功能纺织品的制备方法	付 凡	发明	纺织与服装工程学院
313	2018-01-08	2018100156925	α-红没药醇合成质粒及其构建方法与大肠杆菌工程菌株	王崇龙	发明	医学部基础医学与生物科学学院
314	2018-01-08	2018100156431	基于朴素贝叶斯分类器的最小负载路由选择方法及系统	沈纲祥	发明	电子信息学院
315	2018-01-08	2018100167493	一种快速检测肉源食品用多重 PCR 检测试剂盒	顾炳仁	发明	医学部药学院
316	2018-01-09	2018100179325	阳离子有机聚合物及其制备方法和应用	王殳凹	发明	医学部放射医学与防护学院
317	2018-01-11	2018100259796	片状柔性材料弯曲试验设备及方法	王明湘	发明	电子信息学院
318	2018-01-15	2018100364345	一种制备 β-氯代烯基膦酰类衍生物的方法	邹建平	发明	材料与化学化工学部
319	2018-01-15	2018100338641	应用于测试直升机天线的指令模拟器	樊明迪	发明	轨道交通学院
320	2018-01-19	2018100522103	一种三维金属负极的制备方法	晏成林	发明	能源学院
321	2018-01-19	2018100547083	以 DNA 为模板的磁性荧光共聚物纳米探针及应用	马 楠	发明	材料与化学化工学部
322	2018-01-22	2018100589457	同时键合喜树碱和阿霉素的聚磷酸酯前药及其制备方法与应用	倪沛红	发明	材料与化学化工学部

续表

序号	申请日	专利号	专利名称	第1发明人	类别、国别/地区	所在单位
323	2018-01-22	2018100580664	钙钛矿发光二极管及其制备方法	孙宝全	发明	纳米科学技术学院
324	2018-01-23	2018100631577	基于液体微米马达的微反应器及其制备方法和应用	张冬梅	发明	纳米科学技术学院
325	2018-01-23	2018100631469	激活温度可控的非蒸散型薄膜吸气剂及其应用	吴鸣	发明	电子信息学院
326	2018-01-23	2018100654969	一种液相色谱馏分收集器及使用方法	李笃信	发明	医学部药学院
327	2018-01-29	201810085962X	甜菊苷在制备预防或治疗心肌纤维化保健食品和药物中的应用	谢梅林	发明	医学部药学院
328	2018-01-30	2018100910698	一种晓起皇菊的引种栽培方法	李茜玲	发明	金螳螂建筑学院
329	2018-01-30	2018100877350	一种微透镜镜组阵列系统及制备方法	申溯	发明	光电科学与工程学院
330	2018-01-30	2018100916497	一种基于1,8-萘酰亚胺衍生物的pH比色开关	徐冬梅	发明	材料与化学化工学部
331	2018-01-30	2018100880230	一种鲁棒的稀疏多任务自适应系统及迭代方法	倪锦根	发明	电子信息学院
332	2018-01-30	201810090551X	金属化物/钯化合物催化还原体系在脱烯丙基反应及氘代反应中的应用	张士磊	发明	医学部药学院
333	2018-02-01	2018101007491	主链含酰胺键的聚合物的制备方法	张伟	发明	材料与化学化工学部

续表

序号	申请日	专利号	专利名称	第1发明人	类别、国别/地区	所在单位
334	2018-02-01	2018101022400	基于部分感知马氏决策过程的机器人最优路径规划方法	刘全	发明	光电科学与工程学院
335	2018-02-02	2018101085965	基于方酸菁聚合物的氨气/一氧化氮双组份传感器及其制备方法和应用	路建美	发明	材料与化学化工学部
336	2018-02-07	2018101242294	一种吡唑并[3,4-b]吡咯并[3,4-d]吡啶衍生物的合成方法	史达清	发明	材料与化学化工学部
337	2018-02-07	2018101228206	促进多能干细胞分化为心肌细胞成熟的方法	赵振奥	发明	材料与化学化工学部
338	2018-02-09	2018101348941	2-亚苄基四氢噻吩衍生物的合成方法	汪顺义	发明	材料与化学化工学部
339	2018-02-09	201810134143X	一种非接触式三维面形测量方法	黄启泰	发明	光电科学与工程学院
340	2018-02-09	2018101370288	聚合物囊泡在制备治疗多发性骨髓瘤药物中的应用	钟志远	发明	材料与化学化工学部
341	2018-02-09	2018101370292	可逆交联不对称囊泡在制备治疗急性白血病药物中的应用	孟凤华	发明	材料与化学化工学部
342	2018-02-09	2018101341444	一种用于三维面形测量的干涉式光学探头	黄启泰	发明	光电科学与工程学院
343	2018-02-09	2018101358360	一种非接触式坐标测量机	黄启泰	发明	光电科学与工程学院

续表

序号	申请日	专利号	专利名称	第1发明人	类别、国别/地区	所在单位
344	2018-02-09	2018101370269	一种抗缺氧损伤的干细胞制剂及其制备方法与在制备治疗急性心梗药物中的应用	陈维倩	发明	心血管病研究所
345	2018-02-11	2018101410872	3,5-二取代噻唑烷-2-硫酮类化合物制备方法	陆澄容	发明	材料与化学化工学部
346	2018-02-11	2018101432922	一种储水式模块化垂直绿化系统	翟俊	发明	金螳螂建筑学院
347	2018-02-11	2018101413372	非线性纳米天线散射方向性的操控方法、装置及设备	马普娟	发明	物理科学与技术学院
348	2018-02-11	201810140307X	一种3D加工方法及3D加工设备	王传洋	发明	机电工程学院
349	2018-02-12	2018101446821	含硒酚醛树脂微球的制备方法及其应用	李娜	发明	材料与化学化工学部
350	2018-02-14	2018101523851	一种可逆自修复环氧树脂及其制备与回收重塑方法	梁国正	发明	材料与化学化工学部
351	2018-02-14	2018101524089	一种超疏水电热环氧树脂复合材料及其制备与自修复方法	梁国正	发明	材料与化学化工学部
352	2018-03-01	2018101725779	一种制备噻唑并喹唑啉酮衍生物的方法	邹建平	发明	材料与化学化工学部
353	2018-03-01	2018101718506	一种制备2-硝基吲哚衍生物的方法	邹建平	发明	材料与化学化工学部
354	2018-03-01	201810172582X	基于末端含硫辛酰基星型聚合物的纳米药物	程茹	发明	材料与化学化工学部

续表

序号	申请日	专利号	专利名称	第1发明人	类别、国别/地区	所在单位
355	2018-03-01	2018101725849	叶酸修饰的金纳米颗粒及其制备方法与在制备放射增敏治疗药物中的应用	史海斌	发明	医学部放射医学与防护学院
356	2018-03-01	2019112076790	铜催化剂在1-噻唑基吲哚化合物、亚硝酸叔丁酯反应制备噻唑并喹唑啉酮衍生物中的应用	邹建平	发明	材料与化学化工学部
357	2018-03-05	2018101790477	一种高安全性金属复合负极的制备方法	晏成林	发明	能源学院
358	2018-03-06	2018101833256	纳米间隙原位活化的复合阳极键合方法	潘明强	发明	机电工程学院
359	2018-03-09	2018101928947	量子通信网络中的冗余路径的设置和工作方法	姜敏	发明	电子信息学院
360	2018-03-12	2018102022747	一种家蚕收蚁及小蚕饲育框	李兵	发明	医学部基础医学与生物科学学院
361	2018-03-12	2018101991762	基于自适应策略优化的家庭清洁机器人控制系统	刘全	发明	光电科学与工程学院
362	2018-03-12	2018101991122	基于深度Q网络的废品回收机器人控制方法	朱斐	发明	计算机科学与技术学院
363	2018-03-13	2018102063658	氟硅树脂及其制备方法	李战雄	发明	纺织与服装工程学院
364	2018-03-13	2018102050944	锰氧化物一维纳米线的制备方法	严港斌	发明	计算机科学与技术学院

续表

序号	申请日	专利号	专利名称	第1发明人	类别、国别/地区	所在单位
365	2018-03-15	2018102143296	基于摩擦纳米发电机容性负载匹配效应的自驱动传感系统	孙旭辉	发明	纳米科学技术学院
366	2018-03-20	2018102275350	基于生成式对抗网络技术的医疗文本生成方法	朱斐	发明	计算机科学与技术学院
367	2018-03-20	2018102293522	一种网络数据路由方法、系统及装置	张晓军	发明	计算机科学与技术学院
368	2018-03-21	2018102349335	可创建三能级系统量子比特任意叠加态的光脉冲生成方法	延英	发明	光电科学与工程学院
369	2018-03-22	2018102416611	一种磷酸锆基质子导体材料及其在燃料电池中的应用	王殳凹	发明	医学部放射医学与防护学院
370	2018-03-22	2018102405335	一种同轴无夹角泵浦探测方法及系统	杨俊义	发明	物理科学与技术学院
371	2018-03-23	2018102455847	达泊西汀有关物质的合成方法	张士磊	发明	医学部药学院
372	2018-03-23	2018102463735	合成达泊西汀有关物质的方法	张士磊	发明	医学部药学院
373	2018-03-27	2018102594943	利用低共熔溶剂溶解羊毛制备角蛋白的方法	王冬悦	发明	纺织与服装工程学院
374	2018-03-27	2018102601504	含2-二芳基甲基吲哚骨架的双芳基砜化合物的合成方法	徐小平	发明	材料与化学化工学部
375	2018-03-27	2018102602831	基于两性离子及叶酸靶向的酸敏感性阿霉素前药及其制备方法与应用	倪沛红	发明	材料与化学化工学部

续表

序号	申请日	专利号	专利名称	第1发明人	类别、国别/地区	所在单位
376	2018-03-28	2018102641906	含铀化合物作为闪烁体的应用	王受凹	发明	医学部放射医学与防护学院
377	2018-03-29	2018102735636	一种足式机器人的下肢结构	魏巍	发明	光电科学与工程学院
378	2018-03-29	2018102711260	一种透光木饰面、墙面装饰及透光木饰面加工方法	钱晓宏	发明	金螳螂建筑学院
379	2018-03-29	2018102755108	一种基于最大公共子图的栅格地图融合方法	孙荣川	发明	机电工程学院
380	2018-03-30	2018102793684	一种二氧化碳传感器的制备方法	刘涛	发明	材料与化学化工学部
381	2018-04-03	2018102904259	三氮唑衍生物及其制备方法	李海燕	发明	分析测试中心
382	2018-04-04	201810300237X	多环2-氢吡唑类化合物的合成方法	徐新芳	发明	材料与化学化工学部
383	2018-04-04	2018103015454	螺环吲哚类化合物的合成方法	徐新芳	发明	材料与化学化工学部
384	2018-04-04	2018103007477	利用CRISPR/Cas9系统构建的基因条件性敲除方法	任文燕	发明	医学部
385	2018-04-04	2018103014127	一种具有光致形变性能的偶氮苯聚醚酯多嵌段共聚物弹性体及其制备方法	屠迎锋	发明	材料与化学化工学部
386	2018-04-04	2018103023249	三元复合物纳米药物及其制备方法以及在制备光可控释放纳米递送体系中的应用	殷黎晨	发明	纳米科学技术学院

续表

序号	申请日	专利号	专利名称	第1发明人	类别、国别/地区	所在单位
387	2018-04-10	201810316154X	异吲哚酮的三氟甲基羟基化衍生物的制备方法	曾润生	发明	材料与化学化工学部
388	2018-04-11	2018103219131	盐酸阿米替林口腔速溶膜剂	崔京浩	发明	医学部药学院
389	2018-04-13	2018103323116	有机发光显示器件阴极隔离柱的制备方法	周小红	发明	光电科学与工程学院
390	2018-04-13	2018103332030	基于双马来酰亚胺的热固性形状记忆树脂及其制备方法	顾嫒娟	发明	材料与化学化工学部
391	2018-04-13	2018103332026	热固性形状记忆双马来酰亚胺树脂及其制备方法	顾嫒娟	发明	材料与化学化工学部
392	2018-04-16	2018103367218	对甲基苯胺基锂在催化醛和硼烷硼氢化反应中的应用	薛明强	发明	材料与化学化工学部
393	2018-04-19	2018103562526	一种含氟聚己内酯膜及其制备方法	李战雄	发明	纺织与服装工程学院
394	2018-04-19	2018103534564	单手螺旋管状二氧化硅作为气相色谱固定相的应用	杨永刚	发明	材料与化学化工学部
395	2018-04-19	2018103554286	一种多功能含真丝面料的制备方法	关晋平	发明	纺织与服装工程学院
396	2018-04-23	2018103692888	一种手性双[N,O]环钯配合物及其合成方法	王兴旺	发明	材料与化学化工学部
397	2018-04-23	2018103665486	一种摩天轮式气泡针纺装置	刘艳清	发明	现代丝绸国家工程实验室

续表

序号	申请日	专利号	专利名称	第1发明人	类别、国别/地区	所在单位
398	2018-04-27	2018103944380	一种负载型多功能催化复合材料、其制备方法及在水污染物催化去除中的应用	路建美	发明	材料与化学化工学部
399	2018-04-28	2018103977990	马氏体耐热钢合金粉末及使用其进行激光增材制造的方法	夏志新	发明	沙钢钢铁学院
400	2018-04-28	2018104050987	一种三维复合材料、其制备方法及在水污染物可见光催化降解去除中的应用	路建美	发明	材料与化学化工学部
401	2018-05-02	2018104096001	一种常温固化无机涂料、其制备方法及涂层工件	王永光	发明	机电工程学院
402	2018-05-03	2018104163383	基于聚二硫醚和聚磷酸酯的还原敏感型共聚物及其制备方法与应用	何金林	发明	材料与化学化工学部
403	2018-05-03	2018104162501	基于偶氮还原酶响应的两亲性嵌段聚合物及其制备方法与应用	周年琛	发明	材料与化学化工学部
404	2018-05-04	2018104223562	一种表面改性芳纶纤维及其制备方法	顾嫒娟	发明	材料与化学化工学部
405	2018-05-04	2018104223384	一种制备全取代脒的方法	赵彦伟	发明	材料与化学化工学部
406	2018-05-09	2018104353570	一种抗肿瘤组合物及其表达载体和应用	王雪峰	发明	医学部基础医学与生物科学学院
407	2018-05-09	2018104365826	基于聚氨酯的自愈合材料及其制备方法	朱健	发明	材料与化学化工学部

续表

序号	申请日	专利号	专利名称	第1发明人	类别、国别/地区	所在单位
408	2018-05-10	2018104436817	零件检测的方法、装置、设备以及计算机可读存储介质	陈国栋	发明	机电工程学院
409	2018-05-11	2018104474490	一种基于n型单晶Si的高效光阴极的设计方法	范荣磊	发明	物理科学与技术学院
410	2018-05-17	201810475629X	一种超亲水高分子微球及其制备方法与由其制备的超亲水织物	李战雄	发明	纺织与服装工程学院
411	2018-05-17	2018104760100	一种聚苯醚-聚硅氧烷光交联阻尼材料及其制备方法	梁国正	发明	材料与化学化工学部
412	2018-05-17	2018104762178	食道内窥OCT图像层次结构的自动分割方法和系统	王丽荣	发明	电子信息学院
413	2018-05-17	2018104756285	一种超疏水微球及其制备方法与由该微球制备的超疏水织物	李战雄	发明	纺织与服装工程学院
414	2018-05-21	2018104881980	催化异氰酸苯酯或异硫氰酸苯酯和硫醇加成反应的方法	陆澄容	发明	材料与化学化工学部
415	2018-05-22	2018104945709	一种全息光栅光刻系统中干涉光路自准直的调节方法	邹文龙	发明	光电科学与工程学院
416	2018-05-22	2018104959487	一种制作平行等间距条纹全息光栅的光刻系统	邹文龙	发明	光电科学与工程学院
417	2018-05-23	2018104984794	基于多类别模仿学习的端到端游戏机器人生成方法及系统	章宗长	发明	计算机科学与技术学院

续表

序号	申请日	专利号	专利名称	第1发明人	类别、国别/地区	所在单位
418	2018-05-24	2018104992752	一种利用铅锌尾矿和石英尾砂制备微晶玻璃的方法	李洪玮	发明	沙钢钢铁学院
419	2018-05-24	2018105057911	一种利用金尾矿和萤石尾矿制备微晶玻璃的方法	李洪玮	发明	沙钢钢铁学院
420	2018-05-24	2018105107198	针对AHI1基因编辑的sgRNA筛选及应用	孙万平	发明	医学部药学院
421	2018-05-25	201810515505X	一种蓝色蒽醌活性分散染料的前驱体及其制备方法	龙家杰	发明	纺织与服装工程学院
422	2018-05-25	2018105129430	一种金属纳米线复合膜压力传感器及其制备方法	王凤霞	发明	机电工程学院
423	2018-05-25	2018105178738	一种中空生物质纤维/高聚物复合吸音材料的制备方法	毕明	发明	纺织与服装工程学院
424	2018-05-28	201810523769X	阻燃抗紫外尼龙织物及其制备方法	关晋平	发明	纺织与服装工程学院
425	2018-05-28	2018105226483	一种太湖白鱼宿主防御肽及其应用	卫林	发明	生物医学研究院
426	2018-05-30	2018105355766	一种基于DNA载体的家蚕质型多角体病毒的体外构建方法	贡成良	发明	医学部基础医学与生物科学学院
427	2018-05-31	2018105485929	一种可见光响应的二氧化钛纳米线/金属有机骨架/碳纳米纤维膜及其制备方法及应用	路建美	发明	材料与化学化工学部

续表

序号	申请日	专利号	专利名称	第1发明人	类别、国别/地区	所在单位
428	2018-06-01	2018105556214	Eu^{3+}离子激活的氟氯碲酸铋及其制备方法和应用	黄彦林	发明	材料与化学化工学部
429	2018-06-01	2018105566644	氟氯钽酸铋及其制备方法和应用	黄彦林	发明	材料与化学化工学部
430	2018-06-01	2018105566818	原位无损剥离量子点的方法	石震武	发明	光电科学与工程学院
431	2018-06-01	2018105564475	3-芳基丙炔酸类及3-芳基丙炔酸酯类化合物的制备方法	赵 蓓	发明	材料与化学化工学部
432	2018-06-05	2018105711135	一种桑蚕丝含胶率定量检测方法	林嘉明	发明	纺织与服装工程学院
433	2018-06-05	2018105710791	一种二醋酸纤维素纤维薄膜及其制备方法	杨旭红	发明	纺织与服装工程学院
434	2018-06-05	2018105710804	一种扁平截面的二醋酸纤维素纤维及其制备方法	杨旭红	发明	纺织与服装工程学院
435	2018-06-07	2018105804233	一种含碳碳双键聚酯的制备方法	朱 健	发明	材料与化学化工学部
436	2018-06-08	2018105864249	非织造布培养基及其制备方法和在浆砌滨岸带植物生态修复中的应用	许秋瑾	发明	纺织与服装工程学院
437	2018-06-08	2018105918766	仿虎甲幼虫的多驱动器软体机器人	金国庆	发明	机电工程学院
438	2018-06-08	2018105902414	一种Eu^{3+}离子激活的钛铝酸盐发光材料及其制备方法	黄彦林	发明	材料与化学化工学部

续表

序号	申请日	专利号	专利名称	第1发明人	类别、国别/地区	所在单位
439	2018-06-08	2018105875737	非织造布培养基及其制备方法和在浆砌硬质滨岸带生态修复中的应用	张岩	发明	纺织与服装工程学院
440	2018-06-08	2018105859522	一种双光学性质智能材料及其制备方法以及应用	何乐	发明	纳米科学技术学院
441	2018-06-08	2018105876161	一种碳复合钠离子正极材料及其制备方法	赵建庆	发明	能源学院
442	2018-06-09	2018105909536	未知环境中基于自然手势指令的智能轮椅控制方法及系统	高强	发明	机电工程学院
443	2018-06-11	2018105951641	基于约束在线规划的部分可观察自动驾驶决策方法	姜冲	发明	计算机科学与技术学院
444	2018-06-12	2018106037563	一种超薄钙钛矿单晶材料的制备方法	邹贵付	发明	能源学院
445	2018-06-13	201810607740X	柔性应变传感器及其制备方法和应用	夏赟	发明	材料与化学化工学部
446	2018-06-13	2018106070237	负载纳米氧化铜的介孔氧化铝空心微球及其制备和应用	吴铎	发明	材料与化学化工学部
447	2018-06-13	2018106070218	旋转机械设备自动诊断系统及方法	江星星	发明	轨道交通学院
448	2018-06-14	201810361912X	Pt负载富硫二硫化钼边界位点修饰二氧化钛纳米管阵列的制备方法	赖跃坤	发明	纺织与服装工程学院

续表

序号	申请日	专利号	专利名称	第1发明人	类别、国别/地区	所在单位
449	2018-06-14	2018106162826	基于黑磷/金属有机框架修饰的氮化碳膜复合材料及其制备方法与在废气处理中的应用	路建美	发明	材料与化学化工学部
450	2018-06-14	2018106141270	一种太阳模拟器	马韬	发明	光电科学与工程学院
451	2018-06-15	2018106179899	具有电大尺寸识别区域的近场射频识别天线	刘学观	发明	电子信息学院
452	2018-06-19	2018106301104	一种用于制备超仿棉涤锦空喷变形混纤丝的空喷变形组合装置	管新海	发明	纺织与服装工程学院
453	2018-06-19	2018106285737	一种全自动门襟折熨烫机	谢小辉	发明	机电工程学院
454	2018-06-20	2018106398881	一种芳纶纤维电极及其制备方法	顾嫒娟	发明	材料与化学化工学部
455	2018-06-20	2018106360545	基于二维聚合物的多孔碳材料及其制备和应用	吴铎	发明	材料与化学化工学部
456	2018-06-20	2018106398896	基于方酰胺聚合物的二氧化氮传感器及其制备方法和用途	路建美	发明	材料与化学化工学部
457	2018-06-20	201810637394X	一种基于差分隐私的共享协同过滤方法	刘安	发明	计算机科学与技术学院
458	2018-06-22	2018106512798	温度传感器及其制备方法	刘涛	发明	材料与化学化工学部
459	2018-06-25	2018106624543	昏迷病人预后评价装置	胡南	发明	电子信息学院

续表

序号	申请日	专利号	专利名称	第1发明人	类别、国别/地区	所在单位
460	2018-06-26	2018106733517	一种利用生物质木炭制备碳化铁的方法	陈栋	发明	沙钢钢铁学院
461	2018-06-26	2018106744441	一种高接枝密度环梳状聚合物及其制备方法	张伟	发明	材料与化学化工学部
462	2018-06-27	2018106804936	有色抗紫外疏水织物及其制备方法	邢铁玲	发明	纺织与服装工程学院
463	2018-06-27	2018106781084	基于动态共价交联剂的可拉伸自修复水凝胶及其制备方法	郭明雨	发明	材料与化学化工学部
464	2018-06-28	201810692387X	柔性六角铁氧体薄膜及其制备方法	汤如俊	发明	物理科学与技术学院
465	2018-06-29	2018107142143	一种基于热载流子的隐身探测器	詹耀辉	发明	光电科学与工程学院
466	2018-07-03	2018107180696	一种富勒烯三丙二酸铵衍生物、制备方法及其应用	冯莱	发明	能源学院
467	2018-07-09	2018107444124	一种实现边缘增强成像的方法及系统	姚海南	发明	物理科学与技术学院
468	2018-07-09	2018107455468	一种实现边缘增强成像的滤波片及其设计方法	姚海南	发明	物理科学与技术学院
469	2018-07-09	2018107455383	基于分形自相似结构的仿生纺织品	刘福娟	发明	纺织与服装工程学院
470	2018-07-09	2018107470256	β-膦酰基烯胺衍生物及其制备方法	邹建平	发明	材料与化学化工学部
471	2018-07-09	2018107470311	β-氨基膦酸衍生物及其制备方法	邹建平	发明	材料与化学化工学部

续表

序号	申请日	专利号	专利名称	第1发明人	类别、国别/地区	所在单位
472	2018-07-10	2018107485586	基于交叉串扰感知的路由计算、纤芯选择、频谱分配方法和系统	陈伯文	发明	电子信息学院
473	2018-07-12	2018107657900	可见光响应的杂化气凝胶及其制备方法与在废气处理中的应用	路建美	发明	材料与化学化工学部
474	2018-07-12	201810765792X	掺杂双核铑配合物的铂/中空介孔二氧化硅球复合材料及其制备方法与应用	路建美	发明	材料与化学化工学部
475	2018-07-12	2018107628397	一种手机金属中框机加工翘曲变形重构方法	王呈栋	发明	机电工程学院
476	2018-07-13	2018107705054	一种螺栓筛选机	王刚	发明	机电工程学院
477	2018-07-13	2018107714532	基于碳纤维的柔性可拉伸自充电装置、制备方法以及系统	文震	发明	纳米科学技术学院
478	2018-07-13	2018107691210	一种二维共晶有机单晶微米晶体、制备方法及其应用	廖良生	发明	纳米科学技术学院
479	2018-07-17	2018107834816	基于GHZ态的联合远程制备M比特W态的方法	姜敏	发明	电子信息学院
480	2018-07-17	2018107835363	基于高能级bell态的无序高容量多方量子密钥协商方法	曹刚	发明	电子信息学院
481	2018-07-18	2018107925228	聚乙二醇-b-聚酪氨酸-硫辛酸共聚物、聚多肽胶束及其制备方法与应用	邓超	发明	材料与化学化工学部

续表

序号	申请日	专利号	专利名称	第1发明人	类别、国别/地区	所在单位
482	2018-07-19	2018107953622	一种液态金属柔性运动体及其制备方法和控制方法	李相鹏	发明	机电工程学院
483	2018-07-19	2018107953637	一种基于永磁体的旋转磁场产生装置	李相鹏	发明	机电工程学院
484	2018-07-20	2018108034733	一种具有天然抗菌药物缓释功能的医用缝合线及其制备方法	李 刚	发明	医学部实验中心
485	2018-07-27	2018108404459	一种用于提高AMOLED的良率及使用寿命的驱动电路	钟博文	发明	机电工程学院
486	2018-08-01	2018108607330	含PTT纤维的中高回弹舒适型面料及其制备方法	戴礼兴	发明	材料与化学化工学部
487	2018-08-01	2018108671197	一种紫外光触发交联型近红外分子探针及其制备方法与应用	史海斌	发明	医学部放射医学与防护学院
488	2018-08-01	2018108664812	一种自愈合型超双疏和光催化双重自清洁涂层及其制备方法	赵 燕	发明	纺织与服装工程学院
489	2018-08-01	2018108615303	高卷曲弹性PET/PTT复合纤维及其制备方法	戴礼兴	发明	材料与化学化工学部
490	2018-08-07	2018108893633	一种惯性粘滑驱动跨尺度精密运动平台	钟博文	发明	机电工程学院
491	2018-08-09	2018109073487	基于原位释放苯乙烯的方法制备共聚物的方法	张正彪	发明	材料与化学化工学部
492	2018-08-09	2018109039575	基于梯度退火与反溶剂的全无机钙钛矿电池及其制备方法	李耀文	发明	材料与化学化工学部

续表

序号	申请日	专利号	专利名称	第1发明人	类别、国别/地区	所在单位
493	2018-08-14	2018109225615	具有三重发光通道的镧系发光材料及其制备方法	王殳凹	发明	医学部放射医学与防护学院
494	2018-08-17	201810938962X	重组人胰岛素的制备方法	龙乔明	发明	医学部
495	2018-08-24	2018109744157	一种可电子控制后梁装置及其装配、使用方法	眭建华	发明	纺织与服装工程学院
496	2018-08-24	2018109751220	一种智能调节经纱张力装置及其使用方法	眭建华	发明	纺织与服装工程学院
497	2018-08-26	2018109772693	一种可与金属离子配位交联的聚醚酯弹性体及其制备方法与应用	屠迎锋	发明	材料与化学化工学部
498	2018-08-27	201810978950X	一种起绒织物的曲线形后梁及其装配方法	施清岛	发明	纺织与服装工程学院
499	2018-08-30	2018110056389	一种铋酸锂-氧化铋光催化材料及其制备方法	黄彦林	发明	材料与化学化工学部
500	2018-08-31	2018214255300	一种基于色散光谱编码的微结构形貌测量装置	马锁冬	实用新型	光电科学与工程学院
501	2018-08-31	2018110134354	一种基于光谱调制度深度编码的微结构形貌测量方法及其装置	马锁冬	发明	光电科学与工程学院
502	2018-08-31	2018110146898	一种基于色散光谱编码的微结构形貌测量方法及其装置	马锁冬	发明	光电科学与工程学院
503	2018-09-03	2018110194001	超临界CO_2流体中天然纤维无水染色专用偶氮染料及其制备方法	龙家杰	发明	纺织与服装工程学院

续表

序号	申请日	专利号	专利名称	第1发明人	类别、国别/地区	所在单位
504	2018-09-04	2018110247761	表面含壳聚糖粉末的纳米纤维空气净化材料及其制备方法	李惠	发明	纺织与服装工程学院
505	2018-09-05	2018110314516	双烷硫链取代的共轭聚合物及其制备和应用	崔超华	发明	材料与化学化工学部
506	2018-09-07	2018110450525	一种交替翻转后梁及其装配、使用方法	施清岛	发明	纺织与服装工程学院
507	2018-09-07	2018110413649	一种金纳米块阵列的制备方法及其折射率传感器	吴绍龙	发明	光电科学与工程学院
508	2018-09-10	2018110527673	基于钛酸钠纳米丝和四氧化三钴纳米针的复合多层网络膜及其制备方法与应用	路建美	发明	材料与化学化工学部
509	2018-09-12	2018110599629	一种基于变焦原理的可变光片照明系统	曾春梅	发明	光电科学与工程学院
510	2018-09-14	2018110714345	一种翘嘴鳜TLR7基因及其应用	黄鹤忠	发明	医学部基础医学与生物科学学院
511	2018-09-14	2018110753231	一种DVL辅助SINS鲁棒行进间初始对准方法	徐祥	发明	电子信息学院
512	2018-09-14	2018110750731	一种汽车用冷轧钢板的激光焊接方法及其焊接接头	王晓南	发明	沙钢钢铁学院
513	2018-09-17	2018110827771	一种快照式全场白光干涉显微测量方法及其装置	马锁冬	发明	光电科学与工程学院

续表

序号	申请日	专利号	专利名称	第1发明人	类别、国别/地区	所在单位
514	2018-09-19	2018110923995	一种用于光解水的双吸收层光阳极及制备方法	吴绍龙	发明	光电科学与工程学院
515	2018-09-19	2018110961319	超疏水多功能膜及其制备方法与在油水分离中的应用	路建美	发明	材料与化学化工学部
516	2018-09-19	2018110966914	一种三氯化锑还原制备金纳米片的方法	袁亚仙	发明	材料与化学化工学部
517	2018-09-19	201811092417X	一种位相编码菲涅尔透镜	许峰	发明	光电科学与工程学院
518	2018-09-19	2018110961323	负载铂纳米粒子的介孔氧化锆纳米管复合材料及其制备方法与在持续处理有机废气中的应用	路建美	发明	材料与化学化工学部
519	2018-09-20	2018111012265	光致收缩金属有机框架化合物	郎建平	发明	材料与化学化工学部
520	2018-09-20	201811101523X	一种基于纳米钨青铜的发光二极管的制备方法	廖良生	发明	纳米科学技术学院
521	2018-09-21	2018111076816	速度辅助行进间回溯初始对准方法	徐祥	发明	电子信息学院
522	2018-09-21	2018111076981	标量域MEMS惯性系统标定方法	徐祥	发明	电子信息学院
523	2018-09-21	2018111102242	多壁碳纳米管自修复膜及其制备方法与在处理含油废水中的应用	路建美	发明	材料与化学化工学部
524	2018-09-25	2018111193542	切比雪夫微带阵列天线的设计方法	李威	发明	机电工程学院

续表

序号	申请日	专利号	专利名称	第1发明人	类别、国别/地区	所在单位
525	2018-09-25	2018111141285	一种葡萄糖光电化学传感器及其制备方法与应用	狄俊伟	发明	材料与化学化工学部
526	2018-09-25	2018111125013	实现磁性液态金属三维运动的装置	李相鹏	发明	机电工程学院
527	2018-09-26	2018111242638	基于行动者评论家强化学习算法的循环网络人机对话方法	王艺深	发明	计算机科学与技术学院
528	2018-09-27	2018111332418	4-甲氧基苯胺基锂在催化亚胺和硼烷硼氢化反应中的应用	薛明强	发明	材料与化学化工学部
529	2018-09-27	2018111332422	邻甲基苯胺基锂在催化亚胺和硼烷硼氢化反应中的应用	薛明强	发明	材料与化学化工学部
530	2018-09-27	2018111332437	2,6-二甲基苯胺基锂在催化亚胺和硼烷硼氢化反应中的应用	薛明强	发明	材料与化学化工学部
531	2018-09-27	2018111332009	正丁基锂在催化亚胺和硼烷硼氢化反应中的应用	薛明强	发明	材料与化学化工学部
532	2018-09-27	2018111344913	一种泡沫镍复合材料及其制备方法与在光电催化去除水体污染物中的应用	路建美	发明	材料与化学化工学部
533	2018-09-27	2018111344631	对甲基苯胺基锂在催化亚胺和硼烷硼氢化反应中的应用	薛明强	发明	材料与化学化工学部
534	2018-09-28	2018111370392	一种三维液相色谱蛋白纯化装置及其使用方法	李笃信	发明	医学部药学院

续表

序号	申请日	专利号	专利名称	第1发明人	类别、国别/地区	所在单位
535	2018-09-28	2018111401437	多孔碳材料及其制备方法和应用	刘涛	发明	材料与化学化工学部
536	2018-09-29	201811151275X	一种晃动基座正向-正向回溯初始对准方法	徐祥	发明	电子信息学院
537	2018-09-30	2018111592773	14核金膦硫簇合物及其制备方法和应用	郎建平	发明	材料与化学化工学部
538	2018-10-08	2018111694669	一种三氟甲基烯基膦酸酯及其制备方法	邹建平	发明	材料与化学化工学部
539	2018-10-08	2018111688973	一种污染场地全封闭措施的施工方法	唐强	发明	轨道交通学院
540	2018-10-08	2018111688884	基于自动推理机制的接管巡航方法及系统	姜冲	发明	计算机科学与技术学院
541	2018-10-09	201811173331X	超薄Ni-Fe-MOF纳米片及其制备方法和应用	郎建平	发明	材料与化学化工学部
542	2018-10-09	2018111733150	可提高离子探测效率的质谱系统	李晓旭	发明	机电工程学院
543	2018-10-10	2018111789103	一种非均匀传感器阵列宽带信号波达方向估计方法	胡南	发明	电子信息学院
544	2018-10-12	201811191739X	基于级联卡尔曼滤波器减少噪声干扰的方法及系统	高明义	发明	电子信息学院
545	2018-10-15	2018111972185	复合屏障膜及其制备方法	赵荟菁	发明	纺织与服装工程学院
546	2018-10-16	2018112026886	一种适用于混合流体介质的无水纤染染色机	龙家杰	发明	纺织与服装工程学院

续表

序号	申请日	专利号	专利名称	第1发明人	类别、国别/地区	所在单位
547	2018-10-16	2018112031390	英文事件同指消解方法和系统	程昊熠	发明	计算机科学与技术学院
548	2018-10-19	2018112235434	一种反应性阻燃剂及其对蛋白质纤维耐久阻燃整理的方法	唐人成	发明	纺织与服装工程学院
549	2018-10-22	2018112320121	二维氮掺杂碳基二氧化钛复合材料及其制备方法与在降解去除水中有机污染物中的应用	路建美	发明	材料与化学化工学部
550	2018-10-26	2018112580805	Fe掺杂的MoS_2纳米材料及其制备方法和应用	郎建平	发明	材料与化学化工学部
551	2018-10-29	2018112707933	阻燃蚕丝及其制备方法和应用	张 文	发明	纺织与服装工程学院
552	2018-10-31	2018112854909	可溶性聚电解质复合物及其对蛋白质纤维阻燃整理的方法	程献伟	发明	纺织与服装工程学院
553	2018-11-01	2018217884840	电致变色显示面板及电子纸	浦东林	实用新型	光电科学与工程学院
554	2018-11-01	2018217883570	电致变色显示面板及电子纸	浦东林	实用新型	光电科学与工程学院
555	2018-11-01	2018217884520	电致变色显示面板及电子纸	浦东林	实用新型	光电科学与工程学院
556	2018-11-01	2018217884747	电致变色显示面板及电子纸	浦东林	实用新型	光电科学与工程学院
557	2018-11-01	2018217883231	电致变色显示面板及电子纸	浦东林	实用新型	光电科学与工程学院

续表

序号	申请日	专利号	专利名称	第1发明人	类别、国别/地区	所在单位
558	2018-11-21	2018113796296	一种在重力除尘器中提高高炉炉顶煤气温度的方法	李洪玮	发明	沙钢钢铁学院
559	2018-11-22	2018113992696	一维HKUST-1纳米带及其制备方法	李沁	发明	光电科学与工程学院
560	2018-11-26	2018219554489	一种用于动物固定辅助装置	陶莎莎	实用新型	医学部公共卫生学院
561	2018-11-28	2018114693691	一种低压降镜像电流源电路	白春风	发明	电子信息学院
562	2018-11-29	2018114469658	一种可见光驱动的反蛋白石光催化材料、其制备方法及其对水体有机污染物的降解去除	路建美	发明	材料与化学化工学部
563	2018-11-30	2018114536807	一种单片式宽波段消色差衍射混合透镜及设计方法	许峰	发明	光电科学与工程学院
564	2018-11-30	2018114529235	一种自聚焦透镜后截距的测量方法	许峰	发明	光电科学与工程学院
565	2018-12-06	2018114897307	一种钼修饰氧化铁光电极的制备方法及表面改性方法	钟俊	发明	纳米科学技术学院
566	2018-12-06	201811487777X	β-内酰胺衍生物的制备方法	曾润生	发明	材料与化学化工学部
567	2018-12-06	2018114895960	一种由芳香族羧酸的无催化硼氢化反应制备硼酸酯的方法	薛明强	发明	材料与化学化工学部
568	2018-12-06	2018114903609	一种由脂肪族羧酸的无催化硼氢化反应制备硼酸酯的方法	薛明强	发明	材料与化学化工学部

续表

序号	申请日	专利号	专利名称	第1发明人	类别、国别/地区	所在单位
569	2018-12-10	201811504547X	GNSS位置辅助SINS行进间初始对准方法	徐祥	发明	电子信息学院
570	2018-12-11	2018115084722	不等高截面上激光熔覆堆积水平筋条的方法	石拓	发明	光电科学与工程学院
571	2018-12-12	2018115200916	基于脂肪族羧酸硼氢化反应制备硼酸酯的方法	薛明强	发明	材料与化学化工学部
572	2018-12-12	2018115212275	基于正丁基锂制备硼酸酯的方法	薛明强	发明	材料与化学化工学部
573	2018-12-17	2018115424156	一种天然蛋白基仿生结构骨支架的制备方法	李刚	发明	医学部实验中心
574	2018-12-18	2018115529938	异质社交网络跨平台关联用户账户挖掘方法	周经亚	发明	计算机科学与技术学院
575	2018-12-18	2018115555773	室温制备硼酸酯的方法	薛明强	发明	材料与化学化工学部
576	2018-12-18	2018115530013	一种彩色立体莫尔成像光学装置	申溯	发明	光电科学与工程学院
577	2018-12-19	201811557395X	一种电力电子变压器电路、电力电子变压器及控制方法	何立群	发明	轨道交通学院
578	2018-12-21	2018115751995	一种纯平面结构的色控非晶硅太阳能电池	马冬	发明	轨道交通学院
579	2018-12-21	2018115715876	变分非线性模式分解变转速轴承故障诊断方法	江星星	发明	轨道交通学院

续表

序号	申请日	专利号	专利名称	第1发明人	类别、国别/地区	所在单位
580	2018-12-21	2018115682285	一种基于溴化铜制备高性能全无机钙钛矿太阳能电池的方法	王照奎	发明	纳米科学技术学院
581	2018-12-24	2019208550741	一种干涉条纹锁定控制装置	邹文龙	实用新型	光电科学与工程学院
582	2018-12-24	2018115809197	双金属氧化物纳米材料及其制备和应用	顾宏伟	发明	材料与化学化工学部
583	2018-12-24	2018115812560	一种条纹锁定式全息干涉光刻系统及条纹锁定方法	邹文龙	发明	光电科学与工程学院
584	2018-12-25	2018115956849	稠合双吲哚衍生物及其制备方法	邹建平	发明	材料与化学化工学部
585	2018-12-25	2018115956868	一种3-亚硝基吲哚衍生物及其制备方法	邹建平	发明	材料与化学化工学部
586	2018-12-25	2018115956872	一种3-硝基吡咯的制备方法	邹建平	发明	材料与化学化工学部
587	2018-12-28	201811622988X	自动驾驶系统的规划方法	陈子璇	发明	计算机科学与技术学院
588	2018-12-29	2018222495626	复合金属膜和包装材料	朱昊枢	实用新型	光电科学与工程学院
589	2018-12-29	2018116426144	基于外观字典学习和形状稀疏表示的图像分割方法	向德辉	发明	电子信息学院
590	2018-12-30	2018116489938	一种光学相干断层扫描图像的快速分割方法及装置	王丽荣	发明	电子信息学院
591	2019-01-09	201910019584X	电子商务团购推荐方法及系统	陈吉红	发明	材料与化学化工学部

续表

序号	申请日	专利号	专利名称	第1发明人	类别、国别/地区	所在单位
592	2019-01-09	2019100196039	贵金属二维材料及其制备方法	顾宏伟	发明	材料与化学化工学部
593	2019-01-17	2019100452001	一种喹哚啉衍生物的合成方法	徐小平	发明	材料与化学化工学部
594	2019-01-18	2019100488056	羟基吡啶酮类化合物修饰的碳量子点及其制备和应用	王殳凹	发明	医学部放射医学与防护学院
595	2019-01-21	2019100533070	一种抗紫外疏水阻燃真丝织物及其制备方法	邢铁玲	发明	纺织与服装工程学院
596	2019-01-21	201910053309X	一种超疏水羊毛织物及其制备方法	邢铁玲	发明	纺织与服装工程学院
597	2019-01-23	2019100632292	在单波长上调制金纳米棒光学截面的方法	倪卫海	发明	物理科学与技术学院
598	2019-01-24	2019100685529	3-芳基琥珀酰亚胺类化合物的制备方法	叶 娜	发明	医学部药学院
599	2019-01-25	2019201322246	一种用于卧床病人的转运与床单更换装置	李伟达	实用新型	机电工程学院
600	2019-01-25	2019100752769	一种制备1,4-二氢噁嗪的方法	万小兵	发明	材料与化学化工学部
601	2019-01-28	2019100827040	用于电催化CO_2还原至甲酸的铋基催化剂及其制备方法和应用	李彦光	发明	纳米科学技术学院
602	2019-01-30	2019100924445	多溴代苯并[1,3]噁嗪衍生物的合成方法	徐小平	发明	材料与化学化工学部
603	2019-01-30	2019100935238	白头翁皂苷A1在制备药物中的应用	刘艳丽	发明	医学部药学院

续表

序号	申请日	专利号	专利名称	第1发明人	类别、国别/地区	所在单位
604	2019-02-01	2019101043030	一种超薄碳膜的制备方法	刘涛	发明	材料与化学化工学部
605	2019-02-03	2019201882426	一种抗菌防过敏成人用纸尿裤	赵荟菁	实用新型	纺织与服装工程学院
606	2019-02-11	2019101104674	一种无色透明的高介电常数柔性聚氨酯及其自修复方法	梁国正	发明	材料与化学化工学部
607	2019-02-13	2019101141461	无监督非线性自适应流形学习方法	王邦军	发明	计算机科学与技术学院
608	2019-02-13	2019101127197	贝叶斯协同过滤推荐方法	王邦军	发明	计算机科学与技术学院
609	2019-02-19	2019202121988	一种医用水蛭低温无菌储存装置	许维岸	实用新型	医学部基础医学与生物科学学院
610	2019-02-20	2019101269408	一种恶唑并喹啉类化合物及其制备方法与应用	徐新芳	发明	材料与化学化工学部
611	2019-02-22	201910135499X	催化 N-烷基吲哚 C7 位烷基化反应的方法	袁丹	发明	材料与化学化工学部
612	2019-02-25	2019101375799	基于信道纠错的多跳量子隐形传态方法	付粉香	发明	电子信息学院
613	2019-02-25	2019101375731	基于最大纠缠 Bell 态实现 cluster 态的远距离扩展方法	曹凌云	发明	电子信息学院
614	2019-02-26	2019202372469	一种低年级双确认动态人脸识别道闸系统	李成	实用新型	轨道交通学院
615	2019-02-26	2019202416043	号牌签注装置	魏国军	实用新型	光电科学与工程学院

续表

序号	申请日	专利号	专利名称	第1发明人	类别、国别/地区	所在单位
616	2019-02-26	2019202422858	号牌签注系统	魏国军	实用新型	光电科学与工程学院
617	2019-02-27	2019202496160	一种用于城市河道排水口的拍门	赵华菁	实用新型	轨道交通学院
618	2019-02-28	2019101531227	一种摩擦纳米发电机及其制备方法、可穿戴设备	陈小平	发明	电子信息学院
619	2019-03-06	2019202839847	一种化学突触的结构模型教具	郑小坚	实用新型	医学部实验中心
620	2019-03-11	2019203021440	球切面气泡纺丝装置	方月	实用新型	纺织与服装工程学院
621	2019-03-13	2019203155144	激光清洗头和应用其的激光清洗设备	张晓	实用新型	机电工程学院
622	2019-03-14	2019203259020	一种用于摩擦力实验的教学装置	陈庆	实用新型	机电工程学院
623	2019-03-15	2019203326449	道路雨水导口预制砼及道路雨水导口预制砼单元体	翟俊	实用新型	金螳螂建筑学院
624	2019-03-18	2019102045086	芳氧功能化脯氨醇手性配体作为催化剂的应用	陆澄容	发明	材料与化学化工学部
625	2019-03-18	2019102045071	二硫代环碳酸酯类化合物的制备方法	陆澄容	发明	材料与化学化工学部
626	2019-03-19	2019203495165	一种蛙心套管	车轶	实用新型	医学部基础医学与生物科学学院
627	2019-03-25	2019102292384	色酮并喹啉杂环化合物的制备方法	张士磊	发明	医学部药学院

续表

序号	申请日	专利号	专利名称	第1发明人	类别、国别/地区	所在单位
628	2019-04-01	2019102557794	一种薄壁压铸件用高强韧散热铝合金材料及其制备方法	杨 蕾	发明	沙钢钢铁学院
629	2019-04-01	2019102578413	基于多尺度数据结构的快速谱聚类方法	陈旻昕	发明	数学科学学院
630	2019-04-02	2019102601513	粘滑式惯性压电驱动器的运动控制方法及装置	钟博文	发明	机电工程学院
631	2019-04-02	2019102601091	压电陶瓷致动器的驱动控制方法及装置	钟博文	发明	机电工程学院
632	2019-04-03	2019204470131	一种高效净水复合式生态浮岛装置	翟 俊	实用新型	金螳螂建筑学院
633	2019-04-03	2019204430844	空气甲醛分布式云监测系统	吴 迪	实用新型	光电科学与工程学院
634	2019-04-03	2019224954594	高效净水复合式生态浮岛系统	翟 俊	实用新型	金螳螂建筑学院
635	2019-04-05	2019102733796	高倍率固态可充电电池用三元复合材料及其应用	耿凤霞	发明	能源学院
636	2019-04-08	2019102748594	一种低偏心差双内锥面定位块的加工方法	陈 曦	发明	光电科学与工程学院
637	2019-04-08	2019102748984	一种低偏心差弯月镜的加工方法	陈 曦	发明	光电科学与工程学院
638	2019-04-10	2019204787705	气泡静电纺丝装置	何吉欢	实用新型	纺织与服装工程学院
639	2019-04-10	2019204797590	有序控制纳米纤维分子排序的气泡静电纺丝装置	何吉欢	实用新型	纺织与服装工程学院

续表

序号	申请日	专利号	专利名称	第1发明人	类别、国别/地区	所在单位
640	2019-04-10	201910286266X	一种单电极模式的可拉伸摩擦纳米发电机及制备方法	陈小平	发明	电子信息学院
641	2019-04-11	2019102885712	利用光响应行为制备异质结构材料的方法及其应用	李治洲	发明	纳米科学技术学院
642	2019-04-12	2019204991783	一种取料装置和撕膜设备	方宗豹	实用新型	光电科学与工程学院
643	2019-04-12	2019204990530	一种起膜装置	张恒	实用新型	光电科学与工程学院
644	2019-04-12	201910292645X	激光熔化沉积制造用FeCrCuTiV高熵合金粉末及其制备方法	夏志新	发明	沙钢钢铁学院
645	2019-04-12	2019204942289	一种适用不同尺寸产品的储料架和撕膜设备	张恒	实用新型	光电科学与工程学院
646	2019-04-12	2019204991764	一种自动撕膜设备	张恒	实用新型	光电科学与工程学院
647	2019-04-12	201920499288X	一种带自动升降平台的储料架和撕膜设备	方宗豹	实用新型	光电科学与工程学院
648	2019-04-12	2019204937280	一种双面撕膜设备	张恒	实用新型	光电科学与工程学院
649	2019-04-12	201920494226X	一种撕膜单元及撕膜设备	张恒	实用新型	光电科学与工程学院
650	2019-04-15	2019102889145	一种建立特厚板轧制力模型的方法	章顺虎	发明	沙钢钢铁学院
651	2019-04-16	201920515745X	一种安全节能的酒精锅座	赵鸿勇	实用新型	电子信息学院

续表

序号	申请日	专利号	专利名称	第1发明人	类别、国别/地区	所在单位
652	2019-04-19	2019103199749	一种钼酸锰包覆的铜网及其应用于油水乳液的分离及水中有机污染物的降解	路建美	发明	材料与化学化工学部
653	2019-04-22	2019103231890	基于潜在特征编码的机械异常检测方法	王俊	发明	生物医学研究院
654	2019-04-23	2019103270217	一种复合式惯性粘滑驱动跨尺度精密运动平台	钟博文	发明	机电工程学院
655	2019-04-23	2019103269968	一种基于界面效应的自吸附惯性粘滑跨尺度精密运动平台	钟博文	发明	机电工程学院
656	2019-04-23	2019103295799	一种有机单晶阵列薄膜的制备方法	张秀娟	发明	纳米科学技术学院
657	2019-04-23	2019103309556	多取代吡唑及其制备方法	李海燕	发明	分析测试中心
658	2019-04-25	2019205797899	三维打印系统	朱鸣	实用新型	光电科学与工程学院
659	2019-04-29	201920606345X	光内送粉激光熔覆装置	夏志新	实用新型	沙钢钢铁学院
660	2019-04-29	2019206069456	一种多尺度复合纳米纤维纱制备装置	莫晓璇	实用新型	纺织与服装工程学院
661	2019-04-29	2019206063430	光内送丝激光熔覆装置	夏志新	实用新型	沙钢钢铁学院
662	2019-04-30	2019206240098	一种轨道接头电阻检测车	杜贵府	实用新型	轨道交通学院
663	2019-04-30	2019302079755	镭射纸	朱昊枢	外观设计	光电科学与工程学院

续表

序号	申请日	专利号	专利名称	第1发明人	类别、国别/地区	所在单位
664	2019-04-30	2019302079632	镭射纸	朱昊枢	外观设计	光电科学与工程学院
665	2019-04-30	2019302077798	镭射纸	朱昊枢	外观设计	光电科学与工程学院
666	2019-04-30	2019302079628	镭射纸	朱昊枢	外观设计	光电科学与工程学院
667	2019-04-30	2019302078004	镭射纸	朱昊枢	外观设计	光电科学与工程学院
668	2019-04-30	2019302078269	镭射纸	朱昊枢	外观设计	光电科学与工程学院
669	2019-04-30	2019103624758	一种动作识别方法	杨剑宇	发明	轨道交通学院
670	2019-05-05	2019103684903	光引发聚合制备乙烯基醚类聚合物的方法	朱健	发明	材料与化学化工学部
671	2019-05-05	2019103667289	双曲型超材料及双曲型超材料的制备方法	罗杰	发明	物理科学与技术学院
672	2019-05-09	2019103860587	一维氧化铟中空纳米管/二维铁酸锌纳米片异质结复合材料及其在去除水体污染物中的应用	路建美	发明	材料与化学化工学部
673	2019-05-10	2019206709359	一种模块化设计的适配多型针头的压电超声显微注射装置	黄海波	实用新型	机电工程学院
674	2019-05-13	2019103939688	基于深度学习的一阶段车牌检测识别方法	黄鹤	发明	电子信息学院
675	2019-05-14	2019206785136	高通量免疫印迹抗体孵育装置	陶莎莎	实用新型	医学部公共卫生学院

续表

序号	申请日	专利号	专利名称	第1发明人	类别、国别/地区	所在单位
676	2019-05-14	2019103999119	模值检测动基座鲁棒对准方法	徐祥	发明	电子信息学院
677	2019-05-15	2019207027821	一种交互控制关节臂	符俊臣	实用新型	机电工程学院
678	2019-05-17	2019207156038	玻纤增强材料制造装置	谭洪	实用新型	工程训练中心
679	2019-05-20	2019207245116	一种阀套研磨装置	陈国栋	实用新型	机电工程学院
680	2019-05-21	2019207344130	用于污水处理的光降解净化装置	苏晓东	实用新型	物理科学与技术学院
681	2019-05-23	2019207504642	一种仿蚕丝层结构的食品包装膜	莫晓璇	实用新型	纺织与服装工程学院
682	2019-05-23	2019207567336	一种波纹钢组合模板及波纹钢-混凝土组合构件	黄俊	实用新型	机电工程学院
683	2019-05-23	2019104362042	碳化钛纳米片/层状硫化铟异质结及其在降解去除水体污染物中的应用	路建美	发明	材料与化学化工学部
684	2019-05-24	2019207615556	一种基于反射式随机衍射片的光谱测量装置	蔡志坚	实用新型	光电科学与工程学院
685	2019-05-27	2019104446654	一种等厚离轴非球面镜的加工方法	郭培基	发明	光电科学与工程学院
686	2019-05-27	2019104444837	一种近轴端远轴端等厚离轴非球面加工方法	陈曦	发明	光电科学与工程学院
687	2019-05-28	2019207791401	一种具有防错位功能的收料单元	方宗豹	实用新型	光电科学与工程学院

续表

序号	申请日	专利号	专利名称	第1发明人	类别、国别/地区	所在单位
688	2019-05-28	2019207793799	一种板材端面自动加工设备	方宗豹	实用新型	光电科学与工程学院
689	2019-05-28	2019207791365	一种板材定位固定装置和板材端面自动处理单元	张 恒	实用新型	光电科学与工程学院
690	2019-05-28	2019207791774	一种取料装置和取料单元	张 恒	实用新型	光电科学与工程学院
691	2019-05-29	2019207938552	一种大直径土压盾构隧道掘进界面模拟试验系统	刘 维	实用新型	轨道交通学院
692	2019-05-29	2019207905648	一种机械式去除飞边装置	张 晓	实用新型	机电工程学院
693	2019-05-29	2019207932005	一种带复氧功能的拓扑导流墙	赵华菁	实用新型	轨道交通学院
694	2019-05-29	2019207931981	一种重力操控的阳台立管雨污分流器	赵华菁	实用新型	轨道交通学院
695	2019-05-29	2019104549364	一种高效、快速、绿色的沸石分子筛制备方法	王殳凹	发明	医学部放射医学与防护学院
696	2019-05-31	2019208106271	一种用于探测半导体材料X射线性能的装置	梁城瑜	实用新型	医学部放射医学与防护学院
697	2019-05-31	2019104721897	一种抗菌功能阳离子涤纶混纺面料及其制备工艺	潘志娟	发明	纺织与服装工程学院
698	2019-06-03	2019208272553	一种LED面板灯	基亮亮	实用新型	光电科学与工程学院
699	2019-06-04	2019208360554	微流控芯片	杨 浩	实用新型	机电工程学院

续表

序号	申请日	专利号	专利名称	第1发明人	类别、国别/地区	所在单位
700	2019-06-04	2019104824037	一种含氟交替共聚物大分子单体及其合成方法	程振平	发明	材料与化学化工学部
701	2019-06-05	2019208409109	一种用于硬质驳岸的悬挂式绿化种植模块	马建武	实用新型	金螳螂建筑学院
702	2019-06-05	2019104838951	Ni-W-P/CNTs/CC催化电极及其制备方法及应用	盛敏奇	发明	沙钢钢铁学院
703	2019-06-06	2019104932525	一种基于人工神经网络的光信噪比监测方法	王峰	发明	光电科学与工程学院
704	2019-06-10	2019208597076	一种激光去飞边设备	倪玉吉	实用新型	机电工程学院
705	2019-06-10	2019104975662	一种含锆电热合金及含锆合金的制备方法	侯栋	发明	沙钢钢铁学院
706	2019-06-11	201920872672X	一种纳米波导镜片及AR显示装置	罗明辉	实用新型	光电科学与工程学院
707	2019-06-11	2019208727864	一种用于塑料件激光焊接的焊接夹具	王超	实用新型	机电工程学院
708	2019-06-11	2019208684939	一种导电膜的层间架桥结构、导电膜及触控面板	基亮亮	实用新型	光电科学与工程学院
709	2019-06-12	2019208797299	四电平AC-AC变换器及由其拓展得到的任意整数电平AC-AC变换器	张友军	实用新型	机电工程学院
710	2019-06-12	2019105035368	一种在锂金属负极表面构建双层保护界面的方法	钱涛	发明	能源学院

续表

序号	申请日	专利号	专利名称	第1发明人	类别、国别/地区	所在单位
711	2019-06-12	2019105064888	无线接入频谱灵活光网络的能耗优化方法、系统	陈伯文	发明	电子信息学院
712	2019-06-12	2019105070925	一种终端延迟选择的量子通信方法及系统	李太超	发明	电子信息学院
713	2019-06-13	201920886828X	一种全自动电机定子装配生产线	张峰峰	实用新型	机电工程学院
714	2019-06-14	2019105162170	一种移动机器人及其快速标定方法和系统	陈国栋	发明	机电工程学院
715	2019-06-17	2019209106993	一种可完全光解水的内嵌硅pn结的氧化铁光阳极体系	吴绍龙	实用新型	光电科学与工程学院
716	2019-06-17	2019105233674	含硫小分子化合物及其应用	路建美	发明	材料与化学化工学部
717	2019-06-17	201910521496X	一种内嵌硅pn结的氧化铁光阳极体系及制备方法	吴绍龙	发明	光电科学与工程学院
718	2019-06-17	2019105235078	基于生成对抗网络的多姿态面部表情识别方法	黄鹤	发明	电子信息学院
719	2019-06-18	2019209116730	一种基于硬质驳岸的固定式植物浮床	马建武	实用新型	金螳螂建筑学院
720	2019-06-18	2019209116726	一种屋顶自蓄水式快速绿化设施	马建武	实用新型	金螳螂建筑学院
721	2019-06-18	2019105258258	一种多层复合编织的可降解神经导管结构及其制备方法	李刚	发明	医学部实验中心
722	2019-06-19	201920927708X	一种无线充电线圈及无线充电线圈组	刘麟跃	实用新型	光电科学与工程学院

续表

序号	申请日	专利号	专利名称	第1发明人	类别、国别/地区	所在单位
723	2019-06-20	2019209366079	一种机器人快换关节装置	陈国栋	实用新型	机电工程学院
724	2019-06-20	2019209365930	一种机器人末端夹持装置	陈国栋	实用新型	机电工程学院
725	2019-06-20	2019209288012	一种生态型细菌消减器	成中芹	实用新型	医学部基础医学与生物科学学院
726	2019-06-20	2019209332072	一种静脉留置针及其拔出装置	王 辉	实用新型	计算机科学与技术学院
727	2019-06-24	2019209565212	一种透明导电膜	基亮亮	实用新型	光电科学与工程学院
728	2019-06-24	2019105500783	作用于小肠的辐射防护纳米药物及其制备方法	华道本	发明	医学部放射医学与防护学院
729	2019-06-24	2019105516705	γ-谷氨酰转肽酶响应型分子探针及其应用	史海斌	发明	医学部放射医学与防护学院
730	2019-06-25	2019209639983	裸眼增强现实显示装置	李瑞彬	实用新型	光电科学与工程学院
731	2019-06-25	2019209630565	一种轻便型桑园旋耕施肥一体机	谈建中	实用新型	金螳螂建筑学院
732	2019-06-25	2019209628207	一种纤维预处理装置	赵泽宇	实用新型	医学部实验中心
733	2019-06-28	2019105796301	主链型"半氟"交替共聚物的嵌段共聚物的光照聚合法	程振平	发明	材料与化学化工学部
734	2019-06-28	2019210004789	转盘式试管架	安 艳	实用新型	医学部公共卫生学院

续表

序号	申请日	专利号	专利名称	第1发明人	类别、国别/地区	所在单位
735	2019-06-28	2019210013294	用于细胞培养的冻存盒	安 艳	实用新型	医学部公共卫生学院
736	2019-06-28	2019209937164	一种具有高灵敏度的漏磁检测探头	羊箭锋	实用新型	电子信息学院
737	2019-07-01	2019210075182	用于呈现图像的装置和用于实现增强现实显示的系统	罗明辉	实用新型	光电科学与工程学院
738	2019-07-03	2019210217959	一种桌面型实验用刮涂机	邓 巍	实用新型	纳米科学技术学院
739	2019-07-05	2019210437906	防护帽套	潘姝雯	实用新型	纺织与服装工程学院
740	2019-07-05	2019210409802	一种声控智能搬运系统	黄克亚	实用新型	机电工程学院
741	2019-07-05	2019106038965	一步加热法溶解重组蛛丝蛋白包涵体的方法	齐兴梅	发明	生物医学研究院
742	2019-07-08	2019210519183	一种TLC生物自显影专用装置	李笃信	实用新型	医学部药学院
743	2019-07-10	2019210696991	一种激光去飞边装置	张 晓	实用新型	机电工程学院
744	2019-07-11	2019210840691	一种老龄病人套服	何佳臻	实用新型	纺织与服装工程学院
745	2019-07-11	2019210788226	二氧化钛基气体传感器	潘明强	实用新型	机电工程学院
746	2019-07-12	2019210925030	一种混频式单片波导镜片及三维显示装置	罗明辉	实用新型	光电科学与工程学院

续表

序号	申请日	专利号	专利名称	第1发明人	类别、国别/地区	所在单位
747	2019-07-15	2019106374913	多壁碳纳米管自修复膜及其在处理含油废水中的应用	路建美	发明	材料与化学化工学部
748	2019-07-16	2019106416437	基于中继节点测量结果随机发送的d维链式隐形传态方法	付粉香	发明	电子信息学院
749	2019-07-17	2019211204104	一种蚕种催青箱	胡子刚	实用新型	金螳螂建筑学院
750	2019-07-17	2019211220821	一种服装设计用的多功能描线器	常卓	实用新型	纺织与服装工程学院
751	2019-07-17	2019106471843	一种锂电池	严锋	发明	材料与化学化工学部
752	2019-07-18	2019211358935	一种可调式光电采样装置	王伟	实用新型	光电科学与工程学院
753	2019-07-18	201921134241X	一种可变式光电开关支架装置	王伟	实用新型	光电科学与工程学院
754	2019-07-22	2019211515777	电诱导辅助化学机械抛光测试装置	寇青明	实用新型	机电工程学院
755	2019-07-23	2019211648478	一种单片式消色差手机镜头	许峰	实用新型	光电科学与工程学院
756	2019-07-24	2019211673944	一种不存在高电平交集的反相检测时钟发生电路	李富华	实用新型	电子信息学院
757	2019-07-24	2019211745590	一种激光分束打标装置	倪玉吉	实用新型	机电工程学院
758	2019-07-24	2019211712582	一种挤出型生物3D打印机机头	郑兆柱	实用新型	纺织与服装工程学院

续表

序号	申请日	专利号	专利名称	第1发明人	类别、国别/地区	所在单位
759	2019-07-25	2019211841155	一种焦距可变换的激光清洗工作头	刘金聪	实用新型	机电工程学院
760	2019-07-25	2019106744164	多源时频脊线提取方法	石娟娟	发明	轨道交通学院
761	2019-07-25	2019211846110	一种纳米波导镜片及AR显示装置	李瑞彬	实用新型	光电科学与工程学院
762	2019-07-25	2019211841579	城市道路激光清洗车	刘金聪	实用新型	机电工程学院
763	2019-07-25	2019211786158	芒硝外敷袋	宋冰鑫	实用新型	医学部实验中心
764	2019-07-29	201921201158X	一种防护织物	高珊	实用新型	纺织与服装工程学院
765	2019-07-29	2019212060035	芒硝外敷袋	胡化刚	实用新型	医学部护理学院
766	2019-07-30	201910696937X	一种肿瘤微环境 H_2O_2 响应交联型近红外分子探针及其应用	史海斌	发明	医学部放射医学与防护学院
767	2019-07-31	2019212287617	彩色波导镜片及AR显示装置	罗明辉	实用新型	光电科学与工程学院
768	2019-07-31	2019212289190	彩色波导镜片及AR显示装置	罗明辉	实用新型	光电科学与工程学院
769	2019-07-31	2019212243939	一种防掉落的移动小车	钱津洋	实用新型	机电工程学院
770	2019-07-31	2019212234785	一种齿轮箱的拆装机构	李平川	实用新型	机电工程学院
771	2019-07-31	2019212234747	一种防碰撞的扫地机器人	金晟	实用新型	机电工程学院

续表

序号	申请日	专利号	专利名称	第1发明人	类别、国别/地区	所在单位
772	2019-07-31	2019212234770	一种扫地机器人的防护装置	杨 慧	实用新型	机电工程学院
773	2019-07-31	2019212274138	一种分格式芒硝外敷袋	胡化刚	实用新型	医学部护理学院
774	2019-08-01	2019212317400	一种移动小车的防掉落机构	张国旭	实用新型	机电工程学院
775	2019-08-01	2019212319374	一种移动小车的隔板间距调节机构	张拯燊	实用新型	机电工程学院
776	2019-08-01	201921231936X	一种自润滑轴承	李 奇	实用新型	机电工程学院
777	2019-08-02	2019212481706	一种发动机及其尾气后处理装置	黄耀松	实用新型	能源学院
778	2019-08-02	2019212481091	一种新型芒硝外敷袋	胡雁飞	实用新型	医学部放射医学与防护学院
779	2019-08-06	2019107226514	一种高雾度导电薄膜及其制备方法	唐建新	发明	纳米科学技术学院
780	2019-08-07	2019212680818	批量钉螺逸蚴板	吕大兵	实用新型	医学部公共卫生学院
781	2019-08-09	201921292166X	一种二维非相干OCD-MA系统	王晓玲	实用新型	电子信息学院
782	2019-08-09	201921288997X	一种新型芒硝外敷袋	钱费楠	实用新型	医学部放射医学与防护学院
783	2019-08-12	2019212983011	一种基于塔姆等离子的平面近红外光电探测器	刘鉴辉	实用新型	光电科学与工程学院

续表

序号	申请日	专利号	专利名称	第1发明人	类别、国别/地区	所在单位
784	2019-08-12	2019212983331	3D打印系统	朱鸣	实用新型	光电科学与工程学院
785	2019-08-12	2019213020406	一种转向机构	杨昆飞	实用新型	工程训练中心
786	2019-08-12	2019213000440	一种拔大型压缩机塞夹具	倪俊芳	实用新型	机电工程学院
787	2019-08-12	2019213000455	一种拔小型压缩机塞夹具	倪俊芳	实用新型	机电工程学院
788	2019-08-12	2019107403650	一种抗炎靶向递送系统及其制备方法	汪超	发明	纳米科学技术学院
789	2019-08-12	2019213000652	一种定轨行走小车	倪俊芳	实用新型	机电工程学院
790	2019-08-13	2019213087887	一种基于视觉识别的夹具机构	倪俊芳	实用新型	机电工程学院
791	2019-08-13	2019213088273	一种冷凝器夹具	倪俊芳	实用新型	机电工程学院
792	2019-08-14	201921314791X	用于呈现图像的装置和用于实现增强现实显示的系统	罗明辉	实用新型	光电科学与工程学院
793	2019-08-14	2019107500646	中心频率收敛趋势作用下的故障诊断方法	江星星	发明	轨道交通学院
794	2019-08-15	2019213251627	一种脱胶废水的循环处理系统	孟凯	实用新型	纺织与服装工程学院
795	2019-08-15	2019213251913	一种运动型背心	黄伟萍	实用新型	纺织与服装工程学院
796	2019-08-16	201921332765X	拉条及芒硝外敷袋	杨双萌	实用新型	医学部

续表

序号	申请日	专利号	专利名称	第1发明人	类别、国别/地区	所在单位
797	2019-08-16	2019107605351	一种自封装碳阵列及其制备方法和应用	刘涛	发明	材料与化学化工学部
798	2019-08-21	2019213656515	一种视场可调的AR显示系统	罗明辉	实用新型	光电科学与工程学院
799	2019-08-21	201921365451X	一种包含液态金属电极的微流控芯片	杨浩	实用新型	机电工程学院
800	2019-08-21	201921366381X	一种包含可形变液态金属电极的微流控芯片	杨浩	实用新型	机电工程学院
801	2019-8-22	2019304576610	镭射纸	朱昊枢	外观设计	光电科学与工程学院
802	2019-8-22	2019304576451	镭射纸	朱昊枢	外观设计	光电科学与工程学院
803	2019-8-22	2019213652393	增强现实显示系统	罗明辉	实用新型	光电科学与工程学院
804	2019-8-22	2019213652092	增强现实显示系统	罗明辉	实用新型	光电科学与工程学院
805	2019-8-22	2019213676913	拼接防护服	孙玉钗	实用新型	纺织与服装工程学院
806	2019-8-22	2019213705954	全息衍射波导镜片、波导镜片组及增强现实彩色显示装置	罗明辉	实用新型	光电科学与工程学院
807	2019-8-26	2019107914783	利用光强互关联实现随机光场复相干度测量的方法	黄钊锋	发明	物理科学与技术学院
808	2019-8-27	2019214047571	防静电的阻燃型反光膜	朱昊枢	实用新型	光电科学与工程学院

续表

序号	申请日	专利号	专利名称	第1发明人	类别、国别/地区	所在单位
809	2019-8-27	2019214047567	防静电的阻燃型反光膜	朱昊枢	实用新型	光电科学与工程学院
810	2019-8-27	2019214041664	一种升降式平台轨道机构	倪俊芳	实用新型	机电工程学院
811	2019-8-28	2019108028775	一种大长径比轴孔装配的柔顺装置、装配系统、装配方法	陈国栋	发明	机电工程学院
812	2019-8-29	2019214250180	一种牛角瓜纤维提取装置	李刚	实用新型	医学部实验中心
813	2019-8-29	2019214250176	一种连续式牛角瓜纤维提取装置	李刚	实用新型	医学部实验中心
814	2019-8-29	2019108093420	脊髓闭环性电刺激系统	刘耀波	发明	神经科学研究所
815	2019-8-29	201910810411X	一种铠装电缆外护套自动切割装置	陈国栋	发明	机电工程学院
816	2019-8-30	2019214335668	一种冷凝器提升装置	倪俊芳	实用新型	机电工程学院
817	2019-9-2	2019108247861	基于非最大纠缠团簇态的四粒子团簇态多跳隐形传态方法	曹凌云	发明	电子信息学院
818	2019-9-3	2019214534873	一种可旋转采光的多层立体绿化装置	马建武	实用新型	金螳螂建筑学院
819	2019-9-4	2019214608858	一种通体发光光纤及发光制品	刘宇清	实用新型	纺织与服装工程学院
820	2019-9-4	2019108317328	聚合物光纤的制备方法	刘宇清	发明	纺织与服装工程学院

续表

序号	申请日	专利号	专利名称	第1发明人	类别、国别/地区	所在单位
821	2019-9-5	2019214741746	微球透镜探针组件及微球透镜显微成像系统	高世林	实用新型	机电工程学院
822	2019-9-9	2019214869400	制备三维结构纤维的气泡纺丝装置	尹静	实用新型	纺织与服装工程学院
823	2019-9-9	2019304958992	调光箱	刘丽娜	外观设计	电子信息学院
824	2019-9-9	2019108496807	荧光变色材料及其制备方法和应用	郎建平	发明	材料与化学化工学部
825	2019-9-10	2019215021511	中空纤维帘式膜封装膜壳	孟凯	实用新型	纺织与服装工程学院
826	2019-9-12	2019108670447	360°音源实时回放系统	胡剑凌	发明	电子信息学院
827	2019-9-15	2019215248898	一种应对水文变化的消落带生态护坡系统	翟俊	实用新型	金螳螂建筑学院
828	2019-9-18	201921550209X	一种新型芒硝外敷袋	胡雁飞	实用新型	医学部药学院
829	2019-9-18	201921554027X	一种透水路面湿润系统	翟俊	实用新型	金螳螂建筑学院
830	2019-9-20	2019215738492	一种基于嵌入式的以太网多功能网关模块	李富华	实用新型	电子信息学院
831	2019-9-20	2019215738505	一种触发式直流电源管理系统	李富华	实用新型	电子信息学院
832	2019-9-20	2019215777177	一种测量材料非线性的光学系统	王伟	实用新型	光电科学与工程学院
833	2019-9-20	2019215771556	一种测量材料光学非线性的装置	王伟	实用新型	光电科学与工程学院

续表

序号	申请日	专利号	专利名称	第1发明人	类别、国别/地区	所在单位
834	2019-9-25	2019216099034	一种高精度高速高柔性智能轨道型材装检设备	李奇亮	实用新型	机电工程学院
835	2019-9-25	2019216078663	一种垃圾自动收集系统	俞卫刚	实用新型	能源学院
836	2019-9-26	2019216143696	多聚合物混纺的自由液面纺丝装置	汪 屹	实用新型	纺织与服装工程学院
837	2019-9-26	2019216139968	用于制备复合纳米纤维的自由液面纺丝装置	汪 屹	实用新型	纺织与服装工程学院
838	2019-9-26	2019216176740	新型静电纺丝装置	尹 静	实用新型	纺织与服装工程学院
839	2019-9-29	2019216395324	一种嵌入式光栅结构窄带近红外热电子光电探测器	施嘉伟	实用新型	光电科学与工程学院
840	2019-9-29	2019109352333	一种凹耳蛙免疫调节肽及其应用	卫 林	发明	生物医学研究院
841	2019-10-8	2019216697697	一种生丝脱胶过程中的干燥装置	孙玉钗	实用新型	纺织与服装工程学院
842	2019-10-10	2019216884797	一种液密型化学防护服	孙 玲	实用新型	纺织与服装工程学院
843	2019-10-11	2019216947599	基于柔性手套的人机交互系统	章云霖	实用新型	机电工程学院
844	2019-10-12	2019217074176	一种用于空调生产线的RGV小车	倪俊芳	实用新型	机电工程学院
845	2019-10-14	201921716589X	一种试剂恒温装置	薛 莲	实用新型	医学部公共卫生学院

续表

序号	申请日	专利号	专利名称	第1发明人	类别、国别/地区	所在单位
846	2019-10-14	2019217175355	温度控制装置	徐顺达	实用新型	光电科学与工程学院
847	2019-10-14	2019217137052	一种脚踏式喷雾器	胡子刚	实用新型	金螳螂建筑学院
848	2019-10-14	201921718201X	一种动态目标的三维角度测量装置	周建康	实用新型	光电科学与工程学院
849	2019-10-15	2019217256102	一种手部复健辅助装置	张秋霞	实用新型	体育学院
850	2019-10-15	2019217248943	一种运动康复辅助治疗装置	张秋霞	实用新型	体育学院
851	2019-10-15	201921730244X	一种康复电动轮椅	张秋霞	实用新型	体育学院
852	2019-10-15	2019217249132	一种用于肌肉劳损康复按摩装置	张秋霞	实用新型	体育学院
853	2019-10-16	2019217349018	一种小型血液分类储存柜	陈丽华	实用新型	医学部公共卫生学院
854	2019-10-16	2019217348852	一种末梢血自动混匀装置	张洁	实用新型	医学部公共卫生学院
855	2019-10-16	2019217357457	一种血液采集分离辅助设备	张洁	实用新型	医学部公共卫生学院
856	2019-10-16	2019109838426	一种氮掺硒化钼的合成方法、氮掺硒化钼及其应用	孙靖宇	发明	能源学院
857	2019-10-17	201910988730X	用于检测痕量铀酰离子的探针及基于其的便携式ECL检测器	华道本	发明	医学部放射医学与防护学院
858	2019-10-22	201921776202X	一种曝气管及基于其的曝气装置和膜生物反应器	孟凯	实用新型	纺织与服装工程学院

续表

序号	申请日	专利号	专利名称	第1发明人	类别、国别/地区	所在单位
859	2019-10-23	2019217812974	静电纺丝装置	汪屹	实用新型	纺织与服装工程学院
860	2019-10-23	2019217869436	一种超大视角反射贴膜及反光镜	许峰	实用新型	光电科学与工程学院
861	2019-10-24	2019218040232	太阳电池组件	苏晓东	实用新型	物理科学与技术学院
862	2019-10-24	2019218013413	一种风能雨滴能复合式能量收集装置	刘会聪	实用新型	机电工程学院
863	2019-10-24	2019218012957	一种复摆升频式波浪能收集装置	刘会聪	实用新型	机电工程学院
864	2019-10-25	2019218060768	裸眼3D显示装置	张晨	实用新型	光电科学与工程学院
865	2019-10-25	2019218139869	用于制作非球面镜的设备	徐相杰	实用新型	光电科学与工程学院
866	2019-10-26	2019218141604	一种激光增材制造送丝用的光内送丝装置	朱刚贤	实用新型	机电工程学院
867	2019-10-28	2019218211217	扭振减振器	王刚	实用新型	机电工程学院
868	2019-10-28	2019218173376	一种人体泌尿系统电动模拟装置	何炎	实用新型	医学部实验中心
869	2019-10-28	2019218271468	一种肺结节穿刺定位装置	赵雪萍	实用新型	医学部护理学院
870	2019-10-30	2019218479235	多孔陶瓷复合锂金属负极及基于该负极的锂金属二次电池	金超	实用新型	能源学院
871	2019-10-31	2019218655379	一种衣物脱水拧干装置	安艳	实用新型	医学部公共卫生学院

续表

序号	申请日	专利号	专利名称	第1发明人	类别、国别/地区	所在单位
872	2019-11-4	2019218975574	输液贴	赵雪萍	实用新型	医学部护理学院
873	2019-11-4	2019110680574	一种高质量6系铝合金挤压铸坯及其制备方法	秦 简	发明	沙钢钢铁学院
874	2019-11-5	2019218894295	基于相位渐变超构光栅的光学笼子	余博丞	实用新型	物理科学与技术学院
875	2019-11-5	2019218875345	基于法布里珀罗共振的光学介质金属超构光栅	孟庆权	实用新型	物理科学与技术学院
876	2019-11-5	2019218943380	一种变容式洗碗机	安 艳	实用新型	医学部公共卫生学院
877	2019-11-5	2019218945259	一种便于清洗的榨汁杯	安 艳	实用新型	医学部公共卫生学院
878	2019-11-5	2019218865837	一种虚拟形象设计辅助装置	刘纯平	实用新型	计算机科学与技术学院
879	2019-11-6	2019219044584	一种包芯纱调匀装置	孙玉钗	实用新型	纺织与服装工程学院
880	2019-11-7	2019219077107	耳温套收纳盒	崔恒梅	实用新型	医学部护理学院
881	2019-11-12	201921947534X	一种紧凑型宽波段光谱成像光学系统	陈新华	实用新型	光电科学与工程学院
882	2019-11-12	2019219421053	超短单光束单脉冲时间分辨泵浦探测装置及延时阶梯窗口	杨俊义	实用新型	物理科学与技术学院
883	2019-11-15	201921982612X	具有相位补偿功能的图案化液晶光取向装置	陈 成	实用新型	能源学院

续表

序号	申请日	专利号	专利名称	第1发明人	类别、国别/地区	所在单位
884	2019-11-15	2019219826153	基于正交圆偏振光干涉的图案化液晶光取向装置	陈　成	实用新型	能源学院
885	2019-11-15	2019219835190	成像检测组件	郑致刚	实用新型	光电科学与工程学院
886	2019-11-15	2019219822612	高速曝光图案化液晶光取向装置	郑致刚	实用新型	光电科学与工程学院
887	2019-11-15	2019219831698	运动控制系统	黄文彬	实用新型	光电科学与工程学院
888	2019-11-15	2019219838061	焦距伺服系统	郑致刚	实用新型	光电科学与工程学院
889	2019-11-15	2019219853610	应用于高速曝光图案化液晶光取向装置的照明系统	黄文彬	实用新型	光电科学与工程学院
890	2019-11-15	2019219856445	大幅面可控偏振图案生成装置	郑致刚	实用新型	光电科学与工程学院
891	2019-11-15	201921983616X	应用于LCOS系统位相调制工作台的低速运动控制系统	黄文彬	实用新型	光电科学与工程学院
892	2019-11-18	2019219894930	增减材复合机床	张吉平	实用新型	机电工程学院
893	2019-11-18	2019219831630	双三角回音壁光谐振模式的半导体六边形微米碟激光器	何　耿	实用新型	光电科学与工程学院
894	2019-11-19	2019220053230	基于等厚干涉的温度可视化装置	居　露	实用新型	物理科学与技术学院
895	2019-11-19	2019219977011	复合式降噪装置	王　刚	实用新型	机电工程学院

续表

序号	申请日	专利号	专利名称	第1发明人	类别、国别/地区	所在单位
896	2019-11-19	2019220054712	芒硝外敷袋	胡雁飞	实用新型	医学部放射医学与防护学院
897	2019-11-19	201922005981X	表面等离激元共振装置及吸水量检测系统	武清锋	实用新型	物理科学与技术学院
898	2019-11-22	2019111558673	QAM相干光通信系统中基于矩的精度增强的OSNR监测方法	高明义	发明	电子信息学院
899	2019-11-25	2019220496544	三维显示装置	伊东辉	实用新型	光电科学与工程学院
900	2019-11-25	2019220496493	三维显示装置	乔文	实用新型	光电科学与工程学院
901	2019-11-26	2019220685103	一种水产动物粪便收集装置	蔡春芳	实用新型	医学部基础医学与生物科学学院
902	2019-11-26	2019220679653	一种大鼠灌流装置	沈碧玉	实用新型	神经科学研究所
903	2019-11-26	201922066817X	一种折叠式大鼠游泳用多功能盆	沈碧玉	实用新型	神经科学研究所
904	2019-11-27	2019220770252	一种可吸取船头前堆水的航船	胡子刚	实用新型	金螳螂建筑学院
905	2019-11-27	2019220783801	一种水泵推拉航船前进机构	胡子刚	实用新型	金螳螂建筑学院
906	2019-11-29	2019221070233	动物自主运动饲养装置	万忠晓	实用新型	医学部公共卫生学院
907	2019-11-29	2019221052822	啮齿类动物麻醉安乐死诱导箱	王贵平	实用新型	实验动物中心

续表

序号	申请日	专利号	专利名称	第1发明人	类别、国别/地区	所在单位
908	2019-12-2	2019221169681	纳米级CMOS工艺下高线性度单位增益电压缓冲器	白春风	实用新型	电子信息学院
909	2019-12-2	201922116922X	一种宽摆幅单位增益电压缓冲器	白春风	实用新型	电子信息学院
910	2019-12-2	2019221240906	一种红外光学工业内窥镜系统及设备	杨晓飞	实用新型	光电科学与工程学院
911	2019-12-2	2019221259688	基于测试适量运动对啮齿动物影响的实验箱	万忠晓	实用新型	医学部公共卫生学院
912	2019-12-3	2019221368187	一种缓冲近电源电压的CMOS缓冲器	白春风	实用新型	电子信息学院
913	2019-12-3	2019221368191	一种缓冲近地电压的CMOS缓冲器	白春风	实用新型	电子信息学院
914	2019-12-5	2019221606560	一种萤光LED彩灯串	董璇	实用新型	医学部基础医学与生物科学学院
915	2019-12-6	2019221626206	钉螺隔离饲养装置	邹惠莹	实用新型	医学部公共卫生学院
916	2019-12-9	2019112513877	一种钠离子全电池及其制备方法	赵建庆	发明	能源学院
917	2019-12-9	2019112527564	铁基钠离子电池正极材料及其制备方法	赵建庆	发明	能源学院
918	2019-12-10	2019306866919	激光清洗设备箱体（200W）	张晓	外观设计	机电工程学院
919	2019-12-10	2019222040080	导光板及背光模组	张恒	实用新型	光电科学与工程学院

续表

序号	申请日	专利号	专利名称	第1发明人	类别、国别/地区	所在单位
920	2019-12-10	201922203743X	应用于DMD图案化液晶光取向装置的照明系统	郑致刚	实用新型	光电科学与工程学院
921	2019-12-10	2019222075111	基于数字微反射镜的大幅面任意分布的光取向装置	黄文彬	实用新型	光电科学与工程学院
922	2019-12-13	2019222494153	一种用于天然纤维的气流式多级分离收集装置	李 刚	实用新型	纺织与服装工程学院
923	2019-12-16	2019223086170	一种高线性度宽摆幅CMOS电压跟随器	白春风	实用新型	电子信息学院
924	2019-12-16	2019222464228	一种基于自适应偏置的CMOS跨导单元电路	白春风	实用新型	电子信息学院
925	2019-12-17	201922267859X	用于培养斑马鱼的恒温箱	王 伟	实用新型	光电科学与工程学院
926	2019-12-17	2019222678689	用于培养斑马鱼的照明时间可控的恒温箱	王 伟	实用新型	光电科学与工程学院
927	2019-12-17	2019222707573	一种激光打印系统	魏国军	实用新型	光电科学与工程学院
928	2019-12-17	201922272751X	一种无遮挡证卡拍照装置	魏国军	实用新型	光电科学与工程学院
929	2019-12-18	2019222825531	基于光伏发电及半导体制冷的复合调温装置及其应用	吴小平	实用新型	物理科学与技术学院
930	2019-12-20	2019223137774	一种用于激光焊接机的准远心高功率光学聚焦镜头	季轶群	实用新型	光电科学与工程学院

续表

序号	申请日	专利号	专利名称	第1发明人	类别、国别/地区	所在单位
931	2019-12-20	2019223148196	一种超大视场推扫式机载高光谱成像系统	季轶群	实用新型	光电科学与工程学院
932	2019-12-24	2019223504523	一种用于检测空心板梁下表面张拉裂缝注浆强度的机械臂	杨建新	实用新型	医学部基础医学与生物科学学院
933	2019-12-25	2019223611544	一种离轴非球面镜铣磨成形数控机床	陈曦	实用新型	光电科学与工程学院
934	2019-12-25	2019223692486	一种桥台结构	郑雪楠	实用新型	轨道交通学院
935	2019-12-27	2019113820478	近红外光热转化下的乙烯基类单体的"活性"自由基聚合方法	张丽芬	发明	材料与化学化工学部
936	2019-12-29	2019224169397	一种高速铁路设计选线用曲线板	杨娜	实用新型	轨道交通学院
937	2019-12-29	2019224169471	一种用于高速铁路设计的平面选线曲线板教具	杨娜	实用新型	轨道交通学院
938	2019-12-29	2019224169363	一种铁路设计选线用曲线板	杨娜	实用新型	轨道交通学院
939	2019-12-29	2019224169306	一种铁路设计选线用组合曲线板	杨娜	实用新型	轨道交通学院
940	2019-12-30	2019224467682	一种全息防伪复合膜及证卡	朱昊枢	实用新型	光电科学与工程学院
941	2019-12-30	2019224386810	一种结构不完全对称的证卡	朱昊枢	实用新型	光电科学与工程学院
942	2019-12-30	2019224385663	一种双面全息防伪膜及装饰材料	朱昊枢	实用新型	光电科学与工程学院

续表

序号	申请日	专利号	专利名称	第1发明人	类别、国别/地区	所在单位
943	2019-12-30	2019224467663	一种具有全息防伪标识的包装材料及烟草盒	朱昊枢	实用新型	光电科学与工程学院
944	2019-12-30	2019224375464	一种倒刺型蚕丝缝合线	卢神州	实用新型	纺织与服装工程学院
945	2019-12-30	2019224387368	一种色彩鲜明的复合膜及证卡	朱昊枢	实用新型	光电科学与工程学院
946	2019-12-30	2019224466800	一种结构对称的证卡	朱昊枢	实用新型	光电科学与工程学院
947	2019-12-31	2019224592409	一种航船动力改进装置	胡子刚	实用新型	金螳螂建筑学院
948	2019-12-31	2019114177495	一种倒刺型蚕丝缝合线及其制备方法	卢神州	发明	纺织与服装工程学院
949	2020-1-2	2020200007919	一种薄层色谱生物自显影自动化专用装置	李笃信	实用新型	医学部药学院
950	2020-1-2	2020200060107	一种蒸汽眼罩	刘宇清	实用新型	纺织与服装工程学院
951	2020-1-7	202020006978X	一种干式面膜	刘宇清	实用新型	纺织与服装工程学院
952	2020-1-8	2020200318725	一种制备三角形中空多孔纤维的湿法纺丝装置	张岩	实用新型	纺织与服装工程学院
953	2020-1-11	2020200540509	一种前后双视场共孔径内窥镜头	季轶群	实用新型	光电科学与工程学院
954	2020-1-13	202010032403X	导电丝素材料及其制备方法和应用	邢铁玲	发明	纺织与服装工程学院
955	2020-1-19	2020201131275	一种基于阻类存储器的电平触发D触发器电路	张文海	实用新型	电子信息学院

续表

序号	申请日	专利号	专利名称	第1发明人	类别、国别/地区	所在单位
956	2020-1-20	2020100660702	一种微型孔板	张秀莉	发明	医学部药学院
957	2020-2-3	2020201510182	一种应用于石墨烯上的柔性GaN基MIS器件	周浩	实用新型	光电科学与工程学院
958	2020-2-3	2020201510337	一种半导体六边形微米碟激光器	曹冰	实用新型	光电科学与工程学院
959	2020-2-13	2020201647931	一种基于图案化光取向的液晶防眩膜	王骁乾	实用新型	光电科学与工程学院
960	2020-2-14	2020201689633	一种三自由度微纳定位平台	钟博文	实用新型	机电工程学院
961	2020-2-19	2020201855031	一种用于室内移动机器人自主定位建图的一体化传感器	杨信田	实用新型	机电工程学院
962	2020-2-20	2020201894680	可穿戴血糖仪	郑兆柱	实用新型	纺织与服装工程学院
963	2020-2-21	2020201988989	一种可变光阑	张恒	实用新型	光电科学与工程学院
964	2020-2-25	2020202074903	一种果蔬干燥监测装置	陈晓东	实用新型	材料与化学化工学部
965	2020-2-25	2020202068851	一种水凝胶纤维简易纺丝装置	孟凯	实用新型	纺织与服装工程学院
966	2020-2-25	2020202068974	一种用于蓄水屋面开放空间的太阳能集热装置	张晓峰	实用新型	金螳螂建筑学院
967	2020-2-25	2020202075179	生理数据采集装置	陈虹	实用新型	数学科学学院

续表

序号	申请日	专利号	专利名称	第1发明人	类别、国别/地区	所在单位
968	2020-2-26	2020202161687	一种桩顶强度提升装置及桩基结构	郑雪楠	实用新型	轨道交通学院
969	2020-2-26	2020101190348	浸没式气射流驱动抛光设备及抛光方法	韩艳君	发明	机电工程学院
970	2020-2-27	2020202188590	一种利用电流变效应抛光人工晶状体的装置	樊 成	实用新型	机电工程学院
971	2020-2-28	2020202281000	一种可调式FTA卡采样打孔装置	罗承良	实用新型	医学部基础医学与生物科学学院
972	2020-2-28	2020202251005	一种复健人员用轮椅	张秋霞	实用新型	体育学院
973	2020-2-28	2020202244637	用于制作多凹面凝胶片的印章	张乐帅	实用新型	医学部放射医学与防护学院
974	2020-2-28	2020202244603	用于制作多凹面细胞培养片的模具装置	张乐帅	实用新型	医学部放射医学与防护学院
975	2020-2-28	2020202250977	一种腿部复健用脚踏器	张秋霞	实用新型	体育学院
976	2020-2-28	2020202249363	一种膝关节复健装置	张秋霞	实用新型	体育学院
977	2020-2-28	2020202250962	一种保健按摩器械	张秋霞	实用新型	体育学院
978	2020-2-28	2020202249310	一种腰部保健运动器械	张秋霞	实用新型	体育学院
979	2020-2-29	2020202292927	一种可快速装调的全金属望远物镜	赵知诚	实用新型	光电科学与工程学院

续表

序号	申请日	专利号	专利名称	第1发明人	类别、国别/地区	所在单位
980	2020-3-2	2020202356670	一种基于FinFET工艺SRAM抗辐照单元	张曼	实用新型	轨道交通学院
981	2020-3-2	2020202350509	一种能量收集系统	商锶	实用新型	光电科学与工程学院
982	2020-3-6	2020202684586	外置电梯控制装置及系统	沈长青	实用新型	轨道交通学院
983	2020-3-6	2020202724009	限制城市轨道交通供电系统功率越区传输的回流电路装置	郑子璇	实用新型	轨道交通学院
984	2020-3-8	2020202726610	一种感应辅助加热的光内送丝装置	朱刚贤	实用新型	机电工程学院
985	2020-3-10	2020202850463	一种绿色屋顶的种植降霾一体化装置	马建武	实用新型	金螳螂建筑学院
986	2020-3-10	202020286350X	搅拌式大批量自由液面静电纺丝装置	徐岚	实用新型	纺织与服装工程学院
987	2020-3-11	2020202918663	一种带有隐形标的玻璃保护片	任建锋	实用新型	光电科学与工程学院
988	2020-3-11	2020202918714	一种拼接法铣磨大口径非球面的装置	戴卓成	实用新型	光电科学与工程学院
989	2020-3-11	2020202956152	一种芒硝外敷袋	胡化刚	实用新型	医学部护理学院
990	2020-3-12	202020302409X	一种磁场辅助下的车削加工装置	郭旭红	实用新型	机电工程学院
991	2020-3-13	202020309154X	一种制备取向纳米纤维膜的静电纺丝接收装置	陈子阳	实用新型	纺织与服装工程学院

续表

序号	申请日	专利号	专利名称	第1发明人	类别、国别/地区	所在单位
992	2020-3-17	2020203292252	一种水运航船的齿轨拉船机构	胡子刚	实用新型	金螳螂建筑学院
993	2020-3-17	2020203292248	一种渡口钢丝绳自拉渡船机构	胡子刚	实用新型	金螳螂建筑学院
994	2020-3-17	2020203292229	一种渡口双向钢丝绳及电动机拉渡船机构	胡子刚	实用新型	金螳螂建筑学院
995	2020-3-18	2020203444170	一种土工试样的批量制样装置	陈蕾	实用新型	轨道交通学院
996	2020-3-18	2020203444397	一种固化土试样的制样装置	陈蕾	实用新型	轨道交通学院
997	2020-3-18	2020203445718	一种激光打印系统	魏国军	实用新型	光电科学与工程学院
998	2020-3-19	2020203535593	一种制备纳米纤维纱的气泡静电纺丝装置	殷妮	实用新型	纺织与服装工程学院
999	2020-3-20	2020203633401	伸缩式大批量自由液面静电纺丝装置	汪屹	实用新型	纺织与服装工程学院
1000	2020-3-24	2020203907933	一种密封性好的制胶装置	安艳	实用新型	医学部公共卫生学院
1001	2020-3-25	2020203982332	一种雏鸡联想学习行为箱	车轶	实用新型	医学部基础医学与生物科学学院
1002	2020-3-27	202020419268X	中、长波热红外双谱段非制冷型成像装置	朱晓晓	实用新型	光电科学与工程学院
1003	2020-3-31	2020204365265	梯形球面多针头气泡纺丝装置	徐岚	实用新型	纺织与服装工程学院
1004	2020-4-1	2020204594298	一种反射式望远成像系统	曾晨欣	实用新型	光电科学与工程学院

续表

序号	申请日	专利号	专利名称	第1发明人	类别、国别/地区	所在单位
1005	2020-4-1	2020204640830	增强型中空纤维膜及膜生物反应器	孟凯	实用新型	纺织与服装工程学院
1006	2020-4-2	2020204619825	一种尿液代谢自动分析装置	李笃信	实用新型	医学部药学院
1007	2020-4-5	2020204812841	一种基于软件无线电的ISM频段通信主站	周鸣籁	实用新型	电子信息学院
1008	2020-4-6	2020204825447	一种用于透镜缺陷检测的双倍率双远心光学系统	李加慧	实用新型	光电科学与工程学院
1009	2020-4-8	2020205034058	一种光刻设备	吕帅	实用新型	光电科学与工程学院
1010	2020-4-8	2020205035262	烫印膜	朱昊枢	实用新型	光电科学与工程学院
1011	2020-4-9	2020205126740	一种手持式RFID信号强度检测装置	刘学观	实用新型	电子信息学院
1012	2020-4-9	202020503987X	一种服装设计用撑布支架	王巧	实用新型	艺术学院
1013	2020-4-9	2020205039884	一种服装打版用可折叠展示架	王巧	实用新型	艺术学院
1014	2020-4-10	202020529798X	一种成像设备及其准直器	王璐瑶	实用新型	医学部放射医学与防护学院
1015	2020-4-12	2020205261827	一种用于制作重金属污染土试样的装置	陈蕾	实用新型	轨道交通学院
1016	2020-4-12	2020205261812	一种用于批量制备环境岩土工程试样的装置	陈蕾	实用新型	轨道交通学院
1017	2020-4-13	2020205347762	移液枪头与移液枪	廖良生	实用新型	纳米科学技术学院

续表

序号	申请日	专利号	专利名称	第1发明人	类别、国别/地区	所在单位
1018	2020-4-16	2020205673672	触摸屏和大尺寸红外多点触控系统	许宜申	实用新型	光电科学与工程学院
1019	2020-4-24	2020206395532	一种眼镜	廖良生	实用新型	纳米科学技术学院
1020	2020-4-24	2020103348943	TIGAR基因或蛋白在制备放射性胃肠综合征救治药物中的应用	张昊文	发明	医学部放射医学与防护学院
1021	2020-4-24	2020206395744	一种病号服	李琼舟	实用新型	艺术学院
1022	2020-4-28	2020103485974	一种转棒疲劳测试装置及测试方法	徐国莉	发明	医学部
1023	2020-4-28	2020206768928	一种灭菌指示带切割器	安艳	实用新型	医学部公共卫生学院
1024	2020-4-28	2020206786485	夹闭式灭菌指示带切割器	安艳	实用新型	医学部公共卫生学院
1025	2020-4-30	2020207151499	激光增材制造用的光内送丝装置	张劲铭	实用新型	机电工程学院
1026	2020-5-11	202020770757X	一种化学药品辅助称量装置	安艳	实用新型	医学部公共卫生学院
1027	2020-5-14	2020208035847	一种具有断电保护装置的光刻设备	吕帅	实用新型	光电科学与工程学院
1028	2020-5-17	2020208174229	功能化生态景观灯	翟俊	实用新型	金螳螂建筑学院
1029	2020-5-18	202020831044X	双卡槽发卡装置	魏国军	实用新型	光电科学与工程学院
1030	2020-5-18	2020208343443	激光签注系统	魏国军	实用新型	光电科学与工程学院

续表

序号	申请日	专利号	专利名称	第1发明人	类别、国别/地区	所在单位
1031	2020-5-20	2020208483754	激光熔覆、激光淬火、激光切割一体化控制卡和系统	张 晓	实用新型	机电工程学院
1032	2020-5-20	2020208553973	一种血吸虫毛蚴标本个体分离装置	吕大兵	实用新型	医学部公共卫生学院
1033	2020-5-21	2020208583663	基于半导体激光器单周期振荡的波形产生装置	周 沛	实用新型	光电科学与工程学院
1034	2020-5-21	2020208666331	一种汽车轮毂螺母用便携拆卸装置	王召阳	实用新型	轨道交通学院
1035	2020-5-25	2020208926485	一种线结构光光学系统	邹快盛	实用新型	光电科学与工程学院
1036	2020-5-27	2020209206710	一种便携式昆虫标本干燥架	戈志强	实用新型	医学部基础医学与生物科学学院
1037	2020-5-28	2020209326303	一种基于光注入半导体激光器的光电量化装置	周志华	实用新型	光电科学与工程学院
1038	2020-6-8	2020302849368	笔洗（钧瓷）	蒋辉煌	外观设计	艺术学院
1039	2020-6-8	202030284379X	煮水壶（粗陶提梁壶）	蒋辉煌	外观设计	艺术学院
1040	2020-6-8	2020302843770	茶罐（釉下彩）	蒋辉煌	外观设计	艺术学院
1041	2020-6-8	2020302849404	茶壶（熏烧泡瓶）	蒋辉煌	外观设计	艺术学院
1042	2020-6-8	2020302849387	花瓶（志野釉花插）	蒋辉煌	外观设计	艺术学院

续表

序号	申请日	专利号	专利名称	第1发明人	类别、国别/地区	所在单位
1043	2020-6-11	2020210606536	一种紧凑型长焦四反望远光学系统	赵知诚	实用新型	光电科学与工程学院
1044	2020-6-12	2020210802029	一种新型直射式光电探测电路	李富华	实用新型	电子信息学院
1045	2020-6-12	2020210922124	一种新型的连续时间sigma-delta ADC调制器	李富华	实用新型	电子信息学院
1046	2020-6-17	2020211286982	一种导光板测试治具及导光板测试设备	方宗豹	实用新型	光电科学与工程学院
1047	2020-6-19	2020211594502	异质结电池及异质结电池组件	苏晓东	实用新型	物理科学与技术学院
1048	2020-7-10	2020213517093	电致变色型装置	李亚雷	实用新型	光电科学与工程学院
1049	2020-8-24	2020108566130	低偏振高衍射效率金属反射浸没光栅及光学系统	潘俏	发明	光电科学与工程学院
1050	2017-9-1	171088255	一种移动式的超临界流体无水染整试验杯	龙家杰	发明	纺织与服装工程学院
1051	2018-10-27	US10625214B2	二氧化钛/磺化氧化石墨烯/银纳米粒子复合膜及其制备方法与应用	路建美	美国专利	材料与化学化工学部
1052	2018-10-24	US10618813B2	基于苊四酸二酐修饰的氮化碳/氧化石墨烯气凝胶复合材料及其制备方法与应用	路建美	美国专利	材料与化学化工学部
1053	2018-7-13	US10626228B2	一种锂盐/聚丙烯腈/热固性树脂复合材料及其制备方法	梁国正	美国专利	材料与化学化工学部

续表

序号	申请日	专利号	专利名称	第1发明人	类别、国别/地区	所在单位
1054	2016-11-10	US10637598B2	一种基于弹性光网络的保护路径确定方法及装置	沈纲祥	美国专利	电子信息学院
1055	2018-5-22	US10838361B2	一种全息光栅光刻系统及其干涉光路自准直的调节方法	邹文龙	美国专利	光电科学与工程学院
1056	2018-10-17	US10718402B2	一种自适应式扭振减振器及柴油机	王刚	美国专利	机电工程学院
1057	2017-12-22	US10780370B2	一种快速油水分离材料及其制备方法与应用	路建美	美国专利	材料与化学化工学部
1058	2018-10-25	US10773247B2	负载溴化银纳米粒子的中空介孔氮化碳纳米球复合材料及其制备方法与在降解染料中的应用	路建美	美国专利	材料与化学化工学部
1059	2016-12-3	US10745515B2	一种基于生物质的环氧树脂及其制备方法	顾嫒娟	美国专利	材料与化学化工学部
1060	2019-4-10	US10714690B2	基于多巴胺的自聚电存储材料及其制备方法与在电存储器件中的应用	路建美	美国专利	材料与化学化工学部
1061	2017-5-30	US10710915B2	负载微生物的石墨烯气凝胶金属有机框架复合材料及其制备方法与在偶氮染料处理中的应用	路建美	美国专利	材料与化学化工学部
1062	2017-5-9	US10663289B2	一种凹柱面及柱面发散镜的检测方法及装置	郭培基	美国专利	光电科学与工程学院

续表

序号	申请日	专利号	专利名称	第1发明人	类别、国别/地区	所在单位
1063	2017-5-10	US10627222B2	一种柱面及柱面汇聚镜的检测方法及装置	郭培基	美国专利	光电科学与工程学院
1064	2015-9-16	US10655245B2	一种金属氧化物宏观纤维及其制备方法	耿凤霞	美国专利	能源学院
1065	2016-4-8	US10696696B1	一种制备芳基硼酸新戊二醇酯的方法	孙宏枚	美国专利	材料与化学化工学部
1066	2018-10-27	US10737240B2	负载MOF的3D钌/石墨烯气凝胶复合材料及其制备方法与在持续处理CO中的应用	路建美	美国专利	材料与化学化工学部
1067	2016-12-3	US10738144B2	一种阻燃双马来酰亚胺树脂及其制备方法	顾嫒娟	美国专利	材料与化学化工学部
1068	2018-5-30	US10730759B2	一种可见光催化降解有机污染物的反蛋白石材料及其制备方法	路建美	美国专利	材料与化学化工学部
1069	2018-8-8	US10639613B2	含配体的共轭微孔聚合物及其应用	华道本	美国专利	医学部
1070	2017-6-12	US10598660B2	嗜吞噬细胞无形体蛋白APH1384的应用	牛华	美国专利	医学部
1071	2017-7-5	US10711324B2	去除稀土矿物中放射性钍元素的方法	王殳凹	美国专利	医学部
1072	2018-10-18	US10800689B2	具有核壳结构的磁性纳米粒子微生物复合材料及其制备方法与在偶氮染料处理中的应用	路建美	美国专利	材料与化学化工学部

续表

序号	申请日	专利号	专利名称	第1发明人	类别、国别/地区	所在单位
1073	2018-10-27	US10807072B2	一种可见光响应CC@SnS_2/SnO_2复合催化剂的制备方法及其应用	路建美	美国专利	材料与化学化工学部
1074	2016-11-29	US10807916B2	一种改性钛酸钡泡沫陶瓷/热固性树脂复合材料及其制备方法	梁国正	美国专利	材料与化学化工学部
1075	2018-9-13	US10805006B2	多芯光纤网络流量不对称业务传输的网络规划方法及网络	沈纲祥	美国专利	电子信息学院
1076	2018-9-13	US10812615B2	一种边缘计算服务缓存方法、系统、装置及可读存储介质	沈纲祥	美国专利	电子信息学院
1077	2016-11-29	US10822278B2	一种钛酸钡泡沫陶瓷/热固性树脂复合材料及其制备方法	梁国正	美国专利	材料与化学化工学部
1078	2017-10-31	US10858408B2	具有核定位能力的透皮短肽及其应用	张舒羽	美国专利	医学部
1079	2017-4-18	US10859660B2	一种用于磁共振测试的软组织模拟器及模拟测试方法	胡春洪	美国专利	苏州大学附属第一医院

2020年度苏州大学软件著作权授权情况（表67）

表67 2020年度苏州大学软件著作权授权情况一览表

序号	软件名称	登记号	证书日期	完成人1	所在学院
1	基于生成对抗网络的随机动漫人物头像生成系统V1.0	2020SR0068344	2020-01-14	张 扬	计算机科学与技术学院
2	自主在线学习与测试系统V1.0	2020SR0051900	2020-01-10	顾红其	计算机科学与技术学院
3	课题研究管理系统V1.0	2020SR0044009	2020-01-09	顾红其	计算机科学与技术学院
4	二维平面反射阵的RCSR统计特性研究软件V2.0	2020SR0012198	2020-01-03	杨歆汨	电子信息学院
5	基于信息抽取的知识库问答系统	2020SR0034293	2020-01-08	陈文亮	计算机科学与技术学院
6	Aureobasidium pullulans genome explorer	2020SR0038781	2020-01-08	张高川	医学部
7	变截面Timoshenko梁的自由振动分析软件	2020SR0049303	2020-01-10	王 刚	机电工程学院
8	变截面功能梯度材料Timoshenko梁的自由振动分析软件	2020SR0051661	2020-01-10	王 刚	机电工程学院
9	影院售票系统V1.0	2020SR0051903	2020-01-10	顾红其	计算机科学与技术学院
10	映射蛋白质序列位点到其相应的三维结构位点软件V1.0	2020SR0073463	2020-01-15	李明辉	医学部遗传学与生物信息学系
11	SdwzCs程序设计类辅助实验教学平台1.0	2020SR0073712	2020-01-15	王 辉	计算机科学与技术学院

续表

序号	软件名称	登记号	证书日期	完成人1	所在学院
12	基于体素模型的呼吸表征降维算法软件	2020SR0110183	2020-01-21	郁树梅	机电工程学院
13	物业管理系统	2020SR0119067	2020-02-03	成明	轨道交通学院
14	学生考试管理系统	2020SR0119076	2020-02-03	成明	轨道交通学院
15	基于遥感图像的古建筑物识别提取软件V1.0	2020SR0164340	2020-02-21	余亮	金螳螂建筑学院
16	真菌孢子亚显微形态分析软件	2020SR0185838	2020-02-27	朱越雄	医学部
17	多孔菌科真菌子实体形态分析软件	2020SR0185840	2020-02-27	朱越雄	医学部
18	兰科植物核型特征和兰科植物分类的相关性分析软件	2020SR0185842	2020-02-27	曹广力	医学部
19	基于真相发现的电影推荐仿真平台软件	2020SR0185922	2020-02-27	张莉	计算机科学与技术学院
20	基于图像相异性的深度哈希方法的图像检索仿真平台软件	2020SR0185950	2020-02-27	张莉	计算机科学与技术学院
21	基于孪生支持向量机的两分类仿真平台软件	2020SR0185953	2020-02-27	张莉	计算机科学与技术学院
22	基于稀疏孪生支持向量机的两分类仿真平台软件	2020SR0187824	2020-02-27	张莉	计算机科学与技术学院
23	基于激光雷达与RTK融合的三维地图创建软件	2020SR0243072	2020-03-12	倪志康	机电工程学院
24	无线电子标签写入系统	2020SR0252327	2020-03-13	刘晓升	计算机科学与技术学院
25	班车管理系统V1.0	2020SR0259031	2020-03-16	杨洋	计算机科学与技术学院

续表

序号	软件名称	登记号	证书日期	完成人1	所在学院
26	OA办公辅助系统V1.0	2020SR0259037	2020-03-16	杨洋	计算机科学与技术学院
27	物流管理系统V1.0	2020SR0259043	2020-03-16	杨洋	计算机科学与技术学院
28	基于孪生支持向量机的两分类仿真平台软件	2020SR0261283	2020-03-17	张莉	计算机科学与技术学院
29	基于双列卷积神经网络的深度哈希方法的图像检索仿真平台软件	2020SR0261290	2020-03-17	张莉	计算机科学与技术学院
30	基于相关熵诱导损失函数的孪生支持向量机的两分类仿真平台软件	2020SR0261297	2020-03-17	张莉	计算机科学与技术学院
31	基于杰卡德相关系数的电影推荐仿真平台软件	2020SR0261302	2020-03-17	张莉	计算机科学与技术学院
32	光伏逆变并网实时锁相控制系统	2020SR0261309	2020-03-17	赵亮	能源学院
33	动态数据绑定软件	2020SR0261352	2020-03-17	吴可畅	轨道交通学院
34	苏州大学蛋白质活性预测软件（简称：苏大蛋白质活性预测工具）V1.0	2020SR0265532	2020-03-17	杨洋	计算机科学与技术学院
35	昆虫触角形态与昆虫种类的相关性分析系统	2020SR0279850	2020-03-20	朱玉芳	医学部
36	昆虫口器形态与昆虫种类识别系统	2020SR0279860	2020-03-20	朱玉芳	医学部
37	基于改进YOLOv2的民居门窗图像识别提取软件V1.0	2020SR0279183	2020-03-20	余亮	金螳螂建筑学院

续表

序号	软件名称	登记号	证书日期	完成人1	所在学院
38	移动机器人基于三维激光雷达的三维地图创建软件系统	2020SR0281770	2020-03-20	倪志康	机电工程学院
39	酶链接触反应模拟程序	2020SR0294925	2020-03-30	毛丹健	物理学院
40	鳞翅目昆虫卵受精孔形态分析软件	2020SR0303970	2020-04-02	许雅香	医学部
41	桑蚕复眼结构形态分析软件	2020SR0303990	2020-04-02	许雅香	医学部
42	蜘蛛织网轨迹动态分析软件	2020SR0303993	2020-04-02	郑小坚	医学部
43	天蚕吐丝轨迹动态分析软件	2020SR0303996	2020-04-02	郑小坚	医学部
44	鼠兔尿液代谢收集控制软件	2020SR0309998	2020-04-07	李笃信	医学部
45	城市轨道交通供电系统复杂工况潮流计算软件	2020SR031399	2020-04-08	郑子璇	轨道交通学院
46	基于AS3992 UHF RFID读写器软件	2020SR0314003	2020-04-08	邓晶	电子信息学院
47	GPS智能轨迹跟踪回放系统移动端软件	2020SR0314007	2020-04-08	邓晶	电子信息学院
48	基于CC2530的空气质量检测系统软件	2020SR0314341	2020-04-08	邓晶	电子信息学院
49	基于HLK-RM04无线网卡软件	2020SR0314345	2020-04-08	邓晶	电子信息学院
50	基于ZigBee和Wifi的智能家居网关软件	2020SR0314592	2020-04-08	邓晶	电子信息学院
51	基于ZigBee技术的智能家居控制系统软件	2019SR0314596	2020-04-08	邓晶	电子信息学院

续表

序号	软件名称	登记号	证书日期	完成人1	所在学院
52	基于nRF24L01多点无线温度监测报警系统软件	2020SR0314766	2020-04-08	邓晶	电子信息学院
53	基于nRF905无线烟雾监测报警系统软件	2020SR0314770	2020-04-08	邓晶	电子信息学院
54	基于改进YOLOv2的民居门窗图像识别提取软件V2.0	2020SR0321201	2020-04-09	余亮	金螳螂建筑学院
55	服装供应链协同管理虚拟仿真实验软件V1.0	2020SR0330916	2020-04-14	王立川	纺织与服装工程学院
56	苏大校园导游微信小程序V1.0	2020SR345560	2020-04-20	贾俊铖	计算机科学与技术学院
57	苏州大学学院数字化系统V1.0	2020SR0371264	2020-04-24	杨哲	计算机科学与技术学院
58	WC小型企业管理系统V1.0	2020SR0371270	2020-04-24	程宝雷	计算机科学与技术学院
59	云书在线阅读平台V1.0	2020SR0371734	2020-04-24	程宝雷	计算机科学与技术学院
60	苏州大学课务管理系统V1.0	2020SR0372307	2020-04-24	杨哲	计算机科学与技术学院
61	基于图数据库的表格导入系统	2020SR0372334	2020-04-24	宋晓兆	计算机科学与技术学院
62	基于遗传算法的消防站选址规划系统	2020SR0372831	2020-04-24	赵朋朋	计算机科学与技术学院
63	鲲鹏自定义音乐播放器软件	2020SR0379012	2020-04-26	许粲昊	计算机科学与技术学院
64	苏州大学实验报告管理系统V1.0	2020SR0385536	2020-04-27	杨哲	计算机科学与技术学院

续表

序号	软件名称	登记号	证书日期	完成人1	所在学院
65	苏州大学学院教学事务后台管理系统V1.0	2020SR0385538	2020-04-27	杨哲	计算机科学与技术学院
66	基于对抗样本的跨域推荐系统	2020SR0403539	2020-04-30	赵朋朋	计算机科学与技术学院
67	邮件程序软件	2020SR0403545	2020-04-30	吴可旸	轨道交通学院
68	显示小程序软件	2020SR0423298	2020-05-08	吴可旸	轨道交通学院
69	监督慢性阻塞性肺疾病患者运动训练的微信小程序软件	2020SR0441684	2020-05-12	许诺	医学部
70	菜肴图像识别引擎软件V1.0	2020SR0445398	2020-05-13	胡沁涵	计算机科学与技术学院
71	CF推荐引擎平台V1.0	2020SR0446248	2020-05-13	胡沁涵	计算机科学与技术学院
72	智能货柜仓储管理系统V1.0	2020SR0447069	2020-05-13	陆武民	电子信息学院
73	机织工艺计算系统V1.0	2020SR0447075	2020-05-13	眭建华	纺织与服装工程学院
74	丝绸面料织机及配套设备核算系统V1.0	2020SR0463804	2020-05-18	眭建华	纺织与服装工程学院
75	丝织工艺计算系统V1.0	2020SR0463810	2020-05-18	眭建华	纺织与服装工程学院
76	无监督特征选择算法仿真软件	2020SR0472317	2020-05-19	张莉	计算机科学与技术学院
77	Wi-Fi-WSN混合通信模式数据采集系统软件	2020SR0476726	2020-05-19	王宜怀	计算机科学与技术学院
78	基于SVM系列方法的仿真平台软件	2020SR0477210	2020-05-20	张莉	计算机科学与技术学院

续表

序号	软件名称	登记号	证书日期	完成人1	所在学院
79	城市轨道交通站台乘客上下车过程仿真系统	2020SR0504262	2020-05-25	王志强	轨道交通学院
80	城市轨道交通列车运行计算系统	2020SR0504270	2020-05-25	王志强	轨道交通学院
81	基于前向迭代拉普拉斯无监督特征选择的多分类仿真平台软件	2020SR0504278	2020-05-25	张莉	计算机科学与技术学院
82	班主任信息管理系统	2020SR0504286	2020-05-25	成明	轨道交通学院
83	高校教师工作质量管理系统	2020SR0504294	2020-05-25	成明	轨道交通学院
84	心率数据采集系统软件	2020SR0504302	2020-05-25	李娟娟	电子信息学院
85	城市轨道交通网络运输过程微观仿真系统	2020SR0504580	2020-05-25	王志强	轨道交通学院
86	小区业主信息管理系统	2020SR0504588	2020-05-25	成明	轨道交通学院
87	上海地区智能垃圾分类系统软件	2020SR0504597	2020-05-25	李娟娟	电子信息学院
88	基于半监督邻域判别指数特征选择的多分类仿真平台软件	2020SR0504605	2020-05-25	张莉	计算机科学与技术学院
89	试卷生成系统	2020SR0505906	2020-05-25	成明	轨道交通学院
90	教学实验仪器管理系统	2020SR0505912	2020-05-25	成明	轨道交通学院
91	绩效考核管理系统	2020SR0505919	2020-05-25	成明	轨道交通学院
92	知识图注意力网络增强的序列推荐系统	2020SR0512144	2020-05-26	赵朋朋	计算机科学与技术学院
93	建模用户周期性模式的推荐系统	2020SR0512152	2020-05-26	赵朋朋	计算机科学与技术学院
94	田径运动成绩抓取系统	2020SR0513541	2020-05-26	张宝峰	体育学院
95	车间多种物料搬运设备协同调度软件	2020SR0515340	2020-05-26	杨倩	电子信息学院

续表

序号	软件名称	登记号	证书日期	完成人1	所在学院
96	高原环境模拟仓监测控制软件V1.0	2020SR0525293	2020-05-28	李笃信	医学部
97	双柱并行二维液相色谱系统控制软件V1.0	2020SR0527103	2020-05-28	李笃信	医学部
98	城市轨道交通网络结构交互式绘图系统	2020SR0539032	2020-05-29	王志强	轨道交通学院
99	基于机器学习的癌症基因识别软件V1.0	2020SR0543815	2020-06-01	胡广	系统生物学研究中心
100	物业维保管理软件V1.0	2020SR0543822	2020-06-01	贾俊铖	计算机科学与技术学院
101	基于变分自注意力网络的推荐系统	2020SR0545723	2020-06-01	赵朋朋	计算机科学与技术学院
102	基于分层变分注意力的推荐系统	2020SR0545731	2020-06-01	赵朋朋	计算机科学与技术学院
103	建模用户图文协同增强的可解释的时尚推荐系统	2020SR0545739	2020-06-01	赵朋朋	计算机科学与技术学院
104	基于向量调整的因子分解机推荐系统	2020SR0557151	2020-06-03	赵朋朋	计算机科学与技术学院
105	苏州大学校园导游系统软件	2020SR0557159	2020-06-03	陆晓峰	计算机科学与技术学院
106	乐动你心音乐网页软件V1.0	2020SR0560617	2020-06-03	程宝雷	计算机科学与技术学院
107	田径运动成绩分析系统	2020SR0579407	2020-06-05	张宝峰	体育学院
108	行人全区域定位系统	2020SR0583264	2020-06-08	徐祥	电子信息学院
109	生理数据采集系统软件	2020SR0583895	2020-06-08	李娟娟	电子信息学院
110	农产品产销物流信息系统	2020SR0591578	2020-06-09	李艺璇	机电工程学院

续表

序号	软件名称	登记号	证书日期	完成人1	所在学院
111	高斯精算非标产品生产管理系统V1.0	2020SR0648133	2020-06-18	熊福松	计算机科学与技术学院
112	非标产品综合报价系统V1.0	2020SR0648149	2020-06-18	熊福松	计算机科学与技术学院
113	多目标人脸检测系统V1.0	2020SR0682378	2020-06-28	邹玮	电子信息学院
114	条形码识别系统V1.0	2020SR0682386	2020-06-28	邹玮	电子信息学院
115	车辆识别系统V1.0	2020SR0682394	2020-06-28	邹玮	电子信息学院
116	基于云平台的数字识别与远程智能控制系统	2020SR0701620	2020-07-01	李领治	计算机科学与技术学院
117	基于三维激光点云地图实时定位与轨迹分析系统软件	2020SR0703507	2020-07-01	倪志康	机电工程学院
118	网上个人信息管理系统	2020SR0703612	2020-07-01	唐灯平	计算机科学与技术学院
119	学生考勤系统	2020SR0703620	2020-07-01	唐灯平	计算机科学与技术学院
120	基于中文字形ELMo的电商事件识别系统	2020SR0703628	2020-07-01	王铭涛	计算机科学与技术学院
121	毕业生管理系统	2020SR0703635	2020-07-01	唐灯平	计算机科学与技术学院
122	基于云平台的数字仪表自动识别系统	2020SR0703643	2020-07-01	李领治	计算机科学与技术学院
123	基于三维激光雷达添加地面检测的地图构建系统软件	2020SR0703650	2020-07-01	倪志康	机电工程学院
124	基于STM32F103的WirelessHART无线传输系统V1.0	2020SR0703869	2020-07-01	胡丹峰	计算机科学与技术学院

续表

序号	软件名称	登记号	证书日期	完成人1	所在学院
125	面向分歧检测的高光谱成像数据分析处理软件 V1.0	2020SR0703876	2020-07-01	熊福松	计算机科学与技术学院
126	二手房销售管理系统	2020SR0718270	2020-07-03	唐灯平	计算机科学与技术学院
127	工单管理系统 V1.0	2020SR0754545	2020-07-10	姚望舒	计算机科学与技术学院
128	家庭图书管理系统 1.0	2020SR0757671	2020-07-10	姚望舒	计算机科学与技术学院
129	基于图像的信息隐藏系统	2020SR0762905	2020-07-13	李娟娟	电子信息学院
130	多功能心电参数检测软件	2020SR0762912	2020-07-13	王丽荣	电子信息学院
131	基于模板的上下位关系抽取平台	2020SR0762919	2020-07-13	章 岳	计算机科学与技术学院
132	同轴电位器性能测试系统软件	2020SR0789027	2020-07-17	孙 兵	电子信息学院
133	基于孪生支持向量机的两分类仿真平台软件	2020SR0789239	2020-07-17	张 莉	计算机科学与技术学院
134	基于稀疏孪生支持向量机的两分类仿真平台软件	2020SR0789244	2020-07-17	张 莉	计算机科学与技术学院
135	创意仿生学章节内容与图表归类分析软件	2020SR0810683	2020-07-22	曹广力	医学部
136	高斯精算软件 V1.0	2020SR0821654	2020-07-24	熊福松	计算机科学与技术学院
137	多题型在线考试管理系统 V1.0	2020SR0821661	2020-07-24	熊福松	计算机科学与技术学院

续表

序号	软件名称	登记号	证书日期	完成人1	所在学院
138	苏小蜗销售管理系统 V1.0	2020SR0822942	2020-07-24	熊福松	计算机科学与技术学院
139	木丁出行管理系统 V1.0	2020SR0822949	2020-07-24	熊福松	计算机科学与技术学院
140	视网膜图像配准系统 V1.0	2020SR0822957	2020-07-24	胡丹峰	电子信息学院
141	LCR及其组合网络的检测系统	2020R11L806373	2020-07-24	孙 兵	电子信息学院
142	课程试题管理系统 V1.0	2020SR0831820	2020-07-27	姚望舒	计算机科学与技术学院
143	研究生培养与管理系统 V1.0	2020SR0831895	2020-07-27	姚望舒	计算机科学与技术学院
144	基于安卓银行排队预约App软件	2020R11L863143	2020-08-04	张宏斌	计算机科学与技术学院
145	奇致共享经济中的车位共享App软件	2020R11L863493	2020-08-04	张宏斌	计算机科学与技术学院
146	Public goods game中优先选择与邻居学习策略仿真软件	2020R11L862355	2020-08-04	张宏斌	计算机科学与技术学院
147	共享车辆租赁App软件	2020R11L862671	2020-08-04	张宏斌	计算机科学与技术学院
148	共享健康与运动微信软件	2020R11L862998	2020-08-04	张宏斌	计算机科学与技术学院
149	预约挂号App及医院后台管理软件	2020R11L863599	2020-08-04	张宏斌	计算机科学与技术学院
150	基于移动应用的健身工作室管理软件	2020R11L863300	2020-08-05	张宏斌	计算机科学与技术学院

续表

序号	软件名称	登记号	证书日期	完成人1	所在学院
151	可穿戴生理数据采集系统软件	2020SR0880242	2020-08-05	李娟娟	电子信息学院
152	电梯限速器信息维护系统	2020SR0895994	2020-08-07	钱蒋忠	机电工程学院
153	多生理参数实时监测系统	2020SR0895999	2020-08-07	王丽荣	电子信息学院
154	四发射天线二接收天线全速率全分集准正交编码与译码仿真系统软件	2020SR0896004	2020-08-07	侯嘉	电子信息学院
155	电梯限速器噪音测试系统	2020SR0907570	2020-08-11	钱蒋忠	机电工程学院
156	电梯限速器定位螺栓装配系统	2020SR0908005	2020-08-11	钱蒋忠	机电工程学院
157	陶瓷烧结缺陷图像处理系统	2020SR0917526	2020-08-12	刘浩	机电工程学院
158	一种快速精确的手势跟踪系统	2020SR0926296	2020-08-14	余雷	计算机科学与技术学院
159	家蚕成虫触角形态分析软件	2020SR0927305	2020-08-14	许雅香	医学部
160	家蚕内闭式气门形态分析软件	2020SR0931389	2020-08-14	郑小坚	医学部
161	中华按蚊口器形态分析软件	2020SR0934544	2020-08-17	许雅香	医学部
162	鳞翅目昆虫腹足趾钩形态分析软件	2020SR0934551	2020-08-17	郑小坚	医学部
163	三导联心率指标检测软件	2020SR0953800	2020-08-19	王丽荣	电子信息学院

续表

序号	软件名称	登记号	证书日期	完成人1	所在学院
164	高适用性智能家居语音控制平台V2.0	2020SR0986566	2020-08-26	胡丹峰	电子信息学院
165	联合对话意图学习的对话情感分类系统V1.0	2020SR0989649	2020-08-26	王建成	计算机科学与技术学院
166	基于栈式双向LSTM的对话意图分类系统V1.0	2020SR0998905	2020-08-27	徐扬	计算机科学与技术学院
167	Crazypoker软件V1.0	2020SR0998913	2020-08-27	韩冬	计算机科学与技术学院
168	基于早期融合的多模态情感预测系统V1.0	2020SR1004133	2020-08-28	刘启元	计算机科学与技术学院
169	基于混沌加密的语音通信系统软件	2020SR1005615	2020-08-28	李娟娟	电子信息学院
170	基于双向GRU的多模态情感预测系统V1.0	2020SR1022386	2020-09-01	刘启元	计算机科学与技术学院
171	基于神经网络的股票预测系统	2020SR1023595	2020-09-01	芮贤义	电子信息学院
172	基于序列到序列学习的对话槽填充系统V1.0	2020SR1023598	2020-09-01	徐扬	计算机科学与技术学院
173	电梯限速器检测打印系统	2020SR1019625	2020-09-01	钱蒋忠	机电工程学院
174	电梯限速器速度测试系统	2020SR1019632	2020-09-01	钱蒋忠	机电工程学院
175	电梯限速器装配系统	2020SR1019640	2020-09-01	钱蒋忠	机电工程学院
176	领域知识图谱构建系统	2020SR1022351	2020-09-01	方晔玮	计算机科学与技术学院
177	对话用户意图识别系统	2020SR1022358	2020-09-01	王铭涛	计算机科学与技术学院

续表

序号	软件名称	登记号	证书日期	完成人1	所在学院
178	TDV肝脏可视化系统	2020SR1023608	2020-09-01	薛保珊	机电工程学院
179	基于孪生卷积神经网络的对话意图匹配系统V1.0	2020SR1033320	2020-09-03	徐扬	计算机科学与技术学院
180	基于辅助增强学习的过采样胃疾病分类系统V1.0	2020SR1055251	2020-09-07	安明慧	计算机科学与技术学院
181	基于多视图学习的多模态情感分类系统V1.0	2020SR1070152	2020-09-09	刘启元	计算机科学与技术学院
182	基于安卓的停车引导系统客户端软件（V1.0）	2020SR1065812	2020-09-09	张文哲	计算机科学与技术学院
183	基于安卓的停车引导系统服务器端软件（V1.0）	2020SR1065820	2020-09-09	张文哲	计算机科学与技术学院
184	基于安卓的财务助理软件（V1.0）	2020SR1065828	2020-09-09	张文哲	计算机科学与技术学院
185	基于安卓的有声阅读软件（V1.0）	2020SR1065836	2020-09-09	张文哲	计算机科学与技术学院
186	基于安卓的小学生错题本软件（V1.0）	2020SR1065844	2020-09-09	张文哲	计算机科学与技术学院
187	基于安卓的自主学习软件（V1.0）	2020SR1068213	2020-09-09	张文哲	计算机科学与技术学院
188	基于安卓的移动学习软件（V1.0）	2020SR1071359	2020-09-09	张文哲	计算机科学与技术学院
189	基于内容的视频镜头检测软件（V1.0）	2020SR1071367	2020-09-09	张文哲	计算机科学与技术学院
190	基于yolov3的胃癌病变区域检测系统V1.0	2020SR1070670	2020-09-09	陈潇	计算机科学与技术学院

续表

序号	软件名称	登记号	证书日期	完成人1	所在学院
191	基于对话主题信息的对话情感分类系统 V1.0	2020SR1085484	2020-09-11	王建成	计算机科学与技术学院
192	苏州大学创聚机房资产管理系统	2020SR1094559	2020-09-14	马雨昂	计算机科学与技术学院
193	基于相似网络的对话意图匹配系统 V1.0	2020SR1098558	2020-09-15	徐扬	计算机科学与技术学院
194	在线聊天系统	2020SR1106291	2020-09-16	唐灯平	计算机科学与技术学院
195	音乐播放器软件	2020SR1111016	2020-09-16	唐灯平	计算机科学与技术学院
196	基于多任务学习的对话意图分类系统 V1.0	2020SR1129159	2020-09-21	徐扬	计算机科学与技术学院
197	Molcontroller 操纵分子的 VMD 图形界面软件 V1.0	2020SR1129265	2020-09-21	吴晨晨	医学部
198	基于多通道模型的胃疾病分类系统 V1.0	2020SR1129584	2020-09-21	安明慧	计算机科学与技术学院
199	基于对话角色信息的对话情感分类系统 V1.0	2020SR1132401	2020-09-21	王建成	计算机科学与技术学院
200	企业环保随身工具软件 V1.0	2020SR1147842	2020-09-23	杨哲	计算机科学与技术学院
201	环保企业黄页软件 V1.0	2020SR1147850	2020-09-23	杨哲	计算机科学与技术学院
202	材料超快动力学模拟仿真实验软件	2020SR1149319	2020-09-23	杨俊义	物理学院
203	基于层次化动态通路的多模态情感分类系统	2020SR1162438	2020-09-25	刘启元	计算机科学与技术学院

续表

序号	软件名称	登记号	证书日期	完成人1	所在学院
204	保险单流转管理系统V1.0	2020SR1170858	2020-09-27	杨哲	计算机科学与技术学院
205	多维度软件测试能力评估系统	2020SR1170998	2020-09-27	徐卫伟	计算机科学与技术学院
206	基于ResNet的胃疾病分类系统V1.0	2020SR1176581	2020-09-28	安明慧	计算机科学与技术学院
207	企业环保数据查询系统V2.0	2020SR1180409	2020-09-28	杨哲	计算机科学与技术学院
208	环境保护税收计算器软件V2.0	2020SR1180832	2020-09-28	杨哲	计算机科学与技术学院
209	聚酯纤维材料差别化制备虚拟仿真实验软件	2020SR1188531	2020-09-29	孙君	材料与化学化工学部
210	基于yolov4的胃癌病变区域检测系统V1.0	2020SR1189695	2020-09-30	陈潇	计算机科学与技术学院
211	基于多级模型的胃疾病分类系统V1.0	2020SR1195561	2020-09-30	安明慧	计算机科学与技术学院
212	基于LeNet的胃疾病分类系统V1.0	2020SR1213425	2020-10-13	安明慧	计算机科学与技术学院
213	高端钢铁材料转炉冶炼虚拟仿真教学实验系统V1.0	2020SR1510326	2020-10-14	曲天鹏	沙钢钢铁学院
214	七自由度灵巧臂逆解求取软件	2020SR1216443	2020-10-14	任子武	机电工程学院
215	基于BiT模型的过采样胃疾病分类系统V1.0	2020SR1228057	2020-10-19	安明慧	计算机科学与技术学院
216	基于BiT模型的欠采样胃疾病分类系统V1.0	2020SR1233509	2020-10-20	安明慧	计算机科学与技术学院

续表

序号	软件名称	登记号	证书日期	完成人1	所在学院
217	英语学习App软件V1.0	2020SR1241309	2020-10-23	韩冬	计算机科学与技术学院
218	电力安全工器具预防性试验管理平台	2020SR1241993	2020-10-23	刘晓升	计算机科学与技术学院
219	生理数据采集系统软件V2.0	2020SR1245710	2020-10-28	李娟娟	电子信息学院
220	二元平面反射阵散射场分析及RCS缩减优化设计软件	2020SR1245732	2020-10-28	杨歆汨	电子信息学院
221	社区团购电商商品快速查询系统V1.0	2020SR1245891	2020-10-28	羊箭锋	电子信息学院
222	布匹瑕疵与胚料图匹配软件V1.0	2020SR1591251	2020-11-17	曲波	电子信息学院
223	布匹瑕疵采集系统V1.0	2020SR1591541	2020-11-17	曲波	电子信息学院
224	苏州大学狮狮加速器软件V1.8	2020SR1603328	2020-11-18	吴以宁	计算机科学与技术学院
225	苏州大学组织管理和任务分配平台系统	2020SR1608516	2020-11-19	周夏冰	计算机科学与技术学院
226	苏州大学学生俱乐部平台系统	2020SR1612052	2020-11-19	马雨昂	计算机科学与技术学院
227	苏州大学创新工作室申请平台系统V1.0	2020SR1612116	2020-11-19	吴以宁	计算机科学与技术学院
228	心理健康智能咨询系统V1.0	2020SR1620560	2020-11-20	李林钦	计算机科学与技术学院
229	基于特征空间采样算法的不平衡数据处理与识别系统	2020SR1619796	2020-11-20	黄鹤	材料与化学化工学部

续表

序号	软件名称	登记号	证书日期	完成人1	所在学院
230	基于模糊采样自增长自删减的顺序学习系统	2020SR1619797	2020-11-20	黄鹤	材料与化学化工学部
231	毛豆栽培技术与病虫害防治系统	2020SR1619878	2020-11-20	王林	计算机科学与技术学院
232	基于广义混合构建算法的多列RBF神经网络设计软件	2020SR1619890	2020-11-20	黄鹤	材料与化学化工学部
233	基于三重对抗的生成对抗网络的人脸矫正系统	2020SR1619891	2020-11-20	黄鹤	材料与化学化工学部
234	芹菜栽培技术与病虫害防治系统	2020SR1619892	2020-11-20	王林	计算机科学与技术学院
235	基于二阶混合优化算法的复值前向神经网络设计软件	2020SR1619898	2020-11-20	黄鹤	材料与化学化工学部
236	西葫芦栽培技术与病虫害防治系统	2020SR1619899	2020-11-20	王林	计算机科学与技术学院
237	布匹胚料图提取软件V1.0	2020SR1620310	2020-11-20	曲波	电子信息学院
238	测温系统节点软件	2020SR1627827	2020-11-23	邵雷	电子信息学院
239	网页正文收集系统	2020SR1635923	2020-11-24	高泽成	计算机科学与技术学院
240	网页标注系统	2020SR1635924	2020-11-24	高泽成	计算机科学与技术学院
241	自动引导机器人的控制系统	2020SR1649484	2020-11-26	余雷	机电工程学院
242	卷心菜栽培技术与病虫害防治系统	2020SR1662104	2020-11-27	王林	计算机科学与技术学院
243	基于机器学习的刀具表面缺陷检测及分类系统	2020SR1667313	2020-11-27	刘浩	机电工程学院

续表

序号	软件名称	登记号	证书日期	完成人1	所在学院
244	苏州大学人脸考勤系统	2020SR1670612	2020-11-28	孙泽辰	计算机科学与技术学院
245	基于多视频流的人脸识别系统V1.0	2020SR1620564	2020-12-01	林雅萍	计算机科学与技术学院
246	基于seq2seq模型的智能聊天机器人系统V1.0	2020SR1702072	2020-12-01	史伟杰	机电工程学院
247	基于多视频流的人脸跟踪系统V1.0	2020SR1702233	2020-12-01	林雅萍	计算机科学与技术学院
248	基于Django的远程监控系统（简称：远程监控系统）	2020SR1262531	2020-12-01	李领治	计算机科学与技术学院
249	教育机构管理系统	2020SR1715174	2020-12-02	王岩	计算机科学与技术学院
250	基于微信小程序的课程管理系统	2020SR1715175	2020-12-02	王岩	计算机科学与技术学院
251	基于安卓平台的科研管理系统	2020SR1715176	2020-12-02	王岩	计算机科学与技术学院
252	苏州大学激光—电化学加工系统软件V1.0	2020SR1753979	2020-12-07	贺海东	机电工程学院
253	基于图像的多通道信息隐藏系统	2020SR1766287	2020-12-08	李娟娟	电子信息学院
254	饮用水管理系统V1.0	2020SR1774623	2020-12-09	杨德印	医学部
255	基于微信端的安全工器具预防性试验管理软件	2020SR1265308	2020-12-10	刘晓升	计算机科学与技术学院
256	基于微信端的智能钥匙管理软件	2020SR1265309	2020-12-10	刘晓升	计算机科学与技术学院
257	基于微信端的安全工器具预防性试验管理软件	2020SR1265308	2021-12-10	刘晓升	计算机科学与技术学院

续表

序号	软件名称	登记号	证书日期	完成人1	所在学院
258	基于微信端的智能钥匙管理软件	2020SR1265309	2021-12-11	刘晓升	计算机科学与技术学院
259	语音活动检测软件V1.0	2020SR1814349	2020-12-15	胡剑凌	电子信息学院
260	回声或混响音频缺陷检测软件V1.0	2020SR1814350	2020-12-15	胡剑凌	电子信息学院
261	语音可懂度音频检测软件V1.0	2020SR1819604	2020-12-15	胡剑凌	电子信息学院
262	电力电子变压器上位机监测软件	2020SR1897082	2020-12-25	王乾丞	轨道交通学院
263	面向细胞机械特性测量的微流泵自动控制软件	2020SR1918690	2020-12-30	杨浩	机电工程学院

2020年苏州大学国家标准发布情况（表68）

表68 2020年苏州大学国家标准发布情况一览表

序号	起草人	标准名称	类型	标准编号	所在单位	发布日期
1	卢业虎	睡袋的热阻和使用温度的测定方法	国家标准	GB/T 38426-2019	纺织学院	2019年12月
2	马扣祥	原电池第6部分：环境指南	国际标准	IEC 60086-6 ed1.0	能源学院	2020年2月
3	王海波	废旧电池回收技术规范	国家标准	GB/T 39224-2020	能源学院	2020年11月
4	薛仁宇	白斑综合征病毒（WSSV）环介导等温扩增（LAMP）检测技术规范	地方标准	DB32/T 3925-2020	医学部基础医学与生物科学学院	2020年12月

2020年度苏州大学承担的省（部）级以上项目

自然科学科技项目情况

国家自然科学基金项目（310项）

表69 2020年度苏州大学获国家自然科学基金项目一览表

序号	项目批准号	项目名称	项目负责人	学院（部）/附属单位	项目类别	资助经费/万元	开始日期	结题日期
1	52025028	功能材料有序化构建与物性调控	李亮	物理科学与技术学院	国家杰出青年科学基金	400	2021-01-01	2025-12-31
2	52033006	巨噬细胞靶向囊泡药物用于自身免疫性疾病的安全高效治疗	孟凤华	材料与化学化工学部	重点项目	300	2021-01-01	2025-12-31
3	62036004	噪声环境下鲁棒机器翻译方法研究	张民	计算机科学与技术学院	重点项目	309	2021-01-01	2025-12-31
4	52032008	新型生物矿化材料的设计构建及其在肝癌介入治疗中的应用探索	刘庄	功能纳米与软物质研究院	重点项目	300	2021-01-01	2025-12-31

续表

序号	项目批准号	项目名称	项目负责人	学院（部）/附属单位	项目类别	资助经费/万元	开始日期	结题日期
5	82030077	eSIRT2微环境代谢调节机制及靶向eSIRT2的抗肿瘤转移	秦樾	生物医学研究院	重点项目	297	2021-01-01	2025-12-31
6	82030068	骨髓间充质细胞来源外泌体在椎间盘再生修复中的作用及其机制研究	杨惠林	苏州大学附属第一医院	重点项目	297	2021-01-01	2025-12-31
7	82020108028	缺血性脑卒中基因与环境交互作用及代谢组学研究	张永红	医学部公共卫生学院	国际（地区）合作与交流项目—重点国际（地区）合作研究项目	248	2021-01-01	2025-12-31
8	82020108003	肠道菌群在aGVHD中的免疫调控机制及临床干预研究	吴德沛	苏州大学附属第一医院	国际（地区）合作与交流项目—重点国际（地区）合作研究项目	248	2021-01-01	2025-12-31
9	U20A20170	基于人工智能影像组学的视网膜色素变性诊断及其临床应用	陈新建	电子信息学院	联合基金项目—重点支持项目	259	2021-01-01	2024-12-31

续表

序号	项目批准号	项目名称	项目负责人	学院（部）/附属单位	项目类别	资助经费/万元	开始日期	结题日期
10	U2002213	可充放锌空电池关键材料和器件构筑	李彦光	功能纳米与软物质研究院	联合基金项目—重点支持项目	223	2021-01-01	2024-12-31
11	U20A20254	肿瘤微环境响应的可代谢无机功能纳米材料的构建及其在肿瘤诊疗中的应用探索	程亮	功能纳米与软物质研究院	联合基金项目—重点支持项目	260	2021-01-01	2024-12-31
12	22022509	有机光伏材料与器件	崔超华	材料与化学化工学部	优秀青年科学基金项目	120	2021-01-01	2023-12-31
13	82022050	消化道肿瘤分子病理学	吴华	医学部基础医学与生物科学学院	优秀青年科学基金项目	120	2021-01-01	2023-12-31
14	22022609	纳米环境健康效应	葛翠翠	医学部放射医学与防护学院	优秀青年科学基金项目	120	2021-01-01	2023-12-31
15	82022022	神经退行性疾病的发病分子机制	应征	医学部药学院	优秀青年科学基金项目	120	2021-01-01	2023-12-31
16	32022043	生物材料与免疫工程	汪超	功能纳米与软物质研究院	优秀青年科学基金项目	120	2021-01-01	2023-12-31

续表

序号	项目批准号	项目名称	项目负责人	学院（部）/附属单位	项目类别	资助经费/万元	开始日期	结题日期
17	42071193	基于旅游地理想象与游客情感体验的大运河"城河共生"场景重构	周永博	社会学院	面上项目	55	2021-01-01	2024-12-31
18	72004153	多劳何以更幸福？基于资源保存理论的老年生产性参与对生活质量的影响机制研究	刘素素	社会学院	青年科学基金项目	24	2021-01-01	2023-12-31
19	72071137	平台企业自有产品引入及供应商应对策略研究	王要玉	东吴商学院（财经学院）	面上项目	48	2021-01-01	2024-12-31
20	72001155	基于数字化技术能力的制造业智能服务转型机制研究	陈猛	东吴商学院（财经学院）	青年科学基金项目	24	2021-01-01	2023-12-31
21	72003140	制度质量对区域创新的影响研究：理论机制与实证检验	张敏	东吴商学院（财经学院）	青年科学基金项目	24	2021-01-01	2023-12-31
22	52078315	基于"SAR-TSI"层级体系的既有地域建筑"适应性再利用"模式优化与设计方法研究——以江南地区为例	孙磊磊	金螳螂建筑学院	面上项目	58	2021-01-01	2024-12-31

续表

序号	项目批准号	项目名称	项目负责人	学院（部）/附属单位	项目类别	资助经费/万元	开始日期	结题日期
23	52078316	空间绩效视角下村镇工业用地演化机理与转型规划策略研究——以苏南地区为例	雷诚	金螳螂建筑学院	面上项目	59	2021-01-01	2024-12-31
24	12071331	q-级数与模形式理论在整数分拆中的应用	毛仁荣	数学科学学院	面上项目	52	2021-01-01	2024-12-31
25	12071327	高维哈密顿动力系统的几何方法与稳定性缺失	钱定边	数学科学学院	面上项目	51	2021-01-01	2024-12-31
26	12071326	例外群 G_2 的 Langlands 对应与 Arthur 重数猜想	彭志峰	数学科学学院	面上项目	52	2021-01-01	2024-12-31
27	12071330	通过智能穿戴设备数据分析人体生物节律	杨凌	数学科学学院	面上项目	51	2021-01-01	2024-12-31
28	12071328	微分动力系统的符号编码	廖刚	数学科学学院	面上项目	50	2021-01-01	2024-12-31
29	12071329	正交阵列的比较与选择	唐煜	数学科学学院	面上项目	48	2021-01-01	2024-12-31
30	12071332	自洽场迭代的理论、算法及在数据科学中的应用	张雷洪	数学科学学院	面上项目	50	2021-01-01	2024-12-31
31	12001391	共形几何理论中的若干问题	张担然	数学科学学院	青年科学基金项目	24	2021-01-01	2023-12-31

续表

序号	项目批准号	项目名称	项目负责人	学院（部）/附属单位	项目类别	资助经费/万元	开始日期	结题日期
32	12001392	混沌双曲动力系统的混合速度与极限定理	陈剑宇	数学科学学院	青年科学基金项目	24	2021-01-01	2023-12-31
33	12026208	区间映射的迭代根与嵌入流及相关的函数方程问题	曹永罗	数学科学学院	专项基金项目	20	2021-01-01	2021-12-31
34	12074276	Moire系统平带中的拓扑及电子关联特性研究	康健	物理科学与技术学院	面上项目	63	2021-01-01	2024-12-31
35	12074279	超表面光子色散的第Ⅱ类狄拉克点的性质和调控	侯波	物理科学与技术学院	面上项目	61	2021-01-01	2024-12-31
36	12074278	范德华层状铁电体的反常压电性研究	游陆	物理科学与技术学院	面上项目	62	2021-01-01	2024-12-31
37	12074281	高阶拓扑光子晶体和声子晶体研究	蒋建华	物理科学与技术学院	面上项目	52	2021-01-01	2024-12-31
38	22074102	基于强耦合杂化机制的分子光学活性增强和单分子检测研究	倪卫海	物理科学与技术学院	面上项目	63	2021-01-01	2024-12-31
39	12074280	开放量子系统的随机矩阵理论研究	徐震宇	物理科学与技术学院	面上项目	62	2021-01-01	2024-12-31

续表

序号	项目批准号	项目名称	项目负责人	学院（部）/附属单位	项目类别	资助经费/万元	开始日期	结题日期
40	52072254	硫化铟/助催化剂复合光阳极的缺陷调控及无偏压太阳能分解水性能研究	田维	物理科学与技术学院	面上项目	58	2021-01-01	2024-12-31
41	12074277	室温多铁材料中磁斯格明子的稳定性与电场调控研究	许彬	物理科学与技术学院	面上项目	62	2021-01-01	2024-12-31
42	52002259	Ni基氢氧化物与光解水Si光电电极的有效集成及其稳定高效研究	范荣磊	物理科学与技术学院	青年科学基金项目	24	2021-01-01	2023-12-31
43	32001072	肾小球三维超微成像技术的建立及其在糖尿病肾病肾小球损伤评估中的应用研究	徐惠中	物理科学与技术学院	青年科学基金项目	24	2021-01-01	2023-12-31
44	52002258	梯度能带结构卤素钙钛矿光电探测器的制备与性能研究	曹凤人	物理科学与技术学院	青年科学基金项目	24	2021-01-01	2023-12-31
45	92050104	深亚波长下非线性等离子体时空演化动力学	高雷	物理科学与技术学院	重大研究计划—培育项目	80	2021-01-01	2023-12-31
46	12047541	经典波中高阶拓扑绝缘体的研究	吴世巧	物理科学与技术学院	专项项目	17	2021-01-01	2021-12-31

续表

序号	项目批准号	项目名称	项目负责人	学院（部）/附属单位	项目类别	资助经费/万元	开始日期	结题日期
47	62074106	分子束外延原位构筑亚纳米浸润层结构及生长有序半导体量子点的研究	石震武	光电科学与工程学院	面上项目	59	2021-01-01	2024-12-31
48	62075145	基于microLED屏幕的超薄裸眼3D显示关键技术研究	陈林森	光电科学与工程学院	面上项目	59	2021-01-01	2024-12-31
49	62075146	基于全属薄膜耦合金属纳米孔阵列的直接电读出光学传感机理与器件研究	吴绍龙	光电科学与工程学院	面上项目	61	2021-01-01	2024-12-31
50	62074107	基于石墨烯纳米谐振器的稳定与可控的信息编码	Joel Moser	光电科学与工程学院	面上项目	59	2021-01-01	2024-12-31
51	62075150	基于微腔嵌入的高效超带光纤激光频率梳研究	包华龙	光电科学与工程学院	面上项目	63	2021-01-01	2024-12-31
52	62075149	面向大面积空间多参量微纳结构制备的多干涉光场构建与调控	叶燕	光电科学与工程学院	面上项目	59	2021-01-01	2024-12-31
53	62005188	基于溶剂缓释退火法的柔性理想带隙钙钛矿太阳能电池构筑与机理研究	王长擂	光电科学与工程学院	青年科学基金项目	24	2021-01-01	2023-12-31

续表

序号	项目批准号	项目名称	项目负责人	学院（部）/附属单位	项目类别	资助经费/万元	开始日期	结题日期
54	62001317	基于正交偏振双光注入半导体激光器的高线性能复合线性调频信号产生	周沛	光电科学与工程学院	青年科学基金项目	24	2021-01-01	2023-12-31
55	62004134	厘米级长度的一维硅微纳结构的可控生长及其柔性可穿戴传感器件研究	张丙昌	光电科学与工程学院	青年科学基金项目	24	2021-01-01	2023-12-31
56	62004135	外场调控下光泵自旋 VC-SELs 偏振动力学的关键理论及其应用研究	李念强	光电科学与工程学院	青年科学基金项目	24	2021-01-01	2023-12-31
57	52071225	独立单原子厚二维（2D）金属膜：一类新型的二维材料	Mark Hermann Rummeli	能源学院	面上项目	58	2021-01-01	2024-12-31
58	22072101	二维共轭导电配位聚合物的构筑及其光催化还原二氧化碳研究	彭扬	能源学院	面上项目	63	2021-01-01	2024-12-31
59	52071226	分级结构锂合金负极的可控制备及在全液相反应机制低温锂硫电池中的应用基础研究	钱涛	能源学院	面上项目	58	2021-01-01	2024-12-31

续表

序号	项目批准号	项目名称	项目负责人	学院（部）/附属单位	项目类别	资助经费/万元	开始日期	结题日期
60	52073197	基于晶界调控的可控伸钙钛矿光伏器件研究	娄艳辉	能源学院	面上项目	58	2021-01-01	2024-12-31
61	22075193	阳离子对二氧化锰形貌、晶相、价态和缺陷的协同调控及其催化氧转化反应研究	邓昭	能源学院	面上项目	64	2021-01-01	2024-12-31
62	52003187	利用水平刚性结构制备高效热活化延迟荧光红光—近红外材料与器件	陈嘉雄	能源学院	青年科学基金项目	24	2021-01-01	2023-12-31
63	52003188	喷墨打印构筑图案化苯胺低聚物结晶薄膜及其柔性微型储能器件研究	邵元龙	能源学院	青年科学基金项目	24	2021-01-01	2023-12-31
64	52006153	熔石英玻璃火焰合成中六甲基二硅氧烷的燃烧机理及其反应调控研究	黄耀松	能源学院	青年科学基金项目	24	2021-01-01	2023-12-31
65	52073199	MOF衍生的异质结中空纳米材料的构筑及其在全水分解中的应用	杜玉扣	材料与化学化工学部	面上项目	59	2021-01-01	2024-12-31

续表

序号	项目批准号	项目名称	项目负责人	学院（部）/附属单位	项目类别	资助经费/万元	开始日期	结题日期
66	52073196	单抗导向的多功能囊泡纳米药物用于恶性血液肿瘤的靶向治疗	孙欢利	材料与化学化工学部	面上项目	58	2021-01-01	2024-12-31
67	22071164	单取代第13和14族元素化合物的合成与反应性研究	谭庚文	材料与化学化工学部	面上项目	63	2021-01-01	2024-12-31
68	22078213	多层次结构自清洁自修复膜材料的制备及其在乳化含油废水净化中的应用	陈冬赟	材料与化学化工学部	面上项目	63	2021-01-01	2024-12-31
69	52073195	多功能维特克运胶束用于CXCR4高表达的高效靶向治疗白血病干细胞	程茹	材料与化学化工学部	面上项目	58	2021-01-01	2024-12-31
70	12074275	非球形胶体体系玻璃化转变的实验研究	张泽新	材料与化学化工学部	面上项目	63	2021-01-01	2024-12-31
71	22075192	基于"拆分—重组"概念的仿细菌外多糖聚合物的设计与合成及抗生物膜性能研究	李丹	材料与化学化工学部	面上项目	59	2021-01-01	2024-12-31

续表

序号	项目批准号	项目名称	项目负责人	学院（部）/附属单位	项目类别	资助经费/万元	开始日期	结题日期
72	22078212	基于仿生化学工程思维探索具有大肠功能特征的柔性管式反应器SETR的运作机理	陈晓东	材料与化学化工学部	面上项目	64	2021-01-01	2024-12-31
73	22075194	基于无机钙钛矿—有机集成太阳能电池的材料设计、光伏性质及稳定性研究	李耀文	材料与化学化工学部	面上项目	64	2021-01-01	2024-12-31
74	22071168	连续微管反应器中光诱导碘调控的可逆—失活自由基聚合体系的构建	程振平	材料与化学化工学部	面上项目	63	2021-01-01	2024-12-31
75	22071165	锰基半导体纳米团簇的构筑及其荧光调控机制与器件化研究	吴 涛	材料与化学化工学部	面上项目	63	2021-01-01	2024-12-31
76	22071169	手性双多卟啉的合成及其手性识别分离性能的研究	胡传江	材料与化学化工学部	面上项目	63	2021-01-01	2024-12-31
77	22075191	糖胺聚糖类似物化学组成和拓扑结构协同作用构建血液相容性高分子材料	刘小莉	材料与化学化工学部	面上项目	63	2021-01-01	2024-12-31

续表

序号	项目批准号	项目名称	项目负责人	学院（部）/附属单位	项目类别	资助经费/万元	开始日期	结题日期
78	22071166	无金属催化的内炔类单体的聚合反应研究	李红坤	材料与化学化工学部	面上项目	63	2021-01-01	2024-12-31
79	22071167	牺牲键强度可调的高强韧热塑性弹性体的制备及性能研究	屠迎锋	材料与化学化工学部	面上项目	63	2021-01-01	2024-12-31
80	22008162	薄膜复合正渗透膜的表面双重接枝改性及其强化抗污染和抗余氮性能机制研究	张新玉	材料与化学化工学部	青年科学基金项目	24	2021-01-01	2023-12-31
81	22001184	含硼双自由基双阳离子的合成与性质研究	苏远停	材料与化学化工学部	青年科学基金项目	24	2021-01-01	2023-12-31
82	22001186	基于金属—有机框架（MOFs）的协同效应在气体吸附分离领域中的应用	牛政	材料与化学化工学部	青年科学基金项目	24	2021-01-01	2023-12-31
83	22002101	基于三相界面和还原法检测的光电化学酶生物传感研究	陈礼平	材料与化学化工学部	青年科学基金项目	24	2021-01-01	2023-12-31

续表

序号	项目批准号	项目名称	项目负责人	学院（部）/附属单位	项目类别	资助经费/万元	开始日期	结题日期
84	22001185	手性硫醇参与的烯烃不对称反马氏加成反应研究	吴新鑫	材料与化学化工学部	青年科学基金项目	24	2021-01-01	2023-12-31
85	22005208	原子级精确多孔二维超四面体锡硫族基硫族纳米片的制备及其电催化二氧化碳还原性能的研究	王翔	材料与化学化工学部	青年科学基金项目	8	2021-01-01	2021-12-31
86	92056111	聚合物体系内多层次手性组装结构的原位构建及调控	张伟	材料与化学化工学部	重大研究计划—培育项目	75	2021-01-01	2023-12-31
87	62076175	基于事件关联的层次话题建模研究	周国栋	计算机科学与技术学院	面上项目	59	2021-01-01	2024-12-31
88	62072321	基于线性编码的安全高效边缘协同计算关键技术研究	王进	计算机科学与技术学院	面上项目	57	2021-01-01	2024-12-31
89	62072323	开放多模态环境下动态知识图谱补全与更新关键技术研究	李直旭	计算机科学与技术学院	面上项目	58	2021-01-01	2024-12-31
90	62076174	跨语言事件关系检测关键技术研究	洪宇	计算机科学与技术学院	面上项目	59	2021-01-01	2024-12-31

续表

序号	项目批准号	项目名称	项目负责人	学院(部)/附属单位	项目类别	资助经费/万元	开始日期	结题日期
91	62076176	面向问答文本的情感信息抽取资源建设及关键技术研究	李寿山	计算机科学与技术学院	面上项目	58	2021-01-01	2024-12-31
92	62076173	情感驱动的文本对话关键技术研究	付国宏	计算机科学与技术学院	面上项目	58	2021-01-01	2024-12-31
93	62002252	基于上下文信息的行人重识别研究	曹敏	计算机科学与技术学院	青年科学基金项目	24	2021-01-01	2023-12-31
94	62006166	面向对话文本的属性级情感分析关键技术研究	王晶晶	计算机科学与技术学院	青年科学基金项目	24	2021-01-01	2023-12-31
95	62002253	面向时变体数据可视化的运动表示与识别方法研究	刘力	计算机科学与技术学院	青年科学基金项目	24	2021-01-01	2023-12-31
96	62006167	篇章级和跨篇章事实性识别方法研究	钱忠	计算机科学与技术学院	青年科学基金项目	24	2021-01-01	2023-12-31
97	62002251	数值型脉冲神经膜系统及其学习算法研究	吴庭芳	计算机科学与技术学院	青年科学基金项目	24	2021-01-01	2023-12-31
98	62075147	高速滤波器组多载波PON的算法与硬件实现	高明义	电子信息学院	面上项目	59	2021-01-01	2024-12-31

续表

序号	项目批准号	项目名称	项目负责人	学院（部）/附属单位	项目类别	资助经费/万元	开始日期	结题日期
99	62071319	面向大规模多天线通信系统的多用户编码调制与信号检测算法研究	侯嘉	电子信息学院	面上项目	55	2021-01-01	2024-12-31
100	62001318	基于PT对称电路的无创高灵敏血液射频介电特性测量新方法研究	张允晴	电子信息学院	青年科学基金项目	24	2021-01-01	2023-12-31
101	62001319	面向移动可见光通信系统的新型调制策略及信道均衡方法	由骁迪	电子信息学院	青年科学基金项目	24	2021-01-01	2023-12-31
102	J2024021	基于基础科学中心项目新时代团队资助模式的优化研究	向练	电子信息学院	专项项目	30	2021-01-01	2021-12-31
103	52075354	基于双波长激光异轴透射不相容塑料的低应力连接机理与熔池精准调控方法研究	王传洋	机电工程学院	面上项目	58	2021-01-01	2024-12-31
104	62073230	基于微癌血管器官芯片的迁移癌细胞机械特性原位磁控测量方法	杨浩	机电工程学院	面上项目	58	2021-01-01	2024-12-31

续表

序号	项目批准号	项目名称	项目负责人	学院（部）/附属单位	项目类别	资助经费/万元	开始日期	结题日期
105	62073229	面向空间在轨装配的自供电多模态感知方法研究	陈涛	机电工程学院	面上项目	58	2021-01-01	2024-12-31
106	12072216	面向人工心脏溶血评估的湍流溶血能量耗散机制及预测方法研究	吴鹏	机电工程学院	面上项目	62	2021-01-01	2024-12-31
107	62073228	面向外骨骼机器人的人体行走和步态调整意图fNIRS解码方法研究	李春光	机电工程学院	面上项目	58	2021-01-01	2024-12-31
108	52005355	捕蝇草感知机理及高精度触觉传感阵列单元仿生研究	王倩	机电工程学院	青年科学基金项目	24	2021-01-01	2023-12-31
109	52005354	非稳态工况下RV减速器角域动力学传动精度特征及其退化机制	李轩	机电工程学院	青年科学基金项目	24	2021-01-01	2023-12-31
110	52005357	铝硅镀层热成形钢振镜激光焊缝铝原位调控及组织马氏体化研究	孙茜	机电工程学院	青年科学基金项目	24	2021-01-01	2023-12-31
111	52005356	生物体表裂纹及悬臂梁微结构高效感停能机理与仿生研究	王可军	机电工程学院	青年科学基金项目	24	2021-01-01	2023-12-31

续表

序号	项目批准号	项目名称	项目负责人	学院（部）/附属单位	项目类别	资助经费/万元	开始日期	结题日期
112	52074186	Mg-Ti复合处理对高强钢筋组织性能的调控机制	田俊	沙钢钢铁学院	面上项目	58	2021-01-01	2024-12-31
113	52074185	高炉冶炼过程大数据分析应用基础研究	国宏伟	沙钢钢铁学院	面上项目	58	2021-01-01	2024-12-31
114	52074187	基于能量解析与大数据的差厚板轧制新模型及其应用研究	章顺虎	沙钢钢铁学院	面上项目	58	2021-01-01	2024-12-31
115	52071224	激光增材制造U75V钢非稳态热循环过程中珠光体形成机制	夏志新	沙钢钢铁学院	面上项目	58	2021-01-01	2024-12-31
116	52004168	Al-Ca电缆线芯合金组织调控与导电、抗蠕变性能优化	王东涛	沙钢钢铁学院	青年科学基金项目	24	2021-01-01	2023-12-31
117	U2030102	激光熔化沉积制备钨/钢异质界面过渡层成分梯度设计与残余应力控制	夏志新	沙钢钢铁学院	联合基金项目—培育项目	50	2021-01-01	2023-12-31
118	62072322	基于紧凑数据结构的高速网络实时流量测量技术研究	孙玉娥	轨道交通学院	面上项目	58	2021-01-01	2024-12-31

续表

序号	项目批准号	项目名称	项目负责人	学院（部）/附属单位	项目类别	资助经费/万元	开始日期	结题日期
119	52075353	强噪声多振源高铁齿轮箱的保压保真多源稀疏表示故障诊断方法研究	黄伟国	轨道交通学院	面上项目	58	2021-01-01	2024-12-31
120	52078317	微生物注浆细砂土粉中成膜阻渗机理及调控机制研究	唐强	轨道交通学院	面上项目	58	2021-01-01	2024-12-31
121	52002261	多功能专用道适用性与优化方法研究	金辉	轨道交通学院	青年科学基金项目	24	2021-01-01	2023-12-31
122	52007128	多列车功率动态随机流下柔性直流牵引供电潮流凸松弛优化与自适应控制	杜贵府	轨道交通学院	青年科学基金项目	24	2021-01-01	2023-12-31
123	52007127	基于多孔非下采样分数阶小波变换的电力电子化电力系统宽带多频信号的测量方法研究	陈容	轨道交通学院	青年科学基金项目	24	2021-01-01	2023-12-31
124	52002262	智能网联环境下高速公路瓶颈路段多重异质交通流协同控制方法	王翔	轨道交通学院	青年科学基金项目	24	2021-01-01	2023-12-31

续表

序号	项目批准号	项目名称	项目负责人	学院（部）/附属单位	项目类别	资助经费/万元	开始日期	结题日期
125	82003438	乳清蛋白调节肠5-羟色胺—肝5-羟色胺受体信号通路改善肝脏脂肪变性的分子机制研究	童星	医学部	青年科学基金项目	24	2021-01-01	2023-12-31
126	32072792	BmCPV通过circEgg环状RNA调节蛋白组修饰控制家蚕基因表达和感染进程的机制	贡成良	医学部基础医学与生物科学学院	面上项目	58	2021-01-01	2024-12-31
127	82072690	Circ-ERBIN作为竞争性内源RNA及支架分子调控HIF1-α信号的机制及其在结直肠癌中的作用探讨	孙丽娜	医学部基础医学与生物科学学院	面上项目	55	2021-01-01	2024-12-31
128	82073374	OX40分子通过TRAF信号诱导Th9细胞分化及调控乳腺癌肿瘤免疫治疗机制	谢芳	医学部基础医学与生物科学学院	面上项目	55	2021-01-01	2024-12-31
129	32071265	PAK家族蛋白激酶的自激活及调控机制	王志新	医学部基础医学与生物科学学院	面上项目	58	2021-01-01	2024-12-31

续表

序号	项目批准号	项目名称	项目负责人	学院（部）/附属单位	项目类别	资助经费/万元	开始日期	结题日期
130	82070706	PSTK/PKM2/Caspase3信号转导新机制在顺铂致肾小管细胞损伤中的作用研究	郑栋	医学部基础医学与生物学学院	面上项目	55	2021-01-01	2024-12-31
131	82071382	Snapin介导神经元晚期内体轴突转运调控线粒体自噬在脑外伤后神经保护作用的机制研究	张明阳	医学部基础医学与生物学学院	面上项目	55	2021-01-01	2024-12-31
132	32070665	基于分子表型和蛋白质相互作用网络描述和识别癌症驱动错义突变	李明辉	医学部基础医学与生物学学院	面上项目	57	2021-01-01	2024-12-31
133	82072110	基于铁死亡探讨应激加重轻度脑外伤后认知功能障碍的机制研究	王涛	医学部基础医学与生物学学院	面上项目	55	2021-01-01	2024-12-31
134	82071236	三叉神经节神经元1型脂联素受体参与偏头痛调节及机制研究	陶金	医学部基础医学与生物学学院	面上项目	55	2021-01-01	2024-12-31
135	32070508	尸体环境螨虫及嗜尸型昆虫的生长发育及演替规律于死亡时间推断的研究	王江峰	医学部基础医学与生物学学院	面上项目	58	2021-01-01	2024-12-31

续表

序号	项目批准号	项目名称	项目负责人	学院（部）/附属单位	项目类别	资助经费/万元	开始日期	结题日期
136	82073198	心肌素促进非小细胞肺癌侵袭转移的作用机制	张洪涛	医学部基础医学与生物科学学院	面上项目	55	2021-01-01	2024-12-31
137	82002007	基于嗜尸性甲虫的死亡时间推断基础研究	王禹	医学部基础医学与生物科学学院	青年科学基金项目	24	2021-01-01	2023-12-31
138	32002232	家蚕 Vssc 和 RyR 靶基因突变对农药敏感性的影响及互作机理研究	孙海娜	医学部基础医学与生物科学学院	青年科学基金项目	24	2021-01-01	2023-12-31
139	82002159	葡萄糖转运蛋白 CsGTP1 与 CsSGLT 沉默对华支睾吸虫在宿主体内厌氧生存的阻断研究	代馥虹	医学部基础医学与生物科学学院	青年科学基金项目	24	2021-01-01	2023-12-31
140	82002645	小分子高效诱导人恶性胶质瘤定向分化为神经元及机制研究	胡雅楠	医学部基础医学与生物科学学院	青年科学基金项目	16	2021-01-01	2022-12-31
141	22076132	211At 标记的 GIP 靶向纳米载体用于神经内分泌肿瘤的治疗研究	朱然	医学部放射医学与防护学院	面上项目	63	2021-01-01	2024-12-31

续表

序号	项目批准号	项目名称	项目负责人	学院（部）/附属单位	项目类别	资助经费/万元	开始日期	结题日期
142	22076133	TnC/TPM4信号通路在氘水诱导心脏发育异常中的调控作用	涂彧	医学部放射医学与防护学院	面上项目	60	2021-01-01	2024-12-31
143	12075165	多模态影像示踪干细胞经SDF-1/CXCR4通路修复放射性皮肤损伤的机制研究	张琦	医学部放射医学与防护学院	面上项目	63	2021-01-01	2024-12-31
144	12075164	放射性疫苗89Sr-CpG的乳腺癌骨转移免疫响应监测与放射免疫治疗研究	汪勇	医学部放射医学与防护学院	面上项目	64	2021-01-01	2024-12-31
145	82073480	辐射诱导LNC CRYBG3靶向Bub3-Cdc20复合体导致纺锤体组装检验点逃逸的机制研究	裴海龙	医学部放射医学与防护学院	面上项目	56	2021-01-01	2024-12-31
146	22077092	光触发锚定型多功能分子探针的构建及其肿瘤诊疗研究	史海斌	医学部放射医学与防护学院	面上项目	63	2021-01-01	2024-12-31
147	32071243	空间辐射与微重力通过β-arrestin1-FN1-YAP通路协同诱导肿瘤发生的机理研究	胡文涛	医学部放射医学与防护学院	面上项目	58	2021-01-01	2024-12-31

续表

序号	项目批准号	项目名称	项目负责人	学院（部）/附属单位	项目类别	资助经费/万元	开始日期	结题日期
148	82073482	乳铁蛋白通过调节乏氧微环境改善放射性肠损伤	徐加英	医学部放射医学与防护学院	面上项目	55	2021-01-01	2024-12-31
149	22076131	新型金属簇基二维共价有机框架材料选择性捕获协同光催化还原构建海水提铀新策略	李辉	医学部放射医学与防护学院	面上项目	63	2021-01-01	2024-12-31
150	82003391	CuI/Fer 信号通路在放射性生殖系统损伤中的作用机制	陈娜	医学部放射医学与防护学院	青年科学基金项目	24	2021-01-01	2023-12-31
151	22006109	多功能 90Y 微球的构建及其在肝癌放射栓塞降期治疗中的应用研究	段广新	医学部放射医学与防护学院	青年科学基金项目	24	2021-01-01	2023-12-31
152	22006106	多酸基材料通过吸附—还原协同对水中轴酰的选择性富集	张海龙	医学部放射医学与防护学院	青年科学基金项目	24	2021-01-01	2023-12-31
153	32000990	基于二维 MOF 多功能纳米载体的肿瘤声动力免疫治疗及机制研究	刘腾	医学部放射医学与防护学院	青年科学基金项目	24	2021-01-01	2023-12-31

续表

序号	项目批准号	项目名称	项目负责人	学院(部)/附属单位	项目类别	资助经费/万元	开始日期	结题日期
154	22006107	笼状受体的设计合成及其分离高锝酸根的性能研究	陈斌	医学部放射医学与防护学院	青年科学基金项目	24	2021-01-01	2023-12-31
155	22006108	用于乏燃料后处理中99TcO4-分离的耐酸型阳离子MOFs的设计合成与性能研究	申南南	医学部放射医学与防护学院	青年科学基金项目	24	2021-01-01	2023-12-31
156	22050410278	Developing Photoelectrodes for Actinide Oxidation and an Improved Minor Actinide Separation Process	Matthew V. Sheridan	医学部放射医学与防护学院	国际(地区)合作与交流项目—国家自然科学基金外国青年学者研究基金	40	2021-01-01	2022-12-31
157	82073535	膳食晚期糖基化终产物经生物钟紊乱诱导认知功能障碍及槲皮素干预的机制研究	万忠晓	医学部公共卫生学院	面上项目	53	2021-01-01	2024-12-31
158	82073636	新发现的缺血性脑卒中相关基因甲基化及功能蛋白研究	莫兴波	医学部公共卫生学院	面上项目	53	2021-01-01	2024-12-31

续表

序号	项目批准号	项目名称	项目负责人	学院（部）/附属单位	项目类别	资助经费/万元	开始日期	结题日期
159	82073841	CPT1A 在缺血性脑卒中反应性星形胶质细胞脂肪酸代谢障碍中的作用、机制及 CPT1A 激活药物的发现	张慧灵	医学部药学院	面上项目	55	2021-01-01	2024-12-31
160	82072798	PDLIM3-Cholesterol-SMO 轴调控 SHH 通路激活及其在髓母细胞瘤中的功能研究	张丽	医学部药学院	面上项目	55	2021-01-01	2024-12-31
161	82071274	氨基酸诱导的 mTORC1 信号通路参与 SCA3/MJD 发病的作用机制	王洪枫	医学部药学院	面上项目	55	2021-01-01	2024-12-31
162	82073912	白头翁皂苷 B4 治疗结肠炎作用的新发现及其调节中性粒细胞募集的分子机制研究	刘艳丽	医学部药学院	面上项目	55	2021-01-01	2024-12-31
163	82073873	髓母细胞瘤复发过程中星形胶质细胞的来源、功能和分化机制研究	王媛	医学部药学院	面上项目	56	2021-01-01	2024-12-31

续表

序号	项目批准号	项目名称	项目负责人	学院（部）/附属单位	项目类别	资助经费/万元	开始日期	结题日期
164	32070970	调控线粒体 PINK1 积聚的激酶筛选及其对多巴胺能神经元的保护机制	王光辉	医学部药学院	面上项目	58	2021-01-01	2024-12-31
165	82073955	一氧化氮调控竹黄菌生产竹红菌素类光敏剂的研究	王剑文	医学部药学院	面上项目	55	2021-01-01	2024-12-31
166	32070439	影响扬子鳄未源 α-螺旋型抗菌肽杀菌速度的结构参数和机理研究	王义鹏	医学部药学院	面上项目	58	2021-01-01	2024-12-31
167	32071373	肿瘤微环境响应性转铁蛋白纳米探针用于肿瘤多模态成像的研究	柯亨特	医学部药学院	面上项目	55	2021-01-01	2024-12-31
168	82003737	CUL3 和 ARIH1 介导的腺苷酸环化酶异源敏化在吗啡依赖发生中的作用研究	丁众	医学部药学院	青年科学基金项目	24	2021-01-01	2023-12-31
169	82003708	基于毛细管电泳质谱联用技术（CE-MS）的非靶向脂肪素序列解析及其炎构效关系研究	欧阳艺兰	医学部药学院	青年科学基金项目	24	2021-01-01	2023-12-31

续表

序号	项目批准号	项目名称	项目负责人	学院（部）/附属单位	项目类别	资助经费/万元	开始日期	结题日期
170	82003671	增强STING信号通路激活效应的聚氨基酸凝胶末研究	杨 涛	医学部药学院	青年科学基金项目	24	2021-01-01	2023-12-31
171	82003769	转录因子Bach1与STAT1相互作用活化肠道巨噬细胞促进炎症性肠病的分子机制研究	张谷芳	医学部药学院	青年科学基金项目	24	2021-01-01	2023-12-31
172	22072103	表面在反应制备单层聚合物的电催化研究	张海明	功能纳米与软物质研究院	面上项目	63	2021-01-01	2024-12-31
173	22072104	多元化表面离等无纳米粒子结构的构筑及应用	江 林	功能纳米与软物质研究院	面上项目	63	2021-01-01	2024-12-31
174	22072102	二维有机拓扑绝缘体的制备与表征研究	李 青	功能纳米与软物质研究院	面上项目	63	2021-01-01	2024-12-31
175	52072253	过渡金属掺杂缺陷型纳米氧化钛的构建及在肿瘤声动力/免疫联合治疗中的应用	程 亮	功能纳米与软物质研究院	面上项目	58	2021-01-01	2024-12-31

续表

序号	项目批准号	项目名称	项目负责人	学院（部）/附属单位	项目类别	资助经费/万元	开始日期	结题日期
176	52073198	基于低温溶液制程的钙钛矿纳米晶—有机集成太阳能电池	袁建宇	功能纳米与软物质研究院	面上项目	58	2021-01-01	2024-12-31
177	22074101	基于微流控硅基SERS-microRNA芯片实现智能化乳腺癌分子分型的研究	王后禹	功能纳米与软物质研究院	面上项目	63	2021-01-01	2024-12-31
178	62075148	基于下界面缺陷调控的钙钛矿薄膜及室内光伏特性研究	王照奎	功能纳米与软物质研究院	面上项目	60	2021-01-01	2024-12-31
179	62074105	具有类神经突触可塑性的有机薄膜忆阻器件研究	王穗东	功能纳米与软物质研究院	面上项目	59	2021-01-01	2024-12-31
180	32071382	上转换发光仿生纳米载体的设计构建及其在肿瘤光动力—免疫联合治疗中的应用探索	彭睿	功能纳米与软物质研究院	面上项目	55	2021-01-01	2024-12-31
181	22077093	自携氧碳酸钙纳米载体的构建及在肿瘤微环境多重调控与免疫治疗增效中的研究	冯良珠	功能纳米与软物质研究院	面上项目	63	2021-01-01	2024-12-31

续表

序号	项目批准号	项目名称	项目负责人	学院（部）/附属单位	项目类别	资助经费/万元	开始日期	结题日期
182	62071318	自组装单分子层隧道结中导电通道间的相关性可视化研究	王涛	功能纳米与软物质研究院	面上项目	64	2021-01-01	2024-12-31
183	52002260	PbS量子点墨水的可控合成及其在光伏器件中的应用	刘泽柯	功能纳米与软物质研究院	青年科学基金项目	24	2021-01-01	2023-12-31
184	22003044	多尺度方法探究超高浓度电解液在锂金属负极的分解机理	谢淼	功能纳米与软物质研究院	青年科学基金项目	24	2021-01-01	2023-12-31
185	22002100	多孔聚合物半导体材料的设计合成及其在光催化二氧化碳还原中的应用研究	黄伟	功能纳米与软物质研究院	青年科学基金项目	24	2021-01-01	2023-12-31
186	22005209	二维结构聚酰亚胺材料的分子设计与合成及在有机钠离子电池中的应用	邬贰羚	功能纳米与软物质研究院	青年科学基金项目	16	2021-01-01	2022-12-31
187	52003185	基于分子间相互作用体系的高色纯度/高效热活化延迟荧光红色发光材料的研究	王凯	功能纳米与软物质研究院	青年科学基金项目	24	2021-01-01	2023-12-31

续表

序号	项目批准号	项目名称	项目负责人	学院(部)/附属单位	项目类别	资助经费/万元	开始日期	结题日期
188	52003184	自适应球形多肽聚纳米颗粒用于细菌感染的成像与治疗	刘勇	功能纳米与软物质研究院	青年科学基金项目	24	2021-01-01	2023-12-31
189	52003186	自主体型热活化延迟荧光材料的设计和应用研究	史益忠	功能纳米与软物质研究院	青年科学基金项目	24	2021-01-01	2023-12-31
190	52041202	可降解碳点的结构设计及其抗新冠病毒特性研究	康振辉	功能纳米与软物质研究院	专项项目	30	2020-04-01	2020-12-31
191	82070450	CLEC2-PDPN调控扰动流诱导的血小板-单核细胞聚集体内皮下迁移及转化的分子机制研究	唐朝君	唐仲英血液学研究中心	面上项目	55	2021-01-01	2024-12-31
192	32070793	m6A识别蛋白YTHDF2促白血病细胞生长的研究	赵昀	唐仲英血液学研究中心	面上项目	58	2021-01-01	2024-12-31
193	82070141	分泌型二硫键异构酶ERp46对血小板整合素αIIbβ3的氧化还原调控	周俊松	唐仲英血液学研究中心	面上项目	55	2021-01-01	2024-12-31
194	82073225	肝X受体促进胰腺癌转移及其分子机制研究	周泉生	唐仲英血液学研究中心	面上项目	55	2021-01-01	2024-12-31

续表

序号	项目批准号	项目名称	项目负责人	学院（部）/附属单位	项目类别	资助经费/万元	开始日期	结题日期
195	82000117	自噬-Sirt3调控轴维持造血干细胞年轻态的作用和机制研究	方艺璇	唐仲英血液学研究中心	青年科学基金项目	16	2021-01-01	2022-12-31
196	82071469	硫醌氧化还原酶通过线粒体应激途径和解偶联蛋白促进缺血性脑血管损伤修复	程坚	神经科学研究所	面上项目	55	2021-01-01	2024-12-31
197	32000676	二肽重复蛋白poly-PR导致DNA损伤反应的机制研究	郝宗兵	神经科学研究所	青年科学基金项目	16	2021-01-01	2022-12-31
198	92049120	少突胶质谱系细胞的自噬在衰老相关认知下降中的作用和机制	马全红	神经科学研究所	重大研究计划—培育项目	60	2021-01-01	2023-12-31
199	82071826	AMPK对狼疮肾炎组织驻型记忆T细胞分化与功能的调控和机制	温振科	生物医学研究院	面上项目	70	2021-01-01	2024-12-31
200	82071765	Cbl-b通过泛素化降解SHP2进而阻止HOXA10入核抑制T细胞活化的作用及分子机制研究	张进平	生物医学研究院	面上项目	55	2021-01-01	2024-12-31

续表

序号	项目批准号	项目名称	项目负责人	学院（部）/附属单位	项目类别	资助经费/万元	开始日期	结题日期
201	32070907	蛋白激酶STK38L增强抗病毒天然免疫的机制及其在营养免疫调控中的作用	王帅	生物医学研究院	面上项目	58	2021-01-01	2024-12-31
202	32000540	USP33调控Viperin蛋白泛素化及IFN抗病毒活性的机制研究	袁玉康	生物医学研究院	青年科学基金项目	24	2021-01-01	2023-12-31
203	82000359	YME1L在糖尿病心肌病中的保护作用和机制研究	曹婷	生物医学研究院	青年科学基金项目	24	2021-01-01	2023-12-31
204	32000620	靶向抑制HDAC6对STAT4的去乙酰化修饰能够增强Th1细胞的分化和抗菌能力	张亚楠	生物医学研究院	青年科学基金项目	24	2021-01-01	2023-12-31
205	82041009	2019新型冠状病毒（2019-nCoV）抑制宿主固有免疫响应的机制和干预	周芳芳	生物医学研究院	专项项目	139	2020-03-15	2022-03-14
206	32070825	脂肪酸代谢关键酶CPT1在心肌增殖和心脏再生中的作用和机制	韩延超	心血管病研究所	面上项目	58	2021-01-01	2024-12-31

续表

序号	项目批准号	项目名称	项目负责人	学院（部）/附属单位	项目类别	资助经费/万元	开始日期	结题日期
207	32070762	内质网相关降解障碍诱导的胰岛Beta细胞功能衰竭机制与干预措施研究	龙乔明	剑桥—苏大基因组资源中心	面上项目	58	2021-01-01	2024-12-31
208	82071846	慢性HIV感染状态下T细胞线粒体功能障碍及机制的研究	李正科	转化医学研究院	面上项目	65	2021-01-01	2024-12-31
209	82071297	ACSL4与GPX4介导脂质氧化促进铁死亡与蛛网膜下腔出血后早期脑损伤的机制研究	申海涛	苏州大学附属第一医院	面上项目	55	2021-01-01	2024-12-31
210	82073213	CD73通过非腺苷途径活化整合素激活TGF-β/Smad信号通路促进非小细胞肺癌转移的机制研究	刘泽毅	苏州大学附属第一医院	面上项目	55	2021-01-01	2024-12-31
211	82072130	circARHGAP10调控ANGPTL4表达对心肌缺血再灌注损伤的分子机制研究	嵇富海	苏州大学附属第一医院	面上项目	56	2021-01-01	2024-12-31

续表

序号	项目批准号	项目名称	项目负责人	学院（部）/附属单位	项目类别	资助经费/万元	开始日期	结题日期
212	82071307	Cyrano/S3-OPA1/Drp1：脑缺血再灌注损伤神经元线粒体动力学失衡调控新机制	李海英	苏州大学附属第一医院	面上项目	55	2021-01-01	2024-12-31
213	82070180	HLA-DPB1 和 DPA1 等位基因错配引发 HSCT 后异体高反应性免疫应答的机制研究	何军	苏州大学附属第一医院	面上项目	55	2021-01-01	2024-12-31
214	82073434	ICOS/ICOSL 通过调控 Tfh/B 细胞相互作用和肥大细胞免疫应答参与慢性自发性荨麻疹过敏反应的作用机制及临床意义	焦晴晴	苏州大学附属第一医院	面上项目	55	2021-01-01	2024-12-31
215	82073180	IL-36 诱导 Th9 细胞分化的作用机制及其在结直肠癌免疫治疗中的效应	赵鑫	苏州大学附属第一医院	面上项目	55	2021-01-01	2024-12-31
216	82072424	Kartogenin 调控软骨分化加速软骨内骨化的机制研究及其在长骨大段骨缺损原位修复中的应用	过倩倩	苏州大学附属第一医院	面上项目	55	2021-01-01	2024-12-31

续表

序号	项目批准号	项目名称	项目负责人	学院（部）/附属单位	项目类别	资助经费/万元	开始日期	结题日期
217	82073476	m6A 甲基化修饰调控血管内皮细胞—间质转化在放射性肺纤维化发生发展中的作用及机制研究	王利利	苏州大学附属第一医院	面上项目	55	2021-01-01	2024-12-31
218	82072425	m6A 阅读器 IGF2BP1 介导 m6A-LINC00941/ELAVL1 调控 FLS 铁死亡在 RA 骨关节损伤中的作用及机制研究	耿德春	苏州大学附属第一医院	面上项目	55	2021-01-01	2024-12-31
219	82070389	MKP-1/TFEB 轴调控自噬流在阿霉素心肌毒性中的作用及机制研究	郑东	苏州大学附属第一医院	面上项目	55	2021-01-01	2024-12-31
220	82071300	NSF 蛋白亚硝基化修饰所介导的 GluA2 containing-AMPA 受体膜稳定性在卒中后抑郁中的作用及机制研究	方琪	苏州大学附属第一医院	面上项目	55	2021-01-01	2024-12-31
221	82072442	N-乙酰半胱氨酸介导成骨细胞 circRNA_003251 表达促进骨修复的机制研究	朱雪松	苏州大学附属第一医院	面上项目	55	2021-01-01	2024-12-31

续表

序号	项目批准号	项目名称	项目负责人	学院（部）/附属单位	项目类别	资助经费/万元	开始日期	结题日期
222	82072498	PP2Ac 磷酸化 Bcl-2 调控破骨细胞自噬在 OA 软骨下骨重建紊乱中的作用及机制研究	徐耀增	苏州大学附属第一医院	面上项目	55	2021-01-01	2024-12-31
223	82072476	SIRT1 介导的线粒体抗氧化功能在骨质疏松性骨折愈合中的作用及机制研究	刘涵	苏州大学附属第一医院	面上项目	55	2021-01-01	2024-12-31
224	82070143	TNFα 通过骨髓氧化微环境参与移植后血小板减少的调控机制研究	韩悦	苏州大学附属第一医院	面上项目	56	2021-01-01	2024-12-31
225	82070121	Zyxin 对血小板生成和 GPIb-IX 复合物膜表面表达的调控作用及机制研究	闫荣	苏州大学附属第一医院	面上项目	56	2021-01-01	2024-12-31
226	32071307	成骨细胞对大应变的动态感应	罗宗平	苏州大学附属第一医院	面上项目	55	2021-01-01	2024-12-31
227	82070363	蛋白质 O-GlcNAc 修饰调控巨噬细胞免疫代谢改善心梗炎性微环境的机制研究	陈维倩	苏州大学附属第一医院	面上项目	55	2021-01-01	2024-12-31

续表

序号	项目批准号	项目名称	项目负责人	学院（部）/附属单位	项目类别	资助经费/万元	开始日期	结题日期
228	82070162	干扰素-α调控CAR-T细胞和内源性T细胞协同抗难治复发B-ALL的免疫效应及机制研究	唐晓文	苏州大学附属第一医院	面上项目	54	2021-01-01	2024-12-31
229	82073156	共刺激分子B7-H3通过糖酵解途径调控结直肠癌微环境T细胞免疫应答的作用和机制	陈卫昌	苏州大学附属第一医院	面上项目	55	2021-01-01	2024-12-31
230	82073337	基于实时监测肿瘤免疫微环境状态的放射免疫联用策略及其机制研究	秦颂兵	苏州大学附属第一医院	面上项目	55	2021-01-01	2024-12-31
231	72074164	基于长期护理保险制度的失能老人多元化"照护银行"管理机制研究	李惠玲	苏州大学附属第一医院	面上项目	49	2021-01-01	2024-12-31
232	82070187	去泛素化酶BRCC3调控移植后aGVHD和GVL效应的分子机制研究	徐杨	苏州大学附属第一医院	面上项目	56	2021-01-01	2024-12-31
233	82070186	乳酸转运体SLC5A12调控供者CD4+T细胞分化及功能促进aGVHD的作用及机制研究	胡博	苏州大学附属第一医院	面上项目	55	2021-01-01	2024-12-31

续表

序号	项目批准号	项目名称	项目负责人	学院（部）/附属单位	项目类别	资助经费/万元	开始日期	结题日期
234	82072438	异质性双层仿生骨膜调控炎症促进骨再生的作用和机制研究	顾 勇	苏州大学附属第一医院	面上项目	55	2021-01-01	2024-12-31
235	82070123	脂联素及其受体AdipoR1促进血小板生成和免疫耐受干预免疫性血小板减少症的机制研究	何 杨	苏州大学附属第一医院	面上项目	54	2021-01-01	2024-12-31
236	82071511	转录因子Nr2e3双向调控Tet1/2表达参与抑郁行为发生	徐兴顺	苏州大学附属第一医院	面上项目	55	2021-01-01	2024-12-31
237	82001219	ATXN2-S248N通过调控mTORC1信号通路修饰SCA3发病及疾病表型的分子机制研究	丁冬雪	苏州大学附属第一医院	青年科学基金项目	24	2021-01-01	2023-12-31
238	82001723	B7-H3在RA炎性微环境滑膜成纤维细胞中的表达及其介导免疫介导病理损伤的作用机制	丁思思	苏州大学附属第一医院	青年科学基金项目	24	2021-01-01	2023-12-31

续表

序号	项目批准号	项目名称	项目负责人	学院（部）/附属单位	项目类别	资助经费/万元	开始日期	结题日期
239	82001978	Chm-I 增强骨髓间充质干细胞构建软骨表型稳定性的机制研究及其初步应用	朱月倩	苏州大学附属第一医院	青年科学基金项目	24	2021-01-01	2023-12-31
240	82000263	CircRNA ALPK2 调控多潜能干细胞向心肌细胞分化的作用及机制	赵丹丹	苏州大学附属第一医院	青年科学基金项目	24	2021-01-01	2023-12-31
241	82000023	circRNA-Hace1 通过调控 RNA 结合蛋白 G3BP2 对甲型流感病毒致急性呼吸窘迫综合征肺损伤的保护作用及机制研究	王佳佳	苏州大学附属第一医院	青年科学基金项目	24	2021-01-01	2023-12-31
242	82000157	EGFL7 活化 Wnt/β-catenin 通路促进急性髓系白血病干细胞自我更新的作用及机制研究	安竞男	苏州大学附属第一医院	青年科学基金项目	24	2021-01-01	2023-12-31
243	82000140	Hippo 信号通路通过 Yes 相关蛋白 1 调控免疫性血小板减少症的作用及机制研究	胡淑鸿	苏州大学附属第一医院	青年科学基金项目	24	2021-01-01	2023-12-31

续表

序号	项目批准号	项目名称	项目负责人	学院(部)/附属单位	项目类别	资助经费/万元	开始日期	结题日期
244	82002715	lncRNA SOX2OT 与雄激素受体剪接变异体 AR-V7 形成正反馈环路促进前列腺癌恩杂鲁胺耐药的机制研究	凌志新	苏州大学附属第一医院	青年科学基金项目	24	2021-01-01	2023-12-31
245	82002737	LncRNA-LOC644656 通过激活 E6-AP 诱导宫颈癌顺铂耐药的作用和机制研究	池迟	苏州大学附属第一医院	青年科学基金项目	24	2021-01-01	2023-12-31
246	82002685	m6A 去甲基化酶在 TAZ 蛋白调控的肾癌细胞铁死亡中的作用及机制研究	龚东魁	苏州大学附属第一医院	青年科学基金项目	24	2021-01-01	2023-12-31
247	82000181	Notch 信号通路/ROS 在内皮祖细胞联合造血干细胞移植后血管龛修复中的作用研究	曲琦	苏州大学附属第一医院	青年科学基金项目	24	2021-01-01	2023-12-31
248	82002520	RARγ/TRAF6/STAT3 信号转导新机制在炎症相关性肠癌中的调控作用	李秀明	苏州大学附属第一医院	青年科学基金项目	24	2021-01-01	2023-12-31

续表

序号	项目批准号	项目名称	项目负责人	学院（部）/附属单位	项目类别	资助经费/万元	开始日期	结题日期
249	82001254	SARM1 及其丝氨酸 548 位点的磷酸化在脑缺血再灌注损伤中的作用及分子机制研究	张居易	苏州大学附属第一医院	青年科学基金项目	24	2021-01-01	2023-12-31
250	82000158	SETD2 基因突变激活 BCL-2 通路在 Ph 阳性急性淋巴细胞白血病中的作用及靶向治疗研究	蔡文治	苏州大学附属第一医院	青年科学基金项目	24	2021-01-01	2023-12-31
251	82002643	TRAP1 乙酰化在土槿皮乙酸调控胶质瘤 UPRmt 过程中的作用及机制研究	王宗启	苏州大学附属第一医院	青年科学基金项目	24	2021-01-01	2023-12-31
252	82004290	白花蛇舌草通过 CTSD/CD4+T 通路抑制类风湿关节炎滑膜炎症反应的机制研究	祝 皓	苏州大学附属第一医院	青年科学基金项目	24	2021-01-01	2023-12-31
253	82001126	背侧海马区 TET3 调控 SHANK2-DNA 甲基化参与七氟烷神经发育毒性的机制研究	宋绍永	苏州大学附属第一医院	青年科学基金项目	24	2021-01-01	2023-12-31

续表

序号	项目批准号	项目名称	项目负责人	学院（部）/附属单位	项目类别	资助经费/万元	开始日期	结题日期
254	82001523	雌激素通过调控Scribble棕榈酰化修饰促进其胞浆转位参与弥漫性子宫腺肌症发生的机制研究	金志兴	苏州大学附属第一医院	青年科学基金项目	24	2021-01-01	2023-12-31
255	82001951	负载AIE分子的激活型多效壳聚糖纳米光敏剂在膀胱癌靶向光动力治疗中的应用及机制研究	张卫杰	苏州大学附属第一医院	青年科学基金项目	24	2021-01-01	2023-12-31
256	82001125	骨髓间充质干细胞外泌体中miR-219通过LINGO1调控AD早期髓鞘损伤的作用及机制研究	汤香	苏州大学附属第一医院	青年科学基金项目	24	2021-01-01	2023-12-31
257	82001770	基于DWI图像影像组学及血清学标志物定量分析的胰腺癌淋巴结转移预测研究	胡粟	苏州大学附属第一医院	青年科学基金项目	24	2021-01-01	2023-12-31
258	82000434	利用患者iPSC探索MTHFR基因多态性在主动脉夹层致病机制中的研究	虞游	苏州大学附属第一医院	青年科学基金项目	24	2021-01-01	2023-12-31

续表

序号	项目批准号	项目名称	项目负责人	学院（部）/附属单位	项目类别	资助经费/万元	开始日期	结题日期
259	82000237	利用诱导多能干细胞模型研究线粒体基因 m.3243A>G 突变诱发肥厚型心肌病的分子机制	倪萱	苏州大学附属第一医院	青年科学基金项目	24	2021-01-01	2023-12-31
260	82003857	膜 TNFα/VEGF 信号通路在阿达木单抗治疗应答中的作用及机制研究	丁肖梁	苏州大学附属第一医院	青年科学基金项目	24	2021-01-01	2023-12-31
261	82003756	全反式维甲酸对动脉粥样硬化斑块稳定性的影响及机制研究	于淼	苏州大学附属第一医院	青年科学基金项目	24	2021-01-01	2023-12-31
262	82000540	胎球蛋白 B 通过细胞焦亡促进 NASH 发生发展的作用及分子机制	朱锦舟	苏州大学附属第一医院	青年科学基金项目	24	2021-01-01	2023-12-31
263	82000485	微流控制备多功能载药微球促进生物补片修复腹壁缺损的研究	赵鑫	苏州大学附属第一医院	青年科学基金项目	24	2021-01-01	2023-12-31
264	82003842	小檗碱缓解抗精神分裂症药物奥氮平相关代谢综合征：基于药物相互作用的机制研究	王禾	苏州大学附属第一医院	青年科学基金项目	24	2021-01-01	2023-12-31

续表

序号	项目批准号	项目名称	项目负责人	学院（部）/附属单位	项目类别	资助经费/万元	开始日期	结题日期
265	82000132	新融合基因 TFG-FGFR1 与 RUNX1 突变的协同致病作用与机制研究	王 征	苏州大学附属第一医院	青年科学基金项目	24	2021-01-01	2023-12-31
266	82002275	用于椎体强化的高强度可注射透钙磷灰石骨水泥的制备及相关机制研究	陈 嵩	苏州大学附属第一医院	青年科学基金项目	24	2021-01-01	2023-12-31
267	82070904	Gαi1/3 介导的 circHIPK3/miR-124/SphK1 信号通路改善糖皮质激素性骨质疏松的机制研究	佘 祥	苏州大学附属第二医院	面上项目	55	2021-01-01	2024-12-31
268	82071726	TIGIT 调控 γδT 细胞表达 PIBF 在复发性流产中的作用机制研究	张 弘	苏州大学附属第二医院	面上项目	52	2021-01-01	2024-12-31
269	82070838	丙酮醛通过 NF-κB/METTL3 通路介导 m6A 修饰参与糖尿病心肌重构的机制研究	冯 雨	苏州大学附属第二医院	面上项目	55	2021-01-01	2024-12-31
270	82071310	单核细胞源性 P-选择素在缺血性卒中预后中作用及其调控血栓形成机制	刘慧慧	苏州大学附属第二医院	面上项目	55	2021-01-01	2024-12-31

续表

序号	项目批准号	项目名称	项目负责人	学院（部）/附属单位	项目类别	资助经费/万元	开始日期	结题日期
271	82071234	环状 RNA-Rbfox1 上调 RBFOX1 表达介导糖尿病大鼠内脏痛的外周敏化机制研究	张弘弘	苏州大学附属第二医院	面上项目	55	2021-01-01	2024-12-31
272	82074173	基于 lncR-Malat1/miR-124-3p/Lamc1 信号轴研究人参皂苷 Rg1 调控星形胶质细胞修复脊髓损伤的分子机制	陆政峰	苏州大学附属第二医院	面上项目	55	2021-01-01	2024-12-31
273	82072474	绝经后骨质疏松症中 NOX4/GPX4 影响成骨细胞铁死亡机理研究	徐又佳	苏州大学附属第二医院	面上项目	55	2021-01-01	2024-12-31
274	82070095	睡眠双时相下脑电频谱慢化在 OSAHS 记忆处理/巩固中的作用机制探讨	陈锐	苏州大学附属第二医院	面上项目	54	2021-01-01	2024-12-31
275	82071420	小胶质细胞褪黑素 1 型受体（MT1）对神经炎症的调控及其在帕金森病发病中的作用	刘春风	苏州大学附属第二医院	面上项目	55	2021-01-01	2024-12-31

续表

序号	项目批准号	项目名称	项目负责人	学院（部）/附属单位	项目类别	资助经费/万元	开始日期	结题日期
276	82070814	阻断PD-1/PD-L1信号调控CD8+Trm细胞异常活化诱导1型糖尿病的发生与机制	方 晨	苏州大学附属附属第二医院	面上项目	53	2021-01-01	2024-12-31
277	82002055	Exendin-4通过调节AMPK/mTOR信号通路诱导自噬保护皮瓣缺血再灌注损伤的机制研究	于文渊	苏州大学附属附属第二医院	青年科学基金项目	24	2021-01-01	2023-12-31
278	82002204	FecA2在KL64型碳青霉烯耐药高毒力肺炎克雷伯菌中的致病作用	吕晴南	苏州大学附属附属第二医院	青年科学基金项目	24	2021-01-01	2023-12-31
279	82000412	靶向动脉粥样硬化斑块内皮细胞的工程化外泌体通过表达R-Ras促进新生血管成熟化的机制研究	王 旭	苏州大学附属附属第二医院	青年科学基金项目	24	2021-01-01	2023-12-31
280	82004047	基于肠道菌群和代谢组学探讨凤尾草总黄酮防治良性前列腺增生的作用研究	代光成	苏州大学附属附属第二医院	青年科学基金项目	24	2021-01-01	2023-12-31

续表

序号	项目批准号	项目名称	项目负责人	学院（部）/附属单位	项目类别	资助经费/万元	开始日期	结题日期
281	82002345	基质硬度通过 MRTF-A/AMPD1 信号介导糖酵解调控椎间盘退变的机制研究	戴 俊	苏州大学附属附属第二医院	青年科学基金项目	24	2021-01-01	2023-12-31
282	82003473	铁介导 MDK 调控绝经后女性"骨形成—血管生成偶联"的机制研究	王 啸	苏州大学附属附属第二医院	青年科学基金项目	24	2021-01-01	2023-12-31
283	82003219	脂代谢相关 miR-210 通过 MGLL/PGE2 通路影响直肠癌放射抗拒作用及分子机制	彭启亮	苏州大学附属附属第二医院	青年科学基金项目	24	2021-01-01	2023-12-31
284	82071727	12（S）-HETE/GPR31 信号抑制子宫内膜基质细胞和间充质干细胞分子伴侣介导自噬导致妊娠早期蜕膜化不良作用与机制研究	张雁云	苏州大学附属儿童医院	面上项目	58	2021-01-01	2024-12-31
285	82070009	Cbl-b 缺失促进 pDC 干扰素表达进而抑制呼吸道合胞病毒在巨噬细胞中的扩增研究	郝创利	苏州大学附属儿童医院	面上项目	55	2021-01-01	2024-12-31

续表

序号	项目批准号	项目名称	项目负责人	学院（部）/附属单位	项目类别	资助经费/万元	开始日期	结题日期
286	82071379	PHLDA3对脑缺血损伤的影响及其调节机制	李梅	苏州大学附属儿童医院	面上项目	55	2021-01-01	2024-12-31
287	82071681	基于单细胞组学的松果体细胞亚群分析及其在脑损伤节律紊乱中的作用与机制研究	丁欣	苏州大学附属儿童医院	面上项目	55	2021-01-01	2024-12-31
288	82070512	去泛素化酶USP7调控NFAT信号介导川崎病血管炎性损伤的作用及机制研究	吕海涛	苏州大学附属儿童医院	面上项目	55	2021-01-01	2024-12-31
289	82072767	神经母细胞瘤相关超级增强子SOX11参与形成转录核心调控网络的致病作用及机制研究	潘健	苏州大学附属儿童医院	面上项目	55	2021-01-01	2024-12-31
290	82071486	受超级增强子调控的cir-cRNA-2341通过miR-325-3p/Bhlhe41介导缺氧缺血松果体损伤致节律紊乱的机制研究	徐利晓	苏州大学附属儿童医院	面上项目	55	2021-01-01	2024-12-31

续表

序号	项目批准号	项目名称	项目负责人	学院（部）/附属单位	项目类别	资助经费/万元	开始日期	结题日期
291	82070191	组蛋白甲基转移酶EHMT2调控供者来源CD4+T细胞增殖分化及效应功能致移植物抗宿主病应的机制及干预策略研究	何珊	苏州大学附属儿童医院	面上项目	55	2021-01-01	2024-12-31
292	82001941	OCT靶向探针在神经母细胞瘤的术中导航及术后即刻治疗研究	宿广昊	苏州大学附属儿童医院	青年科学基金项目	24	2021-01-01	2023-12-31
293	82002106	S100A10-AnxA2复合体介导流感嗜血杆菌经RE/EC跨细胞转运穿越脑血屏障引起脑膜炎分子机制	李阳	苏州大学附属儿童医院	青年科学基金项目	24	2021-01-01	2023-12-31
294	82000553	非酒精性脂肪性肝炎中组蛋白去甲基化酶KDM5A调控肝细胞凋亡和焦亡细胞化的致病机制及干预策略研究	赵晓楠	苏州大学附属儿童医院	青年科学基金项目	24	2021-01-01	2023-12-31
295	82000467	抗炎失衡：SMAD5/IL-37途径在川崎病血管炎中的保护作用机制研究	王波	苏州大学附属儿童医院	青年科学基金项目	24	2021-01-01	2023-12-31

续表

序号	项目批准号	项目名称	项目负责人	学院（部）/附属单位	项目类别	资助经费/万元	开始日期	结题日期
296	82001382	可塑性相关蛋白5在癫痫疾病中通过抑制Bnip3L表达调节线粒体自噬参与惊厥的发生发展	李丽丽	苏州大学附属儿童医院	青年科学基金项目	24	2021-01-01	2023-12-31
297	52003183	跨血脑屏障智能抗体偶联物的构建及用于脑胶质瘤免疫治疗	王海容	苏州大学附属儿童医院	青年科学基金项目	24	2021-01-01	2023-12-31
298	82001739	类风湿关节炎中锌指蛋白PLZF调控效应性T细胞亚群失衡及记忆性T细胞生成的致病机制研究	朱玲巧	苏州大学附属儿童医院	青年科学基金项目	24	2021-01-01	2023-12-31
299	82070405	"微生物-肌肉"轴在心力衰竭合并抑郁中的作用及治疗机制研究	杨玲	苏州大学附属第三医院	面上项目	55	2021-01-01	2024-12-31
300	82072561	M2型TAMs通过METTL3-m6A-lncBRM-YAP1信号轴抑制肺腺癌PD-1单抗免疫治疗敏感性的作用和机制研究	季枚	苏州大学附属第三医院	面上项目	55	2021-01-01	2024-12-31

续表

序号	项目批准号	项目名称	项目负责人	学院（部）/附属单位	项目类别	资助经费/万元	开始日期	结题日期
301	82070148	SLC2A9介导的表观遗传学调控急性髓系白血病IDH1抑制剂AG881敏感性的影响及相关机制	郝卓军	苏州大学附属第三医院	面上项目	55	2021-01-01	2024-12-31
302	82072410	细胞外基质干细胞衰老在肾缺损修复中的应用研究	陈曦	苏州大学附属第三医院	面上项目	55	2021-01-01	2024-12-31
303	82000684	circPHF12在调控糖尿病肾病足细胞焦亡中的作用和机制研究	周华	苏州大学附属第三医院	青年科学基金项目	24	2021-01-01	2023-12-31
304	82002479	hsa_circ_0061776通过miR-182调控结直肠癌APC表达介导西妥昔单抗耐药的机制研究	耿婷	苏州大学附属第三医院	青年科学基金项目	24	2021-01-01	2023-12-31
305	82001763	基于化学交换饱和转移成像的肾脏缺血再灌注损伤氧化还原状态研究	潘靓	苏州大学附属第三医院	青年科学基金项目	24	2021-01-01	2023-12-31
306	82001858	基于转位蛋白（TSPO）靶点早期诊断多柔比星心脏毒性及相关机制研究	周明舸	苏州大学附属第三医院	青年科学基金项目	24	2021-01-01	2023-12-31

续表

序号	项目批准号	项目名称	项目负责人	学院（部）/附属单位	项目类别	资助经费/万元	开始日期	结题日期
307	32000550	天冬酰胺内肽酶调控乳腺癌相关心包钙化的机制研究	王雪枫	苏州大学附属第三医院	青年科学基金项目	24	2021-01-01	2023-12-31
308	82002108	调节蛋白Mig-14促进伤寒沙门菌在巨噬细胞内生存机制研究	陈龙	苏州大学附属张家港医院	青年科学基金项目	24	2021-01-01	2023-12-31
309	82000911	白介素-6诱导巨噬细胞M2型极化促进脉络膜新生血管生成的机制研究	涂园园	苏州大学附属理想眼科医院	青年科学基金项目	24	2021-01-01	2023-12-31
310	82002194	OTUD5调控IFN-I抗病毒活性的机制和功能研究	刘锦	苏州大学附属传染病医院	青年科学基金项目	24	2021-01-01	2023-12-31

国家重点研发计划项目（7项）（表70）

表70 国家重点研发计划项目一览表

序号	项目批准号	项目名称	项目负责人	承担单位	资助经费/万元	完成时间
1	2019YFA0802400	生物钟对组织器官代谢和稳态的调节作用	王晗	医学部基础医学与生物科学学院	2 267	2019年12月—2024年11月
2	2019YFA0709200	纳米界面高效酶催化及传感体系	封心建	材料与化学化工学部	2 176	2020年6月—2025年5月
3	2018YFE0125800	原位激光干涉图形化诱导自组装量子结构阵列的制备研究	彭长四	光电科学与工程学院	271	2020年1月—2022年12月
4	2019YFE0108600	新型钙钛矿纳米晶材料的设计合成及其在光伏器件中的应用	袁建宇	功能纳米与软物质研究院	130	2020年12月—2023年11月
5	2020YFB1313800	面向复杂骨折闭合复位的手术机器人智能操作环境构建原理与技术	匡绍龙	机电工程学院	512	2020年11月—2023年10月
6	2020YFC1808400	多功能纳米新材料创建及其原位净化场地有机物的应用研究	路建美	材料与化学化工学部	878	2020年11月—2024年10月
7	2019YFE0124200	用于神经形态计算的二维材料忆阻器件阵列研究	王穗东	功能纳米与软物质研究院	271	2020年12月—2023年11月

国家重点研发计划课题（14项）（表71）

表71　国家重点研发计划课题一览表

序号	项目批准号	项目名称	项目负责人	承担单位	资助经费/万元	完成时间
1	2019YFA0802401	生物钟与重要组织器官代谢偶联及稳态维持机制	许国强	医学部药学院	763	2019年12月—2024年11月
2	2019YFA0708201	石墨烯晶圆的可控直接制备	孙靖宇	能源学院	468	2020年6月—2025年5月
3	2019YFB1310901	基于高精度位姿检测的快速伺服控制技术	陈涛	机电工程学院	145	2019年12月—2022年11月
4	2019YFB1310004	动态复杂环境机器人定位导航技术模组化	林睿	机电工程学院	192	2019年12月—2022年11月
5	2019YFB1310201	大场景/高分辨率视觉主动安全系统研究	陈国栋	机电工程学院	152	2019年12月—2022年11月
6	2020YFC1107401	可注射新型纳米生物材料设计和制备的工程化技术研发	杨磊	骨科研究所	136	2020年7月—2022年6月
7	2020YFB1805805	全波段大容量光纤传输系统	沈纲祥	电子信息学院	874	2020年11月—2024年10月
8	2020YFA0406103	光场与电场耦合条件下CO_2的催化转化	钟俊	功能纳米与软物质研究院	271	2020年11月—2024年10月
9	2020YFB1505703	基于目标炭纸的微孔层（MPL）与气体扩散层（GDL）复合技术研究	杨瑞枝	能源学院	696	2020年11月—2023年10月
10	2020YFB1506401	钙钛矿太阳电池光吸收材料本征稳定性研究与关键功能层材料设计	李耀文	材料与化学化工学部	430	2020年11月—2024年10月

续表

序号	项目批准号	项目名称	项目负责人	承担单位	资助经费/万元	完成时间
11	2020YFC2007804	模块化智能上肢假肢系统集成与协调控制	张 庭	机电工程学院	348	2020年12月—2023年11月
12	2020YFC1808602	场地表层低成本、强富集复合净化材料的可控制备与示范验证	徐庆锋	材料与化学化工学部	316	2020年11月—2024年10月
13	2020AAA0108604	基于场景知识图谱的语言理解与生成	周国栋	计算机科学与技术学院	665	2020年11月—2023年10月
14	2020YFB1313601	基于社交知识库的机器人行为社交知识表达与自主学习	迟文政	机电工程学院	108	2020年11月—2023年10月

江苏省自然科学基金项目（51项）（表72）

表72　江苏省自然科学基金项目一览表

序号	项目编号	项目名称	项目负责人	学院（部）	项目类别	资助经费/万元	开始时间	截止时间
1	BK20202012	"高效吸附/催化氧化/自降解"三功能新材料构筑及其原位净化土壤有机污染物研究	路建美	材料与化学化工学部	前沿引领技术基础研究专项	500	2020-10-01	2023-09-30
2	BK20200041	铜系金属富勒烯化学研究	谌 宁	材料与化学化工学部	杰出青年基金	100	2020-07-01	2023-06-30
3	BK20200098	分子模拟中连续介质模型的数学理论与计算方法	周圣高	数学科学学院	优秀青年基金	50	2020-07-01	2023-06-30

续表

序号	项目编号	项目名称	项目负责人	学院（部）	项目类别	资助经费/万元	开始时间	截止时间
4	BK20200099	面向空频复用光网络资源优化理论与关键技术研究	陈伯文	电子信息学院	优秀青年基金	50	2020-07-01	2023-06-30
5	BK20200100	放射性微球在肝癌放射栓塞中的应用	王广林	医学部放射医学与防护学院	优秀青年基金	50	2020-07-01	2023-06-30
6	BK20200102	基于放射性核素储放的金属有机骨架研究	王艳龙	医学部放射医学与防护学院	优秀青年基金	50	2020-07-01	2023-06-30
7	BK20200101	高效稳定甲烷干重整光催化剂的制备、性能与机理	何乐	功能纳米与软物质研究院	优秀青年基金	50	2020-07-01	2023-06-30
8	BK20200863	自闭症者对情绪与注视的整合加工及神经机制	陈庭继	教育学院	青年基金	20	2020-07-01	2023-06-30
9	BK20200867	注意对面孔的统计概要表征的影响机制	应浩江	教育学院	青年基金	20	2020-07-01	2023-06-30
10	BK20201411	视觉返回抑制的时空机制	张阳	教育学院	面上项目	10	2020-07-01	2023-06-30
11	BK20200850	微分动力系统中混沌机制和共存性问题的研究	陈剑宇	数学科学学院	青年基金	20	2020-07-01	2023-06-30
12	BK20200854	高维成分数据的变量选择及其应用研究	马学俊	数学科学学院	青年基金	20	2020-07-01	2023-06-30

续表

序号	项目编号	项目名称	项目负责人	学院（部）	项目类别	资助经费/万元	开始时间	截止时间
13	BK20200875	基于局域表面等离子激元共振耦合的高通量单分子技术	叶巍翔	物理科学与技术学院	青年基金	20	2020-07-01	2023-06-30
14	BK20200877	稳定的铅基/锡基卤素钙钛矿异质结光电探测器的制备与性能研究	曹风人	物理科学与技术学院	青年基金	20	2020-07-01	2023-06-30
15	BK20201404	反铁电铁酸铋的储能材料设计及性能调控研究	许彬	物理科学与技术学院	面上项目	10	2020-07-01	2023-06-30
16	BK20200855	面向微波光子雷达的光生双啁啾线性调频信号研究	周沛	光电科学与工程学院	青年基金	20	2020-07-01	2023-06-30
17	BK20200857	基于多层次硅微纳结构的高性能柔性光电探测器研究	张丙昌	光电科学与工程学院	青年基金	20	2020-07-01	2023-06-30
18	BK20200859	硅纳米天线阵列与二维半导体复合器件的荧光特性研究	王绍军	光电科学与工程学院	青年基金	20	2020-07-01	2023-06-30
19	BK20201406	面向大面积超表面彩色显示的多干涉光场调控原理	叶燕	光电科学与工程学院	面上项目	10	2020-07-01	2023-06-30

续表

序号	项目编号	项目名称	项目负责人	学院（部）	项目类别	资助经费/万元	开始时间	截止时间
20	BK20200871	喷墨打印构筑图案化苯胺低聚物结晶薄膜及其柔性储能器件研究	邵元龙	能源学院	青年基金	20	2020-07-01	2023-06-30
21	BK20201413	锡基钙钛矿太阳能电池的缺陷态原位评价及其钝化	娄艳辉	能源学院	面上项目	10	2020-07-01	2023-06-30
22	BK20200849	含硼四元芳环双自由基的合成与性质研究	苏远停	材料与化学化工学部	青年基金	20	2020-07-01	2023-06-30
23	BK20200852	基于自由基环合策略的含氮杂环合成	吴新鑫	材料与化学化工学部	青年基金	20	2020-07-01	2023-06-30
24	BK20200853	具有协同吸附位点的金属—有机框架材料的构建及其气体吸附分离应用	牛政	材料与化学化工学部	青年基金	20	2020-07-01	2023-06-30
25	BK20200874	高选择性苄位C（sp3）-H键的精准官能团化反应研究及其在天然产物合成中的应用	蔡忠建	材料与化学化工学部	青年基金	20	2020-07-01	2023-06-30
26	BK20200856	数值型脉冲神经膜系统的计算性能及其学习算法研究	吴庭芳	计算机科学与技术学院	青年基金	20	2020-07-01	2023-06-30

续表

序号	项目编号	项目名称	项目负责人	学院（部）	项目类别	资助经费/万元	开始时间	截止时间
27	BK20201405	基于深度学习的肺部图像分割分类方法研究	许粲昊	计算机科学与技术学院	面上项目	10	2020-07-01	2023-06-30
28	BK20200858	基于移动边缘计算的车载网络入侵检测方法研究	于天琪	电子信息学院	青年基金	20	2020-07-01	2023-06-30
29	BK20200876	UHF频段高阶PT对称电路机理分析及其无损传感应用	张允晶	电子信息学院	青年基金	20	2020-07-01	2023-06-30
30	BK20200881	基于生物感知微结构功能机理的高功率密度机械能收集转化器件仿生研究	王可军	机电工程学院	青年基金	20	2020-07-01	2023-06-30
31	BK20201412	航发叶片沉浸式气射流抛光机理与调控机制研究	张雷	机电工程学院	面上项目	10	2020-07-01	2023-06-30
32	BK20200869	CO_2应用于底喷石灰粉转炉炼钢的脱磷反应机理研究	胡绍岩	沙钢钢铁学院	青年基金	20	2020-07-01	2023-06-30
33	BK20200868	高效反应性植酸酯阻燃剂的结构设计、合成及其耐久阻燃蚕丝机理研究	程献伟	纺织与服装工程学院	青年基金	20	2020-07-01	2023-06-30

续表

序号	项目编号	项目名称	项目负责人	学院（部）	项目类别	资助经费/万元	开始时间	截止时间
34	BK20200860	家蚕靶标基因Vssc和RyR突变介导的抗性机制及互作模式研究	孙海娜	医学部基础医学与生物科学学院	青年基金	20	2020-07-01	2023-06-30
35	BK20200878	UCH-L1在HPVE6/E7介导头颈部鳞状细胞癌免疫抑制微环境形成中的作用及机制研究	荣超	医学部基础医学与生物科学学院	青年基金	20	2020-07-01	2023-06-30
36	BK20200879	葡萄糖转运蛋白CsGTP1与CsSGLT沉默对华支睾吸虫在宿主体内厌氧生存的阻断研究	代馥虹	医学部基础医学与生物科学学院	青年基金	20	2020-07-01	2023-06-30
37	BK20200882	MYB44在环境胁迫下调控浒苔类胡萝卜素的机制研究	何渊	医学部基础医学与生物科学学院	青年基金	20	2020-07-01	2023-06-30
38	BK20201408	METTL3介导m6ARNA甲基化调控ATR通路影响多发性骨髓瘤发生发展的机制及预后研究	庄文卓	医学部基础医学与生物科学学院	面上项目	10	2020-07-01	2023-06-30

续表

序号	项目编号	项目名称	项目负责人	学院（部）	项目类别	资助经费/万元	开始时间	截止时间
39	BK20200861	靶向递送免疫调节药物助力过继T细胞精准治疗乳腺癌	Zheng Yiran	医学部药学院	青年基金	20	2020-07-01	2023-06-30
40	BK20200851	磷光硅纳米探针的设计、光学调控及其在时间分辨生物成像领域的应用	宋 斌	功能纳米与软物质研究院	青年基金	20	2020-07-01	2023-06-30
41	BK20200870	自适应球形聚多肽纳米颗粒用于细菌生物被膜感染的成像与治疗	刘 勇	功能纳米与软物质研究院	青年基金	20	2020-07-01	2023-06-30
42	BK20200872	硫化铅量子点墨水的可控合成及其光伏性能研究	刘泽柯	功能纳米与软物质研究院	青年基金	20	2020-07-01	2023-06-30
43	BK20200873	石墨烯负载单原子电催化合成氨的理性设计	纪玉金	功能纳米与软物质研究院	青年基金	20	2020-07-01	2023-06-30
44	BK20201410	扰动流对血管内皮细胞异质性的时空调控及其机制研究	唐朝君	唐仲英血液学研究中心	面上项目	10	2020-07-01	2023-06-30
45	BK20200864	Viperin去泛素化酶的鉴定及其抗病毒功能研究	袁玉康	生物医学研究院	青年基金	20	2020-07-01	2023-06-30

续表

序号	项目编号	项目名称	项目负责人	学院（部）	项目类别	资助经费/万元	开始时间	截止时间
46	BK20200866	Hedgehog信号通路蛋白在上皮细胞中的免疫调控功能的研究	汪琴	生物医学研究院	青年基金	20	2020-07-01	2023-06-30
47	BK20201407	狼疮肾炎血管内皮细胞对组织常驻型记忆T细胞分化的调控与机制	温振科	生物医学研究院	面上项目	10	2020-07-01	2023-06-30
48	BK20200862	三维电场刺激微环境对hiPSCs源性心肌细胞结构和功能成熟的调控	肖淼	心血管病研究所	青年基金	20	2020-07-01	2023-06-30
49	BK20200865	维生素D在斑马鱼紫外线吸收剂合成中的作用及机制	韩延超	心血管病研究所	青年基金	20	2020-07-01	2023-06-30
50	BK20200880	全反式维甲酸调控内皮细胞糖酵解及其对动脉粥样硬化斑块稳定性的影响	于淼	心血管病研究所	青年基金	20	2020-07-01	2023-06-30
51	BK20201409	利用患者特异GATA4突变多能干细胞模型研究先天性心脏病发病机理及防治策略	雷伟	心血管病研究所	面上项目	10	2020-07-01	2023-06-30

江苏省重点研发计划（社会发展）项目（2项）（表73）

表73 江苏省重点研发计划（社会发展）项目一览表

序号	项目批准号	项目名称	项目负责人	承担单位	资助经费/万元	完成时间
1	BE2020652	埃及伊蚊宿主防御肽在防治寨卡病毒感染中的应用研究	卫林	生物医学研究院	50	2020年12月—2023年6月
2	BE2020763	可视化光治疗纳米药物用于肿瘤协同治疗的研究	柯亨特	医学部药学院	50	2020年12月—2023年6月

江苏省重点研发计划（产业前瞻与关键核心技术）项目（1项）（表74）

表74 江苏省重点研发计划（产业前瞻与关键核心技术）项目一览表

序号	项目批准号	项目名称	项目负责人	承担单位	资助经费/万元	完成时间
1	BE2020003-3	高水平测试分析与失效机理的研究	晏成林	能源学院	180	2020年7月—2024年6月

江苏省政策引导类计划（国际科技合作）项目（2项）（表75）

表75 江苏省政策引导类计划（国际科技合作）项目一览表

序号	项目批准号	项目名称	项目负责人	承担单位	资助经费/万元	完成时间
1	BZ2020011	钙钛矿太阳能电池材料的智能筛选和器件性能优化的合作研发	李有勇	功能纳米与软物质研究院	100	2020年6月—2023年5月
2	BZ2020067	基因组资源应用开发与海外推广	徐璎	剑桥—苏大基因组资源中心	90	2020年8月—2023年8月

江苏省政策引导类计划（软科学研究）项目（1项）（表76）

表76　江苏省政策引导类计划（软科学研究）项目一览表

序号	项目批准号	项目名称	项目负责人	承担单位	资助经费/万元	完成时间
1	BR2020014	江苏加快国际创新合作路径研究	周中胜	东吴商学院（财经学院）	5	2020年8月—2021年5月

江苏省产学研合作项目（7项）（表77）

表77　江苏省产学研合作项目一览表

序号	项目批准号	项目名称	项目负责人	承担单位	资助经费/万元	完成时间
1	BY2020565	一种新型烷基糖苷的工艺开发	羊箭锋	电子信息学院	0	2020—2021年
2	BY2020674	轨道交通空间火情智能监测、处理系统研发	沈长青	轨道交通学院	0	2020—2021年
3	BY2020114	现代生态农业技术的绿色开发与工业应用	曾润生	材料与化学化工学部	0	2020—2021年
4	BY2020146	空压行业云盒的智能硬件及工业云平台的开发	王传洋	机电工程学院	0	2020—2021年
5	BY2020512	陶瓷立体光刻3D打印装备集成和陶瓷膏料研发及产业化	邢占文	机电工程学院	0	2020—2021年
6	BY2020515	建筑设计规范知识图谱项目一期开发	李直旭	计算机科学与技术学院	0	2020—2021年
7	BY2020519	材料表面改性技术的开发	刘小莉	材料与化学化工学部	0	2020—2021年

霍英东教育基金项目（1项）（表78）

表78 霍英东教育基金项目一览表

序号	项目批准号	项目名称	项目负责人	承担单位	资助经费/万元	完成时间
1	171017	LNC CRYBG3 通过生物力学传导通路调控肿瘤增殖/转移的研究	畅 磊	医学部放射医学与防护学院	18	2020年6月—2023年6月

中国纺织工业联合会科技指导性项目（6项）（表79）

表79 中国纺织工业联合会科技指导性项目一览表

序号	项目批准号	项目名称	项目负责人	承担单位	资助经费/万元	完成时间
1	2020116	绿色纤维与纺织品的区块加密技术及链式追踪系统研发	刘宇清	纺织与服装工程学院	0	2020年6月—2022年6月
2	2020013	批量制备纳米纤维的关键技术及其装置研发	徐 岚	纺织与服装工程学院	0	2020年6月—2021年6月
3	2020102	纤维纱基柔性应变传感器的研发及其在智能服装中的应用	闫 涛	纺织与服装工程学院	0	2020年6月—2022年6月
4	2020101	紧身运动装标准化设计系统研发	戴晓群	纺织与服装工程学院	0	2020年6月—2022年6月
5	2020065	pH响应型抗菌止血敷料的研发及性能研究	孟 凯	纺织与服装工程学院	0	2020年6月—2022年6月
6	2020064	纳米/纺织结构复合材料的刺破损伤机理研究	王 萍	纺织与服装工程学院	0	2020年6月—2022年6月

人文社科项目情况

国家社科科研项目（43项）（表80）

表80 国家社科科研项目一览表

序号	项目名称	所属院系	主持人	项目批准号	项目类别
1	适应新时代市场监管需要的权力配置研究	王健法学院	王克稳	20&ZD193	重大项目
2	近代以来至二战结束期间日本涉华宣传史料的整理与研究	外国语学院	孙继强	20&ZD237	重大项目
3	中国当代文学海外传播文献整理与研究（1949—2019）	文学院	季进	20&ZD287	重大项目
4	新时代中国政府职责体系优化研究	政治与公共管理学院	黄建洪	20AZD031	重点项目
5	社会信用体系建设背景下企业信誉链融资的机制、实施路径与绩效研究	东吴商学院（财经学院）	罗正英	20AGL016	重点项目
6	《俄国导报》研究（1856—1906)	外国语学院	朱建刚	20AWW004	重点项目
7	新时代县域政府治理效能评估及提升路径研究	政治与公共管理学院	宋煜萍	20AZZ011	重点项目
8	中国当代通俗小说史与大事记整理研究	文学院	汤哲声	20AZW019	重点项目
9	产品伤害危机下企业的数据驱动决策研究	东吴商学院（财经学院）	王佐政	20BGL105	一般项目
10	流空间视角下中部区域经济高质量发展的新动力机制和政策研究	东吴商学院（财经学院）	韩坚	20BJL094	一般项目
11	体育强国建设背景下体育主流舆论格局建构研究	传媒学院	谷鹏	20BTY035	一般项目

续表

序号	项目名称	所属院系	主持人	项目批准号	项目类别
12	长三角一体化背景下的江南船拳与乡愁研究	体育学院	张宗豪	20BTY107	一般项目
13	数字时代青年中华民族认同的培育路径研究	传媒学院	张健	20BXW002	一般项目
14	融媒体时代学术期刊品牌价值评估及运营策略研究	传媒学院	江波	20BXW050	一般项目
15	"一带一路"倡议下我国对外投资的国别风险测度与防范策略研究	东吴商学院（财经学院）	徐涛	20BJY237	一般项目
16	"百年变局"背景下人类命运共同体理念现实基础的历史唯物主义研究	政治与公共管理学院	桑明旭	20BZX018	一般项目
17	"仿编《近思录》文献"整理与研究	文学院	程水龙	20BZX059	一般项目
18	环保组织参与污染冲突治理机制研究	政治与公共管理学院	殷盈	20BZZ066	一般项目
19	清代善会善堂"征信录"资料的整理与研究	社会学院	黄鸿山	20BZS087	一般项目
20	清至民国时期毛乌素沙地人群、生计与环境调适研究	社会学院	王晗	20BZS106	一般项目
21	1912—1917中国文学史料开掘与阐释研究	文学院	张蕾	20BZW137	一般项目
22	当代情动理论研究	文学院	刘芊玥	20CZW003	青年项目
23	基于人工智能的网络意识形态自动分类和人机综合治理研究	传媒学院	罗茜	20CXW026	青年项目
24	图书馆阅读推广中的短视频技术应用研究	传媒学院	丁文祎	20CTQ005	青年项目

续表

序号	项目名称	所属院系	主持人	项目批准号	项目类别
25	档案文化要素的本质及其演化研究	社会学院	谢诗艺	20CTQ033	青年项目
26	中国体育仲裁制度的生成困境与路径选择研究	体育学院	熊瑛子	20CTY010	青年项目
27	新柏拉图主义视角下的当代形而上学	政治与公共管理学院	何宝申	20FZXB001	后期资助一般项目
28	文化多元时代族群政治与国家认同建构关系的研究	政治与公共管理学院	刘向东	20FZZB006	后期资助一般项目
29	两宋时期台净合流研究	政治与公共管理学院	骆海飞	20FZJB007	后期资助一般项目
30	阿拉斯戴尔·麦金太尔马克思主义思想研究	马克思主义学院	张晓	20FZXB010	后期资助一般项目
31	社会工作教育问题研究	马克思主义学院	臧其胜	20FSHB020	后期资助一般项目
32	理解社会学的基础和机制研究	社会学院	王赟	20FSHB012	后期资助一般项目
33	美国红十字会的改革与发展研究	社会学院	高芳英	20FSSB031	后期资助一般项目
34	汉语中的主宾转换现象和状态改变构式研究	文学院	张榴琳	20FYYB043	后期资助一般项目
35	前沿科学可视化的图像认知与叙事研究	传媒学院	王国燕	20FXWA003	后期资助重点项目
36	刑事涉案财物处置实体问题研究	王健法学院	庄绪龙	20FFXB024	后期资助一般项目
37	国有基金支持企业创新的效率测度、全息模型及路径优化研究	数学科学学院	禹久泓	20FGLB051	后期资助一般项目

续表

序号	项目名称	所属院系	主持人	项目批准号	项目类别
38	大学教师生命时间结构研究	教育学院	曹永国	BIA200163	教育学国家一般
39	高校科研团队建设质量研究	教育学院	许庆豫	BIA200166	教育学国家一般
40	中国经典织物纹样谱系研究	艺术学院	张晓霞	20AG009	艺术学重点
41	新中国社会主义建设题材油画理论与实践研究	艺术学院	刘玉龙	20BF092	艺术学一般
42	多元融合的中国古代妇女服饰研究（秦汉至清）	艺术学院	张蓓蓓	20BG119	艺术学一般
43	俄罗斯符号学研究范式的百年流变	外国语学院	赵爱国	19KWW064	成果文库

教育部科研项目（25项）（表81）

表81 教育部科研项目一览表

序号	项目名称	所属院系	主持人	项目批准号	项目类别
1	中国心性心理学的理论体系及训练模式	教育学院	彭彦琴	20YJA190007	规划基金项目
2	从伽利略对称性原理到杨-米尔斯理论的发展逻辑	政治与公共管理学院	李继堂	20YJA720005	规划基金项目
3	长三角区域高等教育一体化水平监测评估研究	教育学院	崔玉平	20YJA880006	规划基金项目
4	校外培训机构的市场准入与监管机制研究	教育学院	王一涛	20YJA880054	规划基金项目
5	学校、家庭、个人综合防控中小学生近视的体育锻炼路径研究	体育学院	陈钢	20YJA890001	规划基金项目

续表

序号	项目名称	所属院系	主持人	项目批准号	项目类别
6	国家战略背景下中日武术（武道）国际推广模式对比研究	体育学院	杨敢峰	20YJA890031	规划基金项目
7	面向混合功能开发的城市存量土地再利用研究：理论认知、实证测度与政策路径	政治与公共管理学院	郑红玉	20YJC630227	青年基金项目
8	马克思主义经典作家权力监督思想及当代价值研究	马克思主义学院	王晓蕾	20YJC710061	青年基金项目
9	地理语言学视角下的吴语太湖片语音变异研究	文学院	莫娲	20YJC740043	青年基金项目
10	英语世界中国现代文学史新著研究	文学院	臧晴	20YJC751043	青年基金项目
11	莎士比亚的中世纪意象研究	外国语学院	王雯	20YJC752019	青年基金项目
12	从卫所到漕帮：明清漕运卫所的演变研究	社会学院	张程娟	20YJC770038	青年基金项目
13	自然资源资产产权统一确权登记制度研究	王健法学院	冯嘉	20YJC820013	青年基金项目
14	损害赔偿理论的更新与现代应用研究	王健法学院	黄文煌	20YJC820018	青年基金项目
15	城乡融合视域下先发地区乡村空间资源优化配置研究	金螳螂建筑学院	叶露	20YJC840039	青年基金项目
16	民国时期图书馆学期刊研究	图书馆	张敏	20YJC870012	青年基金项目
17	中学语文古代作品选文嬗变：70年回顾与启示	文学院	管贤强	20YJC880019	青年基金项目

续表

序号	项目名称	所属院系	主持人	项目批准号	项目类别
18	分类与整合：我国义务教育教师聘任政策的实施效应及其优化路径研究	教育学院	杨 帆	20YJC880112	青年基金项目
19	基于风土建筑谱系的南部侗族营造技艺区系及传承机制研究	金螳螂建筑学院	巨凯夫	20YJCZH062	青年基金项目
20	基于二语习得的养老机构老年轻度认知障碍患者认知训练方案构建研究	医学部护理学院	林 璐	20YJCZH088	青年基金项目
21	1997—2019年香港中学美术校本教材中的国家形象与国家意识	艺术学院	张 婷	20YJCZH232	青年基金项目
22	明清城市演进视角下苏州园林基址变迁与营建机制研究	金螳螂建筑学院	张甜甜	20YJC760131	青年基金项目
23	人类命运共同体理念下全球生态治理路径研究	马克思主义学院	张建英	20JD710037	中特专项
24	全国普通高校公共艺术课程指导方案研制	音乐学院	吴 磊	—	体卫艺国防教育专项任务项目
25	学校体育中高考重大意义及其基础理论研究	体育学院	王家宏	—	体卫艺国防教育专项任务项目

江苏省社科科研项目（26项）（表82）

表82 江苏省社科科研项目一览表

序号	项目名称	所属院系	主持人	项目批准号	项目类别
1	教育理论研究进展逻辑及创新路径研究	教育学院	曹永国	20JYA002	重点项目
2	诚信建设系统的有效运行及评价体系研究	教育学院	吴继霞	20SHA004	重点项目
3	乡村振兴视域下江苏传统村落建筑保护发展研究	金螳螂建筑学院	吴永发	20YSA001	重点项目
4	当代英美学院派小说中的文化地理研究	外国语学院	宋艳芳	20WWB008	一般项目
5	乡村治理中志愿服务的公众参与研究	文学院	孙宁华	20ZZB003	一般项目
6	5G条件下视频传播技术创新和主流媒体融合创新研究	传媒学院	张可	20XWC002	青年项目
7	习近平总书记关于疫情防控工作重要论述研究	马克思主义学院	吉启卫	20MLC002	青年项目
8	非法集资刑事案件涉案财物处置问题研究	王健法学院	庄绪龙	20FXC001	青年项目
9	江苏当代作家成长叙事研究	文学院	王振	20ZWC006	青年项目
10	蒋宝龄与嘉道江南布衣诗群研究	学报编辑部	黄建林	20ZWC004	青年项目
11	新时代高校思想政治工作体系建设与效能提升研究	马克思主义学院	王淼	20MLD006	自筹项目
12	高校社科教师科研生产力评价的本土化改革研究	教育学院	崔玉平	20ZZD005	自筹项目

续表

序号	项目名称	所属院系	主持人	项目批准号	项目类别
13	江苏基层治理的利益秩序与治理效能提升研究	政治与公共管理学院	吴新星	20JYD006	自筹项目
14	20世纪20年代知识青年形象的想象与构筑研究	文学院	张学谦	20HQ027	后期资助项目
15	体育赛事评价指标体系构建与应用研究	体育学院	雍明	20HQ037	后期资助项目
16	武侠电影的侠女形象与性别伦理研究	传媒学院	周舒燕	20HQ059	后期资助项目
17	沈德潜传	文学院	赵杏根	—	文脉专项
18	江苏推进基层治理现代化模式与经验研究	政治与公共管理学院	刘成良	20ZLA015	十九届四中全会重点专项
19	清代江南重要事件与文学生成关系研究	文学院	杨旭辉	19JD009	基地项目
20	当代江苏作家的海外传播研究	传媒学院	潘莉	19JD008	基地项目
21	新时代多党合作制度价值功能、运行机制和效能发挥问题研究	政治与公共管理学院	钱振明	20TZA001	统战专项重点项目
22	新时代文明实践中心建设与实践研究	马克思主义学院	田芝健	—	2019年度江苏省中国特色社会主义理论体系研究中心研究项目
23	习近平生态文明思想与江苏实践研究	马克思主义学院	方世南	—	2019年度江苏省中国特色社会主义理论体系研究中心研究项目

续表

序号	项目名称	所属院系	主持人	项目批准号	项目类别
24	县级融媒体中心建设的模式与可持续发展路径研究	传媒学院	陈一	20ZKB017	智库专项一般项目
25	一体化推进不敢腐、不能腐、不想腐研究	政治与公共管理学院	周义程	20ZKB019	智库专项一般项目
26	新冠肺炎疫情时期探索发展夜经济研究	东吴商学院（财经学院）	屠立峰	20ZKB041	智库专项一般项目

其他省部级项目（15项）（表83）

表83 其他省部级项目一览表

序号	项目名称	所属院系	主持人	项目批准号	项目类别
1	人与自然和谐共生研究	马克思主义学院	方世南	—	中特基地委托项目
2	新发展阶段推进社会主义政治建设研究	马克思主义学院	田芝健	—	中特基地委托项目
3	推进体育治理体系和治理能力现代化的制度路径研究	体育学院	王家宏	2020-A-16	决策咨询研究重大项目
4	"拿干净金牌"的反兴奋剂理论体系研究	王健法学院	郭树理	2020-B-05	决策咨询研究重点项目
5	中华传统法律文化精华的创造性转化和创新性发展研究——以《唐律疏议·户婚律》为例	王健法学院	张学军	CLS（2019）C01	一般课题
6	网络集资犯罪治理的模式转型	王健法学院	庄绪龙	CLS（2019）D19	自选课题
7	长输油气管道用地法律权属问题研究	王健法学院	张鹏	CLS（2019）D29	自选课题

续表

序号	项目名称	所属院系	主持人	项目批准号	项目类别
8	美德的阴暗面——对非政府组织的国际法批判性研究	王健法学院	何驰	CLS（2019）D47	自选课题
9	数字时代刑事侦查证据采集的隐私权保护研究——以美国司法裁判的沿革为鉴	王健法学院	朱嘉珺	CLS（2019）D62	自选课题
10	2020年世界公众科学素质促进大会专题论坛	传媒学院	贾鹤鹏	—	科普项目
11	现代学术思潮与多学科视野下的《穆天子传》研究	社会学院	周书灿	—	一般课题
12	清代闺秀集序跋汇编	传媒学院	顾圣琴	—	直接资助项目
13	国家高新区创新人才吸引力测度研究：以苏州工业园区为例	政治与公共管理学院	叶继红	—	一般项目
14	研制学校美育工作基本标准	音乐学院	吴磊	—	教育部委托项目
15	检察机关自行补充侦查研究	王健法学院	李晓明	—	最高人民检察院检察应用理论研究课题

教职工队伍结构

教职工人员情况（表84）

表84　2020年全校教职工人员一览表　　　　　单位：人

类别	小计	其中：女
专任教师	3 500	1 401
行政人员	796	381
教辅人员	677	394
科研机构人员	18	7
工勤人员	186	16
校办工厂、农（林）场职工	50	13
其他附设机构人员	51	44
编外合同	57	34
科研助理	165	87
劳务派遣	220	161
合计	5 720	2 538

专任教师学历结构情况（表85）

表85　2020年全校专任教师学历结构一览表　　　　　单位：人

	总计	其中：女	正高级	副高级	中级	初级	无职称
博士	2 485	870	937	902	646	0	0
硕士	625	346	47	173	332	73	0
未获博硕士学位	0	0	0	0	0	0	0

续表

	总计	其中：女	正高级	副高级	中级	初级	无职称
学士	380	180	42	181	147	6	4
研究生肄业	6	3	1	3	2	0	0
未获学士学位	0	0	0	0	0	0	0
高等学校专科毕业及本科肄业两年以上	4	2	2	0	1	1	0
高等学校本专科肄业未满两年及以下	0	0	0	0	0	0	0
合计	3 500	1 401	1 029	1 259	1 128	80	4

专任教师年龄结构情况（表86）

表86　2020年全校专任教师年龄结构一览表　　　　单位：人

年龄段	总计	其中：女	正高级	副高级	中级	初级	无职称
30岁以下	304	144	1	18	231	51	3
31—35岁	546	206	42	180	305	18	1
36—40岁	681	307	154	309	213	5	0
41—45岁	628	288	183	279	164	2	0
46—50岁	475	210	179	181	113	2	0
51—55岁	397	147	180	146	70	1	0
56—60岁	394	86	217	145	31	1	0
61岁以上	75	13	73	1	1	0	0
合计	3 500	1 401	1 029	1 259	1 128	80	4

教职工中级以上职称情况（表87）

表87　2020年教职工中级以上职称人员分布一览表　　　　单位：人

所在单位	总计	其中：女	正高级	副高级	中级
党委办公室	17	4	5	3	6
校长办公室	23	8	9	2	7
法律事务办公室（挂靠校长办公室）	3	2	0	0	2
督查办公室（挂靠校长办公室）	1	0	0	0	1
数据资源管理办公室（挂靠校长办公室）	2	0	0	1	1
国内合作办公室、实验学校管理办公室（加挂牌子）	5	2	0	3	0
纪委（监察专员办）	12	5	2	3	7
党委组织部	8	4	1	2	5
党代表联络办（与党委组织部合署办公）	1	0	0	0	1
党校（与党委组织部合署办公）	3	3	2	1	0
党委宣传部	14	8	1	4	6
新闻中心（与党委宣传部合署办公）	2	2	0	1	1
党委统战部	6	2	0	2	4
离退休工作部（处）	17	7	0	4	9
工会	9	4	1	2	3
团委	8	6	0	1	5
机关党工委	5	1	0	2	3
群直党工委	4	2	0	1	2
发展委员会办公室	9	5	0	3	5
人力资源处	27	17	1	2	18
党委教师工作部（与人事处合署办公）	2	1	0	1	1

续表

所在单位	总计	其中：女	正高级	副高级	中级
财务处	47	39	2	13	16
审计处	15	9	0	3	9
教务部、教师教学发展中心	33	20	3	6	19
招生就业处	14	4	0	3	8
学生工作部（处）	16	10	0	2	9
学生创新创业教育中心（挂靠学生处）	3	1	1	0	1
大学生心理健康教育研究中心（挂靠学生处）	12	7	0	4	7
人武部（与学生处合署办公）	2	0	0	1	1
研究生院、导师学院	17	6	2	4	11
党委研究生工作部（与研究生院合署办公）	1	1	1	0	0
学科建设办公室	5	3	1	0	3
学位评定委员会秘书处（学位办）	2	1	1	1	0
未来校区管理委员会	1	0	0	1	0
科学技术研究部	34	7	3	11	14
人文社会科学处	12	7	1	2	6
国有资产管理处	12	3	0	4	7
继续教育处（继续教育学院）	48	26	0	5	14
国际合作交流处、港澳台办公室	14	10	0	1	9
出入境服务中心	4	1	0	1	3
保卫部（处）	54	5	1	2	17
后勤管理处	153	60	0	10	44
校医院（挂靠后勤管理处）	49	42	0	10	21
医院管理处	3	1	0	1	1
学术委员会秘书处	4	4	2	0	1
图书馆	122	81	6	33	54

续表

所在单位	总计	其中：女	正高级	副高级	中级
档案馆	16	14	1	6	6
博物馆	10	7	1	2	4
信息化建设与管理中心	37	11	1	7	17
采购与招投标管理中心	8	5	0	1	5
实验材料与设备管理中心	18	13	0	4	7
分析测试中心	43	30	2	32	8
工程训练中心	34	9	1	9	9
艺术教育中心	5	2	0	2	2
文学院	93	40	28	28	28
传媒学院	70	34	11	17	36
社会学院	106	47	28	36	34
政治与公共管理学院	136	59	34	38	48
马克思主义学院	72	35	9	29	30
教育学院	94	49	23	32	24
东吴商学院（财经学院）	171	87	31	73	59
王健法学院	86	24	24	30	27
外国语学院	132	86	21	34	65
金螳螂建筑学院	98	51	13	39	38
数学科学学院	113	31	43	39	17
金融工程研究中心（挂靠数学科学学院）	12	6	3	5	2
能源学院	98	35	30	15	41
物理科学与技术学院	110	30	46	28	25
光电科学与工程学院	121	35	24	43	35
材料与化学化工学部	295	112	107	68	74
纳米科学技术学院	24	12	1	1	12
功能纳米与软物质研究院	168	52	46	19	82

续表

所在单位	总计	其中：女	正高级	副高级	中级
计算机科学与技术学院	146	39	34	48	45
电子信息学院	121	39	22	54	35
机电工程学院	184	63	30	79	57
沙钢钢铁学院	59	15	11	22	24
纺织与服装工程学院	115	53	28	35	33
现代丝绸国家工程实验室	18	7	5	8	5
轨道交通学院	128	46	15	52	45
体育学院	98	33	17	26	25
艺术学院	136	76	24	31	58
音乐学院	56	31	6	12	30
医学部	54	34	0	10	31
医学部基础医学与生物科学学院	221	105	57	99	58
医学部放射医学与防护学院	135	49	33	46	43
医学部公共卫生学院	66	32	23	29	14
医学部药学院	126	58	45	43	32
医学部护理学院	11	7	1	2	8
医学部实验动物中心	45	30	1	3	9
医学部实验中心	52	31	1	22	22
医学部第一临床学院	142	53	56	54	27
医学部第二临床学院	46	23	19	12	14
医学部儿科临床医学院	33	18	13	14	6
唐仲英医学研究院	3	0	0	1	2
唐仲英血液学研究中心	40	19	13	12	12
苏州大学造血干细胞移植研究所	5	3	1	1	3
骨科研究所	24	10	5	8	8
神经科学研究所	30	17	9	4	13
生物医学研究院	63	33	13	19	25

续表

所在单位	总计	其中：女	正高级	副高级	中级
心血管病研究所	18	10	4	5	8
苏州大学转化医学研究院	12	4	2	1	8
剑桥-苏大基因组资源中心	32	20	5	6	13
海外教育学院	24	20	1	9	11
巴斯德学院	3	1	0	1	2
红十字国际学院	10	6	1	1	5
东吴学院	233	141	7	106	116
师范学院	3	3	0	1	1
敬文书院	8	4	3	1	3
唐文治书院	3	3	0	0	1
文正学院	37	14	2	12	21
应用技术学院	36	11	2	13	17
老挝苏州大学	4	1	1	0	2
苏州大学实验学校、基础教育研究院	1	0	0	1	0
苏州大学高邮实验学校	1	0	0	1	0
苏州大学附属第一医院	2	0	0	1	1
苏州大学附属儿童医院	2	1	0	0	2
苏州市独墅湖医院、苏州大学附属独墅湖医院	2	0	0	2	0
辐照技术研究所	6	0	0	1	3
学报编辑部	9	6	1	3	5
出版社有限公司	34	13	6	14	11
教服集团	51	7	0	2	2
东吴饭店	2	0	0	1	0
江苏苏大投资有限公司	4	1	0	2	2
中国特色城镇化研究中心	1	1	0	1	0
总计	5 720	2 538	1 091	1 724	2 015

2020年获副高级以上技术职称人员名单

教师系列：

聘任教授职务人员名单

文学院
  高永奇 邵雯艳
传媒学院
  陈 一 曾庆江
社会学院
  徐 芳 武向平
政治与公共管理学院
  朱光磊
马克思主义学院
  宋德孝
教育学院
  廖 渝 秦炜炜
东吴商学院（财经学院）
  蒋 丽 刘 亮 张 斌 沈建成
王健法学院
  李 杨
外国语学院
  张乃禹 张 萍
金螳螂建筑学院
  雷 诚
数学科学学院
  卢丹诚 周圣高 董超平 梁兵兵
能源学院
  陈 威 孙迎辉 杨新波
物理科学与技术学院
  田 维 徐震宇 徐亚东 丁泓铭
光电科学与工程学院
  乔 文 叶 燕 陈泽锋 包华龙
材料与化学化工学部
  崔超华 曾润生 傅 楠 李伟峰 唐康健 孙启明 李 杰

功能纳米与软物质研究院
  王　璐　　徐　来　　张海明　　王昱沆
计算机科学与技术学院
  段湘煜　　李直旭　　许佳捷
电子信息学院
  陈　俊　　刘　宁
机电工程学院
  匡绍龙　　李相鹏　　李晓旭　　王永光
沙钢钢铁学院
  伍　凌　　王晓南　　徐　舜　　吴小香
纺织与服装工程学院
  卢业虎　　睢建华
轨道交通学院
  孙玉娥　　郑建颖　　徐向阳
唐仲英医学研究院
  徐　鹏　　杨华乾
神经科学研究所
  孟红蕊
心血管病研究所
  唐明亮
生物医学研究院
  刘合宾　　阮　航
基础医学与生物科学学院
  黄茉莉　　姜　岩　　赵李祥　　洪宇植
医学部公共卫生学院
  张　垒　　张绍艳
医学部药学院
  贵春山　　何　慧　　贾　佳　　刘艳丽　　王洪枫　　王义鹏　　杨　霜
  王雅俊
医学部放射医学与防护学院
  崔凤梅　　刘志勇　　王　畅　　杨光保
医学部第一临床学院
  陈　成　　陈　罡　　黄海雯　　惠品晶　　汪小华　　魏明刚　　薛胜利
  郭　强
医学部第二临床学院
  王培吉　　严　军　　张　弘
医学部儿科临床医学院
  郭万亮　　严永东

苏州大学附属传染病医院
　　吴姝英

聘任研究员职务人员名单

光电科学与工程学院
　　周小红
机电工程学院
　　王凤霞
医学部放射医学与防护学院
　　李世红

聘任副教授职务人员名单

文学院
　　管贤强　　秦　烨　　朱钦运
传媒学院
　　徐　蒙　　许静波
社会学院
　　丁义珏　　傅　亮　　高丽华　　邹桂香　　徐鹤涛　　朱志伟
政治与公共管理学院
　　李红霞
马克思主义学院
　　李　瑾　　张　晓
教育学院
　　金　国　　杨　帆　　吴　希
东吴商学院（财经学院）
　　陈荣莹　　彭　向　　沈　怡　　许　秀　　李震雄
王健法学院
　　石肖雪　　王　俊
外国语学院
　　王　静　　朱　京
东吴学院
　　黄　婷　　金　芳　　冷　洁　　罗　虹　　陶　滢　　王德春　　岳爱萍
　　周明亚　　张健敏
金螳螂建筑学院
　　王　彪　　徐俊丽　　袁惠燕　　张　靓　　罗　辉

数学科学学院
  白占强 顾 怡 秦 聪
能源学院
  俞卫刚
电子信息学院
  康 健
光电科学与工程学院
  黄 敏 魏 巍 肖仲喆 延 英 张 程 王绍军
功能纳米与软物质研究院
  徐建龙
计算机科学与技术学院
  房俊华 权丽君 王邦军 王中卿 高国举 李俊涛 朴明浩
机电工程学院
  李文利 王 刚 张克栋 贾清波 陈逸阳 俞泽新
沙钢钢铁学院
  侯 栋 王子健 沈鑫珺
纺织与服装工程学院
  洪 岩 刘 帅 魏真真 张 涛 薛哲彬
轨道交通学院
  俄文娟 樊明迪 杨昌锦
体育学院
  杨 青 张 庆
艺术学院
  赵智峰 王照宇 张 欣
物理科学与技术学院
  陈航燕 孙浩轩 朱睿东
材料与化学化工学部
  魏建业 蔡忠建 吴新鑫
基础医学与生物科学学院
  仇 灏 王祖峰 肖 飞 严文颖 杨晓勤 张 晔 卫 静
  赵丽梅 陆薇薇
医学部公共卫生学院
  蒋 菲 武 婧 仲崇科
医学部药学院
  田 盛 朱 益 张海洋
生物医学研究院
  胡 林 谢 枫 傅煜轩

剑桥-苏大基因组资源中心
　　刘志玮
医学部第一临床学院
　　陈少慕　贺明庆　李满意　李　智　刘　凌　刘跃均　马晶晶
　　皮　斌　沈芳荣　史金辉　宋艳辉　孙　朋　王　娟　王月菊
　　邬　青　杨　晶　杨　鹏　杨新静　尤万春　臧　晋　张宇祯
　　周海侠　朱　默　朱若夫　常　新
医学部第二临床学院
　　范建林　方　晨　黄　江　黄　韵　李　洁　凌卓彦　马　麒
　　蒲汪旸　桑永华　石际俊　熊康平　许立军　叶振宇　俞蕴莉
　　张　鹏　张　霞　朱宝松　朱江涛　王　敏　施晓松
医学部儿科临床医学院
　　曹　岚　陈　婷　范丽萍　李　巍　孙　凌　王杭州　王　梅
苏州大学附属第三医院
　　陈　杰　段云飞　高红艳　顾文栋　贾　方　李　欢　刘志伟
　　邱　慧　王草叶　杨　敏　张爱梁　周　华　周　军
苏州大学附属张家港医院
　　宋　宇
苏州大学附属瑞华医院
　　巨积辉
苏州大学附属传染病医院
　　唐佩军　胥　萍

聘任副研究员职务人员名单

数学科学学院
　　汪　馨
光电科学与工程学院
　　周建康　方宗豹
材料与化学化工学部
　　邵　琪　王　蕾　姚艳波
电子信息学院
　　李泳成
医学部放射医学与防护学院
　　陈　龙　崇　羽　张　朵　郑会珍　叶才勇
功能纳米与软物质研究院
　　李超然

实验系列：

聘任教授职务人员名单

艺术学院
　　王　岩

聘任研究员职务人员名单

医学部放射医学与防护学院
　　徐加英

聘任高级实验师职务人员名单

分析测试中心
　　闫春辉
传媒学院
　　程　粟　　于莉莉
物理科学与技术学院
　　吴茂成
沙钢钢铁学院
　　吕　凡
骨科研究所
　　张　文
神经科学研究所
　　王　芬
生物医学研究院
　　胡静平

聘任副研究员职务人员名单

分析测试中心
　　朱惠芳
轨道交通学院
　　谢门喜
医学部基础医学与生物科学学院
　　胡　佳　　仲兆民

唐仲英血液学研究中心
　　周田甜

教育管理研究系列：

聘任研究员职务人员名单

科学技术研究部
　　糜志雄

聘任副研究员职务人员名单

团委
　　刘春雷
党委宣传部
　　姚　臻
机关党工委
　　夏凤军
教务部
　　李　振
保卫部（处）
　　陈晓刚
后勤管理处
　　王云杰
政治与公共管理学院
　　徐美华
东吴商学院（财经学院）
　　程　萍
数学科学学院
　　翟惠生
机电工程学院
　　金子祺
艺术学院
　　林　鸿
医学部药学院
　　金雪明
生物医学研究院
　　李　艳

学生思想政治教育系列：

聘任副教授职务人员名单

东吴商学院（财经学院）
　　丁良超
外国语学院
　　胡海峰

无评审权系列：

聘任编审职务人员名单

出版社有限公司
　　李寿春

聘任正高级工程师职务人员名单

工程训练中心
　　谢志余

聘任正高级经济师职务人员名单

校长办公室
　　周　高

聘任副编审职务人员名单

学报编辑部
　　罗雯瑶

聘任高级工程师职务人员名单

后勤管理处
　　王锦秀

聘任高级会计师职务人员名单

财务处
  杨 杰 肖雪芳

2020年聘请讲座教授、客座教授、兼职教授名单

讲座教授

马克思主义学院
  张世飞 中国人民大学教授

东吴商学院（财经学院）
  万 翔 美国俄亥俄州立大学副教授
  罗 欣 美国新墨西哥大学安德森管理学院教授

外国语学院
  高志凯 全球化智库副主任
  董 强 北京大学教授

金螳螂建筑学院
  廖再毅 加拿大瑞尔森大学教授（续聘）

物理科学与技术学院
  Tribelsky Michael Isaac 莫斯科国立大学教授
  黄吉平 复旦大学教授

能源学院
  FedericoRosei 加拿大魁北克大学国立科学研究院教授（续聘）
  Truls Eivind Norby 挪威奥斯陆大学教授

音乐学院
  宋 瑾 教育部人文社会科学重点研究基地音乐学研究所教授

医学部放射医学与防护学院
  TomK. Hei 美国哥伦比亚大学终身教授

医学部药学院
  蒋华良 中科院上海药物研究所研究员

骨科研究所
  陈 棣 中国科学院深圳先进技术研究所研究员

巴斯德学院
  唐 宏 中科院上海巴斯德研究所所长，教授

客座教授

纺织与服装工程学院
  张　华　中国人民解放军军事科学院系统工程研究院高级工程师
体育学院
  周志芳　苏州市体育局局长
物理科学与技术学院
  梅维平　德国拜尔斯道夫集团
  赵裕兴　苏州德龙激光股份有限公司
  王振明　美国精骐有限公司（Crystal Technology & Industries，Inc.）
传媒学院
  双传学　新华日报社党委书记、社长，新华报业传媒集团董事长
医学部护理学院
  张利岩　解放军总医院第三医学中心主任护师

兼职教授

政治与公共管理学院
  魏志江　中山大学教授
红十字国际学院
  孟凡明　国防大学教授
巴斯德学院
  Dimitiri Lavillette　中科院上海巴斯德研究所教授
  刘　星　中科院上海巴斯德研究所教授
  孟广勋　中科院上海巴斯德研究所教授
  潘　磊　中科院上海巴斯德研究所教授
  张晓明　中科院上海巴斯德研究所教授

院士名单（表88）

表88 苏州大学院士情况一览表

序号	姓名	性别	出生年月	从事专业	备注
1	阮长耿	男	1939年8月	内科学（血液病学）	中国工程院院士
2	潘君骅	男	1930年10月	光学工程	中国工程院院士
3	李述汤	男	1947年1月	材料化学	中国科学院院士 第三世界科学院院士
4	柴之芳	男	1942年9月	放射医学	中国工程院院士
5	刘忠范	男	1962年10月	物理化学	中国科学院院士
6	李永舫	男	1948年8月	材料学	中国科学院院士
7	王志新	男	1953年8月	分子酶	中国科学院院士 第三世界科学院院士
8	于吉红	女	1967年1月	无机化学	中国科学院院士 欧洲科学院院士
9	陈晓东	男	1965年2月	应用化学	澳大利亚工程院院士 新西兰皇家科学院院士
10	郎建平	男	1964年6月	无机化学	欧洲科学院院士
11	凌晓峰	男	1963年5月	人工智能	加拿大工程院院士
12	迟力峰	女	1957年10月	物理化学	欧洲科学院外籍院士
13	时玉舫	男	1960年10月	转化医学	欧洲科学院院士
14	路建美	女	1960年10月	化学工程与技术	俄罗斯工程院院士
15	John Michael Kosterlitz	男	1943年6月	物理拓扑相和冷凝聚态	美国科学院院士

2020年入选省级及以上人才工程人员名单（表89）

表89　2020年入选省级及以上人才工程人员名单

序号	工号	姓名	学院（部）	人才工程	备注
1	14WZ12	时玉舫	医学部转化医学研究院	欧洲科学院院士	
2	12N025	迟力峰	功能纳米与软物质研究院	欧洲科学院院士	
3	06N127	路建美	材料与化学化工学部	俄罗斯工程院院士	
4	19N116	牛　政	材料与化学化工学部	国家级人才工程入选者	
5	18N104	苗庆庆	医学部放射医学与防护学院	国家级人才工程入选者	
6	19N010	畅　磊	医学部放射医学与防护学院	国家级人才工程入选者	
7	19N139	温振科	生物医学研究院	国家级人才工程入选者	
8	19N189	洪宇植	医学部基础医学与生物科学学院	国家级人才工程入选者	
9	19WZ22	莫仲鹏	数学科学学院	国家级人才工程入选者	
10	21N060	何亦辉	医学部放射医学与防护学院	国家级人才工程入选者	
11	18N030	高明远	医学部放射医学与防护学院	国家级人才工程入选者	
12	08N051	孙宝全	功能纳米与软物质研究院	国家级人才工程入选者	
13	14N025	张　桥	功能纳米与软物质研究院	国家级人才工程入选者	已调出
14	16N074	冯　博	东吴商学院（财经学院）	国家级人才工程入选者	

续表

序号	工号	姓名	学院（部）	人才工程	备注
15	950102	陈 龙	传媒学院	国家级人才工程入选者	
16	12N063	李 亮	物理科学与技术学院	国家级人才工程入选者	
17	LC010014	郭 强	附属第一医院	国家级人才工程入选者	非校编
18	12N038	谌 宁	材料与化学化工学部	国家级人才工程入选者	
19	15N026	蒋建华	物理科学与技术学院	国家级人才工程入选者	
20	08N016	刘 阳	功能纳米与软物质研究院	国家级人才工程入选者	
21	12N021	应 征	医学部药学院	国家级人才工程入选者	
22	13N005	吴 华	医学部基础医学与生物科学学院	国家级人才工程入选者	
23	12N090	葛翠翠	医学部放射医学与防护学院	国家级人才工程入选者	
24	18N016	汪 超	功能纳米与软物质研究院	国家级人才工程入选者	
25	14D165	崔超华	材料与化学化工学部	国家级人才工程入选者	
26	10N041	揭建胜	功能纳米与软物质研究院	国家级人才工程入选者	
27	06N039	严 锋	材料与化学化工学部	省级突出贡献中青年专家	
28	19WZ22	莫仲鹏	数学科学学院	省级特聘教授	
29	19N139	温振科	生物医学研究院	省级特聘教授	
30	19N116	牛 政	材料与化学化工学部	省级特聘教授	
31	19N138	游 陆	物理科学与技术学院	省级特聘教授	
32	19N026	王春举	机电工程学院	省级特聘教授	
33	16N062	李瑞宾	医学部放射医学与防护学院	江苏省双创团队	
34	15N084	彭 扬	能源学院	江苏省双创团队	

续表

序号	工号	姓名	学院（部）	人才工程	备注
35	19N050	方 剑	纺织与服装工程学院	江苏省双创人才	
36	19N074	张 勇	剑桥－苏大基因组资源中心	江苏省双创人才	
37	19WZ15	郑毅然	医学部药学院	江苏省双创人才	
38	19N023	陈 倩	功能纳米与软物质研究院	江苏省双创人才	
39	19N036	苏 韧	能源学院	江苏省双创人才	
40	19N008	许 彬	物理科学与技术学院	江苏省双创人才	
41	19D036	曹凤人	物理科学与技术学院	江苏省双创博士	
42	19N010	畅 磊	医学部放射医学与防护学院	江苏省双创博士	
43	19N013	陈垂针	物理科学与技术学院	江苏省双创博士	
44	19N118	陈剑宇	数学科学学院	江苏省双创博士	
45	19D034	陈 猛	东吴商学院（财经学院）	江苏省双创博士	
46	19N179	陈 嵩	骨科研究所	江苏省双创博士	
47	19D030	程献伟	纺织与服装工程学院	江苏省双创博士	
48	19N162	戴高乐	功能纳米与软物质研究院	江苏省双创博士	
49	19N071	丁 众	医学部药学院	江苏省双创博士	
50	19D035	范荣磊	物理科学与技术学院	江苏省双创博士	
51	19N060	何兴理	电子信息学院	江苏省双创博士	
52	19N145	黄 斌	医学部药学院	江苏省双创博士	
53	19D078	纪玉金	功能纳米与软物质研究院	江苏省双创博士	
54	19D067	康乃馨	医学部药学院	江苏省双创博士	
55	19D055	孔令辉	电子信息学院	江苏省双创博士	
56	19N035	李佳斌	医学部药学院	江苏省双创博士	
57	19D003	李 婧	传媒学院	江苏省双创博士	
58	19N005	刘成良	政治与公共管理学院	江苏省双创博士	

续表

序号	工号	姓名	学院（部）	人才工程	备注
59	19D072	刘 力	计算机科学与技术学院	江苏省双创博士	
60	19N106	刘 勇	功能纳米与软物质研究院	江苏省双创博士	
61	19N081	刘泽柯	功能纳米与软物质研究院	江苏省双创博士	
62	19D052	陆一琛	外国语学院	江苏省双创博士	
63	19D040	罗 茜	传媒学院	江苏省双创博士	
64	19D033	欧阳艺兰	医学部药学院	江苏省双创博士	
65	19D031	裴炜炜	医学部放射医学与防护学院	江苏省双创博士	
66	19D069	钱 忠	计算机科学与技术学院	江苏省双创博士	
67	19D068	荣 超	医学部基础医学与生物科学学院	江苏省双创博士	
68	19D016	商冰雪	医学部转化医学研究院	江苏省双创博士	
69	19D059	宋 斌	功能纳米与软物质研究院	江苏省双创博士	
70	19N171	苏远停	材料与化学化工学部	江苏省双创博士	
71	20N001	王绍军	光电科学与工程学院	江苏省双创博士	
72	19D076	王诗雨	东吴商学院（财经学院）	江苏省双创博士	
73	19D074	王思宁	金螳螂建筑学院	江苏省双创博士	
74	19D051	王晓梅	医学部放射医学与防护学院	江苏省双创博士	
75	19N080	王亚星	医学部放射医学与防护学院	江苏省双创博士	
76	19N004	王长播	光电科学与工程学院	江苏省双创博士	
77	19D019	吴庭芳	计算机科学与技术学院	江苏省双创博士	
78	19N068	徐惠中	物理科学与技术学院	江苏省双创博士	
79	19N172	闫聪冲	医学部放射医学与防护学院	江苏省双创博士	
80	19N157	叶巍翔	物理科学与技术学院	江苏省双创博士	

续表

序号	工号	姓名	学院（部）	人才工程	备注
81	19D015	应浩江	教育学院	江苏省双创博士	
82	19D021	张程娟	社会学院	江苏省双创博士	
83	19D029	张有捷	医学部公共卫生学院	江苏省双创博士	
84	12D020	王晓南	沙钢钢铁学院	青蓝工程优秀青年骨干教师	
85	10D009	杨 勇	轨道交通学院	青蓝工程优秀青年骨干教师	
86	13D025	钟博文	机电工程学院	青蓝工程优秀青年骨干教师	
87	16N016	房 伟	文学院	青蓝工程中青年学术带头人	
88	12N018	雷署丰	医学部公共卫生学院	青蓝工程中青年学术带头人	
89	960074	杨旭辉	文学院	青蓝工程优秀教学团队	

2020年博士后出站、进站和在校人数情况（表90）

表90 2020年博士后出站、进站和在校人数情况一览表

博士后流动站名称	出站人数	进站人数	2020年年底在站人数
材料科学与工程	20	26	101
畜牧学	0	4	9
法学	4	5	16
纺织科学与工程	11	11	39
工商管理	0	1	12
公共卫生与预防医学	3	3	18

续表

博士后流动站名称	出站人数	进站人数	2020年年底在站人数
光学工程	11	14	53
化学	12	19	59
化学工程与技术	0	3	11
基础医学	19	18	53
计算机科学与技术	6	11	37
教育学	2	0	9
临床医学	8	3	42
马克思主义理论	0	6	10
软件工程	1	1	14
设计学	1	2	8
数学	2	1	5
特种医学	7	6	38
体育学	3	2	13
统计学	0	0	2
外国语言文学	3	1	4
物理学	7	10	32
信息与通信工程	1	8	22
药学	3	4	19
应用经济学	0	2	4
哲学	0	4	9
政治学	0	3	8
中国史	2	0	2
中国语言文学	5	3	18
护理学	0	4	4
合计	131	175	671

2020年博士后在站、出站人员情况（表91）

表91 2020年博士后在站、出站人员情况一览表

流动站名称	在站人员					出站人员	
哲学	李红霞	陈 挺	刘琳娜	田 健	王一成		
	苏培君	顾梦婷	张建晓	刘明亮			
应用经济学	蒋薇薇	彭 向	李从刚	李瑞玟			
法学	李红润	何香柏	程金池	熊瑛子	蒋 莉	吴 俊	李 雪
	卜 璐	卢 然	蔡 仙	蒋 超	邵 聪	石肖雪	王 俊
	何 驰	罗 冲	谭渝丹	唐冬平	陈 虎		
	魏 超						
政治学	盛 睿	杨 静	郑红玉	朱晓亚	张 雪		
	李 洁	滕辰妹	丁梦丽				
马克思主义理论	郑善文	佘明薇	谭志坤	王慧莹	吉启卫		
	祁文博	张洋阳	司开玲	刘晓宁	李亚熙		
教育学	李西顺	廖传景	王 云	管贤强	余 庆	古海波	王爱君
	侯小兵	秦炜炜	王依然	杨琬璐			
体育学	方千华	李留东	赵 毅	邱 林	高 亮	辛德宏	张凤彪
	韩红雨	张 磊	白 杨	王立军	叶小瑜	殷荣宾	
	刘广飞	Rashid Menhas		董 宏			
中国语言文学	秦 烨	张春晓	马林刚	杨黎黎	刘 霞	王 敏	孙启华
	刘英杰	缑 赫	曹 然	徐亦舒	潘 莉	张学谦	李 晨
	孙连五	程 曦	王 振	顾圣琴	曹晓雪	穆 杨	
	梁新军	陈晓峰	徐文泰				
外国语言文学	魏 维	贡希真	陈宁阳	宗 聪		沈鞠明	杨 静
						何芊蔚	
中国史	于明波	李欣栩				傅 亮	谢诗艺
数学	王 奎	刘雷艮	矫立国	石路遥	胡 言	毛仁荣	汪 馨

续表

流动站名称	在站人员	出站人员
物理学	王显福　马玉龙　吴绍龙　汤如俊　虞一青 赵晓辉　陆永涛　王　涛　罗明辉　陈亚红 Muhammad Farooq　Saleem Khan　张笑瑞 崔　巍　翁雨燕　乔　玮　蒋澄灿　慈海娜 叶　庆　邓伟峰　刘　玉　王书昶 Rana Muhammad Irfan　范荣磊　朱国斌 吴世巧　杨先中　刘冰之　景　旭　刘　壮 汪　洋　罗　杰　薛载坤	马奔原　朱　巍 姚　铮　李珍珠 李　超　肖义鑫 肖瑞春
化学	靳奇峰　Dr. S. Rakesh　邵　莺　陈小芳 张　伟　邹　丽　邵智斌　王　翔　黎泓波 王　莲　刘杉杉　aisha bibi　王正宫 张　强　王　凯　程亚娟　聂开琪　孙乐乐 陆焕钧　郭江娜　郭思宇　闫　旭　陈　丰 邵　琪　袁建宇　刘　夏　刘培松　张新玉 谢　森　卫运龙　周少方　张　浩　卓明鹏 闫长存　Pirzado Azhar Ali Ayaz　马志刚 宋　蕊　邱金晶　梁文凯　黄智豪　李方超 刘晶晶　刘　朋　陈　峥　徐超捷　陈洪霞 王金文　叶翠翠　许桂英　赵婧馨　李宏泰 李　霞　刘　越　潘斌斌　吴丽敏　冯　坤 彭美文　庞成才　李旭东	高金波　白树行 SARVEDRAKUMAR 张　军　卜令正 国　霞　唐增超 曹利敏　徐维伟 丁　可　李　萌 谢　寒
统计学	顾莉洁　梁　淼	
光学工程	李爱明　郭开波　张　翔　刘艳花　楼益民 宋　芳　徐亚东　石震武　吴兆丰　金成刚 伍锡如　周东营　董一鸣　王文明　王晓南 高东梁　朱时军　王　洁　黄　敏　贺海东 黄耀松　李　冲　李　轩　高　旭　霍大云 林书玮　季浩卿　孙中文　刘舜倩　葛超阳 郭振东　王可军　徐泽文　王　田　魏加慧 周　云　王呈栋　迟文政　陈　成　李王赛 王　静　潘　俏　沈斐圆　蒋新晨　朱嘉诚 邹翼波　章　月　程清健 曹燕燕　陈　昕　贾清波	樊　成　陶雪慧 李相鹏　杨　浩 王承伟　张克栋 邵伟佳　狄建科 谌庄琳　石　拓 李慧妹

续表

流动站名称	在站人员	出站人员
材料科学与工程	邢占文　刘　永　P. JOICE SOPHIA Nabi-Aser Sebastian Aghdassi 舒　婕　李红坤　于永强　蒋玉荣　冯爱玲 周言根　Debabrata Maiti　文　震　冯良珠 钱玉敏　魏怀鑫　祝英忠　陈建美　徐敏敏 王亚楠　周　峰　李雪姣 Luis Francisco Portilla Berlanga　　张树德 Igbari Omoboyede Femi　　董其鹏　李　震 黄　伟　吕奉磊　刘　寻　郁李胤　陈　蕊 Abhisek Chakrabor　李雅娟　陶惠泉　隋裕雷 史金辉　陈金星　韩　娜　丁以民　陈嘉雄 李　翌　左克生　张广亮　JAHANGEERKHAN 赵　舟　秦　简　曹暮寒　陈敬德　林　潇 何　呈　王东涛　史益忠　杨　昊　李　鑫 杜　慧　韦　婷　闫　涛　尹秀华　曾　攀 王玉生　李成坤　邬赟羚　张环宇　沈孔超 胡绍岩　周　骏　赵　伟　史国钲　赵　银 周　锋　张　晗　陈琦峰　张石愚　刘　昭 SHOBERU ADEDAMOLA SIJUADE　　于　怡 许松松　成雪峰　李佳佳　周俊贵　王丹丹 周赟杰　巢　宇　方华攀　刘亚运　许　方 薛　辉　李向龙　郜杰昌　储彬彬　刘仕超 晏　晶　邓　正　危　韦　蒋红娟　丁召召 徐　骏　周金利　何乐为　王　琪　王来兵	王慧华　韩凤选 赵　栋　王燕东 李超然　张丙昌 张长昆　孙殿明 姚艳波　侯　栋 孟周琪　丁　磊 张启建　房　进 邓　丹　周　成 赵　杰　张罗嶽 夏志新　李雷刚
计算机科学与技术	李　怡　张好明　庞　明　李　鹏　王忠海 李直旭　成　明　陈　良　盛　洁　周经亚 季　清　戴　欢　周夏冰　黄　鑫　陈　蓉 俄文娟　蔡琦琳　陶砚蕴　陈　伟　许粲昊 柏余杰　王晶晶　金　辉　夏　超　谷　飞 王　刚　荣　侠　宗维烟　张　栋　朱苏阳 房俊华　贾鹏蛟　夏开建　邓业林　施连敏 钟　珊　余　耀	李春光　石娟娟 杜贵府　房俊华 王　俊　赵威风
化学工程与技术	王　洋　M. Rajesh Kumar　王崇龙　顾培洋 刘玉超　安　静　王晓宁　陈重军　尹全义 尤思凡　余林颇	

续表

流动站名称	在站人员	出站人员
纺织科学与工程	张晓峰 杨歆豪 任 煜 刘宇清 马 瑶 黄 俊 何佳臻 戴沈华 刘 帅 赵荟菁 周国强 周春晓 王 钟 姚晓凤 王 卉 徐玉康 洪 岩 张 涛 邢 剑 杨 勇 于金超 潘刚伟 王曙东 徐安长 徐思峻 陶 金 卢业虎 高颖俊 胡建臣 程献伟 祁 宁 朱维维 冒海文 张克栋 魏真真 杜 佳 艾 丽 张广宇 张寅江	郭雪峰 茅泳涛 范志海 徐晓静 刘福娟 魏真真 李媛媛 倪 箐 赵 兵 张德锁 范纪华
畜牧学	刘同欣 李凡池 张 星 朱 敏 何 渊 李 威 王永峰 王 佳 邱剑丰	
基础医学	闵 玮 沈 冬 李立娟 王明华 赵 鑫 梁 婷 黄金忠 王琳辉 周 进 李 扬 黄一帆 黄振晖 常 新 孙玉芳 薛 蓉 倪 萱 周 围 吴玉敏 岳吉成 傅煜轩 谢攀成 赵丹丹 袁玉康 程侠菊 陈 光 徐 婷 杨建新 王雪枫 曹 婷 缪小牛 孙 莎 张 唯 汪 琴 SEYEDEH RAMOUNA VOSHTANI 赵 刚 郝宗兵 俞心愉 左宜波 李保玉 屈 振 蒋天伟 周 华 苗 笛 蒋 奇 王威力 李图帅 周 鹏 杨 敏 褚耿磊 张 陶 倪 莉 熊 飞 梁 子	李 敏 解 晴 王 望 卫 林 刘 瑶 孙丽娜 徐晨昶 谢 枫 王 禹 张亚楠 陶 卉 傅 容 柳春晓 胡 林 胡雅楠 周 游 祁林祥 王海燕 张正奎
临床医学	李炳宗 李 吻 孙 青 田璟鸾 刘光旺 周 雷 韩庆东 张连方 席启林 王 斌 赵 琳 贾 鹏 袁 野 张兴晨 张柳笛 徐人杰 冯 锦 安 勇 汤晓晨 杨 欣 庄乾锋 方 成 陶丽婵 王 惠 刘乾峰 张雪琨 孙 杰 赵阿曼 王宗启 龚欢乐 金雪梅 孙 锐 郑卓军 万岱维 郑智元 闫欣欣 陆云杰 虞 游 游凤涛 房建凯 田园园 孙 亨	马守宝 周 峰 袁章琴 吴宝强 谢展利 朱大伟 徐 春 王 征
公共卫生与预防医学	武龙飞 常 杰 万忠晓 陶莎莎 尹洁云 白艳洁 柯朝甫 刘陶乐 郅雪原 Mishra Shital Kumar SHEIKH TAHAJJUL TAUFIQUE 黄小琳 李云虹 何 培 李晓东 Khemayanto Hidayat 陈婧司 仲晓燕	陈丽华 蒋 菲 武 婧

续表

流动站名称	在站人员					出站人员	
药学	王明勇 邱实泓 方艺璇 康乃馨	金雅康 张平安 马永浩 李华善	李笃信 倪　江 冷　钢 徐明明	周　亮 张谷芳 李成国 李光英	王　涛 孙元军 蔡嘉怡	柯亨特 万会达	张明阳
特种医学	王艳龙 王璐瑶 张　琦 AFSHIN KHAYAMBASHI Suresh Annam 王子昱 马付银 陈黎熙 丁玖乐	孟烜宇 杨燕美 王真钰 　 李振宇 金爱平 高　原	王广林 焦　旸 李新良 　 方　舸 曹春艳 李　凯 高　诚	马晓川 王仁生 张仕通 申南南 崇　羽 陈　斌 裴炜炜 王婷婷	秦粉菊 胡文涛 余道江 陆伟红 傅罗琴 王晓梅 段广新 潘　靓	何伟伟 刘志勇 屈卫卫 张海龙	刘汉洲 裴海龙 王威力
设计学	樊子好 胡　扬	王洪羿 章心怡	刘韩昕 王诗若	田雅丝	胡小燕	荣　侠	
工商管理	沈　能 贺　超 屠立峰	周中胜 余瑛婷 蔡文武	王要玉 陈西婵	陈冬宇 刘佳伟	陈荣莹 邹　纯		
软件工程	程宝雷 邹博伟 李　成	梁合兰 刘　钊 周东仿	王　喜 韩月娟 李　泽	贾俊铖 尤澜涛 杜　扬	周　信 褚晓敏	王中卿	
信息与通信工程	王旭东 樊明迪 何远彬 孔令辉 王　俊	胡　广 陈中悦 何兴理 胡春凤 汪义旺	王　波 陈伯文 张允晶 石娟娟	杨歆泪 杨　勇 窦玉江 江星星	白春凤 李　喆 沈长青 杜贵府	齐　鑫	
护理学	薛依婷	张　杰	王明梅	郭道遐			

2020年人员变动情况（表92、表93、表94）

表92　2020年苏州大学教职工调进人员一览表

序号	姓名	性别	调进工作部门、院（部）	调进时间
1	田　萌	男	能源学院	2020年1月
2	刘芊玥	女	文学院	2020年1月
3	李　佳	女	医学部放射医学与防护学院	2020年1月
4	张　晓	男	马克思主义学院	2020年1月
5	张丙昌	男	光电科学与工程学院	2020年1月
6	吴新鑫	男	材料与化学化工学部	2020年1月
7	李震雄	男	东吴商学院（财经学院）	2020年1月
8	刘铁光	男	王健法学院	2020年1月
9	刘　腾	女	医学部放射医学与防护学院	2020年1月
10	张雷洪	男	数学科学学院	2020年1月
11	张　欣	女	艺术学院	2020年2月
12	袁章琴	女	骨科研究所	2020年3月
13	刘兰兰	女	东吴商学院（财经学院）	2020年4月
14	刘春梦	女	医学部放射医学与防护学院	2020年4月
15	周　艺	女	东吴商学院（财经学院）	2020年4月
16	唐康健	男	材料与化学化工学部	2020年4月
17	王子健	男	沙钢钢铁学院	2020年4月
18	邹翼波	男	光电科学与工程学院	2020年4月
19	李超然	男	功能纳米与软物质研究院	2020年4月
20	徐　卫	男	医学部	2020年5月
21	汤　澈	女	科学技术研究部	2020年5月
22	王照宇	男	艺术学院	2020年5月
23	武向平	女	社会学院	2020年5月

续表

序号	姓名	性别	调进工作部门、院（部）	调进时间
24	卫静	女	医学部基础医学与生物科学学院	2020年5月
25	王彪	男	金螳螂建筑学院	2020年5月
26	刘丽雯	女	政治与公共管理学院	2020年5月
27	贺建龙	男	马克思主义学院	2020年6月
28	吴攀	女	政治与公共管理学院	2020年6月
29	杨丙乾	男	政治与公共管理学院	2020年6月
30	王拓	男	艺术学院	2020年6月
31	吴世巧	男	物理科学与技术学院	2020年6月
32	张萍	女	外国语学院	2020年6月
33	唐明亮	男	心血管病研究所	2020年6月
34	杨先中	男	能源学院	2020年6月
35	张甜甜	女	金螳螂建筑学院	2020年7月
36	张亚楠	女	医学部放射医学与防护学院	2020年7月
37	李世红	男	医学部放射医学与防护学院	2020年7月
38	尹全义	男	材料与化学化工学部	2020年7月
39	姚艳波	女	材料与化学化工学部	2020年7月
40	朱文昌	男	功能纳米与软物质研究院	2020年8月
41	张军	男	材料与化学化工学部	2020年8月
42	田然	女	马克思主义学院	2020年8月
43	曾庆江	男	传媒学院	2020年8月
44	李春	女	音乐学院	2020年9月
45	张驭茜	女	文学院	2020年9月
46	李向龙	男	沙钢钢铁学院	2020年9月
47	陆薇薇	女	医学部基础医学与生物科学学院	2020年9月
48	刘合宾	男	生物医学研究院	2020年9月
49	沈鑫珺	男	沙钢钢铁学院	2020年9月
50	李光英	女	医学部药学院	2020年9月

续表

序号	姓名	性别	调进工作部门、院（部）	调进时间
51	丁 宁	女	校长办公室	2020年9月
52	梁 爽	女	人力资源处	2020年9月
53	王 博	女	教务部	2020年9月
54	王 聪	男	学生工作部（处）	2020年9月
55	徐莹冰	女	后勤管理处	2020年9月
56	刘 祥	男	后勤管理处	2020年9月
57	朱 琳	女	后勤管理处	2020年9月
58	张 雯	女	传媒学院	2020年9月
59	唐季龙	男	社会学院	2020年9月
60	武 方	女	社会学院	2020年9月
61	马 川	男	政治与公共管理学院	2020年9月
62	蔡津京	女	政治与公共管理学院	2020年9月
63	宗 义	女	教育学院	2020年9月
64	汪 芳	女	教育学院	2020年9月
65	蒋希哲	女	东吴商学院（财经学院）	2020年9月
66	邢 晨	女	东吴商学院（财经学院）	2020年9月
67	李庆瑞	女	东吴商学院（财经学院）	2020年9月
68	姜培丽	女	王健法学院	2020年9月
69	杨玉莹	女	外国语学院	2020年9月
70	王梦婷	女	数学科学学院	2020年9月
71	宗文颖	女	物理科学与技术学院	2020年9月
72	傅文静	女	计算机科学与技术学院	2020年9月
73	郭婷婷	女	机电工程学院	2020年9月
74	蔡 璇	女	沙钢钢铁学院	2020年9月
75	胡纯巍	男	轨道交通学院	2020年9月
76	于舒寒	女	体育学院	2020年9月
77	蔡雯颖	女	音乐学院	2020年9月

续表

序号	姓名	性别	调进工作部门、院（部）	调进时间
78	罗宇	女	医学部基础医学与生物科学学院	2020年9月
79	朱威	女	东吴学院	2020年9月
80	宋雨婷	女	红十字国际学院	2020年9月
81	张博涵	女	师范学院	2020年9月
82	钱永恒	男	审计处	2020年9月
83	黄慧	女	校医院（挂靠后勤管理处）	2020年9月
84	王源源	女	校医院（挂靠后勤管理处）	2020年9月
85	葛瑞莲	女	校医院（挂靠后勤管理处）	2020年9月
86	邬娟	女	校医院（挂靠后勤管理处）	2020年9月
87	谢茂薪	女	校医院（挂靠后勤管理处）	2020年9月
88	高艳	女	校医院（挂靠后勤管理处）	2020年9月
89	高娅	女	继续教育处（继续教育学院）	2020年9月
90	季委	男	信息化建设与管理中心	2020年9月
91	卢守敏	男	信息化建设与管理中心	2020年9月
92	戴爱霞	女	信息化建设与管理中心	2020年9月
93	卫绍刚	男	图书馆	2020年9月
94	蒋一鸣	女	图书馆	2020年9月
95	邵文琳	女	图书馆	2020年9月
96	陈婉露	女	图书馆	2020年9月
97	王子路	男	图书馆	2020年9月
98	马杨杨	女	图书馆	2020年9月
99	储叶妮	女	音乐学院	2020年9月
100	邵玉	女	生物医学研究院	2020年9月
101	陈永松	男	医学部实验动物中心	2020年9月
102	赵敏娜	女	金螳螂建筑学院	2020年9月
103	陈吉	女	校医院（挂靠后勤管理处）	2020年9月
104	郎明彦	女	校医院（挂靠后勤管理处）	2020年9月

续表

序号	姓名	性别	调进工作部门、院（部）	调进时间
105	孙 荣	女	校医院（挂靠后勤管理处）	2020年9月
106	周一鸣	女	幼儿园	2020年9月
107	严心怡	女	幼儿园	2020年9月
108	董超平	男	数学科学学院	2020年10月
109	王威力	男	医学部放射医学与防护学院	2020年10月
110	罗 辉	男	金螳螂建筑学院	2020年10月
111	刘 宁	男	电子信息学院	2020年10月
112	柯伟才	男	王健法学院	2020年10月
113	张海洋	男	医学部药学院	2020年10月
114	蔡 莉	女	医学部	2020年11月
115	卢忆冬	男	材料与化学化工学部	2020年11月
116	陈新宇	男	材料与化学化工学部	2020年11月
117	朱文果	女	材料与化学化工学部	2020年11月
118	梅 璐	女	工程训练中心	2020年11月
119	王 禹	男	医学部基础医学与生物科学学院	2020年11月
120	匡泓锦	男	沙钢钢铁学院	2020年11月
121	马服辉	男	工程训练中心	2020年11月
122	朱玉广	男	工程训练中心	2020年11月
123	韩若男	女	沙钢钢铁学院	2020年11月
124	秦云轶	女	音乐学院	2020年11月
125	王正义	男	工程训练中心	2020年11月
126	万竹青	女	艺术学院	2020年11月
127	宋为刚	男	计算机科学与技术学院	2020年11月
128	李 薇	女	政治与公共管理学院	2020年11月
129	宋 雪	女	医学部药学院	2020年11月
130	张 青	女	医学部实验中心	2020年11月
131	张玲莉	女	校医院（挂靠后勤管理处）	2020年11月

续表

序号	姓名	性别	调进工作部门、院（部）	调进时间
132	邓 正	男	功能纳米与软物质研究院	2020年11月
133	付晨熙	女	王健法学院	2020年11月
134	薛哲彬	女	纺织与服装工程学院	2020年11月
135	陈 伟	男	艺术学院	2020年12月
136	李韵冰	女	医学部	2020年12月
137	陆 易	女	艺术学院	2020年12月
138	徐诗凌	女	红十字国际学院	2020年12月
139	徐 曼	女	电子信息学院	2020年12月
140	汤葆青	男	马克思主义学院	2020年12月
141	韩雪娇	女	功能纳米与软物质研究院	2020年12月
142	曹友志	男	功能纳米与软物质研究院	2020年12月
143	徐鹤涛	男	社会学院	2020年12月
144	朱志伟	男	社会学院	2020年12月
145	杨光保	男	医学部放射医学与防护学院	2020年12月
146	王学岚	女	国内合作办公室	2020年12月
147	许彤彤	女	人文社会科学处	2020年12月
148	曹铭洋	女	继续教育处（继续教育学院）	2020年12月
149	段榕楠	男	政治与公共管理学院	2020年12月
150	李 昕	女	生物医学研究院	2020年12月
151	赵梦梦	女	骨科研究所	2020年12月
152	项 译	女	人文社会科学处	2020年12月
153	张 云	女	团委	2020年12月
154	刘审审	女	审计处	2020年12月
155	武新新	男	国有资产管理处	2020年12月
156	张 铭	女	人力资源处	2020年12月
157	汪媛馨	女	红十字国际学院	2020年12月
158	范晨蕾	女	政治与公共管理学院	2020年12月

续表

序号	姓名	性别	调进工作部门、院（部）	调进时间
159	周琪洁	女	政治与公共管理学院	2020年12月
160	吴 琼	女	政治与公共管理学院	2020年12月
161	岳阿婷	女	继续教育处（继续教育学院）	2020年12月
162	李红娟	女	医学部	2020年12月
163	谢 璟	男	医学部	2020年12月
164	吴 婷	女	医学部	2020年12月
165	郑加慧	女	医学部	2020年12月
166	周 雯	女	医学部	2020年12月
167	徐云露	女	马克思主义学院	2020年12月
168	陶 卉	女	政治与公共管理学院	2020年12月
169	姜建明	男	校长办公室	2020年12月
170	王鲁沛	男	党委办公室	2020年12月
171	刘阳扬	女	文学院	2020年12月

表93　2020年苏州大学教职工调出、辞职人员一览表

序号	姓名	性别	离校前工作部门、院（部）	离校时间	调往工作单位
1	李万鑫	男	苏州大学附属第一医院（医学部第一临床学院）	2020年1月	首都医科大学附属北京友谊医院
2	陆伟新	男	物理科学与技术学院	2020年1月	苏州大学文正学院
3	汪雄涛	男	王健法学院	2020年4月	上海财经大学
4	李绍娟	女	功能纳米与软物质研究院	2020年4月	中科院长春光学精密机械与物理研究所
5	孙亚萍	女	校医院（挂靠后勤管理处）	2020年4月	上海交通大学附属同仁医院
6	彭明发	男	功能纳米与软物质研究院	2020年4月	常熟理工学院
7	周盛梅	女	医学部	2020年4月	辞职
8	吴菊芳	女	医学部实验动物中心	2020年4月	辞职

续表

序号	姓名	性别	离校前工作部门、院（部）	离校时间	调往工作单位
9	张 桥	男	国际合作交流处	2020年5月	昆山市政府
10	任芳芳	女	医学部基础医学与生物科学学院	2020年5月	辞职
11	金成刚	男	物理科学与技术学院	2020年5月	哈尔滨工业大学
12	徐昕宜	男	研究生院	2020年5月	苏州农业职业技术学院
13	朱伟伟	男	信息化建设与管理中心	2020年5月	辞职
14	李永强	男	医学部放射医学与防护学院	2020年5月	山东大学
15	徐梦怡	女	教育学院	2020年5月	辞职
16	岳秀飞	男	骨科研究所	2020年6月	辞职
17	张 永	男	艺术学院	2020年6月	江苏省美术馆
18	王 珏	女	医学部基础医学与生物科学学院	2020年6月	首都医科大学
19	苏莹莹	女	音乐学院	2020年6月	中山大学
20	牟文日	女	外国语学院	2020年7月	辞职
21	刘尧成	男	东吴商学院（财经学院）	2020年7月	辞职
22	黄爱军	女	外国语学院	2020年7月	上海交通大学
23	徐新芳	男	材料与化学化工学部	2020年7月	中山大学
24	邹 乐	男	医学部	2020年7月	辞职
25	程欣瑜	女	继续教育处（继续教育学院）	2020年7月	辞职
26	朱 茼	女	社会学院	2020年7月	辞职
27	赵 兵	男	图书馆	2020年7月	苏州经贸职业技术学院
28	苏媛媛	女	功能纳米与软物质研究院	2020年7月	中山大学孙逸仙纪念医院
29	张 驰	女	继续教育处（继续教育学院）	2020年7月	辞职

续表

序号	姓名	性别	离校前工作部门、院（部）	离校时间	调往工作单位
30	张 慧	女	校医院（挂靠后勤管理处）	2020年7月	苏州工业园区娄葑实验小学
31	畅文娟	女	医学部	2020年8月	自动离职
32	陈 晟	男	团委	2020年8月	扬州大学
33	李 华	女	材料化学与化工学部	2020年8月	景德镇陶瓷大学
34	张丹丹	女	功能纳米与软物质研究院	2020年8月	北京信息科技大学
35	冯 嘉	男	王健法学院	2020年8月	甘肃政法大学
36	陈 昭	女	功能纳米与软物质研究院	2020年8月	辞职
37	黄 璟	女	幼儿园	2020年8月	辞职
38	徐 勇	男	功能纳米与软物质研究院	2020年8月	广东工业大学
39	张玉洁	女	继续教育处（继续教育学院）	2020年9月	辞职
40	谢茂薪	女	校医院（挂靠后勤管理处）	2020年9月	辞职
41	陈 吉	女	校医院（挂靠后勤管理处）	2020年9月	辞职
42	孙 荣	女	校医院（挂靠后勤管理处）	2020年9月	辞职
43	葛瑞莲	女	校医院（挂靠后勤管理处）	2020年9月	辞职
44	黄 慧	女	校医院（挂靠后勤管理处）	2020年9月	辞职
45	郎明彦	女	校医院（挂靠后勤管理处）	2020年9月	辞职
46	许粲昊	男	计算机科学与技术学院	2020年9月	辞职
47	吴 点	女	校医院（挂靠后勤管理处）	2020年9月	辞职
48	刘洪涛	男	苏州大学附属第一医院（医学部第一临床学院）	2020年9月	辞职
49	黄小青	男	材料与化学化工学部	2020年9月	厦门大学
50	钱丽芸	女	社会学院	2020年9月	辞职
51	刘嘉懿	女	轨道交通学院	2020年9月	辞职
52	李敏兰	女	财务处	2020年9月	辞职
53	谭晓芳	女	功能纳米与软物质研究院	2020年9月	辞职

续表

序号	姓名	性别	离校前工作部门、院（部）	离校时间	调往工作单位
54	易前良	男	传媒学院	2020年9月	上海大学
55	柏 杨	女	传媒学院	2020年9月	辞职
56	邢 晨	女	东吴商学院（财经学院）	2020年9月	辞职
57	李 洁	女	图书馆	2020年10月	辞职
58	陈 新	男	体育学院	2020年10月	友邦保险公司
59	傅文静	女	计算机科学与技术学院	2020年10月	辞职
60	康敬奎	男	学报编辑部	2020年10月	上海政法学院
61	李艳青	女	功能纳米与软物质研究院	2020年10月	华东师范大学
62	刘 标	男	校长办公室	2020年11月	江苏省归国华侨联合会
63	吕晓玲	女	社会学院	2020年11月	辞职
64	王亲萱	女	医学部基础医学与生物科学学院	2020年11月	辞职
65	曾小庆	男	材料与化学化工学部	2020年11月	复旦大学
66	胡 军	男	物理科学与技术学院	2020年11月	辞职
67	张 霈	女	校医院（挂靠后勤管理处）	2020年11月	辞职
68	李秀娟	女	唐仲英血液学研究中心	2020年11月	长风药业股份有限公司
69	张喜光	男	唐仲英血液学研究中心	2020年11月	信达生物制药（苏州）有限公司
70	邹海兰	女	校医院（挂靠后勤管理处）	2020年12月	辞职
71	胡苏元	女	财务处	2020年12月	辞职
72	张子君	女	校医院（挂靠后勤管理处）	2020年12月	辞职
73	方 潇	男	王健法学院	2020年12月	上海交通大学
74	刘 通	男	神经科学研究所	2020年12月	南通大学
75	戴 晓	男	能源学院	2020年12月	苏州大学文正学院
76	周圣高	男	数学科学学院	2020年12月	上海交通大学

表94 2020年度教职工死亡人员名单

序号	姓名	性别	出生年月	工作单位	原职称	原职务	去世时间	备注
1	荣钟麟	男	1944年7月	物理科学与技术学院	副高		2020年1月	退休
2	杨传书	男	1933年12月	应用技术学院（挂靠群直工委）	副高		2020年1月	退休
3	高锦声	男	1934年12月	医学部基础医学与生物科学学院	正高		2020年1月	退休
4	顾金良	男	1941年3月	苏州大学附属第二医院（医学部第二临床学院）	高级工		2020年1月	退休
5	蒋有杰	男	1934年7月	体育学院	副高		2020年1月	退休
6	闻荻江	男	1945年3月	材料与化学化工学部	正高		2020年2月	退休
7	陈君谋	男	1927年7月	人文社会科学处	副高		2020年2月	离休
8	卫克家	男	1933年6月	体育学院	中级		2020年2月	退休
9	常自持	女	1938年1月	医学部放射医学与防护学院	副高		2020年2月	退休
10	陈易人	男	1925年1月	苏州大学附属第一医院（医学部第一临床学院）	正高		2020年2月	退休
11	毛惊杰	女	1941年4月	阳澄湖校区	副高		2020年2月	退休
12	吴 斌	男	1929年3月	后勤管理处	高级工		2020年2月	退休
13	郭子正	男	1935年10月	物理科学与技术学院	副高		2020年2月	退休
14	李煜林	女	1936年5月	材料与化学化工学部	副高		2020年2月	退休
15	帅希尧	女	1930年10月	东吴商学院（财经学院）		正科	2020年2月	退休

续表

序号	姓名	性别	出生年月	工作单位	原职称	原职务	去世时间	备注
16	周耕源	男	1926年3月	后勤管理处（原教服集团）	普通工		2020年2月	退休
17	李桂英	女	1935年10月	材料与化学化工学部	中级		2020年3月	退休
18	汪荣明	男	1948年12月	后勤管理处（产业代管）		正科	2020年3月	退休
19	张亚兰	女	1940年6月	医学部公共卫生学院	副高		2020年3月	退休
20	陈友祺	男	1925年12月	物理科学与技术学院	副高		2020年3月	退休
21	李善森	男	1930年7月	材料与化学化工学部	副高		2020年3月	退休
22	蒋新祥	男	1937年9月	图书馆	高级工		2020年4月	退休
23	徐回祥	男	1942年3月	纺织与服装工程学院	正高		2020年4月	退休
24	冯祖飞	女	1946年2月	东吴饭店	高级工		2020年4月	退休
25	林莺莺	女	1956年10月	后勤管理处（收发室）	高级工		2020年4月	退休
26	张荣大	男	1935年2月	后勤管理处	高级工		2020年4月	退休
27	孙军	男	1935年11月	后勤管理处		副处	2020年4月	退休
28	邱雪媛	女	1932年2月	苏州大学附属第一医院（医学部第一临床学院）	副高		2020年4月	退休
29	徐美云	女	1936年8月	苏州大学附属第一医院（医学部第一临床学院）	副高		2020年4月	退休
30	宋士良	男	1934年4月	苏州大学附属第一医院（医学部第一临床学院）	副高		2020年4月	退休

续表

序号	姓名	性别	出生年月	工作单位	原职称	原职务	去世时间	备注
31	杨润生	男	1918年6月	体育学院	中级工		2020年4月	退休
32	阚荷生	男	1934年7月	后勤管理处（印刷厂）		科员	2020年4月	退休
33	关毅	男	1929年12月	纺织与服装工程学院		正处	2020年4月	离休
34	杨百平	男	1944年10月	后勤管理处（原教服集团）		科员	2020年5月	退休
35	姜卜吴	男	1926年6月	校长办公室		正处	2020年5月	离休
36	周洪福	男	1938年10月	医学部基础医学与生物科学学院	正高		2020年5月	退休
37	许务民	男	1935年9月	王健法学院	副高		2020年5月	退休
38	虞先泽	男	1929年5月	东吴商学院（财经学院）	副高		2020年5月	退休
39	成国权	男	1937年1月	外国语学院	副高		2020年5月	退休
40	余冠河	男	1941年1月	电子信息学院	副高		2020年6月	退休
41	陈赐令	男	1924年7月	苏州大学附属第一医院（医学部第一临床学院）	正高		2020年6月	离休
42	殷世龙	男	1941年10月	基础医学与生物科学学院	中级		2020年6月	退休
43	胡华成	男	1941年8月	苏州大学附属第二医院（医学部第二临床学院）	正高		2020年6月	退休
44	孙作洲	男	1930年10月	阳澄湖校区		正处	2020年6月	离休
45	陆国梅	女	1926年7月	阳澄湖校区		副科	2020年6月	退休
46	秦希廉	男	1911年5月	外国语学院	正高		2020年6月	退休
47	卢金凤	女	1935年6月	后勤管理处（原教服集团）	普通工		2020年6月	退休

续表

序号	姓名	性别	出生年月	工作单位	原职称	原职务	去世时间	备注
48	邵淑梅	女	1938年9月	后勤管理处（幼儿园）	中级		2020年6月	退休
49	周小科	男	1976年2月	计算机科学与技术学院	中级		2020年6月	在职
50	陆汉荣	男	1943年8月	图书馆	正高		2020年7月	退休
51	钱振雄	男	1934年2月	机电工程学院	正高		2020年7月	退休
52	姚焕熙	男	1924年5月	党委办公室		正厅	2020年7月	离休
53	孙溱安	男	1930年10月	医学部基础医学与生物科学学院	副高		2020年7月	退休
54	陈国潭	女	1929年12月	政治与公共管理学院		正科	2020年7月	退休
55	张再远	女	1924年5月	教育学院	中级		2020年7月	退休
56	沈 铁	男	1931年1月	数学科学学院	副高		2020年7月	退休
57	徐浣秋	女	1937年11月	后勤管理处（校医院）	中级		2020年7月	退休
58	孙汉章	男	1935年12月	离退休工作部（处）		正处	2020年7月	退休
59	杨亚安	男	1952年8月	医学部基础医学与生物科学学院	副高		2020年8月	退休
60	陈 斌	男	1936年11月	马克思主义学院	中级		2020年8月	退休
61	史丽颖	女	1968年5月	分析测试中心	中级		2020年8月	在职
62	陆芳言	女	1966年4月	数学科学学院	正高		2020年9月	在职
63	王思舫	男	1938年9月	分析测试中心	副高		2020年9月	退休
64	曹庆建	男	1956年8月	后勤管理处	高级工		2020年9月	退休
65	吴晓园	男	1952年9月	国际合作交流处		正处	2020年10月	退休
66	潘汉森	男	1931年9月	图书馆	副高		2020年10月	退休

续表

序号	姓名	性别	出生年月	工作单位	原职称	原职务	去世时间	备注
67	李建萍	女	1951年7月	后勤管理处（原教服集团）	高级工		2020年10月	退休
68	王坤明	男	1966年1月	体育学院	高级工		2020年10月	在职
69	晏世雷	男	1958年5月	物理科学与技术学院	正高		2020年10月	在职
70	倪福海	男	1937年12月	物理科学与技术学院	副高		2020年11月	退休
71	周棣英	女	1948年2月	教育学院		副处	2020年11月	退休
72	史 林	女	1942年11月	艺术学院	正高		2020年11月	退休
73	卜仲康	男	1933年2月	文学院	副高		2020年11月	离休
74	朱心一	女	1930年11月	社会学院	中级		2020年11月	退休
75	于永溪	男	1935年3月	数学科学学院	正高		2020年12月	退休
76	李品新	女	1932年6月	光电科学与工程学院	正高		2020年12月	离休
77	於宜苏	女	1946年7月	实验材料与设备管理中心	副高		2020年12月	退休
78	俞朝卿	男	1932年11月	马克思主义学院	副高		2020年12月	退休
79	徐叔良	男	1934年12月	数学科学学院	副高		2020年12月	退休
80	王延林	男	1932年12月	马克思主义学院	副高		2020年12月	退休
81	张荣根	男	1936年6月	保卫部（处）	中级工		2020年12月	退休
82	林磐石	男	1937年1月	分析测试中心		副处	2020年12月	退休
83	符杏娟	女	1935年3月	能源学院	初级		2020年12月	退休
84	杨淑琴	女	1949年8月	医学部放射医学与防护学院	中级		2020年12月	退休
85	陈佩雪	女	1932年12月	图书馆		科员	2020年12月	退休
86	李建英	女	1961年9月	后勤管理处	初级工		2020年12月	在职

2020 年离休干部名单

姚焕熙	陈克潜	李绍元	邱 光	牟 琨	江 村	郑玠玉
姜宗尧	王永光	赵经涌	程 扬	袁 涛	迟秀梅	张 枫
周振泰	朱文君	黄凤云	陆振岳	曹积盛	蒋 璆	李世达
李秀贞	何孔鲁	蒋 麟	陈君谋	李振山	倪 健	吴奈夫
仲济生	卜仲康	章祖敏	曹学明	陈禾勤	张佩华	李品新
林 冈	杨宗晋	任 志	钟 枚	关 毅	余广通	杨康为
李 贤	王亚平	沈 毅	何 践	陈文璋	尤长华	赵 琪
赵梅珍	赵爱科	袁海观	鲍洪贤	鞠竞华	封 兰	姜新民
张德初	张淑庆	于培国	刘涉洛	李维华	徐桂森	沈淑能
陶不敏	唐月清	陈德新	朱 燕	黄德珍	周 鸣	樊志成
闻宇平	熊重廉	龚 辉	裘 申	陈赐龄	丁志英	冷墨林
张立中	姚群铨	刘汉祥	吕玉功	戴立干	刘爱清	祝仰进
马云芬	纪一农	黄文锦	赵爱菊	孙 玲	李惠章	宗 洛
翁春林	刘兴亚	刘延祖	陈守谦	吕去癣	魏振文	黄宗湘
姜卜吴	周旭辉	陆明强	许绍基	徐 利	李 馨	耿 杰
嵇佩玉	陈巾范	严荣芬	雷在春	黄 健	孙作洲	平醒民

2020 年退休人员名单

潘楷红	吕石明	吴民生	苏天明	孙　耀	李亚东	曲冬梅
刘昌荣	钱海鑫	王振明	肖　卫	李成金	金春生	赵　康
徐　红	陈建明	周正华	韩晓玲	宋亦洪	李健宁	薛国荣
蔡　琳	陈　雁	夏　淳	沈国亮	韦永新	闻振卫	陈红仙
佟富强	赵勋杰	王安列	孙倚娜	徐业稼	丁万江	牟鸿君
盛小明	赵爱国	钱　铮	尚笑梅	王丽燕	张凤英	王彩丽
马知行	刘同利	唐水良	王家宏	陆少杰	张佑琏	徐佩玲
马晓星	李达昌	顾叶男	孙　良	苏金中	周新明	王建国
梁　爽	高　极	金美花	刘志敏	谢瑞娟	刘电芝	陈永珍
万解秋	周迎会	郭玲玲	夏永祥	钱惠龙	顾林生	潘新法
倪劲松	梁先华	胡白妹	张景燕	王建中	李　新	王则斌
付文青	张毓麟	李苏安	王晓红	芮艳萍	高国华	柳　颖
孙建平	于正风	顾建明	龚宝兴	陈　文	金慧敏	高　洁
潘　洁	李　苏	周慧英	王丽华	吴　艳	张　弘	朱　强
黄　猛	戴苏娟	陈爱萍	陶丽萍	柴梅萍	张庆伟	王晋玲
戴　洁	徐　山	张　颖	华晓倩	刘秀丽	杨　冉	

办 学 条 件

办学经费投入与使用情况（表95、表96、表97）

表95　2020年学校总收入情况一览表　　　　　　　　　　　　单位：万元

序号	资金来源	部门决算	部门预算	增减数
1	财政拨款收入	203 720.10	171 751.59	31 968.51
2	事业收入	142 637.48	114 094.00	28 543.48
3	经营收入	696.12	1 100.00	-403.88
4	其他收入	48 682.71	53 657.00	-4 974.29
	合计	395 736.41	340 602.59	55 133.82

表96　2020年学校总支出情况一览表　　　　　　　　　　　　单位：万元

序号	项目	部门决算	部门预算	增减数
1	工资福利支出	154 870.63	167 186.69	-12 316.06
2	商品和服务支出	119 093.76	98 379.15	20 714.61
3	对个人和家庭补助支出	34 190.52	18 673.75	15 516.77
4	其他资本性支出	79 114.03	48 863.00	30 251.03
5	债务利息支出	4 572.88	6 400.00	-1 827.12
6	经营支出	696.12	1 100.00	-403.88
	合计	392 537.94	340 602.59	51 935.35

表97　学校2020年与2019年总支出情况对比表　　　　　　　单位：万元

序号	项目	2020年	2019年	增减对比	增减
1	工资福利支出	154 870.63	151 290.63	3 580.00	2.37%
2	商品和服务支出	119 093.76	130 723.80	−11 630.04	−8.90%
3	对个人和家庭补助支出	34 190.52	36 557.55	−2 367.03	−6.47%
4	其他资本性支出	79 114.03	49 347.07	29 766.96	60.32%
5	债务利息支出	4 572.88	6 089.83	−1 516.95	−24.91%
6	经营支出	696.12	1 144.79	−448.67	−39.19%
	合计	392 537.94	375 153.67	17 384.27	4.63%

2020年学校总资产情况（表98）

表98　2020年学校总资产情况一览表　　　　　　　单位：万元

序号	项目		年初数	年末数（原值）
1	流动资产		300 766.48	272 781.47
2	固定资产		661 447.88	672 973.30
		（1）房屋及构筑物	360 398.27	361 822.61
		（2）专用设备	44 512.88	45 323.89
		（3）通用设备	208 393.72	216 476.47
		（4）文物和陈列品	1 266.20	1 247.29
		（5）图书、档案	29 369.87	31 310.34
		（6）家具、用具、装具及动植物	17 506.94	16 792.70
3	长期投资		27 205.27	25 799.95
4	在建工程		47 114.64	52 064.28
5	工程物资		105.35	105.35
6	受托代理资产		8 070.63	8 873.41
	合计		1 044 710.25	1 032 597.76

学校土地面积和已有校舍建设面积

学校土地面积（单位：平方米）（表99）

表99 苏州大学各校区土地面积一览表　　　　单位：平方米

校区	土地面积
独墅湖校区	987 706.44
本部	344 451.65
北校区	185 383.40
南校区	4 158.00
东校区	271 821.90
阳澄湖校区	597 291.00
合计	2 390 812.39

已有校舍建筑面积（单位：平方米）（表100）

表100 苏州大学已有校舍建设面积　　　　单位：平方米

序号	校舍	建设面积
1	教室	195 769.82
2	图书馆	83 359.28
3	实验室	460 536.64
4	专用科研用房	34 946.79
5	风雨操场体育馆	23 183.16
6	会堂	14 249.36
7	系行政用房	72 013.12
8	校行政用房	25 882.21
9	学生宿舍	466 969.45
10	学生食堂	63 586.36
11	单身教工住宅	26 608.90
12	教工食堂	5 648.09
13	生活福利及其他用房	64 937.57
14	教工住宅	30 725.11
15	其他用房	27 637.01
合计		1 596 052.87

全校实验教学示范中心情况（表101）

表101 全校实验教学示范中心情况一览表

单位	实验室数/个				实验教学示范中心	国家级	部级	省级
	教学	国家	部级	省级				
文学院 传媒学院	1	0	0	1	传媒与文学实验教学中心			传媒与文学实验教学中心
教育学院	1	0	0	1	心理与教师教育实验教学中心			心理与教师教育实验教学中心
艺术学院	1	0	0	1	艺术设计实验教学中心			艺术设计实验教学中心
物理科学与技术学院	2	1	0	1	物理实验教学中心 物理基础课实验教学中心	物理实验教学中心		物理基础课实验教学中心
能源学部	1	0	0	1	新能源材料与器件实验教学中心			新能源材料与器件实验教学中心
材料与化学化工学部	1	0	0	1	化学基础课实验教学中心			化学基础课实验教学中心
纳米科学技术学院	1	0	0	1	纳米材料与技术实验教学中心			纳米材料与技术实验教学中心
纺织与服装工程学院	3	2	0	1	纺织与服装设计实验教学中心 纺织与服装虚拟仿真实验教学中心 纺织服装实验教学中心	纺织与服装设计实验教学中心 纺织与服装虚拟仿真实验教学中心		纺织服装实验教学中心
计算机科学与技术学院	2	1	0	1	计算机与信息技术实验教学中心 计算机基础课实验教学中心	计算机与信息技术实验教学中心		计算机基础课实验教学中心

续表

单位	实验室数/个				实验教学示范中心	国家级	部级	省级
	教学	国家	部级	省级				
电子信息学院	1	0	0	1	电工电子基础课实验教学中心			电工电子基础课实验教学中心
机电工程学院	1	0	0	1	机械基础实验教学中心			机械基础实验教学中心
沙钢钢铁学院	1	0	0	1	冶金工程实践教育中心			冶金工程实践教育中心
医学部基础医学与生物科学学院	3	0	0	3	基础医学实验教学中心 临床技能实验教学中心 生物基础课实验教学中心			基础医学实验教学中心 临床技能实验教学中心 生物基础课实验教学中心
医学部药学院	1	0	0	1	药学学科综合训练中心			药学学科综合训练中心
医学部护理学院	1	0	0	1	护理学科综合训练中心			护理学科综合训练中心
金螳螂建筑学院	1	0	0	1	建筑与城市环境设计实践教育中心			建筑与城市环境设计实践教育中心
城市轨道交通学院	1	0	0	1	轨道交通实践教育中心			轨道交通实践教育中心
工程训练中心	1	0	0	1	工程训练中心			工程训练中心
小计	24	4	0	20				

苏州大学图书馆馆藏情况（表102）

表102 苏州大学图书馆2020馆藏一览简表

类别	单位	上年积累	本年实增	本年实减	本年积累
中文图书（印刷本）	册	3 578 224	63 917	0	3 642 141
古籍	册	144 230	1 127	0	145 357
善本	册	7 217	0	0	7 217
中文图书（电子本）	册	1 848 547	160 303	0	2 008 850
外文图书（印刷本）	册	236 488	1 700	0	238 188
外文图书（电子本）	册	131 694	11 601	0	143 295
中文纸质报刊	种	2 181	0	21	2 160
	份（份是指几个复本）	2 855	0	129	2 726
外文纸质报刊	种	181	2	0	183
	份（份是指几个复本）	183	1	0	184
中文报纸	种（电子本）	434	661	0	1 095
	份（份是指几个复本）	434	661	0	1 095
中文期刊	种（电子本）	56 198	2 799	0	58 997
	册（一个年份算一册）	721 086	63 622	0	784 708
外文期刊	种（电子本）	30 292	286	0	30 578
	册（一个年份算一册）	542 681	29 771	0	572 452

续表

类别	单位	上年积累	本年实增	本年实减	本年积累
学位论文	册	9 054 212	3 131 044	0	12 185 256
音视频	小时	96 785.44	25 537.79	0	122 323.23
中文期刊合订本	册	266 268	6 621	0	272 889
外文期刊合订本	册	98 007	54	0	98 061
音像资料	种	20 296	0	0	20 296
缩微资料	册	573	0	0	573
网络数据库	个	97	7	0	104
赠书	册	23 884	1 762	0	25 646
本馆纸质图书累计	册	3 990 043	68 506	0	4 058 549

备注：
1. 减少的数字主要指本年度图书剔旧及援藏的数字。
2. 中文图书（电子本）的数据因采购数据库种类的变化而变化，本年积累数据是根据目前所购电子数据库统计出来的。
3. 2020 年积累的中文图书包含阳澄湖并馆的 31.5 万册图书。
4. 2020 年纸质图书总量为 3 990 043 册，中外文期刊合订本为 364 275 册，总量为 4 354 318 册。
5. 网络数据库的数量根据 2018 年制定的标准更新，包括馆内自购数据库 97 个和自建数据库 7 个。

海外交流与合作

2020年公派出国（境）人员情况（表103—表106）

表103　2020年教职工长期出国（境）情况一览表

序号	单位	姓名	任务	类别	前往国家或地区	派出日期	回国日期	备注
1	生物医学研究院	齐兴梅	访问学者	省青骨	瑞典卡罗林斯卡学院	2020年2月10日	2020年4月1日	因疫情提前返回
2	光电科学与工程学院	肖仲喆	访问学者	国家公派	法国里昂中央理工学院	2020年1月20日	2020年3月19日	因疫情提前返回
3	政治与公共管理学院	殷莹	访问学者	自费公派	新加坡国立大学	2020年9月13日	2021年5月22日	
4	计算机科学与技术学院	王昭云	访问学者	自费公派	新加坡汉语和东方语言信息处理学会、新加坡信息通信技术研究院	2020年12月20日	2021年12月19日	

表 104 2020 年教职工公派短期出国（境）情况一览表

序号	姓名	院（部）、部门	类别	前往国家或地区	外出期限
1	侯 嘉	电子信息学院	国际会议	美国	2020年2月15日—2020年2月23日
2	刘 庄	功能纳米与软物质研究院	学术交流	美国	2020年1月15日—2020年1月18日
3	康振辉	功能纳米与软物质研究院	科研合作	澳大利亚	2020年1月18日—2020年1月27日
4	江 华	物理科学与技术学院	国际会议	美国	2020年3月1日—2020年3月7日
5	王 奎	数学科学学院	科研合作	澳大利亚	2020年1月6日—2020年2月21日
6	樊建席	计算机科学与技术学院	科研合作	新加坡	2020年1月20日—2020年2月10日
7	徐大诚	电子信息学院	国际会议	加拿大	2020年1月17日—2020年1月23日
8	赵承良	物理科学与技术学院	国际会议	美国	2020年4月11日—2020年4月16日
9	蔡阳健	物理科学与技术学院	国际会议	美国	2020年4月11日—2020年4月16日
10	王 飞	物理科学与技术学院	国际会议	美国	2020年4月11日—2020年4月16日
11	刘 琳	物理科学与技术学院	国际会议	美国	2020年4月11日—2020年4月16日
12	孙迎辉	能源学院	科研合作	新加坡	2020年1月10日—2020年1月20日
13	江 林	功能纳米与软物质研究院	学术交流	新加坡	2020年1月11日—2020年1月19日
14	张晓宏	苏州大学	校际交流	日本	2020年1月13日—2020年1月17日

续表

序号	姓名	院（部）、部门	类别	前往国家或地区	外出期限
15	张 桥	国际合作交流处	校际交流	日本	2020年1月13日—2020年1月17日
16	夏 骏	海外教育学院	校际交流	日本	2020年1月13日—2020年1月17日
17	胡汉坤	国际合作交流处	校际交流	日本	2020年1月13日—2020年1月17日
18	沈纲祥	电子信息学院	学术交流	英国	2020年1月21日—2020年1月24日
19	迟力峰	功能纳米与软物质研究院	国际会议	新加坡	2020年1月11日—2020年1月16日
20	徐新芳	材料与化学化工学部	学术交流	美国	2020年1月17日—2020年2月15日
21	张正奎	生物医学研究院	国际会议	加拿大	2020年3月7日—2020年3月14日
22	许佳捷	计算机科学与技术学院	学术交流	澳大利亚	2020年1月28日—2020年2月8日
23	熊德意	计算机科学与技术学院	科研合作	英国 葡萄牙	2020年1月23日—2020年2月13日
24	袁 孝	光电科学与技术学院	学术交流	美国	2020年1月30日—2020年2月12日
25	段湘煜	计算机科学与技术学院	国际会议	美国	2020年2月6日—2020年2月13日
26	王晶晶	计算机科学与技术学院	国际会议	美国	2020年2月6日—2020年2月13日
27	陈亚红	物理科学与技术学院	科研合作	芬兰	2020年1月20日—2020年2月17日

续表

序号	姓名	院（部）、部门	类别	前往国家或地区	外出期限
28	张凯丽	政治与公共管理学院	学习研修	新加坡	2020年1月15日—2020年1月19日
29	张　民	计算机科学与技术学院	国际会议	新加坡 美国	2020年1月12日—2020年2月22日
30	潘志娟	纺织与服装工程学院	校际交流	英国	2020年2月29日—2020年3月5日
31	陈　雁	纺织与服装工程学院	校际交流	英国	2020年2月29日—2020年3月5日
32	龚　成	数学科学学院	科研合作	以色列	2020年1月12日—2020年1月22日
33	徐　祥	苏州大学	国际会议	美国	2020年4月19日—2020年4月24日
34	陶砚蕴	轨道交通学院	国际会议	韩国	2020年2月11日—2020年2月15日
35	应　征	医学部药学院	国际会议	日本	2020年3月15日—2020年3月19日
36	宁正法	传媒学院	校际交流	新加坡	2020年2月16日—2020年2月20日
37	王国燕	传媒学院	校际交流	新加坡	2020年2月16日—2020年2月20日
38	陈　一	传媒学院	校际交流	新加坡	2020年2月16日—2020年2月20日
39	沈爱凤	艺术学院	学术交流	乌兹别克斯坦 塔吉克斯坦	2020年1月31日—2020年2月13日
40	胡天璇	艺术学院	学术交流	乌兹别克斯坦 塔吉克斯坦	2020年1月31日—2020年2月13日

续表

序号	姓名	院（部）、部门	类别	前往国家或地区	外出期限
41	张 凯	应用技术学院	学术交流	乌兹别克斯坦 塔吉克斯坦	2020年1月31日— 2020年2月13日
42	何书萍	计算机科学与技术学院	学习研修	英国	2020年1月28日— 2020年2月18日
43	黎先华	数学科学学院	学术交流	新西兰	2020年4月3日— 2020年4月12日
44	方世南	马克思主义学院	国际会议	美国	2020年4月23日— 2020年4月30日
45	罗志勇	马克思主义学院	国际会议	美国	2020年4月23日— 2020年4月30日
46	郑龙太	医学部药学院	国际会议	日本	2020年3月15日— 2020年3月19日
47	陈景润	数学科学学院	学术交流	新加坡	2020年3月6日— 2020年3月15日
48	陈文亮	计算机科学与技术学院	国际会议	美国 日本	2020年2月6日— 2020年2月16日
49	彭 浩	医学部公共卫生学院	国际会议	美国	2020年3月1日— 2020年3月6日
50	马欢飞	数学科学学院	国际会议	韩国	2020年2月18日— 2020年2月23日
51	施夏清	物理科学与技术学院	科研合作	美国	2020年4月4日— 2020年5月9日
52	苏 雄	医学部基础医学与生物科学学院	科研合作	美国	2020年1月20日— 2020年2月19日
53	唐建新	功能纳米与软物质研究院	国际会议	日本	2020年2月23日— 2020年2月28日

续表

序号	姓名	院（部）、部门	类别	前往国家或地区	外出期限
54	王洪枫	医学部药学院	科研合作	日本	2020年3月14日—2020年3月19日
55	李彦光	功能纳米与软物质研究院	学术交流	加拿大 美国	2020年3月20日—2020年3月28日
56	张秀莉	医学部药学院	国际会议	美国	2020年4月12日—2020年4月18日
57	刘 庄	功能纳米与软物质研究院	国际会议	美国	2020年4月12日—2020年4月18日
58	肖瑞春	物理科学与技术学院	科研合作	新加坡	2020年2月5日—2020年4月5日
59	张 影	数学科学学院	国际会议	日本	2020年2月9日—2020年2月14日
60	吴建春	数学科学学院	国际会议	日本	2020年2月9日—2020年2月14日
61	周 沛	光电科学与工程学院	国际会议	美国	2020年3月8日—2020年3月14日
62	沈纲祥	电子信息学院	国际会议	美国	2020年3月8日—2020年3月14日
63	高明义	电子信息学院	国际会议	美国	2020年3月8日—2020年3月14日
64	李泳成	电子信息学院	校际交流	美国	2020年3月8日—2020年3月14日
65	沈明荣	学科建设办公室	校际交流	英国	2020年2月11日—2020年2月16日
66	吉 伟	国内合作办公室	校际交流	英国	2020年2月11日—2020年2月16日

续表

序号	姓名	院（部）、部门	类别	前往国家或地区	外出期限
67	资虹	国际合作交流处	校际交流	英国	2020年2月11日—2020年2月16日
68	张坦然	数学科学学院	科研合作	日本	2020年2月16日—2020年2月23日
69	李念强	光电科学与工程学院	国际会议	美国	2020年3月8日—2020年3月14日
70	戴建锋	生物医学研究院	学术交流	美国	2020年4月23日—2020年4月29日
71	汪超	功能纳米与软物质研究院	学术交流	美国	2020年3月16日—2020年3月19日
72	陈倩	功能纳米与软物质研究院	学术交流	美国	2020年3月16日—2020年3月19日
73	杨旭红	纺织与服装工程学院	国际会议	英国	2020年4月5日—2020年4月10日
74	刘宇清	纺织与服装工程学院	国际会议	英国	2020年4月5日—2020年4月10日
75	邓超	材料与化学化工学部	国际会议	荷兰	2020年4月6日—2020年4月11日
76	蒋星红	苏州大学	校际交流	意大利	2020年2月11日—2020年2月16日
77	吴永发	金螳螂建筑学院	校际交流	意大利	2020年2月11日—2020年2月16日
78	袁晶	海外教育学院	校际交流	意大利	2020年2月11日—2020年2月16日
79	朱履骅	国际合作交流处	校际交流	意大利	2020年2月11日—2020年2月16日

续表

序号	姓名	院（部）、部门	类别	前往国家或地区	外出期限
80	李 慧	数学科学学院	学术交流	美国	2020年2月9日—2020年3月21日
81	何 耀	功能纳米与软物质研究院	国际会议	法国	2020年4月1日—2020年4月6日
82	田文得	物理科学与技术学院	国际会议	美国	2020年3月1日—2020年3月6日
83	许 彬	物理科学与技术学院	学术交流	德国 比利时	2020年3月22日—2020年4月5日
84	熊思东	生物医学研究院	合作交流	坦桑尼亚	2020年2月17日—2020年2月21日
85	陈景润	数学科学学院	合作研究	中国香港	2020年1月1日—2020年2月29日（因疫情延后至3月8日返回）

表105　2020年学生长期出国交流情况一览表

序号	姓名	学生人数	类别	去往国家及院校	外出期限
1	郑中月婷　江金菁　陈 航　王晓天　朱舒宁　许致文	6	学期交流	美国加州大学伯克利分校	2020年1月—2020年5月
2	陈 演　徐瑞辰	2	学期交流	美国威斯康星大学麦迪逊分校	2020年1月—2020年5月
3	郭涵铿	1	"3+2"联合培养	美国伊利诺伊理工大学	2020年8月—2022年5月
4	余文泂　钱晓菲　王婧雯　吉珂娜	4	学年交流	日本早稻田大学	2020年4月—2021年3月

续表

序号	姓名	学生人数	类别	去往国家及院校	外出期限
5	冯勤　吕垚 陈亮　刘振华 朱桐　董婧 吕雪瑞　朱治民 倪梓欣　干敏 于厚舜　华聪 陈楠　张力 朱强　陈楠	16	学期交流	英国剑桥大学	2020年1月— 2020年4月
6	李可　赵心悦 赵威成　刘博川 张君瑶　闻捷 崔晴华　邵蒂熙 刘轶凡　王廷予 郭典典　吴畏 杨艺萌　沈天锐	14	"3+2"联合培养	新加坡国立大学	2020年8月— 2022年5月
7	侯思源	1	中外合作办学	加拿大维多利亚大学	2020年9月— 2022年9月
8	郁轻舟	1	"4+2"联合培养	美国杜兰大学	2020年8月— 2020年12月
9	赵余欣　曲恒锐	2	"3+1+1"联合培养	美国威斯康星大学麦迪逊分校	2020年9月— 2021年6月
10	高雨珊　杨思 黄笑可　邱冬尧 李铮　管璇月 李娜　陆成成 邱玮晨	9	学期交流	西班牙莱里达大学	2020年2月— 2020年6月
11	余晨飞　史雷浩	2	"2+2"联合培养	英国伯明翰大学	2020年9月— 2022年7月
12	曹廷玥　马帅 叶昕蕾	3	"2+2"联合培养	英国曼彻斯特大学	2020年10月— 2022年6月

表106 2020年学生公派短期出国（境）交流情况一览表

序号	项目名称	交流院校或机构	国家（地区）	人数	外出期限
1	新加坡国立大学访学项目	新加坡国立大学	新加坡	24	2020年1月12日—2020年1月21日
2	加拿大麦吉尔大学冬季学术项目（翔飞）	麦吉尔大学	加拿大	5	2020年1月28日—2020年2月14日
3	美国得克萨斯大学奥斯汀分校寒假课程项目	得克萨斯大学奥斯汀分校	美国	6	2020年1月18日—2020年2月15日
4	日本早稻田大学奖学金项目（翔飞）	早稻田大学	日本	2	2020年1月11日—2020年1月23日
5	江苏省教育国际交流协会江苏大学生海外文化交流项目	日本、澳大利亚高校	日本、澳大利亚	9	2020年1月15日—2020年2月23日
6	德国柏林自由大学冬季学分项目（翔飞）	柏林自由大学	德国	1	2020年1月4日—2020年1月24日
7	新加坡国立大学寒假短期学习研修项目（政治与公共管理学院）	新加坡国立大学	新加坡	34	2020年1月15日—2020年1月20日
8	日本上智大学Stay in Tokyo短期课程项目	上智大学	日本	1	2020年1月13日—2020年1月22日
9	医学部临床专业交换项目（SCOPE）	欧洲高校	欧洲	2	2020年1月10日—2020年2月25日
10	医学部科研交换项目（SCORE）	欧洲高校	欧洲	2	2020年1月21日—2020年3月1日
11	澳门大学冬季访学项目	澳门大学	中国澳门	1	2020年1月12日—2020年1月19日

2020年在聘语言文教专家和外籍教师情况（表107）

表107　2020年在聘语言文教专家和外籍教师情况一览表

序号	姓名	性别	国籍	来校年月
1	秦正红	男	美国	2003年5月
2	Zhang Yiqiao	男	加拿大	2004年9月
3	潘勤敏	女	加拿大	2009年1月
4	周泉生	男	美国	2009年2月
5	朱 力	男	加拿大	2009年7月
6	王雪峰	男	加拿大	2009年7月
7	王 晗	男	美国	2009年9月
8	高立军	男	美国	2010年3月
9	罗宗平	男	美国	2010年3月
10	宋耀华	男	美国	2011年9月
11	张小虎	男	美国	2012年2月
12	郭 军	女	新加坡	2012年5月
13	郭述文	男	美国	2012年5月
14	Steffen Duhm	男	德国	2012年6月
15	翟 俊	男	美国	2012年6月
16	Joseph Brett Weinman	男	美国	2012年9月
17	陈晓东	男	新西兰	2013年1月
18	洪 澜	女	澳大利亚	2013年2月
19	周晓方	男	澳大利亚	2013年6月
20	Clara Novakova	女	意大利	2013年8月
21	Angela Cholakian	女	美国	2013年8月
22	宋歆予	女	美国	2013年9月

续表

序号	姓名	性别	国籍	来校年月
23	Mario Lanza	男	西班牙	2013年9月
24	李杨欣	女	美国	2013年12月
25	夏利军	男	美国	2014年4月
26	龙乔明	男	美国	2014年4月
27	周如鸿	男	美国	2014年5月
28	时玉舫	男	美国	2014年7月
29	张莉英	女	美国	2014年7月
30	Vsevolod Peshkov	男	俄罗斯	2014年9月
31	Juan Manuel Garcia-Cano	男	西班牙	2014年9月
32	Bolgaryn Pavlo	男	乌克兰	2014年9月
33	Bolgaryna Iryna	女	乌克兰	2014年9月
34	孙巧	女	澳大利亚	2014年12月
35	魏正启	男	法国	2015年3月
36	郑凯	男	澳大利亚	2015年4月
37	Yu Po Shan	男	澳大利亚	2015年9月
38	Igor Bello	男	加拿大	2015年9月
39	Lee Shin Kang	男	新加坡	2015年9月
40	Joel Moser	男	法国	2015年9月
41	Mark Hermann Rummeli	男	英国	2015年9月
42	刘涛	男	美国	2016年1月
43	Alexander David Brandt	男	美国	2016年2月
44	Vincenzo Pecunia	男	意大利	2016年4月
45	Vladimir Kremnican	男	斯洛伐克共和国	2016年5月
46	Wonmin Kim	女	韩国	2016年9月
47	Valentin Lanzrein	男	美国	2016年9月
48	Michael C Hsu	男	美国	2017年2月
49	秦樾	男	美国	2017年3月

续表

序号	姓名	性别	国籍	来校年月
50	长海博文	男	日本	2017年6月
51	邵常顺	男	美国	2017年6月
52	Matthew Clayton Wilks	男	美国	2017年9月
53	Saartje Hernalsteens	女	巴西	2017年9月
54	Aisha Bibi	女	巴基斯坦	2017年10月
55	Jin-Ho Choi	男	韩国	2017年10月
56	Mishra Shital Kumar	男	印度	2018年1月
57	Igbari Omoboyede Femi	男	尼日利亚	2018年2月
58	Luis Francisco Portilla Berlanga	男	西班牙	2018年3月
59	李若欣	男	美国	2018年4月
60	赵青春	男	加拿大	2018年6月
61	凌晓峰	男	加拿大	2018年7月
62	Abhisek Chakrabor	男	印度	2018年7月
63	Afshin Khayambashi	男	伊朗	2018年8月
64	Timothy Vernon Kirk	男	新西兰	2018年9月
65	Anthony Richard Little	男	英国	2018年9月
66	Dawoon Jung	女	韩国	2018年9月
67	Sheikh Tahajjul Taufique	男	印度	2018年9月
68	Yousefi Oderji Hassan	男	伊朗	2018年9月
69	Burt Bedo	男	加拿大	2018年11月
70	Suresh Annam	男	印度	2018年11月
71	横井宏美	女	日本	2019年1月
72	Jahangeer Khan	男	巴基斯坦	2019年1月
73	Shahid Iqbal	男	巴基斯坦	2019年1月
74	Dawn Buckley	女	爱尔兰	2019年1月
75	Saeed Idrees	男	巴基斯坦	2019年2月
76	Syed Zain Ali Shah	男	巴基斯坦	2019年2月

续表

序号	姓名	性别	国籍	来校年月
77	Zain Saima	女	巴基斯坦	2019年2月
78	Bown Sean Patrick	男	法国	2019年2月
79	Sarah Elizabeth Dorsey	女	美国	2019年3月
80	Perceval Garon	男	澳大利亚	2019年4月
81	Orji Ifeyinwa Maria-Juliet	女	尼日利亚	2019年4月
82	Manuel Eduardo Brito Salazar	男	委内瑞拉玻利瓦尔共和国	2019年5月
83	Matthew Sheridan	男	美国	2019年6月
84	Murugesh Babu Kayakada	男	印度	2019年7月
85	Stopniece Santa	女	拉脱维亚共和国	2019年9月
86	Brian Jerry Ogstad	男	美国	2019年9月
87	Shon Il Kwon	男	加拿大	2019年9月
88	Ana Horvat	女	克罗地亚	2019年9月
89	Paul Maurice Poitras	男	美国	2019年9月
90	Pirzado Azhar Ali Ayaz	男	巴基斯坦	2019年9月
91	郑毅然	男	新加坡	2019年9月
92	Rashid Menhas	男	巴基斯坦	2019年10月
93	Biswanath Mukherjee	男	美国	2019年10月
94	Guillaume Richard Patrick Molko	男	法国	2019年11月
95	Katarzyna Galka	女	波兰	2019年12月
96	Rana Muhammad Irfan	男	巴基斯坦	2019年12月
97	沈景华	男	德国	2019年12月
98	Seyedeh Ramouna Voshtani	女	伊朗	2019年12月
99	Khemayanto Hidayat	男	印度尼西亚	2019年12月
100	Shoberu Adedamola Sijuade	男	尼日利亚	2019年12月
101	陈雅卉	女	新加坡	2020年1月
102	Xu Wang	女	美国	2020年7月

续表

序号	姓名	性别	国籍	来校年月
103	Anja Spiller	女	德国	2020年9月
104	Richeux Amélie	女	法国	2020年9月
105	吴希	女	加拿大	2020年12月
106	Hyojin Kim	女	韩国	2020年12月

2020年苏州大学与国（境）外大学交流合作情况（表108）

表108　2020年苏州大学与国（境）外大学交流合作情况一览表

序号	国家或地区	学校名称	协议内容	协议签订时间	期限
1	葡萄牙	葡萄牙科英布拉大学	葡萄牙科英布拉大学与中国苏州大学合作协议	2019年10月17日	5年
2	葡萄牙	葡萄牙科英布拉大学	葡萄牙科英布拉大学与中国苏州大学法学院学生交换协议	2020年1月14日	6年
3	美国	美国得克萨斯大学奥斯汀分校	中国苏州大学国际合作交流处与美国得克萨斯大学奥斯汀分校国际处谅解备忘录	2020年1月13日	4年
4	日本	日本工学院大学	中国苏州大学与日本工学院大学学生交换谅解备忘录	2020年1月15日	有效期至2023年12月24日
5	英国	英国贝尔法斯特女王大学	英国贝尔法斯特女王大学与中国苏州大学谅解备忘录	2019年12月16日	5年
6	法国	法国南特大西洋设计学院	中国苏州大学和法国南特大西洋设计学院谅解备忘录	2020年5月11日	3年

续表

序号	国家或地区	学校名称	协议内容	协议签订时间	期限
7	法国	法国南特大西洋设计学院	中国苏州大学和法国南特大西洋设计学院"3+1+2"	2020年5月11日	3年
8	澳大利亚	澳大利亚麦考瑞大学	麦考瑞大学和苏州大学谅解备忘录	2020年5月15日	5年
9	英国	英国伯明翰大学	英国伯明翰大学"2+2"双本和"3+2"本硕协议	2020年5月18日	5年
10	波斯尼亚和黑塞哥维那	萨拉热窝大学	萨拉热窝大学与苏州大学学术合作协议	2020年3月2日	5年
11	俄罗斯	俄罗斯萨拉托夫国立大学	苏州大学与俄罗斯萨拉托夫国立大学合作备忘录	2020年3月2日	5年
12	加拿大	加拿大英属哥伦比亚大学	加拿大英属哥伦比亚大学与苏州大学暑期学术项目谅解备忘录	2020年1月1日	3年
13	美国	美国威斯康星大学麦迪逊分校	中国苏州大学与美国威斯康星大学麦迪逊分校协议	2020年1月20日	3年
14	西班牙	西班牙马德里理工大学	西班牙马德里理工大学与中国苏州大学谅解备忘录	2020年5月12日	4年
15	新加坡	新加坡国立大学	新加坡国立大学理学院与中国苏州大学学生联合培养协议	2020年6月1日	有效期至2025年6月15日
16	韩国	韩国全北国立大学	苏州大学与韩国全北国立大学研究生国际双学位联合培养协议书	2020年5月10日	5年
17	捷克	马萨里克大学	马萨里克大学法学院与苏州大学王健法学院合作协议	2019年11月8日	5年

续表

序号	国家或地区	学校名称	协议内容	协议签订时间	期限
18	中国	上海安与教育科技有限公司	上海安与教育科技有限公司与苏州大学海外合作项目框架协议	2020年7月1日	1年
19	爱尔兰	爱尔兰皇家外科医学院	爱尔兰皇家外科医学院（RCSI）与苏州大学联合博士生培养计划	2020年6月9日	7年
20	英国	萨塞克斯大学	萨塞克斯大学（英国布莱顿）与苏州大学（中国苏州）谅解备忘录	2019年6月19日	3年
21	中国台湾	慈济学校财团法人慈济科技大学	慈济学校财团法人慈济科技大学与苏州大学友好合作意向书	2020年4月24日	3年
22	中国澳门	澳门城市大学	苏州大学与澳门城市大学学生交换协议	2020年7月2日	5年
23	法国	巴黎萨克雷-圣康丁昂伊夫利纳-凡尔赛大学	巴黎萨克雷-圣康丁昂伊夫利纳-凡尔赛大学与苏州大学合作框架协议	2019年9月17日	5年
24	英国	思克莱德大学	英国思克莱德大学与中国苏州大学合作备忘录	2020年7月30日	12个月以内
25	加拿大	加拿大拉萨尔学院	中国苏州大学与加拿大拉萨尔学院合作办学协议	2020年7月30日	6年
26	中国澳门	澳门大学（健康科学学院）	澳门大学与苏州大学联合培养博士研究生合作协议书	2020年4月13日	3年
27	美国	北卡罗来纳州立大学	苏州大学与美国北卡罗来纳州立大学本硕"3+X"协议	2020年9月9日	5年

续表

序号	国家或地区	学校名称	协议内容	协议签订时间	期限
28	澳大利亚	澳大利亚西澳大学	澳大利亚西澳大学与中国苏州大学合作研究和博士联合培养协议	2020年9月25日	5年
29	韩国	韩国淑明女子大学	韩国淑明女子大学学生交换协议	2020年9月27日	5年
30	中国台湾	台湾清华大学	苏州大学-台湾清华大学学生交换计划备忘录，自费研修生交流计划备忘录	2020年9月27日	5年
31	爱尔兰	爱尔兰皇家外科医学院	爱尔兰皇家外科医学院与苏州大学合作谅解备忘录（MOU）	2020年9月30日	1年
32	美国	美国加州大学圣塔芭芭拉分校	美国加州大学圣塔芭芭拉分校Extension与中国苏州大学谅解备忘录	2020年9月16日	2年
33	马来西亚	"一带一路"国际教学科研合作中心	苏州大学与"一带一路"国际教学科研合作中心合作谅解备忘录	2018年12月15日	1年
34	中国	南京沙法尔达教育信息咨询有限公司	医学留学生招生合作协议	2019年12月31日	1年
35	中国	苏州苏鑫商务咨询有限公司	医学留学生招生合作协议	2019年12月31日	1年
36	印度	印度SEAES	医学留学生招生合作协议	2019年12月1日	1年
37	法国	法国农业科学研究院-国家高等农学院	苏州大学与法国农业科学研究院-国家高等农学院"FOODPRINT国际联合实验室"创建协议	2019年2月25日	无限延期

续表

序号	国家或地区	学校名称	协议内容	协议签订时间	期限
38	加拿大	加拿大滑铁卢大学	中国苏州大学与加拿大滑铁卢大学博士联合培养协议	2020年9月11日	5年
39	中国澳门	澳门城市大学	澳门城市大学与苏州大学学生交换协议	2020年7月2日	5年
40	日本	日本江苏总商会常务理事恒产集团	苏州大学与日本江苏总商会常务理事恒产集团合作协议书	2020年5月8日	2年
41	俄罗斯	俄罗斯莫斯科国立师范大学	俄罗斯莫斯科国立师范大学与中国江苏省苏州市苏州大学学生交换协议	2020年10月13日	5年
42	意大利	威尼斯大学	威尼斯大学与苏州大学学生交换补充协议的修正案	2020年11月4日	有效期至2022年2月27日
43	意大利	威尼斯建筑大学	苏州大学与意大利威尼斯建筑大学合作谅解备忘录	2020年11月5日	3年
44	爱尔兰	爱尔兰皇家外科医学院	爱尔兰皇家外科医学院（RCSI）与苏州大学合作研究备忘录	2020年11月25日	5年
45	加拿大	韦仕敦大学	苏州大学与韦仕敦大学学术联合培养协议书	2020年12月11日	5年

备注：表中为2020年有效期内的协议汇总。

2020年苏州大学举办各类短期汉语培训班情况（表109）

表109　2020年苏州大学举办各类短期汉语培训班情况一览表

序号	期限	班级名称	人数
1	2020年1月6日—2020年1月23日	法国SKEMA项目	494
2	2020年8月20日—2020年12月18日	法国SKEMA项目	10
3	2020年7月14日—2020年9月5日	巴西暑期班	7

2020年各类外国留学生人数情况（表110）

表110　2020年各类外国留学生人数情况

总人数	男	女	国家、地区数	高级进修生	普通进修生	本科生	硕士研究生	博士研究生	短期生
2 097	954	1 143	86	2	22	546	133	111	1 307

2020年港澳台地区各类学生人数情况（表111）

表111　2020年港澳台地区各类学生人数情况

总人数	男	女	地区数	交换生	本科生	硕士研究生	博士研究生
164	98	66	3	1	100	23	40

2020年港澳台地区各类单位校际来访情况（表112）

表112　2020年苏州大学港澳台地区接待情况一览表

序号	来访日期	来访单位	来访人员名单（含职务、职称）	来访人数	来访目的及成果
1	2020年9月18日	台湾东吴大学校友会苏州分会	杨良学（会长）等	5	东吴大学校庆校友跑
2	2020年9月22日	澳门科技大学	唐嘉乐（副校长）吴晓宁（校长顾问）	2	校际访问
3	2020年10月16日—2020年10月18日	澳门城市大学	叶桂平（副校长）	1	120周年建校典礼
4	2020年10月17日—2020年10月18日	澳门科技大学	姜志宏（副校长）吴晓宁（校长顾问）	2	120周年建校典礼
5	2020年11月21日	台湾东吴大学校友会	校友及家属	12	校园马拉松
6	2020年12月28日	澳门圣若瑟大学	张曙光（校长）等	2	校际访问（签署校际协议）

2020年各类国外单位校际来访情况（表113）

表113　2020年苏州大学国际合作交流处外事接待情况一览表

序号	来访日期	来访单位	来访人员名单（含职务、职称）	来访人数	来访目的及成果
1	1月3日	澳大利亚昆士兰州卫生部	创新投资与科研中心项目主管 Nina SHEN	1	项目介绍和洽谈
2	1月9日	英国贝尔法斯特女王大学	人文学院院长 Michael Alcorn 教授和国际处项目专员 Yi Feng	2	合作洽谈和宣讲
3	12月8日	日本驻沪领事馆	日本驻上海总领事馆总领事（大使）矶俣秋男 日本驻上海总领事馆副总领事福田高干 日本驻上海总领事馆副领事吉田有香 日本驻上海总领事馆副领事安井龙也	4	友好会晤和讲座

2020年教师出版书目（表114）

表114　2020年教师出版书目一览表

序号	专著名称	类别	编著译者		出版单位、时间
1	*厉鹗全集·宋诗纪事	编著	陈昌强 顾圣琴	点校	浙江古籍出版社，2019年12月
2	中外电影赏析新编	编著	陈子平	主编	苏州大学出版社，2020年3月
3	近思录集解	集解	程水龙	校注	中华书局，2020年9月
4	新世纪文学的批评维度	专著	房　伟	著	苏州大学出版社，2020年11月
5	中国的坊刻本（韩文）	专著	黄镇伟	著	民俗苑出版社（韩国首尔），2020年2月
6	当代人文的三个方向——夏志清、李欧梵、刘再复	编著	王德威 季　进 刘剑梅	主编	香港三联书店，2020年7月
7	夏志清夏济安书信集（卷四：1959—1962）	编	王　洞 季　进	主编 编	上海人民出版社，2020年7月
8	*现代性的想像：从晚清到五四	编著	李欧梵 季　进	著 编	新北市联经出版事业股份有限公司，2019年12月
9	*张弦评传	专著	季　进	著	江苏凤凰文艺出版社，2019年11月
10	比较文学与世界文学研究论集	编著	季　进 吴雨平	主编	苏州大学出版社，2020年9月

续表

序号	专著名称	类别	编著译者		出版单位、时间
11	基于教学行为分析的体演文化教学法理论与实证的研究	专著	姜 晓	著	苏州大学出版社，2020年8月
12	"文学政治学"十形态论	专著	刘锋杰	著	北京大学出版社，2020年8月
13	历史还原与文学构想：明清文学研究论集	编著	罗时进 王 宁 杨旭辉	主编	苏州大学出版社，2020年9月
14	古典文献研究论集	编著	马亚中 钱锡生 周生杰	主编	苏州大学出版社，2020年9月
15	秘书礼仪	编著	倪祥妍	主编	北京师范大学出版社，2020年8月
16	*中国纪录片的国际化进程	专著	邵雯艳	著	苏州大学出版社，2019年12月
17	中国现当代通俗文学研究论集	编	汤哲声 张 蕾	主编	苏州大学出版社，2020年9月
18	*中国历代乐论·宋辽金卷	编著	李方元 王福利 康瑞军 杨成秀	编	漓江出版社、上海音乐学院出版社，2019年10月
19	*中国历代乐论·元明卷	编著	王福利	编	漓江出版社、上海音乐学院出版社，2019年10月
20	汉语国际教育与语文教育研究论集	编著	王建军 缪蓁慈 陶家骏	主编	苏州大学出版社，2020年9月
21	语言文字研究论集	编著	曹 炜 王建军	主编	苏州大学出版社，2020年9月

续表

序号	专著名称	类别	编著译者		出版单位、时间
22	中国现当代文学研究论集	论文集	王 尧 刘祥安 房 伟	主编	苏州大学出版社，2020年9月
23	询真问美——文艺学美学研究论集	编著	徐国源 李 勇 王 耘	主编	苏州大学出版社，2020年9月
24	*无诗之诗	专著	徐国源	著	台湾文史哲出版社，2019年12月
25	《永安月刊》笔记萃编	编著	张 剑 徐雁平 彭国忠	主编	凤凰出版社，2020年9月
			薛玉坤 李 晨	整理	
26	东吴六志	专著	徐允修	著	苏州大学出版社，2020年10月
			杨旭辉	标注	
27	当代女性文学个人话语研究	专著	臧 晴	著	苏州大学出版社，2020年9月
28	范伯群访谈录	专著	陈 霖	著	苏州大学出版社，2020年1月
29	董天华访谈录	专著	杜志红	著	苏州大学出版社，2020年1月
30	*纪录片与国家形象传播	专著	陈 一	著	中国人民大学出版社，2019年12月
31	唐天驷访谈录	专著	陈 一	著	苏州大学出版社，2020年1月
32	*修辞、叙事与认同：网络公共议题中的话语政治	专著	曹 洵	著	中国社会科学出版社，2019年6月
33	李英杰访谈录	专著	张梦晗	著	苏州大学出版社，2020年1月

续表

序号	专著名称	类别	编著译者		出版单位、时间
34	*江苏地方文化史·苏州卷	编著	王卫平	主编	江苏人民出版社，2019年12月
35	风土与时运：江南乡民的日常世界	专著	朱小田	著	中国社会科学出版社，2020年12月
36	晚清域外地理学著译书籍考（上下册）	专著	侯德仁	著	台湾花木兰文化事业有限公司，2020年3月
37	历代历史地理研究文献精粹（全十五册）	选编	侯德仁	选编	国家图书馆出版社，2020年10月
38	陕北黄土高原的环境（1644—1949年）	专著	王晗	著	中国环境出版集团，2020年1月
39	1936—1941年日本对德同盟政策研究	专著	武向平	著	社会科学文献出版社，2020年3月
40	近代日本对华调查档案资料丛刊·第四辑·农业调查	编著	邵汉明 王建朗	主编	国家图书馆出版社，2020年11月
			金以林 武向平	副主编	
41	*Social support networks, coping and positive aging among the community-dwelling elderly in Hong Kong	专著	刘素素	著	Springer，2019年1月
42	信息咨询与服务	编著	徐芳	主编	上海世界图书出版公司，2020年11月
43	江苏社科名家文库·任平卷	专著	任平	著	江苏人民出版社、江苏凤凰美术出版社，2020年4月
44	*天台学思集	专著	韩焕忠	著	宗教文化出版社，2019年9月
45	道德与解脱：中晚明士人对儒家生死问题的辩论与诠释	专著	刘琳娜	著	巴蜀书社，2020年10月

续表

序号	专著名称	类别	编著译者		出版单位、时间
46	马克思主义权力观视野下党务公开研究	专著	孔 川	著	上海三联书店，2020年10月
47	新时代马克思主义学院领导班子建设研究	专著	张才君	著	陕西人民教育出版社，2020年4月
48	*中国特色社会主义理论与实践研究——姜建成自选集	专著	姜建成	著	苏州大学出版社，2019年12月
49	*价值哲学和共同体研究——陆树程自选集	专著	陆树程	著	苏州大学出版社，2019年12月
50	走向学习中心	专著	朱永新	著	中国人民大学出版社，2020年10月
51	教育的对白：朱永新对话麦克法兰	著	朱永新 [英]艾伦·麦克法兰	著	长江文艺出版社，2020年9月
			马 啸等	编译	
52	给教师的信：阅读与人生	专著	朱永新	著	华东师范大学出版社，2020年9月
53	面对疫情，教育何为？	编著	朱永新 陶新华	主编	华东师范大学出版社，2020年4月
54	新家庭教育论纲——新教育在家庭教育上的探索与思考	专著	朱永新	著	湖南教育出版社，2020年9月
55	多元视角下的团队学习	专著	吴铁钧	著	苏州大学出版社，2020年8月
56	中小学生学科学习策略的诊断与培育	专著	刘电芝等	著	人民教育出版社，2020年5月
57	*心理测量学	编著	童辉杰	编著	上海教育出版社，2019年12月

续表

序号	专著名称	类别	编著译者		出版单位、时间
58	认知心理学（第五版）：心智、研究与生活	译著	[美] E. Bruce Goldstein	著	中国轻工业出版社，2020年12月
			张 明等	译	
59	心理学研究方法：评估信息世界之法	译著	[美] Beth Morling	著	中国轻工业出版社，2020年3月
			张 明等	译	
60	叙事与心理治疗手册：实践、理论与研究	译著	[加]琳恩·E. 安格斯 [挪威]约翰·麦克劳德	主编	北京师范大学出版社，2020年1月
			吴继霞等	译	
61	积极的国家和社区：积极心理学中的跨文化视角及质性研究取向	译著	[葡]海伦娜·阿格达·马鲁若 [葡]路易斯·米格尔·内托	编著	西南师范大学出版社，2020年6月
			吴继霞等	译	
62	大品牌文化：30个世界级品牌案例解读	编著	魏文斌 刘 泓	主编	苏州大学出版社，2020年2月
63	中级财务会计学习指导与习题集	编著	袁 敏	编著	苏州大学出版社，2020年9月
64	政府会计	编著	张雪芬 倪丹悦	编著	苏州大学出版社，2020年1月
65	消费者行为学：心理的视角	编著	钟旭东	编著	北京大学出版社，2020年9月
66	国际贸易实务	编著	袁建新	主编	复旦大学出版社，2020年6月
67	*苏州上市公司发展报告	编著	薛誉华 范 力 吴永敏 贝政新	主编	复旦大学出版社，2019年10月

续表

序号	专著名称	类别	编著译者		出版单位、时间
68	监委管辖职务犯罪罪名理解与适用	编著	刘乐明	主编	法律出版社，2020年6月
69	当代中国法制的政治逻辑	专著	瞿郑龙	著	法律出版社，2020年5月
70	权利理论	编译	朱振 刘小平 瞿郑龙	译	上海三联书店，2020年1月
71	域外经典判例选译	编著	胡玉鸿	主编	中国政法大学出版社，2020年2月
72	江苏省经济发达镇法治国情调查报告·第4卷	编著	胡玉鸿	主编	法律出版社，2020年9月
73	中国动产担保物权法编纂研究	专著	董学立	著	法律出版社，2020年6月
74	民法典评注物权编	编著	孙宪忠 朱广新	主编	中国法制出版社，2020年10月
75	吉奥诺生态空间研究	专著	陆洵	著	苏州大学出版社，2020年11月
76	植物远行的十大传奇	译著	[法]卡蒂亚·阿斯塔菲芙	著	海天出版社，2020年1月
			陆洵	译	
77	局外人·鼠疫	译著	[法]阿尔贝·加缪	著	译林出版社，2020年6月
			郭宏安 陆洵	译	
78	中国英语学习者导句语类习得研究	专著	毛眺源	著	清华大学出版社，2020年12月
79	英语口译综合能力教材	编著	孟祥春	主编	新世界出版社，2020年2月

续表

序号	专著名称	类别	编著译者		出版单位、时间
80	新编金融英语教程	编著	刘　亮 莫俊华	主编	人民邮电出版社，2020年1月
81	布雷德伯里批评思想及学院派小说研究	专著	宋艳芳	著	科学出版社，2020年11月
82	综合英语新教程	编著	孙倚娜 徐　萍	主编	苏州大学出版社，2020年1月
83	衔接的认知语用研究	专著	王　军	著	商务印书馆，2020年11月
84	日语副词的偏误研究（上）	合著	于　康 张　超 林　璋 徐　卫等	著	浙江工商大学出版社，2020年11月
85	*翻译测试与评估研究	专著	杨志红	著	外语教学与研究出版社，2019年11月
86	韩国语语法新思维	编著	张乃禹 张文丽	编著	黑龙江朝鲜民族出版社，2020年6月
87	中国学生英语词汇联想能力发展研究	专著	张　萍	著	科学出版社，2020年11月
88	新媒体英语阅读	编著	张　卓	主编	苏州大学出版社，2020年1月
89	高等数学（下）	编著	严亚强	编著	高等教育出版社，2020年2月
90	基础物理学（上下）	编著	晏世雷 钱　铮 过祥龙	编著	苏州大学出版社，2020年10月
91	近现代物理实验	编著	方　亮 翁雨燕	主编	高等教育出版社，2020年11月
92	高等仪器分析	编著	李建国	主编	苏州大学出版社，2020年6月

续表

序号	专著名称	类别	编著译者		出版单位、时间
93	Frontiers in Spray Drying	专著	傅　楠 肖　杰 陈晓东等	著	CRC Press，2020年8月
94	Chemistry in Nanocatalysis（Second Edition）	编著	康振辉 刘　阳	主编	苏州大学出版社，2020年9月
95	窄带物联网技术基础与应用	编著	王宜怀	主编	人民邮电出版社，2020年7月
96	微型计算机原理及应用基于Arm微处理器	编著	王宜怀	主编	人民邮电出版社，2020年4月
97	Android应用开发实践教程（第2版）	编著	韩　冬	编著	电子工业出版社，2020年2月
98	Python程序设计	编著	黄　蔚	主编	清华大学出版社，2020年5月
99	计算机网络技术原理与实验	编著	唐灯平	编著	清华大学出版社，2020年12月
100	数据结构（Python语言描述）	编著	张玉华 吕　强	主编	清华大学出版社，2020年11月
			朱晓旭	副主编	
101	Load Balance for Distributed Real-time Computing Systems	专著	房俊华 张　蓉 周傲英	著	World Scientific，2020年5月
102	高校教师组织认同与激励机制创新	专著	何书萍	著	吉林文史出版社，2020年11月
103	*智能切削工艺与刀具	专著	陈　明 王呈栋 安庆龙	著	华中科技大学出版社，2019年9月
104	ARM Cortex-M3嵌入式原理及应用——基于STM32F103微控制器	编著	黄克亚	编著	清华大学出版社，2020年1月

续表

序号	专著名称	类别	编著译者		出版单位、时间
105	*改进智能优化算法的实现及应用	专著	刘悦婷 郭 浩	著	西北工业大学出版社,2019年10月
106	塑性成型力学与轧制原理(第2版)	编著	章顺虎	编著	北京冶金工业出版社,2020年12月
107	幸福舞起来——大众广场舞	编著	陈瑞琴 李小和	主编	苏州大学出版社,2020年9月
108	科学健身——如何选择健身运动项目	编著	陆阿明 陆勤芳	主编	苏州大学出版社,2020年10月
109	气排竞风流:大众气排球	编著	宋元平 杨荣刚 宋玉婷	主编	苏州大学出版社,2020年9月
110	传统武术文化多元化的地域文化阐释	专著	李 龙	著	辽宁教育出版社,2020年4月
111	太极拳延缓认知衰退研究:基于脑科学	专著	岳春林	著	上海交通大学出版社,2020年11月
112	*我国基础教育运动技能课程内容选择研究	专著	殷荣宾	著	北京体育大学出版社,2019年5月
113	*中国少数民族设计全集·苗族卷	专著	许 星 廖晨晨	著	山西人民出版社、人民美术出版社,2019年10月
114	苏州传统剧装艺术	专著	胡小燕	著	苏州大学出版社,2020年10月
115	景观中的设计	专著	王泽猛 陈 竹	著	中国纺织出版社,2020年2月
116	"运河·视界"——2019江苏省研究生海报设计大赛优秀作品集	编著	姜竹松	主编	江苏凤凰美术出版社,2020年5月
			卢 朗	副主编	
117	*服装款式设计1000例	编著	李飞跃 黄燕敏	编著	中国纺织出版社,2019年5月

续表

序号	专著名称	类别	编著译者		出版单位、时间
118	字体设计	编著	方　敏	主编	化学工业出版社，2020年9月
			杨朝辉 夏　琪 项天舒	编著	
119	平面构成	编著	方　敏	主编	化学工业出版社，2020年9月
			杨朝辉 李　壮 王亚亚	编著	
120	图形创意	编著	方　敏	主编	化学工业出版社，2020年8月
			杨朝辉 毛金凤 吴秀珍	编著	
121	书籍装帧创意与设计	编著	方　敏	主编	化学工业出版社，2020年8月
			杨朝辉 周倩倩 刘露婷	编著	
122	包装设计	编著	方　敏	主编	化学工业出版社，2020年8月
			杨朝辉 王远远 张　磊	编著	
123	装饰图案基础教程	编著	李　颖	编著	苏州大学出版社，2020年7月
124	山水画基础教程	专著	潘潇漾	著	苏州大学出版社，2020年1月
125	色铅笔蝴蝶手绘技法	专著	杨文丹 黄　鹿 黄　艾	著	中国纺织出版社，2020年10月
126	圆珠笔动物手绘技法	编著	杨文丹 黄　鹿 黄　艾	著	中国纺织出版社，2020年11月

续表

序号	专著名称	类别	编著译者		出版单位、时间
127	苏州音乐家研究	编著	吴磊	主编	苏州大学出版社，2020年10月
128	苏州城市音乐研究	编著	吴磊	主编	苏州大学出版社，2020年8月
129	合唱与指挥的技巧训练与艺术性研究	专著	李长松	著	九州出版社，2020年7月
130	十九世纪的"新雅典"：李斯特与"新德意志乐派"	专著	刘彦玲	著	西南师范大学出版社，2020年9月
131	神秘老猫	专著	苏梅	著	济南出版社，2019年11月
132	飞天快递	专著	苏梅	著	济南出版社，2020年1月
133	过山车	专著	苏梅	著	现代出版社，2020年1月
134	趣味玩数学·数学童话绘本（3~4岁）（全6册）	专著	苏梅	著	上海教育出版社，2020年5月
135	趣味玩数学·数学童话绘本（4~5岁）（全6册）	专著	苏梅	著	上海教育出版社，2020年5月
136	趣味玩数学·数学童话绘本（5~6岁）（全6册）	专著	苏梅	著	上海教育出版社，2020年5月
137	毛毛猴和阿阿熊	专著	苏梅	著	现代出版社，2020年3月
138	小熊贝儿的帽子	专著	苏梅	著	现代出版社，2020年3月
139	球球国的小王子	专著	苏梅	著	现代出版社，2020年5月

续表

序号	专著名称	类别	编著译者		出版单位、时间
140	胖胖猪种星星	专著	苏 梅	著	现代出版社,2020年5月
141	毛毛虫老师	专著	苏 梅	著	现代出版社,2020年3月
142	神奇数学营(全彩共10册)	专著	苏 梅	著	浙江少年儿童出版社,2020年10月
143	*医学基础形态学实验指导——病理学分册	编著	邓 敏	主编	苏州大学出版社,2019年12月
144	*神经细胞生物学	编著	刘 勇 宋土生	主编	西安交通大学出版社,2019年12月
			吕海侠 雷万龙 田英芳 刘朝晖	副主编	
145	*临床寄生虫学检验实验指导(第3版)	编著	夏超明	主编	中国医药科技出版社,2019年12月
146	医学免疫学实验技术	编著	葛 彦 王 勤	主编	苏州大学出版社,2020年8月
			孙 静 李 扬	副主编	
147	食品安全	编著	李鹏高 陈林军	主编	人民卫生出版社,2020年9月
			李新莉 张海芳 张英慧 饶春平	副主编	
148	生活中的毒物	编著	姜岳明 洪 峰 曹 毅	主编	人民卫生出版社,2020年8月
			徐培渝 魏雪涛 肖 芳	副主编	

续表

序号	专著名称	类别	编著译者		出版单位、时间
149	药用植物学	编著	王光志 高德民	主编	中国医药科技出版社，2020年9月
			严玉平 张新慧 陆　叶 林　莺 郭庆梅	副主编	
150	药用植物学实验	编著	高德民 王光志	主编	中国医药科技出版社，2020年8月
			林　莺 刘湘丹 严玉平 陆　叶 包华音	副主编	
151	*生物医学实验常用方法	编著	胡静平	主编	苏州大学出版社，2019年12月
			朱　怡 潘　文	副主编	
152	护理管理学	编著	李　伟 穆　贤	主编	科学出版社，2020年1月
			李惠玲 王　萍等	副主编	
153	高级护理实践案例	编著	李惠玲 钮美娥	主编	人民卫生出版社，2020年2月
154	新编实用外科学	编著	李　洋 任伟刚 李旋峰等	主编	云南科技出版社，2020年2月
			袁　勇 魏雪栋 吴　威等	副主编	

续表

序号	专著名称	类别	编著译者		出版单位、时间
155	临床微生物检验学	编著	邵世和 卢 春	主编	科学出版社，2020年11月
			管俊昌 李国才 张 文 王晓春 徐 驰 张海方	副主编	
156	*核医学实习指导	编著	王荣福 安 锐	主编	人民卫生出版社，2019年8月
			王跃涛 闫 平	副主编	
157	水产饲料原料与质量控制	编著	叶元土	主编	化学工业出版社，2020年1月
			吴 萍 蔡春芳	副主编	
158	*实用法医昆虫学	编著	王江峰	主编	西安交通大学出版社，2019年12月
			王 禹 成建定 刘超等	副主编	
159	食品安全检测与管理研究	编著	李晓红 张雪颖 王 会	主编	新加坡百科出版社，2020年7月
160	Natural Materials and Products from Insects: Chemistry and Applications	编著	Dhiraj Kumar	主编	Springer，2020年8月
161	醒醒吧，女孩	译著	蕾切尔·霍利斯	著	北京联合出版有限公司2020年8月
			李雪云	译	
162	大学体育教程	编著	朱国生 陈忠宇 刘立华	主编	苏州大学出版社，2020年8月

续表

序号	专著名称	类别	编著译者		出版单位、时间
163	大学英语公众演讲实训教程	编著	高燕红	主编	苏州大学出版社，2020年10月
			曹艳红 邢 春	编	
164	实用临床药物治疗学·肾脏疾病	译著	缪丽燕 卢国元	译	人民卫生出版社，2020年1月
165	道不远人：走近传统文化	专著	徐 川 宋 云	著	商务印书馆，2020年11月
166	医学图书馆服务与管理研究	专著	翟 萌	著	北京工业大学出版社，2020年4月
167	Pharmacogenomics in Precision Medicine	编著	缪丽燕	主编	Springer Nature Singapore Pte Ltd.，2020年
168	口腔科常见疾病诊断与治疗要点	编著	王 薇 李秋萍 廖 健 马国武 陈 颉	主编	科学技术文献出版社，2020年6月
169	临床护理常规及专科护理技术	编著	张俊花 吴玉梅 王月琴 蒋新香 马彩霞	主编	科学技术文献出版社，2020年4月
170	妇产科疾病诊断与治疗	编著	王春芳 张美玲 路宜芹 贾惠琴 蔡薇慧 秦玉娥	主编	吉林科学技术出版社，2020年7月
171	五官科常见疾病综合诊疗	编著	迟艳侠 魏 巍 王德利 曹晓明 马国武	主编	中国纺织出版社，2020年12月

续表

序号	专著名称	类别	编著译者		出版单位、时间
172	*护理学临床应用	编著	姜春梅 黄 莹 任 雁 杨 丽 戴 靖	主编	科学技术文献出版社，2019年12月
173	抑郁症的防与治	编著	罗蔚锋 胡 华	主编	苏州大学出版社，2020年9月
174	临床医学影像技术新进展	编著	刘 冬 张其宇 赵宏伟 李肃红 郭艳江 冯欣宇	主编	吉林科学技术出版社，2020年6月
175	药剂学基础与新进展	编著	李振山 梁钰华 曾春香 华雯妍 邓毅峰	主编	湖南科学技术出版社，2020年1月
176	临床药物治疗实践	编著	张淑娟 高 山 田 伟 陈 泺 华雯妍	主编	科学技术文献出版社，2020年7月
177	实用专科护理技能与应用	编著	潘洪燕 何 琴 黄陆玲 李羞月 邹婷婷	主编	科学技术文献出版社，2020年1月
178	护理学基础研究	编著	曲 静 龙 燕 穆乃香 王瑞华 史华芳 魏 洁	主编	云南科技出版社，2020年2月

续表

序号	专著名称	类别	编著译者		出版单位、时间
179	Sleep disorders in Parkinson's disease	编著	刘春风	主编	Springer，2020年
180	临床外科诊疗与护理	编著	张立新 林雪梅 李月光 胡海玲 潘旭玲 刘金洪	主编	云南科技出版社，2020年11月
181	实用护理学临床实践	编著	刘　梅 成述风 陈银红 赵　鹏 薛　华	主编	吉林科学技术出版社，2020年8月
182	癌症标准手术图解——结直肠癌	译著	[日]山口俊晴 上野雅资	主编	北京科学技术出版社，2020年9月
			武爱文 吴永友	译	
183	*美国结直肠外科医师学会结直肠外科学（第3版）	译著	李心翔 于向阳 吴永友 张　宏	译	北京大学医学出版社，2019年4月
184	儿童中医体质辨识与调护	编著	刘殿玉 钱　凌	主编	苏州大学出版社，2020年11月
			陆　远 常　龙	副主编	

注：标"*"者为《苏州大学年鉴2020》未列的书目。

2020年苏州大学规章制度文件目录（表115）

表115　2020年苏州大学规章制度文件目录一览表

序号	文号	题名	日期
1	苏大委〔2020〕16号	苏州大学"十四五"改革发展规划编制工作方案	2020-02-12
2	苏大委〔2020〕19号	关于激励关爱全校党员干部、教职工积极投身疫情防控阻击战的十条措施	2020-02-20
3	苏大委〔2020〕53号	"苏州大学五四青年奖"评选表彰办法	2020-05-08
4	苏大委〔2020〕60号	关于切实加强新时代美育工作的实施意见	2020-06-10
5	苏大委〔2020〕125号	苏州大学处级领导干部兼职管理办法	2020-11-12
6	苏大委〔2020〕126号	苏州大学深化"三全育人"综合改革方案	2020-11-10
7	苏大委〔2020〕145号	关于领导干部外出请示报备工作的若干规定	2020-12-10
8	苏大委办〔2020〕1号	中共苏州大学委员会常务委员会会议议题申报管理办法	2020-01-03
9	苏大委办〔2020〕7号	苏州大学党委所属印章使用管理规定（暂行）	2020-12-10
10	苏大委教师〔2020〕3号	苏州大学建设银行奖教金管理条例	2020-09-28
11	苏大委宣〔2020〕7号	苏州大学党委理论学习中心组巡学旁听实施细则	2020-09-04
12	苏大委宣〔2020〕10号	苏州大学"兴育新"宣传思想政治工作奖评选办法（修订）	2020-10-28

续表

序号	文号	题名	日期
13	苏大人〔2020〕4号	苏州大学接受国内进修教师管理办法	2020-04-24
14	苏大人〔2020〕9号	苏州大学博士后管理工作实施办法（试行）	2020-01-28
15	苏大人〔2020〕20号	2020年度我校无评审权的相关系列专业技术职务推荐工作实施细则	2020-03-12
16	苏大人〔2020〕21号	2020年度苏州大学学生思想政治教育教师、教育管理研究人员专业技术职务聘任标准及实施细则	2020-04-24
17	苏大人〔2020〕22号	2020年度苏州大学实验技术人员专业技术职务聘任标准及实施细则	2020-04-24
18	苏大人〔2020〕23号	2020年度苏州大学教师专业技术职务聘任标准及实施细则	2020-04-24
19	苏大人〔2020〕116号	苏州大学兼职辅导员聘用与管理办法	2020-08-31
20	苏大人〔2020〕136号	苏州大学专职辅导员转事业编制暂行办法	2020-12-21
21	苏大教〔2020〕13号	苏州大学师范教育卓越教师培养计划2.0实施方案	2020-03-13
22	苏大教〔2020〕19号	苏州大学本科生在线开放课程学分认定管理办法	2020-05-25
23	苏大教〔2020〕41号	苏州大学普通高等教育本科生教材管理办法（2020年修订）	2020-07-07
24	苏大教〔2020〕54号	苏州大学课程思政建设与管理办法	2020-09-16
25	苏大教〔2020〕57号	苏州大学本科毕业设计（论文）工作管理办法（2020年修订）	2020-09-22
26	苏大教〔2020〕108号	苏州大学第二学士学位教育管理办法（试行）	2020-11-10
27	苏大教〔2020〕113号	苏州大学本科生劳动教育课程建设指导意见（试行）	2020-12-08

续表

序号	文号	题名	日期
28	苏大成教〔2020〕26号	苏州大学教育培训管理办法（2020年修订）	2020-05-16
29	苏大学〔2020〕29号	苏州大学新冠肺炎疫情防控期间学生违纪处分规定	2020-05-05
30	苏大学术〔2020〕2号	苏州大学学术委员会议事规则	2020-06-05
31	苏大学位〔2020〕7号	苏州大学优秀博士、硕士学位论文评选办法	2020-05-22
32	苏大财〔2020〕12号	苏州大学国家杰出青年科学基金经费使用"包干制"管理暂行办法	2020-04-22
33	苏大财〔2020〕17号	苏州大学财经领导小组议事规则（暂行）	2020-07-16
34	苏大财〔2020〕36号	苏州大学专项资金管理暂行办法	2020-12-16
35	苏大财〔2020〕37号	苏州大学全面预算绩效管理实施方案	2020-12-16
36	苏大社科〔2020〕12号	苏州大学人文社会科学学术专著出版资助管理办法	2020-10-29
37	苏大社科〔2020〕14号	苏州大学人文社会科学类校级科研机构管理办法	2020-10-29
38	苏大社科〔2020〕15号	苏州大学人文社会科学类科研平台及团队管理办法	2020-11-13
39	苏大科技〔2020〕28号	苏州大学科技成果转化管理办法（2020年修订）	2020-06-28
40	苏大科技〔2020〕29号	苏州大学知识产权保护和管理办法（2020年修订）	2020-06-28
41	苏大科技〔2020〕31号	苏州大学关于树立正确科研评价导向的意见	2020-06-29
42	苏大科技〔2020〕32号	苏州大学科研平台管理办法（自然科学类）（2020年修订）	2020-06-29
43	苏大科技〔2020〕33号	苏州大学自然科学类科研评价与激励办法	2020-06-29
44	苏大实验〔2020〕5号	苏州大学危险化学品安全管理办法	2020-11-19

续表

序号	文号	题名	日期
45	苏大实验〔2020〕6号	苏州大学实验室职业危害控制与防护管理办法	2020-11-19
46	苏大实验〔2020〕7号	苏州大学实验动物管理办法	2020-11-19
47	苏大实验〔2020〕8号	苏州大学放射性同位素与射线装置安全和防护管理办法	2020-11-19
48	苏大实验〔2020〕9号	苏州大学实验室特种设备管理办法	2020-11-19
49	苏大实验〔2020〕10号	苏州大学生物安全管理办法	2020-11-19
50	苏大研〔2020〕95号	苏州大学家庭经济困难研究生认定和补助管理办法	2020-06-27
51	苏大研〔2020〕111号	苏州大学本硕博一体化培养实施办法（试行）	2020-07-28
52	苏大研〔2020〕116号	苏州大学研究生课程教学管理实施细则	2020-09-02
53	苏大研〔2020〕132号	苏州大学博士学位研究生招生"申请—考核"制实施办法（2020年修订）	2020-11-03
54	团苏大委〔2020〕1号	苏州大学学生会（研究生会）深化改革实施方案	2020-10-27
55	团苏大委〔2020〕2号	苏州大学学生社团管理办法（2020年修订）	2020-10-27
56	苏大工〔2020〕22号	苏州大学教代会提案工作管理暂行办法	2020-12-21
57	苏大档〔2020〕1号	苏州大学重大活动和重要事件档案管理办法	2020-01-07
58	苏大办〔2020〕1号	苏州大学校长办公会议议题申报管理办法	2019-12-26
59	苏大保〔2020〕1号	苏州大学校园安全专项整治实施方案	2020-01-07

2020年市级以上媒体关于苏州大学的报道部分目录（表116）

表116　2020年市级以上媒体关于苏州大学的报道部分目录一览

新闻标题	刊载媒介	刊发时间
不一样的毕业季，毕业典礼：深情送别远航的你	央视新闻	2020年7月5日
2020年高考招生：紧扣需求优化结构，多校调整招生专业	央视新闻	2020年7月27日
战"疫"情特别报道：苏州大学师生汇总信息　助力在线问诊	央视《新闻直播间》	2020年2月2日
战"疫"中的新学期，备战开学，多地高校开展返校模拟演练	央视《新闻直播间》	2020年4月16日
江苏苏州医生路遇因车祸重伤男童全力抢救	央视《新闻直播间》	2020年10月28日
以青春的名义，我不后悔	央视《新闻30分》	2020年5月4日
从云端到实体，苏州依托地方高校培训退役军人	央视七套	2020年6月28日
哀悼！那位揪出南京大屠杀"百人斩"元凶的老人走了	央视网	2020年9月7日
全国人大代表熊思东建议延长男性陪产假至38天	央广网	2020年5月23日
苏州大学举行纪念建校120周年发展大会：陈竺视频讲话，华建敏出席，娄勤俭致信	人民网	2020年10月19日

续表

新闻标题	刊载媒介	刊发时间
老共产党员捐献眼角膜，74岁老兵重见光明	央视新闻客户端	2020年6月5日
太帅了！苏州大学龙舟队学生见义勇为，成功救起落水女孩	央视新闻客户端	2020年6月19日
苏州大学：助学团、支教团有爱在"云"端	中央广播电视总台国际在线	2020年2月28日
苏州大学外国留学生参加文化体验活动	《人民日报》	2020年1月9日
你们冲刺救人的身影真帅	《人民日报》官微	2020年6月19日
一场未完待续的报告——追忆心有大我的黄大年	新华社	2020年1月8日
江苏多所高校疫情期间精准资助经济困难学生	新华社	2020年2月12日
苏州大学：爱心助学团线上服务湖北学子	新华社	2020年2月17日
苏大附二院战"疫"日记：医患永远是战友，我们一起加油	新华社	2020年2月18日
战"疫"中的江苏青年志愿者	新华社	2020年2月17日
苏州大学推出一批防控新冠肺炎应用型技术成果	新华社	2020年2月27日
支援黄石，江苏医疗队尽锐出战	新华社	2020年2月12日
苏州大学招生就业处副处长靳葛：让孩子做学习的主人，提高自我学习管理能力	新华社	2020年3月11日
加强教育培训，促进就业创业：苏州大学退役军人事务培训学院正式成立	新华社	2020年6月2日
苏州大学师生哀悼抗击新冠肺炎疫情斗争牺牲烈士和逝世同胞	新华社	2020年4月5日
苏州大学为毕业生举办暖心"云上毕业典礼"	新华社	2020年6月29日
全国"两会"首日，江苏这些"好声音"值得关注	北京西路瞭望	2020年5月21日

续表

新闻标题	刊载媒介	刊发时间
苏州大学：不忘初心担使命，春风化雨育英才	《光明日报》	2020年1月10日
"苏""武"携手，拥抱健康——记苏州市支援湖北医疗队二队郭强团队	《光明日报》	2020年4月3日
迸发在战"疫"一线的智慧力量	《光明日报》	2020年3月5日
全国政协委员、苏州大学附属第一医院血液科主任吴德沛：让百姓家门口的好医生越来越多	《光明日报》	2020年5月15日
双导师、双培养、双关怀——苏州大学做好新时代高知识群体入党工作纪实	《光明日报》	2020年7月9日
纪念费孝通诞辰110周年学术研讨会举行	《光明日报》	2020年10月13日
昆曲走进苏州大学	《光明日报》	2020年11月1日
阮长耿：用"烛缸"精神照亮百姓健康之路	《光明日报》	2020年12月21日
苏州大学师生"真情告白"，助力学校打赢疫情防控阻击战	光明日报网	2020年2月14日
苏州大学退役军人事务培训学院揭牌成立	光明日报网	2020年5月19日
苏州大学：让党内关怀照暖高知群体	光明网	2020年7月1日
苏州大学对口帮扶铜仁学院效果显著	光明网	2020年8月17日
江苏苏州：大学生T台服装秀	光明网	2020年10月21日
依托创新思维提升文科生科研能力——苏州大学公共管理类专业的教学改革	《中国教育报》	2020年3月30日
苏州大学：研发消毒机器人助力疫情防控	《中国教育报》	2020年2月17日
苏大构筑信息时代终身学习新形态	《中国教育报》	2020年5月4日
图片新闻：春到	《中国教育报》	2020年4月6日
苏州大学：打破高校课程"围墙"	《中国教育报》	2020年6月19日
寻找大学的答案	《中国教育报》	2020年9月21日
苏州大学：融合发展织锦绣	《中国教育报》	2020年10月17日

续表

新闻标题	刊载媒介	刊发时间
苏州大学音乐学院：构建生态课堂，提升钢琴教育实效	《中国教育报》	2020年11月19日
熊思东代表：中文学术期刊质量和影响度亟待提升	中国教育新闻网	2020年5月21日
苏州如何高水平融入长三角一体化？苏州大学东吴智库举办研讨会支招	中国教育新闻网	2020年12月10日
"云"中苏大——全国智慧校园建设峰会成功举办	中国教育新闻网	2020年10月19日
抗"疫"期陆续开学	中国教育网络电视台	2020年3月10日
江苏：团旗插到防疫最需要的地方	《中国青年报》	2020年2月14日
全国人大代表、苏州大学校长熊思东：线上教育应是高等教育新形态	《中国青年报》	2020年5月22日
东京审判最后一位中国籍全程见证者高文彬去世	《中国青年报》	2020年9月8日
苏州大学举行建校120周年发展大会	《中国青年报》客户端	2020年10月19日
四名抗疫医护人员的"入党申请"：与死神拔河，与时间赛跑	中国青年网	2020年4月8日
一封"专属于你"的家书	《中国科学报》	2020年1月21日
有序复工，高校迎来"小考"时刻	《中国科学报》	2020年3月24日
依靠智能信息技术，重塑高等教育新形态	《中国科学报》	2020年5月29日
苏州大学"云上"完成学生答辩	《中国科学报》	2020年3月24日
科教界代表委员热议政府工作报告：夯实基础助创新，增强发展新动能	《中国科学报》	2020年5月25日
苏州大学：以"顶天立地"的科研服务国家战略和社会发展	《中国科学报》	2020年10月13日

续表

新闻标题	刊载媒介	刊发时间
新纺织面料抗病毒抗菌率超99%	《中国科学报》	2020年12月29日
向往光的世界	《中国科学报》	2020年11月22日
熊思东代表：关注后疫情时期海外人才"回流"	中国科学报网	2020年5月26日
苏大精准催化团队获江苏科学技术奖一等奖	中国科学报网	2020年6月23日
国内首个人道工作方向社会学硕士项目开班	中国科学报网	2020年10月18日
"硬核"科学知识有助合理防疫——公众科学素质与公共卫生危机应对专题论坛举办	中国科学报网	2020年12月7日
我国多组分铂基纳米材料研究取得突破	科技日报网	2020年6月23日
勇当地方高校创新发展排头兵——苏州大学建设创新型大学的实践与启示	中国发展观察	2020年3月19日
苏州大学退役军人事务培训学院揭牌成立	中国网视窗	2020年6月22日
"学习强国"成为苏大青年大学生学习新时尚	学习强国	2020年1月2日
"1+13"抗疫联动｜苏州大学：战地党旗红，"疫"线守初心	学习强国	2020年2月7日
"疫"线心声：武汉，等着我！	学习强国	2020年2月6日
战疫日记｜医疗队"老大哥"二次战疫：派我到一线是最合适不过的选择	学习强国	2020年2月5日
防控疫情，苏鄂联动｜等你康复出了ICU，我们外面见！	学习强国	2020年2月8日
战疫日记｜进入ICU工作的第一天，我开始了六班倒的生活	学习强国	2020年2月8日
《新型冠状病毒感染防治实用手册》推出，苏州大学出版社邀你免费读	学习强国	2020年2月11日
众志成城｜无锡新吴："00后"双胞胎姐妹花奋战防疫一线	学习强国	2020年2月1日

续表

新闻标题	刊载媒介	刊发时间
江苏辅导员在"疫"线⑥｜"七"心协力，苏州大学辅导员同"心"战疫	学习强国	2020年3月16日
蓝绍敏寄语苏州大学毕业生：勇当新时代奔腾的"后浪"	学习强国	2020年6月29日
苏州大学：一堂云党课弘扬抗疫精神、传递大爱担当	学习强国	2020年5月1日
苏州大学：构筑信息时代终身学习新形态	学习强国	2020年5月6日
馆藏精品｜苏州大学博物馆：林则徐楷书对联与林则徐真人像	学习强国	2020年6月15日
馆藏精品｜苏州大学博物馆：吴大澂所藏第七砚	学习强国	2020年4月3日
江苏72家省属高校首次纳入全省年度综合考核体系	学习强国	2020年5月14日
苏州大学向中国驻波黑大使馆捐赠1万只医用口罩	学习强国	2020年4月19日
每日一星｜潘君骅：用一生追光的人	学习强国	2020年6月25日
党旗飘扬｜苏州大学：让党内关怀照暖高知群体	学习强国	2020年7月4日
苏州大学今年省内继续扩招，本硕博一体化培养拔尖人才	学习强国	2020年7月30日
铭记英雄：他倒在抗疫大后方	学习强国	2020年9月11日
江苏教育奋进之笔｜苏州大学：坚持"五育"并举，当好奋斗青春的"引路人"	学习强国	2020年12月22日
你们太帅！苏州大学龙舟队勇救意外落水女孩	搜狐网	2020年6月22日
人大代表熊思东：建议男性陪产假延至38天，写入《劳动法》	澎湃新闻	2020年5月19日

续表

新闻标题	刊载媒介	刊发时间
熊思东代表：鼓励中西部高校引进海外华人，给予政策资金倾斜	澎湃新闻	2020年5月21日
熊思东代表：提升中文学术期刊质量和影响度，推进专业化办刊	澎湃新闻	2020年5月24日
120分钟，120岁！苏州大学刷屏了	澎湃新闻	2020年10月18日
苏州大学建校120年，校长熊思东激情致辞刷屏	澎湃新闻	2020年10月18日
视觉盛宴！120秒全息视频"复活"苏大120年历史瞬间	腾讯网	2020年10月18日
苏州大学举行纪念建校120周年发展大会	腾讯新闻客户端	2020年10月18日
苏大华为联手成立"云中大学联创中心"	《新华日报》	2020年1月8日
手机后盖"五彩斑斓"，纳米纹理技术引领新风尚	《新华日报》	2020年4月8日
改革体制机制，激发创新活力	《新华日报》	2020年5月28日
思政之"盐"，如何融入高校课程大餐？	《新华日报》	2020年6月19日
部校共建苏州大学马克思主义学院揭牌	《新华日报》	2020年6月3日
苏大师生执画笔定格战"疫"最美瞬间	《新华日报》	2020年4月9日
苏大"科研伉俪"光荣入党	《新华日报》	2020年7月1日
各大高校纷纷发出"花式"录取通知书——不只颜值高，更有内涵期许深	《新华日报》	2020年8月24日
江苏"互联网+"大学生创新创业大赛落幕——创新赛道：从校园走向市场	《新华日报》	2020年8月27日
欧洲科学院院士、苏大教授时玉舫：用生物学思维解决免疫学难题	《新华日报》	2020年9月9日
江苏多所高校举办开学典礼寄语新生：朝阳一代，开启奋斗新篇章	《新华日报》	2020年9月17日
录取通知书送上门，"快递小哥"竟是苏大书记	《新华日报》	2020年8月19日

续表

新闻标题	刊载媒介	刊发时间
苏大两教授当选欧洲科学院院士	《新华日报》	2020年8月31日
新华报业与苏州大学签署战略合作框架协议	《新华日报》	2020年9月29日
苏州大学启动被动房改造示范项目	《新华日报》	2020年11月6日
书院，大学教育新"试验区"	《新华日报》	2020年11月9日
大学要在自主创新和构建新发展格局中发挥重要作用	《新华日报》	2020年10月11日
百廿写华章——纪念苏州大学建校120周年特刊	《新华日报》	2020年10月16日
苏州大学，穿越双甲子的坚守和突破	《新华日报》	2020年10月18日
苏州大学举行纪念建校120周年发展大会	《新华日报》	2020年10月19日
吴德沛团队开创骨髓精准移植"苏州模式"，造血干细胞移植存活率高于欧洲	《新华日报》	2020年11月18日
录取通知书里不只是高颜值，更有祝福和期许	新华网	2020年8月16日
尼日利亚留学生欧莎莉：我希望给孩子们留下一个没有新冠的世界	新华网	2020年7月29日
苏州大学：养正育人，思政铸魂	新华网	2020年10月13日
苏州大学：开放办学，人才强校	新华网	2020年10月14日
苏州大学："顶天立地"做科研	新华网	2020年10月17日
苏州大学：深化产教融合，建设"云中大学"	新华网	2020年10月17日
苏州大学举行纪念建校120周年发展大会	新华网	2020年10月19日
苏州大学研发出新型长效抑菌抗病毒纺织品	新华网	2020年12月27日
苏州大学：让党旗在防控疫情战斗第一线高高飘扬	交汇点	2020年1月31日
苏州大学开通"防疫资助特别通道"，利用大数据平台实现精准资助	交汇点	2020年2月8日

续表

新闻标题	刊载媒介	刊发时间
输送战胜疫情的力量——苏州大学教师志愿运送救援物资	交汇点	2020年2月8日
1小时消杀4万平方米,苏大自主研发消毒机器人上线	交汇点	2020年2月11日
让吴文化的诗意永续,让文明之光普照——新华云课堂第四期《吴文化史》开讲	交汇点	2020年2月13日
以"爱"为主题的日子里,苏大师生用积极行动助力疫情防控工作	交汇点	2020年2月14日
苏州大学医学部向应届高考生发出邀约:共赴杏林约,不负行医路	交汇点	2020年2月19日
勇担使命,携手战"疫"——苏州大学新冠肺炎疫情防控中的智库声音与文科贡献	交汇点	2020年2月28日
战"疫"最前线丨脱机,拔管!64岁老人重获"新生"	交汇点	2020年3月15日
云端连心,苏大附一院开展特殊主题党日活动	交汇点	2020年3月14日
抗击疫情日志:不管苏州人、武汉人,我们都是一家人	交汇点	2020年2月18日
苏大文学院学子以诗词传情,换种方式说"武汉加油"	交汇点	2020年2月21日
苏州大学党员师生积极捐款支持疫情防控	交汇点	2020年3月14日
苏大师生哀悼抗击新冠肺炎疫情斗争牺牲烈士和逝世同胞	交汇点	2020年4月4日
高校专利转让,如何"挤水分"且不错过有价值的成果?	交汇点	2020年4月7日
苏大党委书记开讲"云党课":在疫情大考中守初心、担使命、促成长	交汇点	2020年4月29日

续表

新闻标题	刊载媒介	刊发时间
打造一流本科教育,深化公共基础课教学改革:苏州大学东吴学院正式揭牌	交汇点	2020年5月14日
苏大师生设计校园主题丝巾,献礼母校百廿华诞	交汇点	2020年5月28日
苏州大学将大学生心理健康教育纳入必修课程	交汇点	2020年6月2日
勇救落水女孩,苏大龙舟队见义勇为显担当	交汇点	2020年6月2日
苏大举办艺术嘉年华活动,特色创意体验嗨翻师生	交汇点	2020年6月4日
抖音牵线,苏大千里为高考生送鼓励	交汇点	2020年6月7日
对话创新争先者②｜孙立宁:跨界,赋予机器人更多的可能性	交汇点	2020年6月9日
科研"后浪"云聚2020苏大国际青年学者东吴论坛	交汇点	2020年6月11日
毕业生离校日上,苏大文正学院国旗护卫队引人注目	交汇点	2020年6月18日
苏州大学退役军人事务培训学院揭牌	交汇点	2020年6月19日
苏州大学科研团队在多组分铂基纳米材料研究上取得突破性进展	交汇点	2020年6月23日
毕业寄语｜苏州大学校长熊思东:有了约定,重逢就不再是无期	交汇点	2020年6月28日
云拨穗、云合影、云游校园……苏大为毕业生举办暖心"云上毕业典礼"	交汇点	2020年6月28日
培育学术拔尖人才:苏州大学启动本硕博一体化人才培养计划	交汇点	2020年7月28日
苏州大学成立思想政治理论课教师发展中心	交汇点	2020年9月8日
"新华拼"砥砺"苏大强",新华报业传媒集团与苏州大学签订战略合作框架协议	交汇点	2020年9月28日

续表

新闻标题	刊载媒介	刊发时间
苏州大学原创话剧《丁香·丁香》上演	交汇点	2020年9月27日
在费孝通先生诞辰110周年之际再访江村,"志在富民"成了现实模样	交汇点	2020年10月10日
苏州大学:以"顶天立地"的科研服务国家战略和社会发展	交汇点	2020年10月14日
苏州大学:养正育人,思政铸魂	交汇点	2020年10月14日
百廿苏大写华章丨纪念苏州大学建校120周年	交汇点	2020年10月16日
百廿苏大铸强基丨围绕立德树人开展人才培养模式改革	交汇点	2020年10月16日
百廿苏大谱新篇丨以一流党建引领保障一流大学建设	交汇点	2020年10月16日
百廿苏大起宏图丨服务国家战略,打造科研融合创新高地	交汇点	2020年10月16日
百廿苏大寄深情丨在名城名校深情互动中螺旋式上升	交汇点	2020年10月16日
百廿苏大向远方丨以高水平国际化带动大发展	交汇点	2020年10月16日
百廿苏大正青春丨我们的生命从这里远航	交汇点	2020年10月16日
120岁的苏州大学,生!日!快!乐!	交汇点	2020年10月17日
第二十六届全国九所地方综合性大学协作会在苏州大学举办	交汇点	2020年10月17日
80万枚!《苏州大学建校120周年》纪念邮资封首发	交汇点	2020年10月18日
院士领唱《我的祖国》,恩玲艺术中心沸腾了!	交汇点	2020年10月18日
10位苏大名师烛火传递,师道传承永续荣光	交汇点	2020年10月18日

续表

新闻标题	刊载媒介	刊发时间
迎来建校一百二十周年高光时刻,这座学府的"大学之道"熠熠闪光——苏州大学:穿越双甲子的坚守和突破	交汇点	2020年10月18日
科学家精神永流传!《追光:薛鸣球传》首发仪式举行	交汇点	2020年10月18日
原创交响组曲《东吴畅想》首秀,贺苏大建校120周年	交汇点	2020年10月17日
百廿岁月入针脚,苏大光影颂华章——苏大举办纺织服装师生创新成果联展	交汇点	2020年10月21日
第七届"对话苏州"活动在苏召开	交汇点	2020年11月18日
中—葡文化遗产保护科学"一带一路"联合实验室在苏揭牌	交汇点	2020年11月18日
"苏州高水平融入长三角一体化战略研讨会"在吴中召开	交汇点	2020年12月1日
苏大体院学子用专业做身体"舒缓剂"	交汇点	2020年12月10日
铭·祭:让不灭的记忆与我们同行!——苏大师生同上一堂"特别思政课"	交汇点	2020年12月12日
用好综合考核"指挥棒",激活"一池春水"	交汇点	2020年12月17日
苏大教授研发新成果:纺织面料抗病毒抗菌率99%以上	交汇点	2020年12月23日
开拓奋进,革新而行——写在苏州大学建校120周年	《扬子晚报》	2020年10月14日
苏州大学迎来120岁生日	《扬子晚报》	2020年10月19日
苏州大学农业科学学科跻身ESI全球前1%学科	紫牛新闻	2020年1月12日
苏州支援湖北医疗队医生收到9岁女儿最暖祝愿	紫牛新闻	2020年2月5日

续表

新闻标题	刊载媒介	刊发时间
"我想用画笔记录下这些'平民英雄'",苏州国画院院长每天一幅人物致敬"战疫"中的普通人	紫牛新闻	2020年2月6日
苏州大学开通"防疫资助特别通道",利用大数据平台实现疫情重点区精准资助	紫牛新闻	2020年2月9日
让更多的人尽早团聚——冲在抗疫最前线的爸爸,忙到忘了宝贝女儿的生日	紫牛新闻	2020年2月7日
丈夫在武汉战"疫"前线与病魔斗争,妻子在苏州坚守护理岗位	紫牛新闻	2020年2月7日
苏州大学向社会免费推出51门精品在线开放课程	紫牛新闻	2020年2月8日
武汉战"疫"日志丨期待尽快治好所有新冠肺炎病人,然后早点回家!	紫牛新闻	2020年2月15日
助力湖北高中生学习 苏大志愿者组成爱心援鄂助学团	紫牛新闻	2020年2月16日
黄石战"疫"日志丨赵大国:希望在我们的努力下,每个重症患者都能重获新生	紫牛新闻	2020年2月19日
苏州大学医学部向应届高考生发出邀约:共赴杏林约,不负行医路	紫牛新闻	2020年2月19日
苏大文学院学子以诗词传情,换种方式说"武汉加油"	紫牛新闻	2020年2月20日
宅家也能找工作?苏大纺织与服装工程学院举办"云"招聘会	紫牛新闻	2020年2月29日
苏州大学向意大利威尼斯大学紧急捐赠2 000只防护口罩	紫牛新闻	2020年3月22日
苏大师生多种方式支援疫情防控,倡议书发布首日筹得善款近130万元	紫牛新闻	2020年2月15日

续表

新闻标题	刊载媒介	刊发时间
【视频】苏大音乐学院师生隔空奏响《红旗飘飘》，致敬抗疫一线的工作者！	紫牛新闻	2020年3月3日
苏州大学新增人工智能专业	紫牛新闻	2020年3月6日
苏大学子手绘武汉古今风韵"这座英雄城市一定能战疫成功"！	紫牛新闻	2020年3月10日
疫情期间稳就业：苏大首场"空中双选会"提供职位2 800余个	紫牛新闻	2020年3月14日
苏州大学4月23日起学生分期分批错峰返校	紫牛新闻	2020年4月6日
打造一流本科教育，深化公共基础课教学改革：苏州大学东吴学院揭牌	紫牛新闻	2020年5月15日
苏州大学成立学生体育俱乐部	紫牛新闻	2020年5月18日
全国人大代表熊思东建议：采用线上会议形式，提高开会效率	紫牛新闻	2020年5月19日
苏州大学金螳螂建筑学院举办520集体生日会	紫牛新闻	2020年5月20日
全国两会首日，江苏这些"好声音"值得关注	紫牛新闻	2020年5月21日
苏大师生设计校园主题丝巾，献礼母校百廿华诞	紫牛新闻	2020年5月28日
苏州大学将大学生心理健康学纳入必修课程	紫牛新闻	2020年6月2日
苏大举办艺术嘉年华活动，特色创意体验嗨翻师生	紫牛新闻	2020年6月4日
科研"后浪"云聚2020苏大国际青年学者东吴论坛	紫牛新闻	2020年6月11日
苏州大学为毕业生就业提供"云端"金服务	紫牛新闻	2020年6月15日
打开大学的"围墙"：苏州大学创新本科生在线开放课程学分认定管理办法	紫牛新闻	2020年6月16日

续表

新闻标题	刊载媒介	刊发时间
苏州大学退役军人事务培训学院揭牌成立	紫牛新闻	2020年6月19日
云拨穗、云合影、云游校园……苏大为万名毕业生举办暖心"云上毕业典礼"	紫牛新闻	2020年6月28日
瓜果换梭梭树,苏大"绿丝带"公益团直播带货助农	紫牛新闻	2020年7月18日
多少分可以报考苏州大学?苏大招生负责人在线解读"最全报考攻略"	紫牛新闻	2020年7月25日
培育学术拔尖人才:苏州大学启动本硕博一体化人才培养计划	紫牛新闻	2020年7月28日
苏州大学普通类文理科投档线公布	紫牛新闻	2020年8月15日
视频｜苏州大学党委书记将首封录取通知书递给这个"苏二代"	紫牛新闻	2020年8月18日
苏州大学时玉舫教授当选为欧洲科学院院士,迟力峰教授当选为欧洲科学院外籍院士	紫牛新闻	2020年9月1日
视频｜苏州大学:沉痛哀悼杰出校友、中国最后一位东京审判全程亲历者高文彬先生	紫牛新闻	2020年9月7日
设计景观装置防止生物入侵:苏大学生荣登美国景观设计师学会领奖台	紫牛新闻	2020年9月8日
晒光盘、拒剩宴:苏大学子引领节约"新食尚"	紫牛新闻	2020年9月11日
明年9月入驻学生!来看苏州大学未来校区最新建设情况和规划布局	紫牛新闻	2020年9月15日
历时1年创作排演:苏州大学原创话剧《丁香·丁香》精彩上演	紫牛新闻	2020年9月27日
回眸双甲子,奋进新时代!苏州大学纪念建校120周年系列图书首发	紫牛新闻	2020年10月15日
回眸双甲子,奋进新时代!苏州大学举行纪念建校120周年发展大会	紫牛新闻	2020年10月18日

续表

新闻标题	刊载媒介	刊发时间
《苏州大学建校120周年》纪念邮资封首发	紫牛新闻	2020年10月18日
苏州大学举行纪念建校120周年交响音乐会	紫牛新闻	2020年10月18日
百世岁月入针脚:苏州大学举办纺织服装师生创新成果联展	紫牛新闻	2020年10月21日
13名苏大学子受聘首届学生参事	紫牛新闻	2020年11月9日
2020年苏州大学校园马拉松开跑	紫牛新闻	2020年11月12日
让不灭的记忆与我们同行!苏大师生同上一堂"特别思政课"	紫牛新闻	2020年12月12日
苏大校长熊思东:祝你们蟾宫折桂、笑傲琅琊	《现代快报》	2020年7月19日
苏大25位院长拍了拍你:千年名城、百年名校,选择苏大就对了!	《现代快报》	2020年7月28日
开工近一年,苏大未来校区建设顺利推进	《现代快报》	2020年9月16日
百万网友围观全球苏大校友"云合唱""云监工"	《现代快报》	2020年10月16日
苏州大学纪念建校120周年发展大会今天举行	《现代快报》	2020年10月18日
苏州大学校长熊思东"云端"发邀请	《现代快报》	2020年10月18日
苏大,强!	《现代快报》	2020年10月18日
120分钟,120岁!苏州大学刷屏了	《现代快报》	2020年10月18日
苏大举办纺织服装师生创新成果联展	《现代快报》	2020年10月22日
苏州大学举行"最赶早"开学典礼,校长熊思东鼓励新生争做"朝阳一代"	《现代快报》+ZAKER	2020年9月16日
再现雨花台烈士浪漫传奇,苏州大学原创话剧《丁香·丁香》上演	《现代快报》+ZAKER	2020年9月27日
穿越120年,同唱一首歌!苏大全球校友"云上演唱会"等你加入	《现代快报》+ZAKER	2020年10月14日

续表

新闻标题	刊载媒介	刊发时间
全方位展示峥嵘岁月和今昔风流,苏州大学建校120周年系列图书重磅首发	《现代快报》+ZAKER	2020年10月15日
探索未来大学新形态,云中苏大——全国智慧校园建设峰会在苏州举办	《现代快报》+ZAKER	2020年10月16日
苏州大学奏响首部原创交响曲《东吴畅想》,献礼建校120周年	《现代快报》+ZAKER	2020年10月17日
联合培养硕博研究生,苏大红十字国际学院2020秋季开班	《现代快报》+ZAKER	2020年10月17日
120分钟,120岁!苏州大学刷屏了	《现代快报》+ZAKER	2020年10月18日
"再造一个苏大!"苏州大学建校120年,校长熊思东激情致辞刷屏	《现代快报》+ZAKER	2020年10月18日
最暖"云祝福"!全球苏大校友祝母校120岁生日快乐	《现代快报》+ZAKER	2020年10月18日
"全球上升最快高校",为什么是苏州大学?	《现代快报》+ZAKER	2020年10月18日
给母校最好的生日献礼!苏大204位抗疫英雄在防护服上集体签名	《现代快报》+ZAKER	2020年10月18日
燃爆!院士领唱,苏大全球校友"云合唱"《我的祖国》	《现代快报》+ZAKER	2020年10月18日
全场动容!10位名师隔空点燃红烛,致敬苏大师道传承	《现代快报》+ZAKER	2020年10月18日
视觉盛宴!120秒全息视频"复活"苏大120年历史瞬间	《现代快报》+ZAKER	2020年10月18日
纪念薛鸣球院士诞辰90周年,《追光:薛鸣球传》苏州首发	《现代快报》+ZAKER	2020年10月18日
停课不停学,苏州大学2月24日起课程线上学	现代快报网	2020年2月8日

续表

新闻标题	刊载媒介	刊发时间
苏州大学向社会免费推出51门精品在线开放课程	现代快报网	2020年2月8日
苏州大学将大学生心理健康教育纳入必修课程	现代快报网	2020年6月2日
苏州大学成立学生体育俱乐部	现代快报网	2020年5月18日
苏州大学举办"云上毕业典礼",江苏省委常委、苏州市委书记蓝绍敏寄语:勇当新时代奔腾的"后浪"	现代快报网	2020年6月28日
苏州大学医学部向应届高考生发出邀约	《江南时报》	2020年2月21日
苏州大学首次将大学生心理健康教育纳入必修课程	《江南时报》	2020年6月4日
苏大龙舟队勇救落水女孩,争分夺秒有担当	《江南时报》	2020年6月24日
苏州大学调整艺术类专业招录方案	《江南时报》	2020年4月16日
苏州大学东吴学院揭牌	《江南时报》	2020年5月22日
苏大举办艺术嘉年华活动,特色创意体验"嗨翻"师生	《江南时报》	2020年6月9日
苏大志愿者赴淞涛社区开展义诊活动	《江南时报》	2020年10月14日
苏州大学未来校区谋划"双一流"建设	《江南时报》	2020年9月17日
苏大学生荣登美国景观设计师学会领奖台	《江南时报》	2020年9月10日
苏大学子手绘武汉古今风韵助力抗疫	江南时报网	2020年3月11日
苏大师生设计校园主题丝巾,献礼母校百廿华诞	江南时报网	2020年5月29日
苏州大学为毕业生就业提供"云端"金服务	江南时报网	2020年6月14日
苏州大学金螳螂建筑学院举办520集体生日会	江南时报网	2020年5月21日
苏州大学成立学生体育俱乐部	江南时报网	2020年5月18日
瓜果换梭梭树,苏大"绿丝带"公益团直播带货助农	江南时报网	2020年7月19日

续表

新闻标题	刊载媒介	刊发时间
晒光盘，拒剩宴，苏大学子引领节约"新食尚"	江南时报网	2020年9月13日
首个人道工作方向社会学硕士项目正式开班，红十字国际学院打造未来人道领军人才	江南时报网	2020年10月17日
苏州大学举行纪念建校120周年发展大会——"双甲子"苏大桃李天下芝兰满室	江南时报网	2020年10月19日
苏州大学举行纪念建校120周年交响音乐会	江南时报网	2020年10月18日
《追光：薛鸣球传》苏州首发——图文并茂展现薛鸣球院士的学术人生	江南时报网	2020年10月21日
中国—葡萄牙文化遗产保护科学"一带一路"联合实验室揭牌	江南时报网	2020年11月18日
苏州大学获第二届全国文明校园荣誉称号	江南时报网	2020年11月22日
苏州大学科研团队研发消毒机器人	《江苏科技报》	2020年2月19日
以一流发展业绩展现责任担当	《江苏教育报》	2020年5月20日
苏州大学14个专业入选国家级一流本科专业建设点	江苏省教育厅网	2020年1月22日
苏州大学开通"防疫资助特别通道"，利用大数据平台实现精准资助	江苏省教育厅网	2020年2月12日
苏州大学师生积极投身抗击疫情志愿服务	江苏省教育厅网	2020年2月10日
苏州大学创新毕业生就业服务模式，助力防控疫情稳就业	江苏省教育厅网	2020年3月27日
科研"后浪"云聚2020苏大国际青年学者东吴论坛	江苏省教育厅网	2020年6月16日
苏州大学马克思主义学院揭牌	江苏省教育厅网	2020年7月1日
苏州大学开启本科教学改革新篇章	江苏省教育厅网	2020年7月13日
苏州大学文明校园建设成果显著	江苏省教育厅网	2020年12月18日

续表

新闻标题	刊载媒介	刊发时间
苏州大学"云课堂"助力防疫培训,为企业定制"一企一策"在线学习平台	江苏卫视	2020年2月21日
苏州大学"职播间"上线!为毕业生就业指点迷津	江苏卫视	2020年3月31日
履职一年间丨住苏全国政协委员:坚守"疫"线,履职担当	江苏卫视	2020年5月19日
履职一年间丨全国人大代表熊思东:规划线上线下教学,构建教育新生态	江苏卫视	2020年5月22日
熊思东:把"后疫情时代"的相关建议带上两会,加强应急管理人才培养	江苏卫视	2020年5月23日
东西手拉手,共同奔小康	江苏卫视	2020年5月23日
苏州大学举行建校120周年发展大会	江苏卫视	2020年10月18日
苏大"绿丝带"公益团为甘肃民勤县直播"带货"	荔枝新闻	2020年7月19日
百廿苏大,荣光永续!苏州大学120岁生日快乐	荔枝新闻	2020年10月18日
打卡高校食堂:这样的月饼,你爱了吗?	荔枝新闻	2020年9月25日
苏州大学发布战疫募捐倡议书	荔枝网	2020年2月15日
在线答疑!苏大志愿者为湖北高中生学习助力	荔枝网	2020年2月16日
武汉日志丨我不是一个人在战斗!	荔枝网	2020年2月17日
诗词传情:苏州大学才子才女花式表达"武汉加油"	荔枝网	2020年2月20日
战"疫"一线最硬核的"男丁格尔":他们是战神,也是暖男……	荔枝网	2020年2月21日
拿得起剃刀,守得住大门!苏大有一群保安大叔超暖心	荔枝网	2020年2月22日

续表

新闻标题	刊载媒介	刊发时间
苏大版《大学生抗疫心理关怀手册》上线：60个热点问题，在线解忧答惑	荔枝网	2020年3月2日
娄勤俭在全省2019年度高质量发展总结表彰大会上强调：在高质量发展的道路上比学赶超（吴政隆主持会议，任振鹤出席）	荔枝网	2020年4月27日
【代表委员已在线】东西手拉手，共同奔小康	荔枝网	2020年5月23日
乘风破浪的你们太帅！苏大龙舟队训练现场勇救落水女孩	荔枝网	2020年6月2日
苏大艺术嘉年华来了！多学科融合跨界碰撞别样火花	荔枝网	2020年6月5日
"勇敢前行，我们在苏大等你来！"苏州大学为高考生千里送鼓励	荔枝网	2020年6月7日
部校共建苏州大学马克思主义学院揭牌	荔枝网	2020年6月29日
苏大附一院总院二期开建	《苏州日报》	2020年4月3日
让马克思主义旋律唱得更响	《苏州日报》	2020年6月30日
苏大消毒机器人上阵"杀毒"	《苏州日报》	2020年2月11日
苏大万里驰援境外学子	《苏州日报》	2020年3月30日
苏大学子推出口罩采购指南	《苏州日报》	2020年2月4日
苏州大学东吴学院揭牌	《苏州日报》	2020年5月11日
苏大艺术类专业招录有调整	《苏州日报》	2020年4月20日
田家炳实验初级中学与苏大师范学院携手共建	《苏州日报》	2020年5月11日
苏大退役军人事务培训学院成立	《苏州日报》	2020年6月20日
"天问一号"中的苏州力量：苏大科研团队六年艰苦接力	《苏州日报》	2020年7月27日
清晨5点42分，苏大举行开学典礼	《苏州日报》	2020年9月17日

续表

新闻标题	刊载媒介	刊发时间
"象牙塔"有新故事——苏州"校地合作"不完全采访笔记	《苏州日报》	2020年11月12日
职业伤害保险制度吴江试点,苏大实践团调研实施现状	《苏州日报》	2020年8月17日
苏州大学教授时玉舫当选欧洲科学院院士	《苏州日报》	2020年9月7日
苏大成首批国家知识产权试点高校	《苏州日报》	2020年11月2日
今年苏大省内招生3 700余人	《苏州日报》	2020年7月14日
苏大江苏本一招生3 715名	《苏州日报》	2020年8月16日
苏州大学思想政治理论课教师发展中心成立	《苏州日报》	2020年9月9日
中国最后一位东京审判全程亲历者高文彬去世,是东吴大学杰出校友	《苏州日报》	2020年9月8日
苏大学生荣获美国景观设计师学会大奖	《苏州日报》	2020年9月9日
合力开启名城名校合作新篇章	《苏州日报》	2020年9月4日
大学要在自主创新和构建新发展格局中发挥重要作用	《苏州日报》	2020年10月11日
捐百万善款资助贫困大学生,"滴水筑梦牵手苏州"助学金捐赠签约	《苏州日报》	2020年10月28日
携手打造"云中苏大",苏州移动与苏大开展"5G+"智慧校园战略合作	《苏州日报》	2020年10月15日
追忆大家风范弘扬宝贵精神,奋力探索开启现代化新征程	《苏州日报》	2020年10月12日
校地融合,奋力争创一流大学	《苏州日报》	2020年10月17日
"云中苏大"打造未来大学,全国智慧校园建设峰会在苏举行	《苏州日报》	2020年10月16日
打造未来人道领军人才,国内首个人道工作方向社会学硕士项目在苏大开班(陈竺视频致辞)	《苏州日报》	2020年10月19日
2020苏大校园马拉松赛开跑	《苏州日报》	2020年11月22日

续表

新闻标题	刊载媒介	刊发时间
苏州大学举行纪念建校120周年发展大会	《苏州日报》	2020年10月19日
苏州大学东吴智库研讨会上的专家演讲内容摘要	《苏州日报》	2020年12月10日
苏州大学东吴智库举办研讨会	《苏州日报》	2020年12月2日
苏大叙事德育模式研究实践基地揭牌	《苏州日报》	2020年12月22日
苏大"寿星组合"共度集体生日	《苏州日报》	2020年12月21日
苏州市独墅湖医院启用	《苏州日报》	2020年12月31日
苏大爱心助学团为湖北学子答疑解惑	《姑苏晚报》	2020年2月17日
苏大农业科学跻身ESI全球前1%学科	《姑苏晚报》	2020年1月14日
苏大向威尼斯大学捐赠2 000只口罩	《姑苏晚报》	2020年3月23日
苏大文学院学子在线征集宣传作品	《姑苏晚报》	2020年2月22日
东吴大学旧址上榜"活着的遗产"	《姑苏晚报》	2020年1月8日
真新奇！医生开着"汽车"摘肿瘤	《姑苏晚报》	2020年6月17日
苏大学生23日起分批返校	《姑苏晚报》	2020年4月7日
苏大"云端"全服务为学子就业保驾护航	《姑苏晚报》	2020年6月20日
大学生心理健康学纳入苏大必修课	《姑苏晚报》	2020年6月3日
国家级血液病研究中心落户附儿院	《姑苏晚报》	2020年4月10日
做好就业"云"服务，苏大打出精准牌	《姑苏晚报》	2020年5月6日
苏大附一院总院二期开建	《姑苏晚报》	2020年4月3日
考苏大研究生有快车道	《姑苏晚报》	2020年7月15日
本硕博一体化培养来了！苏大今秋面向全球在读本科生实施	《姑苏晚报》	2020年7月29日
苏大暑期实践团走进吴江	《姑苏晚报》	2020年8月14日
江苏首个雅思考点落户苏大	《姑苏晚报》	2020年10月24日
苏州力量助力"天问一号"，苏大科研团队六年艰苦接力	《姑苏晚报》	2020年8月5日

续表

新闻标题	刊载媒介	刊发时间
中国最后一位东京审判全程亲历者逝世：东吴大学校友高文彬与十几位"战友"对日军侵华责任进行了总清算	《姑苏晚报》	2020年9月8日
大学生T台秀	《姑苏晚报》	2020年10月21日
描绘苏大双甲子风雨历程	《姑苏晚报》	2020年10月16日
苏州大学校园马拉松赛开跑	《姑苏晚报》	2020年11月22日
给母校写的"小情书"，苏大120周年系列图书首发	《城市商报》	2020年10月16日
《新型冠状病毒感染防治实用手册》推出，苏州大学出版社邀你免费读	引力播	2020年2月11日
东吴证券向苏州大学捐资500万抗击新冠肺炎疫情	引力播	2020年2月12日
传达全国"两会精神"，苏州大学举行专题学习报告会	引力播	2020年6月4日
刚刚，苏州大学发布关于教职员工返校工作的通知	引力播	2020年4月7日
助力"防疫"培训，苏州大学为企业定制在线学习平台	引力播	2020年2月16日
向社会提供优质免费教学资源，苏州大学推出51门精品课在线开放课程	引力播	2020年2月9日
德威新材与苏州大学签署氢能研究所共建协议	引力播	2020年1月4日
深化高校公共基础课教学改革，苏州大学东吴学院正式揭牌	引力播	2020年5月14日
牛！苏州大学三项科技成果荣获2019年度国家科学技术奖	引力播	2020年1月10日
苏州大学举办艺术嘉年华活动，特色创意体验嗨翻师生	引力播	2020年6月4日

续表

新闻标题	刊载媒介	刊发时间
苏州大学关于寒假期间师生返校等事宜的紧急通知	引力播	2020年1月26日
苏州大学出版社"东吴阅读"App疫情期间免费开放	引力播	2020年2月9日
苏州大学发布返校通知，4月23日起这批学生先安排	引力播	2020年4月6日
苏州大学向中国驻波黑大使馆捐赠1万只医用口罩	引力播	2020年4月18日
苏州大学向意大利威尼斯大学紧急捐赠2 000只防护口罩	引力播	2020年3月22日
苏州大学多项成果获得2019年度江苏省及教育部科学技术奖	引力播	2020年3月26日
苏州大学学生体育俱乐部正式启动	引力播	2020年5月16日
苏州大学开通"防疫资助特别通道"，利用大数据平台实现疫情重点区精准资助	引力播	2020年2月8日
苏州大学推迟2020年特殊类型招生校考工作，国内多所高校推迟开学	引力播	2020年1月26日
苏州大学新增人工智能专业，2020年开始招生	引力播	2020年3月6日
苏州大学联合企业捐赠2台网红环卫消杀机器人，明日将赴湖北孝感襄阳"作战"	引力播	2020年2月14日
苏州大学获批14个国家级一流本科专业建设点	引力播	2020年1月3日
苏州大学调研常熟市海虞镇福山东岳庙会非遗项目	引力播	2020年5月29日
苏州大学退役军人事务培训学院成立	引力播	2020年6月19日
蓝绍敏在线寄语苏州大学毕业生：勇当新时代奔腾的"后浪"	引力播	2020年6月28日

续表

新闻标题	刊载媒介	刊发时间
远程进行！苏州大学发布2020年硕士招生复试办法	引力播	2020年5月9日
"全天候委员"吴德沛建议建强省市县三级传染病专科医院	引力播	2020年5月21日
2020苏州大学国际青年学者东吴论坛开幕	引力播	2020年6月11日
苏州大学2020年江苏省招生3 700余名，新增人工智能专业	引力播	2020年7月13日
苏州大学和东南大学联合开展"云端"支教	引力播	2020年7月24日
本硕博一体化贯通式培养！苏州大学正式启动计划培育学术拔尖人才	引力播	2020年7月28日
苏州大学思想政治理论课教师发展中心成立	引力播	2020年9月8日
校企携手助力光通信产业发展，苏州大学—亨通集团签订战略合作协议	引力播	2020年9月9日
苏州大学迎来2020级首批新生，小"20"开启人生新征程	引力播	2020年9月12日
娄勤俭调研苏州大学，考察建设中的南京大学苏州校区	引力播	2020年10月10日
中国现代化新征程暨费孝通诞辰110周年学术研讨会举行	引力播	2020年10月11日
深化校企合作，共建智慧校园：苏州电信与苏州大学签署5G战略合作协议	引力播	2020年10月13日
围观！苏州大学纪念建校120周年系列图书首发	引力播	2020年10月15日
"云中苏大"打造未来大学，全国智慧校园建设峰会在苏举行	引力播	2020年10月17日
苏州大学是苏州创新网络的重要节点，苏州也是苏大成长壮大的沃土	引力播	2020年10月17日

续表

新闻标题	刊载媒介	刊发时间
打造未来人道领军人才，国内首个人道工作方向社会学硕士项目在苏大开班（陈竺视频致辞）	引力播	2020年10月18日
苏州大学举行纪念建校120周年发展大会	引力播	2020年10月18日
《苏州大学建校120周年》纪念邮资封首发	引力播	2020年10月18日
圆桌快评：百廿苏大！"名城"沃土盛放"名校"之花	引力播	2020年10月20日
大学生T台秀	引力播	2020年10月21日
苏州大学MBA联合会为山区孩子插上梦想的翅膀	引力播	2020年10月26日
苏州大学首届学生参事正式"上岗"啦！	引力播	2020年11月10日
中葡文化遗产保护科学"一带一路"联合实验室启动	引力播	2020年11月18日
2020苏州大学校园马拉松赛暨江苏省大学生马拉松赛开跑	引力播	2020年11月21日
苏州大学3门课程入选首批国家级一流本科课程	引力播	2020年12月1日
与时舒卷，为时代画像！徐惠泉作品展亮相苏州大学美术馆	引力播	2020年12月20日
"冬至有约，情满东吴"：苏州大学举办系列活动情暖冬至	引力播	2020年12月22日
纪念费孝通诞辰110周年学术研讨会举行	苏州电视台	2020年10月12日
苏大召开"双一流"建设高阶专家咨询会	苏州电视台	2020年10月13日
纪念薛鸣球院士诞辰90周年，《追光：薛鸣球传》首发	苏州电视台	2020年10月19日
盛装迎学子，共忆苏大情	苏州电视台	2020年10月19日
苏州大学纪念建校120周年发展大会举行	苏州电视台	2020年10月19日
120岁！苏大人给她写的小情书来啦	看苏州	2020年10月15日

续表

新闻标题	刊载媒介	刊发时间
苏大,强!120岁生日快乐!	看苏州	2020年10月18日
扬百廿苏大璀璨:《苏州大学建校120周年》纪念邮资封首发	看苏州	2020年10月18日
图集|穿越120年,苏大学子的这场展太美!	看苏州	2020年10月20日
为母校120年华诞庆生,他们写了一本小情书	名城苏州	2020年10月15日
120岁的苏州大学,生!日!快!乐!	苏州发布	2020年10月17日
"我们都是苏大人!"	苏州发布	2020年10月18日
争创中国特色一流大学!120岁生日之际,这所高校再发最强音!	青塔网	2020年10月19日
百廿苏大,荣光永续	Nature自然科研	2020年10月19日
探亲大学生因疫情留长,积极做起志愿者赢得街坊点赞	掌上长沙	2020年2月18日
太帅了!苏州大学龙舟队学生见义勇为,成功救起落水女孩	长江网	2020年6月2日
抗疫前线:"再危险的手术,我们也愿意一起做!"	健康报网	2020年3月19日
苏州大学龙舟队救起意外落水女孩	《北京青年报》	2020年6月22日
女医学博士在家乡濮阳的抗疫故事	《大河报》	2020年3月13日
苏州大学将召开纪念建校120周年发展大会(直播)	《人民日报》	2020年10月18日
苏州大学将召开纪念建校120周年发展大会(直播)	学习强国	2020年10月18日
苏州大学将召开纪念建校120周年发展大会(直播)	《中国青年报》	2020年10月18日
苏州大学将召开纪念建校120周年发展大会(直播)	交汇点	2020年10月18日
苏州大学将召开纪念建校120周年发展大会(直播)	《现代快报》	2020年10月18日

后 记

《苏州大学年鉴2021》将2020年学校的各种信息汇编成集,力求全面地记载学校一年来的主要工作、重大事件、发展特色,全面反映学校各方面发展的成果,供学校各方面查考、借鉴、比较。

《苏州大学年鉴2021》编写体例与往年基本相同,记载的内容主要是2020年学校各方面的工作,主要数据截至2020年12月31日。

《苏州大学年鉴2021》的顺利出版,主要是在学校各单位的大力支持下完成的,在此谨表示衷心的感谢。

《苏州大学年鉴2021》在编写过程中,除编委以外,档案馆的付双双、程利冬、张亮、於建华、张娟、朱明、李朝霞、周佩佩等同志都参加了编写工作,并为此付出了辛勤的劳动。

特别值得一提的是,苏州大学出版社对《苏州大学年鉴》的出版,数十年如一日,给予大力支持,在此表示衷心的感谢!

在编写过程中,我们力求资料翔实、数据准确,但由于面广量大,可能仍有疏漏之处,敬请广大读者批评指正。

编者
2021年12月